THE BARBOUR COLLECTION OF CONNECTICUT TOWN VITAL RECORDS

THE BARBOUR COLLECTION OF CONNECTICUT TOWN VITAL RECORDS

PRESTON 1687–1850

PARTS I & II

Compiled by
Marsha Wilson Carbaugh

General Editor
Lorraine Cook White

Copyright © 2000
Genealogical Publishing Co., Inc.
Baltimore, Maryland
All Rights Reserved
Library of Congress Catalogue Card Number 94-76197
International Standard Book Number 0-8063-1650-0
Made in the United States of America

INTRODUCTION

As early as 1640 the Connecticut Court of Election ordered all magistrates to keep a record of the marriages they performed. In 1644 the registration of births and marriages became the official responsibility of town clerks and registrars, with deaths added to their duties in 1650. From 1660 until the close of the Revolutionary War these vital records of birth, marriage, and death were generally well kept, but then for a period of about two generations until the mid-nineteenth century, the faithful recording of vital records declined in some towns.

General Lucius Barnes Barbour was the Connecticut Examiner of Public Records from 1911 to 1934 and in that capacity directed a project in which the vital records kept by the towns up to about 1850 were copied and abstracted. Barbour previously had directed the publication of the Bolton and Vernon vital records for the Connecticut Historical Society. For this new project he hired several individuals who were experienced in copying old records and familiar with the old script.

Barbour presented the completed transcriptions of town vital records to the Connecticut State Library where the information was typed onto printed forms. The form sheets were then cut, producing twelve small slips from each sheet. The slips for most towns were then alphabetized and the information was then typed a second time on large sheets of rag paper, which were subsequently bound into separate volumes for each town. The slips for all towns were then interfiled, forming a statewide alphabetized slip index for most surviving town vital records.

The dates of coverage vary from town to town, and of course the records of some towns are more complete than others. There are many cases in which an entry may appear two or three times, apparently because that entry was entered by one or more persons. Altogether the entire Barbour Collection--one of the great genealogical manuscript collections and one of the last to be published--covers 137 towns and comprises 14,333 typed pages.

TABLE OF CONTENTS

PRESTON – PART I   1

PRESTON – PART II   263

ABBREVIATIONS

ae	age
b.	born, both
bd.	buried
B.G.	burying ground
bp.	baptized
d.	died, day, or daughter
decd.	deceased
f.	father
h.	hour
J.P.	Justice of Peace
Inten. Pub.	Intention Published (an announcement of marriage)
m.	married or month
res.	resident
s.	son
st. b.	stillborn
w.	wife
wid.	widow
wk.	week
y.	year

THE BARBOUR COLLECTION OF CONNECTICUT TOWN VITAL RECORDS

PRESTON VITAL RECORDS
Part I
1687 - 1850

	Vol.	Page
ABBE, Pamela, m. Jonathan GEER, of Preston, Jan. 1, 1797, by Timo[thy] Larrabee, J.P., in Windham	2	253
Tabitha, of Windham, m. Josiah KINNE, of Preston, Nov. 11, 1781	2	185
ABBOTT, Olive, of N. Providence, m. Jeremiah PHILLIPS, Jr., of Preston, Apr. 26, 1802	2	298
ABEL, Elisha I., m. Fanny BO[A]RDMAN, b. of Preston, Sept. 2, 1804	2	297
Elizabeth, d. [Elisha I. & Fanny], b. Aug., 8, 1813	2	297
Fanny Bo[a]rdman, d. [Elisha I. & Fanny], b. Sept. 2, 1809; d. Aug. 23, 1811	2	297
Hannah, of Norwich, m. Wheeler COIT, of Preston, Nov. 14, 1793	2	236
Henry, s. [Elisha I. & Fanny], b. Aug. 2, 1811	2	297
Lucretia, d. [Elisha I. & Fanny], b. May 1, 1808	2	297
Mary, d. [Elisha I. & Fanny], b. Nov. 30, 1805	2	297
ADAMS, ADDAMS, Abel P., of Royalton, m. Lucy L. PENDLETON, Oct. 6, 1825, by Levi Meech, Elder	3	70
Abigell, [d. Richard & Marcy], b. Mar. 22, 1717/18	1	54
Abigail, of Preston, m. Benony THOMPSON, of Canterbury, Mar. 28, 1744	2	9
Amy, d. [William & Mary], b. Aug. 22, 1761	2	88
Anna, d. [William & Mary], b. Aug. 26, 1759	2	88
Darius, s. [Samuel & Sarah], b. Feb. 11, 1761	2	88
David Fitch, s. [Fitch & Ame], b. July 1, 1804	2	296
Deborah, d. [Elishib & Deborah], b. Aug. 4, 1725	1	63
Elihu, s. Daniel, b. May 20, 1784	2	198
Elishib, m. Deborah TRACY, Nov. 9, 1720	1	63
Elishib, s. [Elishib & Deborah], b. July 28, 1727	1	63
Eliashib, d. May 15, 1733	1	63
Elizabeth, d. Richard & Marcy, b. July 25, 1705	1	54
Elizabeth, m. Obidiah HEATH, Sept. 14, 1723	1	74
Eunice G., d. [Smith & Eunice], b. Dec. 4, 1813	2	391
George B., s. [Smith & Eunice], b. June 29, 1812; d. Aug. 2, 1812	2	391
Guy Fitch, s. [Daniel], b. July 13, 1786	2	198
Henry H., s. [Smith & Eunice], b. May 5, 1803	2	391
Jabez, s. [Fitch & Ame], b. May 20, 1802	2	296
Jabez Answorth, s. Fitch & Ame, b. Oct. 22, 1800; d. Apr. 3, 1801	2	296
James, s. [Richard & Susannah], b. Sept. 19, 1748	1	97
James Young, s. [Smith & Eunice], b. Apr. 13, 1810	2	391
Jerusha, d. [Elishib & Deborah], b. Nov. 28, 1721; d. Nov. 21, 1726	1	63
Jerusha, d. [Elishib & Deborah], b. Aug. 24, 1729	1	63
Jerusha, d. [William & Mary], b. May 15, 1764	2	88
John, s. [Richard & Susannah], b. Aug. 30, 1746	1	97
John Young, s. [Smith & Eunice], b. Feb. 21, 1800	2	391
Lidia, m. William RICHARDS, Oct. 16, 1707	1	45
Lydia, d. [Elishib & Deborah], b. Nov. 17, 1731	1	63
Marcy, d. [Richard & Susannah], b. Jan. 30, 1742	1	97

ADAMS, ADDAMS, (cont.)

	Vol.	Page
Marcy, [w. Richard], d. Dec. 24, 1749	1	54
Mary, d. Richard & Susannah, b. July 22, 1734	1	97
Mehitable, m. Miles STANDISH, Dec. 5, 1700	1	35
Mehetable, d. [Eliashib & Deborah], b. Sept. 25, 1723	1	63
Moses, s. Nathaniel & Mary, b. Mar. 20, 1769	2	57
Nancy Ann, d. [Smith & Eunice], b. Dec. 21, 1807; d. Oct. 11, 1815	2	391
Peter A., of Franklin, Mass., m. Sarah SMITH, of Preston, Aug. 2, 1807, by John Sterry, Elder	2	371
Richard, [s. Richard & Marcy], b. June 3, 1708	1	54
Richard, Jr., of Preston, m. Susan[n]a PRESTON, of Windham, Dec. 26, 1732	1	97
Richard, s. [Richard & Susannah], b. Sept. 1, 1744	1	97
Richard, Sr., d. Apr. 12, 1749	1	54
Samuel, s.[Richard & Susannah], b. Apr. 19, 1737	1	97
Samuel, m. Sarah CLARK, b. of Preston, Mar. 28, 1759	2	88
Samuel, s. [Samuel & Sarah], b. Oct. 2, 1762	2	88
Sarah, d. [Samuel & Sarah], b. May 15, 1764	2	88
Smith, of Preston, m. Eunice YOUNG, of Norwich, Nov. 23, 1799	2	391
Smith, d. May 13, 1814, ae 36 y.	2	391
Sophronia, s. [Daniel], b. Mar. 7, 1790 (Probably a daughter)	2	198
Susanna, [d. Richard & Susannah], b. Apr. 26, 1741	1	97
Susanna, of Preston, m. Benjamin CLARK, of Canterbury, Apr. 16, 1761	2	97
William, s. Eliashib & Deborah, b. Sept. 4, 1733	1	63
William, s. Richard & Susannah, b. Jan. 5, 1735/6	1	97
William, m. Mary COOK, b. of Preston, Nov. 23, 1758	2	88
William, s. [Smith & Eunice], b. Sept. 17, 1805	2	391

ALBERTSON, Anne, ae 21, m. William HEDGE, ae 24, mason, of Preston, Dec. 1, [1850], by [   ] Loveland 5 2

Charles Henry, carpenter, married, b. in Norwich, d. Feb. 19, 1858, ae 37 8-C 10

ALBRO, Henry, of Coventry, m. Harriet AYER, of Preston, Oct. 18, 1846, by Rev. N. V. Steadman 4 132

ALDEN, Lydia, b. Aug. 17, 1790; of Stafford, m. Jabez W. GIDDINGS, of Preston, June 7, 1812 2 288

ALLBINKER, Joseph, b. in Germany, d. July 31, 1853, ae 52 8-C 1

ALLEN, [see also ALLYN], Amos M., m. Julia Ann GRAY, of Ledyard, Oct. 12, 1842, by Rev. Augustus B. Collins 4 79

Cynthia, d. [Stephen & Esther], b. June 7, 1781	2	188
Emily C., of Preston, m. Henry C. SPAULDING, of Norwich, Jan. 3, 1853, by Rev. John P. Gulliver, of Norwich	4	226
Jabez, m. Sally JONES, b. of Preston, Sept. 28, 1821	3	63A
John Henry, s. [Jabez & Sally], b. Apr. 24, 1825	3	63A
Stephen, m. Esther FRINK, b. of Preston, Jan. 31, 1782	2	188

ALLYN, [see also ALLEN], Clarrissa, d. [Ebenezer & Polly], b. Oct. 18, 1797 2 269

David, s. [Ebenezer & Polly], b. Aug. 23, 1799	2	269
Ebenezer, m. Polly KIMBALL, of Preston, Aug. 7, 1794	2	269
Ebenezer, s. [Ebenezer & Polly], b. Sept. 7, 1803	2	269
Mary, m. Ebenezer AVERY, Jr., Dec. 13, 1795	2	199
Moses Kimball, s. [Ebenezer & Polly], b. Feb. 9, 1802	2	269
Polly, d. [Ebenezer & Polly], b. Aug. 5, 1795	2	269

PRESTON VITAL RECORDS 3

	Vol.	Page
ALLYN, (cont.)		
Roswell, Col., of Groton, m. Harriet PALMER, of Preston, June 20, 1826, by Walter Palmer, J.P.	3	86
AMES, [see also EAMES], Abiga[i]ll, d. [John & Mary], b. Mar. 15, 1723/4	1	28
Abigail, d. [Hugh & Sarah], b. Feb. 21, 1756	2	48
Andrew, s. [Hugh & Sarah], b. Nov. 7, 1769	2	48
Annah, d. [William & Sarah], b. Sept. 22, 1724	1	36
Asahel, s. [Hugh & Sarah], b. Sept. 19, 1753	2	48
Berkley, s. Cyrus & Amey, b. Mar. 17, 1768	2	130
Bradford, s. Caleb Tyler & [Phebe], b. May 20, 1802	2	286
Bradford, m. Harriet MEECH, of Preston, Mar. 20, 1828, by Rev. Augustus B. Collins	3	111
Caleb T., of Preston, m. Phebe HEWITT, of Stonington, Dec. 9, 1799	2	286
Caleb T., d. Aug. 18, 1813	2	286
Caleb Tyler, s. [Joseph & Hannah], b. Sept. 5, 1778	2	179
Catharine, d. [Matthias & Catharine], b. Nov. 25, 1772	2	62
Charles Caleb, s. [Bradford & Harriet], b. Jan. 10, 1830	3	111
Charles Tyler, s. [Caleb Tyler & Phebe], b. July 13, 1813	2	286
Curtis, s. [Caleb Tyler & Phebe], b. June 26, 1805	2	286
Cyres, s. [Daniel & Myriam], b. Nov. 8, 1746	2	10
Daniell, s. [John & Mary], b. Dec. 30, 1721	1	28
Daniel, m. Myriam BUTTON, b. of Preston, Dec. 31, 1744	2	10
Daniel, s. [Daniel & Myriam], b. June 23, 1745	2	10
Daniel, s. [Daniel & Myriam], b. Feb. 19, 1753	2	10
Daniel, d. June 2, 1768	2	10
Daniel, s. Daniel, d. Mar. 4, 1770	2	10
Darkis, d. [William & Sarah], b. Feb. 26, 1733/4	1	36
Edward Spicer, s. [Matthias & Catharine], b. Mar. 22, 1775	2	62
Elijah, s. [Daniel & Myriam], b. Sept. 21, 1762	2	10
Elisha, s. [Hugh & Sarah], b. Nov. 7, 1757	2	48
Elizabeth, d. [William, Jr. & Elizabeth], b. Feb. 23, 1754	2	53
Ephraim, s. [Hugh & Sarah], b. June 10, 1764	2	48
Esther, m. Ebenezer LEONARD, b. of Preston, May 6, 1730	2	27
Esther, d. [Daniel & Myriam], b. Mar. 25, 1748	2	10
Esther, d. [Daniel & Myriam], b. Oct. 15, 1754	2	10
Ezra, s. [Daniel & Myriam], b. Apr. 29, 1759	2	10
Hannah, w. Hugh, d. Aug. ye last, 1714	1	52
Hannah, [d. John & Sarah], b. Feb. 18, 1715/14; d. Sept. 1, 1717	1	36
Hannah, d. [John & Mary], b. Sept. 17, 1719	1	28
Hannah, d. [John, Jr. & Thankful], b. Sept. 16, 1751	2	20
Harry Clinton, s. [Joseph & Hannah], b. Apr. 1, 1799	2	179
Hew, s. [John, Jr. & Mary], b. Dec. 26, 1726	1	28
Hugh, m. Sarah SMITH, b. of Preston, July 31, 1750	2	48
Huldah, d. [Daniel & Myriam], b. Dec. 10, 1756	2	10
Jacob Meech, s. [Bradford & Harriet], b. Dec. 29, 1831	3	111
John, Jr., m. Mary SMITH, Dec. 1, 1715	1	28
John, s. John & Mary, b. Dec. 5, 1717	1	28
John, Jr., of Preston, m. Thankful BUTTLER, of Stonington, Sept. 3, 1747	2	20
John, s. [John, Jr. & Thankful], b. Oct. 19, 1753	2	20
Joseph, m. Hannah TYLER, b. of Preston, Nov. 12, 1777	2	179

	Vol.	Page

AMES, (cont.)

	Vol.	Page
Keziah, m. David **MOORE**, Dec. 28, 1817, by Rev. Gustavus F. Davis	4	225
Levy, s. [Hugh & Sarah], b. Feb. 21, 1752	2	48
Loussa (Louisa?), d. [Caleb Tyler & Phebe], b. Oct. 6, 1808	2	286
Louisa, of Preston, m. Asher P. **BROWN**, Oct. 8, 1829, by Rev. Augustus B. Collins	3	138
Lucinda, d. [Matthias & Catharine], b. June 14, 1771	2	62
Lucy, d. [John, Jr. & Thankful], b. July 27, 1748	2	20
Lydia, d. [John, Jr. & Thankful], b. June 3, 1756	2	20
Marg[a]ret, m. Ephraim **JONES**, Apr. 17, 1729	1	87
Marg[a]ret, d. [William & Sarah], b. June 15, 1729	1	36
Martha, d. [William & Sarah], b. Feb. 24, 1726	1	36
Martha, of Preston, m. Boaz **WILLIAMS**, of Norwich, Jan. 30, 1752	2	48
Martha, d. [William, Jr. & Elizabeth], b. May 26, 1756	2	53
Mary, d. [John, Jr. & Mary], b. May 25, 1730	1	28
Mary had illeg. d. Anna **UNDERWOOD**, b. Sept. 5, 1748. Reputed father Samuel **UNDERWOOD**	2	21
Mary, m. Elias **JONES**, b. of Preston, Oct. 24, 1757	2	106
Mary, d. [Hugh & Sarah], b. Sept. 7, 1760	2	48
Mary J., m. Oliver Austin **CRARY**, b. of Preston, Nov. 6, 1828, by Rev. Augustus B. Collins	3	146
Mary Tyler, d. [Caleb Tyler & Phebe], b. Apr. 22, 1807	2	286
Matthias, s. [Daniel & Myriam], b. Apr. 28, 1751	2	10
Matthias, of Preston, m. Catharine **SPICER**, of Groton, Mar. 12, 1769	2	62
Miriam, d. [Daniel & Myriam], b. Jan. 7, 1749/50	2	10
Miriam, d. [Cyrus & Amey], b. May 6, 1771	2	130
Phebee, d. [John, Jr. & Thankful], b. July 31, 1763	2	20
Phebe Prentice, d. [Caleb Tyler & Phebe], b. Sept. 4, 1800	2	286
Rebecca, d. [Joseph & Hannah], b. Jan. 7, 1780	2	179
Rebeckah, of Stonington, m. Erastus **SAFFORD**, of Preston, Mar. 18, 1802	2	292
Rufus, s. [Hugh & Sarah], b. Dec. 22, 1750	2	48
Sally F., of Preston, m. Nathan A. **CRARY**, Feb. 28, 1828, by Rev. Augustus B. Collins	3	109
Sally Maria, d. [Caleb Tyler & Phebe], b. Dec. 29, 1809	2	286
Sanford, s. [Hugh & Sarah], b. Aug. 11, 1759	2	48
Sanford, twin with Stephen, s. Hugh & Sarah, b. June 4, 1767	2	48
Sarah, w. William, d. June 29, 1763	1	36
Stephen, twin with Sanford, s. Hugh & Sarah, b. June 4, 1767	2	48
Susan A., of Preston, m. Latham H. **AYER**, of N. Stonington, Sept. 13, 1830, by Rev. Augustus B. Collins	3	151
Susan Augusta, d. [Caleb Tyler & Phebe], b. June 30, 1811	2	286
Susanna, d. Daniel & Miriam, b. Apr. 10, 1764	2	10
William, m. Sarah **MILLINGTON**, Jan. 31, 1721/2	1	36
William, s. [William & Sarah], b. Nov. 7, 1722	1	36
William, Jr., m. Wid. Elizabeth **ELLIS**, b. of Preston, Jan. 1, 1753	2	53
Zebulon, s. [Daniel & Myriam], b. Mar. 7, 1761	2	10

AMOS, AMAS, An[n]ah, m. Henry **WALLBRIDG[E]**, Dec. 25, 1688 | 1 | 19 |
Est[h]er, [d. John & Sarah], b. Apr. 16, 1711	1	36
Hugh, d. Dec. 4, 1707	1	52
John, m. Sarah **MORGAN**, Apr. [ ], 1694	1	36

PRESTON VITAL RECORDS 5

	Vol.	Page
AMOS, AMAS, (cont.)		
John, [s. John & Sarah], b. Aug. 29, 1697	1	36
John, d. Jan. 22, 1758, ae 101 y.	1	36
Marg[a]rat, [d. John & Sarah], b. Sept. 6, 1708	1	36
Sarah, w. John, d. [ ]	1	36
Sary, [d. John & Sarah], b. June 30, 1703	1	36
William, [s. John & Sarah], b. Oct. 12, 1700	1	36
ANDERSON, Maria, of Preston, m. Nehemiah M. **GALLUP**, of N. Stonington, Mar. 16, 1851, by Rev. Cyrus Miner	4	208
ANDREWS, ANDREW, Amos, [s. Warren & Honor], b. June 5, 1811	2	381
Ann, d. July 9, [1849?], ae 71	5	13
Anne, of Norwich, m. Simon **BREWSTER**, of Preston, May 25, 1742	2	93
Charles, [s. Warren & Honor], b. Mar. 25, 1809	2	381
Eliza, [d. Warren & Honor], b. Apr. 22, 1804	2	381
George, [s. Warren & Honor], b. May 30, 1805	2	381
George G., railroad, b. in R.I., d. Jan. 7, 1849, ae 17	5	13
George L., of Preston, m. Betsey R. **BRADFORD**, of Ledyard, Aug. 7, 1836, at Ledyard, by Ralph Hurlbutt, J.P.	3	328
Grace A., d. May 13, 1864, ae 7 y. 28 d.	8-C	22
Grace B., widow, b. in Westerly, R.I., d. Nov. 23, 1865, ae 56 y. 4 m.	8-C	25
Gustavis David, s. [Warren & Honor], b. May 6, 1821	2	381
Henry, s. [Warren & Honor], b. Sept. 14, 1819	2	381
Honor, wid. Solomon, d. Mar. 4, 1817	2	381
Honor, w. Warren, d. Sept. 21, 1841, ae 64	2	381
John, [s. Warren & Honor], b. Sept. 13, 1815; d. July 16, 1816	2	381
Maria, [d. Warren & Honor], b. June 19, 1813	2	381
Maria, of Preston, m. Francis **BIDWELL**, of Hebron, Sept. 25, 1833, by Rev. G. F. Davis, of Hartford	3	314
Mary, of Preston, m. Alfred **LEONORD**, of W. Springfield, Mass., Jan. 1, 1834, by Rev. G. F. Davis, of Hartford	3	315
Warren, m. Honor **LEONARD**, Aug. 7, 1803	2	381
Warren, [s. Warren & Honor], b. Mar. 25, 1807	2	381
Warren, m. Abigail **GREEN**, b. of Preston, Jan. 4, 1842, by Rev. Nathan E. Shailer	4	72
Warren, farmer, b. in East Haddam, d. Aug. 13, 1848, ae 67	5	13
Zephaniah, of Coventry, R.I., m. Grace B. **NASH**, of Preston, July 12, 1832, by Rev. Nathan B. Burgess	3	178
Zephaniah, car builder, married, b. in Warwick, R.I., d. Dec. 5, 1861, ae 53	8-C	17
ANDRUS, ANDRAS, Abigail, m. Jesse **PALMER**, b. of Norwich, Apr. 21, 1785	2	215
Abigail, d. July 25, 1819, in the family of Wid. Palmer	2	215
Charles, s. Eleazer P. & Caty, d. Aug. 17, 1806, at sea	2	274
Eleazer, s. [Samuel & Apphia], b. May 24, 1756	2	55
Eunice, d. [Samuel & Apphia], b. Aug. 30, 1754	2	55
Fanny, d. [Eleazer P. & Caty], b. Mar. 4, 1795	2	274
Honour, m. George **LEONARD**, b. of Preston, Feb. 18, 1798	2	288
Lucy, d. [Samuel & Apphia], b. Sept. 5, 1751	2	55
Patty, d. [Eleazer P. & Caty], b. July 9, 1797	2	274
Sabra, d. [Samuel & Apphia], b. Nov. 5, 1761	2	55
Samuel, m. Apphia **PUTNAM**, b. of Preston, June 20, 1749	2	55
Thisbe, d. Eleazer P. & Caty, b. July 12, 1792	2	274

	Vol.	Page
APPLEBY, Julia, b. July 29, [1850?]	5	9
APPLY, APLY, James, s. Daniell, b. Apr. 6, 1711	1	25
Lydia A., d. Jan. 30, 1856, ae 25	8-C	7
Nelson, s. L.N. & Eliza, b. May 16, 1848	5	6
ARMSTRONG, Susan, m. Seth SMITH, June 3, 1838, by Isaac Williams, 2d, J.P.	4	13
ARNOLD, Betsey, widow, b. in R.I., d. July 19, 1861, ae 64	8-C	16
ARTHUR, Richard, s. Bartholomew, b. Sept. 30, 1749	2	34
AUSTIN, Benjamin, s. [Benjamin], b. May 10, 1770	2	181
Benjamin, s. [Benjamin], b. May 10, 1770	2	187
Edward, twin with Nathan, s. Benjamin, b. Apr. 5, 1764	2	181
Edward, twin with Nathan, s. Benjamin, b. Apr. 5, 1764	2	187
Joseph, s. [Benjamin], b. Feb. 23, 1772	2	181
Joseph, s. [Benjamin], b. Feb. 23, 1772	2	187
Keziah, m. Daniel MIX, b. of Preston, Nov. 4, 1799	2	263
Mary, d. [Benjamin], b. Sept. 2, 1768	2	181
Mary, d. [Benjamin], b. Sept. 2, 1768	2	187
Nathan, twin with Edward, s. Benjamin, b. Apr. 5, 1764	2	181
Nathan, twin with Edward, s. Benjamin, b. Apr. 5, 1764	2	187
Susannah, d. Benjamin, b. Nov. 12, 1766	2	181
Susanna, d. [Benjamin], b. Nov. 12, 1766	2	187
AVERILL, AVERELL, AUERILL, AUEREL, AURILL, AUERIELL, Abigail, [d. Isaac], b. Apr. 10, 1719	1	77
Clarrissa, d. [William & Bethiah], b. July 30, 1790	2	211
Daniel, [s. Isaac], b. Mar. 7, 1717	1	77
Daniel, s. [Gideon & Elizabeth], b. Sept. 23, 1787	2	149
Dorothy, d. [James & Lucy], b. Dec. 25, 1769	2	113
Ebenezer, [s. Thomas & Mary], b. Dec. 1, 1702	1	49
Ebenezer, s. [Solomon & Hannah], b. Mar. 13, 1762	2	47
Elizabeth, d. [Jabez & Rachel], b. May 18, 1740	2	21
Elizabeth, d. Gideon & Elizabeth], b. Dec. 18, 1783	2	149
Erastus, s. [Gideon & Elizabeth], b. July 23, 1790	2	149
Esther, [d. Isaac], b. Mar. 11, 1712	1	77
Esther, m. Daniel PARKE, Apr. 13, 1732	1	127
Eunice, d. [Gideon & Elizabeth], b. Aug. 22, 1785	2	149
Eunice, of Preston, m. Stephen MEECH, June 20, 1839, by Rev. Augustus B. Collins	4	24
Fanna, d. [William & Bethiah], b. Feb. 23, 1801	2	211
Frances Mary Sousa, d. [Francis H. & Mary P.], b. Jan. 24, 1833, in Lisbon, Ct.	3	172
Francis H., of Jewett City, m. Mary P. SPICER, of Preston, Feb. 12, 1832, by Rev. Augustus B. Collins	3	172
Gideon, s. [Jabez & Rachel], b. Aug. 5, 1744	2	21
Gideon, m. Zerviah COGSWELL, b. of Preston, Dec. 21, 1774	2	149
Gideon, m. Elizabeth JOHNSON, Oct. 6, 1776	2	149
Gideon, d. Dec. 18, 1791	2	149
Gideon, s. [William & Bethiah], b. Feb. 6, 1792	2	211
Hannah, [d. Thomas & Mary], b. Aug. 20, 1713	1	49
Hannah, [d. Isaac], b. Oct. 30, 1710; d. Apr. 16, 1725	1	77
Harmony, d. [James & Lucy], b. Mar. 8, 1772	2	113
Ichabod, [s. Thomas & Mary], b. May 25, 1710	1	49
Isaac, [s. Isaac], b. Dec. 24, 1713; d. Apr. 6, 1714	1	77
Jabez, of Preston, m. Rachel BUXTON, Jan. 5, 1738	2	21

PRESTON VITAL RECORDS 7

	Vol.	Page
AVERILL, AVERELL, AUERILL, AUEREL, AURILL, AUERIELL, (cont.)		
Jabez, d. Apr. 27, 1776	2	21
Jabez, s. [Gideon & Elizabeth], b. Nov. 17, 1777	2	149
Jacob, s. [Solomon & Hannah], b. Sept. 9, 1758	2	47
James, s. [Jabez & Rachel], b. Dec. 25, 1738	2	21
James, of Preston, m. Lucy READ, of Voluntown, May 2, 1765	2	113
James, s. [James & Lucy], b. July 17, 1786	2	113
James, Jr., m. Lucy BUTTON, b. of Preston, Jan. 5, 1814	2	346
James, Sr., d. Apr. 7, 1815	2	113
James, Jr., s. [James, Jr. & Lucy], b. May 29, 1815	2	346
Jasper, s. [William & Bethiah], b. Oct. 27, 1788	2	211
Joanna, d. [Solomon & Hannah], b. June 27, 1747	2	47
John, [s. Thomas & Mary], b. June 26, 1705	1	49
Jonathan, s. [Solomon & Hannah], b. Apr. 8, 1756	2	47
Loring, s. [William & Bethiah], b. Nov. 8, 1793	2	211
Lucy, d. [James & Lucy], b. Mar. 16, 1766	2	113
Lydia, d. [William & Bethiah], b. Aug. 16, 1786	2	211
Mary, [d. Thomas & Mary], b. Mar. 9, 1707	1	49
Mary L., m. Samuel E. GRISWOLD, b. of Preston, Mar. 24, 1850, by Rev. N. S. Hunt	4	185
Mehetable, d. [Solomon & Hannah], b. June 20, 1749	2	47
Moses, [s. Isaac], b. Mar. 6, 1722/23	1	77
Paul, [s. Thomas & Mary], b. Mar. 20, 1709/8	1	49
Polly, d. [Solomon & Hannah], b. Mar. 31, 1763	2	47
Rachel, s. [Jabez & Rachel], b. July 5, 1746	2	21
Rachell, w. Jabez, d. May 5, 1776	2	21
Rachel, d. [James & Lucy], b. Oct. 23, 1776	2	113
Rebeckah, d. [William & Bethiah], b. Dec. 14, 1782	2	211
Ruth, [d. Isaac], b. Feb. 3, 1724/25	1	77
Samuel, [s. Isaac], b. Mar. 1, 1714/15	1	77
Sarah, [d. Isaac], b. May 12, 1721	1	77
Sarah, d. [Jabez & Rachel], b. July 25, 1742	2	21
Sarai, d. [James & Lucy], b. Sept. 13, 1781	2	113
Solomon, of Preston, m. Hannah PETTENGILL, of Bridg[e]water, Dec. 18, 1746	2	47
Stephen, s. [William & Bethiah], b. July 13, 1795	2	211
Susannah, d. [William & Bethiah], b. May 24, 1780	2	211
Susannah, d. [William & Bethiah], d. Mar. 17, 1788	2	211
Susannah, d. [William & Bethiah], b. Apr. 15, 1799	2	211
Thomas, m. Mary BAKER, Jan. 27, 1701/2	1	49
Thomas, s. [Solomon & Hannah], b. Nov. 3, 1751	2	47
William, of Preston, m. Bethiah WHIPPLE, of Preston, Jan. 10, 1778	2	211
William, s. [William & Bethiah], b. Jan. 21, 1785, at Lebanon	2	211
Zerviah, [w. Gideon], d. Apr. 5, 1776	2	149
Zerviah, d. [Gideon & Elizabeth], d. Nov. 1, 1780	2	149
AVERY, AUERY, Abby A., m. Dwight W. COOK, b. of Preston, Dec. 22, 1840, by Rev. Nathan E. Shailer	4	50
Abigail, d. [John & Anna], b. Apr. 1, 1735	1	101
Abigail, of Groton, m. Ebenezer LEONARD, Jr., of Preston, Sept. 25, 1765	2	125
Abigail, d. [Isaac & Mercy], b. Oct. 13, 1776	2	147

	Vol.	Page
AVERY, AUERY, (cont.)		
Albert, s. [Christopher & Olivia], b. Jan. 23, 1807	2	300
Albert G., [s. Ebenezer, Jr. & Mary], b. July 16, 1808	2	199
Allen, [s. Ebenezer, Jr. & Mary], b. Feb. 11, 1806	2	199
Amanda J., d. Jan. 19, 1862, ae 6 m. 19 d.	8-C	18
Amos, s. [John & Anna], b. Apr. 16, 1737	1	101
Amos, of Preston, m. Hannah **NILES,** of Groton, Apr. 14, 1762	2	119
Amos, s. [Isaac & Mercy], b. June 15, 1769	2	147
Amos, s. [John, Jr. & Experience], b. Nov. 3, 1774	2	4
Amos, Jr., m. Susanna **STARKWEATHER,** b. of Preston, Dec. 12, 1790	2	224
Amos, 2d, m. Dorothy **CRARY,** May 10, 1804	2	382
Amos, 3d, [s. Amos, 2d, & Dorothy], b. Mar. 2, 1805	2	382
Amos, Jr., m. Betsey **TREAT,** b. of Preston, Dec. 6, 1827, at James Treat's in Jewett City, by Rev. William Palmer, of Norwich	3	107
Amey, d. [Ebenezer & Lucy], b. Sept. 22, 1754	2	72
Andrew, [s. Amos, 2d, & Dorothy], b. July 19, 1822	2	382
Andrew, of Preston, m. Asenath W. **GEER,** of Ledyard, Jan. 9, 1851, by Rev. H. Floy Roberts	4	199
Andrew, m. his 2d w. Jane Eliza **HEWITT,** of Milltown, Ct., May 19, 1864	4	199
Anna, d. [John & Anna], b. May 28, 1739	1	101
Anna, w. Capt. John, d. Oct. 6, 1750	1	101
Anna, d. [John, Jr. & Mary], b. Dec. 3, 1757; d. Nov. 29, 1769	2	4
Anne, d. [Nathan & Mercy], b. Apr. 29, 1770; d. Apr. 30, 1773	2	127
Asa, s. [Ebenezer, Jr. & Abigail], b. May 16, 1785	2	199
Asenath W., w. Andrew, d. Aug. 25, 1859	4	199
Asenath W., b. in Ledyard, d. Aug. 25, 1859, ae 33	8-C	13
Benjamin F., [s. Ebenezer, Jr. & Mary], b. May 18, 1804	2	199
Benjamin Gilson, of Solina, Canandaigua Cty, N.Y., m. Eliza **PUNDERSON,** of Preston, Feb. 24, 1829, by Robert S. Avery, J.P.	3	124
Betsey M., m. George G. **BENJAMIN,** b. of Preston, Mar. 29, 1843, by Rev. Nathan E. Shailer	4	88
Betsey Maria, d. [Henry C. & Sally], b. June 22, 1817	3	305
Charles W., s. Frances S., ae 28, railroad overseer, & Joanna J., ae 21, b. Sept. 20, 1847	5	8
Christopher, s. [John, Jr. & Experience], b. Oct. 4, 1781	2	4
Christopher, m. Olivia **TYLER,** b. of Preston, Mar. 20, 1806	2	300
Comers S., b. in Hopkinton, R.I., res. of Groton, d. Feb. 16, 1850, ae 3	5	12
Cynthia, see Sintha		
David, m. Hannah **AVERY,** b. of Preston, Nov. 15, 1787	2	212
Delia, [d. Amos, 2d, & Dorothy], b. Oct. 30, 1814	2	382
Delia, d. May 17, 1849, ae 34	5	12
Delia, d. Andrew & Asenath W., b. June 15, 1855	4	199
Dorothy, d. [Ebenezer & Lucy], b. Sept. 13, 1750	2	72
Ebenezer, m. Lucy **DAVIS,** b. of Groton, May 3, 1744	2	72
Ebenezer, m. Eunice **PARKE,** b. of Preston, Nov. 9, 1758	2	72
Ebenezer, s. [Ebenezer & Eunice], b. Oct. 10, 1760	2	72
Ebenezer, Jr., m. Abigail **STORY,** b. of Preston, Dec. 11, 1783	2	199
Ebenezer, Jr., m. May **ALLYN,** Dec. 13, 1795	2	199
Ebenezer, s. [Ebenezer, Jr. & Mary], b. Aug. 13, 1797	2	199

PRESTON VITAL RECORDS   9

	Vol.	Page
AVERY, AUERY, (cont.)		
Ebenezer, Jr., m. Lydia **CRANE**, b. of Preston, Sept. 7, 1823, by Jonathan Brewster, J.P.	3	43
Ebenezer, unmarried, farmer, d. June 5, 1856, ae 96	8-C	7
Elias B., of Groton, m. Mary Ann **GALLUP**, of Preston, Jan. 1, 1835, by Rev. Timothy Tuttle, of Groton	3	316
Elisha, s. [John, 3d, & Lucy], b. Jan. 4, 1783	2	166
Elisha, [s. Ebenezer, Jr. & Mary], b. Mar. 30, 1800	2	199
Elizabeth, d. [John, Jr. & Mary], b. Aug. 22, 1752; d. soon after	2	4
Erasmus, s. [Capt. Robert S. & Sally], b. May 6, 1822	2	318
Erastus, of B[o]zra[h], m. Caroline **SYDLEMAN**, of Preston, Dec. 25, 1826, by Jona[than] Brewster, J.P.	3	96
Erastus, painter, married, b. in Bozrah, d. Jan. 25, 1860, ae 49	8-C	14
Esther, d. [Nathan & Mercy], b. Apr. 22, 1775	2	127
Eunis, d. Christopher & Eunis, b. Dec. 19, 1739	1	125
Eunice, [d. Ebenezer, Jr. & Abigail], b. Aug. 14, 1786	2	199
Eunice, d. [Capt. Robert S. & Sally], b. Nov. 15, 1813	2	318
Eunice M., of Preston, m. Pardon T. **BROWN**, of Groton, Jan. 30, 1854, by S. S. Chapin	4	234
Eunice W., d. Erasmus, ae 27, farmer, & Eunice S., ae 21, b. Mar. 18, 1850	5	6
Experience, [d. Amos, 2d, & Dorothy], b. July 1, 1807	2	382
Experience, of Preston, m. Isaac W. **GEER**, of Groton, May 8, 1828, by Rev. Joseph Tuttle, of Groton	3	112
Frances, of Preston, m. W[illia]m R. **PRENTICE**, Dec. 30, 1840, by Rev. Augustus B. Collins	4	51
Francis S., m. Joann T. **HINKLEY**, b. of Preston, Dec. 18, 1844, by Rev. Augustus B. Collins	4	116
George, s. [Christopher & Olivia], b. Mar. 31, 1814	2	300
George L., soldier, unmarried, b. in Preston, resid. New Haven, d. Mar. 7, 1864, ae 17	8-C	21
George P., [s. Ebenezer, Jr. & Mary], b. July 18, 1811	2	199
Hannah, d. [John & Anna], b. Oct.9, 1747	1	101
Hannah, d. [John, Jr. & Mary], b. Dec.17, 1767	2	4
Hannah, m. Ebenezer **BREWSTER**, b. of Preston, Nov. 17, 1768	2	120
Hannah, m. David **AVERY**, b. of Preston, Nov. 15, 1787	2	212
Hannah, [d. Ebenezer, Jr. & Mary], b. Dec. 21, 1798	2	199
Hannah, m. Asa **FITCH**, Mar. 24, 1822, by Rev. John Hyde	3	48
Henry Alfred, s. [Isaac & Mercy], b. Oct. 14, 1783	2	147
Henry Alfred, s. Isaac & Marcy, d. Feb. 15, 1802	2	146
Henry C., m. Sally **CHAPMAN**, Oct. 22, 1815, by Jared Gallup, Esq.	3	305
Huldah, of Preston, m. Clark **HILL**, of Norwich, Dec. 20, 1841, by Rev. Anson Gleason	4	66
Isaac, s. [John & Anna], b. Mar. 24, 1743	1	101
Isaac, of Preston, m. Mercy **WILLIAMS**, of Groton, Jan. 5, 1766	2	147
Isaac, s. [Isaac & Mercy], b. Aug. 10, 1771	2	147
Isaac, 3d, s. [Capt. Robert S. & Sally], b. Mar. 31, 1811	2	318
Isaac, farmer, unmarried, b. in Groton, d. June 21, 1856, ae 84	8-C	7
James, m. Mary **AVERY**, b. of Preston, Jan. 16, 1772	2	138
James M., of Griswold, m. Eliza B. **FITCH**, of Preston, Mar. 1, 1841, by Rev. N. E. Shailer	4	54
Jerusha, of Norwich, m. John **PLUMER**, Jr., of Preston, May 21,		

AVERY, AUERY, (cont.)

	Vol.	Page
1772	2	146
John, m. Anna STANTON, Feb. [ ], 1731/2	1	101
John, s. [John & Anna], b. Dec. 6, 1732	2	101
John, Jr., m. Mary PARK[E], b. of Preston, Jan. 22, 1752	2	4
John, s. [John, Jr. & Mary], b. Dec. 14, 1755	2	4
John, Jr., of Preston, m. Experience STANTON, of Groton, Apr. 14, 1770	2	4
John, 3d, of Preston, m. Lucy AYER, of Stonington, [ ] 25, 1779	2	166
John, s. [John, 3d, & Lucy], b. Oct. 23, 1780	2	166
John, Capt., d. Mar. 11, 1789, ae 84 y.	2	5
John, d. July 23, 1794, ae 64 y.	2	4
John, Jr., m. Clarina HALSEY, May 28, 1812	2	324
John, s. [Capt. Robert S. & Sally], b. Aug. 19, 1819	2	318
John H., merchant, d. Oct. 17, 1847, ae 25	5	13
John Henry, [s. Henry C. & Sally], b. June 16, 1822	3	305
John P., [s. Ebenezer, Jr. & Abigail], b. Feb. 22, 1794	2	199
John Stanton, s. [Isaac & Mercy], b. Oct. 7, 1774	2	147
John Stanton, [s. Isaac & Mercy], d. Feb. 15, 1792	2	147
John Watson, s. [John, Jr. & Clarina], b. Feb. 24, 1813	2	324
Jonas, s. [John & Anna], b. July 15, 1745	1	101
Jonas, s. [John, Jr. & Experience], b. Mar. 17, 1777; d. Sept. 24, 1778	2	4
Louisa, [d. Amos, 2d, & Dorothy], b. Apr. 30, 1812	2	382
Louisa, of Preston, m. Jabez GALLUP, of Newbury, Ohio, Sept. 21, 1843, by Rev. Augustus B. Collins	4	100
Lovisa D., married, d. July 2, 1861, ae 20	8-C	16
Luse, d. [Christopher & Eunis], b. Dec. 20, 1741	1	125
Lucy, d. [Ebenezer & Lucy], b. May 28, 1745	2	72
Lucy, of Norwich, m. Jonathan TRACY, of Preston, May 19, 1747	2	22
Lucy, [w. Ebenezer], d. Oct. 27, 1757, ae 33 y.	2	72
Lucy A., [d. Ebenezer, Jr. & Mary], b. Apr. 4, 1802	2	199
Lucy Ann, d. James M., ae 29, & Eliza, ae 24, b. Jan. 6, 1848	5	7
Marg[a]rit, of Groton, m. Edward HERRICK, Dec. 9, 1737. She was his 2d wife.	1	85
Marg[a]ret, d. [John & Anna], b. Apr. 19, 1741	1	101
Margaret, d. [Ebenezer & Lucy], b. Apr. 15, 1748	2	72
Margaret, m. Dr. Joshua DOWNER, b. of Preston, Dec. 21, 1758	2	90
Marg[a]ret, m. Elisha PARK[E], b. of Preston, Mar. 19, 1767	2	124
Margaret, d. [Isaac & Mercy], b. Feb. 23, 1779	2	147
Margaret, unmarried, b. in Groton, d. Sept. 26, 1856, ae 77	8-C	8
Martha Billing[s], of Groton, m. Asa PARK[E], of Preston, Mar. 22, 1813	2	343
Mary, m. William EDWARDS, b. of Preston, May 31, 1745	2	74
Mary, of Groton, m. Ebenezer WITTER, of Preston, Nov. 6, 1760	2	15
Mary, w. John, Jr., d. Jan. 14, 1770	2	4
Mary, m. James AVERY, b. of Preston, Jan. 16, 1772	2	138
Mary, d. [John, Jr. & Experience], b. July 14, 1779	2	4
Mary, m. Samuel AVERY, b. of Preston, Mar. 30, 1783	2	194
Mary, [d. Ebenezer, Jr. & Abigail], b. Feb. 22, 1792	2	199
Mary, d. [Christopher & Olivia], b. Aug. 4, 1810	2	300
Mary, d. John, d. Dec. 31, 1828, ae 42 y.	2	318
Mary, married, d. July 2, 1853	8-C	2

	Vol.	Page
AVERY, AUERY, (cont.)		
Mary Ann, d. [Capt. Robert S. & Sally], b. Sept. 8, 1815	2	318
Mary E., d. Erasmus, ae 26, farmer, & Eunice S., ae 19, res. of Ledyard, b. Dec. 3, 1847	5	6
Mary Jane, m. Erastus F. **HEWETT**, b. of Preston, Sept. 11, 1849, by Rev. Henry Floy Roberts	4	180
Mercy, d. [Nathan & Mercy], b. Apr. 12, 1768	2	127
Mercy, d. [Isaac & Mercy], b. May 14, 1781	2	147
Moses, m. Andromache **GIDDINGS**, b. of Preston, Oct. 6, 1822, by John Brewster, J.P.	3	40
Nancy, widow, d. Apr. 13, 1861, ae 78	8-C	16
Nancy C., of Preston, m. William T. **BROWNING**, of N. Stonington, Mar. 23, 1843, by Rev. Augustus B. Collins	4	92
Nancy Crary, [d. Amos, 2d, & Dorothy], b. June 13, 1817	2	382
Nathan, s. [Christopher & Eunis], b. Apr. 30, 1744	1	125
Nathan, s. Humphrey & Jerusha, b. Nov. 20, 1746	2	7
Nathan, m. Mercy **BURROWS**, b. of Groton, Nov. 20, 1766	2	127
Nathaniel, s. [John, Jr. & Experience], b. Mar. 14, 1773	2	4
Noyes W., s. Ulysses, ae 40, farmer, & Lucy A., ae 22, b. Jan. 26, 1850	5	6
Oliver Crary, [s. Amos, 2d, & Dorothy], b. Sept. 22, 1809	2	382
Oliver P., m. Sarah **LORING**, of Preston, Feb. 22, 1843, by Rev. Augustus B. Collins	4	91
Oliver Perry, [s. Amos, 2d, & Dorothy], b. Aug. 24, 1819; d. Nov. 22, 1811 [sic]	2	382
Phebe, b. Mar. 8, 1757; m. Hezekiah **PARK[E]**, Jan. 5, 1775	2	342
Phebe, m. Hezekiah **PARK[E]**, b. of Preston, Jan.5, 1775	2	155
Polly, d. [David & Hannah], b. Aug. 24, 1788	2	212
Prudence, d. [Samuel & Mary], b. Oct. 23, 1763	2	69
Prudence, of Preston, m. James **STARKWEATHER**, of Stonington, Apr. 19, 1781	2	173
Rachel, w. Capt. John, d. Aug. 6, 1755	2	76
Rebeckah, of Groton, m. Nathan **LESTER**, of Preston, Jan. 4, 1764	2	108
Robert, s. [John, Jr. & Mary], b. Sept. 28, 1762; d. May 21, 1764	2	4
Robert S., Capt., m. Sally **CRARY**, b. of Preston, June 14, 1807	2	318
Robert S., Jr., s. [Capt. Robert S. & Sally], b. May 1, 1808	2	318
Robert S., m. Nancy **CRARY**, of Preston, June 8, 1829, by Rev. Augustus B. Collins	3	130
Robert Stanton, s. [John, Jr. & Experience], b. Feb. 25, 1771	2	4
Samuel, s. [John, Jr. & Mary], b. June 3, 1760	2	4
Samuel, of Preston, m. Mary **BARNES**, of Groton, Dec. 11, 1762	2	69
Samuel, m. Mary **AVERY**, b. of Preston, Mar. 30, 1783	2	194
Sarah, d. [Nathan & Mercy], b. Sept. 26, 1772	2	127
Sarah, d. [Capt. Robert S. & Sally], b. Aug. 15, 1817	2	318
Sarah, w. Robert S., d. Jan. 3, 1829, ae 51 y.	2	318
Sarah, of Preston, m. William **MORSE**, of Griswold, Jan. 13, 1851, by Rev. John Avery, of Exeter [Ct.]	4	201
Sary L., of Preston, m. Horace R. **HALL**, of Westerly, R.I., Oct. 13. 1845, by Rev. Dexter Potter, of Poquetonnuck, Ct.	4	124
Sintha, d. [William & Hannah], b. Dec. 12, 1750	4	32
Solomon S., [s. Ebenezer, Jr. & Abigail], b. Mar. 4, 1790	2	199
Theophilus, of Ledyard, farmer, ae 24 y., b. in Ledyard, s. Billings **AVERY**, m. Mary **CORNING**, of Preston, ae 19 y., d.		

	Vol.	Page
AVERY, AUERY, (cont.)		
Jedediah **CORNING**, Sept. 13, 1852, by N. H. Matteson	4	221
Ulysses, s. [Capt. Robert S. & Sally], b. July 17, 1809	2	318
Ulysses, of Preston, m. Lucy Ann **WILLIAMS**, of Ledyard, Nov. 13, 1848, by Rev. Henry Floy Roberts	4	158
William, of Preston, m. Hannah **MEECH**, of Stonington, Sept. 27, 1749, by Sam[ue]ll Prentice, J.P.	2	32
William, s. [John, Jr. & Mary], b. Mar. 22, 1766	2	4
W[illia]m R., farmer, married, d. May 28, 1860, ae 31	8-C	14
William Williams, s. [Isaac & Mercy], b. Feb. 28, 1767	2	147
Ziporah, [d. John, Jr. & Mary], b. Sept. 22, 1753	2	4
AYER, AYERS, AYRE, Abby A., of Preston, m. John P. **BABCOCK**, of Galina, N.Y., Apr. 5, 1840, by Rev. Augustus B. Collins	4	38
Abby Ann, [d. Jonas & Nabby], b. June 10, 1822	2	377
Abby M., of Preston, m. William S. **CRANDALL**, of West Killingly, Mar. 8, 1841, by Rev. N. E. Shailer	4	55
Abby Margarett, [d. Nathan, Jr. & Nancy], b. May 29, 1820	2	388
Abegall, m. Samuell **PARKE**, May 8, 1709	1	59
Abigail, now Abigail **STANTON**, m. Sam[ue]ll **MOTT**, b. of Preston, Jan. 13, 1788	2	188
Adeline J., married, b. in Windham, d. Nov. 23, 1861, ae 26	8-C	17
Albert, s. [Jonas & Nabby], b. Oct. 3, 1815	2	377
Charles B., married, farmer, d. July 20, 1861, ae 52	8-C	16
Charles Brown, s. [William & Margaret], b. Mar. 8, 1809	2	308
Charity, d. Dauid & Jerusha, b. May 13, 1724	1	8
Charity, d. [David], b. Aug. 6, 1748	1	8
Daniel, s. David, b. Mar. 13, 1734	1	8
Daniel T., farmer, unmarried, d. July 12, 1859, ae 48	8-C	12
Daniel Tracy, s. [William & Margaret], b. Oct. 15, 1810	2	308
Dauid, s. [Dauid & Jerusha], b. Aug. 28, 1727	1	8
Deborah, married, b. in Virginia, d. Aug. 26, 1859, ae 82	8-C	13
Desire, d. [Nathan & Desire], b. June 2, 1769	2	162
Desire, w. Capt. Nathan, d. Apr. 4, 1796	2	162
Desire, m. Oliver **CRARY**, Jr., b. of Preston, Feb. 24, 1802, by Sam[ue]l Mott, J.P.	2	335
Desire, m. Russell **DAVIS**, Nov. 5, 1835, by Rev. Nathan E. Shailer	3	323
Desire T., d. [Nathan, Jr. & Nancy], b. Jan. 30, 1815	2	388
Dolly, m. John Tyler **MOTT**, b. of Preston, Nov. 30, 1800	2	307
Dorithy, d. [Nathan & Desire], b. June 23, 1780	2	162
Elisha, s. [David], b. Mar. 4, 1749/50	1	8
Elisha, farmer, married, d. Dec. 17, 1858, ae 91-1/2	8-C	11
George A., s. Albert G., ae 33, farmer, & Jane, ae 27, b. Apr. 22, 1849	5	4
Harriet, [d. Nathan, Jr. & Nancy], b. Oct. 3, 1822	2	388
Harriet, of Preston, m. Henry **ALBRO**, of Coventry, Oct. 18, 1846, by Rev. N. V. Steadman	4	132
Harrison G., farmer, unmarried, b. in Virginia, d. Dec. 12, 1853, ae 47	8-C	2
Hattie O., d. Mar. 8, 1867, ae 9 m.	8-C	27
James M., [s. Jonas & Nabby], b. May 11, 1820	2	377
Jerusha, m. Silas **CLARK**, b. of Preston, Feb. 28, 1745/6	2	30
Jesse, s. [David], b. Feb. 20, 1736/7	1	8
John, s. [Jonas & Nabby], b. Apr. 1, 1817	2	377

PRESTON VITAL RECORDS 13

	Vol.	Page
AYER, AYERS, AYRE, (cont.)		
John Adams, [s. Nathan, Jr. & Nancy], b. Aug. 2, 1826	2	388
Jonas, s. [Nathan & Desire], b. Mar. 26, 1778	2	162
Jonas, m. Nabby **MORGAN**, b. of Preston, Jan. 10, 1813	2	377
Jonas Morgan, [s. Jonas & Nabby], b. Mar. 30, 1824	2	377
Latham H., of N. Stonington, m. Susan A. **AMES**, of Preston, Sept. 13, 1830, by Rev. Augustus B. Collins	3	151
Lewis M., s. Charles B., ae 38, farmer, & Hannah, ae 28, b. Oct. 2, 1847	5	4
Louisa, d. [Jonas & Nabby], b. Mar. 2, 1814	2	377
Louisa, of Preston, m. John P. Babcock, of Groton, Nov. 28, 1833, by Rev. John G. Wightman	3	199
Lucy, of Stonington, m. John **AVERY**, 3d, of Preston, [ ] 25, 1779	2	166
Margaret, d. Charles B., ae 41, farmer, & Hannah, ae 31, Nov. 14, 1850	5	3
Nancy, wid., b. in R.I., d. Oct. 24, 1857, ae 66	8-C	9
Nancy G., d. [Nathan, Jr. & Nancy], b. Apr. 26, 1813	2	388
Nancy G., m. Andrew H. **GALLUP**, May 13, 1833, by Rev. Alfred Gates	3	193
Nathan, of Stonington, m. Desire **TRACY**, of Norwich, Mar. 12, 1767	2	162
Nathan, s. [Nathan & Desire], b. June 22, 1771	2	162
Nathan, Jr., m. Nancy **SMITH**, b. of Preston, Feb. 1, 1780	2	169
Nathan, Jr., m. Nancy **GREEN**, Nov. 26, 1809	2	388
Nathan, 3d, s. [Nathan, Jr. & Nancy], b. Oct. 3, 1811	2	388
Nathan, Capt., d. June 24, 1820	2	162
Nathan, married, farmer, d. Dec. 25, 1853, ae 81	8-C	2
Nathan Henry, [s. Nathan, Jr. & Nancy], b. Apr. 10, 1833	2	388
Nathan Wheeler, 3d, s. [William & Margaret], b. Jan. 21, 1817	2	308
Olive, d. [Nathan & Desire], b. Mar. 27, 1776	2	162
Prescilla, of Voluntown, m. Luke **BRUMBLY**, of Preston, Dec. 12, 1733	2	74
Ruth, m. Isaac Wheeler **STANTON**, b. of Stonington, Sept. 19, 1765	2	131
Sally D., d. [Nathan, Jr. & Nancy], b. Oct. 3, 1817	2	388
Sarah, d. Joseph & Elizabeth, b. Mar. 11, 1739	2	25
Sarah, of Seabrooke, m. Silas **PARKE**, of Preston, Apr. 10, 1746	2	29
William, s. [Nathan & Desire], b. Dec. 1, 1773	2	162
William, of Preston, m. Margaret **BROWN**, of Stonington, Feb. 27, 1806	2	308
William, Jr., s. [William & Margaret], b. June 30, 1815	2	308
William Austin, s. [William & Margaret], b. May 11, 1807; d. ae about 9 m.	2	308
AYRALT, Rebecca, m. Timothy **LESTER**, b. of Preston, July 3, 1776	2	157
BABCOCK, Denison A., m. Kezia **SMITH**, of Preston, Sept. 27, 1827, by Rev. David W. Bentley	3	118
Elizabeth Ann, of Herkimer, N.Y., m. Benjamin **OLIN**, of Preston, Mar. 9, 1843, by Rev. Nathan E. Shailer	4	87
John, of Franklin, m. Lucy Ann **TABER**, of Preston, Mar. 30, 1851, by Rev. Jacob Allen	4	207
John P., of Groton, m. Louisa **AYRE**, of Preston, Nov. 28, 1833, by Rev. John G. Wightman	3	199
John P., of Galina, N.Y., m. Abby A. **AYER**, of Preston, Apr. 5, 1840, by Rev. Augustus B. Collins	4	38

	Vol.	Page
BABCOCK, (cont.)		
John R., m. Caroline **ROUSE,** b. of Preston, Oct. 3, 1843, by Rev. J. H. Peckham	4	98
Louisa, [d. Varnum L. & Almira], b. June 26, 1837	2	407
Lucy Ann, m. Charles L. **PENDLETON,** Oct. 1, 1832, at Poquetunuck, by Rev. Alfred Gates	3	181
Mary Ann, [d. Varnum L. & Almira], b. Mar. 8, 1844	2	407
Phebe, of Stonington, m. Nathan **ELLIS,** of Preston, Apr. 17, 1781	2	170
Robert N., farmer, married, b. in N. Stonington, d. Mar. 31, 1862, ae 39	8-C	18
Silas, of North Stonington, m. Mary **COOK,** of Preston, Oct. 1, 1820, by Rev. John Hyde	3	20
Varnum, farmer, married, d. June 22, 1855, ae 57	8-C	5
Varnum L., b. Aug. 22, 1798	2	407
Varnum L., m. Almira **CURRY,** Apr. 12, 1835, by Nathan E. Shailer, Elder	2	407
Varnum Rolins Thomas, [s. Varnum L. & Almira], b. May 16, 1836	2	407
BACK, Betcy, d. [Jesse & Dorothy], b. Sept. 9, 1774	2	25
Daniel, [s. John & Elizabeth], b. June 15, 1732	1	29
Daniel Larned, s. [Nathan & Elizabeth], b. Oct. 14, 1809	2	297
Delight, d. [George], b. July 29, 1767	2	124
Elijah, s. [Nathan & Elizabeth], b. June 20, 1805	2	297
Elisha, s. [Nathan & Elizabeth], b. May 24, 1793	2	297
Elizabeth, d. [John & Elizabeth], b. Jan. 6, 1751	1	29
Elizabeth, d. [George], b. Nov. 30, 1771	2	124
Esther, d. [Jesse & Dorothy], b. Apr. 19, 1772	2	25
Esther had illeg. d. Mary **WEST,** b. Feb. 14, 1807	2	25
George, s. [John & Elizabeth], b. July 28, 1739	1	29
Harty, d. [Jesse & Dorothy], b. July 9, 1776	2	25
Jesse, s. [John & Elizabeth], b. Aug. 7, 1742	1	29
Jesse, m. Dorothy **WHEELER,** b. of Preston, Feb. 28, 1766	2	25
John, s. John & Elizabeth, b. Oct. 22, 1734	1	29
Judah, s. [John & Elizabeth], b. July 10, 1737	1	29
Julian, d. [Nathan & Elizabeth], b. June 21,1800	2	297
Lucy, d. [George], b. Sept. 7, 1769	2	124
Marcy, d. [Jesse & Dorothy], b. June 6, 1780	2	25
Mary, d. George, b. Jan. 14, 1763	2	124
Nathan, s. [Jesse & Dorothy], b. Nov. 17, 1766	2	25
Nathan, m. Elizabeth **TRACY,** b. of Preston, Feb. 14, 1792	2	297
Olive, d. [Nathan & Elizabeth], b. Dec. 26, 1802	2	297
Phebe, d. George, b. May 26, 1765	2	124
Sabra, d. [Jesse & Dorothy], b. Mar. 9, 1769	2	25
Wheeler, s. [Nathan & Elizabeth], b. Sept. 7, 1795	2	297
BACKUS, Lydia, m. Rev. Levi **HART,** of Preston, Oct. 26, 1790	2	111
Zurviah - see under **BAKER** below (handwritten on original manuscript)		
BACON, Anna, m. Theophilus **STANTON,** May 11, 1738	1	118
Elizabeth, m. Jonathan **GRAVES,** b. of Preston, Aug. 27, 1779	2	222
Mary, m. Jacob **ELIOTT,** Jr., Feb. 1, 1738/9	1	118
BAILEY, BAILY, Albert A., m. Sarah M. **GEER,** b. of Ledyard, Jan. 8, 1843, in Poquetonnuck, by Rev. Dexter Potter	4	83
Dolly, of Preston, m. William **PENDLETON,** of Norwich, Oct. 30, 1803	2	312

	Vol.	Page
BAILEY, BAILY, (cont.)		
Elizabeth, d. Jeremiah & Hannah, b. Dec. 9, 1778	2	140
Henry C., soldier, unmarried, b. in N. Stonington, resid. New Orleans, La., d. July 24, 1863, ae 21 y.	8-C	20
Lee A., of Groton, m. Sarah **WOODMANSEE**, of Preston, Dec. 18, 1831, by Rev. Augustus B. Collins	3	168
Sarah Mole (?), m. Henry T. **BLOND**, b. of Preston, Jan. 4, 1848, by Rev. Roswell Whitmore	4	140
BAKER, Elizabeth, of Norwich, m. Nehemiah **GATES**, of Preston, Dec. 14, 1743	2	3
Jane E., [d. Jonathan M. & Sarah L.], b. Dec. 8, 1838	4	125
Jonathan M., m. Sarah L. **GUILE**, Nov. 19, 1836	4	125
Mary, m. Thomas **AUERIELL**, Jan. 27, 1701/2	1	49
Mary, m. Ephraim **PALMETER**, b. of Preston, Apr. 9, 1807	2	306
Mary, of Preston, m. Zachariah **HOXSIE**, of Charlestown, R.I., persons of color, Nov. 10, 1841, by Stephen Tyler, J.P.	4	62
Mary Ann, of Griswold, m. Joseph **BROWN**, of Groton, Feb. 2, 1835, by Rev. Alfred Gates	3	317
Priscilla M., [d. Jonathan M. & Sarah L.], b. Mar. 11, 1841	4	125
Sarah E., d. Jonathan, ae 48, shoemaker, & Sally, ae 31, b. Sept. 17, [1850]	5	6
Sarah L., widow, d. Dec. 6, 1865, ae 46 y. 6 m.	8-C	25
Zurviah, m. Hezekiah **LORD**, June 21, 1738 (*(**BACKUS**) handwritten in margin of original manuscript)	1	66
BALDWIN, BAULDWIN, Charlotte H., d. Aug. 28, 1854, ae 19	8-C	3
Charlotte Webster, [d. David & Mary], b. Sept. 14, 1834	3	65
David, m. Mary **BROWN**, [ ] 13, 1823, by Rev. John Hyde	3	65
David, merchant, b. in N. Stonington, d. Apr. 17, 1848, ae 49	5	11
David D. Maj., m. Hannah A. **WITTER**, b. of Preston, July 5, 1848, by Rev. N. S. Hunt	4	148
David D., merchant, ae 24 y., b. in Lisbon, m. Frances A. W., ae 17 y., b. in Norwich, July 5, 1848, by N. S. Hunt	5	1
David Denison, twin with Mary Brown, [s. David & Mary], b. Apr. 12, 1824	3	65
Eunice, of Stonington, m. Stephen **TUCKER**, of Preston, Jan. 17, 1793	2	243
Henry D., [s. William H. & Sally], b. Oct. 27, 1841	4	123
Lorenzo Dow, [s. William H. & Sally], b. Feb. 12, 1843	4	123
Lucy M., [d. David & Mary], b. Mar. 17, 1830	3	65
Lucy M., married, d. May [ ], 1856, ae 25	8-C	7
Lydia, of Canterbury, m. John **FOBES**, of Preston, Dec. 31, 1797	2	268
Mary, of Canterbury, m. John **BENNET[T]**, 3d, of Preston, July 8, 1742	2	41
Mary, of Canterbury, m. Capt. John **WILSON**, of Preston, Mar. 15, 1796	2	215
Mary, widow, d. Jan. 2, 1865, ae 67	8-C	24
Mary Brown, twin with Davis Denison, [d. David & Mary], b. Apr. 12, 1824	3	65
Mary Ellen, [d. David & Mary], b. Sept. 4, 1831	3	65
Silvester, s. Silvester & Bridget, b. Nov. 13, 1761	2	107
Susan E., [d. David & Mary], b. May 5, 1828	3	65
Susan E., of Preston, m. Thomas S. **WHEELER**, of N. Stonington, Oct. 19, 1853	4	230

BALDWIN, BAULDWIN, (cont.)
Sylvester, see under Silvester

	Vol.	Page
Thomas, [s. William H. & Sally]?	4	123
William A., [s. William H. & Sally], b. Apr. 22, 1839	4	123
W[illia]m H., m. Sally **DOUGLASS**, Mar. 25, 1838, by Rev. Charles S. Weaver	4	123
BANE, Mary, of Norwich, m. Capt. Nathaniel **LORD**, of Preston, Dec. 18, 1792	2	201
BARBER, Dyer, s. [Benjamin & Lucy], b. Aug. 8, 1786	2	244
Dyer, m. Eunice **YERRINGTON**, b. of Preston, Sept. 9, 1813	2	337
John, s. [Benjamin & Lucy], b. July 23, 1788, in Canterbury	2	244
Orrin Cotton, s. [Dyer & Eunice], b. Mar. 25, 1814	2	337
Salla, d. Benjamin & Lucy, b. July 26, 1785, in Norwich	2	244
Sarah E., d. Apr. 27, 1865, ae 1 y. 5 m.	8-C	24
BARNES, BARNS, Abby, of Preston(?), m. Reuben **COOK**, Jr., of Preston, Oct. 16, 1833, by Welcome A. Browning, J.P.	3	197
Almeda, d. [Avery & Abigail], b. Mar. 23, 1824	2	312
Amey, d. [Avery & Abigail], b. June 4, 1813	2	312
Amy, of Preston, m. Simon H. **GATES**, of Norwich, Aug. 23, 1835, by Rev. S. S. Mallory, of Norwich	4	203
Anna, of Groton, m. Dew[e]y **BRAMBLEY**, of Preston, Oct. 28, 1784	2	210
Asa, of Preston, m. Nancy **GALLUP**, of Groton, Mar. 15, 1829, in Groton, by Elder Wightman	3	187
Asa, d. June 21, 1839	3	187
Asa P[almer], s. [Asa & Nancy], b. Sept. 12, 1830; d. Nov. 28, 1833	3	187
Avery, of Groton, m. Abigail **COOK**, of Preston, Dec. 27, 1804	2	312
Avery Witter, s. [Avery & Abigail], b. Mar. 6, 1809	2	312
Betsey, d. [Elijah & Lydia], b. Sept. 27, 1778	2	104
Chester M., s. [Avery & Abigail], b. June 6, 1826	2	312
Clarissa, [see under **BARNEY**, Clarrissa]		
Elijah, m. Lucy **KINNE**, b. of Preston, May 13, 1762	2	104
Elijah, of Preston, m. Lydia **HEWIT[T]**, of Stonington, Apr. 4, 1776	2	104
Elijah, farmer, b. in Lisbon, d. July 19, [1848?], ae 62	5	14
Eliza, of Preston, ae 30 y., d. Elijah **BARNES**, m. Dudley **BUDDINGTON**, of Preston, carpenter, ae 33 y., s. Luke Buddington, Sept. 13, 1852, by H. H. Matteson. She was his 2d wife.	4	220
Elmina, d. [Avery & Abigail], b. Feb. 25, 1817	2	312
Eunice, d. [Avery & Abigail], b. Nov. 8, 1807	2	312
Eunice, d. [Asa & Nancy], b. Mar. 26, 1837	3	187
Frances, of Preston, m. John B. **SLOCUM**, of Manchester, Vt., Oct. 30, 1821, by Rev. Levi Walker	3	12
Hannah, of Groton, m. Caleb **TYLER**, of Preston, Dec. 17, 1760	2	96
Hannah, widow, d. Oct. 8, 1863, ae 85 y.	8-C	20
Harriet, of Preston, m. Christopher V. **PECKHAM**, of E. Windsor, Dec. 3, 1837, by A. Gleason	4	9
Harriet A., unmarried, b. in Norwich, d. May 24, 1856, ae 18	8-C	7
Harriet F., d. [Asa & Nancy], b. Sept. 1, 1832	3	187
Joseph, s. [Elijah & Lucy], b. Sept. 26, 1768	2	104
Keziah, d. [Elijah & Lucy], b. Aug. 3, 1771	2	104
Kinne, s. [Elijah & Lucy], b. July 15, 1764	2	104
Lois, d. [Elijah & Lucy], b. Nov. 24, 1762	2	104

PRESTON VITAL RECORDS 17

	Vol.	Page
BARNES, BARNS, (cont.)		
Lucy, of Groton, m. Nathan **FREEMAN**, of Preston, Feb. 14, 1753	2	27
Lucy, w. Elijah, d. Aug. 16, 1773	3	104
Lucy, m. Joseph **DURFEE**, b. of Preston, Jan. 24, 1793	2	248
Lucy, d. [Avery & Abigail], b. Apr. 10, 1815	2	312
Lucy, m. Harley A. **BRUMLEY**, b. of Preston, Nov. 17, 1850, by Rev. S. W. Coggeshall	4	198
Lucy, ae 15, m. Harly **BROML[E]Y**, ae 27, farmer, of Preston, Nov. 17, 1850, by Elder Cogswell	5	2
Lydia, m. James **WINCHESTER**, b. of Preston, Sept. 5, 1841, by Rev. Nathan E. Shailer	4	59
Mary, m. Jacob **EL[L]IOT**, Sept. 22, 1742 [sic]	1	9
Mary, of Groton, m. Samuel **AVERY**, of Preston, Dec. 11, 1762	2	69
Mary, wid., b. in Groton, d. Jan. 31, 1858, ae 80	8-C	10
Mary Ann, d. [Asa & Nancy], b. Feb. 5, 1839	3	187
Mary Ann, of Preston, m. [ ] **BUDLONG**, of Manchester, Conn., Sept. 15, 1839, by Rev. N. E. Shailer	4	31
Nabby, d. Avery & Abigail, b. July 31, 1806	2	312
Palmer, m. Mariah **GEER**, Mar. 4, 1827, by Rev. Zelotes Fuller, Jr.	3	97
Patience, d. [Asa & Nancy], b. Nov. 27, 1834	3	187
Prudence, d. [Avery & Abigail], b. Sept. 20, 1819	2	312
Prudence, of Preston, m. Hiram **BROWNING**, of Griswold, Mar. 15, 1840, by Welcome A. Browning, J.P.	4	35
Rebecca, d. [Elijah & Lydia], b. June 24, 1777	2	104
Ruth Ann, d. [Avery & Abigail], b. June 19, 1822	2	312
Sally, d. [Avery & Abigail], b. Mar. 6, 1811	2	312
Sarah, m. Asa **WHITNEY**, b. of Preston, Aug. 5, 1762	2	106
Sarah M. W., d. Cyrus P., mason, & Sarah, b. [ ]	5	7
BARNEY*, Clarrissa, m. Caleb **WOODARD**, Nov. 20, 1831, at Asa Barnes', by Rev. Alfred Gates. (*Perhaps **BARNES**)	3	166
BARRIS, Benajah, m. Jerusha **GEER**, Nov. 10, 1771, by Thomas Tillinghast, J.P.	2	51
Esquire, s. Benajah & Jerusha, b. Sept. 12, 1773	2	51
BARSTOW, Alexander, s. [Joshua & Lydia], b. Dec. 15, 1810; d. Mar. 29, 1814	3	170
Charles, s. [Joshua & Lydia], b. Sept. 24, 1805	3	170
Charles, m. Eunice H. **GEER**, Sept. 15, 1829, by Rev. Augustus B. Collins	3	133
Charles Tracy, s. [Charles & Eunice H.], b. Jan. 25, 1830	3	133
Joshua, of Preston, m. Lydia **WINCHESTER**, of Norwich, Mar. 24, 1803, by Lemuel Tyler, Clerk	3	170
Joshua, s. [Joshua & Lydia], b. Jan. 7, 1809	3	170
Joshua, unmarried, blacksmith, d. Oct. 10, 1855, ae 80	8-C	6
Lydia, d. [Joshua & Lydia], b. Nov. 28, 1812; d. Sept. 18, 1814	3	170
Lydia, married, d. Feb. 5, 1855, ae 79	8-C	5
Margaret, d. [Joshua & Lydia], b. June 24, 1807	3	170
Rufus T., s. [Joshua & Lydia], b. Jan. 1, 1821 (See **BUISTOW**, Rufus T.)	3	170
BARTLETT, Ruby, d. Oct. 3, 1853, ae 22	8-C	2
BASSETT, BASSET, Cornelia E., b. in New Jersey, d. Sept. 3, 1861, ae 1y. 10 m.	8-C	17
E. B., s. Ruel H., ae 35, railroad, & Mary, b. Mar. 27, 1849	5	8
James F., of Java, N.Y., m. Abby J. **COOK**, of Preston, July 5, 1846,		

	Vol.	Page
BASSETT, BASSET, (cont.)		
by Rev. A. V. Stedman	4	130
Margaret, b. in Maine, wid., d. Mar. 7, 1854, ae 76	8-C	2
Sarah, m. Hugh MACKNELL, Sept. 26, 1720	1	54
William, s. Rose Macknail, b. June 15, 1748	2	21
BATES, Clarissa, m. Nathan WEDGE, b. of Norwich, Dec. 25, 1825, at the home of Nathan Wedge's mother, by Rev. William Palmer	3	77
Elizabeth, married, b. in S. Kingston, R.I., d. Nov. 8, 1864, ae 72	8-C	23
Frank, d. July 4, 1864, ae 9	8-C	22
Henry, d. Dec. 30, 1858, ae 2-1/2	8-C	11
Nancy Louisa, b. in Bozrah, d. Jan. 14, 1866, ae 15	8-C	26
Penellopee, m. Samuel CLARK, Jr., b. of Preston, Nov. 30, 1756	2	119
-----, male, d. July 26, 1858, ae 13 d.	8-C	10
BATTEY, Lucy, d. Oliver, blockmaker, & Lucy, b. July 14, 1848	5	7
BAWBLY, William, of Lyme, Mass., m. Sophronia S. CURRY, of Preston, Dec. 26, 1847, by Rev. Roswell Whitmore	4	139
BEACHER, see under BE[E]CHER		
BEAMAN, Anna, d. [Uriah & Anna], b. June 11, 1781	2	4
Branford, s. [Uriah & Anna], b. Sept. 14, 1773	2	4
Elam Rodman, s. [Uriah & Anna], b. May 19, 1772	2	4
Joseph, s. [Uriah & Anna], b. Feb. 27, 1779, (Josephus)	2	4
Peggy, d. [Uriah & Anna], b. Feb. 12, 1777	2	4
Uriah, reputed s. John BEAMAN, of Kent, begotten of Silence HERRICK, Feb. 24, 1746/7	2	21
Uriah, m. Anna SAFFORD, b. of Preston, Nov. 12, 1771	2	4
Uriah, s. [Uriah &Anna], b. May 27, 1775	2	4
BE[E]CHER, Hester, m. Nathaniell KEDY, June 11, 1719	1	91
BECKWITH, George N., s. Ralph J., ae 25, carpenter, & Dianna M., ae 29, b. Nov. 13, 1849	5	8
Mary E., d. Pardon, laborer, & Elizabeth, b. Oct. 3, 1847	5	7
Sally, m. Jason STANTON, June 29, 1806	2	276
Thomas P., s. Charles, carpenter & Esther, b. Jan. 31, 1848	5	7
BEDUNT, Charles W., s. [Jesse & Phebe], b. May 31, 1827	3	29
Emily, d. [Jesse & Phebe], b. Aug. 11, 1825 (Perhaps May)	3	29
Frances, d. [Jesse & Phebe], b. July 2, 1823	3	29
Henry, s. [Jesse & Phebe], b. Mar. 11, 1830	3	29
Jesse, m. Phebe HEWIT[T], b. of Preston, Sept. 15, 1822, by Jonathan Brewster, J.P.	3	29
BEEBE, Silas F., of Norwich, m. Mary C. HOLDEN, of Preston, May 14, 1846, by Rev. Augustus B. Collins	4	129
BEECHER, see under BECHER		
BELCHER, Abigail, w. Elijah, d. Sept. 21, 1727	1	21
Abigail, d. [Elijah], b. May 30, 1735	1	21
Abigail, m. Joseph JOHNSON, b. of Preston, May 27, 1752	2	78
Abigail, d. [Moses & Esther], b. Sept. 27, 1762	2	92
Abigail, d. [Joseph & Lucy], b. Jan. 31, 1790	2	213
Allethina, d. [William & Desire], b. Mar. 14, 1764	2	79
Allethena, m. Elias PARKMAN, b. of Preston, Nov. 24, 1785	2	206
Betsey, d. [William & Desire], b. Sept. 5, 1775	2	79
Desire, [w. William], d. May 15, 1801, ae 66 y.	2	79
Dolly, m. Joel HIDE, b. of Preston, Nov. 6, 1791	2	233
Elijah, m. Abigail KINNI, Sept. 7, 1724	1	21
Elijah, s. [Elijah & Abigail], b. Sept. 18, 1727	1	21

	Vol.	Page
BELCHER, (cont.)		
Elijah, m. Hannah **WILLIAMS**, b. of Preston, June 6, 1753	1	21
Elijah, s. Moses & Esther, b. Mar. 18, 1772	2	92
Elijah, Deac., m. Judeth **MORSE**, b. of Preston, July 15, 1773	2	8
Elijah, s. [Joseph & Lucy], b. June 15, 1800	2	213
Elisha, [s. Moses & Hannah], d. July 20, 1729	1	21
Elisha, s. [William & Desire], b. Mar. 7, 1757	2	79
Elizabeth, d. Elijah, b. May 8, 1730	1	21
Elizabeth, 2d w. of Elijah, d. Feb. 13, 1753	1	21
Elizabeth, d. [Moses & Esther], b. June 12, 1766	2	92
Esther, d. [Moses & Esther], b. Mar. 21, 1770	2	92
Esther, d. [Joseph & Lucy], b. Aug. 8, 1804	2	213
Eunice, d. [William & Desire], b. Oct. 23, 1766	2	79
Frederick, s. [Joseph & Lucy], b. May 23, 1798	2	213
George Washington, s. [Moses & Esther], b. Oct. 24, 1777	2	92
Hannah, w. Moses, d. Aug. 20, 1745	1	21
Hannah, 3d, w. of Elijah, d. Nov. 26, 1771	2	8
Jonathan, s. [Moses & Esther], b. Apr. 21, 1761	2	92
Jonathan, [s. Moses & Esther], d. Jan. 5, 1781, at New York	2	92
Jonathan, s. [Joseph & Lucy], b. Feb. 8, 1788	2	213
Joseph, s. [Moses & Esther], b. June 25, 1764	2	92
Joseph, m. Lucy **HALL**, b. of Preston, Mar. 30, 1786	2	213
Joseph, s. [Joseph & Lucy], b. Jan. 10, 1794	2	213
Lucy, d. [Joseph & Lucy], b. Dec. 28, 1791	2	213
Lydia, d. [Joseph & Lucy], b. Aug. 2, 1786	2	213
Maria, d. [Joseph & Lucy], b. July 15, 1802	2	213
Mary, m. Moses **TYLER**, Nov. 20, 1729	1	37
Mehetabel, m. Timothy **LESTER**, b. of Preston, Oct. 1, 1741	1	122
Mehetable, d. [William & Desire], b. May 22, 1753	2	79
Mehetable, m. Simon **BREWSTER**, Jr., b. of Preston, Dec. 20, 1770	2	129
Moses, s. Moses & Hanna[h], d. Oct. 13, 1722, ae 24 y.	1	21
Moses, s. [Elijah & Abigail], b. Oct. 20, 1725	1	21
Moses, d. May 4, 1728	1	21
Moses, s. Elijah, d. June 11, 1732/3	1	21
Moses, s. Elijah, b. Mar. 11, 1734	1	21
Moses, of Preston, m. Esther **RUDD**, of Windham, Nov. 8, 1758	2	92
Moses, d. Apr. 15, 1782	2	92
Nathan, s. [William & Desire], b. June 20, 1759	2	79
Nathan, m. Lucy **HUNTINGTON**, b. of Preston, Nov. 10, 1785	2	200
Olive, d. [William & Desire], b. Mar. 18, 1755	2	79
Olive, m. Perly **BROWN**, b. of Preston, Mar. 11, 1777	2	173
Polly, d. [William & Desire], b. June 20, 1769	2	79
Rebeckah, d. [Moses & Esther], b. Apr. 12, 1775; d. Sept. 19, 1781	2	92
Rebeckah, d. [Moses & Esther], b. Apr. 18, 1782	2	92
Sarah, d. [Moses & Esther], b. Aug. 16, 1759	2	92
Sarah, m. Joseph **BILLINGS**, b. of Preston, Nov. 15, 1781	2	192
Susan, [w. William], d. Aug. 11, 1807	2	304
Susan, d. [William & Sally], b. June 25, 1809	2	304
William, s. Will[ia]m, b. Aug. 29, 1731	1	25
William, d. Feb. 7, 1731/2	1	25
William, m. Desire **MORGAN**, b. of Preston, Apr. 23, 1752	2	79
William, s. [William & Desire], b. Oct. 4, 1772	2	79
William, Capt., d. June 27, 1801, ae 70 y	2	79

BELCHER, (cont.)

	Vol.	Page
William, m. Susan **COIT**, b. of Preston, Dec. 5, 1806	2	304
William, m. Sally **WILSON**, b. of Preston, May 25, 1808	2	304
William Henry, s. [William & Sally], b. May 11, 1811	2	304
BELLAMY, Rebecca, of Woodberry, m. Rev. Levi **HART**, of Preston, Sept. 6, 1761	2	111
BELLOWS, Anna, m. Greenfield **RANDALL**, b. of Preston, Oct. 23, 1745	2	16
Cynthia, of Groton, m. Shubael **MORGAN**, of Preston, Mar. 10, 1791	2	267
Daniel, m. Deborah **RICE**, b. of Preston, Dec. 24, 1746	2	50
Deborah, d. [Daniel & Deborah], b. Sept. 9, 1760	2	50
Deborah, d. [Thomas & Deliverance], b. July 16, 1778	2	161
Eliazer, m. Hannah **MEACH**, May 27, 1735	1	107
Jurasha, d. [Daniel & Deborah], b. June 3, 1757	2	50
Molly, d. [Thomas & Deliverance], b. Nov. 2, 1774	2	161
Thankfull, d. [Daniel & Deborah], b. Sept. 22, 1750	2	50
Thankful, m. Asa **KINNE**, Jr., b. of Preston, Dec. 30, 1772	2	156
Thomas, s. [Daniel & Deborah], b. June 16, 1753	2	50
Thomas, m. Deliverance **BUTTON**, b. of Preston, June 26, 1774	2	161
William, s. [Thomas & Deliverance], b. Nov. 16, 1776	2	161
BELTON, Hannah, of Groton, m. Elisha **PARK[E]**, of Preston, Dec. 1, 1771	2	178
BENJAMIN, BENIAMIN, Abel, s. Abel, b. Aug. 10, 1765	2	17
Abiell, s. [Joseph & Elizabeth], b Dec. 16, 1716	1	26
Abial, m. Judath **FORD**, Dec. 16, 1736	1	115
Abial, s. [Abial & Judath], b. Aug. 16, 1747	1	115
Abial, Jr., m. Lovisa **ELLIS**, b. of Preston, Sept. 18, 1771	2	137
Abigail, d. [John & Margret], b. Nov. 10, 1749; d. Oct. 25, 1754	2	85
Amos H., s. [Seabury & Lucy], b. Sept. 3, 1826; d. Feb. 10, 1827	3	26
Anna, d. [Ezra & Jane], b. Apr. 8, 1782	2	133
Anna, d. [Elijah & Deborah], b. May 16, 1798	2	316
Anne, d. [Abial & Judath], b. May 7, 1753	1	115
Anne, m. Samuel **PRENTICE**, b. of Preston, Aug. 29, 1771, by Asher Rosseter, Clerk	2	141
Asa, s. [James & Priscilla], b. Oct. 27, 1753	2	46
Asa, twin with Asahel, s. [Abial, Jr. & Lovisa], b. Oct. 18, 1784	2	137
Asa, m. Mary **ROATH**, Dec. 26, 1784	2	389
Asa, s. [Abial, Jr. & Lovisa], d. Mar. 28, 1785	2	137
Asa, s. [Ephraim & Sally], b. July 8, 1823	2	389
Asa, d. Apr. 26, 1834	2	389
Asahel, twin with Asa, s. [Abial, Jr. & Lovisa], b. Oct. 18, 1784	2	137
Barber, s. [Abial, Jr. & Lovisa], b. Aug. 7, 1780	2	137
Barzillar, s. [Joseph & Deborah], b. Mar. 28, 1730	2	24
Benjamin, s. Daniel & Phebee, b. Mar. 20, 1756; d. July 28, 1756	2	52
Benjamin [sic], s. [Ebenezer & Phebee], b. Jan. 13, 1770	2	43
Butler, m. Polly **SPICER**, of Preston, Nov. 29, 1838, by Rev. N. E. Shailer	4	18
Caleb, s. [Obed & Mary], b. Dec. 11, 1759	2	76
Charles D., s. [Ephraim & Sally], b. Feb. 21, 1817	2	389
Comas E., farmer, unmarried, d. June 13, 1866, ae 26	8-C	26
Daniell, s. [Joseph & Elizabeth], b. Sept. 17, 1714	1	26
Daniel, d. July 30, 1756	2	52

PRESTON VITAL RECORDS 21

	Vol.	Page
BENJAMIN, BENIAMIN, (cont.)		
Daniel, s. [Ebenezer & Phebee], b. Sept. 26, 1762	2	43
Daniel, s. [John & Louis], b. Apr. 21, 1777	2	85
Daniel W., [s. Nathan & Hannah], b. Dec. 2, 1838	3	145
David, s. [John & Margaret], b. Apr. 11, 1743	1	96
David, m. Esther WILBOURN, b. of Preston, Mar. 23, 1766	2	118
David, m. Lucy PARKE, Feb. 19, 1769	2	118
David, s. Elijah & Patty, b. June 18, 1809	2	316
Deborah, d. [Joseph & Deborah], b. Mar. 26, 1732	2	24
Deborah, d. Elijah & Patty, b. Aug. 15, 1807; d. Feb. 9, 1808	2	316
Deborah Alura, d. [Seabury & Lucy], b. May 14, 1822	3	26
Delight, d. [James & Priscilla], b. Aug. 28, 1755	2	46
Eames, s. [Ezra & Jane], b. Oct. 10, 1779	2	133
Eames, m. Prudence CHAPMAN, Sept. 27, 1812, by Peleg Randal[l], Elder	2	327
Ebenezer, m. Phebee BENJAMIN, b. of Preston, Nov. 26, 1761	2	43
Ebenezer, s. [Ebenezer & Phebee], b. Apr. 4, 1766	2	43
Edwin, s. [Ephraim & Sally], b. Sept. 3, 1833	2	389
Elam, s. [Abial, Jr. & Lovisa], b. Sept. 4, 1786	2	137
Elam, m. Hannah DENNISS, b. of Preston, Oct. 7, 1810	2	332
Elijah, s. [Joseph & Deborah], b. June 8, 1725	2	24
Elijah, s. [Elijah], b. Dec. 27, 1755	2	71
Elijah, s. David & Lucy, b. Nov. 12, 1771	2	118
Elijah, s. [Seabury & Lucy], b. Mar. 18, 1824	3	26
Elijah, of Lisbon, m. Eunice A. WEEKS, of Preston, Apr. 7, 1831, by Augustus B. Collins	3	161
Elisha, s. [James & Priscilla], b. June 14, 1751	2	46
Eliza, d. [Stephen & Barbara], b. Feb. 18, 1802	2	264
Elizabeth, d. [Joseph & Elizabeth], b. Nov. 11, 1703	1	26
Elisabeth, d. [John & Febe], b. Mar. 13, 1711	1	84
Elizabeth, of Preston, m. George DARROW, of Stonington, Mar. 7, 1763	2	33
Elizabeth, d. [Ebenezer & Phebee], b. May 11, 1773	2	43
Ellen, [d. Nathan & Hannah], b. Apr. 23, 1842 (twin with Emma)	3	145
Ellis, s. [Abial, Jr. & Lovisa], b. Mar. 5, 1775	2	137
Emma, [d. Nathan & Hannah], b. Apr. 23, 1842 (twin with Ellen)	3	145
Ephraim, s. [Asa & Mary], b. Nov. 18, 1785	2	389
Ephraim, m. Sally GREEN, Nov. 1, 1812	2	389
Ephraim, farmer, married, d. Jan. 23, 1859, ae 73	8-C	12
Esther, w. David, d. Aug. 4, 1768	2	118
Esther, d. [David & Lucy], b. Mar. 10, 1781	2	118
Eunice, d. [Ezra & Amy], b. June 24, 1795	2	133
Eunice A., w. Elijah, d. Nov. 25, 1836, ae 30 y.	3	161
Eunice E., m. Horace B. BRUMBL[E]Y, farmer, Oct. 27, 1847, by C. L. Miner	5	1
Eunice F., [d. Seabury & Lucy], b. Dec. 23, 1828	3	26
Eunice J., m. Horace B. BRUMLEY, Oct. 17, 1847, by Rev. Cyrus Miner	4	143
Ezra, s. [Abial & Judath], b. Dec. 13, 1742	1	115
Ezra, of Preston, m. Prudence MAIN, of Stonington, Apr. 27, 1769	2	133
Ezra, s. [Ezra & Prudence], b. Jan. 2, 1770	2	133
Ezra, of Preston, m. Jane EAMES, of Norwich, June 2, 1774	2	133
Ezra, Jr., m. Lucy BROWN, b. of Preston, Feb. 16, 1794	2	241

BENJAMIN, BENIAMIN, (cont.)

	Vol.	Page
Ezra, of Preston, m. Amy STANTON, of Groton, Mar. 20, 1794	2	133
Febe, d. [John & Febe], b. July 4, 1706	1	84
Francena, d. Elijah, ae 25, carpenter, m. Desiah, ae 21, b. July 1, 1849	5	7
George G., s. [Ephraim & Sally], b. Feb. 11, 1813	2	389
George G., m. Betsey M. AVERY, b. of Preston, Mar. 29, 1843, by Rev. Nathan E. Shailer	4	88
Grace, d. [Joseph & Elizabeth], b. Jan. 10, 1709	1	26
Grace, m. Jonathan WHEELER, Oct. 14, 1729	1	57
Grace, d. [Ebenezer & Phebee], b. Aug. 9, 1771	2	43
Grace, m. Walter FANNING, b. of Preston, Nov. 6, 1771	2	163
Hannah, d. [Jedidiah & Patience], b. May 22, 1737	2	37
Hannah, of Plainfield, m. Daniel HARRIS, of Preston, Feb. 10, 1771	2	37
Hannah, widow, d. Jan. 20, 1864, ae 52	8-C	21
Hannah J., [d. Nathan & Hannah], b. Sept. 29, 1831	3	145
Hannah J., of Preston, m. James F. BUSHNELL, of Norwich, Jan. 15, 1854, by Rev. N. S. Hunt	4	232
Harriet, d. [Ephraim & Sally], b. Jan. 17, 1815	2	389
Harriet, of Preston, m. George D. PALMER, of Griswold, Mar. 13, 1842, by Rev. Nathan E. Shailer	4	73
Henrietta A., d. Mar. 2, 1864, ae 15	8-C	21
Hiram, s. [Ezra & Jane], b. Jan. 26, 1778	2	133
Isaac, s. [Joseph & Deborah], b. Apr. 15, 1742	2	24
Jabez Lyman Denniss, s. [Elam & Hannah], b. July 27, 1812	2	332
Jabez Story Denniss, s. [Elam & Hannah], b. June 25, 1811	2	332
Jacob D., [s. Seabury & Lucy], b. July 12, 1836	3	26
James, s. [Joseph & Deborah], b. Apr. 3, 1727	2	24
James, m. Priscilla BURTON, b. of Preston, Mar. 8, 1750	2	46
James, s. [James & Priscilla], b. July 20, 1757	2	46
James Elam, s. [Butler & Polly], b. Sept. 28, 1839	4	18
Jane, w. Ezra, d. Apr. 15, 1791	2	133
Jedidiah, of Preston, m. Patience STANTON, of Groton, Nov. 11, 1732	2	37
Jemime, d. [John & Febe], b. Feb. 2, 1708/7	1	84
Jemime, m. John UTTER, Mar. 25, 1724/5	1	15
Jemima, d. [John & Margaret], b. Aug. 3, 1745	1	96
Jerediah, s. [Joseph & Elizabeth], b. July 15, 1711	1	26
Jesse, s. [Abial & Judath], b. Aug. 1, 1740	1	115
Jesse, s. [Abial & Judath], b. Oct. 28, 1758	1	115
John, m. Febe LAR[R]IBE[E], Aug. 7, 1705	1	84
John, s. [John & Febe], b. Oct. 31, 1714	1	84
John, of Preston, m. Margaret JEMISON, of Stonington, Jan. 3, 1739/40	1	96
John, s. [John & Margaret], b. Nov. 20, 1740; d. Mar. 9, 1743/4	1	96
John, s. [John & Margret], b. Dec. 25, 1751	2	85
John, of Preston, m. Louis PALMER, of Stonington, May 11, 1775	2	85
Joseph, m. Elizabeth COKE, Aug. 25, 1698	1	26
Joseph, m. Deborah CLARK, b. of Preston, Apr. 3, 1722	2	24
Joseph, Jr., s. [Joseph & Deborah], b. Dec. 19, 1723	2	24
Joseph, s. [John, Jr. & Grace], b. Oct. 18, 1777	2	172
Josiah, s. [Joseph & Deborah], b. Mar. 13, 1734	2	24
Judith, d. [Abial & Judath], b. Apr. 11, 1750	1	115

BENJAMIN, BENIAMIN, (cont.)

	Vol.	Page
Judeth, m. Peleg SWEET, b. of Preston, Feb. 22, 1776	2	154
Kaziah, m. William STARKWEATHER, Feb. 6, 1823, by Rev. John Hyde	3	64
Levi S., [s. Seabury & Lucy], b. July 2, 1830	3	26
Lovisa, d. [John & Louis], b. Oct. 9, 1779	2	85
Lucy, d. [David & Lucy], b. Mar. 15, 1779	2	118
Lucy, of Preston, m. Alfred THOMAS, of Groton, Nov. 12, 1820, by Jona[than] Brewster, J.P.	3	17
Lucy, w. Seabury W., d. Dec. 12, 1842	3	26
Lucy, seamstress, unmarried, d. Nov. 2, 1861, ae 19	8-C	17
Lucy Ann Maria, m. Nelson G. PARKER, b. of Preston, Mar. 27, 1836, by Robert S. Avery, J.P.	3	326
Lydia, d. [Abial & Judath], b. July 27, 173[ ]	1	115
Lydia, m. Jesse KIMBAL[L], b. of Preston, Sept. 20, 1759	2	91
Lydia, d. [Abial, Jr. & Lovisa], b. Oct. 20, 1781	2	137
Lydia W., [d. Seabury & Lucy], b. Aug. 23, 1834	3	26
Lyman, s. [Abial, Jr. & Lovisa], b. Mar. 24, 1777	2	137
Lyman, of Griswold, m. Mary A. GIDDINGS, of Preston, Apr. 24, 1836, by Rev. N. E. Shailer	3	328
Marcy, d. [John & Febe], b. Aug. 18, 1709	1	84
Marg[a]ret, d. John & Marg[a]ret, b. Oct. 25, 1747	2	85
Marg[a]ret, w. John, d. Oct. 18, 1769	2	85
Margaret, had illeg. d. Mary PARKE, b. Feb. 23, 1770. Reputed father Aaron PARKE	2	16
Margeret, m. Lester STANTON, b. of Preston, Aug. 6, 1772	2	140
Mary, d. [Joseph & Deborah], b. June 25, 1739	2	24
Mary, d. [Ephraim & Sally], b. Feb. 17, 1826	2	389
Mary, wid., b. in Norwich, d. Jan. 26, 1859, ae 94 y. 6-1/2 m.	8-C	12
Mary E., [d. Nathan & Hannah], b. Apr. 7, 1840	3	145
Moses, s. [David & Lucy], b. July 5, 1774	2	118
Nathan, s. [Joseph & Deborah], b. Apr. 19, 1737	2	24
Nathan, s. [Elijah & Deborah], b. Oct. 10, 1802	2	316
Nathan, m. Hannah COOK, of Preston, Oct. 5, 1828, by Rev. Augustus B. Collins	3	145
Nathan, d. Dec. 5, 1851	3	145
Nathan H., [s. Nathan & Hannah], b. Jan. 19, 1834	3	145
Obed, s. [Joseph & Elizabeth], b. Aug. 15, 1701	1	26
Obed, m. Mary HERD, b. of Preston, Mar. 27, 1755	2	76
Olive, d. [John, Jr. & Grace], b. Jan. 17, 1780	2	172
Olive, d. [Stephen & Barbara], b. Oct. 16, 1811	2	264
Parke, s. David & Lucy, b. Oct. 5, 1769	2	118
Patience, d. [Jedidiah & Patience], b. Feb. 25, 1735	2	37
Phebe, see under Febe		
Phebe, m. Peter RANDELL, Sept. [ ], 1719	1	16
Phebe, wid., m. Israel HUTCHESON, b. of Preston, Dec. 16, 1756	2	95
Phebee, m. Ebenezer BENJAMIN, b. of Preston, Nov. 26, 1761	2	43
Phebe E., [d. Seabury & Lucy], b. Mar. 9, 1840	3	26
Philena, d. [Seabra N. & Lucy], b. May 12, 1820	2	289
Philena, d. [Seabury & Lucy], b. May 12, 1820	3	26
Philena, of Preston, m. Lester FULLER, of Hampton, Nov. 7, 1841, by Rev. Augustus B. Collins	4	64
Phinehas, s. [Jedidiah & Patience], b. Oct. 5, 1733	2	37

	Vol.	Page
BENJAMIN, BENIAMIN, (cont.)		
Prescilla, d. [James & Priscilla], b. July 17, 1761	2	46
Prudence, [w. Ezra], d. Feb. 12, 1773	2	133
Prudence, d. [Ezra & Jane], b. Nov. 5, 1775	2	133
Ransley, s. [Abial, Jr. & Lovisa], b. Sept. 5, 1788	2	137
Roger, s. [James & Priscilla], b. Sept. 10, 1759	2	46
Rozel, s. [John & Margret], b. Jan. 19, 1755	2	85
Rufus, s. John, Jr. & Grace, b. Dec. 15, 1775	2	172
Rufus, s. Elijah & Patty, b. June 22, 1805	2	316
Russell, s. [Elijah & Deborah], b. Apr. 27, 1800	2	316
Salah Bannerd, s. [James & Priscilla], b. May 18, 1766	2	46
Samuel, s. Abel, b. Dec. 5, 1763	2	17
Sarah, d. [Joseph & Elizabeth], b. Jan. 17, 1707	1	26
Sarah, m. Josiah PARKE, b. of Preston, Nov. 5, 1731	1	110
Sarah, d. [Abial & Judath], b. Oct. 1, 1756	1	115
Sarah, [d. Nathan & Hannah], b. Mar. 25, 1846	3	145
Sarah Ann, d. [Ephraim & Sally], b. Apr. 17, 1821	2	389
Sarah D., of Preston, m. Reuben HEATH, of New London, Oct. 22, [1850], by Rev. Cyrus Miner	4	195
Sarah P.*, of Preston, m. Reuben HEATH, cooper, of New London, Oct. 22, 1850, by Elder Cyrus Minor. (*His 2d wife.)	5	3
Seabra N., m. Lucy STANDISH, of Preston, June 6, 1819, by Rev. John Hyde	2	289
Seabury, m. Lucy STANDISH, b. of Preston, June 6, 1819, by Rev. John Hyde	3	26
Seabury N., farmer, married, d. May 31, 1866, ae 70	8-C	26
Seabury Newton, s. [Elijah & Deborah], b. July 15, 1796	2	316
Statia, d. [Abial, Jr. & Lovisa], b. May 11, 1773	2	137
Stephen, s. [Obed & Mary], b. Oct. 23, 1757	2	76
Stephen, s. [David & Lucy], b. Sept. 15, 1776	2	118
Stephen, m. Barbara PHILLIPS, b. of Preston, Mar. 7, 1799	2	264
Stephen Park, s.[Stephen & Barbara], b. Mar. 3, 1800	2	264
William, s. Elijah, b. Mar. 6, 1752	2	71
William, s. [Ebenezer & Phebee], b. Apr. 16, 1768	2	43
William, s. [Ephraim & Sally], b. Mar. 29, 1819	2	389
William, Capt., m. Cynthia B. PALMER, b. of Preston, May 29, 1848, by Rev. N. S. Hunt	4	145
William, mariner, m. Cynthia B. PALMER, May 29, 1848, by N. S. Hunt	5	1
William Henry, s. [Elijah & Eunice A.], b. June 9, 1835	3	161
Zeperah, d. [Abial & Judath], b. Nov. 23, 1744	1	115
Zipporah, d. [Ezra & Prudence], b. May 9, 1771	2	133
-----, stillborn, child of Nathan, ae 47, farmer, & Hannah, ae 41, July 10, 1849	5	7
-----, male, d. July 5, 1861, ae 2 d.	8-C	16
-----, stillborn, Apr. 16, 1865	8-C	24
BENNETT, BENNET, BENNIT, BENNITT, Abel, s. [Samuel & Eunice], b. May 4, 1747	2	15
Abigail, of Preston, m. Job HARRIS, of Canterbury, Apr. 8, 1765	2	86
Allis, d.[John, 3d, & Mary], b. July 15, 1762	2	41
Amos, s. [Daniel & Hannah], b. May 7, 1777	2	152
Ann, [d. Thomas & Ann], b. Nov. 26, 1723	1	24
Asa, s. [Isaac], b. Nov. 11, 1746	1	114

	Vol.	Page
BENNETT, BENNET, BENNIT, BENNITT, (cont.)		
Asa, of Preston, m. Amy **KIMBALL**, of Lisbon, Mar. 20, 1794	2	247
Barrodil, d. [William & Elizabeth], b. Dec. 17, 1733	2	10
Borridel, m. Winter **GREEN**, Feb. 11, 1756	2	145
Benjamin, m. Abigail **CLARK**, b. of Preston, Apr. 24, 1753	2	62
Benjamin, s. [Benjamin & Abigail], b. Jan. 15, 1754	2	62
Bette, d. [Samuel & Jane], b. Oct. 14, 1733	1	114
Charles, s. [William & Elizabeth], b. June 10, 1727	2	10
Charles P., [s. Elisha & Lydia], b. Nov. 14, 1811	2	334
Daniell, twin with Josiah, s. [Thomas & Jemime], b. Feb. 2, 1722/21	1	72
Daniel, s. [Samuel & Jane], b. Dec. 13, 1738	1	114
Daniel, s. [Benjamin & Abigail], b. Jan. 18, 1756	2	62
Daniel, of Preston, m. Hannah **READ**, of Norwich, Oct. 6, 1774	2	152
Ebenezer, [s. Thomas & Ann], b. Sept. 11, 1718	1	24
Ebenezer, m. Esther **TRACY**, b. of Preston, Oct. 28, 1742	1	126
Ebenezer, s. [John, 3d, & Mary], b. Sept. 26, 1743	2	41
Ebenezer, s. [Ebenezer & Esther], b. Sept. 23, 1745	1	126
Elijah, s. [Samuel & Jane], b. Mar. 22, 1726	1	114
Elisha, s. [Samuel & Jane], b. Mar. 13, 1730	1	114
Elisha, m. Lydia **PENDLETON**, Jan. 1, 1807	2	334
Elisha H., [s. Elisha & Lydia], b. Jan. 21, 1810	2	334
Elisabeth, d. [Samuel & Jane], b. Jan. 13, 1730/1	1	114
Elizabeth, d. [William & Elizabeth], b. Aug. 25, 1731	2	10
Elizabeth, m. Ebenezer **TYLER**, b. of Preston, May 23, 1739	2	14
Elizabeth, d. [Nathan & Sarah], b. Apr. 24, 1741	1	115
Elizabeth, d. [Ebenezer & Esther], b. Jan. 18, 1747/8	1	126
Ephraim, s. [Samuel & Eunice], b. July 14, 1751	2	15
[E]unis, d. [Samuel & Sarah], b. May 5, 1721	1	49
Ezekiel, s. [Samuel & Jane], b. Feb. 3, 1735/6	1	114
Ezra, s. [James & Mary], b. May 26, 1749	2	81
George, farmer, d. Sept. 8, [1848?], ae 14	5	13
George T., s. George G. & Maria, b. Mar. 8, 1836; d. Sept. 11, 1848	4	178
Henry, s. Jacob, Jr. & Mahala, b. Mar. 10, 1797	2	251
Henry, [s. Elisha & Lydia], b. June 12, 1813	2	334
Hezekiah, s. [Joseph], b. Nov. 30, 1735	1	7
Isaac, s. [Isaac], b. May 11, 1733	1	114
Isaiah, [s. Thomas & Ann], b. Aug. 22, 1731	1	24
Israel, s. [James & Mary], b. Jan. 23, 1752	2	81
Jacob, s. [Isaac], b. Oct. 6, 1735	1	114
Jacob, s. [Jacob, Jr. & Mahala], b. Apr. 21, 1798	2	251
James, s.[Samuel & Sarah], b. Nov. 6, 1722	1	49
James, s. [James & Mary], b. June 25, 1745	2	81
James, m. Mary **BENNET[T]**, b. of Preston, Nov. 18, 1842	2	81
Jane, d. Sam[ue]ll & his 2d w. Jane, b. Sept. 17, 1724	1	49
Jerusha, of Groton, m. Thomas **BENNET[T]**, Jr., of Preston, Nov. 11, 1742	1	87
Jesse, s. [James & Mary], b. June 3, 1747	2	81
John, Jr., m. Mary **CLARK**, June 15, 1716	1	42
John, s. Thomas & Ann, d. Nov. 20, 1736	1	24
John, 3d, of Preston, m. Mary **BALDWIN**, of Canterbury, July 8, 1742	2	41
John, s. [Ebenezer & Esther], b. Sept. 19, 1743	1	126
John, Sr., d. Dec. 29, 1745	2	18

BARBOUR COLLECTION

	Vol.	Page
BENNETT, BENNET, BENNIT, BENNITT, (cont.)		
Josiah, twin with Daniell, s. [Thomas & Jemime], b. Feb. 2, 1722/2	1	72
Lucretia, d. [Samuel & Eunice], b. Jan. 4, 1745/6	2	15
Lucy, d. [Samuel & Eunice], b.Apr. 15, 1756	2	15
Lucy, d. Asa & Amy], b. Mar. 19, 1795	2	247
Lydia An[n], [d. Elisha & Lydia], b. May 27, 1808	2	334
Mahala, m. Dixwell LATHROP, b. of Preston, Mar. 30, 1806	2	240
Martha, d. [John, 3d, & Mary], b. Feb. 1, 1747	2	41
Mary, [d. John, Jr. & Mary], b. May 27, 1717	1	42
Mary, d. [Isaac], b. May 2, 1738	1	114
Mary, d. [John, 3d, & Mary], b. May 27, 1766	2	41
Mary, d. [Daniel & Hannah], b. July 17, 1775	2	152
Mary, m. James BENNET[T], b. of Preston, Nov. 18, 1842	2	81
Mary, unmarried, b. in Scotland, d. Sept. 9, 1855, ae 15	8-C	6
Nancy M., of Preston, m. Avery BRUMBLEY, of Norwich, Feb. 2, 1837, by Nathan E. Shailer	4	3
Nathan, m. Sarah [ ], June 1, 1738	1	115
Nathan, s. [James & Mary], b. Sept. 12, 1743	2	81
Nathan, s. [Nathan & Sarah], b. Nov. 25, 1748	1	115
Olave, d. [William & Elizabeth], b. Oct. 19, 1729	2	10
Phineas, s. [Joseph], b. July 8, 1732	1	7
Rachel, d. [Samuel & Eunice], b. July 30, 1749	2	15
Rachel, d. [James & Mary], b. Sept.17, 1754	2	81
Sabra, d. [Samuel & Eunice], b. Feb. 11, 1754	2	15
Sam[ue]ll, s. [Samuel & Sarah], b. June 5, 1719	1	49
Samuel, m. Jane CLARK, Sept. 17, 1723	1	114
Samuel, m. Eunice BRANCH, b. of Preston, Oct. 17, 1745	2	15
Sarah, d. Sam[ue]ll & Sarah, b. Sept. 29, [ ]	1	79
Sarah, d. Sam[ue]ll & Sarah, b. Sept. 29, 1715	1	49
Sarah, d. [Nathan & Sarah], b. May 24, 1739; d. May 14, 1740	1	115
Sarah, d. [Nathan & Sarah], b. June 6, 1743	1	115
Sarah, m. Joseph DAVIS, Nov. 11, 1763	2	41
Stephen, s. [John, 3d, & Mary], b. Aug. 1, 1760	2	41
Survina, m. Amos BRAND, Oct. 24, 1784, by Elias Brown, J.P.	2	193
Susannah, d. [Isaac], b.Jan. 13, 1744/5	1	114
Thomas, s. Thomas & Ann, b. Sept. 16, 1715	1	24
Thomas, m. Jemime HARRINGTON, Apr. 22, 1719	1	72
Thomas, s. [Thomas & Jemime], b. Feb. 22, 1719/20	1	72
Thomas, Jr., of Preston, m. Jerusha BENNET[T], of Groton, Nov. 11, 1742	1	87
William, m. Elizabeth GREEN, b. of Preston, Feb. 17, 1725	2	10
William, s. [William & Elizabeth], b. Aug. 19, 1725	2	10
Zebulon, s. [Daniel & Hannah], b. Dec. 6, 1778	2	152
Zurvina, see under Survina		
BENTLEY, Anna, widow, d. Nov. 22, 1853, ae 98	8-C	2
Everett L., d. July 7, 1856	8-C	8
Hannah S., b. in Stonington, d. May 23, 1856, ae 4	8-C	7
Mary Ann, m. Joseph H. YERRINGTON, b. of Preston, Sept. 9, 1841, by Rev. Nathan E. Shailer	4	60
Oliver, ae 30, farmer, b. in Stonington, resid. of Preston, m. 2d w. Abby FORD, ae 30, b. in Griswold, [ ], 1850, by [ ], Abury	5	2
Oliver H., of Preston, m. Caroline YARRINGTON, of N.		

PRESTON VITAL RECORDS 27

	Vol.	Page
BENTLEY, (cont.)		
Stonington, Dec. 16, 1838, by Asa A. Gore, J.P.	4	16
W[illia]m, woolen mill, unmarried, d. Sept. 22, 1860, ae 23	8-C	15
-----, 2 children, d. Oct. 14, 1859	8-C	13
BIBBEN, Phebe, of Windham, m. Jesse GATES, of Preston, Sept. 22, 1774	2	152
BIDWELL, Esther, m. Alas BRUMBLEY, Mar. 14, 1805, at East Hartford	3	81
Francis, of Hebron, m. Maria ANDREWS, of Preston, Sept. 25, 1833, by Rev. G. F. Davis, of Hartford	3	314
BILL, Anna, of Groton, m. Joseph ROSE, Jr., of Preston, Feb. 20, 1746, by Ebenezer Punderson, Missionary	2	147
Elisha S., m. Olivet GEER, Oct. 26, 1817, by Rev. Christopher Avery	2	395
Henry G., d. Nov. 3, 1853, ae 6	8-C	2
Henry Gustavus, s. Henry, book-publisher, & J., b. Nov. 14, 1847	5	7
Sally Maria, d. [Elisha S. & Olivet], b. Feb. 18, 1818	2	395
-----, child stillborn, Henry & July, b. [, 1848?]	5	9
BILLINGS, BILLING, Abegail, d. [Roger & Abegail], b. Feb. 21, 1729/30	1	109
Abigail, m. Benjamin COIT, b. of Preston, Jan. 30, 1753	2	98
Abigail, d. [John & Eunice], b. July 26, 1766	2	128
Ame, d. Joseph & Comfort, b. Dec. 18, 1712	1	92
Benjamin, s. [Roger & Abegail], b. Oct. 10, 1743	1	109
Benjamin, s. [John & Eunice], b. Nov. 11, 1768	2	128
Betsey, d. [Joseph & Sarah], b. May 8, 1783	2	192
Charles, s. [John & Eunice], b.Mar. 21, 1780	2	128
Coddington, s. [Theophilus & Ethelinda], b. May 15, 1810	2	393
Daniel H., s. [Theophilus & Ethelinda], b. Mar. 17, 1804	2	393
Dedford, of Norwich, m. Amelia GEER, of Groton, Apr. 6, 1828, by Rev. William Palmer, of Norwich	3	116
Desire, d. Joseph, b. Aug. 17, 1757	2	54
Dorit[h]y, [d. William], b. Feb. 5, 1702	1	41
Dorithy, of Preston, m. Thomas EDWARDS, of Norwich, May 14, 1720, by Samuel Killam	1	20
Dorathey, d. [Roger & Abegail], b. Apr. 18, 1741	1	109
Elizabeth, [d. William], b. Jan. 5, 1712/13	1	41
Elizabeth, d. Nathan, b. Jan. 14, 1777	2	160
Eunice, d. [John & Eunice], b. Sept. 1, 1771	2	128
Fanny, m. Joseph W. BREWSTER, b. of Preston, Feb. [ ], 1802	2	361
George, s. [Theophilus & Ethelinda], b. July 16, 1807	2	393
George C., m. Mary GRAHAM, b. of Norwich, July 28, 1839, by Asa A. Gore, J.P.	4	26
Han[n]ah, [d. William], b. Sept. 16, 1705	1	41
Hannah, m. John CLARKE, Apr. 8, 1725	1	15
Hannah, [d. Samuell & Hannah], b. June 6, 1728	1	77
Hannah, m. Eleazer PUTMAN*, Jan. 7, 1730/31 (*Indexed "PUTNAM")	1	20
Hannah, m. Eleazer PUTNAM, Jan. 7, 1730/31	1	86
Henry, s. [Roger & Abegail], b. Apr. 9, 1746	1	109
Jacobud, [s. William], b. Sept. 1, 1710	1	41
John, s. [Roger & Abegail], b.Dec. 15, 1732	1	109
John, of Preston, m. Eunice GALLUP, of Stonington, June 19, 1757	2	128

BARBOUR COLLECTION

	Vol.	Page
BILLINGS, BILLING, (cont.)		
John, s. [John & Eunice], b. Oct. 4, 1761	2	128
Joseph, [s. William], b. Jan. 28, 1692	1	41
Joseph, s. [Joseph & Comfort], b. Dec. 17, 1716	1	92
Joseph, twin with Roger, s. [John & Eunice], b. Apr. 6, 1759	2	128
Joseph, s. Nathan, b. May 2, 1774	2	160
Joseph, s. Nathan, d. Jan. 26, 1777	2	160
Joseph, m. Sarah BELCHER, b. of Preston, Nov. 15, 1781	2	192
Lucy, d. [Peleg & Mary], b. July 26, 1778	2	194
Lucy, of Stonington, m. Stephen MEECH, of Preston, Mar. 20, 17 '6	2	255
Mariah, of Colchester, m. Reuben JENKINS, of Lisbon, Apr. 20, 1834, by Rev. D. N. Bentley	3	310
Mary, [d. William], b. Apr. 24, 1689	1	41
Mary, m. John BO[A]RDMAN, May 4, 1713	1	80
Mary, d. [Roger &Abegail], b. May 24, 1755	1	109
Peleg, s. [Roger &Abegail], b. June 26, 1738	1	109
Peleg, s. [Peleg & Mary], b. Dec. 4, 1780	2	194
Peleg, s. [Theophilus & Ethelinda], b. Sept. 24, 1800	2	393
Prudence, [d. William], b. June 12, 1694	1	41
Rachell, [d. William], b. Mar. 1, 1704	1	41
Roger, [s. William], b. Mar. 19, 1708	1	41
Roger, m. Abegail DENISON, July 31, 1729	1	109
Roger, twin with Joseph, s. [John & Eunice], b. Apr. 6, 1759	2	128
Rufus, s. [John & Eunice], b. Dec. 18, 1763	2	128
Sabra, d. [Roger & Abegail], b. Jan. 21, 1751	1	109
Sabra, m. Elias BROWN, b. of Preston, Nov. 22, 1769	2	136
Samuell, [s. William], b. Aug. 18, 1699	1	41
Samuell, m. Hannah WILLIAMS, Jan. 20, 1725; d. Sept. 21, 1727	1	77
Sarah, d. [Joseph & Comfort], b. Dec. 27, 1714	1	92
Susan C., of Preston, m. Hartshorn C. LOCKHART, of Colchester, Nov. 10, [1850], by Rev. Cyrus Miner	4	196
Susannah, d. [Peleg & Mary], b. June 19, 1775	2	194
Theophilus, s. Peleg & Mary, b. May 11, 1773	2	194
Theophilus, m. Ethelinda WHIPPLE, b. of Preston, Jan. 1, 1799	2	393
Thomas, s. Nathan, b. Aug. 18, 1775	2	160
William, [s. William], b. Feb. 15, 1697	1	41
William, s. [Roger & Abegail], b. May 8, 1734	1	109
William, s. [John & Eunice], b. June 22, 1774	2	128
BISHOP, BISHUP, Caleb, of Lisbon, m. Betsey BROWN, of Preston, Sept. 20, 1820, by Rev. John Hyde	3	19
Hester, m. James TYLER, Jr., Oct. 7, 1731	1	43
BISSIL, Charles, s. Thomas & Phebe, b. Mar. 14, 1779	2	150
BLANCHARD, Abigail Fish, d. [Honeman (?) & Hannah], b. Oct. 22, 1804	2	302
Hetty, d. Honeman (?) & Hannah], b. Apr. 8, 1797	2	302
Juliann, d. [Honeman (?) & Hannah], b. Apr. 20, 1799	2	302
William Ray, s. [Honeman (?) & Hannah], b. June 22, 1802	2	302
BLISS, Curtis, s. [Silas & Judah], b. Mar. 7, 1789	2	241
Erastus, s. [Silas & Judah], b. July 2, 1781	2	241
Eunice, d. [Silas & Judah], b. June 3, 1778	2	241
Perez Answorth, s. [William & Anner], b. July 17, 1809	2	306
Polly, d. Silas & Judah, b. Aug. 20, 1775	2	241
Polly, m. Joseph LEONORD, b. of Preston, Nov. 2, 1796	2	260

PRESTON VITAL RECORDS

	Vol.	Page
BLISS, (cont.)		
Septimus, s. Jonathan & Lydia, b. Sept. 2, 1772, in Norwich	2	200
William, s. Jonathan & Lydia, b. Mar. 3, 1788	2	200
William, m. Anner **POTTER**, b. of Preston, Sept. 28, 1808	2	306
BLODGET, BLOGGET, Eunice, d. Benjamin &Abigail, b. May 6, 1761	2	61
Lucy, m. Nathan **FREEMAN**, b. of Preston, Dec. 5, 1748	2	27
Lucy, d. Benjamin & Abigail, b. Jan. 15, 1759	2	61
Mary, m. Ebenezer **FREEMAN**, b. of Preston, June 27, 1738	1	93
Mary, w. William, d. Apr. 4, 1785, ae 71 y.	2	8
BLOND, Henry T., m. Sarah Mole **BAILEY**, b. of Preston, Jan. 4, 1848, by Rev. Roswell Whitmore	4	140
BLOW, Laura K., d. Jan. 29, 1861, ae 2	8-C	16
Lovina, b. in Norwich, d. Apr. 22, 1853, ae 2	8-C	1
BLUNT, BLOUNT, Erastus, s. [Walter & Deborah], b. June 15, 1792	2	237
Fanny, d. [Walter & Deborah], b. Sept. 21, 1790	2	237
Joseph, s. [Walter & Deborah], b. Sept. 23, 1788	2	237
Sarah, m. Joseph **KINNE**, Jr., b. of Preston, June 10, 1740	1	38
Sarah, m. Joseph **KINNE**, b. of Preston, June 10, 1740	2	49
Walter, of Norwich, m. Deborah **HERRICK**, of Preston, Sept. 1, 1785	2	237
BOARDMAN, BORDMAN, Abigail, d. [John, Jr. & Elizabeth], b. Dec. 1, 1739	2	11
Abigail, d. David [& Jemima], b. Jan. 1, 1779	2	134
Alice, d. [Hezekiah & Hannah], b. Mar. 1, 1793	2	219
Benjamin, s. [Joseph & Rachal], b. Sept. 17, 1768	2	65
Benjamin, s. Benjamin, b. Oct. 24, 1784	2	217
Betsey, d. [Hezekiah & Hannah], b. Dec. 6, 1787	2	219
Daniel, s. [Elijah & Mary], b. Sept. 15, 1753	2	67
Daniel, s. [Hezekiah & Hannah], b. Feb. 2, 1796	2	219
Dauid, d. Feb. 1, 1724/5	1	81
David, s. [Joseph & Rachal], b. Sept. 8, 1749	2	65
David, m. Jemima **KINNE**, b. of Preston, Nov. 9, 1769	2	134
Elijah, s. [John & Mary], b. Mar. 13, 1720/21	1	80
Elijah, m. Mary **TYLER**, b. of Preston, Mar. 15, 1749	2	67
Elisha, s. [Joseph & Rachal], b. Jan. 19, 1754	2	65
Elizabeth, d. [Joseph & Rachal], b. Feb. 18, 1761	2	65
[E]unis, d. [John & Mary], b. July 10, 1728	1	80
[E]unis, [d. John & Mary], d. Feb. 6, 1714/15	1	80
Eunice, twin with Louis, d. [Joseph & Rachal], b. Mar. 19, 1771	2	65
Eunice, d. [David & Jemima], b. Jan. 6, 1791	2	134
Eunice, m. Thomas **MEECH**, b. of Preston, Sept. 23, 1792	2	246
Fanny, d. [George & Grace], b. July 27, 1797	2	245
Fanny, m. Elisha I. **ABEL**, b. of Preston, Sept. 2, 1804	2	297
George, s. [David & Jemima], b. June 16, 1770	2	134
George, of Preston, m. Grace **PLUMB**, of Stonington, Jan. 11, 1795	2	245
Hannah, d. [John & Mary], b. Oct. 20, 1718	1	80
Hannah, d. [John, Jr. & Elizabeth], b. Aug. 14, 1737	2	11
Henry, s. [Elijah & Mary], b. Sept. 6, 1750	2	67
Henry, s. Jonathan, b. Sept. 24, 1777	2	57
Henry Clinton, s. [Hezekiah & Hannah], b. July 1, 1798	2	219
Hezekiah, s. [Joseph & Rachal], b. Oct.9, 1756	2	65
Hezekiah, m. Hannah **COOK**, b. of Preston, Oct. 4, 1783	2	219
Hezekiah, s. [Hezekiah & Hannah], b. Feb. 25, 1801	2	219

BOARDMAN, BORDMAN, (cont.)

	Vol.	Page
Jemima, d. [David & Jemima], b. Dec. 8, 1784	2	134
Jemima, d. [David & Jemima], d. Aug. 22, 1796	2	217
John, m. Mary BILLINGS, May 4, 1713	1	80
John, [s. John & Mary], b. Dec. 1, 1716	1	80
John, Jr., m. Elizabeth CAGWIN, b. of Preston, Jan. 26, 1736/7	2	11
John, s. [David & Jemima], b. Feb. 26, 1775	2	134
John, s. [David & Jemima], d. Mar. 21, 1792	2	134
John, s. David & Jemima, b. Jan. 3, 1796	2	217
Jonathan, s. [Joseph & Rachal], b. Aug. 8, 1751	2	65
Joseph, s. [John & Mary], b. Oct. 20, 1722	1	80
Joseph, m. Rachal KILLAM, b. of Preston, Feb. 8, 1749	2	65
Joseph, s. [Joseph & Rachal], b. July 5, 1763	2	65
Joseph, s. [Hezekiah & Hannah], b. Nov. 19, 1790	2	219
Loes, d. [John & Mary], b. Oct. 14, 1730	1	80
Lois, d. [John, Jr. & Elizabeth], b. May 14, 1744	2	11
Louis, twin with Eunice, d. [Joseph & Rachal], b. Mar. 19, 1771	2	65
Lucretia, d. [David & Jemima], b. May 9, 1786	2	134
Lucy, d. [Hezekiah & Hannah], b. Feb. 2, 1784	2	219
Lydia, d. [George & Grace], b. Aug. 25, 1795	2	245
Mary, d. [John & Mary], b. Mar. 2, 1724/5	1	80
Mary, d. [Joseph & Rachal], b. Jan. 3, 1759	2	65
Mary, m. Benjamin COIT, b. of Preston, May 28, 1760	2	98
Mary, m. John TYLER, Jr., b. of Preston, Feb. 11, 1780	2	184
Nathaniel, s. [John, Jr. & Elizabeth], b. Feb. 23, 1741	2	11
Oliver, s. [David & Jemima], b. Jan. 23, 1777; d. Oct. 3, 1777	2	134
Polly, d. [David & Jemima], b. June 4, 1781	2	134
Rachal, d. [Joseph & Rachal], b. Apr. 5, 1766	2	65
Rachel, d. [David & Jemima], b. Oct. 2, 1788	2	134
Sabra, d. Benjamin, b. Sept. 14, 1786	2	217
Salla, d. [David & Jemima], b. Feb. 8, 1773	2	134
Samuel, s. [Joseph & Rachal], b. July 10, 1773	2	65
-----, 2d child [of John & Mary], b. Nov. 15, 1715; d. Nov. 20, 1715	1	80
BOLLES, Nancy, b. Mar. 23, 1801; m. John SMITH, Jr., Mar. 21, 1819, by Rev. A. Alden	2	400
BOOTH, Eunice Davis, of Preston, m. Dixwell LATHROP, Oct. 14, 1790	2	240
Mary Ann, m. Blyden HEDGE, May 23, 1820	3	327
BOURN, -----, s. Sally, b. Jan. 1, 1848	5	3
BOWDISH, Abigail, d. [Peter & Abigail], b. Apr. 13, 1760	2	79
Abigail, w. Peter, d. Sept. 1, 1773	2	79
Abraham, [s. Joseph & Anna], b. Dec. 30, 1723	1	81
Abraham, m. Hannah RENALDS, b. of Preston, Dec. 20, 1745	2	13
Anna, d. [Joseph & Anna], b. Feb. 8, 1737	1	81
Asa, s. [Joseph & Anna], b. Mar. 14, 1735	1	81
Asa, s. [Peter & Abigail], b. Sept. 8, 1763	2	79
Edward, s. [Peter & Abigail], b. Jan. 25, 1756; d. Aug. 11, 1773	2	79
John, s. [Abraham & Hannah], b. Apr. 3, 1752	2	13
Joseph, s. [Joseph & Anna], b. Feb. 4, 1728	1	81
Joseph, s. [Abraham & Hannah], b. Dec. 12, 1747	2	13
Joseph, s. [Peter & Abigail], b. Aug. 8, 1766	2	79
Louis, d. [Peter & Abigail], b. May 29, 1768	2	79
Lucy, d. [Abraham & Hannah], b. July 22, 1754	2	13

	Vol.	Page
BOWDISH, (cont.)		
Mary, d. [Joseph & Anna], b. July 14, 1732	1	81
Moses, s. [Nathaniel & Martha], b. Oct. 9, 1751	2	79
Nathaniel, s. [Joseph & Anna], b. Apr. 17, 1726	1	81
Nathaniel, reputed s. Nathaniel **BOWDISH**, begotten of Elizabeth **BUNDY**, b. May 25, 1746	2	16
Nathaniel, of Preston, m. Martha **STAPLES**, of Smithfield, Dec. 11, 1750	2	79
Peter, m. Abigail **MOTT**, b. of Preston, Dec. 11, 1750	2	79
Peter, s. [Peter & Abigail], b. Sept. 3, 1753	2	79
Peter, Jr., [s. Peter & Abigail], d. May 29, 1773	2	79
Samuel Mott, s. [Peter & Abigail, b. May 8, 1770	2	79
Sarah, d. [Joseph & Anna], b. June 10, 1742	1	81
Sarah, d. [Abraham & Hannah], b. Mar. 1, 1750	2	13
Thankfull, d. [Peter & Abigail], b. Oct. 26, 1751	2	79
William, [s. Joseph & Anna], b. May 27, 1722	1	81
William, s. [Abraham & Hannah], b. Feb. 13, 1745/6	2	13
-----, d. [Peter & Abigail], b. Aug. 25, 1773; d. Aug. 26, 1773	2	79
BOWLEY, Eliza A., married, b. in Stonington, d. Oct. 4, 1866, ae 22	8-C	26
BRACKETT, BRECKET, Samuel, d. July 5, 1850, ae 56	5	12
Sophia M., of Preston, m. Daniel H. **FRINK**, of N. Stonington, Dec. 25, 1842, by Asa A. Gore, J.P.	4	82
BRADFORD, Betsey R., of Ledyard, m. George L. **ANDREWS**, of Preston, Aug. 7, 1836, at Ledyard, by Ralph Hurlbutt, J.P.	3	328
BRAGG, Elizabeth, m. Jeremiah **HATCH**, Jr., b. of Preston, Feb. 8, 1764	2	84
BRAINARD, [see under **BRAYNARD**]		
BRAMAN, Daniel, s. [James & Lucy], b. Oct. 8, 1760	2	103
Daniel, m. Lydia **LEONARD**, b. of Preston, Jan. 9, 1783	2	191
Elias, s. [James & Prudence], b. Apr. 29, 1779	2	103
Elisha, s. [James & Prudence], b. Aug. 9, 1769	2	103
Elizabeth, m. Edward **HERRICK**, b. of Preston, Oct. 27, 1757	2	98
Elizabeth, d. [James & Lucy], b. July 25, 1762	2	103
Elizabeth, m. Samuel **LEONARD**, Jr., b. of Preston, Sept. 27, 1787	2	211
Esther, m. Ebenezer **HERRICK**, b. of Preston, Aug. 10, 1759	2	111
Eugene, b. in N. Stonington, d. Dec. 14, 1864, ae 1 y. 4 m.	8-C	23
Eunice, m. Samuel **PALMER**, b. of Preston, Dec. 29, 1799	2	315
George, s. [James & Mehetable], b. Dec. 9, 1795	2	243
Giles, s. [James & Mehetable], b. Apr. 6, 1803	2	243
James, m. Lucy **BROWN**, b. of Preston, Dec. 20, 1759	2	103
James, m. Prudence **GATES**, b. of Preston, Apr. 23, 1766	2	103
James, s. [James & Prudence], b. Dec. 12, 1767	2	103
James, m. Mehetable **LESTER**, b. of Preston, Oct. 15, 1794	2	243
James, s. [James & Mehetable], b. Mar. 16, 1798	2	243
Jasper, s. [James & Prudence], b. Feb. 1, 1775	2	103
John, s. [Daniel & Lydia], b. May 3, 1785	2	191
Lucy, w. James, d. Jan. 8, 1766	2	103
Lucy, d. [James & Prudence], b. Mar. 21, 1771	2	103
Mehetable, d. [James & Mehetable], b. Aug. 5, 1800	2	243
Prudence, d. [James & Prudence], b. May 12, 1773	2	103
Sabra, d. [Daniel & Lydia], b. Nov. 3, 1783	2	191
BRANCH, Able, s. [John & Martha], b. Mar. 3, 1747	1	105
Abel, s. [John, Jr. & Priscilla], b. Oct. 8, 1758	2	85
Abel, s. [Thomas, Jr. & Mary], b. Apr. 28, 1772; d. May 26, 1775	2	82

BARBOUR COLLECTION

	Vol.	Page
BRANCH, (cont.)		
Abigail, d. [Moses & Abigail], b. Oct. 8, 1764	2	93
Alice, d. [Thomas, Jr. & Mary], b. Sept. 28, 1778	2	82
Amaziah, of Preston, m. Sarah HUNTINGTON, of Norwich, May 19, 1763	2	109
Ameiah (?), s. [John & Martha], b. July 14, 1741	1	105
Anna, m. Joshua GATES, b. of Preston, May 22, 1755	2	86
Anna, d. [Isaac & Susanna], b. Mar. 23, 1763	2	102
Anne, d. Samuel & Anne, b. Feb. 17, 1733/4	1	53
Asa, s. [Joseph & Zurviah], b. Jan. 18, 1735/6; d. Sept. 25, 1743	1	127
Asa, s. [John & Martha], b. Mar. 26, 1744	1	105
Caziah, d. [Thomas & Zeporah], b. May 15, 1735	1	65
Content, d. [Peter & Content], b. Mar. 29, 1736	1	67
Content, m. Zacheus BUTLER, b. of Preston, Nov. 27, 1760	2	115
Content, wid., d. Sept. 20, 1781	2	15
Cynthia, m. Christian GOSNER, b. of Preston, Dec. 17, 1786	2	202
Cynthia, m. Christian GOSNER, b. of Preston, Dec. 17, 1786 (Entry crossed out)	2	204
Cynthia, see also Synthia		
Cyprian, s. [Samuell & Anne], b. June 5, 1732; d. May 13, 1748	1	53
Cyprian, s. [Vine & Dorothy], b. Apr. 20, 1765	2	118
Daniel, s. [Thomas & Zeporah], b. Apr. 15, 1737	1	65
Daniel, s. [Nathan & Elizabeth], b. Dec. 24, 1774	2	140
Desire, d. [Peter & Content], b. Aug. 20, 1725	1	67
Dorkis, d. John & Ma[r]tha, b. Mar. 4, 1732	1	105
Elijah, s. [Joseph & Mary], b. Oct. 9, 1757	2	80
Elisha, s. [Moses & Abigail], b. June 4, 1761	2	93
Elisha, s. [Stephen & Hannah], b. Jan. 18,1785	2	118
Elisha Pierce, s. [Elisha & Mary], b. Jan. 16, 1813	2	333
Elizabeth, [d. Peter], b. Mar. 15, 1692	1	33
Elizabeth, d. [Joseph & Zurviah], b. Jan. 3, 1741/2	1	127
Elizabeth, d. [Samuel, Jr. & Hannah], b. May 3, 1753	2	72
Esther, d. [Thomas & Ziporah], b. Nov. 21, 1748	2	7
Esther, d. [John, Jr. & Priscilla], b. Mar. 8, 1763	2	85
Ethel, s. [Thomas, Jr. & Mary], b. Mar. 29, 1761	2	82
[E]unis, d. Thomas & Zeporah, b. Dec.7, 1727	1	65
Eunice, m. Samuel BENNET[T], b. of Preston, Oct. 17, 1745	2	15
Eunice, d. [Samuel, Jr. & Hannah], b. Nov. 19, 1758; d. Aug. 18, 1764	2	72
Eunice, 2d, d. [Samuel, Jr. & Hannah], b. Apr. 12, 1766	2	72
Ezra, s. Moses & Abigail, b. Sept. 19, 1773	2	93
George, of Griswold, m. Philena M. GRAY, of Lebanon, Nov. 4, 1850, by Rev. Jacob Allen	4	197
Hannah, [d. Peter], b. July 12, 1688	1	33
Hannah, wid. of Peter, d. Jan. 16, 1731/2	1	33
Hannah, d. [Thomas & Zeporah], b. Jan. 15, 1741/2	1	65
Hannah, m. Nathan LEONARD, Jr., b. of Preston, Jan. 12, 1764	2	115
Hannah D., b. June 8, 1763	3	306
Hannah D., m. William WITTER, Nov. 24, 1791, by Rev. Lemuel Tyler	3	306
Hannah Draper, d. [Samuel, Jr. & Hannah], b. June 8, 1762	2	72
Happy, d. [Samuel, Jr. & Hannah], b. June 1, 1772	2	72
Hezekiah, s. [John & Martha], b. Feb. 5, 1738/9	1	105

PRESTON VITAL RECORDS 33

	Vol.	Page
BRANCH, (cont.)		
Huldah, d. [John & Martha], b. Sept. 22, 1736	1	105
Isaac, s. [Samuel & Anne], b. Aug. 27, 1737	1	53
Isaac, m. Susanna **WEEKLEY,** b. of Preston, Mar. 5, 1760	2	102
Jenavereth, [d. Peter & Content], b. Nov. 23, 1733	1	67
Jeneverah, m. Jonathan **PHILLIPS,** b. of Preston, Dec. 13, 1749	2	35
John, [s. Peter], b. Mar.31, 1694	1	33
John, m. Martha **WILLIAMS,** Oct. 20, 1726	1	105
John, s. John & Ma[r]ther, b. Oct. 7, 1729	1	105
John, Jr., m. Priscilla **TRACY,** b. of Preston, Jan. 5, 1758	2	85
John, s. [Stephen & Hannah], b. Oct. 11, 1776	2	118
Joseph, [s. Peter], b. Sept. 20, 1707	1	33
Joseph, m. Zurviah **TRACY,** Jan. 27, 1731/2	1	127
Joseph, s. [Joseph & Zurviah], b. Dec. 16, 1732; d. Jan. 14, 1732/3	1	127
Joseph, s. Joseph & Zurviah, b. Apr. 7, 1734	1	127
Joseph, of Preston, m. Mary **WILLIAMS,** of Norwich, Jan. 2, 1755	2	80
Joseph, s. [Joseph & Mary], b. Jan. 24, 1756	2	80
Joseph Witter, s. [Samuel, Jr. & Hannah], b. May 26, 1770	2	72
Keziah, see under Caziah		
Lemuel, s. [Amaziah & Sarah], b. July 24, 1768	2	109
Levi, s. [Vine & Dorothy], b. May 22, 1767	2	118
Levina, d. [John, Jr. & Priscilla], b. Aug. 8, 1767	2	85
Lois, d. [Thomas & Zeporah], b. Dec. 17, 1739	1	65
Lois, m. Simeon **TRACY,** b. of Preston, Sept. 13, 1758	2	87
Lucinda, d. [Nathan & Elizabeth], b. Mar. 15, 1773	2	140
Lucy, d. [John, Jr. & Priscilla], b. Oct. 19, 1760	2	85
Lucy, d. [Thomas, Jr. & Mary], b. Mar. 20, 1770	2	82
Luther, s. [Isaac & Susanna], b. Oct. 15, 1765	2	102
Lydia, d. [Thomas, Jr. & Mary], b. Oct. 4, 1756	2	82
Lydia, d. [Amaziah & Sarah], b. Dec.7, 1770	2	109
Lydia, knitter, widow, d. Oct. 19, 1865, ae 88 y.	8-C	25
Mary, [d. Peter], b. June 28, 1685	1	33
Mary, d. [Peter & Content], b. Mar. 28, 1731	1	67
Mary, d. [Amaziah & Sarah], b. Jan. 30, 1764	2	109
Mary, d. [Thomas, Jr. & Mary], b. Sept. 3, 1765	2	82
Mary, d. [Peter & Ruth], b. Apr. 11, 1768	2	113
Masa, s. [Joseph & Zurviah], b. Oct. 6, 1745	1	127
Moses, s. [Thomas & Zeporah], b. Mar. 13, 1732/3	1	65
Moses, m. Abigail **TUCKER,** b. of Preston, Apr. 21, 1757	2	93
Moses, s. [Moses & Abigail], b. Aug. 4, 1768	2	93
Moses, of Montville, m. Lydia **GREENE,** of Preston, Mar. 9, 1834, by Reuben Porter	3	207
Nathan, s. Thomas & Ziporah, b. June 26, 1746	2	7
Nathan, of Preston, m. Elizabeth **WOODWARD,** of Plainfield, Apr. 16, 1772	2	140
Olive, d. John & Ma[r]ther, b. Aug. 24, 1727	1	105
Peter, [s. Peter], b. Mar. 30, 1696	1	33
Peter, d. Dec. 27, 1713	1	33
Peter, m. Content **HOWSE,** Mar. 31, 1719	1	67
Peter, s. [Peter & Content], b. Feb. 20, 1722/3	1	67
Peter, s. [Peter & Content], b. Aug. 8, 1743	1	67
Peter, d. Aug. 20, 1759	1	67
Peter, m. Ruth **PARTRIDGE,** b. of Preston, Aug. 25, 1765	2	113

BARBOUR COLLECTION

	Vol.	Page
BRANCH, (cont.)		
Rebeccah, d. [Thomas, Jr. & Mary], b. Oct. 5, 1767; d. July 10, 1775	2	82
Rodney, s. [Peter & Ruth], b. Apr. 27, 1782	2	113
Rufus, s. [Joseph & Zurviah], b. Feb. 5, 1739/40	1	127
Ruth, d. [Peter & Ruth], b. Jan. 24, 1780	2	113
Sabine, [s. (?) Stephen & Hannah], b. Mar. 9, 1782	2	118
Samuel, [s. Peter], b. Sept. 2, 1701	1	33
Samuell, m. Anne LAMB, May 23, 1728	1	53
Samuell, s. [Samuell & Anne], b. Aug. 6, 1729	1	53
Samuel, Jr., m. Hannah WITTER, b. of Preston, May. 17, 1752	2	72
Samuel, s. [Peter & Ruth], b. June 4, 1766	2	113
Samuel, s. [Samuel, Jr. & Hannah], b. Mar. 7, 1768	2	72
Samuel, d. Feb. 15, 1773	2	72
Sanford, s. [Stephen & Hannah], b. May 13, 1772	2	118
Sarah, [d. Peter ?], b. Sept. 16, 1704	1	33
Sarah, m. Benjamin MORGAN, Jan. 21, 1734	1	82
Sarah, d. [Moses & Abigail], b. July 20, 1758	2	93
Sarah, d. [Samuel, Jr. & Hannah], b. May 21, 1764	2	72
Sarah, d. [Peter & Ruth], b. July 5, 1770	2	113
Selah, s. [Stephen & Hannah], b. Mar. 11, 1770	2	118
Seth, s. [Peter & Content], b. Apr. 12, 1739	1	67
Seth, s. [Stephen & Hannah], b. Mar. 31, 1779	2	118
Simeon, s. [John, Jr. & Priscilla], b. June 19, 1765	2	85
Solomon, s. [Samuell & Anne], b. Oct. 13, 1730; d. Nov. 9, 1749	1	53
Solomon, s. [Samuel, Jr. & Hannah], b. Apr. 10, 1755	2	72
Stephen, s. [Thomas & Zeporah], b. Apr. 1, 1744	1	65
Stephen, m. Hannah STARKWEATHER, b. of Preston, Dec. 10, 1767	2	118
Susa, d. [Stephen & Hannah], b. Aug. 16, 1774	2	118
Susannah, d. [Amaziah & Sarah], b. June 23, 1766	2	109
Susannah, d. [Isaac & Susanna], b. May 4, 1767	2	102
Synthia, d. [Thomas, Jr. & Mary], b. Sept. 24, 1758	2	82
Temperance, d. [Peter & Content], b. Sept. 7, 1728	1	67
Terah, s. Moses & Abigail, b. Aug. 4, 1771	2	93
Thomas, [s. Peter], b. Dec. 25, 1698	1	33
Thomas, m. Zeporah KINNI, Nov. 9, 1726	1	65
Thomas, s. [Thomas & Zeporah], b. July 3, 1729	1	65
Thomas, Jr., m. Mary BREWSTER, b. of Preston, Dec. 25, 1755	2	82
Thomas, s. [Thomas, Jr. & Mary], b. May 26, 1774	2	82
Thomas, d. Nov. 1, 1778	2	7
Thomas, d. June 27, 1815, ae 86 y.	2	82
Vine, s. [Samuel & Anne], b. Feb. 21, 1742/3	1	53
Vine, m. Dorothy PARTRIDGE, b. of Preston, Nov. 27, 1763	2	118
Vine, s. [Isaac & Susanna], b. July 15, 1770	2	102
Walter, s. [Samuel, Jr. & Hannah], b. Feb. 14, 1757	2	72
William, s. [Samuel, Jr. & Hannah], b. Sept. 3, 1760	2	72
Zepheniah, s. [Peter & Content], b. Mar. 20, 1720	1	67
Zilpha, d. John & Ma[r]tha, b. Aug. 18, 1734	1	105
Zeporah, d. [Thomas & Zeporah], b. Feb. 25, 1730/31	1	65
Zipporah, d. [Thomas, Jr. & Mary], b. June 23, 1763	2	82
Zurviah, d. [Joseph & Zurviah], b. Apr. 15, 1738; d. Sept. 19, 1743	1	127
Zurviah, d. [Isaac & Susanna], b. Mar. 29, 1761	2	102

BRAND, Amos, m. Survina BENNET[T], Oct. 24, 1784, by Elias Brown,

PRESTON VITAL RECORDS 35

	Vol.	Page
BRAND, (cont.)		
J.P.	2	193
Benjamin, m. Sarah **TUCKER**, b. of Preston, Dec. 27, 1781	2	172
Lovina, d. [Amos & Survina], b. Dec. 20, 1784	2	193
Survina, [w. Amos], d. Jan. 19, 1785	2	193
BRAYNARD, Amy, b. in R.I., d. July 10, 1853, ae 75	8-C	1
BRAYTON, Mary E., d. James W., ae 34, manufacturer, & Lucy, ae 34, b. Sept. 14, 1847	5	7
BREVORT, Julia P., married, b. in Lebanon, d. Oct. 13, 1863, ae 45 y.	8-C	20
BREWSTER, BRUSTER, Abby J., of Preston, m. Isaac S. **GEER**, Nov. 24, 1836, by Rev. Augustus B. Collins	3	325
Abby Jane, d. [Erastus & Esther], b. Mar. 8, 1820	2	290
Abel, s. [Beniaman & Elizabeth], b. May 22, 1725	1	22
Abel, s. [Benjamin & Elizabeth], b. Feb. 6, 1775	2	88
Adalaide, [d. Austin & Sarah Ann], b. July 14, 1839	3	185
Albert, s. [Charles R. & Betsey], b. Apr. 13, 1823	3	120
Amos, s. [Beniaman & Elizabeth], b. June 22, 1735	1	22
Angeline, d. [Joseph W. & Fanny], b. Apr. 7, 1803	2	361
Angeline, m. Thomas **JOY**, Oct. 31, 1826, by Jona[than], Brewster, J.P.	3	95
Anna, d. [Ebenezer & Hannah], b. Aug. 20, 1769	2	120
Anna, d. [Asher & Elizabeth], b. July 15, 1779	2	226
Anne, d. [Simon & Anne], b. Sept. 19, 1753	2	93
Anne, m. Charles **FANNING**, b. of Preston, Mar. 31, 1774	2	149
Anne, of Norwich, m. Palmer **RAY**, of Voluntown, Nov. 9, 1820, by Levi Walker	3	7
Asa, s. [John & Dorothy], d. Dec. 13, 1750	2	44
Asa Swan, s. [Daniel & Elizabeth], b. Nov. 6, 1775	2	131
Aseph, s. [John & Dorothy], b. Mar. 7, 1745/6	1	99
Asaph, s. [Daniel & Phebe], b. Sept. 11, 1758	2	87
Asaph, s. Daniel & Phebe, d. May 28, 1769	2	131
Asher, s. [Simon & Anne], b. July 22, 1745	2	93
Asher, of Preston, m. Elizabeth **PRENTICE**, of Stonington, Feb. 5, 1772	2	226
Augustus, s. [Erastus & Esther], b. Oct. 7, 1813	2	290
Austin, m. Sarah Ann **HALSEY**, b. of Preston, Jan. 1, 1833, by Rev. Nathan B. Burgess	3	185
Benajah Avery, s. [Silas & Eunice], b. Apr. 8, 1799	2	351
Beniaman, m. Elizabeth **WITTER**, Oct. 16, 1713	1	22
Benjamin, s. [Ebenezer & Susanna], b. Apr. 15, 1736	1	73
Benjamin, m. Elizabeth **WITTER**, b. of Preston, May 24, 1759	2	88
Benjamin, of Preston, m. Sarah **CAULKINS**, of Norwich, June 10, 1741	1	22
Benjamin, s. [Benjamin & Elizabeth], b. Mar. 7, 1777	2	88
Benjamin, d. Apr. 18, 1786	2	89
Bethiah, d. Daniel & Hannah, b. Apr. 5, 1702	1	102
Bethiah, d. [Benjamin & Elizabeth], b. Jan. 12, 1773	2	88
Betsey, d. [Erastus & Esther], b. Sept. 24, 1815	2	290
Charles R., m. Betsey **GIDDINGS**, b. of Preston, Feb. 3, 1822, by John Brewster, J.P.	3	120
Charles Richards, s. [Silas & Eunice], b. Feb. 28, 1796	2	351
Chester H., [s. Erastus & Esther], b. July 29, 1826	2	290
Cornelia, d. [Joseph W. & Fanny], b. Nov. 31(?), 1807	2	361

	Vol.	Page
BREWSTER, BRUSTER, (cont.)		
Cynthia, see Synthe		
Cyrus, see Sirus		
Daniel, m. Hannah GAGER, Dec. 23, 1686	1	102
Daniel, s. Daniel & Hannah, b. Oct. 11, 1687, in Norwich	1	102
Dan[i]ell, m. [E]lizabeth FREEMAN, Aug. 8, 1710; d. June 14, 1756	1	62
Daniel, m. Dorothy WITTER, Dec. 19, 1727; d. May 7, 1735	1	102
Daniell, s. [John & Dorothy], b. Apr. 12, 1731	1	99
Daniel, of Preston, m. Phebe WILLIAMS, of Groton, May 31, 1753	2	87
Daniel, of Norwich, m. Elizabeth SWAN, of Stonington, Oct. 4,1764	2	131
Daniel, s. [Daniel & Elizabeth], b. Mar. 16, 1780	2	131
Deborah, of Norwich, m. Silas PARKE, of Preston, Apr. 8, 1779	2	33
Deborah, m. Ritchard STARKWEATHER, b. of Preston, Dec. 7, 1786	2	203
Dolly, d. [Charles R. & Betsey], b. Aug. 23, 1811	3	121
Dolly, m. Edwin KIMBALL, b. of Preston, May 8, 1833, by Rev. Nathan B. Burgess	3	192
Dorothy, d. [John & Dorothy], b. Jan. 22, 1727/8	1	99
Dorothy, w. Capt. DANIEL, d. Mar. 9, 175[ ]	1	102
Dorothy, d. [Silas & Eunice], b. Oct. 5, 1789	2	351
Dorothy, wid. John, d. Jan. 13, 1795, ae 93 y.	2	5
Ebenezer, s. Daniel & Hannah, b. Sept. 19, 1713	1	102
Ebenezer, of Preston, m. Susanna SMITH, of Stonington, Aug. 27, 1735	1	73
Ebenezer, d. Oct. 7, 1740	1	73
Ebenezer, s. [Ebenezer & Susanna], b. Apr. 25, 1741	1	73
Ebenezer, s. [Benjamin & Elizabeth], b. Aug. 17, 1762	2	88
Ebenezer, m. Hannah AVERY, b. of Preston, Nov. 17, 1768	2	120
Edwin, black, unmarried, d. Dec. 22, 1862, ae 45, farmer	8-C	19
Elias, s. [Simon & Anne], b. Sept. 11, 1759	2	93
Elias, m. Margery MORGAN, b. of Preston, Jan. 20, 1785	2	204
Elias, s. [Elias & Margery], b. Oct. 20, 1787	2	204
Elias, farmer, b. in Griswold, unmarried, d. June 5, 1855, ae 67	8-C	5
Elijah, b. Jan. 30, 1781; m. Mary DAVIS, Feb. 5, 1804	2	356
Elijah, d. Nov. 10, 1824, ae 42	2	356
Elijah H., [s. Elijah & Mary], b. June 17, 1810	2	356
Elisha, s. [Jonathan, Jr. & Zipporah], b. Feb. 25, 1755	2	73
Elisha, s. [Simon & Anne], b. Oct. 22, 1761	2	93
Elisha, s. [Charles R. & Betsey], b. Mar. 5, 1807	3	121
Elisha, Jr., m. Lucy H. KIMBALL, of Preston, Mar. 12, 1832, by Rev. Augustus B. Collins	3	175
Elisha B., of Preston, m. Eunice HULL, of N. Stonington, Sept. 13, 1810	2	317
Elisha Belcher, s. [Simon, Jr. & Mehetable], b. Oct. 12, 1786	2	129
Eliza, d. [Simon, Jr. & Mehetable], b. Aug. 31, 1793	2	129
Eliza, of Griswold, m. George W. MORGAN, of Preston, Dec. 22, 1830, by Rev. Augustus B. Collins	3	159
Eliza, married, d. Feb. 1, 1856, ae 25	8-C	7
Elizabeth, d. [Beniaman & Elizabeth], b. Oct.27, 1732	1	22
Elizabeth, w. Benjamin, d. Feb. 21, 1740/1	1	22
Elizabeth, m. Samuel FREEMAN, b. of Preston, Apr. 4, 1750	2	52
Elizabeth, [w. Daniel], d. June 2, 1757	1	62

PRESTON VITAL RECORDS 37

	Vol.	Page
BREWSTER, BRUSTER, (cont.)		
Elizabeth, d. [Benjamin & Elizabeth], b. June 19, 1766; d. Jan. 17, 1769	2	88
Elizabeth, d. [Asher & Elizabeth], b. Aug. 31, 1773	2	226
Elizabeth, d. [Daniel & Elizabeth], b. Nov. 18, 1777	2	131
Elizabeth, d. Benjamin, b. Apr. 5, 1779	2	89
Elizabeth, d. [John & Polly], b. Jan. 26, 1807	2	327
Emelia, d. [Elias & Margery], b. Aug. 21, 1798	2	204
Ephraim, [s. Jonathan & Mary], b. Aug. 20, 1731	1	58
Ephraim Morgan, s. [Elias & Margery], b. Jan. 26, 1796	2	204
Ephraim Smith, s. [Silas & Eunice], b. May 22, 1792	2	351
Erastus, m. Sally **HILLARD**, b. of Preston, Dec. 26, 1802	2	290
Erastus, m. Esther **HILL[I]ARD**, b. of Preston, Dec. 7, 1806	2	290
Erastus, m. Nancy **BREWSTER**, b. of Preston, July 11,1827, by Rev. David N. Bentley	3	136
Esther, d. [Jonathan, Jr. & Zipporah], b. June 8, 1757	2	73
Esther, of Worthington, Mass., m. Ezra **STARKWEATHER**, of Preston, Dec. 7, 1777	2	167
Esther, d. Judah & Lucy, b. Oct. 10, 1785	2	235
Esther, m. Leonard **STARKWEATHER**; & was b. Oct. 10, 1785	2	326
Esther, m. Leonard **STARKWEATHER**, b. of Preston, May 13, 1804	2	326
Esther, d. [Erastus & Esther], b. Jan. 25, 1818	2	290
Eunice, d. [John & Dorothy], b. Oct. 17, 1740	1	99
Eunice, of Preston, Ct., m. Oliver **CRARY**, of Westerly, R.I., Nov. 8, 1770	2	129
Eunice, d. [Asher & Elizabeth], b. Oct. 12, 1777	2	226
Eunice, m. John **BROWN**, b. of Preston, Sept. 6, 1797	2	259
Fanny, wid., d. Dec. 11, 1856, ae 75	8-C	8
Franklin W., s. [Erastus & Esther], b. Mar. 19, 1822	2	290
Frederick, s. [Elias & Margery], b. July 22, 1792	2	204
George, s. Erastus & Salla, b. Oct. 30, 1803	2	290
Geo[rge] Halsey, [s. Austin & Sarah Ann], b. Aug. 14, 1835	3	185
George P., s. [Erastus & Sally], d. Aug. 22, 1805	2	290
Glory Ann, [d. Erastus & Nancy], b. Apr. 10, 1831	3	136
Grace, d. [William & Damaris], b. Feb. 19, 1737/8	1	75
Hannah, d. Dan[ie]ll & Hannah, b. Dec. 2, 1690	1	102
Hannah, m. Joseph **FREEMAN**, Dec. 2, 1708	1	55
Hannah, w. Daniel, d. Sept. 25, 1727	1	102
Hannah, d. [John & Dorothy], b. Sept. 26, 1729	1	99
Hannah, d. [Jonathan & Mary], b. Mar. 5, 1739/40	1	58
Hannah, d. [Daniel & Phebe], b. Aug. 3, 1754	2	87
Hannah, d. [Ebenezer & Hannah], b. June 12, 1771	2	120
Hannah, [d. Elijah & Mary], b. Oct. 14, 1804; d. Nov. 14, 1809	2	356
Henry, s. [Simon, Jr. & Mehetable], b. June 28, 1774	2	129
Henry, m. Rebecca **LESTER**, b. of Preston, Dec. 8, 1796	2	190
Hubbard, s. [Silas & Eunice], b. July 11, 1785	2	351
Jabez, s. [Daniel & Elizabeth], b. Apr. 7, 1769	2	131
Jabez Avery, s. [Benjamin], b. Dec. 23, 1780	2	89
Jacob, s. [Benjamin & Elizabeth], b. Nov. 1, 1768	2	88
Jacob, m. Esther **DOUGHLASS**, b. of Preston, Sept. 7, 1788	2	256
James, twin with Simon, s. [Elias & Margery], b. May 28, 1801	2	204
Jerusha, d. Daniel & Hannah, b. Nov. 18, 1697; d. Apr. 17, 1704	1	102

BREWSTER, BRUSTER, (cont.)

	Vol.	Page
Jerusha, d. Daniel & w., b. Oct. 15, 1710	1	102
Jerusha, d. Daniel & Hannah, d. Mar. 7, 1711	1	102
Jerusha, m. Daniel ROSE, b. of Preston, Dec. 24, 1767	2	176
Jesse, laborer, black, d. Mar. 12, 1848, ae 42	5	12
Johannah, m. Daniel MORGAN, b. of Preston, Jan. 23, 1777	2	191
John, s. Daniel & Hannah, b. July 18, 1695	1	102
John, m. Dorothy TREAT, Sept. 20, 1725	1	99
John, s. [John & Dorothy], b. Jan. 9, 1737/8	1	99
John, s. John & Dorothy, d. Aug. 7, 1752	2	44
John, s. [Daniel & Phebe], b. Aug. 5, 1756	2	87
John, s. Daniel & Phebe, d. Oct. 5, 1763	2	131
John, s. [Daniel & Elizabeth], b. Apr. 10, 1767	2	131
John, Capt., d. Aug. 29, 1776, ae 82 y.	2	44
John, of Preston, m. Polly MORGAN, of Groton, Feb. 5, 1806	2	327
John H., s. [Charles R. & Betsey], b. Apr. 18, 1815	3	121
Jonah, s. [Jonathan, Jr. & Zipporah], b. Mar. 9, 1766	2	73
Jonah, of Worthington, Mass., m. Mehetable BREWSTER, of Preston, Feb. 16, 1794	2	240
Jonas, s. [Benjamin & Sarah], b. June 16, 1742	1	22
Jonathan, s. Daniel & Hannah], b. June 6, 1705	1	102
Jonathan, m. Mary PARRISH, Nov. 9, 1726	1	58
Jonathan, s. Jonathan & Mary, b. June 8, 1734	1	58
Jonathan, Jr., of Preston, m. Zipporah SMITH, of Stonington, Aug. 28, 1755	2	73
Jonathan, s. [Jonathan, Jr. & Zipporah], b. Nov. 14, 1759	2	73
Jonathan, farmer, unmarried, d. Jan. 5, 1856, ae 78	8-C	7
Joseph, s. [Simon & Anne], b. Aug. 28, 1763	2	93
Joseph, m. Hannah TUCKER, b. of Preston, Dec. 25, 1785	2	208
Joseph, s. [Joseph & Hannah], b. May 28, 1787	2	208
Joseph, laborer, married, b. in Norwalk, d. May 12, 1860, ae 35	8-C	14
Joseph W., m. Fanny BILLINGS, b. of Preston, Feb. [ ], 1802	2	361
Josephine, [d. Austin & Sarah Ann], b. Sept. 28, 1833	3	185
Judah, s. [Beniaman & Elizabeth], b. Apr. 7, 1723	1	22
Judah, s. [Beniaman & Elizabeth], b. Feb. 27, 1729	1	22
Judah, s. [Simon & Ann], b. Jan.15, 1749	2	93
Levi, s. [John & Dorothy], b. Mar. 17, 1743	1	99
Levy, s. John & Dorothy, d. Dec. 11, 1750	2	44
Lorin, of Franklin, m. Louisa PIERCE, of Rehobath, Mass., Oct. 14, 1833, by C. D. Fillmore, J.P.	3	196
Lucinda P., married, b. in Norwich, d. Oct. 11, 1859, ae 35	8-C	13
Lucresha, d. [Jonathan & Mary], b. Aug. 14, 1727	1	58
Lucretia, d. [Erastus & Esther], b. July 22, 1811	2	290
Lucy, m. Nathaniel KIMBALL, b. of Preston, Mar. 29, 1795	2	270
Lucy Amanda, d. Elijah & Polly, b. Jan. 18, 1822	2	356
Lydia, d. [Jonathan & Mary], b. Mar. 13, 1738	1	58
Lydia, d. [Simon & Anne], b. Mar. 13, 1743	2	93
Lydia, d. [Jonathan, Jr. & Zipporah], b. Aug. 24, 1772	2	73
Lyman Denison, s. [Daniel & Elizabeth], b. May 22, 1782	2	131
Marcy, d. [Simon & Anne], b. July 11, 1765	2	93
Maria*, m. Samuel N. J. RIGHT, people of color, June 15, 1848, by Gen. David Young. (*His 2d wife)	5	2
Martha, of Griswold, m. Moses HILL[I]ARD, of Preston, Feb. 4,		

PRESTON VITAL RECORDS 39

	Vol.	Page
BREWSTER, BRUSTER, (cont.)		
1824, in Griswold	2	301
Marvin, s. [Daniel & Elizbeth], b. Jan. 31, 1771	2	131
Mary, d. Daniel & Hannah, b. Jan. 2, 1692	1	102
Mary, d. [Jonathan & Mary], b. Dec. 2, 1735	1	58
Mary, m. Thomas BRANCH, Jr., b. of Preston, Dec. 25, 1755	2	82
Mary, d. [Benjamin & Elizabeth], b. Feb. 20, 1771	2	88
Mary, d. [Benjamin & Elizbeth], d. July 16, 1773	2	88
Mary, d. [Benjamin], b. June 23, 1783	2	89
Mary, d. [Joseph W. & Fanny], b. Sept. 1, 1813	2	361
Mary, m. Asa L. **LATHAM**, b. of Preston, Apr. 9, 1832, by Rev. Augustus B. Collins	3	177
Mary Augusta, [d. Erastus & Esther], b. Aug. 27, 1829	2	290
Mehetable, d. [Simon, Jr. & Mehetable], b. Mar. 7, 1772	2	129
Mehetable, of Preston, m. Jonah **BREWSTER**, of Worthington, Mass., Feb. 16, 1794	2	240
Moses, s. [Jonathan, Jr. & Zipporah], b. Sept. 8, 1769	2	73
Moses P., s. [Charles R. & Betsey], b. Mar. 18, 1819	3	121
Nancy, m. Erastus **BREWSTER**, b. of Preston, July 11, 1827, by Rev. David N. Bentley	3	136
Nancy, m. Phineas **CRUM**, Nov. 27, 1835, by Jeremiah S. Halsey, J.P.	3	324
Nathan, m. Sally **STANDISH**, b. of Preston, Nov. 26, 1815, by Jere[mia]h Halsey, J.P.	2	390
Nelson, [s. Elijah & Mary], b. Aug. 15, 1813	2	356
Olive, d. [Simon & Anne], b. Aug. 28, 1757	2	93
Olive, d. [Simon, Jr. & Mehetable], b. Dec. 27, 1776	2	129
Olive, of Preston, m. Lemuel **POM[E]ROY**, of Chesterfield, Mass., Nov. 4, 1798	2	208
Oliuer, s. [John & Dorothy], b. July 20, 1726	1	99
Otis, s. [Daniel & Elizabeth], b. Aug. 20, 1785; d. July 31, 1787	2	131
Patty, d. [Elias& Margery], b. Mar. 15, 1790	2	204
Patty, d. [Jacob & Esther], b. Feb. 21, 1791	2	256
Phebe, w. Daniel, d. Sept. 13, 1758	2	87
Phebe, d. [Daniel & Elizabeth], b. Mar. 23, 1773	2	131
Prentice, s. [Asher & Elizabeth], b. Mar. 27, 1775	2	226
Prentice, d. Apr. 14, [1849 ?], ae 75	5	13
Rebecca, d. [Simon, Jr. & Mehetable], b. Feb. 3, 1779	2	129
Ruth, d. Dan[ie]ll & Hannah, b. June 20, 1700	1	102
Ruth, m. John **FFOBES**, Jan. 14, 1718/9	1	40
Ruth, d. [Jonathan & Mary], b. Apr. 6, 1730	1	58
Ruth, of Duxbury, m. Joseph **MORGAN**, of Preston, May 8, 1735	1	107
Ruth, m. Simson **FOBES**, b. of Preston, Oct. 31, 1750	2	43
Sabra, m. Silas **PARK[E]**, b. of Preston, Dec. 31, 1820, by Benj[amin] Harris, J.P.	3	14
Sally, w. Erastus, d. June 3, 1805	2	290
Sally A., m. Gurdon **KIMBALL**, Apr. 28, 1829, by Levi Meech, Elder	3	131
Sally H., m. Samuel **HOLDEN**, b. of Preston, Mar. 1, 1827, by Rev. John Hyde	3	129
Sally Hillard, d. [Erastus & Esther], b. Aug. 28, 1807	2	290
Sanford, twin with Sophia, s. Judah & Lucy, b. Mar. 3, 1788	2	235
Sanford, b. Mar. 3, 1788; m. Lucy A. **SWAN**, Sept. 10, 1809	2	338

BARBOUR COLLECTION

	Vol.	Page
BREWSTER, BRUSTER, (cont.)		
Sarah, d. [John & Dorothy], b. May 25, 1733	1	99
Sarah, m. Moses **PARKE**, b. of Preston, Nov. 9, 1752	2	52
Sarah, d. [Jonathan, Jr. & Zipporah], b. Mar. 20, 1764; d. Mar. 13, 1766	2	73
Sarah J., black, d. Mar. 4, 1848, ae 5	5	12
Sibel, d. [Elias & Margery], b. Aug. 4, 1794	2	204
Sidney, s. [Jacob & Esther], b. Feb. 15, 1789	2	256
Silas, m. Eunice **MIX**, b. of Preston, Jan. 9, 1784	2	351
Simon, s. [Beniaman & Elizabeth], b. June 10, 1720	1	22
Simon, of Preston, m. Anne **ANDREWS**, of Norwich, May 25, 1742	2	93
Simon, s. [Simon & Anne], b. May 1, 1751	2	93
Simon, Jr., m. Mehetable **BELCHER**, b. of Preston, Dec. 20, 1770	2	129
Simon, twin with James, s. [Elias & Margery], b. May 28, 1801	2	204
Simon, d. [ ], 1841, ae 90 y., a defender of Fort Griswold, N.Y. (Entry written in pencil)	2	129
Simon Latham, s. [Elisha B. & Eunice], b. July 27, 1811	2	317
Sirus, s. [Beniaman & Elizabeth], b. Aug. 18, 1738	1	22
Sophia, twin with Sanford, d. Judah & Lucy, b. Mar. 3, 1788	2	235
Susanna, d. [Benjamin & Elizabeth], b. Feb. 25, 1760	2	88
Susanna, wid. Ebenezer, d. Apr. 25, 1779	1	73
Susanna, d. [Simon, Jr. & Mehetable], b. Feb. 18, 1781	2	129
Susanna, of Preston, m. Joseph **STANTON**, Jan. 25, 1803	2	291
Sybil, see Sibel		
Sybel, d. John & Dorothy, b. Aug. 20, 1735	1	99
Synthe, d. [Asher & Elizabeth], b. Aug. 31, 1784	2	226
Ulysses, s. [Joseph W. & Fanny], b. Mar. 10, 1809	2	361
Walter, s. [Benjamin & Elizabeth], b. June 29, 1764	2	88
Walter Scott, [s. Austin & Sarah Ann], b. July 29, 1837	3	185
Wealthy, m. Joseph **STORY**, b. of Preston, Apr. 17, 1792	2	360
William, s. [Beniaman & Elizabeth], b. Sept. 16, 1714	1	22
William, m. Damaris **GATES**, b. of Preston, Mar. 24, 1737	1	75
W[illia]m, s. [Charles R. & Betsey], b. May 25, 1809	3	121
Zipporah, d. [Jonathan, Jr. & Zipporah], b. Nov. 15, 1761	2	73
BRIGGS, Daniel, m. Sophia **DOWNER**, b. of Preston, Mar. 18, 1813	2	367
Elizabeth, d. [Daniel & Sophia], b. Apr. 24, 1814	2	367
Ruth, married, b. in Exeter, R.I., d. July 23, 1865, ae 39 y.	8-C	24
BRITTON, Frederick W., of Preston, m. Harriet A. **GALLUP**, of N. Stonington, Sept. 16, 1850, by Rev. Cyrus Minter	4	194
BROMLEY, [see under **BRUMBLEY**]		
BROWN, Ada, d. [Walter, Jr. & Avis], b. June 14, 1795	2	352
Adah, m. Charles **TYLER**, b. of Preston, Feb. 17, 1822, by Levi Walker	3	27
Alexander, s. [Pardon & Dorothy], b. Sept. 11, 1810	2	227
Allen Nelson, s. [Wheeler & Lois], b. Apr. 2, 1811	2	282
Alvin Wheeler, s. [Wheeler & Lois], b. Sept. 19, 1808	2	282
Amos, Jr., of Preston, m. Martha **STARKWEATHER**, of Stonington, Dec. 27, 1787	2	295
Amos Denison, s. [Asher P. & Louisa], b. Sept. 2, 1832	3	138
Amos P., s. Lot K., ae 25, farmer, & Mary, ae 28, b. Mar. 16, 1849	5	4
Amey, [w. John], d. May 30, 1786	2	23
Ann, d. [John & Anne], b. Oct. 4, 1732	1	72

	Vol.	Page
BROWN, (cont.)		
Anna Palmer, d. [Wheeler & Lois], b. July 9, 1806	2	282
Ansel, s. [William & Elizabeth], b. May 21, 1789	2	159
Ansel, of Preston, m. Susan SMITH, of N. Stonington, Feb. 15, 1815	2	346
Ansel, d. Dec. 31, 1848, ae 59	5	11
Asher P., m. Louisa AMES, of Preston, Oct. 8, 1829, by Rev. Augustus B. Collins	3	138
Avery, s. [Amos, Jr. & Martha], b. Oct. 4, 1788	2	295
Avis, d. [Walter, Jr. & Avis], b. July 25, 1788	2	352
Barradeall, d. [Amos], b. June 7, 1777	2	132
Benjamin, s. [John & Lucy], b. Aug. 31, 1794	2	190
Betsey, d. [Elias & Sabra], b. Apr. 25, 1779	2	136
Betsey, of Preston, m. Caleb BISHOP, of Lisbon, Sept. 20, 1820, by Rev. John Hyde	3	19
Betsey K., of Preston, m. James LEONORD, of Griswold, Oct. 27, 1824, by Levi Meech, Elder	3	56
Betsey Kinney, d. [Nathan & Thankfull], b. Jan. 3, 1808	2	329
Billa Belcher, s. [Perly & Olive], b. Apr. 13, 1784	2	173
Billings, s. [Elias & Sabra], b. Sept. 17, 1793	2	136
Breed, s. [Amos], b. Apr. 5, 1784	2	132
Breed, of Preston, m. Ada KINNEY, of Griswold, Oct. 30, 1816, by Alexander Stewart, J.P., of Griswold	2	384
Celesta Kinney, d. [Breed & Ada], b. Dec. 21, 1818	2	384
Charles Ames, s. [Asher P. & Louisa], b. Apr. 4, 1834	3	138
Charles Henry, s. [Daniel & Mary], b. Apr. 29, 1844	4	95
Cynthia, d.[Amos, Jr. & Martha], b. Apr. 13, 1792	2	295
Cynthia, of [ ], m. Amos MORGAN, of N. Stonington, Dec. 15, 1808	2	355
Daniel, s. [Amos, Jr. & Martha], b. Sept. 14, 1802	2	295
Daniel, of Preston, m. Mary STANTON, of Griswold, Oct. 7, 1840, by W[illia]m R. Jewitt	4	95
Darius, of Hopkinton, R.I., m. Silence BURTON, of Preston, Jan. 9, 1794	2	247
Deliverance, d. Jacob & Deliverance, b. Nov. 22, 1756	2	83
Deliverance, w. Jacob, d. Dec. 9, 1756	2	83
Deliverance, d. Jacob, d. Mar. 12, 1757	2	83
Denison, s. [Walter, Jr. & Avis], b. July 4, 1808	2	352
Dimis, d. [Perly & Olive], b. Feb. 5, 1795	2	173
Dorcas, d. [Nathaniel & Kezia], b. July 20, 1754	2	16
Dwight D., s. Denison, ae 39, & Lucy A., ae 36, b. Apr. 2, 1848	5	4
Easther, d. [Nathaniel & Kezia], b. June 18, 1745; d. Aug. 28, 1746	2	16
Easther, 2d, twin with Kezia, d. [Nathaniel & Kezia], b. July 29, 1747; d. Aug. 15, 1747	2	16
Easther, of Groton, m. Dudley MORGAN, of Stonington, Feb. 28, 1783	2	172
Easther, see also Esther		
Elias, s. [John & Anne], b. Feb. 24, 1744/5	1	72
Elias, m. Sabra BILLINGS, b. of Preston, Nov. 22, 1769	2	136
Elizabeth, [d. John], b. Feb. 7, 1709/8	1	30
Elizabeth, m. Ebenezer WITTER, Mar. 26, 1729	1	56
Elizabeth, d. Nathaniell & Keziah, b. Apr. 1, 1734; d. Apr. 7, 1736	1	52
Elizabeth, d. [Nathaniel & Kezia], b. Apr. 1, 1734; d. Apr. 7, 1736	2	16

BARBOUR COLLECTION

BROWN, (cont.)

	Vol.	Page
Elisabeth, d. [John & Anne], b. Nov. 4, 1738	1	72
Elisabeth,, d. [Jacob & Deliverance], b. May 5, 1752	1	119
Elizabeth, m. Joseph HATCH, b. of Preston, Mar. 19, 1761	2	95
Elizabeth, d. [William & Elizabeth], b. Aug. 1, 1776	2	159
Elizabeth, d. Walter, d. Jan. 20, 1782	2	150
Elizabeth, m. Joseph TRACY, b. of Preston, Sept. 20, 1789	2	189
Elizabeth, m. John COGSWELL, b. of Preston, Oct. 14, 1790	2	201
Elizabeth, m. Amos MORGAN, Feb. 27, 1814	2	355
Emily, d. [Shepherd & Lucy], b. Aug. 31, 1813	2	294
Erastus, s. [William & Elizabeth], b. May 17, 1787	2	159
Erastus, s. [Perly & Olive], b. Oct. 17, 1788	2	173
Esther, d. John & Ame, b. July 15, 1747	2	23
Esther, m. Nathan RIX, b. of Preston, Dec. 11, 1785	2	286
Esther, see also Easther		
Eunice, d. [Amos, Jr. & Martha], b. May 2, 1790	2	295
Eunice, m. Peter DAVIS, b. of Preston, Jan. 17, 1808	2	330
Eunice, d. Gilbert & Sally, b. Sept. 22, 1809	2	299
Eunice, widow, d. Mar. 23, 1859, ae 68	8-C	12
Francis Ardelia, of Groton, m. Amos G. BRUMBLEY, of Preston, Nov. 24, 1831, by Robert S. Avery, J.P.	3	167
Frederick Bulkeley, s. [Shepherd & Lucy], b. May 2, 1809	2	294
Gilbend, s. [Amos], b. Nov. 8, 1781	2	132
Grace, d. Amos, b. Apr. 25, 1771	2	132
Hannah, d. [John & Anne], b. Mar. 15, 1743	1	72
Happy L., of Preston, m. Robert Y. LATHAM, of Ledyard, Oct. 15, 1838, by Comfort D. Fillmore, Deacon	4	11
Happy Lawton, d. [Breed & Ada], b. Mar. 9, 1820	2	384
Harriet Byron, d. [Asher P. & Louisa], b. Nov. 20, 1838	3	138
Harriet Eliza, d. [Isaac & Eliza], b. Sept. 21, 1819	2	290
Harry, s. [William & Elizabeth], b. Aug. 7, 1795; d. June 13, 1801	2	159
Heman Allen, s. [Amos, Jr. & Martha], b. June 27, 1804	2	295
Henry, s. [Amos], b. Aug. 21, 1779	2	132
Henry, of Preston, m. Elizabeth PETERSON, people of color, Mar. 1, 1848	5	2
Henry, saddler, unmarried, d. July 21, 1856, ae 77	8-C	8
Henry Clinton, s. W[illia]m W. & Sabrina, b. Jan. 3, 1804	2	376
Henry G., illeg. s. Susan Ann GUILE, ae 20, b. Dec. 8, 1848	5	7
Henry Tyler, s. [Asher P. & Louisa], b. June 9, 1830	3	138
Hibbard Minor, s. [Nathan & Thankfull], b. Feb. 5, 1810	2	329
Hutchinson, s. [John & Lucy], b. July 17, 1785	2	190
Isaac, s. [Pardon & Dorothy], b. June 19, 1795	2	227
Isaac, of Preston, m. Eliza BURDICK, of Griswold, Nov. 22, 1818, by Alex[ande]r Stewart, J.P.	2	290
Jacob, [s. John], b. July 6, 1711	1	30
Jacob, m. Deliverance BUMP, b. of Preston, Nov. 11, 1742	1	119
Jacob, of Preston, m. Mary PAYSON, of Pomfret, Dec. 14, 1757	2	83
Jacob, of Preston, m. Jerusha ENSWORTH, of Canterbury, Dec. 11, 1776	2	83
Jacob, s. [Darius & Silence], b. Dec. 22, 1797	2	247
James, s. [Nathaniell & Keziah], b. Sept. 11, 1739	1	52
James, s. [Nathaniel & Kezia], b. Sept. 11, 1739	2	16
James, s. [Nathaniel & Kezia], d. Aug. 31, 1762	2	16

PRESTON VITAL RECORDS 43

	Vol.	Page
BROWN, (cont.)		
James, s. [Perly & Olive], b. May 2, 1778	2	173
Jane Crary, d. [Asher P. & Louisa], b. Nov. 12, 1835	3	138
John, [s. John], b. July 19, 1706	1	30
John, m. Anne FELLOWS, Dec. 16, 1731	1	72
John, s. [John & Anne], b. Nov. 16, 1737	1	72
John, s. [Nathaniel & Kezia], b. Apr. 27, 1759; d. June 20, 1759	2	16
John, s. [Elias & Sabra], b. June 18, 1770	2	136
John, d. Mar. 15, 1776	2	23
John, s. John & Lucy, b. Dec. 21, 1782	2	190
John, m. Eunice BREWSTER, b. of Preston, Sept. 6, 1797	2	259
John Tyler, s. Billings & Mary, b. Nov. 22, 1825	3	89
Joseph, of Groton, m. Mary Ann BAKER, of Griswold, Feb. 2, 1835, by Rev. Alfred Gates	3	317
Joseph Warren, s. [Elias & Sabra], b. Mar. 9, 1777	2	136
Judeth, d. John & Anne, b. Aug. 19, 1734	1	72
Judith, m. Samuel TYLER, b. of Preston, Mar. 17, 1757	2	91
Juliann, of Preston, m. Erastus S. TURNER, of Norwich, June 20, 1830, by Rev. Augustus B. Collins	3	144
Keziah, d.[Nathaniell & Keziah], b. Oct. 2, 1732	1	52
Kezia, d. [Nathaniel & Kezia], b. Oct. 2, 1732; d. Aug. 30, 1746	2	16
Kezia, twin with Easther, 2d, d. [Nathaniel & Kezia], b. July 29, 1747; d. Oct. 16, 1751	2	16
Kezia, d. [Jacob & Deliverance], b. Dec. 10, 1754	1	119
Kezia, m. Buell STEVENS, b. of Preston, Oct. 5, 1783	2	190
Kezia, see Thezia		
Lora Prudence, d. [Wheeler & Lois], b. Oct. 12, 1813	2	282
Lott Kimball, s. [Breed & Ada], b. Feb. 13, 1824	2	384
Louisa, d. [Walter, Jr. & Avis], b. Aug. 29, 1803	2	352
Louisa, of Preston, m. Mason WILCOX, of Stonington, Nov. 29, 1827, by Levi Meech, Elder	3	104
Louisa Maria, d. [Asher P. & Louisa], b. Apr. 16, 1837	3	138
Lucinda, d. [Walter, Jr. & Avis], b. Dec. 28, 1784	2	352
Lucinda, d. [Pardon & Dorothy], b. Jan. 10, 1804	2	227
Lucinda, m. Benjamin HASKELL, Feb. 26, 1804	2	362
Lucinda, of Preston, m. James SEARLES, of Hartland, Nov. 27, 1825, by Robert S. Avery, J.P.	3	73
Lucius Sheperd, s. [Wheeler & Lois], b. Oct. 12, 1813	2	282
Lucy, d. [Nathaniell & Keziah], b. Apr. 1, 1734	1	52
Lucy, d. [Nathaniel & Kezia], b. Apr. 10, 1735	2	16
Lucy, m. James BRAMAN, b. of Preston, Dec. 20, 1759	2	103
Lucy, d. [Perly & Olive], b. Feb. 27, 1782	2	173
Lucy, d. [William & Elizabeth], b. June 10, 1785	2	159
Lucy, m. Ezra BENJAMIN, Jr., b. of Preston, Feb. 16, 1794	2	241
Lucy Anna, d. Nov. 18, 1863, ae 2 y. 4 m.	8-C	21
Lucy L., m. William J. BROWN, b. of Norwich, Dec. 2, 1838, by A. Gore, J.P.	4	15
Lydia, d. [Pardon & Dorothy], b. June 14, 1793	2	227
Lydia, m. Samuel DAVIS, b. of Preston, May 3, 1819	2	328
Lydia, of Preston, m. Samuel JOSLIN, of Charlton, Worcester Cty., Mass., Oct. 17, 1827, by Robert S. Avery, J.P.	3	102
Margaret, of Stonington, m. William AYER, of Preston, Feb. 27, 1806	2	308

	Vol.	Page
BROWN, (cont.)		
Maria, d. [Shepherd & Lucy], b. Jan. 26, 1807	2	294
Martha, d. [Jacob & Deliverance], b. Aug. 6, 1746	1	119
Martha, m. Ephraim **RIX**, b. of Preston, May 3, 1790 (Entry crossed out)	2	224
Martha, m. Ephraim **RIX**, b. of Preston, May 30, 1790	2	222
Mary, d. [Nathaniell & Keziah], b. Aug. 7, 1736	1	52
Mary, d. [Nathaniel & Kezia], b. Aug. 7, 1736	2	16
Mary, m. Stephen **TUCKER**, Jr., b, of Preston, Mar. 2, 1758	2	103
Mary, d. [Jacob & Mary], b. Apr. 16, 1762; d. Jan. 20, 1773	2	83
Mary, w. Jacob, d. July 8, 1774	2	83
Mary, d. Walter & Mary, b. July 27, 1774	2	150
Mary, d. [William & Elizabeth], b. June 9, 1798	2	159
Mary, m. David **BALDWIN**, [ ] 13, 1823, by Rev. John Hyde	3	65
Mary Ann, d. W[illia]m W. & Sabrina, b. Feb. 8, 1808	2	376
Mary Ann, of Preston, m. James R. **STETSON**, of Lisbon, Dec. 25, 1828, by Rev. Augustus B. Collins	3	148
Mary Frink, d. [Wheeler & Lois], b. June 16, 1804	2	282
Mary L., b. in Griswold, d. Mar. 4, [1850], ae 30	5	11
Mary Louisa, d. [Daniel & Mary], b. Oct. 30, 1842	4	95
Molly Pembleton, d. [John & Lucy], b. Feb. 9, 1789	2	190
Nathan, s. Amos, b. Aug. 22, 1773	2	132
Nathan, m. Thankfull **KINNEY**, b. of Preston, Jan. 1, 1807	2	329
Nathan, m. Emily B. **CRARY**, b. of N. Stonington, July 17, 1842, by Rev. Nathan E. Shailer	4	75
Nathan Gallup, s. [William W. & Sabrina], b. Jan. 26, 1818	2	376
Nathan[i]ell, [s. John], b. Jan. 22, 1704	1	30
Nathaniell, m. Keziah **KINNI**, Dec. 14, 1731	1	52
Nathaniel, m. Kezia **KINNE**, b. of Preston, Dec. 14, 1731	2	16
Nathaniel, s. [Nathaniell & Keziah], b. Mar. 24, 1738	1	52
Nathaniel, s. [Nathaniel & Kezia], b. Mar. 24, 1738	2	16
Nathaniel, s. [Perly & Olive], b. Apr. 28, 1780	2	173
Nathaniel, Deac., d. June 11, 1787, ae 84 y.	2	5
Olive, d. [Perly & Olive], b. Apr. 27, 1786	2	173
Pardon, of Preston, m. Dorothy **CULVER**, of Stonington, Aug. 7, 1791	2	227
Pardon Manning, s. [Pardon & Dorothy], b. May 1, 1806	2	227
Pardon T., of Groton, m. Eunice M. **AVERY**, of Preston, Jan. 30, 1854, by S. S. Chapin	4	234
Patty, d. [Pardon & Dorothy], b. Dec. 28, 1791	2	227
Patty, m. Nathaniel **PHILLIPS**, b. of Preston, Mar. 19, 1809	2	319
Peleg, s. Amos, b. Mar. 31, 1775	2	132
Perly, m. Olive **BELCHER**, b. of Preston, Mar. 11, 1777	2	173
Peter, of Groton, m. Maria **YARRINGTON**, of Preston, Apr. 6, 1829, by Rev. Augustus B. Collins	3	128
Phebe, m. Emanuel **NORTH[R]UP**, b. of Preston, Jan. 22, 1777	2	23
Phebe, d. [Walter, Jr. & Avis], b. Jan. 28, 1801	2	352
Phebe, of Preston, m. Asher **HOLMES** of Stonington, Jan. 1, 1823, by Levi Meech, Elder	3	99
Polly, m. Whitman **HOLLOWAY**, b. of Preston, Jan. 14, 1821, by Rev. Levi Walker	3	16
Prudence, of Preston, m. Avery **DENISON**, of Stonington, Aug. 13, 1778	2	162

	Vol.	Page
BROWN, (cont.)		
Prudence, of Groton, m. Elijah **PARTRIDGE**, of Preston, Apr. 7, 1785	2	232
Prudence, d. [Pardon & Dorothy], b. Dec. 30, 1801	2	227
Rachel, d. [John & Anne], b. Feb. 10, 1740/1	1	72
Rebekah, d. [Jacob & Deliverance], b. May 10, 1750	1	119
Rebecca, m. James **PARTRIDGE**, b. of Preston, Nov. 17, 1768	2	121
R[e]ubon, twin with Simson, s. Nathaniel & Kezia, b. Dec. 29, 1741; d. Dec. 23, 1745	2	16
Sabra Billings, d. [Elias & Sabra], b. Dec. 18, 1782	2	136
Sally, d. [Amos, Jr. & Martha], b. Feb. 21, 1795	2	295
Sally B., of Preston, m. Shubael **HOLMES**, of Stonington, Mar. 18, 1821, by Levi Walker	3	23
Sally Billow, d. [Walter, Jr. & Avis], b. Nov. 22, 1798	2	352
Samuel Culver, s. [Pardon & Dorothy], b. June 14, 1808	2	227
Sanford, s. [Pardon & Dorothy], b. May 28, 1797	2	227
Sanford, m. Eunice **SEARS**, b. of Griswold, Nov. 8, 1821, by Rev. Levi Walker	3	35
Sarah, d. [Jacob & Deliverance], b. Apr. 4, 1748	1	119
Sarbey, s. [Nathaniel & Kezia], b. Aug. 10, 1756	2	16
Shepard, s. [Walter & Mary], b. Mar. 23, 1778	2	150
Shepherd, of Preston, m. Lucy **CULVER**, of Groton, Jan. 6, 1805	2	294
Shepherd, s. [Shepherd & Lucy], b. Dec. 6, 1805	2	294
Silence, d. [Darius & Silence], b. June 15, 1795	2	247
Simson, twin with R[e]ubon, s. Nathaniel & Kezia, b. Dec. 29, 1741; d. June 17, 1742	2	16
Sophia, m. William **TAYLOR**, b. of Norwich, Oct. 2, 1833, by Rev. David N. Bentley	3	309
Stephen Wilbur, s. [Pardon & Dorothy], b. June 23, 1799	2	227
Susan, b. in N. Stonington, d. Mar. 1, 1850, ae 58	5	11
Sybbel, d. [Amos, Jr. & Martha], b. Aug. 8, 1799	2	295
Thankfull, d. [Nathaniel & Kezia], b. Sept. 19, 1750	2	16
Thezia [Kezia ?], wid. Deac. [Nathaniel], d. Nov. 11, 1789	2	5
Tyler, s. [William & Elizabeth], b. June 18, 1781	2	159
Tyler, m. Rhoda **MORGAN**, b. of Preston, Feb. 22, 1810	2	344
Walter, m. Mary **FRINK**, b. of Stonington, Jan. 13, 1773	2	150
Walter, Jr., m. Avis **KINNEY**, b. of Preston, Oct. 10, 1784	2	352
Walter, 3d, s. [Walter, Jr. & Avis], b. June 26, 1793	2	352
Walter, m. Eunice **DAVIS**, b. of Preston, Aug. 13, 1827, by Levi Meech, Elder	3	105
Walter, d. Sept. 9, 1848, ae 84	5	11
Wheeler, s. [Walter & Mary], b. May 1, 1776	2	150
Wheeler, m. Lois **RAY**, b. of Preston, May 27, 1802	2	282
Wheeler Gallup, s. [Gilbert & Sally], b. Oct. 22, 1810	2	299
William, m. Elizabeth **TYLER**, b. of Preston, Aug. 17, 1775	2	159
William Henry, s. [Nathan & Thankfull], b. Dec. 9, 1812	2	329
William J., m. Lucy L. **BROWN**, b. of Norwich, Dec. 2, 1838, by A. Gore, J.P.	4	15
William W., m. Sabrina **GALLUP**, b. of Preston, June 29, 1803	2	376
William Wilbur, s. [William & Elizabeth], b. June 6, 1779	2	159
W]illia]m Wilbur, s. W[illia]m W. & Sabrina, b. Feb. 5, 1816; d. Feb. 5, 1816	2	376
BROWNING, Amy Prentice, d. Dec. 22, 1867, ae 75	8-C	27

	Vol.	Page
BROWNING, (cont.)		
Frances A., b. in N. Stonington, d. Feb. 4, 1848, ae 22	5	11
Frank L., d. Feb. 13, 1854, ae 1	8-C	2
George S., s. Welcome A., b. Jan. 8, 1811	2	321
Hiram, of Griswold, m. Prudence **BARNES**, of Preston, Mar. 15, 1840, by Welcome A. Browning, J.P.	4	35
Jeremiah H., of Exeter, R.I., m. Hannah C. **REYNOLDS**, of Preston, Mar. 14, 1841, by Rev. N. E. Shailer	4	56
Perry E., s. Jeremiah H., farmer, ae 34, & Hannah C., ae 29, b. Mar. 21, 1847	5	3
Susan A., of N. Stonington, m. Jonathan **SLOCUM**, of N. Kingston, R.I., May 5, 1834, by Rev. Augustus B. Collins	3	302
William T., of N. Stonington, m. Nancy C. **AVERY**, of Preston, Mar. 23, 1843, by Rev. Augustus B. Collins	4	92
BRUMBLEY, BRUMBLY, BROMBLEY, BROMLEY, Abigail, d. [Bethuel & Arabilla], b. May 23, 1773	2	101
Alas, s. [Israel, Jr. & Lucy], b. Apr. 17, 1798	2	278
Alas, m. Esther **BIDWELL**, Mar. 14, 1805, at East Hartford	3	81
Alas, d. Apr. 1, 1856	3	81
Alas, farmer, married, b. in Griswold, d. Apr. 1, 1856, ae 92	8-C	7
Amos, m. Eunice **FULLER**, b. of Preston, Mar. 22, 1797	2	252
Amos, m. Eunice **FULLER**, b. of Preston, Mar. 22, 1797	2	263
Amos, d. Apr. 25, 1813, at Greenbush	2	252
Amos G., of Preston, m. Francis Ardelia **BROWN**, of Groton, Nov. 24, 1831, by Robert S. Avery, J.P.	3	167
Amos Grandeson, s. [Amos & Eunice], b. May 5, 1810	2	252
Anna, m. Hiram **HERRICK**, b. of Preston, Mar. 23, 1791	2	280
Appleton, s. [Israel, Jr. & Lucy], b. Mar. 8, 1801	2	278
Arrabilla, [w. Bethuel], d. July 24, 1773	2	101
Avery, of Norwich, m. Nancy M. **BENNET[T]**, of Preston, Feb. 21, 1837, by Nathan E. Shailer	4	3
Barber, s. [Preserved & Lucy], b. Mar. 6, 1768	2	129
Barsheba, d. [William], b. Feb. 12, 1733	2	71
Barton, s. [Bethuel & Arabilla], b. Mar. 18, 1768	2	101
Benjamin, s. [Preserved & Lucy], b. Dec. 20, 1770	2	129
Benjamin, s. [Joseph & Lucy], b. Aug. 16, 1798	2	374
Bethuel, s. [William], b. Dec. 22, 1737	2	71
Bethuel, m. Arabilla **HERRICK**, b. of Preston, Dec. 21, 1758	2	101
Bethuel, s. [Bethuel & Arabilla], b. Sept. 1, 1761	2	101
Charity, d. [William], b. Mar. 4, 1728	2	71
Charity, m. Jeremiah **UTTLEY**, b. of Preston, Mar. 24, 1746	2	100
Christopher, m. Margary **DAVISON**, b. of Preston, June 2, 1758	2	114
Clarrissa, d. [Amos & Eunice], b. July 4, 1800	2	252
Clarissa, m. Gurdon **STANTON**, Nov. 14, 1824, by Nathan Stanton, J.P.	3	58
David Wright, s. [Amos & Eunice], b. Oct. 31, 1813	2	252
Dew[e]y, of Preston, m. Anna **BARNS**, of Groton, Oct. 28, 1784	2	210
Dew[e]y, s. [Dew[e]y & Anna], b. Apr. 17, 1787	2	210
Dewey, of Norwich, m. Elizabeth L. **MINER**, of Lyme, Oct. 28, 1827, at Cyrus Latham's by Rev. William Palmer, of Norwich	3	101
Ducy, s. [Christopher & Margary], b. Jan. 3, 1759	2	114
Edward A., d. Mar. 21, 1857, ae 4 m. 2 d.	8-C	9
Edwin, adopted s. James M. & Emily, b. Feb. 17, 1840, in Norwich	3	337

PRESTON VITAL RECORDS 47

	Vol.	Page
BRUMBLEY, BRUMBLY, BROMBLEY, BROMLEY, (cont.)		
Edwin, ae 29, of Preston, m. Mary JAMES*, ae 33, b. in Norwich, now of Preston, Apr. 15, [1850], by [ ] Lovejoy. (*Her 2d marriage)	5	2
Elijah, s. [William], b. Aug. 23, 1725	2	71
Elizabeth, d. [William], b. Sept. 10, 1730	2	71
Elizabeth, d. [Israel, Jr. & Lucy], b. June 18, 1799	2	278
Emily, d. Alas & Esther, b. Dec. 29, 1814	2	394
Emily, d. [Alas & Esther], b. Dec. 29, 1814	3	81
Emily, of Preston, m. ----- WRIGHT, of Springfield, Mass., Jan. 1, 1839, by Rev. N. E. Shailer	4	19
Esther, d. [Alas & Esther], b. Apr. 10, 1817	2	394
Esther, d. [Alas & Esther], b. Apr. 10, 1818	3	81
Esther, of Preston, m. Charles W. L. TUBB, of Norwich, Sept. 13, 1840, by Rev. Ira R. Steward	4	43
Esther B., d. Nov. 27, 1861, ae 1 y. 4 m.	8-C	17
Eunice, d. [Christopher & Margary], b. Dec. 21, 1761	2	114
Fanna, [d. Joseph & Lucy], b. Nov. 26, 1800	2	374
Freelove, d. [Luke & Prescilla], b. Nov. 8, 1734	2	74
Freelove, m. Jonas FRINK, b. of Preston, Mar. 8, 1758	2	96
George Whitfield, s. Alas & Esther, b. July 7, 1812	2	394
George Whitfield, s. [Alas & Esther], b. July 7, 1812	3	81
Gideon, s. [Joseph & Lucy], b. June 28, 1796	2	374
Gideon S., d. [, 1849 ?], ae 65, at Town House	5	13
Harly, ae 27, of Preston, m. Lucy BARNES, ae 15, Nov. 17, 1850, by Elder Cogswell	5	2
Harley A., m. Lucy BARNES, b. of Preston, Nov. 17, 1850, by Rev. S. W. Coggeshall	4	198
Henry, s. Joseph H., ae 44, farmer, & Abigail, ae 40, b. Dec. 3, 1848	5	4
Hepzibah, had s. Jeremiah, b. May 2, 1721, reputed s. of Jeremiah UTL[E]Y, of Stonington	1	29
Horace B., m. Eunice J. BENJAMIN, Oct. 17, 1847, by Rev. Cyrus Miner	4	143
Horace B., farmer, m. Eunice E. Benjamin, Oct. 27, 1847, by C. L. Miner	5	1
Horace Bidwell, s. [Alas & Esther], b. Nov. 21, 1823	3	81
Horace D., s. [Horace B. & Eunice J.], b. Oct. 14, 1848	4	143
Israel, Jr., m. Lucy TRACY, b. of Preston, Feb. 2, 1795	2	278
James, married, shoemaker, d. Feb. 23, 1856, ae 50	8-C	7
James M., of Preston, m. Emily FANNING, Aug. 20, 1837, by Rev. N. E. Shailer	3	337
James Molleson, s. [Alas & Esther], b. July 26, 1809	3	81
James Waterman, s. [Amos & Eunice], b. Apr. 1, 1805	2	252
Jonathan, s. Christopher & Esther, his 2d w., b. Dec. 1, 1806	2	114
Joseph, m. Lucy JORDAN, Oct. [ ], 1793	2	374
Joseph, [s. Joseph & Lucy], b. Oct. 2, 1805	2	374
Joseph, of Preston, m. Abigail WRIGHT, of Groton, June 14, 1832, by Rev. Augustus B. Collins	3	179
Joshua, s. [Bethuel & Arabilla], b. Feb. 24, 1764	2	101
Josiah, s. [Alas & Esther], b. Nov. 9, 1807	3	81
Judah, m. James FRINK, 2d, b. of Preston, Feb. 20, 1783	2	187
Kezia, d. [Christopher & Margary], b. Jan. 14, 1765	2	114
Kezia, of Preston, m. Jason STANTON, of Preston, June 15, 1790	2	276

	Vol.	Page
BRUMBLEY, BRUMBLY, BROMBLEY, BROMLEY, (cont.)		
Levi, s. [Preserved & Lucy], b. Oct. 23, 1766	2	129
Louisa, m. Albert BURNHAM, b. of Preston, Nov. 6, 1842, by Rev. Nathan E. Shailer	4	85
Lucy, of Charlestown, N.Y., m. Nathan RUDE, of Preston, Oct. 11, 1812	2	326
Lucy L., [d. Joseph & Lucy], b. June 1, 1812	2	374
Lucy S., of Griswold, m. Marvin COLE, of Coventry, May 15, 1833, by Rev. David N. Bentley	3	191
Luke, of Preston, m. Prescilla AYER, of Voluntown, Dec. 12, 1733	2	74
Mary, d. [Luke & Prescilla], b. Sept. 8, 1743	2	74
Mary, m. Timothy MEECH, b. of Preston, Sept. 1, 1762	2	115
Mary, d. [Christopher & Margary], b. Feb. 21, 1763	2	114
Mary Davison, d. [Amos & Eunice], b. Nov. 22,1807	2	252
Mehipzibah, m. John BURLINGTON, Feb. ye last day, 1727/8	1	75
Merabah, d. [Luke & Prescilla], b. July 30, 1739	2	74
Merribee, m. Spencer KINNE, b. of Preston, Dec. 12, 1759	2	67
Oren, s. [Joseph & Lucy], b. Oct. 14, 1817	2	374
Patty, d. [Joseph & Lucy], b. May 6, 1794	2	374
Patty, m. John C. FITCH, Oct. 10, 1813	2	286
Phillip Dodridge, s. [Israel, Jr. & Lucy], b. July 10, 1796; d. Mar. 3, 1797	2	278
Preserved, s. [William], b. July 16, 1739	2	71
Preserved, m. Lucy SAFFORD, b. of Preston, June 19, 1766	2	129
Preserved M., [s. Joseph & Lucy], b. Dec. 16, 1809	2	374
Rebeckah, d. [Bethuel & Arabilla], b. Aug. 20, 1770	2	101
Sally, [d. Joseph & Lucy], b. June 26, 1808	2	374
Samuel Fuller, s. [Amos & Eunice], b. Feb. 15, 1798	2	252
Samuel Fuller, s. [Amos & Eunice], b. Feb. 15, 1798	2	263
Sophia, of Preston, m. Joseph CONNEL, of Preston, Nov. 14, 1847, by Rev. E. T. Hiscox	4	136
Sophia, d. Feb.14, 1848, ae 58	5	12
Susan, [d. Joseph & Lucy], b. May 17, 1803	2	374
Susan, b. in Norwich, d. Jan. 23, 1864, ae 5	8-C	21
William, s. William, b. May 1, 1721	2	71
William, s. [Bethuel & Arabilla], b. Mar. 11, 1766	2	101
William, Sr., d. Feb. 7, 1769	2	71
William, s. [Amos & Eunice], b. July 23, 1802	2	252
William, [s. Joseph & Lucy], b. Nov. 17, 1814	2	374
BUCK, Clarissa, d. [Gurdon & Martha], b. Dec. 25, 1799	2	407
Gard, s. Gurdon & Rhoda, b. May 7, 1797	2	407
Gurdon, m. Martha MOODEY, b. of Preston, Apr. 7, 1799	2	407
Lucretia, m. Mingo CHESEBROUGH, b. of Preston, Mar. 2, 1794	2	406
BUDDINGTON, BUDINGTON, Dudley, of Preston, carpenter, ae 33 y., s. Luke Buddington, m . 2d w. Eliza BARNES, of Preston, ae 30 y., d. Elijah BARNES, Sept. 13, 1852, by H. H. Matteson	4	220
Dudl[e]y, carpenter, married, d. Jan. 7, 1864, ae 44	8-C	21
Edgar K., d. Sept. 10, 1861, ae 8 d.	8-C	17
George E., d. Sept. 26, 1859, ae 2	8-C	13
George W., b. Mar. 19, 1814	3	190
Jane M., married, d. Apr. 30, 1861, ae 39	8-C	16
Josephine, d. L., carpenter, & Jane, b. Dec. 7, 1847	5	7
Juliet, d. May 10, 1851, ae 31	5	12

PRESTON VITAL RECORDS 49

	Vol.	Page
BUDDINGTON, BUDINGTON, (cont		
Lodowich, wood-sawer, married, d. May 30, 1860, ae 59	8-C	14
R[h]oda Ann, m. Jedidiah CORNING, b. of Preston, Jan. 27, 1839, by Rev. Augustus B. Collins	4	21
Rhoda Ann, m. Jedidiah CORNING, June 27, 1839	3	125
William L., b. June 19, 1820	3	190
William L., m. Jane M. HARVEY, b. of Preston, May 1, 1842, by Rev. N. E. Shailer	4	77
-----, male, d. Aug. 5, 1859	8-C	13
BUDLONG, Stephen E., twin with Tabitha E., s. Lorenzo B., merchant, & Maryanna, b. May 7, 1848	5	7
Tabitha, twin with Stephen E., d. Lorenzo B., merchant, & Maryanna, b. May 7, 1848	5	7
-----, of Manchester, Conn., m. Mary Ann BARNES, of Preston, Sept. 15, 1839, by Rev. N. E. Shailer	4	31
BUISTOW, [see also BARSTOW], Rufus T., m. Lucy Ann LAMPHERE, b. of Preston, May 7, 1854, by Rev. N. S. Hunt	4	235
BULL, Hepzibah, of Hartford, m. Charles FANNING, of Preston, Aug. 30, 1814, by Nathan Strong, V.D.M., of Hartford	2	356
BULLARD, Mary, m. Daniel HARRIS, Nov. 18, 1728	1	114
BUMP, Abel, s. [Robinson & Mary], b. Dec. 28, 1748	2	75
Deliverance, m. Jacob BROWN, b. of Preston, Nov. 11, 1742	1	119
Mary, d. [Robinson & Mary], b. Aug. 18, 1753	2	75
Mercy, d. [Robinson & Mary], b. Aug. 18, 1755	2	75
Robinson, of Preston, m. Mary WILLIAMS, of Plainfield, Jan. 1, 1746/7	2	75
Sarah, d. [Robinson & Mary], b. Apr. 20, 1751	2	75
Sarah, m. Benjamin KINNE, b. of Preston, Sept. 3, 1757	2	17
BUNDY, BUNDEY, Amey, d. [Ezekiel & Amey], b. Dec. 8, 1766	2	115
Asahel, s. [James, Jr. & Sarah], b. Nov. 6, 1747	1	112
Deborah, [d. James & Mary], b. Mar. 7, 1714/13	1	58
Deborah, d. James [& Mary], b. Mar. 7, 1714/13	1	68
Deborah, d. [Peter & Prescilla], b. Apr. 2, 1763	2	29
Delilah, d. [Peter & Prescilla], b. Sept. 7, 1758	2	29
Elisha, s. [Peter & Prescilla], b. Oct. 6. 1760	2	29
Elizabeth, had illeg. s. Nathaniel BOWDISH, b. May 25, 1746. Reputed father Nathaniel BOWDISH	2	16
Esther, d. [Peter & Prescilla], b. Aug. 16, 1752	2	29
[E]unes, d. [James & Mary], b. Apr. 6, 1719	1	68
[E]unis, [d. James & Mary], b. Apr. 15, 1719	1	58
Eunice, d. [Peter & Prescilla], b. Sept. 7, 1750	2	29
Eunice, m. Abraham YERRINGTON, b. of Preston, Sept. 13, 1770	2	130
Ezekiel, s. Joseph, b. Sept. 13, 1736	1	16
Ezekiel, m. Amey STARKWEATHER, b. of Preston, Feb. 10, 1763	2	115
Ezekiel, m. Amey STARKWEATHER, b. of Preston, Feb. 10, 1763 (Entry crossed out)	2	107
Hannah, d. James & Mary, b. Aug. 31, 1711	1	58
Hannah, d. James & Mary, b. Aug. 31, 1712	1	68
Isaac, [s. James & Mary], b. Apr. 15, 1722; d. Apr.[ ], 1725	1	58
Isaac, [s. James & Mary], b. Apr. 15, 1726	1	58
Isaac, s. [James, Jr. & Sarah], b. June 9, 1745	1	112
James, s. [James & Mary], b. Oct. ye last day, 1715	1	68
James, [s. James & Mary], b. Nov. 30, 1715	1	58

	Vol.	Page
BUNDY, BUNDEY, (cont.)		
James, Jr., m. Sarah **JEMISON**, May 15, 1735	1	112
James, s. [James, Jr. & Sarah], b. Aug. 7, 1736	1	112
John, s. [James & Mary], b. Oct. 16, 1724	1	68
John, [s. James & Mary], b. Nov. 27, 1724	1	58
John, s. [James, Jr. & Sarah], b. Apr. 5, 1738	1	112
Mary, [d. James & Mary], b. May 1, 1717	1	58
Mary, d. [James & Mary], b. May 1, 1717	1	68
Mary, d. [James, Jr. & Sarah], b. Apr. 3, 1750	1	112
Mary, d. [Peter & Prescilla], b. Aug. 16, 1756	2	29
Nathan, s. [James, Jr. & Sarah], b. Mar. 29, 1743	1	112
Nathan, s. [Ezekiel & Amey], b. Nov. 13, 1770	2	115
Peter, [s. James & Mary], b. Mar. 16, 1720/21	1	58
Peter, s. [James & Mary], b. Mar. 17, 1720/21	1	68
Peter, m. Prescilla **PRENTISE**, b. of Preston, July 14, 1746	2	29
Peter, s. [Peter & Prescilla], b. Sept. 11, 1754	2	29
Prescilla, d. [Peter & Prescilla], b. Oct. 11, 1748	2	29
Priscilla, m. Isaac **GATES**, Jr., b. of Preston, June 28, 1764	2	110
Robert, s. [Ezekiel & Amey], b. May 20, 1764	2	115
Sarah, d. [James, Jr. & Sarah], b. July 26, 1740	1	112
BURDICK, BURDOCK, Abby J., d. Mar. 20, 1853, ae 1	8-C	1
Abby M., married, d. Oct. 14, 1862, ae 47	8-C	19
Anna, married, b. in R.I., d. Dec. 12, 1862, ae 96	8-C	19
Arabella, d. Aug. 27, 1855	8-C	6
Daniel, [s. Rowland & Eliza], b. June 21, 1832	4	119
Edger, d. Jan. 24, 1862, ae 21 d.	8-C	18
Eliza, of Griswold, m. Isaac **BROWN**, of Preston, Nov. 22, 1818, by Alex[ande]r Steward, J.P.	2	290
Eliza, [d. Rowland & Eliza], b. Dec. 8, 1837	4	119
Eliza, married, b. in R.I., d. Aug. 2, 1858, ae 56	8-C	11
Eliza J., m. Charles **PRINCE**, Nov. 28, 1849, by John H. Harris, J.P.	4	193
Ellery, d. Dec. [ ], 1867, ae 62	8-C	27
Eunice, [d. Rowland & Eliza], b. Nov. 12, 1846	4	119
Frances, [s. Rowland & Eliza], b. Nov. 15, 1827	4	119
Harriet, [d. Rowland & Eliza], b. Feb. 25, 1829	4	119
Harriet, of Preston, m. Hiram H. **COLHUN**, of Norwich, Nov. 22, 1848, by Rev. Cyrus Miner	4	161
Henry, s. Henry, ae 31, topster, & Almy, ae 34, b. Mar. 6, 1849	5	9
Henry, d. May 30, [1849 ?], ae 1	5	13
Howland*, b. July 2, 1804 (*Perhaps Rowland)	4	119
John, railroad worker, married, d. Nov. 28, 1865, ae 57 y.	8-C	25
Ledyard, [s. Rowland & Eliza], b. Apr. 11, 1835	4	119
Lydia Ann, [d. Rowland & Eliza], b. May 24, 1844	4	119
Oliver H., d. Sept. 1, 1864, ae 1 y. 10 m.	8-C	22
Pardon G., moulder, married, b. in R.I., d. Mar. 3, 1866, ae 47	8-C	26
Perry, [s. Rowland & Eliza], b. Mar. 24, 1842	4	119
Rowland*, of Charlestown, R.I., m. Eliza **JONES**, of Preston, Oct. 23, 1826, by Welcome A. Browning, J.P. (*Perhaps Howland)	4	119
Rowland, laborer, widower, b. in R.I., d. Jan. 12, 1860, ae 57	8-C	14
Ruth E., ae 21, m. Henry J. **ROATH**, ae 27, tinman, of Preston, May 13, 1849, by William Reynolds	5	2
Sarah F., d. Samuel & Vianne, b. Nov. 2, 1847	5	7
Stephen, farmer, married, b. in R.I., d. Aug. 8, 1856, ae 58	8-C	8

PRESTON VITAL RECORDS 51

	Vol.	Page
BURDICK, BURDOCK, (cont.)		
Stephen, 2d, [s. Rowland & Eliza], b. July 7, 1840	4	119
BURGESS, -----, Mr., d. Apr. 8, [1849 ?], ae 72	5	13
BURLINGSON, (see **BURLINGTON**)		
BURLINGTON, (Should be **BURLINGTON** (variant of Burlison, Burleson, Burlesson & c.) - correction made by Allan W. Burleson after examination of original entries in town records, July 14, 1949)		
John, m. Mehipzibah **BRUMBLEY**, Feb. ye last day, 1727/8	1	75
John, s. [John & Mehipzibah], b. Feb. 7, 1728/9	1	75
Return, s. [John & Mehipzibah], b. Jan. 15, 1740	1	75
Sarah, d. [John & Mehipzibah], b. July 20, 1740	1	75
BURNHAM, Albert, m. Louisa **BROMBLEY**, b. of Preston, Nov. 6, 1842, by Rev. Nathan E. Shailer	4	85
Albert, shoemaker, married, d. June 24, 1855, ae 33	8-C	5
Ja[me]s A., d. Nov. 22, 1847, ae 10	5	12
BURR (?), Samu[e]l C., of N. Stonington, m. Dimmis W. **MALLORY**, of Norwich, Apr. 26, 1821, by Levi Walker	3	9
BURRIS, Desire, of Groton, m. Moses **GORE**, of Preston, May 27, 1740	1	121
BURROWS, Mercy, m. Nathan **AVERY**, b. of Groton, Nov. 20, 1766	2	127
BURT, A.C., laborer, m. Ursully **CLARK**, b. of Norwich, July 28, 1850, by Rev. Jacob Allen	5	2
BURTON, Abigail, [w. Isaac], d. Jan. 1, 1746/7	1	19
Abner, s. Jacob, b. July 25, 1754	2	67
Albert, s. [Israel, Jr. & Betsey], b. Sept. 18, 1809	2	225
Amos, s. [Henry & Elizabeth], b. Aug. 11, 1747; d. Apr. 17, 1750	2	35
Amos, s. [Nathan & Lydia], b. Apr. 13, 1765	2	135
Amos, s. [Nathan, Jr. & Patty], b. June 4, 1797	2	357
Anna, d. [Jacob & Mary], b. Oct. 7, 1739	1	89
Anna, d. [Jacob & Keturah], b. June 23, 1794	2	242
Asa, s. [Henry & Elizabeth], b. Mar. 17, 1743	2	35
Asenath, d. [Henry & Elizabeth], b. Mar. 20, 1755	2	35
Asenath, m. Manassah **PRENTICE**, b. of Preston, Nov. 19, 1772	2	141
Barnard, s. [Israel & Silence], b. Nov. 16, 1749	2	34
Benjamin, s. [Stephen & Mary], b. Dec. 1, 1754	2	53
Betsey, d. [Israel, Jr. & Betsey], b. Feb. 9, 1800	2	225
Calvin, s. [Israel, Jr. & Betsey], b. Apr. 9, 1808	2	225
Cynthia, d. [Nathan & Lydia], b. Aug. 27, 1763	2	135
Eli, s. [Isaac], b. Mar. 9, 1741	1	122
Elisha, s. [Israel, Jr. & Betsey], b. Oct. 6, 1792	2	225
Elizabeth, d. [Jacob & Mary], b. June 30, 1737	1	89
Elizabeth, d. [Henry & Elizabeth], b. Mar. 18, 1745	2	35
Elizabeth, d. [Nathan & Lydia], b. Feb. 21, 1767	2	135
Hannah, d. [Jacob & Judith], b. Apr. 11, 1725	1	89
Hannah, d. [Israel & Silence], b. Aug. 3, 1757	2	34
Hannah, d. [Stephen & Hannah], b. Jan. 21, 1764	2	53
Henry, m. Elizabeth **RAY**, b. of Preston, Oct. 26, 1738	2	35
Henry, s. [Stephen & Hannah], b. July 10, 1759	2	53
Isaac, s. Jacob & Judeth, b. Nov. 23, 1713	1	89
Isaac, m. [ ], Apr. 11, 1737	1	122
Isaac, m. Abigail **REA**, b. of Preston, Jan. 27, 1743/4	1	19
Isaac, d. July 17, 1749	1	19
Isaac, s. [Stephen & Mary], b. Oct. 19, 1749; d. Dec. 23, 1751	2	53

BARBOUR COLLECTION

	Vol.	Page
BURTON, (cont.)		
Isaac, s. [Henry & Elizabeth], b. Apr. 24, 1757	2	35
Isaac, m. Desire RAY, b. of Preston, Jan. 23, 1777	2	158
Israell, s. [Jacob & Judith], b. Mar. 16, 1721/22	1	89
Israel, m. Silence HERRICK, b. of Preston, June 23, 1748	2	34
Israel, s. [Israel & Silence], b. Jan. 15, 1764	2	34
Israel, Jr., m. Betsey KINNE, b. of Preston, May 12, 1788	2	225
Jacob, m. Judith HERRICK, June 11, 1712	1	89
Jacob, s. [Jacob & Judith], b. Sept. 14, 1715	1	89
Jacob, m. his 2d w. Mary HERRICK, Aug. 20, 1729	1	89
Jacob, s. [Israel & Silence], b. Nov. 17, 1761	2	34
Jacob, m. Keturah PALMER, b. of Preston, Nov. 27, 1788	2	242
Jerusha, d. [Jacob & Judith], b. May 10, 1719	1	89
Jerusha, m. William ROGERS, Mar. 22, 1739	1	94
Joab, s. [Israel & Silence], b. Oct. 30, 1753	2	34
John, s. Jacob, b. Nov. 15, 1759	2	67
Josiah, s. [Jacob & Mary], b. Sept. 18, 1741	1	89
Judah, d. [Isaac], b. June 9, 1739	1	122
Judith, d. [Jacob & Judith], b. June 14, 1723	1	89
Judith, w. Jacob, d. Aug. 12, 1728	1	89
Judeth, m. Perez PA[R]TRIDGE, b. of Preston, Feb. 25, 1741	2	23
Julia Ann, d. [Israel, Jr. & Betsey], b. Nov. 5, 1806	2	225
Keturah, d. Jacob, b. Feb. 18, 1758	2	67
Louisa K., [d. Israel, Jr. & Betsey], b. July 7, 1813	2	225
Lucy, d. [Israel, Jr. & Betsey], b. Dec. 12, 1804	2	225
Lydia, d. [Jacob & Mary], b. Mar. 18, 1734	1	89
Lydia, d. [Henry & Elizabeth], b. Sept. 14, 1752	2	35
Lydia, m. Jacob RATHBONE, b. of Preston, June 24, 1753	2	91
Lydia, w. Nathan, d. Nov. 8, 1778	2	135
Lydia, m. Ebenezer RAY, b. of Preston, Aug. 15, 1789	2	317
Maria d. [Israel, Jr. & Betsey], b. Dec. 7, 1797	2	225
Martha, twin with Mary, d. [Israel & Silence], b. Nov. 22, 1751	2	34
Martha, m. Jonas GEER, b. of Preston, Jan. 12, 1775	2	150
Mary, d. [Jacob & Mary], b. July 8, 1732	1	89
Mary, m. Israel HUTCHINSON, b. of Preston, Nov. 3, 1736	1	117
Mary, 2d w. Jacob, d. Aug. 4, 1745	1	89
Mary, twin with Martha, d. [Israel & Silence], b. Nov. 22, 1751	2	34
Mary, w. Stephen, d. Mar. 10, 1756	2	53
Mary, d. [Stephen & Hannah], b. Mar. 18, 1766	2	53
Mary, m. Allen GEER, b. of Preston, Jan. 12, 1775	2	150
Meheti, d. [Israel, Jr. & Betsey], b. Dec. 26, 1802	2	225
Mercy, d. [Stephen & Mary], b. Mar. 6, 1753	2	53
Nathan, s. [Henry & Elizabeth], b. Sept. 17, 1739	2	35
Nathan, m. Lydia GUILE, b. of Preston, Nov. 18, 1762	2	135
Nathan, s. [Nathan & Lydia], b. Apr. 7, 1771	2	135
Nathan, m. Esther KIMBALL, b. of Preston, Apr. 17, 1791	2	135
Nathan, Jr., of Preston, m. Patty ROSE, of Groton, Mar. 18, 1795	2	357
Olive, d. Jacob, b. May 18, 1756	2	67
Patty, d. [Nathan, Jr. & Patty], b. Feb. 10, 1805	2	357
Pierce, s. [Stephen & Hannah], b. Nov. 1, 1761	2	53
Polly, d. [Israel, Jr. & Betsey], b. Nov. 13, 1793	2	225
Prissella, d. [Jacob & Judith], b. Mar. 30, 1726/7	1	89

PRESTON VITAL RECORDS 53

	Vol.	Page
BURTON, (cont.)		
Priscilla, m. James **BENJAMIN**, b. of Preston, Mar. 8, 1750	2	46
Prudence, d. [Nathan, Jr. & Patty], b. Apr. 18, 1799	2	357
Saffira, d. [Israel & Silence], b. Sept. 11, 1759	2	34
Sally, d. [Nathan, Jr. & Patty], b. Mar. 4, 1802	2	357
Sarah, d. [Israel, Jr. & Betsey], b. Jan. 2, 1789	2	225
Silence, d. [Israel & Silence], b. Dec. 28, 1765	2	34
Silence, of Preston, m. Darius **BROWN**, of Hopkinton, R.I., Jan. 9, 1794	2	247
Sophia, d. [Israel, Jr. & Betsey], b. Sept. 4, 1790	2	225
Stephen, of Preston, m. Mary **CLARK**, of Plainfield, Nov. 9, 1748	2	53
Stephen, of Preston, m. Hannah **PIERCE**, of Canterbury*, Sept. 20, 1758 (*First written Plainfield)	2	53
Susannah, d. [Isaac], b. Oct. 23, 1737	1	122
Susannah, w. Isaac, d. July 9, 1742	1	19
Susanna, d. [Stephen & Mary], b. Apr. 17, 1751	2	53
Tabitha, d. [Israel & Silence], b. Feb. 11, 1768	2	34
Tryphene, d. [Jacob & Mary], b. Aug. 10, 1743	1	89
Uriah, s. [Nathan & Lydia], b. Mar. 20, 1769	2	135
BUSELL, Han[n]ah, [d. Robart], b. May 24, 1705	1	43
Moses, [s. Robart], b. May 17, 1701; d. Aug. 24, 1704	1	43
BUSHNELL, James F., of Norwich, m. Hannah J. **BENJAMIN**, of Preston, Jan. 15, 1854, by Rev. N. S. Hunt	4	232
Marcy, m. Jonathan **RUDD**, Dec. 19, 1678	1	11
Marcy, m. Jonathan **RUDD**, Dec. 19, 1678	1	70
Nancy B., of Norwich, m. Walter **HOLDEN**, of Preston, Jan. 1, 1816	3	51
BUTLER, BUTTLER, Jenevereth, d. [Zacheus & Content], b. Dec. 21, 1767	2	115
Olive, d. [Zacheus & Content], b. Aug. 13, 1772	2	115
Ruth, m. John **MULKIN**, Jr., Mar. 11, 1756	2	165
Thankful, of Stonington, m. John **AMES**, Jr., of Preston, Sept. 3, 1747	2	20
William, s. [Zacheus & Content], b. Dec. 14, 1770	2	115
Zac[c]heus, m. Content **BRANCH**, b. of Preston, Nov. 27, 1760	2	115
Zurviah, d. [Zacheus & Content], b. Mar. 31, 1762	2	115
BUTTOLPH, Eunice, d. May 9, 1849, ae 74	5	11
BUTTON, Adeline O., [d. George & Sabra], b. Dec. 21, 1824	3	47
Allen, m. Anna A. **WITTER**, Aug. 30, 1812	2	385
Allen W., s. [Allen & Anna A.], b. Aug. 8, 1813; d. Sept. 22, 1814	2	385
Almira, [d. Gilbert & Lydia], b. Oct. 20, 1803	2	380
Ann, m. Ansel **PENDLETON**, b. of Preston, Dec. 3, 1835, by Nathan E. Shailer	3	329
Anna A., d. [Allen & Anna A.], b. Dec. 12, 1816	2	385
Anna A., m. George **PHILLIPS**, b. of Preston, Mar. 23, 1841, by Rev. N. E. Shailer	4	57
Avery, farmer, married, d. Oct. 24, 1857, ae 72	8-C	9
Bethana, d. [Roswell & Mary], b. Apr. 1, 1776	2	163
Bial, d. [Matthais & Hannah], b. Mar. 22, 1719	1	101
Charles, s. [Joseph & Olive], b. Apr. 20, 1798	2	205
Clarrissa, d. [Roswell & Mary], b. May 9, 1777	2	163
Deliverance, d. [Matthias & Mary], b. Nov. 4, 1754	2	113
Deliverance, m. Thomas **BELLOWS**, b. of Preston, June 26, 1774	2	161

BARBOUR COLLECTION

	Vol.	Page
BUTTON, (cont.)		
Dezier, d. [Joseph & Olive], b. July 8, 1791	2	205
Eliphel (?), m. Eliezer **PARK[E]**, Feb. 4, 1716/7	1	51
Emily, [d. Gilbert & Lydia], b. Dec. 4, 1808	2	380
Fanny E., [d. George & Sabra], b. Apr. 10, 1836	3	47
George, m. Sabra **STANTON**, b. of Preston, Jan. 11, 1824, by John Brewster, J.P.	3	47
Gideon, s. [Matthias & Mercy], b. Apr. 22, 1765	2	113
Gilbert, b. Nov. 23, 1778; m. Lydia **WITTER**, Dec. 4, 1801	2	380
Gilbert Witter, [s. Gilbert & Lydia], b. Sept. 12, 1814	2	380
Hannah, m. Zadock **KILLAM**, b. of Preston, Nov. 8, 1744	2	17
Hannah, d. [Matthias & Mercy], b. Apr. 7, 1763	2	113
Hannah, widow, d. Aug. 25, 1864, ae 72	8-C	22
Harriet, [d. Gilbert & Lydia], b. June 28, 1807	2	380
Joel, s. [Joseph & Olive], b. July 27, 1801	2	205
Joseph, m. Olive **PRENTICE**, b. of Preston, Mar. 23, 1786	2	205
Joseph F., m. Fanny W. **FITCH**, b. of Preston, Dec. 24, 1850, by Rev. Cyrus Miner	4	204
Joseph J., butcher, of Preston, m. Fanny W. **FITCH**, of Preston, Dec 24, 1850, by Elder Cyrus Minor	5	3
Joseph Prentice, s. [Joseph & Olive], b. Nov. 18, 1793; d. Aug. 26, 1798	2	205
Joseph T., s. [Allen & Anna A.], b. Jan. 25, 1815	2	385
Julian, [d. Gilbert & Lydia], b. Mar. 16,1805	2	380
Lucy, d. [Joseph & Olive], b. May 18, 1789	2	205
Lucy, [d. Gilbert & Lydia], b. June 26, 1810	2	380
Lucy, m. James **AVERELL**, Jr., b. of Preston, Jan. 5, 1814	2	346
Lydia, m. John **STARKWEATHER**, Jr., b. of Preston, Sept. 14, 1817	2	390
Lydia Witter, [d. Gilbert & Lydia], b. Feb. 24, 1802	2	380
Mary, of Voluntown, m. Nehemiah **PARKE**, of Preston, Dec. 26, 1751	2	54
Mary, m. Joseph **KINNE**, Jr., Apr. 5, 1769	2	137
Mary, m. Joseph **GIDDINGS**, b. of Norwich, June 23, 1782, by Amos Gore, J.P., in Norwich	2	391
Matthais, d. July 4, 175[ ]	1	101
Matthais, m. Mary **SAFFORD**, b. of Preston, Mar. 5, 1752	2	113
Matthias, s. [Matthias & Mary], b. Aug. 29, 1756	2	113
Matthias, m. Mercy **KIMBALL**, b. of Preston, July 1, 1760	2	113
Miriam, d. [Matthais & Hannah], b. Nov. 5, 1726	1	101
Myriam, m. Daniel **AMES**, b. of Preston, Dec. 31, 1744	2	10
Molly, d. [Matthias & Mercy], b. Oct. 22, 1767	2	113
Nancy Caroline, [d. Gilbert & Lydia], b. Feb. 11,1812	2	380
Olive, d. [Joseph & Olive], b. Feb. 28, 1804	2	205
Peter, s. [Matthias & Mercy], b. Feb. 25, 1761	2	113
Polly, of Preston, m. Taylor **THURSTON**, of Hopkinton, R.I., Nov. 28, 1811, by Rev. Horatio Waldo	2	220
Reynesford, s. Jesse & Sibel, b. Nov. 22, 1777	2	19
Richard, s. Jesse & Sibel, b. May 10, 1776	2	19
Rosina, d. [Gilbert & Lydia], b. Feb. 28, 1817	2	380
Roswell, m. Mary **SPICER**, Jan. 14, 1776	2	163
Sarah, d. [Joseph & Olive], b. Jan. 22, 1787	2	205
Sibbel, d. [Joseph & Olive], b. Feb. 24, 1796	2	205

	Vol.	Page
BUTTON, (cont.)		
William, s. [Matthias & Mary], b. Jan. 26, 1753	2	113
Zebulun, s. Matthias & Hannah, b. Mar. 20, 1721	1	101
Zipporah, d. [Matthais & Hannah], b. Apr. 29, 1724	1	101
Zipporah, m. Aaron **THOMAS**, b. of Preston, Oct. 1, 1751	2	47
BUXTON, Rachel, m. Jabez **AVERILL**, of Preston, Jan. 5, 1738	2	21
CADY, CADE, KEDY, Andrew, s. Jacob & Martha, b. Jan. 17, 1768	2	76
Anne, d. Jacob & Martha, b. Sept. 9, 1764	2	76
Anne, [d. Jacob & Martha], d. Apr. 20, 1773	2	76
Asa, s. [Jacob & Lidia], b. Apr. 2, 1738	1	94
Darius, s. Jacob & Martha, b. June 23, 1772	2	76
Elisha Smith, s. [Jacob & Martha], b. May 8, 1770	2	76
Isaac, m. Mary **READ**, July 1, 1729	1	94
Jacob, m. Lidia **WINTER**, May 25, 1724	1	94
Jacob, s. [Jacob & Lidia], b. Oct. 13, 1733	1	94
Jonas, s. Jacob & Martha, b. Dec. 16, 1765	2	76
Judith, d. [Nathaniell & Hester], b. Apr. 7, 1720	1	91
Keziah, d. [Jacob & Lidia], b. Apr. 25, 1729	1	94
Nathaniell, m. Hester **BECHER**, June 11, 1719	1	91
Ollif, d. [Jacob & Lidia], b. Jan. 11, 1725/26	1	94
Olive, d. [Jacob & Martha], b. June 11, 1777	2	76
Rozimond, m. Robert **GATES**, of Preston, Nov. 24, 1774	2	175
CAGWIN, Elizabeth, m. John **BO[A]RDMAN**, Jr., b. of Preston, Jan. 26, 1736/7	2	11
CALHOUN, [see under **COLHUN**]		
CALKINS, [see under **CAULKINS**]		
CAMPBELL, Lucy, of Voluntown, m. Nathaniel **PRENTICE**, of Preston, Feb. 7, 1788	2	232
CANFIELD, Hezekiah, of Mt. Clemens, Mich., m. Lucy M. **MORGAN**, of Preston, May 28, 1834, by Rev. Augustus B. Collins	3	307
CAPLES, Joseph, s. Zebulon & Sarah, b. Mar. 12, 1770	2	182
CAPRING, S., Mrs., d. May 28, 1848, ae 75	5	12
CAPRON, Clarinda, m. Daniel **GORE**, b. of Preston, Dec. 28, 1800	2	281
Clarissa, d. [Elisha & Lucy], b. Aug. 17, 1803	2	399
Emily, d. [Elisha & Lucy], b. Nov. 23, 1805	2	399
Emily, m. James **FANNING**, Jr., b. of Groton, Mar. 10, 1825, by William Williams, J.P.	3	61
Giles, s. [Elisha & Lucy], b. May 30, 1813, in Sharon	2	399
Harriet, d. [Elisha & Lucy], b. Aug. 28, 1819, in Sharon	2	399
Hope, of Groton, m. Elisha **KIMBALL**, of Preston, Jan. 3, 1771	2	146
John T., s. [Elisha & Lucy], b. Oct. 15, 1815, in Sharon	2	399
Ledyard, s. Elisha & Lucy, b. Oct. 20, 1801	2	399
Mary, d. [Elisha & Lucy], b. Feb. 26, 1811	2	399
Pierpoint P., s. [Elisha & Lucy], b. Feb. 14, 1807	2	399
Ursilla, d. [Elisha & Lucy], b. Feb. 28, 1809	2	399
CARBURY, James, of Lyme, m. Mehetable **PHILLIPS**, of Preston, Feb. 28, 1830, by Elisha Brewster, J.P.	3	141
CARPENTER, CARPENDER, Matilda, of Stonington, m. Nelson **DAVIS**, of Preston, May 2, 1852, by Henry P. Marian, J.P.	4	217
Ruth Ann, married, b. in Westerly, R.I., d. Feb. 16, 1856, ae 53	8-C	7
CARTER, Eleazer, of Norwich, m. Hannah **GALLUP**, of Preston, Mar. 24, 1844, by Henry R. Knapp	4	103
CARTWRIGHT, W[illia]m M., s. George, ae 20, printer, & Sarah, ae 18,		

	Vol.	Page
CARTWRIGHT, (cont.)		
b. Feb. 17, 1849	5	9
CARY, Ebenezer, s. Jabez & Hannah, b. Oct. 3, 1731	1	81
Elisabeth, d. Jabez & Hannah, b. Oct. 6, 1733	1	81
Richard, s. [Jabez & Hannah], b. Jan. 8, 1735/6	1	81
CASWELL, Guilford, unmarried, d. Aug. 2, 1866, ae 21	8-C	26
CAULKINS, CALKINS, Eunice, m. Ebenezer CLARK, b. of Preston, Feb. 3, 1755	2	82
Sarah, of Norwich, m. Benjamin BREWSTER, of Preston, June 10 1741	1	22
CHAMPLAIN, Content, d. William, b. Sept. 2, 1789	2	120
Eliza, of Newport, R.I., m. Minor SPALDING, Jr., of Preston, Dec. 8, 1811	2	318
Fanny, d. [Jeffrey & Rebecca], b. Apr. 6, 1806	2	386
Frances A., m. George HARKNESS, b. of Preston, June 7, 1831, by Rev. Augustus B. Collins	3	163
Jeffrey, m. Rebecca CORNING, Dec. 30, 1802	2	386
John, m. Lydia SWEET, b. of Lebanon, Mar. 17, 1834, by Rev. Alfred Gates	3	205
CHAPMAN, [see also CHIPMAN], Alford, m. Polly KIMBALL, Dec. 17, 1815, by Jared Gallup, Esq.	3	304
Alfred Austin, [s. Alford & Polly], b. May 27, 1823	3	304
Allyn, m. Betsey KIMBALL, Aug. 7, 1814, by Jared Gallup	3	303
Amos, [s. Allyn & Betsey], b. Sept. 1, 1817	3	303
Austin A., of Norwich, m. Margaret B. PHILLIPS, of Preston, Dec 18, 1850, by Rev. Cyrus Miner	4	205
Austin A., mason, b. in Preston, res. of Norwich, m. Margaret B. PHILLIPS, of Preston, Dec. 18, 1850, by Elder Cyrus Minor	5	3
Benjamin, m. Jemima GATES, b. of Preston, Sept. 16, 1756	2	91
Benjamin, s. [Benjamin & Jemima], b. Aug. 29, 1758	2	91
Betsey, seamstress, unmarried, b. in Groton, d. Nov. 30, 1863, ae 82 y.	8-C	21
Caroline Elizabeth, [d. Allyn & Betsey], b. Dec. 16, 1822	3	303
Charles B., s. Henry, farmer, b. Jan. 9, 1850	5	4
Charles B., s. Theophilus N., ae 29, manufacturer, & Frances, ae 27, b. May 7, 1850	5	8
Clarissa, [d. Allyn & Betsey], b. Mar. 3, 1827	3	303
Cyrus, s. [Benjamin & Jemima], b. July 11, 1760	2	91
Eber, s. [Simeon & Ursula M.], b. Feb. 22, 1826	3	189
Edwin, [s. Allyn & Betsey], b. Apr. 12, 1833	3	303
Elizabeth, married, d. Feb. 9, 1854, ae 33	8-C	2
Emma M., d. Jared, ae 21, farmer, & Elizabeth S., ae 20, b. Oct. 22, 1847	5	8
Eunice, of Groton, m. Levi STANDISH, of Preston, Aug. 4, 1834, by John Brewster, J.P.	3	308
Frank, m. Lucy FREEMAN, b. of Preston, Jan. 18, 1829, by Rev. William Palmer, of Norwich	3	123
Freelove, m. Bushnell TURNER, of Preston, Mar. 23, 1834, by Thomas W. Gay, J.P.	3	209
Harvey, [s. Allyn & Betsey], b. Feb. 2, 1819	3	303
Harvey, m. Elizabeth HARVEY, b. of Preston, Dec. 1., 1839, by Rev. Nathan E. Shailer	4	32
Henry, m. Harriet H. WHEELER, b. of Griswold, Mar. 4, 1849, by		

PRESTON VITAL RECORDS 57

	Vol.	Page
CHAPMAN, (cont.)		
Rev. Cyrus Miner	4	170
Huldah, d. [Simeon & Ursula M.], b. Apr. 30, 1831	3	189
Joseph, s. [Benjamin & Jemima], b. Dec. 12, 1756	2	91
Joseph Allyn, [s. Allyn & Betsey], b. Oct. 20, 1825	3	303
Julia, d. [Simeon & Ursula M.], b. Dec. 14, 1824	3	189
Lydia, d. Joseph, Jr. & Thankfull, b. Dec. 12, 1802	2	232
Maria A., m. Thomas S. **PHILLIPS**, b. of Preston, Jan. 11, 1852, by Rev. S. S. Chapin, of Poquetonnuck	4	216
Maria Avery, [d. Allyn & Betsey], b. Sept. 30, 1831	3	303
Mary, [d. Alford & Polly], b. Sept. 27, 1819	3	304
Mary, m. Geo[rge] P. Harvey, Oct. 31, 1839, by Rev. N. E. Shailer	4	30
Mary Jane, unmarried, d. Oct. 9, 1863, ae 9 y. 7 m. 25 d.	8-C	20
Nathaniel, [s. Allyn & Betsey], b. Jan. 13, 1816	3	303
Prudence, m. Eames **BENJAMIN**, Sept. 27, 1812, by Peleg Randal[l], Elder	2	327
Revillo F., of E. Haddam, m. Eliza J. **HARRIS**, of Preston, Feb. 17, 1843, by Rev. R. O. Williams	4	118
Revello F., d. Oct. 3, [1849 ?], ae 27	5	13
Sally, m. Henry C. **AVERY**, Oct. 22, 1815, by Jared Gallup, Esq.	3	305
Sally, [d. Alford & Polly], b. Oct. 16, 1821	3	304
Sarah C., m. Adin **COOK**, Apr. 25, 1822	2	402
Simeon, m. Ursula M. **ROGERS**, Mar. 14, 1824, at Groton, by Rev. Timothy Tuttle	3	189
Sybbel, d. [Joseph, Jr. & Thankfull], b. Oct. 9, 1805	2	232
Ursula M., w. Simeon, d. Aug. 10, 1831	3	189
William, [s. Alford & Polly], b. Feb. 17, 1817	3	304
William K., of Norwich, m. Emily **STANTON**, of Preston, June 18, 1848, by Rev. Cyrus Miner	4	146
W[illia]m K., of Norwalk, m. Emily **STANTON**, of Preston, June 18, 1848, by C. L. Miner	5	1
CHAPPELL, CHAPIL, E., c. weaver, d. Feb. 4, 1854	8-C	2
Sarah, m. Daniel **WILLIAMS**, Feb. 13, 1716/7	1	44
CHARLES, Mary, d. Richard & Lidia, b. Oct. 21, 1724	1	11
CHENEY, Edward A., d. Aug. 29, 1862, ae 7 m.	8-C	18
CHESEBROUGH, CHEESEBROUGH, CHESEBRO, Anna, d. [Thomas & Joanna], b. Dec. 20, 1781	2	140
Eunice, d. [Thomas & Joanna], b. Dec. 20, 1781	2	195
Harriet, w. Samuel, d. Dec. 11, 1855, ae 59 y., at Stonington	3	157
Henry, s. [Thomas & Joanna], b. Mar. 25, 1784	2	195
Hezekiah, s. [Mingo & Lucretia], b. Aug. 4, 1796; d. May 14, 1797	2	406
Hezekiah, s. [Mingo & Lucretia], b. Apr. 2, 1804	2	406
Jabez, of Stonington, m. Lucretia **COATS**, of Preston, Oct. 22, 1822, by Levi Walker	3	6
Jonathan, s. Thomas & Joanna, b. Apr. 15, 1780	2	140
Jonathan, s. [Thomas & Joanna], b. Apr. 15, 1780	2	195
Joseph, s. [Mingo & Lucretia], b. June 2, 1802	2	406
Julian, d. [Mingo & Lucretia], b. Mar. 17, 1808	2	406
Mariah, d. [Mingo & Lucretia], b. Feb. 3, 1800	2	406
Mingo, m. Lucretia **BUCK**, b. of Preston, Mar. 2, 1794	2	406
Nathan Morgan, s. [Mingo & Lucretia], b. Mar. 9, 1806	2	406
Polly, d. Thomas & Joanna, b. Mar. 11, 1776	2	140
Polly, d. [Thomas & Joanna], b. Mar. 11, 1776	2	195

	Vol.	Page
CHESEBROUGH, CHEESEBROUGH, CHESEBRO, (cont.)		
Prescilla, d. [Mingo & Lucretia], b. Oct. 2, 1794	2	406
Sally, d. [Mingo & Lucretia], b. Apr. 23, 1798	2	406
Samuel, of Stonington, m. Harriet POLLARD, of Preston, Dec. 5, 1830, by Levi Meech, Elder	3	157
Samuel H., s. [Samuel & Harriet], b. Dec. 8, 1838	3	157
Thomas, of Stonington, m. Joanna TYLER, of Preston, Oct. 15, 1775	2	195
CHIPMAN, [see also CHAPMAN, Clarissa S., m. Erastus O'BRIEN, b of Preston, Sept. 19, 1851, by Rev. S. S. Chapin, of Poquetonnuck	4	213
CHOAT[E], Mary, of Norwich, m. David SAFFORD, of Preston, Nov. 17, 1762	2	65
CHURCH, Adalaid F., b. in Montville, unmarried, d. June 20, 1855, ae 23	8-C	5
Augusta, married, d. Sept, 18, 1855, ae 29	8-C	6
Betsey Cobbett, d. [Rufus P. & Eliza], b. July 15, 1822	3	8
Catharine A., d. [Rufus P. & Eliza], b. Oct. 1, 1825	3	8
Elisha R., m. Augusta L. O'BRIEN, b. of Preston, Mar. 4, 1844, by Rev. Dexter Potter, of Poquetonnuck	4	102
Francis L., of Montville, m. Sally O'BRIEN, of Preston, Aug. 21, 1849, by Rev. H. Floy Roberts	4	176
Henry, d. Jan. 24, 1867, ae 71 y.	8-C	27
Rufus P., m. Eliza HAKES, b. of Preston, Apr. 29, 1821, by Levi Walker	3	8
CLARK, CLARKE, Abel, s. [Silas & Jerusha], b. July 18, 1750	2	30
Abiga[i]l, d. [Nathan & Abigal], b. Mar. 31, 1745	2	13
Abigail, m. Benjamin BENNET[T], b. of Preston, Apr. 24, 1753	2	62
Abigail, d. [Ebenezer & Dorcas], b. Feb. 5, 1788	2	82
Abigail, of Preston, m. Daniel PRESTON, of New Lisbon, N.Y., Jan. 5, 1812	2	325
Amy, d. [Ebenezer & Eunice], b. Apr. 9, 1755	2	82
Anna, m. Elisha YORK, b. of Preston, Jan. 1, 1778	2	176
Arnold, s. [Daniel & Elizabeth], b. June 19, 1778	2	156
Asenath, d. [Ebenezer & Dorcas], b. Aug. 7, 1792	2	82
Benjamin, of Canterbury, m. Susanna ADAMS, of Preston, Apr. 16 1761	2	97
Betsey, d. [Daniel & Elizabeth], b. Oct. 16, 1786	2	156
Billa, s. [Timothy, Jr.], b. Feb. 19, 1786	2	186
Caleb, of Preston, m. Rachel HODGES, of Groton, Apr. 2, 1761	2	109
Charles Graneson, s. Shubael & Esther, b. Apr. 8, 1796	2	254
Clarrissa, d. [Ebenezer & Dorcas], b. July 3, 1781	2	82
Daniel, of Preston, m. Elizabeth WHEELER, of Norwich, Nov. 22, 1775	2	156
Deborah, m. Joseph BENJAMIN, b. of Preston, Apr. 3, 1722	2	24
Deborah, d. [Joseph & Elizabeth], b. Mar. 13, 1737	1	51
Dorkes, d. [Samuell & Jemimah], b. June 8, 1724	1	80
Dorothy, m. Willet LAR[R]IBE[E], Feb. 7, 1725/6	1	68
Ebenezer, s. [John & Hannah], b. Aug. 11, 1731	1	15
Ebenezer, m. Eunice CALKINS, b. of Preston, Feb. 3, 1755	1	82
Ebenezer, s. [Ebenezer & Eunice], b. June 2, 1777	2	82
Ebenezer, m. Dorcas SMITH, b. of Preston, Feb. 1, 1779	2	82
Ebenezer, Jr., of Preston, m. Rebecca HILL[I]ARD, of Voluntown June 20, 1795	2	298

PRESTON VITAL RECORDS 59

	Vol.	Page
CLARK, CLARKE, (cont.)		
Elijah, s. [John, Jr. & Hannah], b. May 11, 1744	2	20
Elijah, m. Eunice MORGAN, b. of Preston, Mar. 27, 1791	2	339
Elijah, s. [Ebenezer, Jr. & Rebecca], b. Oct. 7, 1804	2	298
Elisha, s. [Ebenezer & Eunice], b. Oct. 31, 1763	2	82
Elisha, of Plainfield, m. Pa[r]thena YOUNG, of Preston, Jan. 17, 1822, by Levi Walker	3	10
Elizabeth, d. [Joseph & Elizabeth], b. Dec. 30, 1734; d. Dec. 31, 1750	1	51
Elisabeth, d. [Oliver & Elisabeth], b. Mar. 17, 1744	1	57
Elizabeth, m. Jacob TYLER, b. of Preston, Dec. 26, 1746	2	17
Elizabeth, [w. Daniel], d. Aug. 13, 1793	2	156
Emeline, [d. David Moore], d. May 11, 1830	4	225
Esther, d. [Benjamin & Susanna], b. Aug. 30, 1763	2	97
Esther, d. [Ebenezer, Jr. & Rebecca], b. Mar. 26, 1797	2	298
[E]ueanas, (Eunice ?), m. Benajah STARKWEATHER, Sept. 1, 1737	1	113
Eunice, d. [James], b. Sept. 9, 1746	2	19
Eunice, d. Silas & Jerusha, b. Jan. 28, 1747/8	2	30
Eunice, d. [Ebenezer & Eunice], b. Feb. 27, 1758	2	82
Eunice, w. Ebenezer, d. June 6, 1777	2	82
Eunice, d. [Ebenezer & Dorcas], b. Nov. 20, 1779	2	82
Freelove, d. [Samuel, Jr. & Penellopee], b. Dec. 13, 1762	2	119
Hannah, d. [Timothy & Mary], b. Feb. 19, 1757	2	92
Henry, s. [Meremiah & Susanna], b. Oct. 27, 1764	2	87
Henry, s. Timothy, Jr., b. Dec. 7, 1783	2	186
James, s. [Oliver & Elisabeth], b. July 5, 1740	1	57
James, s. [James], b. Jan. 26, 1753	2	19
James, s. [Caleb & Rachel], b. Sept. 14, 1764	2	109
Jane, m. Samuel BENNET[T], Sept. 17, 1723	1	114
Jemime, d. [Samuell & Jemimah], b. Mar. 5, 1726/7	1	80
Jeremiah, of Preston, m. Susanna CLARK, of Plainfield, Apr 17, 1755	2	87
Jeremiah, s. [Jeremiah & Susanna], b. Nov. 3, 1760	2	87
Jerusha, d. [John & Hannah], b. Aug. 24, 1736	1	15
John, m. Hannah BILLINGS, Apr. 8, 1725	1	15
John, s. [John, Jr. & Hannah], b. Jan. 11, 1740/1	2	20
John, s. [Ebenezer & Eunice], b. May 6, 1776	2	82
John B., m. Abby H. THURSTON, b. of Preston, Oct. 3, 1832, by Rev. Augustus B. Collins	3	182
John Brown, s. Matthew, b. Dec. 6, 1802	2	377
Joseph, s. John & Deborah, b. May 6, 1712	1	13
Joseph, m. Elizabeth WHEELER, Dec. 10, 1730	1	51
Joseph, s. [Joseph & Elizabeth], b. Dec. 22, 1732	1	51
Joshua, d. [Ebenezer & Dorcas], b. Feb. 25, 1783	2	82
Lois, d. [James], b. Nov. 5, 1738	2	19
Lucinda, d. [Daniel & Elizabeth], b. Apr. 17, 1784	2	156
Lucy, d. [Timothy & Mary], b. June 14, 1754	2	92
Lydia P., d. Oct. 10, 1863, ae 1 y. 3 m. 2 d.	8-C	20
Marcy, [d. Beniaman], b. Sept. 28, 1718	1	25
Martha, d. [Benjamin & Susanna], b. Jan. 11, 1762	2	97
Mary, m. John BENNET[T], Jr., June 15, 1716	1	42
Mary, [d. Beniaman], b. Dec. 5, 1725	1	25

CLARK, CLARKE, (cont.)

	Vol.	Page
Mary, m. Robert GATES, Nov. 11, 1726	1	70
Mary, of Plainfield, m. Stephen BURTON, of Preston, Nov. 9, 17 18	2	53
Mary, d. [John, Jr. & Hannah], b. Apr. 23, 1750	2	20
Mary, d. [Jeremiah & Susanna], b. Mar. 4, 1759	2	87
Mary, of Norwich, m. Moses PARK[E], of Preston, Mar. 19, 1778	2	162
Mercy, m. Samuel COIT, Jr., b. of Preston, May 7, 1754	2	119
Miriam, m. Aaron MEACH, Nov. 8, 1733	1	101
Nathan, of Norwich, m. Abiga[i]l SAT[T]ERLY, of Plainfield, Au g. 12, 1741	2	13
Nathan, s. [Nathan & Abigal], b. Oct. 12, 1743	2	13
Nathan, s. [Timothy, Jr.], b. July 1, 1790	2	186
Olive, d. [Ebenezer, Jr. & Rebecca], b. Feb. 13, 1799	2	298
Oliver, of Norwich, m. Elisabeth FREEMAN, of Preston, Nov. 8, 1739	1	57
Oliver, s. [Oliver & Elisabeth], b. Mar. 19, 1742	1	57
Patience, d. [John, Jr. & Hannah], b. Oct. 11, 1738	2	20
Peace, d. [James], b. Dec. 21, 1740	2	19
Perry, [s. Beniaman], b. June 20, 1723	1	25
Pharez, s. [Oliver & Elisabeth], b. Nov. 3, 1749	1	57
Polly, of Middleton, Vt., m. Esquire John COOK, of Preston, Jan. 22, 1797	2	279
Rachel, d. [Ebenezer & Eunice], b. Aug. 6, 1760	2	82
Rachel, m. Ephraim STARKWEATHER, b. of Preston, June 13, 1780	2	167
Rebeckah, d. [Caleb & Rachel], b. Aug. 3, 1762	2	109
Reuben, s. [Jeremiah & Susanna], b. Oct. 4, 1766	2	87
Roger, s. [John, Jr. & Hannah], b. Nov. 17, 1747	2	20
Ruth, of Norwich, m. Stephen GEER, of Preston, Jan. 8, 1746/7	2	42
Salla, d. [Daniel & Elizabeth], b. Nov. 18, 1780	2	156
Salla, d. [Timothy, Jr.], b. Mar. 17, 1788	2	186
Sally, m. John CORNING, b. of Preston, Aug. 24, 1800	2	302
Sam[ue]ll, m. Jemimah GATES, June 20, 1723	1	80
Samuel, Jr., m. Penellopee BATES, b. of Preston, Nov. 30, 1756	2	119
Samuel, s. [Samuel, Jr. & Penellopee], b. Dec. 23, 1758	2	119
Samuel, s. [Caleb & Rachel, b. July 23, 1767	2	109
Sarah, d. Benjamin, b. Feb. 20, 1735	1	38
Sarah, d. [James], b. Feb. 9, 1750	2	19
Sarah, m. Samuel ADAMS, b. of Preston, Mar. 28, 1759	2	88
Sarah, d. [Samuel, Jr. & Penellopee], b. May 2, 1761	2	119
Sarah, of Norwich, m. John WHE[E]LER, of Preston, Oct. 29, 17 7	2	174
Shubael, of Sherbourne, Mass., m. Esther TRACY, of Preston, Au 24, 1794	2	254
Shubael, d. Sept. 14, 1796	2	254
Silus, [s. Beniaman], b. Dec. 18, 1720	1	25
Silas, m. Jerusha AYER, b. of Preston, Feb. 28, 1745/6	2	30
Simon, s. [Ebenezer & Eunice], b. Apr. 2, 1772	2	82
Susannah, d. Benjamin, b. July 12, 1731	1	38
Susanna, of Plainfield, m. Jeremiah CLARK, of Preston, Apr. 17, 1755	2	87
Susanna, d. [Jeremiah & Susanna], b. Oct. 11, 1762	2	87
Thamer, of Preston, m. William CONGDON, Apr. 2, 1801	2	407
Thankfull, d. [John & Hannah], b. Mar. 29, 1728/9	1	15

PRESTON VITAL RECORDS 61

	Vol.	Page
CLARK, CLARKE, (cont.)		
Thankful, d. [James], b. Mar. 6, 1742/3	2	19
Thankfull, d. [Daniel & Elizabeth], b. Mar. 4, 1791	2	156
Thisby, d. [Ebenezer, Jr. & Rebecca], b. Oct. 6, 1802	2	298
Timothy, s. [John & Hannah], b. Jan. 18, 1726/7	1	15
Timothy, m. Mary RUDE, b. of Preston, Jan. 4, 1749	2	92
Ursully, m. A. C. BURT, laborer, b. of Norwich, July 28, 1850, by Rev. Jacob Allen	5	2
Wheeler, s. [Daniel & Elizabeth], b. Apr. 28, 1776; d. Sept. 24, 1793	2	156
William, s. [Nathan & Abigal], b. May 18, 1742	2	13
Zipporah, d. [Oliver & Elisabeth], b. June 21, 1746	1	57
CLEVELAND, John, m. Eunice **CUTLER,** Apr. 21, 1773	2	157
Mary, of Norwich, m. Daniel **STANTON,** of Preston, Sept. 27, 1763	2	68
Sarah, d. [John & Eunice], b. July 2, 1776	2	157
Watrous, s. [John & Eunice], b. Dec. 11, 1773	2	157
Watrous, [s. John & Eunice], d. Nov. 18, 1776	2	157
CLIFT, CLEFT, Abigail, d. [Amos & Mary], b. Feb. 2, 1774	2	102
Abigail, m. Nathan **PRENTICE,** b. of Preston, Nov. 6, 1794	2	249
Amos, of Windham, m. Mary **COIT,** of Preston, Feb. 12, 1761	2	102
Amos, s. [Amos & Mary], b. Mar. 27, 1769	2	102
Betsey, d. [Amos & Mary], b. Feb. 6, 1772	2	102
Betsey, m. John **PRENTICE,** b. of Preston, Dec. 25, 1791	2	233
Elisha, s. [Joseph & Elizabeth], b. May 22, 1780	2	157
Elizabeth, d. [Joseph & Elizabeth], b. July 16, 1775	2	157
Hezekiah, s. [Amos & Mary], b. Dec. 4, 1761	2	102
Joseph, of Preston, m. Elizabeth **STANTON,** of Norwich, Nov. 29, 1774	2	157
Joseph, s. [Joseph & Elizabeth], b. Sept. 20, 1776	2	157
Lydia, d. [Amos & Mary], b. July 24, 1767	2	102
Lydia, m. Nathan **COGSWELL,** b. of Preston, Nov. 15, 1787	2	214
Mary, d. [Amos & Mary], b. May 31, 1765	2	102
Nathaniel, s. [Amos & Mary], b. Oct. 29, 1775	2	102
Sarah, d. [Joseph & Elizabeth], b. Jan. 23, 1782	2	157
William, s. [Amos & Mary], b. Aug. 28, 1763	2	102
William, s. [Joseph & Elizabeth], b. Mar. 26, 1778	2	157
CLUMP, -----, d. Dec. 28, 1860, ae 3	8-C	15
COATS, COATES, Freelove, of Stonington, m. James **FRINK,** Jr., of Preston, Nov.13, 1752	2	60
Giles Kinne, s. Oliver & Lucy, b. July 24, 1805	2	224
Lucretia, of Preston, m. Jabez **CHESEBROUGH,** of Stonington, Oct. 22, 1822, by Levi Walker	3	6
Lucy A., m. Holibert W. **GEER,** Nov. 18,1833, in N. Stonington, by David Coats, Esq.	3	152
COBURN, Daniel, married, d. Nov. 29, 1867, ae 67	8-C	27
COCHEETS, Hannah, w. Ceaser, d. Feb. 21, 1793	2	182
COGSWELL, COGSWEL, Anna, d. [Samuell & Lydia], b. May 2, 1736	1	96
Asa, s. [Samuell & Lidia], b. Mar. 30, 1740	1	75
Betsey, d. [John & Elizabeth], b. Dec. 2, 1795	2	201
Bridget, d. Nathaniel, b. May 3, 1763; d. Mar. 12, 1781	2	20
Bridget, w. Nathaniel, d. May 20, 1781, ae 52 y.	2	20
Dolly, d. [John, Jr. & Dolly], b. Dec. 15, 1802	2	278
Edward, s. [Samuell & Lydia], b. Mar. 5, 1735	1	96
Elizabeth, twin with Nathan, d. Nathaniel & Huldah, b. Oct. 11, 1754	2	20

BARBOUR COLLECTION

	Vol.	Page
COGSWELL, COSGWEL, (cont.)		
Elizabeth, d. [John, Jr. & Dolly], b. June 28, 1811	2	278
Emerson, [s. Edward], b. July 19, 1732	1	22
Eunice, d. [Nathaniel & Huldah], b. Oct. 22, 1738	2	20
Hannah, d. [Edward & Hannah], b. Apr. 13, 1720	1	19
Hannah, d. [Samuell & Lidia], b. Jan. 26, 1742	1	75
Hannah, d. [Nathaniel], b. Jan. 12, 1765; d. July 23, 1781	2	20
Hannah, d. [John & Hannah], b. Mar. 16, 1788	2	201
Hannah, w. John, d. May 6, 1789	2	201
Huldah, d. [Nathaniel & Huldah], b. May 10, 1740	2	20
Huldah, w. Nathaniel, d. Oct. 30, 1754, ae 36 y.	2	20
John, [s. Edward], b. Apr. 5, 1722	1	22
John, s. Sam[ue]ll & Lidia, b. June 17, 1738	1	75
John, m. Sarah FREEMAN, b. of Preston, Dec. 21, 1743	1	74
John, of Preston, m. Hannah GALLUP, of Voluntown, May 13, 1784	2	201
John, m. Elizabeth BROWN, b. of Preston, Oct. 14, 1790	2	201
John, Jr., of Preston, m. Dolly GALLUP, of Voluntown, Jan. 6, 1802	2	278
Joseph, s. [Nathaniel & Bridget], b. June 8, 1760	2	20
Judeth, d. [Edward & Hannah], b. June 25, 1717	1	19
Judeth, m. Jacob KINNI, Dec. 19, 1732	1	98
Judith, d. [Nathaniel & Huldah], b. Jan. 30, 1745/6	2	20
Lois, d. [Nathaniel & Huldah], b. Apr. 17, 1744	2	20
Lois, m. Samuel WILLCOX, b. of Preston, June 22, 1763	2	22
Luse, [d. Edward], b. Apr. 14, 1726	1	22
Lydia, d. Sam[ue]ll & Lydia, b. May 19, 1730	1	96
Martha, [d. Edward], b. Nov. 11, 1728	1	22
Martha, d. [Nathaniel & Huldah], b. Feb. 9, 1749	2	20
Mary, d. [Samuell & Lydia], b. May 31, 1733	1	96
Nancy, of Preston, m. George MATTISON, of Lisbon, Sept. 20, 1799 (See also CROSSWELL. Name is COGSWELL in Records of 2d Church of Preston and Griswold)	2	405
Nathan, twin with Elizabeth, s. Nathaniel & Huldah, b. Oct. 11, 175	2	20
Nathan, s. [Nathaniel & Bridget], b. Jan. 28, 1759	2	20
Nathan, m. Lydia CLEFT, b. of Preston, Nov. 15, 1787	2	214
Nathaniel, s. [Edward & Hannah], b. Feb. 13, 1716	1	19
Nathaniel, m. Huldah KINNE, b. of Preston, Dec. 8, 1737	2	20
Nathaniel, s. [Nathaniel & Huldah], b. May 16, 1742	2	20
Nathaniel, of Preston, m. Bridget WEDGE, of Canterbury, May 25, 1757	2	20
Nathaniel, Capt., of Preston, m. Eunice WILLIAMS, May 30, 1782	2	39
Orra Lucinda, d. [John, Jr. & Dolly], b. Sept. 10, 1804	2	278
Patty, d. [John & Elizabeth], b. Oct. 1, 1792	2	201
Samuel, s. Edward & Hanna[h], b. Mar. 1, 1710	1	19
Samuel, s. [Samuell & Lidia], b. June 23, 1743	1	75
William, s. [Edward], b. Dec. 22, 1734	1	22
William, s. [Nathaniel & Bridget], b. Nov. 9, 1761	2	20
Zerviah, d. [Nathaniel & Huldah], b. July 14, 1752	2	20
Zerviah, m. Gideon AVERELL, b. of Preston, Dec. 21, 1774	2	149
COIT, Abigail, w. Benjamin, d. Jan. 27, 1760	2	98
Abigail, d. [Benjamin & Mary], b. Aug. 20, 1768	2	98
Alla, d. [Isaac & Rheuame], b. Jan. 14, 1783	2	186

	Vol.	Page
COIT, (cont.)		
Benjamin, s. [Samuel & Sarah], b. Mar. 28, 1731	2	9
Benjamin, m. Abigail **BILLINGS**, b. of Preston, Jan. 30, 1753	2	98
Benjamin, s. [Benjamin & Abigail], b. Dec. 21, 1759	2	98
Benjamin, m. Mary **BO[A]RDMAN**, b. of Preston, May 28,1760	2	98
Benjamin Spaldin, s. [Oliver & Zipporah], b. July 1, 1782	2	153
Bethany, d. [Samuel, Jr. & Mercy], b. Nov. 23, 1760	2	119
Betsey, d. [Benjamin & Mary], b. Oct. 29, 1772	2	98
Betse, d. [Wheler & Sibel], b. Dec. 11, 1780	2	136
Betsey, d. [Nathan & Betsey], b. Jan. 10, 1802	2	230
Betsey, d. [Nathan & Betsey], d. Apr. 28, 1811	2	230
Catharine, d. [Roger & Frances], b. Dec. 3, 1811	2	333
Charles, s. [Nathan & Betsey], b. Feb. 19, 1793	2	230
Charlotte, d. [Nathan & Betsey], b. Aug. 11, 1797; d. Nov. 13, 1804	2	230
Charlotte, d. [Nathan & Betsey], b. Sept. 20, 1805	2	230
Clark, s. [Samuel, Jr. & Mercy], b. May 7, 1772	2	119
Daniel, s. [Benjamin & Abigail], b. Jan. 28, 1757	2	98
Daniel, s. [Oliver & Zipporah], b. July 4, 1776	2	153
Daniel, s. [Wheler & Sibel], b. Aug. 12, 1777, d. Jan. 4, 1782	2	136
Daniel, m. Olive **TYLER**, b. of Preston, Nov. 29, 1781	2	177
Daniel, twin with Olive Tyler, s. [Daniel & Olive], b. Oct. 28, 1782	2	177
Daniel, Sr., d. Oct. 11, 1790	2	177
Daniel T., m. Rebecca **COIT**, b. of Preston, Mar. 27, 1805	2	299
Daniel T., d. Jan. 28, 1808	2	299
Daniel Tyler, s. [Daniel T. & Rebecca], b. Apr. 7, 1806	2	299
Elisha, s. [Oliver & Zipporah], b. Dec. 7, 1768	2	153
Elizabeth, m. Elias **LORD**, b. of Preston, Mar. 21, 1754	2	78
Elizabeth, d. [Oliver & Zipporah], b. Mar. 24, 1764	2	153
Elizabeth (or Betsey), m. John **COIT**, Jr., b. of Preston, Dec. 14, 1802	2	289
Elizabeth, d. [John, Jr. & Elizabeth (or Betsey)], b. Sept. 12, 1803	2	289
Experience, d. [Oliver & Zipporah], b. Mar. 12, 1762	2	153
Far[e]well, s. Oliver & Zipporah, b. Dec. 24, 1758	2	153
Far[e]well, of Preston, m. Anna **TRACY**, of Norwich, Apr. 12, 1781	2	171
Frances, m. Roger **COIT**, b. of Preston, Nov. 15, 1808	2	333
Francis, d. [Daniel], b. Feb. 18, 1789	2	177
George, s. [Benjamin & Mary], b. Sept. 19, 1764	2	98
George, s. [Nathan & Betsey], b. Apr. 29, 1811	2	230
Hannah Ann, d. [Wheeler & Hannah], b. Oct. 24, 1794	2	236
Hannah Morgan, d. [Nathan & Betsey], b. May 28, 1808	2	230
Henry, s. [Benjamin & Mary], b. Dec. 11, 1761	2	98
Huldah, d. [Oliver & Zipporah], b. Feb. 20, 1760	2	153
Huldah, d. [Oliver & Zipporah], b. Aug. 3, 1790	2	153
Isaac, s. [Benjamin & Abigail], b. Oct. 28, 1753	2	98
Isaac, m. Rheuame **HALL**, b. of Preston, Nov. 23, 1780	2	186
James, s. [Samuel, Jr. & Mercy], b. Feb. 8, 1768	2	119
James, of Preston, m. Anna **LOVETT**, of Lysbon, Nov. 27, 1800	2	288
James Mason, s. [Roger & Frances], b. Feb. 8, 1813	2	333
James Tyler, s. [John & Mehetable], b. Oct. 1, 1778	2	186
John, s. [Samuel & Sarah], b. June 4, 1741	2	9
John, m. Mehetable **TYLER**, b. of Preston, Feb. 6, 1766	2	186
John, s. [John & Mehetable], b. Dec. 20, 1773	2	186
John, Jr., m. Elizabeth (or Betsey) **COIT**, b. of Preston, Dec. 14,		

BARBOUR COLLECTION

	Vol.	Page
COIT, (cont.)		
1802	2	289
John, d. Mar. 3, 1808	2	186
John, s. [Roger & Frances], b. Aug. 28, 1809	2	333
Joseph, s. [Samuel, Jr. & Mercy], b. Sept. 20, 1764	2	119
Joseph, s. [Wheler & Mehetable], b. Dec. 30, 1767	2	136
Joseph Lord, s. [Wheeler & Hannah], b. June 14, 1796	2	236
Lucy, d. [Wheler & Mehetable], b. Oct. 18, 1766	2	136
Lydia, d. [John & Mehetable], b. Dec. 31, 1766	2	186
Lydia, d. Wheeler & Sibel, b. Sept. [ ], 1788	2	236
Lydia, m. James LORD, b. of Preston, Apr. 4, 1802	2	281
Lydia, m. James LORD, b. of Preston, Apr. 4, 1802	2	325
Martha, d. [Benjamin & Mary], b. Oct. 16, 1770	2	98
Martha, d. [Nathan & Betsey], b. Dec. 12, 1795	2	230
Mary, m. John TYLER, b. of Preston, Dec. 14, 1742	2	21
Mary, of Preston, m. Amos CLEFT, of Windham, Feb. 12, 1761	2	102
Mary, d. [Samuel, Jr. & Mercy], b. June 3, 1770	2	119
Mary Ann, d. [James & Anna], b. Sept. 26, 1801	2	288
Mehetable, [w. Wheeler], d. Mar. 3, 1774	2	136
Mehetable, d. [Wheler & Sibel], b. Nov. 5, 1784	2	136
Mercy, d. [Samuel, Jr. & Mercy], b. May 13, 1756	2	119
Nathan, m. Betsey MORGAN, b. of Preston, Mar. 14, 1792	2	230
Nathaniel, s. [John & Mehetable], b. May 5, 1768	2	186
Olive, d. [Oliver & Zipporah], b. Apr. 2, 1766	2	153
Olive, m. Elisha MORGAN, b. of Preston, June 6, 1771	2	158
Olive, d. [John & Mehetable], b. Feb. 22, 1772	2	186
Olive, d. [Oliver & Zipporah], d. July 7, 1772	2	153
Olive, d. Oliver & Zipporah, b. Dec. 7, 1773	2	153
Olive, w. Daniel, d. Nov. 17, 1782	2	177
Olive, of Preston, m. Moses TYLER, of Preston, May 29, 1793	2	259
Olive, d. [Nathan & Betsey], b. Oct. 12, 1799	2	230
Olive Tyler, twin with Daniel, d. [Daniel & Olive], b. Oct. 28, 1782; d. Nov. 20, 1778	2	177
Oliver, s. [Samuel & Sarah], b. Feb. 23, 1736/7	2	9
Oliver, m. Zipporah MORGAN, b. of Preston, Nov. [ ], 1758	2	153
Oliver, s. [Oliver & Zipporah], b. June 9, 1771	2	153
Oliver, Capt., d. Oct. 3, 1809, ae 73 y.	2	153
Peter Lanman, s. Roger & Olive, b. June 24, 1784	2	176
Polly, m. Ephraim TUCKER, Sept. 15, 1811	2	322
Rebecca, d. [John & Mehetable], b. Feb. 2, 1783	2	186
Rebecca, m. Daniel T. COIT, b. of Preston, Mar. 27, 1805	2	299
Roger, s. [Benjamin & Abigail], b. Mar. 28, 1755	2	98
Roger, s. [John & Mehetable], b. Jan. 25, 1786	2	186
Roger, m. Frances COIT, b. of Preston, Nov. 15, 1808	2	333
Samuel, m. Sarah SPAULDING, b. of Plainfield, Mar. 30, 1730	2	9
Samuel, s. [Samuel & Sarah], b. July 3, 1733	2	9
Samuel, Jr., m. Mercy CLARK, b. of Preston, May 7, 1754	2	119
Samuel, s. [Samuel, Jr. & Mercy], b. Oct. 23, 1762	2	119
Samuel, s. [Oliver & Zipporah], b. July 6, 1778	2	153
Samuel, Col., m. Jemima HALL, Mar. 22, 1779	2	9
Samuel Tracy, s. [Wheeler & Sibel], b. May 9, 1790	2	236
Sarah, d. [Samuel & Sarah], b. May 12, 1743	2	9
Sarah, d. [Samuel, Jr. & Mercy], b. Feb. 17, 1755	2	119

PRESTON VITAL RECORDS 65

	Vol.	Page
COIT, (cont.)		
Sarah, d. [John & Mehetable], b. May 1, 1770	2	186
Sarah, w. Samuel, d. July 11, 1776	2	9
Sarai, d. [Wheler & Sibel], b. Sept. 27, 1786	2	136
Sibel, w. Wheeler, d. Feb. 27, 1793, ae 40 y.	2	236
Sibel, m. Hezekiah **LORD**, b. of Preston, Sept. 3, 1802	2	292
Solomon, s. [Samuel, Jr. & Mercy], b. Jan. 21, 1759	2	119
Susan, d. [Daniel], b. Apr. 16, 1787	2	177
Susan, m. William **BELCHER**, b. of Preston, Dec. 5, 1806	2	304
Susan, d. [Roger & Frances], b. Oct. 8, 1810	2	333
Sybel, see under Sibel		
Sybel, d. [Wheler & Sibel], b. May 22, 1779	2	136
Thomas, s. [Benjamin & Mary], b. Feb. 7, 1775	2	98
Wheeler, s. [Samuel & Sarah], b. Feb. 24, 1738/9	2	9
Whe[e]ler, m. Mehetable **LESTER**, b. of Preston, Dec. 26, 1765	2	136
Whe[e]ler, of Preston, m. Sibel **TRACY**, of Norwich, Dec. 8, 1774	2	136
Wheeler, of Preston, m. Hannah **ABEL**, of Norwich, Nov. 14, 1793	2	236
Wheeler, d. Oct. 1, 1796, ae 58 y.	2	236
William, s. [Samuel & Sarah], b. Feb. 13, 1734/5	2	9
William, s. [Benjamin & Mary], b. Aug. 21, 1766	2	98
William, s. [Isaac & Rheuame], b. June 1, 1781	2	186
Zerviah, d. [John & Mehetable], b. Oct. 14, 1775	2	186
-----, s. [Nathan & Betsey], b. Mar. 2, 1804; d. Mar. 8, 1804	2	230
COLE, Ann E., of Preston, m. Urial **VAUGHAN**, of Ledyard, Aug. 6, 1848, by Rev. H. Floy Roberts	4	150
Ann E.*, ae 38, b. in England, res. of Preston, m. Aseil **VAUGHAN**, ae 40, mechanic, b. in Washington Co., N.Y., res. of Preston, Aug. 6, 1848, by Rev. H. Floy Roberts (*His 2d wife)	5	3
Martha, of Voluntown, m. Jabish **STARKWEATHER**, of Preston, June 13, 1764	2	74
Marvin, of Coventry, m. Lucy S. **BRUMBLEY**, of Griswold, May 15, 1833, by Rev. David N. Bentley	3	191
COLEGROVE, Ann E.*, b. in Lisbon, m. George W. **RICHMOND**, farmer, b. in Exeter, R.I., Dec. 17, 1848, by C. D. Fillmore (*His 2d wife)	5	2
COLHUN, Hiram H., of Norwich, m. Harriet **BURDICK**, of Preston, Nov. 22, 1848, by Rev. Cyrus Miner	4	161
COLLINS, Elizabeth B., of Preston, m. Samuel L. Talcott, of Coventry, June 2, 1840, by Rev. Augustus B. Collins	4	41
CONE, Martha E., d. Mar 17, 1860, ae 1	8-C	14
Revilley E., d. Mar. 18, 1860, ae 3	8-C	14
CONGDON, Charles J., of Auburn, Mass., m. Mary L. **WILKINSON**, of Griswold, Sept. 4, 1842, by Rev. Nathan E. Shailer	4	76
Diantha, married, b. in Franklin, colored, d. June 5, 1859, ae 35	8-C	12
William, m. Thamer **CLARK**, of Preston, Apr. 2, 1801	2	407
CONKLIN, CONKLING, George B., of Norwich, m. Lydia Ann **HARRIS**, of Preston, Dec. 16, 1844, by Rev. R. O. Williams	4	111
Mary, b. Aug. 30, 1756, in Amegansett, L.I.; m. Thomas **DAVIS**, Dec. 25, 1780, on Long Island	2	403
CONNEL, Joseph, of Preston, m. Sophia **BROMLEY**, of Preston, Nov. 14, 1847, by Rev. E. T. Hiscox	4	136
COOK, COOKE, Abby J., of Preston, m. James F. **BASSETT**, of Java, N.Y., July 5, 1846, by Rev. A. V. Stedman	4	130

BARBOUR COLLECTION

	Vol.	Page
COOK, COOKE, (cont.)		
Abby Jane, [d. Ruben & Wealthy], b. Aug. 27, 1815	2	303
Abigail, d. John & Ruth, b. Aug. 31, 1726	2	50
Abigail, m. Peter **PARKE**, b. of Preston, Jan. 8, 1751	2	55
Abigail, d. Capt. Thaddeas, b. Dec. 7, 1767	2	78
Abigail, d. Elisha & Anne, b. Aug. 16, 1783	2	219
Abigail, d. [Thaddeus, Jr. & Sarah], b. Nov. 30, 1794	2	175
Adin, s. [Isaiah & Mary], b. May 27, 1779	2	111
Adin, m. Esther **HALSEY**, Mar. 2, 1806, by Jeremiah Halsey, J.P	2	402
Adin, m. Sarah C. **CHAPMAN**, Apr. 25, 1822	2	402
Adin Tyler, [s. Adin & Sarah C.], b. Apr. 19, 1823	2	402
Albert, s. [Ruben & Wealthy], b. May 18, 1811	2	303
Amy B., m. Stephen **WILCOX**, Jr., b. of Preston, July 8, 1827, by Denison Palmer, J.P.	3	100
Asahel R., s. Hiram & Hannah S. Woodcock, b. [ ], at Lenox, Madison County, N.Y.	2	302
Asahel R., of Seattle, Wash., m. Ida A. **GREENE**, of San Francisco, Cal., May 26, 1898, at San Francisco	2	302
Avis Ebity (?), d. [Esquire John & Polly], b. May 30, 1811	2	279
Barton, s. John & Ruth, b. Jan. 7, 1732/3	2	50
Barton, m. Hannah **TRACY**, b. of Preston, Oct. 14, 1762	2	104
Barton, s. [Barton & Hannah], b. Dec. 12, 1766	2	104
Benajah, s. [John, Jr. & Sarah], b. Dec. 19, 1759	2	98
Benajah, of Preston, m. Cassandra **FANNING**, of Groton, Feb. 24, 1793	2	239
Benajah Stanton, s. [Benajah & Cassandra], b. Aug. 4, 1794	2	239
Benjamin, d. Mar. 29, 1864, ae 5 d.	8-C	21
Betsey, d. [Esquire John & Polly], b. Sept. 3, 1804	2	279
Burnham, s. Cyprion & Elizabeth, b. June 9, 1786	2	303
Calvin B., of Northampton, Mass., m. Eunice **CRARY**, of Preston, Mar. 16, 1824, by Rev. John Hyde	3	67
Calvin J., m. Emma E. **PHILLIPS**, b. of Preston, Sept. 1, 1851, by Rev. N. S. Hunt	4	209
Calvin Worthington, s. [James & Persis], b. May 3, 1800	2	258
Celia, of Preston, m. Sylvester **SUBERT**, of Norwich, Aug. 6, 1850, by Rev. Jacob Allen	4	192
Charles, s. [Thaddeus, Jr. & Sarah], b. Nov. 2, 1786	2	175
Chester, s. [Isaiah & Mary], b. Nov. 16, 1772	2	111
Chester, s. [James & Persis], b. Mar. 27, 1798	2	258
Chester, of North Hampton, m. Ann Elizabeth **POLLARD**, 2d, of Preston, Apr. 14, 1822, by James Cook, J.P.	3	11
Christa, d. [James & Persis], b. Mar. 10, 1807	2	258
Clarice, d. [Barton & Hannah], b. Mar. 3, 1764	2	104
Clarrissa, d. [Sterry & Polly], b. Jan. 25, 1795; d. Aug. 5, 1796	2	386
Clarrissa, d. [Esquire John & Polly], b. Dec. 3, 1802	2	279
Clarissa Deming, [d. Sterry & Polly], b. Mar. 19, 1797	2	386
Clark, [see under Esquire Clark]		
Cyrus Fortune, s. [James & Persis], b. Feb. 26, 1816	2	258
Daniel, s. [Isaiah & Mary], b. Dec. 14, 1769	2	111
Daniel, of Preston, d. Aug. 13, 1796	2	200
Denison O., s. [Denison P. & Clarrissa H.], b. July 11, 1841	4	28
Denison P., m. Clarrissa H. **STORY**, b. of Preston, Oct. 6, 1839, by Isaac Williams, 2d, J.P.	4	28

PRESTON VITAL RECORDS 67

	Vol.	Page
COOK, COOKE, (cont.)		
Denison P., carpenter, married, d. Jan. 16, 1863, ae 55 y.	8-C	20
Denison Palmer, s. [Ruben & Wealthy], b. Jan. 13, 1809	2	303
Desire, d. [John, Jr. & Sarah], b. Nov. 29, 1756	2	98
Desire, d. [Masa & Silence], b. May 17, 1764	2	28
Dewey, s. [Barton & Hannah], b. Dec. 10, 1772	2	104
Dwight W., m. Abby A. AVERY, b. of Preston, Dec. 22, 1840, by Rev. Nathan E. Shailer	4	50
Dwight Worthington, s. [James & Persia], b. Feb. 6, 1813	2	258
Elias, s. [John, Jr. & Sarah], b. Aug. 14, 1770	2	98
Elijah, s. [Jared & Ruth], b. Sept. 11, 1759	2	89
Elisha, d. Nov. 8, 1793	2	219
Elisha Story, s. [Ruben & Wealthy], b. Dec. 11, 1827	2	303
Elizabeth, m. Joseph BENJAMIN, Aug. 25, 1698	1	26
Elizabeth, d. John & Ruth, b. Apr. 15, 1728	2	50
Elizabeth, d. [Capt. Thaddeas], b. Jan. 15, 1773	2	78
Elizabeth, d. [Thaddeus, Jr. & Sarah], b. Feb. 6, 1803	2	175
Elizabeth, d. [Ruben & Wealthy], b. June 27, 1820	2	303
Ephraim, s. [Isaiah & Mary], b. Oct. 31, 1765	2	111
Esquire Clark, [Esquire John & Polly], b. June 13, 1799	2	279
Esquire John, s. [Barton & Hannah], b. July 14, 1765	2	104
Esquire John, of Preston, m. Polly CLARK, of Middleton, Vt., Jan. 22, 1797	2	279
Esther, w. Adin, d. Sept. 11, 1819	2	402
Esther Cordelia, [d. Adin & Esther], b. May 12, 1816	2	402
Eunice, d. [Capt. Thaddeas], b. Apr. 24, 1775; d. Feb. 11, 1781	2	78
Eunice, d. [Thaddeus, Jr. & Sarah], b. Apr. 9, 1789	2	175
Fanny, d. [Esquire John & Polly], b. July 25, 1806	2	279
Gregory, s. [Elisha & Anne], b. Nov. 9, 1786	2	219
Hannah, w. Thaddeus, d. Dec. 11, 1751	2	77
Hannah, d. [Thaddeus & Zurviah], b. June 19, 1760	2	77
Hannah, d. [Barton & Hannah], b. July 21, 1768	2	104
Hannah, m. Hezekiah BO[A]RDMAN, b. of Preston, Oct. 4, 1783	2	219
Hannah, d. [Ruben & Wealthy], b. July 27, 1813	2	303
Hannah, of Preston, m. Nathan BENJAMIN, Oct. 5, 1828, by Rev. Augustus B. Collins	3	145
Heart, d. [Barton & Hannah], b. Sept. 8, 1775	2	104
Henry Eckford, [s. Adin & Sarah C.], b. May 27, 1825	2	402
Hiram, of Preston, m. Hannah S. WOODCOCK, of Baring, Me., Dec. 20, 1856, at Princeton, Me., by W[illia]m A. Gould, J.P.	2	302
Hiram, of Norwich, made affidavit in Norwich Feb. 26, 1897, to the fact that he was born Dec. 11, 1827, in Preston, s. Reuben & Lydia Huntl[e]y COOK	2	302
Isaac Herrick, s. [James & Persis], b. Dec. 20, 1804	2	258
Isaiah, b. Mar. 19, 1719/20	1	37
Isaiah, of Preston, m. Mary PALMER, of Norwich, Mar. 21, 1765	2	111
Isaiah, s. [Isaiah & Mary], b. Mar. 28, 1781	2	111
Jair, s. [John, Jr. & Sarah], b. Oct. 6, 1777	2	98
James, b. Jan. 1, 1717/18	1	37
James, s. [Isaiah & Mary], b. Jan. 3, 1768	2	111
James, of Preston, m. Persis COOK, of Worthington, Mass., Nov. 3, 1793	2	258
James Albert, [s. Adin & Sarah C.], b. Oct. 4, 1829	2	402

BARBOUR COLLECTION

	Vol.	Page
COOK, COOKE, (cont.)		
James D., d. May 8, 1850, ae 5	5	11
James Munroe, s. [Ruben & Wealthy], b. Feb. 14, 1818	2	303
Jared, m. Ruth HUTCHINSON, b. of Preston, Dec. 21, 1753	2	89
John, s. John & Ruth, b. Nov. 5, 1724	2	50
John, Jr., of Preston, m. Sarah TRACY, of Norwich, Nov. 11, 1755	2	98
John, s. [John, Jr. & Sarah], b. May 16, 1758	2	98
John, d. Aug. 22, 1762	2	50
John, the elder, d. Jan. 17, 1800, ae 76 y.	2	98
John Harrison, s. [Ruben & Wealthy], b. Sept. 15, 1825	2	303
John Jay, [s. Adin & Esther], b. Jan. 7, 1814	2	402
John Larabee, s. [Isaiah & Mary], b. Apr. 5, 1783	2	111
John, [see also Esquire John]		
Josephine, d. [James & Persis], b. Apr. 5, 1810	2	258
Josephine, of Preston, m. Enoch C. TERRY, of Middletown, Oct. 17, 1830, by W[illia]m Williams, J.P.	3	153
Lucy, d. [Barton & Hannah], b. Sept. 29, 1777	2	104
Lucy K., unmarried, d. Sept. 21, 1866, ae 22	8-C	26
Lydia, d. [Jared & Ruth], b. Nov. 1, 1762	2	89
Mabel, of Norwich, m. Alpheas JONES, of Preston, Jan. 15, 1761	2	100
Marg[a]ret, b. Apr. 4, 1718	1	37
Margaret, d. [John, Jr. & Sarah], b. Sept. 27, 1771	2	98
Margary, d. John & Ruth, b. May 10, 1730	2	50
Mary, m. William ADAMS, b. of Preston, Nov. 23, 1758	2	88
Mary, d. [Isaiah & Mary], b. July 8, 1785	2	111
Mary, of Preston, m. Silas BABCOCK, of North Stonington, Oct. 1, 1820, by Rev. John Hyde	3	20
Mary, of Griswold, m. Charles RUDE, of Preston, May 7, 1824, by Rev. John Hyde	3	72
Mary Ann, [d. Adin & Esther], b. Jan. 8, 1807	2	402
Mary Ann, d. [Ruben & Wealthy], b. Dec. 30, 1822	2	303
Mary Ann, of Preston, m. John D. GEER, of Griswold, Dec. 24, 1833, by Rev. Augustus B. Collins	3	200
Mary E., d. Isaac H., ae 43, Manufacturer, & Abby S., ae 42, b. Oct. 9, 1847	5	4
Mary E., d. Oct. 2, 1855, ae 1	8-C	6
Masa, m. Silence GEER, b. of Preston, Oct. 6, 1761	2	28
Mehatable, d. [Masa & Silence], b. June 2, 1762	2	28
Mercy, d. [Thaddeus, Jr. & Sarah], b. July 22, 1799	2	175
Nathan, s. [Thaddeus, Jr. & Sarah], b. July 19, 1784	2	175
Nathan, s. [James & Persis], b. Nov. 30, 1802	2	258
Palmer, s. [Isaiah & Mary], b. Dec. 24, 1787	2	111
Patty, d. [Esquire John & Polly], b. May 4, 1798	2	279
Paulina, [d. Adin & Esther], b. Mar. 20, 1810	2	402
Pearley, s. [John, Jr. & Sarah], b. Oct. 2, 1764	2	98
Persis, of Worthington, Mass., m. James COOK, of Preston, Nov. 3, 1793	2	258
Persis, d. [James & Persis], b. May 8, 1796	2	258
Persis H., of Preston, m. William H. COPP, of Norwich, Sept. 8, 1851, by Rev. S. S. Chapin, of Poquetonnuck	4	211
Phebe, d. Richard & Marah, b. Dec. 5, 1745	2	16
Phinehas, d. [John, Jr. & Sarah], b. Apr. 7, 1774	2	98
Polly, d. [Esquire John & Polly], b. Sept. 4, 1800	2	279

PRESTON VITAL RECORDS 69

	Vol.	Page
COOK, COOKE, (cont)		
Rosalthia Adelaide, [d. Adin & Sarah C.], b. Mar. 17, 1828	2	402
Rebeckah, d. [Barton & Hannah], b. July 23, 1771	2	104
Rebecca, d. [Isaiah & Mary], b. Jan. 10, 1775	2	111
R[e]uben, s. Ruel & Elizabeth, b. Sept. 12, 1779	2	303
R[e]uben, m. Wealthy **HUNTLEY**, b. of Preston, Apr. 27, 1806	2	303
R[e]uben, s. [Ruben & Wealthy], b. May 21, 1807	2	303
Reuben, Jr., of Preston, m. Abby **BARNES**, of Preston (?), Oct. 16, 1833, by Welcome A. Browning, J.P.	3	197
Reuben, farmer, married, d. May 7, 1866, ae --	8-C	26
Richard, s. [Jared & Ruth], b. Sept. 22, 1754	2	89
Richard, [s. Jared & Ruth], d. July 31, 1758	2	89
Richard Hiram, s. Asahel R. & Ida A. Greene, b. Aug. 11, 1900, at Seattle, Wash.	2	302
Roxanny, d. [Esquire John & Polly], b. Mar. 6, 1809	2	279
Ruth, b. July 10, 1723	1	37
Ruth, d. [Thaddeus & Zurviah], b. June 5, 1762; d. Mar. 4, 1763	2	77
Ruth, d. [John, Jr. & Sarah], b. Mar. 12, 1767	2	98
Samuel, s. [Thaddeus & Zurviah], b. Mar. 20, 1764; d. Apr. 26, 1764	2	77
Samuel, s. [Thaddeus & Zurviah], b. May 18, 1765	2	77
Samuel, s. [Isaiah & Mary], b. Dec. 14, 1776	2	111
Samuel, s. [Thaddeus, Jr. & Sarah], b. May 10, 1797	2	175
Sarah, d. [Jared & Ruth], b. Aug. 30, 1757	2	89
Sarah, d. [John, Jr. & Sarah], b. Apr. 5, 1762	2	98
Sarah, of Norwich, m. John **MEECH**, Jr., of Preston, Oct. 28, 1777	2	166
Sarah, d. [Elisha & Anne], b. Jan. 31, 1785	2	219
Sarah, d. [Thaddeus, Jr. & Sarah], b. Jan. 22, 1793	2	175
Sarah, d. Warren, farmer, & Abby, b. Mar. 3, 1849	5	5
Sarah Ellen, [d. Adin & Sarah C.], b. July 17, 1831	2	402
Stephen, s. [John, Jr. & Sarah], b. Apr. 28, 1780	2	98
Stephen, s. [Elisha & Anne], b. Feb. 19, 1790	2	219
Sterry, m. Polly **DEMING**, Nov. 14, 1793, by Walter King, Clerk	2	386
Thad[d]eus, b. Nov. 18, 1721	1	37
Thaddeus, m. Hannah **TINGLEY**, b. of Preston, Apr. 4, 1751	2	77
Thaddeus, of Preston, m. Zurviah **HINCKLEY**, of Stonington, Jan. 30, 1754	2	77
Thaddeus, s. [Thaddeus & Zurviah], b. June 22, 1755	2	77
Thaddeus, Capt., had negro Pickle **MOODEY**, of Preston, who m. Abigail **WALLEY**, of Stonington, Nov. 14, 1771	2	182
Thaddeus, Jr., m. Sarah **PRENTICE**, b. of Preston, Jan. 4, 1781	2	175
Warren, [s. Adin & Esther], b. Oct. 26, 1808	2	402
Warren, m. Abby **CRARY**, b. of Preston, Apr. 12, 1840, by Rev. William R. Jewitt	4	39
Warren, farmer, married, d. Dec. 28, 1857, ae 49	8-C	10
William G[ates], s. [Ruben & Wealthy], b. Mar. 27, 1830	2	303
W[illia]m L., s. D.W., ae 35, manufacturer, & A.A., ae 28, b. Aug. 15, 1847	5	4
Zurviah, d. [Thaddeus & Zurviah], b. Aug. 20, 1757	2	77
Zerviah, d. [Thaddeus, Jr. & Sarah], b. July 15, 1782	2	175
COOMBES, COMBS, Joseph M., farmer, married, d. Feb. 12, 1866, ae 72	8-C	26
Thomas, of Groton, m. Elizabeth **MAXLY**, of Preston, Aug. 11, 1782	2	237

	Vol.	Page
COOPER, Thankful, of Updike's Newtown, R.I., m. William HALSEY, of Preston, Apr. 10, 1791	2	221
COPP, William H., of Norwich, m. Persis H. COOK, of Preston, Sept. 8, 1851, by Rev. S. S. Chapin, of Poquetonnuck	4	211
CORCORAN, COCKERAN, Catherine, d. Aug. 25, 1864, ae 9	8-C	22
Ellen Frances, d. Oct. 27, 1859	8-C	13
Emanuell, d. Mar. 20, 1865, ae 1 y. 20 d.	8-C	24
Frances, d. Aug. 20, 1864, ae 5 y. 6 m.	8-C	22
Jeremiah, laborer, married, b. in Ireland, d. Dec. 15, 1864, ae 69	8-C	23
John, d. Sept. 2, 1864, ae 1 y. 6 m.	8-C	22
Mary Ann, d. July 26, 1856, ae 1	8-C	8
Mary E., d. Mar. 28, 1862, ae 4 m. 7 d.	8-C	18
Treacer, d. Aug. 30, 1864, ae 5 y. 6 m.	8-C	22
COREY, CORY, Emanuel, m. Susan ROATH, Apr. 1, 1827, by Levi Meech, Elder	3	106
Henry H., of Windham, m. Percis GERES, of Preston, Apr. 2, 1840, by Rev. Augustus B. Collins	4	37
CORNING, Amasa, m. Sary MAPLES, b. of Preston, Dec. 1, 1822, by Jonathan Brewster, J.P.	3	37
Amasa, laborer, married, d. Aug. 1, 1856, ae 57	8-C	8
Amos, s. [Uriah & Elizabeth], b. Aug. 7, 1797	2	388
Amos, of Preston, m. Matilda GUYANT, of Groton, Nov. 8, 1818, by Rev. John Hyde	2	268
Ann M., [d. Jedidiah & Rhoda Ann], b. Mar. 4, 1841	3	125
Betsey, d. [Uriah & Elizabeth], b. Feb. 23, 1802	2	388
Catharine, of Preston, m. Abel SHOLES, of Groton, Apr. 14, 1822, by Jonathan Brewster, J.P.	3	1
Elias, s. [Uriah & Elizabeth], b. Mar. 9, 1783	2	388
Elizabeth, d. [1850 ?], ae 93	5	12
Emeline, ae 23, of Preston, m. George H. HALL, ae 27, b. in Sterling now of Preston, July 23, [1849 ?], by John Lovejoy	5	2
Emily, m. Asa NASH, b. of Preston, Mar. 20, 1842, by Rev. N. E. Shailer	4	78
Eveline, m. George H. HALL, b. of Preston, July 23, 1849, by Rev. John Lovejoy, of Norwich	4	175
Gurdon Lamb, s. [John & Sally], b. Apr. 14, 1801	2	302
Harvey Henry, [s. Jedidiah & Lydia P.], b. Apr. 9, 1818	3	125
Hiram Burtis, [s. Jedidiah & Lydia P.], b. June 9, 1816; d. Jan. 10, 1818	3	125
Jedidiah, [s. Uriah & Elizabeth], b. June 12, 1790	2	388
Jedidiah, b. June 12, 1790; m. Lydia P. HAZEN, June 11, 1815	3	125
Jedidiah, m. R[h]oda Ann BUDDINGTON, b. of Preston, Jan. 27, 1839, by Rev. Augustus B. Collins	4	21
Jedidiah, m. Rhoda Ann BUDDINGTON, June 27, 1839	3	125
John, m. Sally CLARK, b. of Preston, Aug. 24, 1800	2	302
John, s. [John & Sally], b. May 24, 1810	2	302
Julyet Willoughby, d. [Amos & Matilda], b. Nov. 1, 1819	2	268
Lewis Washington, [s. Jedidiah & Lydia P.], b. Jan. 17, 1820	3	125
Louisa, of Preston, m. Joseph WILBUR, of Griswold, Oct. 14, 1824, by Levi Meech, Elder	3	55
Lucretia, d. [John & Sally], b. Jan. 13, 1803	2	302
Lucretia Clark, d. [John & Sally], b. Oct. 10, 1807	2	302
Maria, of Preston, m. Leonord STUYSE, of Norwich, Jan. 6, 1829,		

PRESTON VITAL RECORDS 71

	Vol.	Page
CORNING, (cont.)		
at Jedidiah Corning's, by Rev. William Palmer	3	122
Mary, of Preston, ae 19 y., d. Jedediah **CORNING**, m. Theophilus **AVERY**, of Ledyard, farmer, ae 24 y., b. in Ledyard, s. Billings **AVERY**, Sept. 13, 1852, by N. H. Matteson	4	221
Mary Lydia Hazen, [d. Jedidiah & Lydia P.], b. Oct. 4, 1831	3	125
Matilda, d. Aug. 7, 1867, ae 69-1/2	8-C	27
Nancy, married, b. in Norwich, d. Dec. 16, 1857, ae 57	8-C	10
Ora Elizabeth, d. Aug. 23, 1860, ae 2-8/12	8-C	15
Rebecca, m. Jeffrey **CHAMPLAIN**, Dec. 30, 1802	2	386
Rebecca C., d. [Amos & Matilda], b. Jan. 6, 1826	2	268
Rebecca W., [d. Uriah & Elizabeth], b. Apr. 21, 1785	2	388
Rebina C., of Preston, m. Charles W. **HOLDEN**, Jan. 9, 1843, by Rev. Augustus B. Collins	4	89
Sally, d. [Uriah & Elizabeth], b. Mar. 26, 1800	2	388
Samuel Bliss, [s. Jedidiah & Lydia P.], b. Sept. 14, 1822	3	125
Sarah A., of Preston, m. Damon **NICHOLS**, of Princeton, Mass., June 13, 1852, by Rev. Geo[rge] M. Carpenter	4	219
Sarah B., of Preston, m. Harvey L. **HAZEN**, of Norwich, Aug. 19, 1821, by Rev. John Hyde	3	34
Sarah E., [d. Jedidiah & Rhoda Ann], b. Dec. 7, 1843	3	125
Shophia, d. [Uriah & Elizabeth], b. June 20, 1781	2	388
Susanna, of Norwich, m. Deac. Stephen **TUCKER**, of Preston, Apr. 23, 1747	2	30
Uriah, b. Mar. 20, 1758; m. Elizabeth **WILLET**, Aug. 24, 1780	2	388
Uriah, d. May 5, 1851, ae 93	5	12
William, m. Esther **MAPLES**, b. of Preston, Sept. 22, 1822, by Jonathan Brewster, J.P.	3	35-A
COSWELL, George L., unmarried, d. Apr. 30, 1854, ae 10	8-C	3
COVEY, Kinyon, of R.I., m. Sarah **KINNE**, of Preston, Oct. 28, 1787 (handwritten addition to original manuscript-no vol. or page)		
COWELL, Caroline, d. Joshua B. & Abby, b. June 21, 1849	5	5
COWEN, John, b. Sept. 10, [1849]	5	9
John S., d. Aug. 22, 1862, ae 10 m. 8 d.	8-C	18
COYE, Abiah, m. Ruth **WEDGE**, b. of Preston, July 8, 1740	2	63
COZZENS, James R., of Plainfield, m. Clarissa H. **SWAN**, of Preston, May 4, 1834, by Rev. Augustus B. Collins	3	301
CRAIG, Mary, of Scotland, m. John **MILLER**, of Germany, b. of late residents in Norwich, Nov. 28, 1847, by Rev. N. S. Hunt	4	138
Mary, m. John **MILLER**, of Germany, Nov. 28, 1847, by N. S. Hunt	5	1
CRANDALL, Gideon, of Westerly, R.I., m. Esther **RIX**, of Preston, Dec. 2, 1784	5	199
Hannah, of Stonington, m. Nathan **REYNOLDS**, of Preston, May 15, 1788	5	336
William S., of West Killingly, m. Abby M. **AYER**, of Preston, Mar. 8, 1841, by Rev. N. E. Shailer	4	55
CRAPE, Lydia, m. Ebenezer **AVERY**, Jr., b. of Preston, Sept. 7, 1823, by Jonathan Brewster, J.P.	3	43
CRAPO, Margaret, of N. Stonington, m. Abram **YARRINGTON**, of Norwich, Oct. 3, 1836, by Rev. Augustus B. Collins	3	331
CRARY, CREARY, CRERY, Aaron, m. Mary **STANTON**, b. of Preston, Apr. 8, 1756	2	75
Aaron, d. Aug. [ ], 1779, ae 61 y.	2	75

BARBOUR COLLECTION

	Vol.	Page
CRARY, CREARY, CRERY, (cont.)		
Aaron, s. [Robert, 3d, & Margaret], b. Dec. 16, 1783	2	189
Abby, d. [Elisha & Abigail], b. May 27, 1813	2	221
Abby, m. Warren **COOK**, b. of Preston, Apr. 12, 1840, by Rev. William R. Jewitt	4	39
Amelia T., d. [John & Sophia], b. Aug. 28, 1813	2	308
Amy, d. [John & Amy], b. Oct. 18, 1778	2	131
Amy, the Elder, [w. John], d. Nov. 3, 1795	2	131
Benjamin, m. Amy **STANTON**, b. of Preston, Apr. 16, 1762	2	107
C[h]ristabel, d. [Benjamin & Amy], b. Oct. 5, 1764	2	107
Christopher, m. Polly **WITTER**, b. of Preston, Nov. 4, 1784	2	196
Cynthia, d. [Robert & Synthia], b. June 22, 1782	2	179
Cynthia, m. Charles **MEECH**, b. of Preston, Mar. 1, 1804	2	340
Desire, d. [Benjamin & Amy], b. Mar. 4, 1763	2	107
Desire, widow, res. of New York, d. Dec. 9, 1853, ae 83	8-C	1
Dolley, d. [Oliver & Eunice], b. Aug. 4, 1779	2	129
Dorothy, m. Amos **AVERY**, 2d, May 10, 1804	2	382
Dwight T., s. [John & Sophia], b. Jan. 17, 1817	2	308
Elisha, s. Robert, d. Sept. 8, 1773	2	46
Elisha, s. [John & Amy], b. Mar. 4, 1774; d. Oct. 22, 1775	2	131
Elisha, m. Abigail **ROATH**, of Preston, Apr. 10, 1800	2	221
Elisha, widower, farmer, d. Feb. 8, 1861, ae 87	8-C	16
Elisha A., farmer, married, d. Mar. 27, 1855, ae 53	8-C	5
Elisha Avery, s. [Elisha & Abigail], b. Apr. 25, 1802	2	221
Emily B., m. Nathan **BROWN**, b. of N. Stonington, July 17, 1842, by Rev. Nathan E. Shailer	4	75
Emily J., m. Oliver **DAVIS**, b. of Preston, Jan. 2, 1853, by Rev. N. S. Hunt	4	224
Erastus, s. [Christopher & Polly], b. May 15, 1785	2	196
Erving W., s. Elisha A., ae 48, farmer, & Elizabeth, ae 43, b. Jan. 1, 1850	5	5
Eunice, m. John **MORGAN**, b. of Preston, Apr. 17, 1768	2	121
Eunice, d. [Robert, 3d, & Margaret], b. July 21, 1802	2	189
Eunice, of Preston, m. Calvin B. **COOK**, of Northampton, Mass., Mar. 16, 1824, by Rev. John Hyde	3	67
Eunice Brewster, d. [Oliver, Jr. & Desire], b. Mar. 9, 1803	2	335
Fanna, d. [John & Mary], b. Apr. 1, 1801	2	131
Fanny, m. William P. **PALMER**, b. of Preston, Dec. 14, 1820, by Rev. John Hyde	3	22
George, m. Lucy **STERRY**, b. of Preston, May 18, 1756	2	99
George, s. [George & Lucy], b. Sept. 19, 1760	2	99
George, Capt., d. Dec. 19, 1760	2	99
Gideon Ray, s. [Robert, 3d, & Margaret], b. Mar. 16, 1793	2	189
Hambleton T., s. [John & Sophia], b. June 3, 1811; d. Feb. 10, 1812	2	308
Hannah, m. Daniel **WOODWARD**, Jr., Feb. 19, 1735/6	1	116
Horatio Granger, s.[Oliver, Jr. & Desire], b. May 4, 1813	2	335
Huldah, m. Dr. Joshua **DOWNER**, b. of Preston, Feb. 25, 1762	2	90
Irving, see under Erving		
Isaac Edwin, s. [Elisha & Abigail], b. Oct. 2, 1804	2	221
Joann S., d. [John & Sophia], b. July 23, 1819	2	308
John, m. Amy **MORGAN**, b. of Preston, Feb. 23, 1769	2	131
John, s. [John & Amy], b. Sept. 11, 1784	2	131
John, of Preston, m. Mary **YORK**, of Stonington, Mar. 7, 1798	2	131

CRARY, CREARY, CRERY, (cont.)

	Vol.	Page
John, m. Sophia **WITTER**, b. of Preston, Nov. 19, 1807	2	308
John Brewster, s. [Elisha & Abigail], b. Dec. 22, 1800	2	221
John W., s. [John & Sophia], b. Apr. 13, 1809	2	308
Lois, m. Nathan **PETERS**, b. of Preston, June 10, 1770, by Asher Rosseter, Clerk	2	127
Lucy, m. Amos **WITTER**, b. of Preston, Nov. 16, 1786	2	206
Lucy, d. [John & Mary], b. Feb. 15, 1799	2	131
Lucy, d. [John & Mary], d. Oct. 4, 1802	2	131
Lucy, d. [Elisha & Abigail], b. Nov. 4, 1815	2	221
Lucy, of Preston, m. Chester S. **PRENTICE**, of Groton, Dec. 13, 1843, by Rev. Augustus B. Collins	4	101
Martha R., d. [John & Mary], b. Dec. 19, 1803	2	131
Mary, d. [George & Lucy], b. Oct. 15, 1756	2	99
Mary, d. [Robert, 3d, & Margaret], b. Oct. 22, 1787	2	189
Mary, wid. Oliver, d. Jan. 18, 1820	2	129
Nabby, d. [Robert, 3d, & Margaret], b. Sept. 18, 1796	2	189
Nancy, d. [Oliver & Eunice], b. Sept. 22, 1782	2	129
Nancy, of Preston, m. Robert S. **AVERY**, June 8, 1829, by Rev. Augustus B. Collins	3	130
Nathan A., m. Sally F. **AMES**, of Preston,Feb. 28, 1828, by Rev. Augustus B. Collins	3	109
Nathan Ayer, s. [Oliver, Jr. & Desire], b. June 9, 1806	2	335
Oliver, of Westerly, R.I., m. Eunice **BREWSTER**, of Preston, Ct., Nov. 8, 1770	2	129
Oliver, Jr., m. Desire **AYER**, b. of Preston, Feb. 24, 1802, by Sam[ue]l Mott, J.P.	2	335
Oliver, Jr., d. Oct. 28, 1818, in Nancymond, Nancymond County, Va., and was buried in the neighborhood of Capt. Thomas Benn	2	335
Oliver Austin, s. [Oliver, Jr. & Desire], b. May 19, 1804	2	335
Oliver Austin, m. Mary J. **AMES**, b. of Preston, Nov. 6, 1828, by Rev. Augustus B. Collins	3	146
Oliver W., s. [Elisha & Abigail], b. Dec. 21, 1819	2	221
Polly, d. [Christopher & Polly], b. Dec. 14, 1786	2	196
Robert, s. Robert & Sarah, b. June 19, 1755; Mar. 14, 1757	2	46
Robert, d. [George & Lucy], b. Jan. 13, 1759	2	99
Robert, s. [Robert & Sarah], b. Sept. 3, 1760	2	46
Robert had slaves Anne (?), d. Barsheba & Cato, b. Jan. 17, 1780; James (?), s. Barsheba & Cato, b. Mar. 10, 1783; Jean (?), d. Barsheba & Cato, b. Feb. 3, 1791; Archelas, s. Barsheba & Cato, b. Feb. 6, 1794	2	406
Robert, of Preston, m. Synthia **LAMB**, of Stonington, Dec. 7, 1780	2	179
Robert, 3d, m. Margaret **KIMBALL**, b. of Preston, Jan. 23, 1783	2	189
Robert, d. Jan. 30, 1790, ae 74 y.	2	46
Sally, m. Rev. Lemuel **TYLER**, b. of Preston, Sept. 21, 1797	2	238
Sally, m. Capt. Robert S. **AVERY**, b. of Preston, June 14, 1807	2	318
Sally, unmarried, d. June 1, 1860, ae 18	8-C	15
Samuel, s. [John & Amy], b. Sept. 13, 1770	2	131
Sarah, d. [Robert & Sarah], b. Feb. 19, 1758	2	46
Sarah, d. Robert, d. Nov. 6, 1775	2	46
Sarah, d. [John & Amy], b. June 7, 1776	2	131
Sarah, d. Oliver & Eunice, b. June 13, 1777	2	129

	Vol.	Page
CRARY, CREARY, CRERY, (cont.)		
William Grant, s. [Elisha & Abigail], b. Nov. 26, 1808	2	221
CRAYTON, Ellen, b. in Norwich, d. Mar. 18, 1855, ae 2	8-C	5
CROCKER, Daniel W., m. Julia Ann HUNTLEY, b. of Preston, Dec. 29, 1833, by Isaac Gallup, J.P.	3	201
CROMWELL, Lewis, m. Lucy Ann PERKINS, b. of Groton, Nov. 3, 1844, by Rev. Dexter Potter, in Poquetonnuck	4	109
CROSSMAN, James A., d. May 1, 1867, ae 4 m.	8-C	27
CROSSWELL, Nancy, of Preston, m. George MALLESON, of Lisbon, Sept. 22, 1799	2	405
CRUMB, CRUM, Ardelia, d. [Phineas & Nancy], b. Jan. 1, 1838	3	324
Diana F., d. [Phinehas & Eliza], b. May 30, 1832	3	46
Harriet Jean, d. [Phineas & Nancy], b. Nov. 9, 1839	3	324
Luther T., s. [Phinehas & Eliza], b. Apr. 21, 1828	3	46
Phinehas, of N.Y. State, m. Eliza VENDEARS, of Preston, Dec. 28, 1823, by Jona[than] Brewster, J.P.	3	46
Phineas, m. Nancy BREWSTER, Nov. 27, 1835, by Jeremiah S. Halsey, J.P.	3	324
Thomas M., s. [Phineas & Nancy], b. June 4, 1836	3	324
CULVER, CULVERS, Abby Ann, b. in Norwich, now of Preston, m. E. V. STILES, moulder, of Troy, N.Y., July 23, 1850, by Rev. John Lovejoy	5	2
Betsey, m. Ebenezer HERRICK, b. of Preston, Nov. 24, 1774	2	110
Dorothy, d. Jeremiah & [Dorothy], b. Nov. 15, 1770	2	53
Dorothy, of Stonington, m. Pardon BROWN, of Preston, Aug. 7, 1791	2	227
Esther, d. Jeremiah & Dorothy, b. May 30, 1766	2	53
Jabez, s. Jeremiah & Dorothy, b. Feb. 18, 1779	2	70
Jeremiah, s. Jeremiah & Dorothy, b. Feb. 9, 1777	2	70
Joseph, s. Jeremiah & [Dorothy], b. May 1, 1773	2	53
Levi, s. Jeremiah & Dorothy, b. Dec. 27, 1763	2	53
Lucy, d. Jeremiah & Dorothy, b. Sept. 4, 1768	2	53
Lucy, of Groton, m. Shepherd BROWN, of Preston, Jan. 6, 1805	2	294
Lydia, d. Jeremiah & Dorothy, b. Mar. 11, 1775	2	70
Mary, of Norwich, m. David KIMBALL, of Preston, Mar. 24, 1774	2	6
Samuel, s. Jeremiah & Dorothy, b. Dec. 17, 1781	2	70
Susanna, d. Jeremiah & Susanna [Dorothy ?], b. June 22, 1762	2	53
CUMMINGS, COMING, Margaret, married, factory operative, d. Feb. 8, 1861, ae 22	8-C	16
Matilda, d. Aug. 7, 1867, ae 69-1/2	8-C	27
CURRY, Almira, b. Nov. [ ], 1801	2	407
Almira, m. Varnum L. BABCOCK, Apr. 12, 1835, by Nathan E. Shailer, Elder	2	407
Renssalear, b. July 27, 1831	2	407
Sophronia S., of Preston, m. William BAWBLY, of Lyme, Mass., Dec. 26, 1847, by Rev. Roswell Whitmore	4	139
CUSICK, Margaret, d. July 27, 1856	8-C	8
CUTLER, Eunice, m. John CLEVELAND, Apr. 21, 1773	2	157
Hannah, of Windham, m. Capt. Mark WILLIAMS, of Preston, Jan. 30, 1739/40	1	122
DABOL, Prudence, m. Jonathan MACKDANOLDS, b. of Preston, Nov. 7, 1771	2	139
DAGER, John, of Stonington, m. Eunice GATES, of Preston, Feb. 10,		

	Vol.	Page
DAGER, (cont.)		
1828, by Palmer Hewit[t], J.P.	3	119
DAME, Abraham A., lawyer, of Boston, m. Emily **RUST**, of Lexington, Mass., Dec. 17, 1850, by Rev. Jacob Allen	4	200
DARROW, Cha[u]ncey, s. [John & Hannah], b. June 27, 1800	2	274
Elisha, s. [George & Elizabeth], b. Mar. 1, 1766	2	33
George, of Stonington, m. Elizabeth **BENJAMIN**, of Preston, Mar. 7, 1763	2	33
George, s. [George & Elizabeth], b. Mar. 31, 1764	2	33
John, of Ashford, m. Hannah **POPE**, of Preston, Feb. 26, 1800	2	274
DART, Gurdon, soldier, unmarried, b. in Montville, res. of Mechanicsville, d. June 27, 1862, ae 33	8-C	18
DAVIS, Abby E., married, b. in Groton, d. Oct. 13, 1859, ae 34	8-C	13
Abby F., d. Alonzo, b. Mar. 31, 1849	5	9
Albert, [s. Russell & Desire], b. Sept. 4, 1840	3	323
Albert H., of Preston, m. Adeline **LEWIS**, of New York, N.Y., Mar. 22, 1847, by Rev. T. Remington, of New York. Witnesses: Charles L. Davis, Abby Geer	4	135
Albert Henry, s. [Thomas, Jr. & Polly], b. July 9, 1819	3	320
Albert Washington, s. [Peter & Eunice], b. Aug. 1, 1813	2	330
Allen, [s. Elias & Betsey], b. Nov. 5, 1806; d. Feb. 7, 1810	2	334
Benjamin, of Trenton, N.J., m. Sabra **OLIN**, of Preston, June 14, 1827, at Benjamin Olin's, by Rev. William Palmer, of Norwich	3	108
Charles Lemont, s. [Thomas, Jr. & Polly], b. May 17, 1827	3	320
Clarissa, d. [Thomas & Mary], b. Feb. 25, 1800	2	403
Clarissa, m. Henry **HASKELL**, b. of Preston, Apr. 3, 1828, by Rev. David W. Bentley	3	115
Desire, married, d. Apr. 30, 1854, ae 39	8-C	3
Dudley Talmadge, [s. Thomas & Mary], b. Mar. 18, 1795, at Stonington; d. Feb. 16, 1796	2	403
Edward Russell, [s. Russell & Desire], b. Aug. 6, 1846	3	323
Elias, s. [Samuel & Thankfull], b. Aug. 24, 1780	2	151
Elias, of Preston, m. Betsey **LAWRENCE**, of Voluntown, Nov. 27, 1803	2	334
Elias, s. [Peter & Eunice], b. July 3, 1816	2	330
Enos, of Preston, m. Lois **PERKINS**, of Groton, June 22, 1826, by Ralph Hurlbert, J.P.	3	83
Eunice, m. Walter **BROWN**, b. of Preston, Aug. 13, 1827, by Levi Meech, Elder	3	105
Fanny, m. Capt. George A. **SYDLEMAN**, b. of Preston, June 26, 1825, by John Brewster, J.P.	3	78
Fanny M., d. [Capt. Henry & Mary Ann], b. Jan. 31, 1836	3	24
George M., s. Thomas C. & Hannah B., b. July 21, 1831, in Preston	2	379
George Madison, s. [Peter & Eunice], b. July 27, 1809; d. Jan. 21, 1817	2	330
Hannah E., of Preston, m. Rufus S. **GREENMAN**, Jan. 8, 1843, by Rev. Augustus B. Collins	4	90
Hannah Elizabeth, [d. Thomas C. & Hannah B.], b. June 8, 1825, in North Stonington	2	378
Harriet P., married, d. Nov. 2, 1861, ae 38	8-C	17
Henry, s. [Thomas & Mary], b. Aug. 26, 1788, at Stonington	2	403
Henry, Capt., m. Mary Ann **POLLARD**, b. of Preston, Aug. 5, 1821, by Jonathan Brewster, J.P.	3	24

DAVIS, (cont.)

	Vol.	Page
Henry, Capt., d. Oct. 26, 1840	3	24
Henry, of Preston, m. Ruby Ann **WHIPPLE**, of Griswold, Dec. 11, [1848 ?], by Rev. N. S. Hunt	4	160
Henry, ae 57, farmer, b. in R.I., now of Preston, m. Ruby Ann **DAVIS**, ae 53, b. in Griswold, Dec. 17, 1848, by N. S. Hunt	5	2
Henry Ayer, [s. Russell & Desire], b. Sept. 17, 1838	3	323
Henry Brown, s. [Peter & Eunice], b. May 11, 1820	2	330
Henry Swan, [s. Thomas C. & Hannah B.], b. Jan. 18, 1829, in N. Stonington	2	378
Horace, [s. Thomas C. & Hannah B.], b. Oct. 11, 1821	2	378
Huldah, m. George A. **SYDLEMAN**, Jr., b. of Preston, July 23, 1820, by Jona[than] Brewster, J.P.	3	13
Jeremiah, m. Harriet **SYDLEMAN**, b. of Preston, May 4, 1822, by Jonathan Brewster, J.P.	3	42
John, Jr., of Stonington, m. Phebe M. **DAVIS**, of Preston, Dec. 22, 1851, by Rev. S. S. Chapin, of Poquetonnuck	4	215
John, farmer, b. in R.I.. married, d. Aug. 20, 1853, ae 66	8-C	2
John W., farmer, d. Oct. 22, 1849, ae 14	5	13
John Wheeler, s. [Thomas C. & Hannah B.], b. Aug. 8, 1835	2	379
Joseph, m. Sarah **BENNET[T]**, Nov. 11, 1763	2	41
Joseph, farmer, d. Jan. 10, 1849, ae 55	5	11
Julia, d. [Thomas & Mary], b. Aug. 24, 1797, at Stonington; d. Nov. 16, 1797	2	403
Julia, d. [Thomas, Jr. & Polly], b. Feb. 8, 1814	3	320
Lucy, m. Ebenezer **AVERY**, b. of Groton, May 3, 1744	2	72
Lucy, d. [Thomas, Jr. & Polly], b. Apr. 4, 1816; d. Feb. 16, 1817	3	320
Lucy Ann, d. [Capt. Henry & Mary Ann], b. Dec. 29, 1822	3	24
Lucy Lathrop, [d. Thomas C. & Hannah B.], b. Feb. 11, 1820, in Preston	2	378
Lydia, d. [Samuel & Thankfull], b. Nov. 8, 1774	2	151
Lydia, [d. Elias & Betsey], b. Mar. 14, 1813	2	334
Maria T., m. Isaac **GALLUP**, Jr., b. of Preston, Mar. 25, 1845, in Poquetonnuck, by Rev. Dexter Potter	4	120
Maria Theresa, d. [Thomas, Jr. & Polly], b. May 23, 1823	3	320
Martin, [s. Elias & Betsey], b. Nov. 24, 1808	2	334
Mary, b. July 12, 1784; m. Elijah **BREWSTER**, Feb. 5, 1804	2	356
Mary, [w. Thomas], d. Mar. 31, 1833, ae 77 y.	2	403
Mary E., unmarried, d. July 29, 1856, ae 20	8-C	8
Mary Elizabeth, d. [Capt. Henry & Mary Ann], b. June 10, 1832	3	24
Mary Ellen, [d. Russell & Desire], b. Aug. 15, 1836	3	323
Mary Esther, d. [Thomas C. & Hannah B.], b. Apr. 25, 1833	2	379
Mary Louisa, d. [Thomas, Jr. & Polly], b. Oct. 20, 1831	3	320
Mary Louisa, m. Henry C. **RANDALL**, b. of Preston, Apr. 20, 1853, by Rev. S. S. Chapin, of Poquetonnuck	4	228
Nathan, s. [Joseph & Sarah], b. Apr. 10, 1766	2	41
Nelson, of Preston, m. Matilda **CARPENTER**, of Stonington, May 2, 1852, by Henry P. Marian, J.P.	4	217
Oliver, m. Emily J. **CRARY**, b. of Preston, Jan. 2, 1853, by Rev. N. S. Hunt	4	224
Penellopee, d. [Samuel & Thankfull], b. Apr. 21, 1782	2	151
Peter, m. Eunice **BROWN**, b. of Preston, Jan. 17, 1808	2	330
Phebe M., of Preston, m. John **DAVIS**, Jr., of Stonington, Dec. 22,		

	Vol.	Page
DAVIS, (cont.)		
1851, by Rev. S. S. Chapin, of Poquetonnuck	4	215
Polly, d. [Thomas & Mary], b. July 12, 1784, at Stonington	2	403
Ruby Ann, ae 53, b. in Griswold, m. Henry **DAVIS**, ae 57, farmer, b. in R.I., now of Preston, Dec. 17, 1848, by N. S. Hunt	5	2
Russel[l], s. [Peter & Eunice], b. Nov. 13, 1810	2	330
Russell, m. Desire **AYER**, Nov. 5, 1835, by Rev. Nathan E. Shailer	3	323
Sally, d. Apr. 20, 1849, ae 44, b. in Griswold	5	11
Sally A., ae 16, b. in Griswold, m. Elisha E. **FITCH**, blacksmith, b. in Norwich, resids. of Preston, Feb. 4, 1849, by Cyrus L. Miner	5	1
Sally Ann, d. [Peter & Eunice], b. Mar. 4, 1822	2	330
Samuel, of Plainfield, m. Thankfull **HARRIS**, of Preston, Dec. 30, 1773	2	151
Samuel, s. [Samuel & Thankfull], b. Dec. 27, 1776; d. May 27, 1777	2	151
Samuel, d. July 13, 1792	2	151
Samuel, s. [Elias & Betsey], b. Mar. 7, 1805	2	334
Samuel, m. Lydia **BROWN**, b. of Preston, May 3, 1819	2	328
Samuel Avery, s. [Peter & Eunice], b. June 29, 1818	2	330
Sarah, d. [Joseph & Sarah], b. Aug. 4, 1764	2	41
Sarah, [d. Elias & Betsey], b. Apr. 5, 1811	2	334
Sarah A., of Preston, m. Lodowick P. **WILCOX**, of Stonington, Oct. 16, 1842, by Rev. Amos D. Watrous	4	80
Sarah A., m. Elish[a] E. N. **FISH**, of Norwich, Jan. 4, 1849, by Rev. Cyrus Miner	4	164
Sophia P., m. Henry **FANNING**, Nov. 15, 1821	2	332
Stewart, s. [Samuel & Thankfull], b. June 15, 1784	2	151
Sylus, s. [Samuel & Thankfull], b. Sept. 6, 1778	2	151
Thankfull, d. [Samuel & Thankfull], b. Mar. 4, 1786	2	151
Thomas, b. Nov. 27, 1751, in East Hampton, L.I., m. Mary **CONKLING**, Dec. 25, 1780, on Long Island	2	403
Thomas, s. [Thomas & Mary], b. Sept. 21, 1781, at Stonington	2	403
Thomas, Jr., m. Polly **SHAW**, Apr. 4, 1813, by Jared Gallup, J.P.	3	320
Thomas, d. Jan. 23, 1831, ae 79 y.	2	403
Thomas, [Jr.], d. Feb. 4, 1848, ae 66	3	320
Thomas, farmer, b. in Stonington, d. Feb. 4, 1848, ae 67	5	14
Thomas C., b. Mar. 22, 1796; m. Hannah B. **SWAN**, Sept. 21, 1817, at North Stonington	2	378
Thomas Clark, [s. Thomas C. & Hannah B.], b. Apr. 28, 1818, in Hopkinton, R.I.	2	378
Thomas H., s. Albert H., ae 29, farmer, & Adeline, ae 27, b. Jan. 31, 1848	5	8
Thomas Henry, s. [Capt. Henry & Mary Ann], b. Mar. 31, 1826; d. July 23, 1836	3	24
Thomas Henry, s. Albert H. & Adeline, b. Jan. 31, 1848	4	135
Zachary J., d. Alfred, ae 45, farmer, & Sally, ae 43, b. Nov. 5, 1848	5	3
DAVISON, DAUISON, Andrew, s. [Thomas & Lidia], b. June 17, 1727	1	33
Asa, s. [Thomas & Lidia], b. Sept. 1, 1736	1	33
Christopher, s. [Thomas & Hannah], b. May 23, 1705	1	15
Christopher, s. [Thomas & Lidia], b. Mar. 15, 1731; d. Apr. 29, 1731	1	33
Christopher, s. [Thomas & Lidia], b. Apr. 15, 1732	1	33
Christopher, s. John & Elizabeth, b. Sept. 25, 1749	2	33
Daniel, s. [Thomas & Lidia], b. June 4, 1734	1	33
Elizabeth, d. [Thomas & Lidia], b. Apr. 1, 1741	1	33

DAVISON, DAUISON, (cont.)

	Vol.	Page
Hannah, m. Jedidiah WILLIAMS, Sept. 9, 1731	1	101
Hannah, d. [Thomas & Hannah], b. Feb. 23, 1711	1	15
Hannah, m. Joseph WITTER, Jr., b. of Preston, Jan. 3, 1754	2	89
Henry, farmer, unmarried, d. Oct. 4, 1858, ae 20 3/4	8-C	11
John, s. [Thomas & Hannah], b. May 23, 1708	1	15
Jonathan, s. [Thomas & Hannah], b. Aug. 30, 1697	1	15
Jonathan, m. Keziah PARK[E], Nov. 3, 1720	1	55
Jonathan, s. [Jonathan & Keziah], b. Dec. 2, 1723	1	55
Keziah, d. [Jonathan & Keziah], b. Aug. 17, 1721	1	55
Kezia, m. David RANDALL, b. of Preston, Nov. 6, 1739	2	9
Lidia, d. [Thomas & Lidia], b. Jan. 1, 1738/9	1	33
Marg[a]ret, d. [Thomas & Hannah], b. Mar. 8, 1699	1	15
Margaret, [d. Thomas & Hannah], d. ye last of Aug. 1725	1	15
Margary, m. Christopher BRUMBLEY, b. of Preston, June 2, 1758	2	114
Sam[ue]ll, s. [Thomas & Hannah], b. Oct. 8, 1715	1	15
Thomas, m. Hannah TRACY, Nov. 28, 1695	1	15
Thomas, s. [Thomas & Hannah], b. Jan. 30, 1702	1	15
Thomas, d. Dec. 2, 1724	1	15
Thomas, s. [Jonathan & Keziah], b. Nov. 5, 1725	1	55
Thomas, m. Lidia HERRICK, Aug. 31, 1726	1	33
Zephaniah, s. [Thomas & Lidia], b. Mar. 5, 1729	1	33
[DEAN], DEANE, DEEN, Anna, d. John & Cedath, b. May 27, 1711	1	75
Hannah W., married, d. Jan. 19, 1864, ae 19	8-C	21
DEMING, Bersheba, m. Levi GIDDINGS, Sept. 16, 1804, by Lemuel Tyler. Witnesses: Sterry Cook, Polly Cook	2	337
Henry, of Preston, m. Lovicy OBRIEN, of Groton, Aug. 23, 1818, by Jonathan Brewster, J.P.	2	392
John, m. Clarissa HILLIARD, of Preston, Sept. 11, 1817, by Rev. John Hyde	2	385
Polly, m. Sterry COOK, Nov. 14, 1793, by Walter King, Clerk	2	386
DENECK, Prince, s. Vesta, servant of Wid. Lydia Rosseter, b. Mar. 7, 1788	2	182
DENISON, Abegail, m. Roger BILLINGS, July 31, 1729	1	109
Amos, s. [Christopher], b. Dec. 20, 1751	2	56
Anna, d. [Christopher], b. June 1, 1748	2	56
Anna, m. Jonathan SWEET, b. of Preston, Aug. 14, 1772	2	71
Avery, of Stonington, m. Prudence BROWN, of Preston, Aug. 13, 1778	2	162
Desire, of Stonington, m. John STANTON, Jr., of Preston, Apr. 8, 1735	2	60
Desire, d. [Elisha & Keturah], b. Dec. 7, 1762	2	94
Elijah, of Stonington, m. Mary GEER, of Groton, Jan. 22, 1775	2	209
Elisha, s. Elisha & Keturah, b. Aug. 28, 1769	2	94
Esther, of Stonington, m. John JAMES, late of Exheter, R.I., now of Stonington, Apr. 26, 1764, by Rev. Joseph Fish, of Stonington	2	128
Eunice, d. [Elisha & Keturah], b. June 16, 1764	2	94
Grace, d. [Elisha & Keturah], b. Nov. 11, 1760	2	94
Hannah, d. Elisha & Keturah, b. Sept. 18, 1771	2	94
Helen A., unmarried, d. Aug. 12, 1863, ae 1 y. 6 m.	8-C	20
Joanna, of Stonington, m. Moses TYLER, of Preston, Nov. 11, 1742	1	37
Mary, m. Edward HERRICK, Nov. 10, 1725	1	85

	Vol.	Page
DENISON, (cont.)		
Mary, d. Christopher, b. Oct. 13, 1746	2	56
Mary, of S. Stonington, m. Seabury **THOMAS**, of Ledyard, Apr. 23, 1849, by Rev. Henry Floy Roberts, of Poquetonnuck	4	169
Nathan, s. [Christopher], b. Nov. 3, 1749	2	56
Nathan, s. Elisha & Keturah, b. Feb. 3, 1766	2	94
Phebe, m. Benjamin **GUILE**, July 1, 1719	1	56
Prudence, [w. Avery], d. Mar. 8, 1847	2	162
Prudence, wid. Avery, d. Mar. 8, 1847	2	209
Sally, of Stonington, m. John Wheeler **GEER**, of Groton, Sept. 3, 1778	2	294
Sarah, m. Ezra **KINNE**, b. of Preston, Oct. 24, 1748	2	77
Simeon, s. Elisha & Keturah, b. Oct. 22, 1758	2	94
Thankfull, d. Elisha & Keturah, b. Aug. 2, 1767	2	94
Thankfull, m. Alexander **STEWART**, Apr. 5, 1770	2	149
DENNISS, Hannah, m. Elam **BENJAMIN**, b. of Preston, Oct. 7, 1810	2	332
Mary, of Preston, m. Joseph **STANTON**, Jr., of Groton, Mar. 17, 1803	2	336
Mary Ann, of Preston, m. Oliver W. **FOWLER**, Oct. 31, 1841, by Rev. Augustus B. Collins	4	63
DERRICK, Gene, d. Richard & Vestra, b. May 31, 1804	2	405
Lucy, d. Richard & Vesta [servants of Amos & Lydia Rea], b. Mar. 3, 1797	2	182
Marvin, s. [Richard & Vesta, servants of Amos & Lydia Rea], b. May 26, 1799	2	182
Richard, s. Richard & Vesta, servants of Amos & Lydia Rea, b. Aug. 31, 1792	2	182
William, s. [Richard & Vesta, servants of Amos & Lydia Rea], b. Oct. 15, 1794	2	182
DEWEY, Charles, of Norwich, m. Hannah **O'BRIEN**, of Preston, Sept. 5, 1824, by Jona[than], Brewster, J.P.	3	53
Elijah, m. Harriet **HARVEY**, Apr. 5, 1835, by George Giddings, J.P.	3	319
Harriet, married, d. Aug. 21, 1862, ae 47	8-C	18
John, cooper, married, d. May 16, 1864, ae 68	8-C	22
Jonathan, cooper, d. May 28, 1848, ae 77	5	13
DICKENS, Mary Ann, of Stonington, m. Russell **HINCKLEY**, of Preston, Oct. 7, 1849, by Rev. John Lovejoy, of Norwich	4	183
DIKE, Margere, m. Hezekiah **PARKE**, Nov. 14, 1716	1	90
Sarah, d. Apr. 6, 1732	1	90
DOANE, DOAN, Emily F., d. [Joseph H. & Frances], b. May 16, 1828	3	25
Emily F., of Preston, m. Rev. Silas B. **RANDALL**, of Woburn, Mass., May 27, 1847, by Rev. Nathan E. Shailer	4	136
Eunice H., d. [Joseph H. & Frances], b. Jan. 12, 1835	3	25
Henry, s. [Joseph H. & Frances], b. July 8, 1837	3	25
James Treat, s. [Joseph H. & Frances], b. Apr. 3, 1822	3	25
John A., s. [Joseph H. & Frances], b. June 28, 1825	3	25
Joseph Albert, s. [Joseph H. & Frances], b. Aug. 23, 1820	3	25
Joseph H., m. Frances **TREAT**, b. of Preston, Oct. 11, 1819, by Rev. John Hyde	3	25
Joseph H., married, b. in Norwich, d. Oct. 22, 1854, ae 58	8-C	4
Juliett, d. [Joseph H. & Frances], b. Aug. 1, 1840	3	25
William H., s. [Joseph H. & Frances], b. Feb. 3, 1832	3	25
DONNEDY, Fra[n]ces, a Continental Soldier, m. Anne **LITTLE**, of		

	Vol.	Page
DONNEDY, (cont.)		
Preston, Nov. 14, 1779	2	171
Phebe, d. [Fra[n]ces & Anne], b. Dec. 17, 1780	2	171
DONNELLY, Peter, s. John & Margaret, b. Aug. 6, 1849	5	5
DONOLIN, Hannah, b. in Ireland, d. Nov. 29, 1864, ae 12	8-C	23
DORRANCE, Appleton Rosseter, s. [Gershom & Sarah], b. May 23, 1803	2	250
Gardiner, s. [Rev. Gordon & Hannah], b. Nov. 23, 1799	2	240
George, s. [Gershom & Sarah], b. Oct. 4, 1805	2	250
Gershom, b. Mar. 12, 1769; m. Sarah **ROSSETER**, b. of Preston, Dec. 9, 1795	2	250
Gershom, s. [Gershom & Sarah], b. Mar. 13, 1801	2	250
Gordon, Rev., of Windsor, Mass., m. Hannah **MORGAN**, of Preston, Jan. 23, 1799	2	240
Hannah, [w. Rev. Gordon], d. July 10, 1802, ae 28 y. 7 m. wanting 2 d.	2	240
Henry, s. [Gershom & Sarah], b. Feb. 22, 1808; d. Nov. 14, 1808	2	250
Margary, m. Prosper **KIMBALL**, of Preston, Jan. 22, 1792	2	227
Margary Cook, d. [Gershom & Sarah], b. Sept. 19, 1809	2	250
Sarah Denison, d. [Gershom & Sarah], b. Aug. 29, 1797	2	250
William Denison, s. [Gershom & Sarah], b. Nov. 14, 1811	2	250
DOUER, Edward, black, single, b. in Ledyard, farmer, d. Sept. 22, 1859, ae 17	8-C	13
DOUGLASS, DOUGHLASS, DOUGLAS, Esther, m. Jacob **BREWSTER**, b. of Preston, Sept. 7, 1788	2	256
Franklin, d. Apr. 12, 1865, ae 1 m. 17 d.	8-C	24
Mary, m. William **WITTER**, Jan. 1, 1733/4	1	104
Sally, m. W[illia]m H. **BALDWIN**, Mar. 25, 1838, by Rev. Charles S. Weaver	4	123
DOW, Anna E., d. Aug. 8, 1861, ae 2-11-19	8-C	17
Elizabeth A., married, b. in Windham, d. May 28, 1863, ae 39	8-C	20
Frostline L., d. Feb. 4, 1863, ae 20 d.	8-C	20
DOWDEL, Daniel, m. Louisa **FALES**, b. of Preston, Oct. 5, [1851], by Rev. S. S. Chapin, of Poquetonnuck	4	214
DOWNER, Adolphus, s. [Dr. Joshua & Huldah], b. Jan. 10, 1775	2	90
Anna, d. [Dr. Joshua & Huldah], b. Dec. 5, 1768	2	90
Appleton, s. [Dr. Joshua & Huldah], b. Oct. 24, 1766	2	90
Appleton, s. [Avery & Abigail], b. Oct. 13, 1786	2	220
Avery, s. [Dr. Joshua & Huldah], b. Nov. 17, 1762	2	90
Avery, m. Abigail **MOTT**, b. of Preston, Jan. 8, 1786	2	220
Charles Lee, s. Joshua & Huldah, b. Jan. 25, 1777	2	155
Elijah, s. [Stephen & Martha], b. Jan. 13, 1751/2	1	155
Elisha, s. [Joshua & Huldah], b. Apr. 15, 1779	2	155
Emily, 2d d. [Avery & Abigail], b. Nov. 11, 1799	2	220
Emily, m. Lucus **WITTER**, Jan. 17, 1828, by Augustus B. Collins	3	110
Erasmus Darwin, 4th s. [Avery & Abigail], b. Dec. 12, 1796	2	220
George, 3d s. [Avery & Abigail], b. Mar. 12, 1792	2	220
John, s. [Stephen & Martha], b. Feb. 16, 1745	1	115
John, s. [Joshua & Huldah], b. May 31, 1788	2	155
Joseph Priestly, 5th s. [Avery & Abigail], b. June 2, 1807	2	220
Joshua, Dr., m. Margaret **AVERY**, b. of Preston, Dec. 21, 1758	2	90
Joshua, Dr., m. Huldah **CRARY**, b. of Preston, Feb. 25, 1762	2	90
Joshua, s. [Dr. Joshua & Huldah], b. Dec. 11, 1770	2	90
Margaret, d. [Dr. Joshua & Margaret], b. July 17, 1760	2	90

PRESTON VITAL RECORDS 81

	Vol.	Page
DOWNER, (cont.)		
Margaret, w. Joshua, d. July 26, 1760	2	90
Marg[a]ret, d. [Dr. Joshua & Huldah], b. Jan. 1, 1765	2	90
Martha, m. Rozel **MORGAN**, b. of Preston, Dec. 4, 1760	2	100
Mary, d. Stephen & Martha, b. Sept. 1, 1759	2	80
Mary Ann, 3d d. [Avery & Abigail], b. June 1, 1802	2	220
Robert, s. [Dr. Joshua & Huldah], b. Dec. 26, 1772	2	90
Samuel Mott, s. [Avery & Abigail], b. May 31, 1789	2	220
Sarah, d. [Joshua & Huldah], b. July 31, 1781	2	155
Sophia, d. [Joshua & Huldah], b. Sept. 23, 1783	2	155
Sophia, m. Daniel **BRIGGS**, b. of Preston, Mar. 18, 1813	2	367
Stephen, of Norwich, m. Martha **TYLER**, of Preston, Sept. 27, 1737	1	115
Thad[d]eus, s. [Stephen & Martha], b. July 27, 1757	1	115
DOWNING, Dorothy, m. Zachariah **RUDE**, Nov. 21, 1727	1	27
Eleazer B., m. Louisa **TYLER**, Sept. 30, 1813, by Rev. John Hyde	2	373
Elizabeth, d. Henry & Ruhamah, b. Aug. 25, 1762	2	78
Hamitter (Hamilton ?) Fowler, [s. Eleazer B. & Louisa], b. Oct. 29, 1828	2	373
Helen M. W., of Preston, m. Charles L. **REYNOLDS**, of Mobile, Ala., Sept. 7, 1843, by Rev. L. B. Paddock, of Norwich	4	97
Lemuel Tyler, s. [Eleazer B. & Louisa], b. Aug. 26, 1814	2	373
Louisa T., of Preston, m. Andrew **HUNTINGTON**, of Savannah, Ga., Sept. 10, 1840, by Rev. Augustus B. Collins	4	44
Mehetable, m. Zebediah **GATES**, June 13, 1737	1	62
Ruhama, m. Joseph **JEFFERS**, b. of Preston, Jan. 4, 1767	2	26
DOWNS, Dolly, d. Aug. 21, 1855, ae 95	8-C	6
DRAPER, Elizabeth, of Boston, m. William **WITTER**, of Preston, Sept. 9, 1767	2	7
Fisher, m. Hannah **MAXCY**, b. of Attlebury, Mass., Mar. 5, 1789	2	225
Harver (?), d. [Fisher & Hannah], b. Nov. 7, 1792	2	225
Ursulla, d. [Fisher & Hannah], b. Jan. 3, 1791	2	225
DRY, Eliza, unmarried, b. in Ireland, d. Mar. 22, 1865, ae 1 y. 20 d.	8-C	24
DUFFY, John, [s. John], b. May 16, 1726	1	54
DUNHAM, Salinda, had d. Ella (?) Prentice, b. May 11, 1798	2	406
DURFEE, Abigail, d. [Joseph & Lucy], b. Aug. 23, 1803	2	248
Alice, d. [Joseph & Lucy], b. Mar. 30, 1797	2	248
Benjamin, s. [Joseph & Lucy], b. July 9, 1801	2	248
Betsey, d. [Joseph & Lucy], b. May 6, 1799	2	248
Joseph, m. Lucy **BARN[ES]**, b. of Preston, Jan. 24, 1793	2	248
Joseph, s. [Joseph & Lucy], b. June 11, 1795	2	248
Lucy Kinnie, d. [Joseph & Lucy], b. Dec. 16, 1811	2	248
Lydia, d. [Joseph & Lucy], b. Jan. 11, 1806	2	248
DURKE, Joseph, m. Abigail **HEDG[E]**, Mar. 10, 1729/30	1	97
Joseph, s. [Joseph & Abigail], b. Apr. 7, 1731	1	97
Rober[t], s. [Joseph & Abigail], b. Jan. 29, 1732/3	1	97
EAGLES, Charles, of New York, m. Mary M. **HASKELL**, d. Perry M. & Polly, Sept. 13, 1827, by Rev. Seth Bliss, at Jewett City	2	369
EAMES, [see also **AMES**], Jane, of Norwich, m. Ezra **BENJAMIN**, of Preston, June 2, 1774	2	133
EATON, Charles M., carpenter, married, b. in Lebanon, d. June 26, 1865, ae 40	8-C	24
ECCLESTON, ECCLESTONE, [see also **EGALSTONE**], Bennet L., [s. Joseph & Lucy], b. Dec. 8, 1813	2	404

	Vol.	Page
ECCLESTON, ECCLESTONE, (cont.)		
Burrell S., widower, farmer, d. Sept. 8, 1863, ae about 60	8-C	20
George W., [s. Joseph & Lucy], b. Sept. 6, 1811	2	404
Hiram G., [s. Joseph & Lucy], b. Sept. 27, 1819	2	404
James L., [s. Joseph & Lucy], b. Dec. 27, 1815	2	404
Joseph, Jr., s. [Joseph & Lucy], b. Feb. 17, 1809; d. Dec. 28, 1810	2	404
Joseph, farmer, married, d. Mar. [ ], 1859, ae 87	8-C	12
Nancy A., [d. Joseph & Lucy], b. Sept. 13, 1817	2	404
Oliver A., soldier, married, b. in Stonington, d. Nov. 6, 1864, ae 22, in Annapolis	8-C	23
Susan E., married, b. in Penn., d. Oct. 2, 1860, ae 25	8-C	15
Wealthy A., [d. Joseph & Lucy], b. Feb. 12, 1822	2	404
EDDY, EDY, EDE, Asa, of Preston, m. Elizabeth **GORE**, of Norwich, Aug. 2, 1761	2	110
Asa, s. [Asa & Elizabeth], b. Apr. 1, 1764	2	110
Betsee, d. [Asa & Elizabeth], b. Dec. 1, 1766	2	110
Elisha, s. Eliazer & Ruth, b. Aug. 24, 1736	2	15
Elisabeth, d. [John & Mary], b. July 27, 1729	1	71
James, s. [John & Mary], b. Feb. 15, 1732/3	1	71
John, m. Mary **WIBORN**, Dec. 29, 1725	1	71
John, s. [John & Mary], b. Feb. 20, 1726/7	1	71
Mary, m. John **RUDE**, June 24, 1687	1	9
Mary, d. [John & Mary], b. Sept. 15, 1734	1	71
Mary, d. [Asa & Elizabeth], b. Apr. 25, 1762	2	110
Zephaniah, s. [John & Mary], b. Feb. 11, 1730/1	1	71
EDGECOMB, Daniel, of Groton, m. Esther **STANDISH,** of Preston, Sept. 2, 1827, by Rev. William Palmer	3	103
EDMONDS, Catharine, d. Andrew & Esther, b. May 15, 1792	2	264
William, s. [Andrew & Esther], b. Dec. 30, 1794	2	264
EDWARDS, Cornelius W., d. July 4, 1859, ae 3	8-C	12
Cyrus, s. [William & Mary], b. Aug. 13, 1753	2	74
Dorothy, d. [Thomas & Dorothy], b. Nov. 23, 1724	1	20
George W., d. Jan. 20, 1856, ae 1	8-C	7
Jasper, s. [William & Mary], b. Feb. 29, 1748	2	74
Jeremiah, d. July 5, 1865, ae 6 m.	8-C	24
John, d. July 12, 1865, ae 2 y. 11 m.	8-C	24
Kendall, s. [William & Mary], b. Nov. 28, 1749	2	74
Mary, d. [William & Mary], b. Aug. 25, 1751	2	74
Mary Ann, married, d. Aug. 18, 1853, ae 49	8-C	2
Peleg, s. [William & Mary], b. Mar. 5, 1755	2	74
Perry, m. Fanny **STANTON**, Nov. 19, 1840, by Nathan Stanton, J.P	4	45
Thankful, d. Thomas & Dorothy, b. Feb. 26, 1720/21	1	20
Thomas, of Norwich, m. Dorithy **BILLINGS**, of Preston, May 14, 1720, by Samuel Killam	1	20
William, s. [Thomas & Dorothy], b. Feb. 21, 1722/3	1	20
William, m. Mary **AVERY**, b. of Preston, May 31, 1745	2	74
EGALSTONE, [see also **ECCLESTON**], Sarah, of Stonington, m. Ebenezer **RENNALS**, of Preston, Dec. 27, 1759	2	92
ELDRED, Mary A., m. William S. **GUILE**, b. of Preston, Dec. 25, 1850, by Rev. Cyrus Miner	4	206
Mary A., ae 25, b. in S. Edmoston, N.Y., now of Preston, m. William S. **GUILE**, ae 22, farmer, b. in Griswold, now of Preston, Dec. 25, 1851, by Cyrus Minor	5	1

PRESTON VITAL RECORDS

	Vol.	Page
ELDREDGE, Nathaniel, of Groton, m. Sally P. NASH, of Preston, Oct. 22, 1833, by Rev. Nathan B. Burgess	3	198
Nathaniel C., soldier, unmarried, b. in Preston, res. in Va., d. Sept. 17, 1862, ae 21. Killed in the battle of Antietam	8-C	18
[ELLIOT], ELIOT, Andrew, s. [Jacob & Hannah], b. Jan. 14, 1721/2	1	9
Asenath, m. John GUILE, Jr., Nov. 19, 1766	2	135
Hannah, d. [Jacob & Hannah], b. Oct. 29, 1718	1	9
Hannah, w. Jacob, d. Dec. 29, 1742	1	9
Jacob, s. Jacob & Hannah, b. May 11, 171[ ]	1	9
Jacob, Jr., m. Mary BACON, Feb. 1, 1738/9	1	118
Jacob, m. Mary BARNES, Sept. 22, 1742 [sic]	1	9
Keziah, d. [Jacob & Hannah], b. Mar. 11, 1724/3	1	9
ELLIS, Betsey, married, b. in R.I., d. Feb. 6, 1861, ae 63	8-C	16
Carpenter, m. Lucy FRINK, b. of Preston, Mar. 29, 1781	2	169
Catera, m. Peter RANDALL, b. of Preston, Dec. 12, 1732	2	34
Clark, b. in R.I., d. Oct. 13, 1853, ae 15	8-C	2
Content, of Stonington, m. Israel STANDISH, of Preston, Mar. 5, 1745/6	2	12
Elizabeth, wid., m. William AMES, Jr., b. of Preston, Jan. 1, 1753	2	53
Elizabeth, m. Thomas FITCH, b. of Norwich, June 27, 1784	2	226
James, s. Joseph & Rachal, b. Feb. 13, 1732/3	1	105
James, m. Lucy HERRICK, b. of Preston, July 20, 1757	2	117
Jonathan, s. [James & Lucy], b. Feb. 13, 1763	2	117
Joseph, m. Rachal PARKE, Nov. 17, 1731	1	105
Joseph, s. [Joseph & Rachal], b. May 3, 1741	1	105
Lovisa, d. Richard & Mercy, b. June 4, 1751	2	66
Lovisa, m. Abial BENJAMIN, Jr., b. of Preston, Sept. 18, 1771	2	137
Lucy, d. [James & Lucy], b. Jan. 20, 1765	2	117
Lucy, of Preston, m. John O'BRIEN, of Groton, Jan. 18, 1821, by Jona[than] Brewster, J.P.	3	30
Mabel, w. Sam[ue]l, d. Mar. 13, 1814, ae 77 y.	2	109
Nathan, s. [Richard & Mercy], b. May 8, 1754	2	66
Nathan, of Preston, m. Phebe BABCOCK, of Stonington, Apr. 17, 1781	2	170
Rachel, d. [James & Lucy], b. Dec. 1, 1766	2	117
Rodman, soldier, unmarried, b. in R.I., resid. Mond City, Ill., d. Aug. 12, 1863, ae 22	8-C	20
Sally, wid., d. Jan. 23, 1857, ae 77	8-C	9
Samuel, d. July 19, 1814, ae 86 y.	2	109
Zip[p]orah, d. [Joseph & Rachal], b. Oct. 31, 1735	1	105
Zipporah, d. [James & Lucy], b. Feb. 23, 1761	2	117
ENSWORTH, Clariscy, of Canterbury, m. Johnson SAFFORD, of Preston, June 16, 1785	2	197
Jerusha, of Canterbury, m. Jacob BROWN, of Preston, Dec. 11, 1776	2	83
EVERTON, Polly, d. [Thomas & Mehetable], b. Mar. 22, 1787	2	199
Thomas, of Stoughton (perhaps Stonington ?), m. Mehetable FREEMAN, of Preston, Mar. 22, 1786	2	199
FAGIN, FAGINS, Gilbert, m. Prudence Ann WILLIAMS, Aug. 3, 1850, by Nathan Stanton, J.P.	4	190
Hannah, married, b. in N. Stonington, d. Jan. 7, 1858, ae 35	8-C	10
James, farmer, black, d. Sept. 8, [1848 ?]	5	13
Phebe, d. Feb. 14, 1858, ae 1 y. 1 m.	8-C	10

	Vol.	Page
FAGIN, FAGINS, (cont.)		
Sullivan, black, farmer, widower, d. Dec. 9, 1863, ae 55 y.	8-C	21
FALCONER, James, now residing at Greenville, Norwich, m. Ardelia L.		
SHOALES, of Preston, Apr. 21, 1834, by Rev. D. N. Bentley	3	311
FALES, James, d. Oct. 29, [1849 ?], ae 34	5	13
Louisa, m. Daniel **DOWDEL**, b. of Preston, Oct. 5, [1851], by Rev. S. S. Chapin, of Poquetonnuck	4	214
FANNING, Amasa Standish, s. [Henry & Lovina], b. Feb. 6, 1802	2	261
Ann G., d. [Henry & Nancy Ann], b. May 25, 1832	3	113
Anne, d. [Charles & Anne], b. May 23, 1779	2	149
Anne, w. C[harles], d. May 29, 1813	2	149
Asher, m. Prescilla **KINNE**, b. of Preston, June 13, 1768	2	140
Benjamin, s. [Walter & Grace], b. Aug. 30, 1776	2	163
Betsey, d. [Charles & Anne], b. Jan. 2, 1777	2	149
Cassandra, of Groton, m. Benajah **COOK**, of Preston, Feb. 24, 1793	2	239
Catharine, d. Tho[ma]s & Eliz[abet]h, b. June 9, 1745	2	10
Catharine, d. [Walter & Grace], b. Aug. 21, 1772	2	163
Charles, m. Anne **BREWSTER**, b. of Preston, Mar. 31, 1774	2	149
Charles, s. [Charles & Anne], b. Dec. 13, 1783	2	149
Charles, of Preston, m. Hepzibah **BULL**, of Hartford, Aug. 30, 1814, by Nathan Strong, V.D.M., of Hartford	2	256
Elihu H., s. [Henry & Nancy Ann], b. Mar. 11, 1830	3	113
Emily, m. James M. **BRUMBLEY**, of Preston, Aug. 20, 1837, by Rev. N. E. Shailer	3	337
Franklin, s. [Charles & Anne], b. Aug. 19, 1790	2	149
Frederick, s. [Charles & Anne], b. Nov. 17, 1792	2	149
Henry, s. [Charles & Anne], b. Feb. 21, 1775	2	149
Henry, m. Lovina **FANNING**, b. of Preston, Sept. 14, 1797	2	261
Henry, of Preston, m. Mary **MORGAN**, of N. Stonington, Dec. 19, 1812, in N. Stonington, by Rev. John Hyde	2	332
Henry, m. Sophia P. **DAVIS**, Nov. 15, 1821	2	332
Henry, of Bozrah, m. Nancy Ann **HAKES**, of Preston, Jan. 1, 1828, at Elihu Hatch's in Preston, by Rev. William Palmer, of Norwich	3	113
Henry Nelson, s. Henry & Mary, b. Dec. 17, 1813	2	332
James, Jr., m. Emily **CAPRON**, b. of Groton, Mar. 10, 1825, by William Williams, J.P.	3	61
John, S. [Charles & Anne], b. Apr. 8, 1798	2	149
Joshua, s. [Walter & Grace], b. Aug. 13, 1774	2	163
Lovina, m. Henry **FANNING**, b. of Preston, Sept. 14, 1797	2	261
Lucy P., [d. Henry & Sophia P.], b. Apr. 2, 1824	2	332
Maria, d. [Charles & Anne], b. Sept. 26, 1786	2	149
Patrick, s. [Charles & Anne], b. Aug. 23, 1788	2	149
Peter, s. [Tho[ma]s & Eliz[abet]h], b. May 20, 1747	2	10
Polly, m. Thomas Tracy **RIX**, b. of Preston, Dec. 30, 1802	2	300
Prudence, of Groton, m. Jabez **TRACY**, of Preston, Apr. 25, 1770	2	142
Ritchard, m. Elizabeth **PARK[E]**, b. of Preston, Oct. 26, 1797	2	258
Richard, [s. Henry & Sophia P.], b. Aug. 20, 1822	2	332
Sopha, d. [Charles & Anne], b. June 22, 1781	2	149
Sophia, widow, m. in Stonington, d. Nov. 23, 1864, ae 65	8-C	23
Thomas, s. [Walter & Grace], b. Sept. 6, 1778	2	163
Thomas, s. [Charles & Anne], b. Nov. 4, 1795	2	149
Walter, m. Grace **BENJAMIN**, b. of Preston, Nov. 6, 1771	2	163

PRESTON VITAL RECORDS 85

	Vol.	Page
FANNING, (cont.)		
William Austin, s. [Henry & Mary], b. June 3, 1818	2	332
William Frederick, s. [Henry & Lovina], b. Feb. 15, 1798	2	261
Zerviah Smith, d. [Henry & Lovina], b. Jan. 24, 1800	2	261
FARD, [see under FORD]		
FARGO, Anna, of Groton, m. Stephen HERRICK, Jr., of Preston, Feb. 25, 1747/8	2	31
FARLAN, Anna, d. [Thomas & Amey], b. Oct. 12, 1773	2	148
Lucy, d. [Thomas & Amey], b. June 20, 1778	2	148
Thomas, of Preston, m. Amey MEECH, of Stonington, Nov. 19, 1772	2	148
FARNUM, FARNAM, Abigail, d. [Eliab & Abigail], b. Sept. 2, 1760	2	80
Eliab, m. Abigail KILLAM, b. of Preston, June 19, 1754	2	80
Febee, d. [Eliab & Abigail], b. Sept. 10, 1756	2	80
George Whitfield, twin with Jeffrey Amhurst, s. Eliab, b. Oct. 17, 1772	2	80
Jeffrey Amhurst, twin with George Whitfield, s. Eliab, b. Oct. 17, 1772	2	80
Joshua, s. [Eliab & Abigail], b. Aug. 31, 1758	2	80
Martha, twin with Mary, d. [Eliab & Abigail], b. Aug. 29, 1762	2	80
Mary, twin with Martha, d. [Eliab & Abigail], b. Aug. 29, 1762	2	80
Mercy, d. [Eliab & Abigail], b. Nov. 11, 1766	2	80
Phebe, see under Febee		
Russell, s. [Eliab & Abigail], b. Dec. 19, 1764	2	80
Sarah, d. [Eliab & Abigail], b. Jan. 13, 1769	2	80
FELLOWS, FFELLOWS, Anne, m. John BROWN, Dec. 16, 1731	1	72
Eunice, m. Levi STANDISH, Feb. 16, 1786	2	375
Rachell, m. Ephraim HERRICK, Jr., Feb. 19, 1719/18	1	46
FENNER, Mehitebel, m. Timothy STARKWEATHER, Oct. 18, 1705	1	78
FERRY, Thomas, of Griswold, m. Harriet J. WHEELER, of Preston, May 30, 1852, by Rev. Fred[eric]k D. Avery, of Columbia	4	218
FISH, Elish[a] E. N., of Norwich, m. Sarah A. DAVIS, Jan. 4, 1849, by Rev. Cyrus Miner	4	164
Elizabeth, m. Peter ROSE, Nov. 27, 1735	1	24
Sarah, m. Hezekiah LORD, Feb. 9, 1724/5	1	66
Sarah, m. Moses MORSS, b. of Preston, Aug. 2, 1744	2	11
Susan, m. James KINNEY, b. of Voluntown, Feb. 26, 1837, by Nathan E. Shailer	4	4
FISHER, Catharine, of Norwich, d. July 25, 1848	5	12
Mercy, m. Aaron GEER, b. of Preston, Jan. 20, 1742/3	2	36
FITCH, Abby M., [d. Russell & Julia], b. Nov. 9, 1842	3	49
Adonija[h], [s. Daniell & Mary], b. Apr. [ ], 1700	1	51
Almira, d. [Rufus & Zip[p]orah], b. May 13, 1805	2	229
Amy, m. Ephraim FOBES, b. of Preston, May 7, 1797	2	266
Andrew, s. [Rufus & Zip[p]orah], b. Mar. 7, 1813	2	229
Angeline, d. [Rufus & Zip[p]orah], b. Oct. 5, 1810	2	229
Ann Matilda, d. [John C. & Patty], b. Oct. 5, 1818	2	286
Asa, s. [Thomas & Elizabeth], b. July 21, 1790	2	226
Asa, m. Hannah AVERY, Mar. 24, 1822, by Rev. John Hyde	3	48
Benajah, d. Jan. 25, 1805, ae 84 y.	2	229
Betsey m., [d. John H. & Betsey], b. Sept. 19, 1838	4	1
Charles G., [s. John H. & Betsey], b. Aug. 8, 1845	4	1
Clarrissa, d. [Thomas & Elizabeth], b. June 7, 1786	2	226

BARBOUR COLLECTION

	Vol.	Page
FITCH, (cont.)		
Clarissa, m. Amos STANDISH, b. of Preston, Apr. 22, 1804	2	328
Cynthia, of Norwich, m. Ephraim TUCKER, Nov. 22, 1781	2	2
Daniell, of Mohegen, m. Mary SHERROD, Mar. 7, 1698	1	51
Edwin, s. [Rufus & Zip[p]orah], b. May 23, 1801	2	229
Edwin, m. Lucy B. MEECH, Sept. 16, 1824, by Rev. John Hyde	3	68
Edwin Augustus, s. [Asa & Hannah], b. Jan. 9, 1823	3	48
Elisha E., blacksmith, b. in Norwich, m. Sally A. DAVIS, ae 16, b. in Griswold, resids. of Preston, Feb. 4, 1849, by Cyrus L. Miner	5	1
Eliza, d. [Rufus & Zip[p]orah], b. May 27, 1797	2	229
Eliza B., of Preston, m. James M. AVERY, of Griswold, Mar. 1, 1841, by Rev. N. E. Shailer	4	54
Elizabeth, w. Thomas, d. Dec. 7, 1824	2	226
Emma, d. [Rufus & Zip[p]orah], b. Apr. 8, 1794	2	229
Erastus Smith, s. [Rufus & Zip[p]orah], b. Apr. 8, 1798	2	229
Esther, of Norwich, m. Abel GEER, of Preston, Feb. 5, 1766	2	143
Fanny W., m. Joseph F. BUTTON, b. of Preston, Dec. 24, 1850, by Rev. Cyrus Miner	4	204
Fanny W., of Preston, m. Joseph J. BUTTON, butcher, of Preston, Dec. 24, 1850, by Elder Cyrus Minor	5	3
Frances Ann Witter, [d. Russell & Julia], b. June 4, 1829, in Preston	3	49
George, s. [Thomas & Elizabeth], b. Sept. 19, 1806	2	226
George G., m. Nancy A. HARVEY, b. of Preston, Dec. 23, 1849, by Rev. Cyrus Miner	4	184
George G., of Preston, mason, m. Nancy A. HARVEY, Dec. 24, 1849, by Cyrus Minor	5	1
George G., ae 22, mason, b. in Franklin, res. of Preston, m. Nancy A. HARVEY, ae 26, of Preston, Dec. 23, 1849, by Cyrus Minor	5	3
George Grosvenor, [s. Russell & Julia], b. Sept. 3, 1827, in Franklin	3	49
Hannah, b. in Groton, d. July 8, 1850, ae 86	5	11
Henry H., s. George, ae 24, mason, & Amelia, b. Apr. 26, [1850]	5	6
Horace Austin, s. [Russell & Julia], b. Feb. 12, 1824	3	49
Jam[e]s, [s. Daniell & Mary], b. Oct. 18, 1702	1	51
James Hyde, [s. Russell & Julia], b. Mar. 24, 1831, in Groton	3	49
James M., of Montville, m. Sarah Ann MEECH, of Preston, Mar. 8, 1841, by Augustus B. Collins	4	58
John A., [s. John H. & Betsey], b. Sept. 8, 1840	4	1
John C., m. Patty BRUMBLEY, Oct. 10, 1813	2	286
John H., s. [John C. & Patty], b. Apr. 15, 1814	2	286
John H., m. Betsey OLIN, b. of Preston, Jan. 1, 1837, by Rev. N. E. Shailer	4	1
Julia A., [d. John H. & Betsey], b. Oct. 7, 1847	4	1
Julia A., d. John H. & Betsey, b. Oct. 7, 1847	5	7
Julia A., married, d. Feb. 12, 1857, ae 57	8-C	9
Lemuell, [s. Daniell & Mary], b. Jan. [ ], 1704/3	1	51
Margaret, d. [Thomas & Elizabeth], b. May 13, 1793	2	226
Margaret, m. Col. Paul HARVEY, b. of Preston, Dec. 14, 1823, by Jona[than] Brewster, J.P.	3	50
Mary, [d. Daniell & Mary], b. Sept. [ ], 1707	1	51
Mary, d. [Rufus & Zip[p]orah], b. Oct. 1, 1792	2	229
Mary B., [d. Russell & Julia], b. Oct. 12, 1835, in Groton	3	49

PRESTON VITAL RECORDS 87

	Vol.	Page
FITCH, (cont.)		
Nancy E., m. Joseph A. GORE, b. of Preston, Sept. 17, 1843, by H. R. Knapp	4	96
Nancy E., d. Jan. 3, 1855, ae 9 m.	8-C	5
Nancy Elizabeth, [d. Russell & Julia], b. July 27, 1825, in Franklin	3	49
Rufus, of Preston, m. Zip[p]orah SMITH, of Stonington, Nov. 6, 1791	2	229
Rufus, d. Oct. 19, 1816, ae 51 y.	2	229
Russel[l], s. [Thomas & Elizabeth], b. May 31, 1798	2	226
Russell, m. Julia PHILLIPS, Mar. 19, 1821, by Rev. John Hyde	3	49
Sarah, w. or wid. Benajah, d. Feb. 12, 1819, ae 94 y.	2	229
Sophia, d. [Thomas & Elizabeth], b. Apr.1, 1800	2	226
Susan, d. [Rufus & Zip[p]orah], b. July 6, 1808	2	229
Susan, m. Levi STANDISH, b. of Preston, Jan. 11, 1821, by Rev. John Hyde	3	32
Thisbe, d. [John C. & Patty], b. Aug. 31, 1816	2	286
Thomas, m. Elizabeth ELLIS, b. of Norwich, June 27, 1784	2	226
Thomas, of Preston, m. Hannah WILLIAMS, of Groton, Oct. 29, 1826, by John Brewster, J.P.	2	226
Thomas, farmer, d. Apr. 9, 1850, ae 87	5	13
Washington Phillips, s. [Russell & Julia], b. Mar. 31, 1822; d. July 3, 1823	3	49
William Gray, [s. Russell & Julia], b. July 1, 1832, in Groton; d. May 29, 1833	3	49
[FITZGERALD], FITCHGERALD, Mary A., d. June 10, 1859, ae 2	8-C	12
FLANDERS, Nancy, widow, d. May 23, 1867, ae 84	8-C	27
FLIN[N], William, d. Jan. 13, 1865, ae 1 y. 2 m.	8-C	24
FOBES, FFOBES, Abigell, d. Caleb & Abigell, b. May 25, 1714	1	12
Abigail, w. Caleb, d. July 10, 1774	1	12
Abigail, d. [Caleb & Edy], b. May 28, 1756	1	124
Adelia, d. [Ephraim & Amy], b. Oct. 17, 1807	2	266
Amy, d. [Simson & Ruth], b. July 8, 1767	2	43
Bethiah, [d. Caleb & Abigell], b. Feb. [ ], 1725/6	1	12
Caleb, m. Abigell GATES, May 21, 1713	1	12
Caleb, [s. Caleb & Abigell], b. June 20, 1719	1	12
Caleb, m. Edy WALBRIDGE, b. of Preston, June 24, 1742	1	124
Caleb, s. [Caleb & Edy], b. July 12, 1744	1	124
Caleb, s. [Nathan & Temperance], b. Feb. 16, 1780	2	106
Daniel, s. [Simson & Ruth], b. Nov. 13, 1754	2	43
Ebenezer, s. [John & Ruth], b. Oct. 22, 1728; d. Nov. 15, 1736	1	40
Edwin, s. [Ephraim & Amy], b. Mar. 5, 1805	2	266
Elisha, s. [Nathan & Temperance], b. Oct. 4, 1773; d. Aug. 8, 1775	2	106
Elizabeth, d. [John & Ruth], b. Dec. 30, 1732	1	40
Elizabeth, m. Nathan FOBES, 2d, b. of Preston, Nov. 17, 1763	2	99
Emeline, d. [John & Lydia], b. Aug. 14, 1800	2	268
Ephraim, s. [Nathan & Temperance], b. May 19, 1771	2	106
Ephraim, m. Amy FITCH, b. of Preston, May 7, 1797	2	266
Esther, d. [Nathan, 2d, & Elizabeth], b. May 30, 1771	2	99
Eunice, d. [Simeon & Mary], b. Sept. 23, 1749	2	9
Hannah, d. [John & Ruth], b. May 29, 1726	1	40
Hannah, d. John, d. Mar. 6, 1768	2	35
Jedidiah, s. [Nathan & Temperance], b. July 13, 1776; d. July 28, 1776	2	106

	Vol.	Page
FOBES, FFOBES, (cont.)		
Juresha, d. [John & Ruth], b. Dec. 19, 1724; d. Feb. 25, 1728	1	40
John, m. Ruth BRUSTER, Jan. 14, 1718/9	1	40
John, Sr., d. Feb. 18, 1738/9	1	40
John, s. [John & Ruth], b. Oct. 25, 1739	1	40
John, s. Deac. John, d. Oct. 9, 1755, at the camp near Fort George	2	9
John, s. [Simson & Ruth], b. Mar. 21, 1758; d. Nov. 10, 1759	2	43
John, s. [Nathan & Temperance], b. Apr. 27, 1768	2	106
John, of Preston, m. Lydia BALDWIN, of Canterbury, Dec. 31, 1797	2	268
Joshua, [s. Caleb & Abigell], b. Sept. 22, 1715	1	12
Joshua, of Preston, m. Martha PITKIN, of Hartford, Dec. 24, 1777, by John Pitkin, J.P.	2	162
Lemuel, s. [Caleb & Edy], b. Feb. 5, 1749/50	1	124
Lidia, d. [John & Ruth], b. Apr. 7, 1731; d. Nov. 30, 1736	1	40
Louisa, d. [Ephraim & Amy], b. Sept. 21, 1798	2	266
Lucretia, d. [Simson & Ruth], b. Dec. 20, 1751	2	43
Lucy, d. [Simson & Ruth], b. Apr. 3, 1756	2	43
Lydia, see under Lidia		
Mary, m. Caleb GATES, b. of Preston, June 6, 1716	1	119
Mary, d. [John & Ruth], b. Jan. 16, 1721/2	1	40
Mary , m. Jonathan SMITH, b. of Preston, Mar. 17, 1742	1	124
Mary, d. [Simeon & Mary], b. Feb. 25, 1747/8	2	9
Mary, w. Simeon, d. Oct. 18, 1749	2	9
Mary, of Preston, m. William WHITNEY, of Norwich, May 14, 1770, by Asher Rosseter, Clerk	2	130
Matildah, d. [Simson & Ruth], b. Dec. 26, 1763	2	43
Nancy, d. [John & Lydia], b. Jan. 19, 1802	2	268
Nathan, m. Temperance TRACY, b. of Preston, May 5, 1763	2	106
Nathan, 2d, m. Elizabeth FOBES, b. of Preston, Nov. 17, 1763	2	99
Nathan, d. Apr. 17, 1798, ae 70 y.	2	106
Ruth, d. [John & Ruth], b. July 17, 1735	1	40
Sarah, [d. Caleb & Abigell], b. Dec. 3, 1717	1	12
Sarah, of Preston, m. Zebulun WALBRIDGE, of Norwich, Jan. 27, 1742/3	2	28
Sarah, d. [Nathan & Temperance], b. Apr. 26, 1766	2	106
Sarah, d. [Ephraim & Amy], b. Aug. 5, 1803	2	266
Simeon, s. [John & Ruth], b. Jan. 14, 1719/20	1	40
Simeon, of Preston, m. Mary SMITH, of Preston, Jan. 26, 1743/4	2	9
Simon, [s. Caleb & Abigell], b. Feb. 22, 1721/2	1	12
Simson, m. Ruth BREWSTER, b. of Preston, Oct. 31, 1750	2	43
Temperance, [w. Nathan], d. Dec. 8, 1807, ae 70 y.	2	106
Thisbe, d. [Ephraim & Amy], b. July 9, 1809	2	266
Walter, s. [Caleb & Edy], b. Aug. 20, 1758	1	124
William, s. [Caleb & Edy], b. Nov. 28, 1746	1	124
-----, stillborn child of Nathan & Temperance, b. Feb. 12, 1770	2	106
FONEY, Thomas, d. July 1, 1865, ae 4 m.	8-C	24
FORD, FARD, Abby*, ae 30, b. in Griswold, m. Oliver BENTLEY, ae 30, farmer, b. in Stonington, resid. of Preston, [ ], 1850, by [ ] Abury. * His 2d wife.	5	2
Isaac G., of Norwich, m. Cynthia B. WOODWARD, of N. Stonington, May 10, 1846, by Rev. Augustus B. Collins	4	128
Judath, d. John, b. Apr. 12, 1716	1	30

	Vol.	Page
FORD, FARD, (cont.)		
Judath, m. Abial **BENJAMIN**, Dec. 16, 1736	1	115
Lidia, [d. John], b. Mar. 22, 1718/17	1	30
Mary, d. May 1, 1865, ae 6 m.	8-C	24
FOSTER, FORESER, Elizabeth, m. Samuel **MORGAN**, Dec. 19, 1728	1	92
Harriet J., seamstress, unmarried, b. in Brooklyn, Ct., d. July 17, 1859, ae 23	8-C	12
Sarah, d. [Thomas & Marcy], b. July 31, 1717	1	32
Stephen, s. [Thomas & Marcy], b. Apr. 20, 1712	1	32
Thomas, m. Marcy **GATES**, July 3, 1711	1	32
FOWLER, E. B., b. Dec. 8, 1848	5	9
James M., m. Nancy E. **MINER**, b. of Preston, Jan. 30, 1848, by C. L. Miner	5	1
James M., m. Nancy E. **MOORE**, b. of Preston, Feb. 14, 1848, by Rev. Cyrus Miner	4	141
Jane A., d. Feb. 14, 1867, ae 13	8-C	27
Oliver W., m. Mary Ann **DENNIS**, of Preston, Oct. 31, 1841, by Rev. Augustus B. Collins	4	63
Ruth, of Branford, m. Rev. Lemuel **TYLER**, of Preston, Dec. 3, 1789	2	238
Sarah, b. June 13, 1815; m. John **TRACY**, Aug. 31, 1834	4	13
FOX, Barradill, d. [Samuel], b. May 21, 1768	2	25
Elijah, s. Samuel & his w., b. Mar. 1, 1761	2	25
Elizabeth, m. Henry J. **GALLUP**, b. of Preston, Apr. 3, 1853, by Rev. S. S. Chapin, of Poquetonnuck	4	227
Jabish, s. Samuel & his w., b. May 26, 1763	2	25
John, s. [Sam[ue]ll & Mary], b. Dec. 24, 1731	1	48
John, s. [Samuel], b. May 29, 1765	2	25
John G., b. in Brookfield, Mass., d. Apr. 10, 1865, ae 3 m. 11 d.	8-C	24
Julianna A., d. Phinley M., ae 29, shoemaker, & Elizabeth, ae 28, res. of Woodstock, b. Oct. 1, 1847	5	5
Sam[ue]ll, s. Sam[ue]ll & Mary, b. June 15, 1724	1	48
Thankfull, d. Samuel & his w., b. Feb. 27, 1759	2	25
FRANCES, Allace A., black, d. Oct. 23, 1864, ae 2 y. 1 m.	8-C	22
Samuel, of Windham, m. Charlotte **THURBER**, of Preston, Apr. 30, 1840, by John Starkweather, J.P.	4	40
FREEMAN, Abiga[i]ll, d. [John & Abigell], b. Feb. 14, 1719/18	1	48
Abigail, of Preston, m. Joseph **STANTON**, of Preston, Aug. 15, 1738	1	67
Abigail, d. [John & Olive], b. July 15, 1741	1	108
Abiga[i]l, d. [Benjamin & Abiga[i]l], b. May 5, 1747; d. May 12, 1748	1	54
Abigail, d. [Peleg & Abigail], b. Mar. 13, 1787	2	180
Amos, s. [James & Phebe], b. Mar. 21, 1745	1	105
Ami, twin with Hannah, d. [Joseph & Mehetabel], b. June 20, 1740	1	98
Amy, d. Deac. Joseph, d. Jan. 29, 1789	2	22
Andrew, s. Benjamin & Abigail, b. July 19, 1763	2	17
Anna, w. Joseph, d. Jan. 12, 1751/2	2	22
Anna, d. [Caleb & Zipporah], b. Mar. 10, 1752	2	30
Anna, d. Joseph, Jr. [& Sarah], b. Sept. 28, 1767	2	141
Anne, m. Joseph **TYLER**, Jr., b. of Preston, Jan. 9, 1772	2	139
Asa, s. [John & Olive], b. Sept. 21, 1743	1	108
Beniamin, [s. Joseph & Hannah], b. Nov. 27, 1723	1	55

	Vol.	Page

FREEMAN, (cont.)

	Vol.	Page
Benjamin, m. Aibga[i]l TRACY, b. of Preston, Jan. 2, 1744/5	1	54
Bitsey, m. Elisha LESTER, b. of Preston, Jan. 3, 1783	2	184
Betsey, d. [Peleg & Abigail], b. June 26, 1789	2	180
Billings Read, s. [Peleg & Abigail], b. Jan. 16, 1785	2	180
Caleb, s. Joseph & Hannah, b. Feb. 27, 1715/16	1	55
Caleb, m. Zipporah TRACY, Apr. 14, 1737	1	54
Calob, s. [Caleb & Zipporah], b. Nov. 13, 1743	1	54
Caleb, d. June 10, 1759	2	30
Caleb, of Preston, m. Mary KIRTLAND, of Norwich, Mar. 6, 1766	2	120
Caleb, s. [Caleb & Mary], b. Mar. 11, 1767	2	120
Caleb, d. Mar. 14, 1771	2	120
Caleb, s. [Nathan & Lucy], b. Dec. 9, 1772	2	27
Carolina, d. [Samuel & Elizabeth], b. July 7, 1766	2	52
Charles Frederick, s. [Samuel, Jr. & Celia], b. June 28, 1804	2	272
Constant, s. Joseph, Jr. [& Sarah], b. Sept. 7, 1771	2	141
Cyrus, s. [Daniel & Mercy], b. May 25, 1767	2	108
Daniell, [s. Joseph & Hannah], b. Apr. 1, 1712	1	55
Dan[ie]ll, [s. Joseph & Hannah], d. Apr. 28, 1733	1	55
Daniell, s. [Joseph & Mehetabel], b. Sept. 23, 1733	1	98
Daniel, s. [Nathan & Lucy], b. June 29, 1754	2	27
Daniel, m. Mercy GATES, b. of Preston, Nov. 29, 1758	2	108
Daniel, s. [Daniel & Mercy], b. Apr. 5, 1778	2	108
Deborah, d. [Daniel & Mercy], b. Nov. 2, 1764	2	108
Dorothy, w. Joseph, d. Jan. 26, 1698/7	1	29
Dorithy, d. [John & Abigell], b. Mar. 30, 1709	1	48
Dorothy, m. Isaac WILLIAMS, Dec. 26, 1727	1	23
Easther, d. [John & Olive], b. Apr. 18, 1735	1	108
Ebenezer, s. [John & Abigell], b. Nov. 28, 1714	1	48
Ebenezer, m. Mary BLOGGET, b. of Preston, June 27, 1738	1	93
Ebenezer, s. Joseph & Anna, b. May 13, 1749	2	22
Ebenezer, Jr., m. Anne TYLER, b. of Preston, Feb. 14, 1771	2	144
Elisha, s. [Ebenezer, Jr. & Anne], b. Nov. 30, 1771; d. Dec. 1, 1771	2	144
[E]lizabeth, m. Dan[i]ell BREWSTER, Aug. 8, 1710	1	62
Elizabeth d. [John & Abigell], b. Oct. 27, 1710	1	48
Elisabeth, of Preston, m. Oliver CLARK, of Norwich, Nov. 8, 1739	1	57
Elisabeth, d. [Joseph & Mehetabel], b. Dec. 29, 1742	1	98
Elizabeth, d. [Samuel & Elizabeth], b. Jan. 14, 1764	2	52
Elizabeth, m. Abraham YARRINGTON, b. of Preston, Dec. 10, 1789	2	256
Elizabeth, [w. Samuel], d. Dec. 22,1806	2	52
Elma, d. [Samuel, Jr. & Celia], b. Oct. 4, 1800	2	272
Erastus, s. [Samuel, Jr. & Celia], b. Oct. 17, 1807	2	272
Esther, m. Doxse LANE, b. of Preston, Dec. 1, 1756	2	86
Esther, see also Easther		
Ezra, s. [James & Phebe], b. May 24, 1740	1	105
Gager, s. [Benjamin & Abigail], b. Nov. 18, 1757	1	54
Hannah, [d. Joseph & Hannah], b. Feb. 24, 1713/14	1	55
Hannah, m. William WITTER, Nov. 7, 1738	1	104
Hannah, twin with Ami, d. [Joseph & Mehetable], b. June 20, 1740	1	98
Hannah, w. Joseph, decd., d. May 6, 1750	2	35
Hannah, d. Joseph, Jr., [& Sarah], b. Aug. 8, 1769	2	141
Henry, s. [Samuel, Jr. & Celia], b. Mar. 26, 1806	2	272

PRESTON VITAL RECORDS 91

	Vol.	Page
FREEMAN, (cont.)		
Huldah, d.[Caleb & Zipporah], b. Aug. 19, 1756	2	30
Huldah, m. John STANTON, b. of Preston, Aug. 16, 1774	2	155
James, m. Phebe KINNE, b. of Preston, Aug. 16, 1739	1	105
James, s. [James & Phebe], b. Oct. 11, 1742	1	105
James, s. [Daniel & Mercy], b. Jan. 23, 1763	2	108
Jemime, d. [Joseph & Hannah], b. Mar. 13, 1731/2	1	55
Jemima, d. Joseph, decd., d. Nov. 4, 1750	2	35
Jemima, d. [Samuel & Elizabeth], b. Oct. 14, 1760	2	52
John, m. Abigell WITTER, Feb. 5, 1707/6	1	48
John, s. [John & Abigell], b. Dec. 16, 1712	1	48
John, d. June 25, 1725	1	48
John, m. Olive STANTON, Feb. 27, 1733/4	1	108
John, s. [John & Olive], b. Aug. 15, 1739	1	108
Joseph, d. Feb. 2, 1698/7	1	29
Joseph, m. Hannah BREWSTER, Dec. 2, 1708	1	55
Joseph, [s. Joseph & Hannah], b. Mar. 4, 1709/10	1	55
Joseph, m. Mehetabel TYLER, Nov. 22, 1732	1	98
Joseph, Sr., d. May 12, 1733	1	55
Joseph, m. [his 2d w.] Anna ROCKWEL[L], of Norwich, Mar. 8, 1743/4	1	98
Joseph, s. [Joseph & Anna], b. Dec. 16, 1744	1	98
Joseph, of Preston, m. Mary STORY, of Norwich, May 10, 1757	2	22
Joseph, Jr., m. Sarah KIMBALL, b. of Preston, Apr. 10, 1766	2	141
Joseph, Deac., d. Mar. 19, 1780	2	22
Joseph, s. [Daniel & Mercy], b. May 3, 1780	2	108
Judee, d. [Samuel & Elizabeth], b. Feb. 11, 1752	2	52
Lucy, d. [Caleb & Zipporah], b. Apr. 26, 1739; d. Nov. 20, 1743	1	54
Lucy, d. Caleb & Zipporah, b. June 4, 1749	2	30
Lucy, d. [Nathan & Lucy], b. Nov. 10, 1755	2	27
Lucy, m. Gideon SAFFORD, Jr., b. of Preston, Nov. 10, 1774	2	193
Lucy, m. Frank CHAPMAN, b. of Preston, Jan. 18,1829, by Rev. William Palmer, of Norwich	3	123
Lidya, d. [Caleb & Zipporah], b. June 5, 1741	1	54
Lydia, d. Caleb & Zipporah, b. Apr. 17, 1754	2	30
Marg[a]ret, d. [Benjamin & Abiga[i]l], b. Oct. 2,1745	1	54
Marg[a]ret, d. Benjamin, d. Apr. 11, 1762	2	17
Marg[a]ret, d. [Nathan & Lucy], b. Aug. 1, 1768	2	27
Mary, [d. Joseph & Hannah], b. July 12, 1728	1	55
Mary, d. Joseph & Mehetabel, b. Aug. 10, 1735	1	98
Mary, d. Aug. 19, 1744	1	93
Mary, d. Caleb & Zipporah, b. Aug. 25, 1747	2	30
Mary, d. John & Olive, b. Feb. 2, 1747/8	2	26
Mary, m. Samuel LEONORD, Jr., b. of Preston, Dec. 25, 1755	2	90
Mary, d. [Nathan & Lucy], b. Jan. 10, 1760	2	27
Mary, w. Caleb, d. Apr. 16, 1767	2	120
Mary, [d. Nathan & Lucy], d. Dec. 23, 1773	2	27
Mary Kirtlund, d. [Samuel, Jr. & Celia], b. Sept. 3, 1809	2	272
Matilda, d. [Nathan & Lucy], b. Apr. 6, 1766	2	27
Mehetabel, d. [Joseph & Mehetabel], b. Dec. 11, 1737	1	98
Mehetabel, w. Joseph, d. July 25, 1743	1	98
Mehetable, d. [Daniel & Mercy], Jan. 18, 1759	2	108
Mehetable, d. [Daniel & Mercy], d. Nov. 22, 1765	2	108

BARBOUR COLLECTION

	Vol.	Page
FREEMAN, (cont.)		
Mehetable, d. [Daniel & Mercy], b. July 15, 1769	2	108
Mehetable, of Preston, m. Thomas EVERTON, of Stoughton (perhaps Stonington?), Mar. 22, 1786	2	199
Nathan, [s. Joseph & Hannah], b. Sept. 23, 1721	1	55
Nathan, m. Lucy BLODGET, b. of Preston, Dec. 5, 1748	2	27
Nathan, of Preston, m. Lucy BARNES, of Groton, Feb. 14, 1753	2	27
Nathan, s. [Nathan & Lucy], b. Oct. 22, 1757	2	27
Olive, d. [John & Olive], b. May 3, 1737	1	108
Olive, d. [Daniel & Mercy], b. Aug. 23, 1775	2	108
Peleg, s. [Samuel & Elizabeth], b. Sept. 23, 1757	2	52
Peleg, m. Abigail REED, b. of Preston, Dec. 27, 1781	2	180
Phinis, [s. Joseph & Hannah], b. Oct. 23, 1718; d. May 9, 1746	1	55
Phinahas, s. Joseph & Anna, b. Jan. 7, 1747/8	2	22
Phinehas, s. [Benjamin & Abiga[i]l], b. Feb. 6, 1748/9; d. July 20, 1751	1	54
Phineas, s. [Benjamin & Abigail], b. Apr. 1, 1752	1	54
Rebecca, d. [Ebenezer, Jr. & Anne], b. Jan. 30, 1773	2	144
Ruth, d. [Nathan & Lucy], b. Oct. 24, 1749; d. Apr. 24, 1751	2	27
Ruth, d. [Nathan & Lucy], b. Mar. 1, 1764	2	27
Sabra, d. [Daniel & Mercy], b. July 1, 1773	2	108
Sam[ue]ll, [s. Joseph & Hannah], b. June 25, 1726	1	55
Samuel, m. Elizabeth BREWSTER, b. of Preston, Apr. 4, 1750	2	52
Samuel, s. [Samuel & Elizabeth], b. Mar. 5, 1769	2	52
Samuel, Jr., m. Celia PARTRIDGE, b. of Preston, Apr. 9, 1800	2	272
Samuel, d. May 28, 1801	2	52
Samuel William, s. [Samuel, Jr. & Celia], b. June 1, 1802	2	272
Sarah, d. [John & Abigell], b. Dec. 14, 1724	1	48
Sarah, d. [Ebenezer & Mary], b. Feb. 7, 1740	1	93
Sarah, m. John COGSWEL[L], b. of Preston, Dec. 21, 1743	1	74
Sarah, d. [John & Olive], b. Apr. 17, 1746	1	108
Sarah, d. [Nathan & Lucy], b. Oct. 22, 1761	2	27
Seth, s. [Joseph & Mary], b. Mar. 12, 1758	2	22
Susannah, d. [Peleg & Abigail], b. Oct. 20, 1782	2	180
Tamasin, d. [Daniel & Mercy], b. Dec. 8, 1760	2	108
Walter, s. [Samuel & Elizabeth], b. Oct. 13, 1754; d. May 2, 1805	2	52
Zipporah, d. [Caleb & Zipporah], b. Aug. 30, 1745	1	54
Zipporah, wid., m. Thomas PARTRIDGE, b. of Preston, Sept. 16, 1761	2	92
Zipporah, d. [Samuel & Elizabeth], b. July 27, 1771	2	52
Zip[p]orah, m. Pearl PARTRIDGE, b. of Preston, Oct. 27, 1791	2	231
FRIEDENSTINE, Mary, married, b. in Preston, resid. of Germany, d. Oct. 21, 1862, ae 32	8-C	19
FRINK, Abigail, [d. James & Mary], b. Aug. 17, 1730	1	82
Amos, s. [Jedidiah & Lucy], b. Aug. 19, 1734	1	126
Andrew, s. [Jedidiah & Lucy], b. Dec. 31, 1730	1	126
Andrew, m. Sarah KIMBAL[L], b. of Preston, Apr. 13, 1758	2	96
Andrew, s. [Andrew & Sarah], b. Oct. 18, 1760	2	96
Andrew S., [s. Rufus & Polly], b. Aug. 7, 1812	3	76
Anne, d. [Jedidiah & Lucy], b. Feb. 26, 1736	1	126
Arthur, s. [Andrew & Sarah], b. Feb. 16, 1763	2	96
Asa, s. [James, Jr. & Freelove], b. Jan. 16, 1753	2	60
Asa, m. Esther PARKER, Oct. 17, 1776	2	153

	Vol.	Page
FRINK, (cont.)		
Barton, s. [Jonas & Freelove], b. Oct. 24, 1774	2	96
Calvin, farmer, married, b. in N. Stonington, d. Apr. 28, 1863, ae 32	8-C	20
Charles, of Stonington, m. Rebecca JOHNSON, of Preston, Dec. 24, 1797	2	255
Consider, s. [James, 2d, & Judah], b. June 20, 1786	2	187
Daniel H., of N. Stonington, m. Sophia M. BRACKETT, of Preston, Dec. 25, 1842, by Asa A. Gore, J.P.	4	82
Easter, d. [James & Mary], b. May 4, 1733	1	82
Easter, see also Esther		
Elias, d. (probably a son)[Jedidiah & Lucy], b. June 1, 1746; d. Nov. 24, 1751	1	126
Elias, s. [Andrew & Sarah], b. June 2, 1758	2	96
Elijah, s. [Andrew & Sarah], b. July 20, 1766	2	96
Elisha, s. [James, Jr. & Freelove], b. Feb. 15, 1755	2	60
Elisha, s. [James, 2d, & Judah], b. Sept. 28, 1792	2	187
Eliza, d. [Rufus & Polly], b. May 2, 1806	3	76
Emily, d. [Rufus & Polly], b. July 24, 1804	3	76
Emily, of Preston, m. John M. RICHMOND, of Exeter, R.I., Mar. 25, 1832, by Rev. Augustus B. Collins	3	174
Esther, d. [Jonas & Freelove], b. Oct. 18, 1758	2	96
Esther, d. [Jedidiah & Esther], b. Aug. 16, 1769	2	95
Esther, m. Stephen ALLEN, b. of Preston, Jan. 31, 1782	2	188
Esther, see also Easter		
Fanny, [d. Rufus & Polly], b. July 15, 1815	3	76
Fanny, of Preston, m. George W. RICHMOND, of Exeter, R.I., Nov. 13, 1836, by Rev. Elam Bull	3	336
Frederick, s. [Jonas & Freelove], b. Sept. 22, 1771	2	96
Freelove, w. James, [Jr.], d. Apr. 25, 1776	2	60
George A., s. George W., ae 28, farmer, & Sally M., ae 29, b. Oct. 11, 1847	5	4
George W., s. [Rufus & Polly], b. June 17, 1820	3	76
Grace, of Preston, d. Jan. 14, 1775, ae 80 y.	2	6
Hannah, m. William PARKE, Dec. 3, 1684	1	14
Hannah, d. [James & Mary], b. Feb. 3, 1735/6	1	82
Harriet, [d. Rufus & Polly], b. Jan. 20, 1818	3	76
Harriet, m. Nathan P. KIMBALL, b. of Preston, Feb. 22, 1837, by Rev. Augustus B. Collins	4	2
James, d. June 30, 1702	2	6
James, m. Mary STANTON, Nov. 27, 1718	1	82
James, s. [James & Mary], b. Feb. 29, 1719	1	82
James, Jr., of Preston, m. Freelove COATES, of Stonington, Nov. 13, 1752	2	60
James, s. [James, Jr. & Freelove], b. Sept. 25, 1760	2	60
James, m. Merabah MEECH, June 25, 1778	2	60
James, 2d, m. Judah BRUMBLEY, b. of Preston, Feb. 20, 1783	2	187
Jedidiah, s. [James & Mary], b. May 31, 1725	1	82
Jedidiah, m. Lucy STANTON, b. of Preston, July 27, 1726	1	126
Jedidiah, s. [Jedidiah & Lucy], b. Apr. 2, 1732	1	126
Jedidiah, m. Esther PEIRCE, b. of Preston, Dec. 15, 1756	2	95
Jonas, s. [James & Mary], b. Mar. 11, 1728	1	82
Jonas, m. Freelove BRUMBLEY, b. of Preston, Mar. 8, 1758	2	96
Jonas, s. [Jonas & Freelove], b. Feb. 7, 1764	2	96

94 BARBOUR COLLECTION

	Vol.	Page
FRINK, (cont.)		
Lucy, d. [Jedidiah & Lucy], b. Feb. 28, 1739; d. Apr. 11, 1743	1	126
Lucy, d. [Jedidiah & Lucy], b. July 24, 1743	1	126
Lucy, d. [Jedidiah & Esther], b. Aug. 5, 1765	2	95
Lucy, m. Levi TRACY, b. of Preston, Apr. 9, 1778, by Asher Rosseter	2	164
Lucy, m. Carpenter ELLIS, b. of Preston, Mar. 29, 1781	2	169
Lucy, d. [James, 2d, & Judah], b. Sept. 24, 1788	2	187
Luke, s. [Jonas & Freelove], b. Feb. 13, 1760	2	96
Maria, [d. Rufus & Polly], b. May 1, 1810	3	76
Maria, of Preston, m. George W. RICHMOND, of Exeter, R.I., Mar. 24, 1839, by Rev. Augustus B. Collins	4	22
Mary, d. [James & Mary], b. May 3, 1722	1	82
Mary, d. [Jonas & Freelove], b. Aug. 1, 1767	2	96
Mary, m. Walter BROWN, b. of Stonington, Jan. 13, 1773	2	150
Minor, s. [James & Mary], b. May 1, 1740	1	82
Nathan, s. [James, Jr. & Freelove], b. Sept. 10, 1765	2	60
Prescilla, d. [Jonas & Freelove], b. Apr. 12, 1761	2	96
Ruby, d. [James, 2d, & Judah], b. Oct. 15, 1790	2	187
Rufus, s. [Andrew & Sarah], b. Oct. 12, 1771	2	96
Rufus, m. Polly SMITH, b. of Preston, Aug. 21, 1803, by Lemuel Tyler, Clerk	3	76
Sally, married, b. in Ledyard, d. Sept. 14, 1855, ae 34	8-C	6
Samuel, s. [James & Mary], b. Oct. 16, 1742	1	82
Samuel W., s. George W., ae 30, farmer, & Sally W., ae 31, b. Feb. 27, 1850	5	3
Sarah, d. [Andrew & Sarah], b. Aug. 31, 1768	2	96
Sarah Ann, [d. Rufus & Polly], b. Feb. 25, 1808	3	76
Sarah Ann, m. Charles KIMBALL, b. of Preston, Mar. 26, 1829, by Rev. Augustus B. Collins	3	126
Seth, s. [James, Jr. & Freelove], b. Mar. 17, 1758	2	60
Susan, [d. Rufus & Polly], b. Jan. 18, 1823	3	76
Susannah, d. [Jedidiah & Esther], b. Aug. 4, 1757	2	95
Susanna, m. David STANTON, Jr., b. of Preston, Nov. 20, 1777	2	192
Theophilus, s. [James & Mary], b. June 1, 1745	1	82
Theophilus, s. [Jonas & Freelove], b. Apr. 4, 1769	2	96
Theophilus Stanton, s. [Jedidiah & Esther], b. July 17, 1763	2	95
Thomas, s. [Jedidiah & Lucy], b. Nov. 26, 1727	1	126
Thomas, s. [Jedidiah & Esther], b. Apr. 22, 1760	2	95
William, s. [James, 2d, & Judah], b. Dec. 3, 1783	2	187
William Bloggett, s. [Jedidiah & Esther], b. Mar. 11, 1778	2	95
Zurviah, d. [James & Mary], b. Mar. 2, 1737/8	1	82
Zurviah, m. Nathaniel LARABEE, b. of Preston, Dec. 14, 1757	2	71
FRY, Betsey, d. [Peleg & Barbary], b. Apr. 18, 1788	2	185
Nathaniel, s. [Peleg & Barbary], b. June 20, 1786	2	185
Rhoda, d. [Peleg & Barbary], b. Sept. 22, 1784	2	185
Sarah, d. Peleg & Barbary, b. Aug. 14, 1782	2	185
FULLER, Alpheas, s. William & Marcelia B., b. of Oct. 21, 1814, in Rhode Island	2	363
Amelia C., d. Oct. 10, 1862, ae 10 m. 19 d.	8-C	19
Benjamin C., soldier, unmarried, b. in Preston, resid. New Orleans, La., d. July 28, 1863, ae 19 y. 9 m.	8-C	20
Eunice, m. Amos BRUMBLEY, b. of Preston, Mar. 22, 1797	2	252

	Vol.	Page
FULLER (cont.)		
Eunice, m. Amos **BRUMBLEY**, b. of Preston, Mar. 22, 1797	2	263
Lester, of Hampton, m. Philena **BENJAMIN**, of Preston, Nov. 7, 1841, by Rev. Augustus B. Collins	4	64
Weightstill, m. Thomas **HEATH**, Feb. 21, 1733/4	1	59
FULVERY, Emily, seamstress, unmarried, d. Apr. 17, 1862, ae 17	8-C	19
GAGER, Hannah, m. Daniel **BREWSTER**, Dec. 23, 1686	1	102
GALLUP, Amanda M., m. William B. **PALMER**, b. of Preston, July 1, 1844, by Rev. Augustus B. Collins	4	107
Andrew, s. [Andrew H. & Nancy G.], b. Feb. 24, 1836	3	193
Andrew H., m. Nancy G. **AYER**, May 13, 1833, by Rev. Alfred Gates	3	193
Dolly, of Voluntown, m. John **COGSWELL**, Jr., of Preston, Jan. 6, 1802	2	278
Ella Maria, d. [Isaac, Jr. & Maria T.], b. Apr. 29, 1850	4	120
Emeline, of Preston, m. Orlando **SMITH**, of Stonington, Apr. 10, 1845, by Rev. Timothy Tuttle, of Ledyard	4	121
Eunice, of N. Stonington, m. Seth L. **PECK**, tanner & currier, of Ledyard, Aug. 7, 1849, by Cyrus Minor	5	1
Eunice, of Stonington, m. John **BILLING[S]**, of Preston, June 19, 1757	2	128
Eunice A., of N. Stonington, m. Seth L. **PECK**, of Ledyard, Aug. 5, 1849, by Rev. Cyrus Miner	4	174
Giles, of Preston, m. Lucy **HALSEY**, of Preston, Dec. 27, 1829, by Rev. Timothy Tuttle, of Groton	3	139
Giles, of Groton, m. Sarah Orinda **WITTER**, of Preston, Jan. 20, 1833, by Rev. Augustus B. Collins	3	186
Hannah, of Voluntown, m. Thomas **KINNE**, Jr., of Preston, Feb. 19, 1740/41	2	10
Hannah, of Voluntown, m. Thomas **KINNE**, of Preston, Feb. 19, 1742	1	71
Hannah, of Voluntown, m. John **COGSWELL**, of Preston, May 13, 1784	2	201
Hannah, of Preston, m. Eleazer **CARTER**, of Norwich, Mar. 24, 1844, by Henry R. Knapp	4	103
Harriet A., of N. Stonington, m. Frederick W. **BRITTON**, of Preston, Sept. 16, 1850, by Rev. Cyrus Miner	4	194
Henry Ayer, s. [Andrew H. & Nancy G.], b. May 7, 1834	3	193
Henry Haskell, s. [Isaac, Jr. & Maria T.], b. June 2, 1846	4	120
Henry J., m. Elizabeth **FOX**, b. of Preston, Apr. 3, 1853, by Rev. S. S. Chapin, of Poquetonnuck	4	227
Isaac, Jr., m. Maria T. **DAVIS**, b. of Preston, Mar. 25, 1845, in Poquetonnuck, by Rev. Dexter Potter	4	120
Isaac, d. May 2, 1867	8-C	27
Jabez, of Newbury, Ohio, m. Louisa **AVERY**, of Preston, Sept. 21, 1843, by Rev. Augustus B. Collins	4	100
John M., d. Aug. 31, 1865, ae 4 y. 3 m.	8-C	24
John W., m. Martha Elizabeth **RICHARDS**, b. of Preston, Jan. 7, 1847, by Rev. N. V. Steadman	4	134
Mary Ann, of Preston, m. Elias B. **AVERY**, of Groton, Jan. 1, 1835, by Rev. Timothy Tuttle, of Groton	3	316
Nancy, of Groton, m. Asa **BARNES**, of Preston, Mar. 15, 1829, in Groton, by Elder Wightman	3	187

96 BARBOUR COLLECTION

	Vol.	Page
GALLUP, (cont.)		
Nancy, [d. Andrew H. & Nancy G.], b. Feb. 26, 1838	3	193
Nehemiah M., of N. Stonington, m. Maria ANDERSON, of Preston, Mar. 16, 1851, by Rev. Cyrus Miner	4	208
Prudence Almira, of Preston, m. James Lewis GEERE, of Groton, Nov. 19, 1834, by Rev. Timothy Tuttle, of Groton	3	313
Sabrina, m. William W. BROWN, b. of Preston, June 29, 1803	2	376
Sophia, m. Thomas H. Peckham [ ], in N. Stonington	4	25
-----, d. J. L. ae 30, & Elvia, ae 34, b. Aug. 10, 1848	5	9
-----, child of John W., ae 30, farmer, & Martha E. GALLUP, ae 25, b. Aug. 5, 1849	5	5
GARDINER, Fanny, wid., d. Feb. 7, 1865, ae 75	8-C	24
Peter B., m. Hannah HALL, Dec. 26, 1822, by Rev. John Hyde	3	39
GARE, [see also GORE], Lydia M., of Preston, m. Daniel WRIGHT, of Norwich, Nov. 19, 1840, by Rev. Nathan E. Shailer	4	48
GATES, Aaron, s. [Ezra & Mercy], b. Mar. 14, 1776	2	159
Aaron Burr, s. Fredderick & Wealthy, b. Aug. 1, 1805	2	216
Abel, s. [Daniel, Jr. & Elizabeth], b. Dec. 14, 1774	2	143
Abel, m. Sally STANTON, b. of Preston, Jan. 11,1797	2	284
Abigell, m. Caleb FOBES, May 21, 1713	1	12
Abigail, d. [Stephen, Jr. & Hannah], b. Feb. 2, 1749	2	13
Allice, d. [Nehemiah & Mary], b. May 15, 1771	2	3
Alice, of Preston, m. Leonard STEAVENS, of Rensslearville, N.Y., Dec. 8, 1791	2	224
Amy, d. [Isaac & his 2d w.], b. Apr. 10, 1754	1	100
Amy, d. Andrew & Olive, b. Jan. 14, 1756	2	105
Andrew, s. [Zebadiah & Jerusha], b. Mar. 29, 1728	1	62
Andrew, m. Olive STARKWEATHER, b. of Preston, Nov. 5, 1751	2	105
Angeline, m. Daniel MAPLES, b. of Preston, Mar. 22, 1840, by Rev. Nathan E. Shailer	4	36
Annah, m. Hopestill TILER, Jan. 25, 1710/9	1	76
Anna, d. [Joshua & Anna], b. Feb. 28, 1756	2	86
Anna, d. [Isaac & Sarah], b. Aug. 29, 1760	1	100
Anne, d. [John & Elizabeth], b. Aug. 27, 1777	2	69
Azariah, m. Mary JONES, b. of Preston, Mar. 22, 1749	2	54
Azariah, s. [Azariah & Mary], b. Feb. 22, 1750	2	54
Azariah, Sr., d. Oct. 14, 1762	2	54
Azel, s. [Silas & Mary], b. Jan. 31, 1763; d. Oct. 10, 1763	2	32
Betsey, d. [Cyrus & Ruth], b. Aug. 8, 1781	2	249
Betsey, d. [Frederick & Wealthy], b. May 23, 1803	2	216
Betsey, m. Simeon HEWIT[T], Jr., b. of Preston, Nov. 19, 1826, by William Williams, J.P.	3	90
Bridget, d. [Joseph, Jr. & Bridget], b. Jan. 23, 1742/3	1	120
Caleb, m. Mary FOBES, b. of Preston, June 6, 1716	1	119
Caleb, s. [Caleb & Mary], b. Aug. 22, 1735	1	119
Caleb, d. Sept. 23, 1774	1	119
Chester, s. [Andrew & Olive], b. July 23, 1759	2	105
Cyrus, s. [Nehemiah & Elizabeth], b. Jan. 20, 1756	2	3
Cyrus, m. Ruth ROCKWELL, b. of Preston, Jan. 25, 1776	2	249
Cyrus, s. [Cyrus & Ruth], b. July 12, 1784	2	249
Cyrus, Jr., m. Patty HEWITT, b. of Preston, Sept. 5, 1813	2	376
Damarice, d. [Joseph & Damers], b. Dec. 18, 1718	1	73
Damaris, m. William BREWSTER, b. of Preston, Mar. 24, 1737	1	75

PRESTON VITAL RECORDS 97

	Vol.	Page
GATES, (cont.)		
Damaris, d. [Joseph, Jr. & Bridget], b. Aug. 12, 1744	1	120
Daniell, [s. Thomas & Marg[a]rat], b. Apr. 21, 1707	1	47
Daniel, s. [Zebadiah & Jerusha], b. May 8, 1730	1	62
Daniel, s. [Nehemiah & Elizabeth], b. Oct. 27, 1745	2	3
Daniel, s. Capt. Daniel & Mercy, b. Apr. 30, 1748	2	62
Daniel, Jr., m. Elizabeth GATES, b. of Preston, Apr. 6, 1769	2	143
Daniel, s. [Daniel, Jr. & Elizabeth], b. Apr. 6, 1772	2	143
Deborah, m. Samuell STANDISH, June 1, 1709	1	74
Deborah, d. [Isaac & Deborah], b. Feb. 8, 1737	1	100
Deborah, w. Isaac, d. May 22, 1745	1	100
Deborah, m. Nathan HERRICK, b. of Preston, Apr. 15, 1756	2	84
Deborah, d. [Isaac, Jr. & Priscilla], b. Apr. 15, 1765	2	110
Dorothy, d. [Daniel & Marcy], b. Mar. 25, 1742	1	92
Easther, d. [Zebadiah & Jerusha], b. Sept. 25, 1732	1	62
Easther, see also Esther		
Elias, s. [Zebediah & Mehetable], b. Apr. 27, 1750	1	62
Elijah, s. [Zebediah & Mehetable], b. June 22, 1744	1	62
Elijah, s. Joseph, b. Aug. 30, 1767	2	161
Elijah, of Preston, m. Anna PALMER, of Voluntown, Dec. 4, 1788	2	231
Elisha, s. [Stephen, 3d, & Desire], b. June 21, 1775	2	155
Elisha, s. [Daniel, Jr. & Elizabeth], b. July 14, 1777	2	143
Elizabeth, d. Stephen], b. Feb. [ ], 1704/5	1	43
Elizabeth, d. [Joseph & Damers], b. Mar. 1, 1713/12	1	73
Elizabeth, m. Daniell MORGAN, Dec. 24, 1730	1	42
Elizabeth, d. Isaac & His 2d w., b. Jan. 20, 1748	1	100
Elizabeth, w. Nehemiah, d. June 14, 1759	2	3
Elizabeth, d. [Nehemiah & Mary], b. Feb. 13, 1765	2	3
Elizabeth, m. Daniel GATES, Jr., b. of Preston, Apr. 6, 1769	2	143
Elizabeth, w. John, d. June 16, 1781	2	69
Elizabeth, d. [Daniel, Jr. & Elizabeth], b. Nov. 15, 1782	2	143
Ellery, s. [Andrew & Olive], b. May 5, 1766	2	105
Elnathan, s. [Stephen, Jr. & Hannah], b. July 8, 1758	2	13
Esther, m. Elijah STARKWEATHER, b. of Preston, Feb. 6, 1754	2	61
Esther, d. [Joshua & Anna], b. Oct. 6, 1763	2	89
Esther, of Preston, m. Jeremiah ROSS, of Newport, R.I., Dec. 7, 1780	2	73
Esther, ae 20, b. in Preston, m. Thomas GRAY, farmer, ae 22, b. in Groton, now of Preston, Mar. 5,1848, by Stephen Peckham	5	2
Esther Manatath, d. [Cyrus, Jr. & Patty], b. Oct. 14, 1827	2	376
Esther, see also Easther		
Eunice, d. [Caleb & Mary], b. Mar. 16, 1717	1	119
[E]unice, of Preston, m. George HALL, of Lime, Oct. 12, 1738	1	116
Eunice, d. Joseph, b. Feb. 3, 1757	2	161
Eunice, d. [Robert & Rozimond], b. Aug. 11, 1780	2	175
Eunice, m. Samuel ROATH, b. of Preston, May 11, 1823, by Palmer Hewit[t], J.P.	3	41
Eunice, of Preston, m. John DAGER, of Stonington, Feb. 10, 1828, by Palmer Hewit[t], J.P.	3	119
Ezra, s. [Joshua & Anna], b. Jan. 16, 1766	2	86
Ezra, m. Mercy GATES, b. of Preston, Feb. 17, 1774	2	159
Frances, of Preston, m. Rev. Stephen H. PECKHAM, of Ledyard, Nov. 30, 1843, by Rev. Henry R. Knapp	4	99

GATES, (cont.)

	Vol.	Page
Frederick, m. Wealthy POLLARD, b. of Preston, Aug. 13, 1769	2	216
George Washington, s. [Cyrus & Ruth], b. Jan. 25, 1790	2	249
Gurdon, s. [Cyrus & Ruth], b. Oct. 17, 1796	2	249
Hannah, d. [Joseph, Jr. & Bridget], b. July 2, 1741	1	120
Hannah, d. Joseph, b. Feb. 19, 1763	2	161
Hannah, d. [John & Elizabeth], b. May 13, 1776	2	69
Henry, s. [Daniel, Jr. & Elizbeth], b. July 31, 1780	2	143
Hezekiah, s. [Daniel, Jr. & Elizabeth], b. June 22, 1786	2	143
Hezekiah, s. [Abel & Sally], b. Aug. 5, 1798	2	284
Hiram, s. [Frederick & Wealthy], b. Dec. 3, 1798	2	216
Hiram, farmer, unmarried, d. Mar. 21, 1857, ae 30	8-C	9
Huldah, d. [Joshua & Anna], b. Aug. 28, 1759	2	86
Isaac, s. [Stephen], b. Dec. 28, 1701	1	43
Isa[a]c, m. Deborah PARTREDG[E], Aug. 21, 1733	1	100
Isaac, s. [Isaac & Deborah], b. Oct. 16, 1743	1	100
Isaac, Jr., m. Priscilla BUNDY, b. of Preston, June 28, 1764	2	110
Isaac, m. Charity LATHROP, of Norwich, July 29, 1765	1	100
Isaac Edwin, [s. Cyrus, Jr. & Patty], b. Jan. 2, 1833	2	376
Isaac Palmer, s. [Elijah & Anna], b. Oct. 1, 1790	2	231
Israel Putnam, s. [Cyrus & Ruth], b. May 12, 1779	2	249
Jabez, s. [Cyrus & Ruth], b. May 18, 1780	2	249
Jabez, s. [Frederick & Wealthy], b. Sept. 27, 1796	2	216
Jacob, s. [Isaac & his 2d w.], b. Jan. 30, 1752; d. Sept. [ ], 1754	1	100
Jacob, 2d, s. [Isaac & his 2d w.], b. May 31, 1757	1	100
Jacob, m. Peggy STEWART, b. of Preston, Feb. 10, 1780	2	169
Jacob, s. [Jacob & Peggy], b. Nov. 28, 1780	2	169
Jemime, d. [Stephen], b. Jan. 15, 1699/8	1	43
Jemimah, m. Sam[ue]ll CLARK, June 20, 1723	1	80
Jemima, d. [Isaac & Deborah], b. Apr. 16, 1735	1	100
Jemima, m. Benjamin CHAPMAN, b. of Preston, Sept. 16, 1756	2	91
Jerusha, w. Zebediah, d. Mar. 10, 1735	1	62
Jerusha, d. [Zebediah & Mehetable], b. May 14, 1747	1	62
Jerusha, m. Hezekiah LORD, Jr., b. of Preston, Apr. 2, 1752	2	57
Jesse, s. [Caleb & Mary], b. Dec. 3, 1731	1	119
Jesse, of Preston, m. Phebe BIBBENS, of Windham, Sept. 22, 1774	2	152
Jesse, s. [Joseph & Dorothy], b. Nov. 12, 1780	2	161
John, s. [Stephen, Jr. & Hannah], b. June 20, 1743	2	13
John, s. [Joshua & Anna], b. May 28, 1768	2	86
John, m. Elizabeth TYLER, b. of Preston, Feb. 16, 1769	2	69
John P., manufacturer, married, d. Apr. 11, 1858, ae 50	8-C	10
John Pollard, s. [Frederick & Wealthy], b. Oct. 24, 1807	2	216
Jonathan, s. [Caleb & Mary], b. Mar. 3, 1739/40	1	119
Joseph, m. Damers ROSS, Dec. 12, 1711	1	73
Joseph, s. [Joseph & Damers], b. Nov. 19, 1716	1	73
Joseph, s. [Stephen & Hannah], b. Dec. 20, 1720	1	84
Joseph, Jr., of Preston, m. Bridget WILLIAMS, of Plainfield, Jan. 23, 1739/40	1	120
Joseph, Sr., d. Oct. 24, 1742	1	73
Joseph, s. [Stephen, Jr. & Hannah], b. Oct. 13, 1760	2	13
Joseph, of Preston, m. his 3d w. Dorothy SEETEN, Mar. 28, 1775	2	161
Joseph, s. [Joseph & Dorothy], b. Sept. [ ], 1776	2	161
Joseph, d. Sept. 10, 1795, ae 68 y.	2	161

PRESTON VITAL RECORDS 99

	Vol.	Page
GATES, (cont.)		
Joshua, s. [Caleb & Mary], b. Nov. 3, 1728	1	119
Joshua, s. [Stephen, Jr. & Hannah], b. Feb. 8, 1751	2	13
Joshua, m. Anna BRANCH, b. of Preston, May 22, 1755	2	86
Joshua, s. [Joshua & Anna], b. Sept. 4, 1770	2	86
Josiah, s. [Joseph & Damers], b. Feb. 17, 1721/20	1	73
Lathar, s. [Azariah & Mary], b. Apr. 7, 1761	2	54
Ledey, m. Oliver WALTON, b. of Preston, Jan. 4, 1750	2	56
Levi, s. [John & Elizabeth], b. Sept. [ ], 1779	2	69
Levi, m. Polly MULKINS, b. of Preston, Mar. 5, 1812, by Charles Fanning, J.P.	2	320
Lois, d. [Phinehas & Esther], b. Aug. 16, 1759	2	102
Lovicia, d. Isaac & Charity, b. Feb. 7, 1768	1	100
Luce, d. Daniel & Marcy, b. Oct. 2, 1731	1	92
Lucy, d. [Phinehas & Esther], b. Dec. 26, 1758	2	102
Lucy, d. [Joshua & Anna], b. July 13, 1761	2	86
Lucy, d. [Frederick & Wealthy], b. July 9, 1790	2	216
Luther Calvin, s. [Cyrus, Jr. & Patty], b. Sept. [ ], 1825	2	376
Lydia, d. [Joshua & Anna], b. Nov. 3, 1757	2	86
Lydia, d. [Nehemiah & Mary], b. May 17, 1766	2	3
Lydia, m. Elias TRACY, b. of Preston, Nov. 10, 1786	2	209
Lydia, d. [Daniel, Jr. & Elizabeth], b. Oct. 7, 1789	2	143
Mahala, d. [Ezra & Mercy], b. Sept. 14, 1774	2	159
Marcy, m. Thomas FFOSTER, July 3, 1711	1	32
Marcy, d. [Isaac & Deborah], b. May 16, 1739	1	100
Marg[a]ret, [d. Thomas & Marg[a]rat], b. Mar. 4, 1715/14	1	47
Mary, d. [Caleb & Mary], b. Oct. 24, 1718	1	119
Mary, d. [Nehemiah & Elizabeth], b. Dec. 11, 1753	2	3
Mary, d. [Azariah & Mary], b. May 16, 1759	2	54
Mary, d. [Silas & Mary], b. Oct. 11, 1764	2	32
Mary, d. Joseph, b. Oct. 22, 1769	2	161
Mary, d. [Robert & Rozimond], b. Feb. 19, 1778	2	175
Mary, m. Nathan GEER, b. of Preston, Oct. 1, 1778	2	165
Mary, wid. Ne[he]miah, d. Jan. 26, 1810, ae 83 y.	2	158
Mary Ann CLARK, d. [Abel & Sally], b. May 9, 1802	2	284
Mary Eliza, d. [Cyrus, Jr. & Patty], b. July 17, 1822	2	376
Mehetabel, d. [Zebediah & Mehetable], b. Nov. 15, 1738	1	62
Mercy, d. [Capt. Daniel & Mercy], b. May 2, 1751	2	62
Mercy, d. [Azariah & Mary], b. Aug. 16, 1755	2	54
Mercy, m. Daniel FREEMAN, b. of Preston, Nov. 29, 1758	2	108
Mercy, m. Elijah WETHY, b. of Preston, Nov. 13, 1763	2	220
Mercy, m. Ezra GATES, b. of Preston, Feb. 17, 1774	2	159
Miner, s. [Cyrus & Ruth], b. Dec. 13, 1794	2	249
Miriam, d. [Azariah & Mary], b. Nov. 6, 1752	2	54
Nathan, s. [Caleb & Mary], b. Mar. 5, 1737/8	1	119
Nathan, s. [Zebediah & Mehetable], b. Aug. 22, 1754	1	62
Nathan, m. Martha MARTIN, b. of Preston, Dec. 13, 1780	2	188
Nehemiah, s. [Stephen & Hannah], b. Mar. 17, 1722/3	1	84
Nehemiah, of Preston, m. Elizabeth BAKER, of Norwich, Dec. 14, 1743	2	3
Nehemiah, s. [Nehemiah & Elizabeth], b. May 15, 1748	2	3
Nehemiah, m. Mary WOODWARD, b. of Preston, Dec. 1, 1763	2	3
Ne[he]miah, d. Aug. 30, 1790	2	158

100   BARBOUR COLLECTION

	Vol.	Page
GATES, (cont.)		
Noah, s. [Frederick & Wealthy], b. July 23, 1793	2	216
Noah, m. Mary SPICER, b. of Preston, Dec. 10, [1848 ?], by Rev. N. S. Hunt	4	159
Noah, farmer, married, d. Oct. 15, 1859, ae 66	8-C	13
Olive, d. [Robert & Rozimond], b. Sept. 13, 1782	2	175
Oliver, s. Daniel & Marcy, b. Aug. 16, 1733	1	92
Oliver, s. [Capt. Daniel & Mercy], b. Sept. 18, 1757	2	62
Oliver, s. [Joseph & Dorothy], b. June 18, 1785	2	161
Oliver Wolcott, s. [Cyrus, Jr. & Patty], b. Feb. 24, 1830	2	376
Patty, married, d. Aug. 14, 1861, ae 72	8-C	17
Phebe Frances, d. [Cyrus, Jr. & Patty], b. June 25, 1817	2	376
Phillemon Tracy, s. [Frederick & Wealthy], b. Mar. 2, 1801	2	216
Phinehas, m. Esther HERRICK, b. of Preston, June 16, 1758	2	102
Phinehas, s. Joseph, b. May 14, 1765	2	161
Polly, d. [Frederick & Wealthy], b. June 24, 1794	2	216
Prudence, [s. Thomas & Marg[a]rat], b. May 26, 1703	1	47
Prudence, d. [Daniel & Marcy], b. Sept. 17, 1739	1	92
Prudence, m. James BRAMAN, b. of Preston, Apr. 23, 1766	2	103
Prudence, of Voluntown, m. Calvin RAWSON, of Preston, May 30, 1813, in Voluntown, by Allen Campbell, J.P.	2	331
Robart, [s. Thomas & Marg[a]rat], b. Oct. 3, 1696	1	47
Robert, m. Mary CLARK, Nov. 11, 1726	1	70
Robert, of Preston, m. Rozimond CADY, Nov. 24, 1774	2	175
Rufus, s. [Nathan & Martha], b. July 5, 1782	2	188
Ruth, of Coventry, R.I., m. Pero MOODEY, of Preston, Dec. 9, 1779	2	221
Ruth, of Preston, m. Loren RODWELL, of Ashford, Sept. 12, 1821, by Levi Meech, Elder	3	85
Ruth Angeline, d. [Cyrus, Jr. & Patty], b. Nov. 22, 1814	2	376
Sabra, d. [Nehemiah & Mary], b. Jan. 31, 1769	2	3
Sabra, d. Ne[he]miah, d. Sept. 26, 1789	2	158
Sally, d. [Abel & Sally], b. May 27, 1800	2	284
Samuel D., s. [Simon H. & Amy], b. Mar. 21, 1846	4	203
Sarah, d. [Stephen], b. Nov. 10, 1696	1	43
Sarah, d. [Caleb & Mary], b. Aug. 14, 1722	1	119
Sarah, d. [Isaac & Deborah], b. July 4, 1741	1	100
Sarah, w. Isaac, d. Sept. 4, 1760. [She was his 2d wife]	1	100
Sarah, d. Joseph, b. Dec. 30, 1760	2	161
Sarah, m. Peter ROSE, Jr., b. of Preston, June 10, 1762	2	107
Sarah, d. [Stephen, Jr. & Hannah], b. May 21, 1763	2	13
Silas, s. [Zebediah & Mehetable], b. July 5, 1741	1	62
Silas, of Preston, m. Mary WHITE, of Canterbury, Sept. 23, 1762	2	32
Simion, s. [Robert & Mary], b. Jan. 29, 1727/8	1	70
Simon, s. [Caleb & Mary], b. Sept. 15, 1724	1	119
Simon, s. [Robert & Rozimond], b. Oct. 7, 1775	2	175
Simon C., s. [Simon H. & Amy], b. May 7, 1838	4	203
Simon H., of Norwich, m. Amy BARNES, of Preston, Aug. 23, 1835, by Rev. S. S. Mallory, of Norwich	4	203
Squire, s. [Cyrus & Ruth], b. Nov. 3, 1793	2	249
Stephen, m. Hannah WOODWARD, Nov. 6, 1713	1	84
Stephen, s. [Stephen & Hannah], b. Jan. 13, 1718/7	1	84
Stephen, Jr., m. Hannah MEECH, b. of Preston, Apr. 11, 1743	2	13

PRESTON VITAL RECORDS 101

	Vol.	Page
GATES, (cont.)		
Stephen, s. [Stephen, Jr. & Hannah], b. Feb. 5, 1747	2	13
Stephen, 3d, m. Desire **RUDE**, b. of Preston, Oct. 15, 1772	2	155
Suzannah, d. [Stephen], b. Feb. [ ], 1706/7	1	43
Susanna, d. [Isaac & his 2d w.], b. Apr. 30, 1749	1	100
Susannah, d. [Stephen, Jr. & Hannah], b. Jan. 30, 1756	2	13
Susannah, d. [Jesse & Phebe], b. Jan. 13, 1775	2	152
Sybil, d. [Daniel & Marcy], b. May 11, 1736; d. July 25, 1744	1	92
Sybael, d. [Daniel & Marcy], b. Mar. 27, 1745	1	92
Tarbel, s. [Stephen, Jr. & Hannah], b. Feb. 27, 1754	2	13
Thankful, m. Daniell **WOODWARD**, Mar. 1, 1701	1	85
Thankfull, d. [Stephen & Hannah], b. Apr. [ ], 1716	1	84
Thankfull, d. Joseph, b. Mar. 17, 1772	2	161
Thomas, m. Marg[a]rat **GEARS**, Dec. [ ], 1695	1	47
Thomas, [s. Thomas & Marg[a]rat], b. June 15, 1709	1	47
Thomas, s. [Caleb & Mary], b. Aug. 16, 1720	1	119
Thomas, Sr., d. Aug. 10, 1726	1	15
Thomas, s. [Daniel, Jr. & Elizabeth], b. Nov. 20, 1769	2	143
Thomas, s. [Cyrus & Ruth], b. Oct. 28, 1777	2	249
Thomas Miner, s. [Cyrus, Jr. & Patty], b. Apr. 14, 1820	2	376
Tracy, d. Jan. [ ], 1856, ae 16	8-C	7
William, s. [Frederick & Wealthy], b. Jan. 7, 1810 (William F. **GATES** of Lebanon says the above William, his father, was named William Pitt **GATES**.) (1896)	2	216
Zebadiah, [s. Thomas & Marg[a]rat], b. Sept. 4, 1699	1	47
Zebadiah, m. Jerusha **GEAR**, June 5, 1727; d. Feb. 12, 1759	1	62
Zebediah, m. Mehetable **DOWNING**, June 13, 1737	1	62
Zephaniah, s. [Phinehas & Esther], b. Apr. 19, 1761; d. Apr. 15, 1764	2	102
Zephaniah, s. [Stephen, Jr. & Hannah], b. Mar. 7, 1766	2	13
Zipporah, d. [Andrew & Olive], b. July 5, 1763	2	105
GAVITT, GAVIT, Abby, of Preston, m. Edwin **GAVITT**, of Norwich, June 19, 1837, by Rev. Augustus B. Collins	4	5
Edwin, of Norwich, m. Abby **GAVITT**, of Preston, June 19, 1837, by Rev. Augustus B. Collins	4	5
John, m. Lucinda **ROATH**, b. of Preston, Feb. 21, 1803	2	287
John, s. [John & Lucinda], b. Apr. 22, 1804	2	287
William, s. [John & Lucinda], b. June 3, 1805	2	287
GAY, Lucy E., of Preston, m. Daniel **MAIN**, of Ledyard, Jan. 26, 1843, by Jedidiah R. Gay, J.P.	4	84
GEER, GEARS, GEAR, GEARES, GEERE, A[a]ron, s. [Jonathan & Elisabeth], b. May 7, 1722	1	60
Aaron, m. Mercy **FISHER**, b. of Preston, Jan. 20, 1742/3	2	36
Abby, m. Elijah **WEEDEN**, Jr., b. of Preston, Mar. 19, 1815	2	368
Abby Almira, d. [Deneson & Polly], b. Aug. 26, 1810	2	398
Abby Almira, [d. Denison & Polly], b. Aug. 26, 1810	3	44
Abel, s. [William & Esther], b. June 20, 1735	1	119
Abel, s. [Daniel & Abigail], b. May 27, 1759	2	70
Abel, of Preston, m. Esther **FITCH**, of Norwich, Feb. 5, 1766	2	143
Abigail, of Groton, m. Ebenezer **WITTER**, Jr., of Preston, Sept. 22, 1763	2	94
Allatheah, d. [Nathan & Mary], b. Nov. 18, 1789	2	165
Allen, m. Mary **BURTON**, b. of Preston, Jan. 12, 1775	2	150

BARBOUR COLLECTION

GEER, GEARS, GEAR, GEARES, GEERE, (cont.)

	Vol.	Page
Allyn, twin with Jonas, s. [James & Mary], b. Apr. 18, 1754	1	117
Almira, d. [Jephthiah & Ollevet], b. Mar. 24, 1808	2	262
Almira, of Preston, m. Moses **MORSE**, of Canterbury, Apr. 16, 1849, by Rev. N. S. Hunt	4	168
Amelia, of Groton, m. Dedford **BILLINGS**, of Norwich, Apr. 6, 1828, by Rev. William Palmer, of Norwich	3	116
Amos, s. [Aaron & Mercy], b. Sept. 22, 1749	2	36
Amos, s. [Labeas & Rachel], b. Apr. 11, 1787	2	171
Amy, d. [Stephen & Ruth], b. Sept. 28, 1747	2	42
Arney, d. [Samuel & Lucy], b. May 10, 1803	2	323
Anna, d. [Aaron & Mercy], b. Dec. 22, 1745	2	36
Anna, d. [Elisha & Desire], b. Nov. 19, 1775	2	126
Anna, d. [Thomas & Meribah], b. Oct. 19, 1780	2	151
Anna, d. [Deneson & Polly], b. May 8, 1800; d. Apr. 26, 1816	2	398
Anna, [d. Denison & Polly], b. May 8, 1800	3	44
Anna, m. Elisha **HAKES**, June 13, 1802	2	369
Anna, [d. Denison & Polly], d. Apr. 26, 1816	3	44
Anne, d. [Samuel & Lucy], b. Sept. 14, 1797	2	323
Asa, s. [John & Zurviah], b. Aug. 11, 1737	1	120
Asenath W., of Ledyard, m. Andrew **AVERY**, of Preston, Jan. 9, 1851, by Rev. H. Floy Roberts	4	199
Banajah, s. Joseph & Sarah, b. May 31, 1707 - 1719 (Entry crossed out in original)	1	17
Benajah, s. Joseph & Sarah, b. May 31, 1714	1	106
Betsey, d. [Labeas & Rachel], b. May 21, 1789	2	171
Caleb, s. [Ebenezer & Desier], b. July 2, 1732	2	6
Charles, s. [Abel & Esther], b. Jan. 28, 1777	2	143
Charles, m. Salla **GRAVES**, b. of Preston, Jan. 1, 1799	2	280
Christian, d. [William & Dinah], b. Nov. 10, 1759	1	119
Christopher, [s. Daniell], b. Dec. 19, 1706	1	18
Daniell, s. Daniell, b. June 15, 1700	1	18
Daniel, Sr., d. Oct. 2, 1749	1	18
Daniel, of Preston, m. Abigail **SPICER**, of Groton, May 31, 1750	2	70
Daniel, s. [Roger & Keziah], b. May 6, 1776	2	158
Deborah, m. James **PARKE**, Mar. 27, 1719/9	1	86
Denison, s. [Elisha & Desire], b. July 13, 1771	2	126
Deneson, b. July 13, 1771; m. Polly **SMITH**, May 4, 1797	2	398
Deneson, b. July 13, 1771; m. Polly **SMITH**, May 4, 1797	3	44
Deneson, b. Feb. 14, 1816	2	398
Denison, d. Feb. 14, 1816	3	44
Deneson, s. [Deneson & Polly], b. Mar. 29, 1816	2	398
Denison, [s. Denison & Polly], b. Mar. 29, 1816	3	44
Denison Rosseter, s. [Nathan & Sophia], b. Oct. 22, 1818	3	84
Earl Piercy, s. [Jonas & Martha], b. June 3, 1783	2	150
Ebenezer, [s. Daniell], b. Dec. 29, 1709	1	18
Ebenezer, m. Desier **HERRICK**, b. of Preston, Apr. 1, 1730	2	6
Ebenezer, s. [Abel & Esther], b. Mar. 28, 1753	2	143
Edna Alice, d. [Deneson & Polly], b. July 29, 1813	2	398
Edna Alice, [d. Denison & Polly], b. July 29, 1813	3	44
Elias, s. [James & Mary], b. Jan. 12, 1737/8	1	117
Elias, s. [Labeas & Rachel], b. May 20, 1785	2	171
Elias, s. [Samuel & Lucy], b. July 10, 1794	2	323

PRESTON VITAL RECORDS 103

GEER, GEARS, GEAR, GEARES, GEERE, (cont.)

	Vol.	Page
Elijah, s. [Ebenezer & Desier], b. Oct. 21, 1735	2	6
Elijah Denison, s. [John Wheeler & Sally], b. Apr. 17, 1783	2	294
Eliphel, m. Asa **PARTRIDGE**, b. of Preston, Feb. 25, 1762	2	114
Elisel, d. [James & Mary], b. Mar. 7, 1739/40	1	117
Elisha, s. [Jonathan & Hannah], b. Mar. 5, 1749/8	1	60
Elisha, m. Desire **STANTON**, b. of Preston, Mar. 22, 1770	2	126
Elisha, Jr., s. [Deneson & Polly], b. June 10, 1806	2	398
Elisha, [s. Denison & Polly], b. June 10, 1806	3	44
Eliza, d. [Labeas & Rachel], b. Aug. 11, 1797	2	171
Eliza, d. [Samuel & Lucy], b. Aug. 16, 1807	2	323
Elizabeth, m. Joseph **WITTER**, Aug. 13, 1722	1	50
Elisabeth, d. [Jonathan & Elisabeth], b. May 9, 1728	1	60
Elisabeth, w. Jon[atha]n, d. Feb. 10, 1743/4	1	60
Elisabeth, d. [Jonathan & Hannah], b. Jan. 24, 1745/6	1	60
Esther, m. William **GEER**, Dec. 10, 1733	1	119
Esther, d. [Abel & Esther], b. Nov. 5, 1766	2	143
Esther, had s. Prosper **SMITH**, b. Dec. 1, 1795	2	260
Esther, m. Samuel **SMITH**, b. of Preston, Sept. 3, 1797	2	260
Eunice, d. [Ebenezer & Desier], b. Mar. 15, 1750	2	6
Eunice, d. [Samuel & Lucy], b. Mar. 31, 1796	2	323
[E]unice, d. [Jephthiah & Ollevet], b. Apr. 28, 1806	2	262
Eunice H., m. Charles **BARSTOW**, Sept. 15, 1829, by Rev. Augustus B. Collins	3	133
Experience, d. Christopher, b. July 14, 1741	2	37
Experience had illeg. d. Lois **RANDAL[L]**, b. Sept. 9, 1758. Reputed father Joseph **RANDAL[L]**	2	21
Ezra, s. [Joseph & Suzannah], b. May 16, 1724	1	17
Fanny, of Preston, m. Asa **RATHBONE**, 2d, of Salem, June 1, 1826, by Rev. W[illia]m Palmer, of Norwich	3	88
Fitch, s. [Abel & Esther], b. Apr. 18, 1788	2	143
George W., s. [Deneson & Polly], b. May 6, 1802	2	398
George W., [s. Denison & Polly], b. May 6, 1802	3	44
Halliburt, see also Holibert		
Halliburt Worthington, s. [Jephthiah & Ollevet], b. Mar. 8, 1810	2	262
Harriet, d. [Charles & Salla], b. Jan. 1, 1801	2	280
Henry, s. [Labeas & Rachel], b. Aug. 30, 1781	2	171
Henry, of Paris, N.Y., m. Eunice **MORSE**, of Preston, Ct., Oct. 10, 1807	2	296
Holibert, see also Halliburt		
Holibert Harlow, s. [Holibert W. & Lucy A.], b. May 8, 1836	3	152
Holibert W., m. Lucy A. **COATS**, Nov. 18, 1833, in N. Stonington, by David Coats, Esq.	3	152
Ichabod Eccleston, s. [Thomas & Meribah], b. May 8, 1783	2	151
Ilura, d. [Labeas & Rachel], b. May 3, 1800	2	171
Isaac, s. [Nathan & Jerusha], b. Dec. 6, 1771	2	142
Isaac S., m. Abby J. **BREWSTER**, of Preston, Nov. 24, 1836, by Rev. Augustus B. Collins	3	335
Isaac Sidney, s. [Jephthiah & Ollevet], b. Apr. 7, 1814	2	262
Isaac W., of Groton, m. Experience **AVERY**, of Preston, May 8, 1828, by Rev. Joseph Tuttle, of Groton	3	112
Israel, s. [John & Zurviah], b. Nov. 9, 1740	1	120
James, s. [Joseph & Suzannah], b. Jan. 18, 1715/14	1	17

GEER, GEARS, GEAR, GEARES, GEERE, (cont.)

	Vol.	Page
James, m. Mary MACKELL, Nov. 5, 1735	1	117
James, s. [James & Mary], b. Mar. 24, 1747	1	117
James, m. Mary KIMBALL, b. of Preston, Nov. 10, 1776; d. Sept. 30, 1794	2	66
James L., ae 39, carpenter, of Ledyard, m. Mary E. GEER, ae 28, b. Griswold, res. of Ledyard, Apr. 10, 1848, by H. Floy Roberts. (His 2d marriage)	5	3
James Lewis, of Groton, m. Prudence Almira GALLUP, of Preston, Nov. 19, 1834, by Rev. Timothy Tuttle of Groton	3	313
James Lewis, of Ledyard, m. Mary Ellen GEER, of Griswold, Apr. 10, 1848, by Rev. H. Floy Roberts	4	149
Jedidiah, s. [Nathan & Jerusha], b. Jan. 21, 1767	2	142
Jepthah, s. [Thomas & Meribah], b. Feb. 7, 1774	2	151
Jephtha, m. Olive STARKWEATHER, b. of Preston, Dec. 11, 1828, by Rev. Augustus B. Collins	3	149
Jephthiah, of Preston, m. Ollevet HERRICK, of Worthington, Nov. 19, 1797	2	262
Jephthiah, s. [Jephthiah & Ollevet], b. Feb. 13, 1804	2	262
Jeremiah, s. [Labeas & Rachel], b. Aug. 27, 1783	2	171
Jerusha, m. Zebadiah GATES, June 5, 1727	1	62
Jerusha, had s. Wheeler MARTIN, b. Feb. 8, 1765	2	51
Jerusha, m. Benajah BARRIS, Nov. 10, 1771, by Thomas Tillinghast, J.P.	2	51
Jesse, s. Christopher, b. Mar. 23, 1739	2	37
John, [s. Daniell], b. Mar. 29, 1703	1	18
John, m. Zurviah GEER, b. of Preston, May 12, 1725	1	120
John, s. [John & Zurviah], b. Aug. 6, 1729	1	120
John, s. [John Wheeler & Sally], b. June 11, 1779, in Stonington	2	294
John, m. Mehetable LEONORD, b. of Preston, Feb. 22, 1804	2	293
John D., of Griswold, m. Mary Ann COOK, of Preston, Dec. 24, 1833, by Rev. Augustus B. Collins	3	200
John Denison, s. [John & Mehetable], b. Dec. 24, 1807	2	293
John J., farmer, unmarried, d. Feb. 3, 1858, ae 36 y. 11 m.	8-C	10
John Jay, s. [Nathan & Sophia], b. Feb. 15, 1821	3	84
John Wheeler, of Groton, m. Sally DENISON, of Stonington, Sept. 3, 1778	2	294
Jonas, twin with Allyn, s. [James & Mary], b. Apr. 18, 1754	1	117
Jonas, m. Martha BURTON, b. of Preston, Jan. 12, 1775	2	150
Jonathan, m. Elisabeth HERRICK, June 15, 1721	1	60
Jonathan, s. [Jonathan & Elisabeth], b. June 3, 1724	1	60
Jonathan, d. Apr. 30, 1742	1	65
Jonathan, m. Hannah PUTNAM, b. of Preston, Apr. 16, 1745	1	60
Jonathan, Jr., of Preston, m. Anna ROTH, of Norwich, June 5, 1759	2	28
Jonathan, s. [Thomas & Meribah], b. Mar. 8, 1776	2	151
Jonathan, of Preston, m. Pamela ABBE, Jan. 1, 1797, by Timo[thy] Larrabee, J.P., in Windham	2	253
Joseph, m. Sarah HOWARD, Jan. 7, 1692	1	17
Joseph, m. Sarah HOWARD, Jan. 7, 1692	1	106
Joseph, [s. Joseph & Sarah], b. Oct. 17, 1693	1	17
Joseph, m. Suzannah SIMSBY, Oct. 18, 1713	1	17
Joseph, Jr., d. May 19, 1718	1	17
Joseph, s. [Joseph & Susannah], b. May 19, 1719	1	17

PRESTON VITAL RECORDS

	Vol.	Page
GEER, GEARS, GEAR, GEARES, GEERE, (cont.)		
Joseph, m. Ma[r]ther HARRIS, b. of Preston, Dec. 23, 1741	1	116
Joseph, s. James & Mary, b. May 3, 1756	2	66
Joseph, s. [Thomas & Meribah], b. July 22, 1778	2	151
Joseph, m. Hannah KIMBALL, b. of Preston, Feb. 16, 1800	2	273
Kezia, [d. Joseph & Sarah], b. Feb. 23, 1709/10 (Entry crossed out in original)	1	17
Keziah, d. Joseph & Sarah, b. Feb. 23, 1710	1	106
Keziah, d. [James & Mary], b. July 19, 1758	2	66
Laura, d. [Jephthiah & Ollevet], b. Nov. 10, 1801	2	262
Laura, of Preston, m. Ezra STARKWEATHER, Nov. 24, 1826, by Zelotes Fuller	3	91
Lebeas, s. [William & Esther], b. Aug. 7, 1740	1	119
Lebbeus, s. [William & Dinah], b. Dec. 30, 1757	1	119
Labeas, m. Rachel MORGAN, b. of Preston, June 1, 1781	2	171
Lemuel, s. [Christopher & Prudence], b. June 28, 1750	2	37
Lidya, m. Samuel GUILE, b. of Preston, Aug. 23, 1757	2	134
Lidya, see also Lydia		
Lucy, d. [Nathan & Jerusha], b. May 8, 1769	2	142
Lucy, d. [Nathan & Mary], b. May 27, 1787	2	165
Lucy, d. [Samuel & Lucy], b. Oct. 5, 1801	2	323
Lucy, w. Samuel, d. Nov. 21, 1810	2	323
Lucy A., d. [Holibert W. & Lucy A.], b. Oct. 17, 1834	3	152
Lucy Emma, [d. Samuel & Anna], b. June 18, 1828	3	160
Lydia, see also Lidya		
Lydia, d. [Samuel & Lucy], b. Oct. 3, 1792	2	323
Lydia, d. [Deneson & Polly], b. Mar. 9, 1804	2	398
Lydia, [d. Denison & Polly], b. Mar. 9, 1804	3	44
Marg[a]rat, m. Thomas GAT[E]S, Dec. [ ], 1695	1	47
Margery, d. [Labeas & Rachel], b. June 17, 1792	2	171
Mariah, d. [Labeas & Rachel], b. Mar. 4, 1795	2	171
Mariah, m. Palmer BARNES, Mar. 4, 1827, by Rev. Zelotes Fuller, Jr.	3	97
Martha, d. [Abel & Esther], b. Mar. 28, 1781	2	143
Mary, w. Jonathan, d. Apr. 24, 1718	1	65
Mary, d. [John & Zurviah], b. Oct. 11, 1727	1	120
Mary, d. [James & Mary], b. Jan. 12, 1744/5	1	117
Mary, m. Daniel STARKWEATHER, b. of Preston, Mar. 26, 1746	2	19
Mary, of Groton, m. Elijah DENISON, of Stonington, Jan. 22, 1775	2	209
Mary, w. James, d. Mar. 18, 1776	2	66
Mary, d. [Jonas & Martha], b. Jan. 10, 1780	2	150
Mary, d. [Nathan & Mary], b. Jan. 11, 1784	2	165
Mary, d. [John Wheeler & Sally], b. Mar. 28, 1792	2	294
Mary, d. Samuel & Anna, b. Aug. 24, 1821	2	354
Mary, d. Samuel & Anna, b. Aug. 24, 1821	3	160
Mary E., ae 28, b. in Griswold, res. of Ledyard, m. James L. GEER, ae 39, carpenter, of Ledyard, Apr. 10, 1848, by H. Floy Roberts. (His 2d wife)	5	3
Mary Ellen, of Griswold, m. James Lewis GEER, of Ledyard, Apr. 10, 1848, by Rev. H. Floy Roberts	4	149
Mehetable, d. [John & Mehetable], b. Feb. 26, 1805	2	293
Mercy, d. [Aaron & Mercy], b. Sept. 2, 1747	2	36
Mercy, w. Aaron, d. Feb. 2, 1752	2	36

GEER, GEARS, GEAR, GEARES, GEERE, (cont.)

	Vol.	Page
Meribah, [w. Thomas], d. Mar. 17, 1801	2	151
Molly, d. [Abel & Esther], b. Oct. 19, 1775	2	143
Moses, s. [Abel & Esther], b. Sept. 25, 1786; d. Oct. 3, 1788	2	143
Moses Tyler, s. [John Wheeler & Sally], b. Jan. 11, 1787	2	294
Nabby, d. [Thomas & Meribah], b. Nov. 30, 1791	2	151
Nabby, d. [Nathan & Mary], b. Apr. 15, 1793	2	165
Nabby, m. Elisha HAKES, Nov. 29, 1810	2	369
Nathan, s. [Daniel & Abigail], b. Dec. 12, 1756	2	70
Nathan, m. Jerusha TRACY, b. of Preston, May 1, 1766	2	142
Nathan, m. Mary GATES, b. of Preston, Oct. 1, 1778	2	165
Nathan, s. [John Wheeler & Sally], b. Apr. 30, 1781	2	294
Nathan, s. [Nathan & Mary], b. Sept. 5, 1797	2	165
Nathan, m. Sophia ROSSETER, May 2, 1816, by Jared Gallup, J.P.	3	84
Nathan Punderson, s. [Nathan & Sophia], b. June 29, 1817	3	84
Olive, d. [Ebenezer & Desier], b. Aug. 16, 1730	2	6
Olive, d. [James & Mary], b. Mar. 17, 1752	1	117
Olive, m. Daniel REA, b. of Preston, Feb. 19, 1755	2	134
Ollevet, d. [Jephthiah & Ollevet], b. Jan. 24, 1800	2	262
Olivet, m. Elisha s. BILL, Oct. 26, 1817, by Rev. Christopher Avery	2	395
Orra, m. Amos A. GORE, b. of Preston, May 30, 1824, by Robert S. Avery, J.P.	3	50-A
Patience, d. Christopher & Prudence, b. Feb. 17, 1747/8	2	37
Patience had s. Elijah HARRIS, b. Aug. 20, 1768. Reputed father was Elijah HARRIS	2	67
Patience, of Preston, m. Richard OTIS, of New London, Dec. 6, 1773	2	85
Percis, of Preston, m. Henry H. CORY, of Windham, Apr. 2, 1840, by Rev. Augustus B. Collins	4	37
Peries Cook, d. [Jephthiah & Ollevet], b. Sept. 12, 1816	2	262
Pheebe, d. [Christopher & Prudence], b. Apr. 6, 1753; d. June 9, 1759	2	37
Phineas, s. Christopher & Hannah, b. Nov. 24, 1733	1	72
Polly, d. [Deneson & Polly], b. June 16, 1798	2	398
Polly, [d. Denison & Polly], b. June 16, 1798	3	44
Polly, d. [Samuel & Lucy], b. June 15, 1805	2	323
Prentice, s. [Deneson & Polly], b. Sept. 7, 1808	2	398
Prentice, [s. Denison & Polly], b. Sept. 7, 1808	3	44
Prudence Ann, d. [Samuel & Anna], b. Aug. 8, 1825	3	160
Prudence S., unmarried, d. Sept. 3, 1863, ae 33	8-C	20
Prudence Sophia, d. [Nathan & Sophia], b. Feb. 7, 1831	3	84
Rebecca, d. [Elisha & Desire], b. Sept. 12, 1776	2	126
Robert, s. [Daniel & Abigail], b. Nov. 25, 1754	2	70
Roger, s. [Daniel & Abigail], b. May 18, 1753	2	70
Roger, of Preston, m. Keziah TUCKER, of Voluntown, Nov. 24, 1774	2	158
Sally, d. [John Wheeler & Sally], b. Jan. 25, 1785	2	294
Sally Mariah, d. [John & Mehetable], b. Oct. 29,1809	2	293
Samuell, s. [Jonathan & Elisabeth], b. June 3, 1731	1	60
Samuel, s. [Aaron & Mercy], b. Nov. 8, 1743	2	36
Samuel, s. [Abel & Esther], b. Dec. 5, 1768	2	143
Samuel, s. [John Wheeler & Sally], b. Nov. 30, 1788	2	294
Samuel, m. Lucy TRACY, Jan. 1, 1792	2	323

	Vol.	Page
GEER, GEARS, GEAR, GEARES, GEERE, (cont.)		
Samuel, s. [Samuel & Lucy], b. July 22, 1799	2	323
Sara[h], [d. Joseph & Sarah], b. Feb. 17-16, 1712 (Entry crossed out in original)	1	17
Sarah, d. Joseph & Sarah, b. Sept. 17, 1712	1	106
Sarah, d. [Nathan & Mary], b. Sept. 13, 1779	2	165
Sarah M., m. Albert A. BAILEY, b. of Ledyard, Jan. 8, 1843, in Poquetonnuck, by Rev. Dexter Potter	4	83
Silas, s. [Joseph & Suzannah], b. Mar. 26, 1722	1	17
Silance, d. [Ebenezer & Desier], b. May 3, 1744	2	6
Silence, m. Masa COOK, b. of Preston, Oct. 6, 1761	2	28
Silsby, s. [James & Mary], b. July 26, 1742	1	117
Sophia Christina, d. [Elisha & Desire], b. Jan. 11, 1773	2	126
Stephen, s. [Jonathan & Elisabeth], b. Feb. 22, 1726/7	1	60
Stephen, of Preston, m. Ruth CLARK, of Norwich, Jan. 8, 1746/7	2	42
Susan Jane, [d. Isaac S. & Abby J.], b. Dec. 6, 1838	3	335
Susannah, d. [Joseph & Suzannah], b. Mar. 28, 1716/7	1	17
Susannah, d. [Joseph & Mather], b. Feb. 14, 1742/3	1	116
Susan[n]a, d. [James & Mary], b. Sept. 12, 1749	1	117
Susannah, m. John MORSE, b. of Preston, Nov. 17, 1770	2	139
Susanna, d. [Samuel & Lucy], b. July 25, 1809	2	323
Thankfull, [d. Daniell], b. Jan. 7, 1721/2	1	18
Thankfull, d. [Ebenezer & Desier], b. Apr. 11, 1738	2	6
Thomas, s. [Stephen & Ruth], b. Aug. 9, 1750	2	42
Thomas, m. Meribah KILLAM, b. of Preston, Feb. 11, 1773	2	151
Thomas, m. Elizabeth WILBUR, b. of Preston, Mar. 22, 1803	2	151
Thomas Clark, s. [Jephthiah & Ollevet], b. Feb. 22, 1812; d. Oct. 1, 1817	2	262
William, [s. Daniell], b. Jan. 4, 1713	1	18
William, m. Esther GEER, Dec. 10, 1733	1	119
William, m. Dinah WEEDEN, Dec. 29, 1757	1	119
William, s. [Abel & Esther], b. July 13, 1771	2	143
William, d. Feb. 5, 1772	2	8
Zilpha, d. [John & Zurviah], b. Dec. 1, 1734	1	120
Zipporah, d. [Abel & Esther], b. Mar. 14, 1779	2	143
Zurviah, m. John GEER, b. of Preston, May 12, 1725	1	120
GENNINGS, [see also JENNINGS], Azubah, m. Edward TRACY, b. of Preston, July 16, 1778	2	165
GIBBONS, Delight, d. Jonathan & Elizabeth, b. Apr. 14, 1741	2	24
Grace, d. Jonathan & Elizabeth, b. Oct. 10, 1743	2	24
GIBRUS, Sarah, married, b. in Ireland, d. Mar. 12, 1858, ae 28	8-C	10
GIDDINGS, Almedia, d. [Levi & Bersheba], b. Jan. 1, 1811	2	337
Andromache, m. Moses AVERY, b. of Preston, Oct. 6, 1822, by John Brewster, J.P.	3	40
Anna, d. [Joseph & Mary], b. Mar. 13, 1786	2	391
Ardelia, d. [Levi & Bersheba], b. Dec. 10, 1808	2	337
Bersheba, w. Levy, d. Sept. 7, 1813, ae 35 y. 6 m. 1 d.	2	337
Betsey, d. [Joseph & Mary], b. Dec. 6, 1794	2	391
Betsey, m. Charles R. BREWSTER, b. of Preston, Feb. 3, 1822, by John Brewster, J.P.	3	120
Desire, d. [Joseph & Mary], b. Jan. 26, 1791	2	391
Edwin W., s. [Jabez W. & Lydia], b. June 11, 1815	2	288
Eli, s. [Joseph & Mary], b. Sept. 23, 1804	2	391

BARBOUR COLLECTION

	Vol.	Page
GIDDINGS, (cont.)		
Eliab A., s. [Jabez W. & Lydia], b. Apr. 4, 1820	2	288
Elias, s. [Joseph & Mary], b. Aug. 27, 1798	2	391
Gurdon, s. [Joseph & Mary], b. Sept. 12, 1807	2	391
Hannah, d. [Joseph & Mary], b. Mar. 28, 1784	2	391
Horatio A., s. [Jabez W. & Lydia], b. Aug. 3, 1813	2	288
Huldah, d. [Joseph & Mary], b. Oct. 13, 1796	2	391
Jabez W., b. Aug. 31, 1787	2	288
Jabez W., of Preston, m. Lydia **ALDEN**, of Stafford, June 7, 1812	2	288
James Lee, s. [Joseph & Mary], b. Dec. 13, 1792	2	391
John, s. Joseph & Mary, b. Nov. 9, 1782	2	391
Joseph, m. Mary **BUTTON**, b. of Norwich, June 23, 1782, by Amos Gore, J.P., in Norwich	2	391
Joseph, Jr., s. [Joseph & Mary], b. Mar. 1, 1801	2	391
Julyan, d. [Levi & Bersheba], b. Jan. 5, 1806	2	337
Levi, m. Bersheba **DEMING**, Sept. 16, 1804, by Lemuel Tyler. Witnesses: Sterry Cook, Polly Cook	2	337
Lucy, wid., of Norwich, m. John **PLUMER**, of Preston, Mar. 28, 1773	2	82
Mary, d. Sept. 1, 1849, ae 85	5	14
Mary A., of Preston, m. Lyman **BENJAMIN**, of Griswold, Apr. 24, 1836, by Rev. N. E. Shailer	3	338
Polly, d. [Joseph & Mary], b. Apr. 28, 1789	2	391
Sarah, d. [Joseph & Mary], b. July 22, 1787	2	391
William, s. [Joseph & Mary], b. Sept. 25, 1802	2	391
William W., s. [Jabez W. & Lydia], b. Aug. 11, 1817	2	288
GILLIT, Elizabeth, d. Jonah & Elisabeth, b. May 9, 1732	1	96
GODDARD, Abigail, of Preston, m. David **WRIGHT**, of Norwich, Apr. 21, 1814	2	339
Hezekiah, m. Phebe **HALSEY**, b. of Preston, Feb. 8, 1795	2	254
Hezekiah, m. Sally A. **HALSEY**, Feb. 1, 1807	2	254
Hezekiah Willard, s. [Hezekiah & Sally A.], b. Oct. 21, 1807	2	254
Jeremiah Halsey, s. [Hezekiah & Phebe], b. Sept. 18, 1795	2	254
Paulina, d. [Hezekiah & Phebe], b. June 3, 1798	2	254
Phebe, [w. Hezekiah], d. Mar. 8, 1803	2	254
Sarah, m. Daniel **HUTCHINSON**, b. of Preston, June 9, 1803	2	305
GOODALE, Abby, d. Reuben & Sally, b. Aug. 5, 1806	2	316
Henry, s. [Reuben & Sally], b. July 26, 1810	2	316
Joseph, s. Reuben & Rebeckah, b. Jan. 24, 1803	2	316
William, s. [Reuben & Sally], b. Apr. 5, 1808	2	316
GOPPY, Mary, [m.] Samuel Gild, [ ]	1	81
GORE, [see also **GARE** and **GOVE**], Amos A., m. Orra **GEER**, b. of Preston, May 30, 1824, by Robert S. Avery, J.P.	3	50-A
Amos A., d. June 6, 1853, ae 50	8-C	1
Amos Avery, s. [Asa A. & Ruth], b. May 2, 1803	2	283
Ann, of Preston, m. Amos Y. **GRANT**, of Neversink, N.Y., Nov. 29, 1840, by Rev. Nathan E. Shailer	4	49
Anne, d. [Asa A. & Ruth], b. Apr. 27, 1806	2	283
Asa, s. [Asa A. & Ruth], b. Dec. 14, 1808	2	283
Asa A., of Preston, m. Ruth **YARRINGTON**, of Stonington, Jan. 16, 1800	2	283
Asa A., of Preston, widower, b. in Wyoming, Pa., d. Dec. 2, 1859, ae 81	8-C	14

	Vol.	Page
GORE, (cont.)		
Asa Park[e], s. [Daniel & Clarinda], b. Jan. 11, 1803 (also marked 1804)	2	281
Clarinda, d. [Daniel & Clarinda], b. May 23, 1811; d. Dec. 20, 1814	2	281
Clarinda, d. [Asa A. & Ruth], b. July 24, 1815	2	283
Clarissa, m. Amos A. **STANDISH**, b. of Preston, Oct. 16, 1836, by Rev. N. E. Shailer	3	332
Daniel, m. Clarinda **CAPRON**, b. of Preston, Dec. 28, 1800	2	281
Daniel Chester, s. [Daniel & Clarinda], b. May 12, 1809	2	281
Desire, d. [Moses & Desire], b. Sept. 20, 1740	1	121
Dolly Amanda, d. [Elijah Denison & Dorothy], b. Apr. 11, 1813	3	370
Dorothy, of Groton, m. Elijah Denison **GORE**, of Preston, Apr. 15, 1812	2	370
Edward F., farmer, unmarried, d. July 28, 1859, ae 20	8-C	12
Elijah Denison, of Preston, m. Dorothy **GORE**, of Groton, Apr. 15, 1812	2	370
Eliza, of Preston, m. Amos L. **LATHAM**, of Groton, Sept. 10, 1823, by Robert S. Avery, J.P.	3	45
Elizabeth, of Norwich, m. Asa **EDDY**, of Preston, Aug. 2, 1761	2	110
Elizabeth, d. [Asa A. & Ruth], b. Feb. 12, 1805	2	283
George, s. [Daniel & Clarinda], b. Feb. 15, 1817	2	281
Hannah, d. [Moses & Desire], b. Sept. 1, 1741	1	121
Hannah, d. [Asa A. & Ruth], b. Dec. 2, 1801	2	283
Hannah M., d. Sept. 12, 1849, ae 4	5	12
John P., of Preston, m. Emily C. **SHELLEY**, of Neversink, Sullivan Cty., N.Y., Dec. 14, 1851, by Rev. N. S. Hunt	4	210
John Park[e], s. [Asa A. & Ruth], b. May 8, 1817	2	283
Joseph A., m. Nancy E. **FITCH**, b. of Preston, Sept. 17, 1843, by H. R. Knapp	4	96
Joseph Albert, s. [Asa A. & Ruth], b. July 7, 1819	2	283
Lucy, d. [Daniel & Clarinda], b. Mar. 16, 1813	2	281
Lucy Aurilla, of Preston, m. Charles S. **WILLIAMS**, of Stonington, Oct. 29, 1829, by Rev. John G. Wightman	3	135
Lucy Orilla, d. [Asa A. & Ruth], b. Aug. 16, 1811	2	283
Lydia Mina, d. [Asa A. & Ruth], b. July 12, 1813	2	283
Marcy, d. [Moses & Desire], b. Feb. 10, 1742/3	1	121
Mary, d. [Daniel & Clarinda], b. Aug. 23, 1807	2	281
Moses, of Preston, m. Desire **BURRIS**, of Groton, May 27, 1740	1	121
Polly, d. [Asa A. & Ruth], b. Oct. 14, 1821	2	283
Rachel, d. [Daniel & Clarinda], b. Aug. 23, 1805	2	281
Ruth, d. Apr. 15, 1853, ae 73	8-C	1
Sally Ann, d. [Elijah Denison & Dorothy], b. June 2, 1815	3	370
Samuel Capron, s. [Daniel & Clarinda], b. Feb. 10, 1815	2	281
W[illia]m H., d. Aug. 2, 1848, ae 4	5	12
-----, d. Jan. 7, 1858, ae 1/2 d.	8-C	10
GOSNER, Caty, d. [Christian & Mary], b. Sept. 19, 1779	2	202
Christian, of Philadelphia, m. Mary **ROUSE**, of Preston, May 1, 1777	2	202
Christian, m. Cynthia **BRANCH**, b. of Preston, Dec. 17, 1786	2	202
Christian, m. Cynthia **BRANCH**, b. of Preston, Dec. 17, 1786 (Entry crossed out)	2	204
GOVE, [see also **GARE** and **GORE**], Esther, d. [Nathaniel & Esther], b. June 22, 1762	2	108

	Vol.	Page
GOVE, (cont.)		
Nathaniel, m. Esther **TYLER**, b. of Preston, Nov. 1, 1759	2	108
Sarah, d. [Nathaniel & Esther], b. May 25, 1760	2	108
GRAHAM, Mary, m. George C. **BILLINGS**, b. of Norwich, July 28, 1839, by Asa A. Gore, J.P.	4	26
GRANT, Almira, d. [Minor & Anna], b. May 10, 1816	2	372
Amos Y., of Neversink, N.Y., m. Ann **GORE**, of Preston, Nov. 29, 1840, by Rev. Nathan E. Shailer	4	49
Anna, [d. Minor & Anna], b. Feb. 15, 1808; d. Sept. 26, 1832	2	372
Anna, w. Minor, d. July 24, 1820	2	372
Denison, [s. Minor & Anna], b. Mar. 21, 1813	2	372
Elias, [s. Minor & Anna], b. July 6, 1814; d. Jan. 18, 1837	2	372
Fanny L., married, d. June 14, 1866, ae 49	8-C	26
Joseph G. W., s. [Minor & Anna], b. July 14, 1818	2	372
Justin P., [s. Minor & Anna], b. July 15, 1820; d. Jan. 9, 1822	2	372
Maria, [d. Minor & Anna], b. Aug. 31, 1809	2	372
Mary, w. Noah, d. Dec. 23, 1840	2	373
Mercy, widow, d. Jan. 11, 1861, ae 79	8-C	16
Minor, m. Anna **PALMER**, b. of Preston, Aug. 16, 1807	2	372
Minor, [s. Minor & Anna], b. Mar. 30, 1811	2	372
Miner, m. Mary **MAYNARD**, July 20, 1824, by Palmer Hewit[t], J.P.	3	52
Minor, m. Betsey **SANDERS**, b. of Preston, Aug. 19, 1832, by Robert S. Avery, J.P.	3	180
Polly, [d. Noah & Mary], d. Feb. 13, 1831	2	373
Prentice, d. Apr. 4, 1867, ae 40	8-C	27
William, m. Lavina **HERRINGTON**, Nov. 17, 1844, by John P. Gates, J.P.	4	110
GRAVES, Abby Perkins, d. [John & Mary], b. Mar. 20, 1815	2	368
Betsey, d. [Jonathan & Zipporah], b. June 25, 1776	2	222
Desier, d. [Jonathan & Elizabeth], b. June 12, 1784	2	222
George, s. [Jonathan & Elizabeth], b. Dec. 13, 1786	2	222
George, s. [Jonathan & Elizabeth], d. Apr. 25, 1798	2	222
John, s. [Jonathan & Elizabeth], b. Mar. 14, 1788	2	222
John, of Preston, m. Mary **PERRIMAN**, of [Preston], Apr. 7, 1814	2	368
Jonathan, m. Zipporah **TRACY**, b. of Preston, Mar. 18, 1773	2	222
Jonathan, m. Elizabeth **BACON**, b. of Preston, Aug. 27, 1779	2	222
Lucinda, d. [Jonathan & Zipporah], b. May 5, 1774	2	222
Polly, d. [Jonathan & Elizabeth], b. Apr. 27, 1782	2	222
Salla, d. [Jonathan & Elizabeth], b. July 1, 1780	2	222
Salla, m. Charles **GEER**, b. of Preston, Jan. 1, 1799	2	280
Zipporah, [w. Jonathan], d. [ ]	2	222
GRAY, Esther, m. William **KIMBALL**, Jr., Nov. 30, 1815, by Ebenezer Morgan	2	403
Julia Ann, of Ledyard, m. Amos M. **ALLEN**, Oct. 12, 1842, by Rev. Augustus B. Collins	4	79
Philena M., of Lebanon, m. George **BRANCH**, of Griswold, Nov. 4, 1850, by Rev. Jacob Allen	4	197
Sally, of Preston, m. Silas **STERRY**, of Groton, May 5, 1822, by Phillip Gray, J.P.	3	3
Thomas, farmer, ae 22, b. in Groton, now of Preston, m. Esther **GATES**, ae 20, b. in Preston, Mar. 5, 1848, by Stephen Peckham	5	2

PRESTON VITAL RECORDS 111

	Vol.	Page
GREEN, GREENE, Aaron, s. [David & Molly], b. July 28, 1772	2	145
Abel, s. [Winter & Borridel], b. Aug. 30, 1760	2	145
Abigail, m. Warren **ANDREWS**, b. of Preston, Jan. 4, 1842, by Rev. Nathan E. Shailer	4	72
Abner, s. [Winter & Borridel], b. Dec. 14, 1762	2	145
Archebell, s. [Benajah], b. May 11, 1806	2	304
Benajah, s. [David & Molly], b. May 22, 1752	2	145
Benajah Crary, s. [Benajah], b. Apr. 7, 1804	2	304
Bennet, s. [Winter & Borridel], b. Nov. 2, 1775	2	145
Beriah, m. Elizabeth **SMITH**, b. of Preston, Dec. 31, 1793	2	242
Beriah, s. [Beriah & Elizabeth], b. Mar. 24, 1795	2	242
Betsey, d. [David & Molly], b. Jan. 3, 1782	2	145
Betsey, b. Jan. 21, 1789; m. Col. Paul **HARVEY**, July 23, 1805	2	397
Betty, d. [John], b. June 26, 1744	1	42
Caleb, s. [Winter & Borridel], b. Oct. 28, 1757	2	145
Charles, s. [Winter & Borridel], b. Jan. 7, 1772	2	145
Christopher, s. [John], b. Oct. 5, 1735	1	42
Daniel, s. [James & Sabra], b. Mar. 22, 1796	2	251
David, s. [John], b. Nov. 22, 1737	1	42
David, m. Molly **WETHEY**, Oct. 1, 1751	2	145
David, s. [John, Jr. & [Comfort], b. June 19, 1756	2	18
Elisha, s. [David & Molly], b. Feb. 25, 1780	2	145
Elizabeth, m. William **BENNET[T]**, b. of Preston, Feb. 17, 1725	2	10
Elizabeth, d. [John, Jr. & Comfort], b. Aug. 17, 1752	2	18
Elizabeth, d. [Joseph & Jane], b. Nov. 30, 1754	2	84
Ida A., of San Francisco, Cal., m. Asahel R. **COOK**, of Seattle, Wash., May 26, 1898, at San Francisco	2	302
James, s. [Winter & Borridel], b. Nov. 27, 1770	2	145
James, m. Sabra **JONES**, b. of Preston, Dec. 1, 1793	2	251
John, s. [John], b. Sept. 16, 1725	1	42
John, Jr., m. Comfort **PONEY**, b. of Preston, Mar. 26, 1746	2	18
Joseph, m. Jane **LOVELESS**, b. of Preston, Sept. 19, 1750	2	84
Keziah, d. [Joseph & Jane], b. Nov. 7, 1757	2	84
Lydia, d. [John, Jr. & Comfort], b. May 4, 1748	2	18
Lydia, d. [David & Molly], b. June 26, 1784	2	145
Lydia, of Preston, m. Moses **BRANCH**, of Montville, Mar. 9, 1834, by Reuben Porter	3	207
Marcy, m. Lewis **JONES**, Nov. 2, 1732	1	98
Mary, d. [John], b. Feb. 13, 1739/40	1	42
Mary, d. [John, Jr. & Comfort], b. May 24, 1750	2	18
Mary, d. [Joseph & Jane], b. May 11, 1752	2	84
Mary, m. Phillip **OLIN**, b. of Preston, Oct. 28, 1765	2	264
Mehetable, d. [David & Molly], b. Aug. 9, 1777	2	145
Mercy, of Canterbury, m. Nathaniel **PRENTICE**, of Preston, Feb. 18, 1767	2	119
Nancy, m. Nathan **AYER**, Jr., Nov. 26, 1809	2	388
Nathan, s. [John, Jr. & Comfort], b. July 12, 1754	2	18
Polly, d. [David & Molly], b. Mar. 22, 1770	2	145
Reuben, s. [James & Sabra], b. Apr. 11, 1800	2	251
Salla, d. [James & Sabra], b. Nov. 21, 1797	2	251
Sally, m. Ephraim **BENJAMIN**, Nov. 1, 1812	2	389
Sarah, d. [David & Molly], b. May 19, 1766	2	145

	Vol.	Page
GREEN, GREENE, (cont.)		
Wheeler Clark, s. [James & Sabra], b. July 7, 1794	2	251
William, s. [John], b. Sept. 3, 1731	1	42
William, s. [David & Molly], b. Nov. 14, 1774	2	145
William, s. Benajah, b. Apr. 8, 1802	2	304
William R., m. Eliza STANTON, Jan. 10, 1841, by Nathan Stanton, J.P.	4	52
Winter, s. [John], b. Nov. 10, 1733	1	42
Winter, m. Borridel BENNIT, Feb. 11, 1756	2	145
Winter, s. [Winter & Borridel], b. Dec. 21, 1767	2	145
GREENMAN, GRENMAN, Horace D., s. Rufus, ae 28, farmer, & Elizabeth, ae 23, b. Oct. 16, 1847	5	5
James, s. [Samuel S.* & Polly], b. Apr. 8, 1811 (*Perhaps "J")	2	243
Rufus S., m. Hannah E. DAVIS, of Preston, Jan. 8, 1843, by Rev. Augustus B. Collins	4	90
Samuel S. (or J.) of Jamestown, R.I., m. Polly GUILE, of Preston, Oct. 9, 1809, by Alexander Stewart, J.P.	2	243
GREENSLIT, Abigail, d. [John, Jr.], b. Nov. 17, 1736	1	99
John, m. Sarah RIX, May 9, 1710	1	62
John, [s. John & Sarah], b. July 17, 1712	1	62
GRESS, Mary M., married, b. in Germany, d. Sept. 11, 1866, ae 34	8-C	26
-----, stillborn Oct. 5, 1855	8-C	6
GRIFFIN, Willie, d. Aug. 20, 1861, ae 5 y. 6 m.	8-C	17
GRISWOLD, GRISWOULD, Mary, m. Jonathan TRACY, July 11, 1672	1	13
Samuel E., m. Mary L. AVERILL, b. of Preston, Mar. 24, 1850, by Rev. N. S. Hunt	4	185
Susan A. C., m. James SPICER, Jr., b. of Preston, Oct. 8, 1848, by Rev. Roswell Whitmore	4	155
-----, female, d. Jan. 20, 1856	8-C	7
GROMME, Christina, seamstress, married, d. July 2, 1862, ae 42	8-C	18
GUILE, GILE, GILD, GUILD, GUIL, Abel, s. [John & Sarah], b. Jan. 3, 1747/8	1	107
Abraham, m. Lydia REA, b. of Preson, June 11, 1741	2	12
Abraham, m. Silence HERRICK, b. of Preston, Apr. 21, 1747	2	12
Abraham, s. [Abraham & Silence], b. July 7, 1766	2	13
Abraham, d. Mar. 21, 1794	2	13
Abram, [s. Samuel & Mary], b. July 1, 1714	1	81
Affe, d. [Samuel & Lidya], b. June 1, 1778	2	134
Alfred, b. Jan. 21, 1810	3	162
Alfred, illeg. s. Temperance [d. Nathan], b. Jan. 21, 1822	2	368
Alfred, of Griswold, m. Melissa SIMS, of Preston, Apr. 10, 1831, by George Giddings, J.P.	3	162
Alfred, married, b. in Griswold, d. Feb. 12, 1854, ae 44	8-C	2
Alfred, d. Sept. 28, 1862, ae 1 d.	8-C	18
Amy, d. [Samuel & Lidya], b. June 3, 1770	2	134
Ann E., [d. Alfred & Melissa], b. Apr. 7, 1832; d. Jan. 20, 1834, ae 22 m.	3	162
Ann E., [d. Alfred & Melissa], b. June 29, 1835	3	162
Anna, [d. Nathan & Eunice], b. Nov. 13, 1791	2	345
Anne, d. [Abraham & Silence], b. Aug. 28, 1754	2	12
Anne, d. [Abraham & Silence], b. Nov. 15, 1759	2	12
Asa, s. [John, Jr. & Sarah], b. Jan. 12, 1760	2	135

	Vol.	Page
GUILE, GILE, GILD, GUILD, GUIL, (cont.)		
Beniamin, m. Phebe **DENISON**, July 1, 1719	1	56
Charles, [s. Nathan & Eunice], b. Aug. 7, 1803	2	345
Charlotte, d. [Samuel & Lidya], b. Dec. 22, 1773	2	134
Daniel, s. [Joseph & Sarah], b. Apr. 25, 1786	2	218
Elisha, s. [John & Sarah], b. Dec. 9, 1745	1	107
Elisha, m. Abigail **REA**, b. of Preston, May 4, 1768	2	136
Elizabeth, m. Ebenezer **HERRICK**, Jan. 26, 1721/22	1	72
Elizabeth, d. [Abraham & Silence], b. Dec. 24, 1768	2	13
Eunis, d. [John & Sarah], b. Mar. 21, 1744	1	107
Eunice, [d. Nathan & Eunice], b. May 21, 1797	2	345
Eunice, w. Nathan, d. Apr. 30, 1841, ae 82 y.	2	345
Eunice, of Preston, m. Josiah **MATHEWSON**, of Plainfield, Mar. 24, 1844, by Henry R. Knapp	4	104
Eunice W., [d. Alfred & Melissa], b. June 26, 1844	3	162
Fanna, [d. Nathan & Eunice], b. May 9, 1794	2	345
Fanny, [d. Nathan & Eunice], d. Dec. 3, 1836, ae 43 y.	2	345
Fanny A., [d. Alfred & Melissa], b. Dec. 4, 1837	3	162
Gideon, s. [Elisha & Abigail], b. Aug. 25, 1768	2	136
Gilbert, [s. Nathan & Eunice], b. July 29, 1799 (twin with Gurdon)	2	345
Gurdon, twin with Gilbert, [s. Nathan & Eunice], b. July 29, 1799	2	346
Harriet E., unmar., d. Jan. 8, 1854, ae 16	8-C	2
Harriet M., [d. Alfred & Melissa], b. May 25, 1839	3	162
Harry, illeg. s., Temperance, who was d. Nathan **GUILE**, b. June 24, 1804	2	368
Henry, s. [John, Jr. & Sarah], b. Sept. 21, 1762	2	135
Henry, m. Ellen **LEWIS**, b. of Preston, Sept. 12, 1824, by Levi Meech, Elder	3	54
Huldah, d. John & Sarah, b. July 24, 1752	2	62
John, [s. Samuel & Mary], b. July 10, 1712	1	81
John, m. Sarah **HODG[E]**, Nov. 5, 1735	1	107
John, s. [John], b. Apr.7, 1738	1	107
John, Jr., [s. John], d. July 23, 1739	1	107
John, [s. John & Sarah], b. Jan. 19, 1739/40	1	107
John, Jr., m. Sarah **REA**, b. of Preston, Jan. 4, 1760	2	135
John, Jr., m. Asenath **EL[L]IOT**, Nov. 19, 1766	2	135
John, s. [Elisha & Abigail], b. Aug. 1, 1792	2	136
Joseph, s. John, b. Nov. 18, 1701	1	75
Joseph, s. [Abraham & Silence], b. Dec. 10, 1751	2	12
Joseph, twin with Mary, s. [John, Jr. & Asenath], b. Jan. 19, 1770	2	135
Joseph, m. Sarah **HERRICK**, b. of Preston, Mar. 2, 1781	2	218
Joseph Palmer, s. [Elisha & Abigail], b. Oct. 17, 1787	2	136
Levi, s. [John, Jr. & Sarah], b. Aug. 9, 1764	2	135
Lois, d. [John & Sarah], b. Feb. 6, 1750	1	107
Louisa Tyler, d. Alfred, farmer, b. Dec. 6, 1850	5	8
Lydia, d. [Abraham & Lydia], b. July 28, 1743	2	12
Lydia, w. Abraham, d. Oct. 19, 1746	2	12
Lydia, m. Nathan **BURTON**, b. of Preston, Nov. 18, 1762	2	135
Marcy, [d. Samuel & Mary], b. Apr. 2, 1708	1	81
Mary, [d. Samuel & Mary], b. Feb. 23, 1710	1	81
Mary, d. [Abraham & Silence], b. Dec. 25, 1756	2	12
Mary, twin with Joseph, d. [John, Jr. & Asenath], b. Jan. 19, 1770; d. May 5, 1771	2	135

BARBOUR COLLECTION

	Vol.	Page
GUILE, GILE, GILD, GUILD, GUIL, (cont.)		
Mary J., [d. Alfred & Melissa], b. Nov. 7, 1833	3	162
Mercy, d. [Abraham & Silence], b. Mar. 13, 1749	2	12
Mercy, m. Elisha **HUTCHESON**, b. of Preston, Oct. 1, 1768	2	152
Nathan, s. [Samuel & Lidya], b. Apr. 11, 1758	2	134
Nathan, of Preston, m. Eunice **LADD**, of Norwich, Apr. 9, 1784, by Sam[ue]l Nott, Clerk. Recorded in Franklin Jan. 31, 1793	2	345
Phebe, d. [Beniamin & Phebe], b. Jan. 22, 1724/5	1	56
Phebe, m. Stephen **HERRICK**, Nov. 10, 1726	1	99
Polly, [d. Nathan & Eunice], b. Aug. 15, 1788	2	345
Polly, of Preston, m. Samuel S (or J) **GRENMAN**, of Jamestown, R.I., Oct. 9, 1809, by Alexander Stewart, J.P.	2	243
Rachel, d. [Samuel & Lidya], b. Oct. 1, 1760; d. Nov. 23, 1760	2	134
Rea, s. [John, Jr. & Sarah], b. Jan. 9, 1766	2	135
Sabra, d. [Samuel & Lidya], b. May 10, 1763	2	134
Samuel, s. John, b. July 17, 1736	1	107
Samuel, m. Lidya **GEER**, b. of Preston, Aug. 23, 1757	2	134
Samuel, s. [Samuel & Lidya], b. Nov. 11, 1781	2	134
Samuel, [m] Mary **GOPPY**, [ ]	1	81
Samuel Alfred, [s. Alfred & Melissa], b. Oct. 22, 1842	3	162
Sarah, d. [John & Sarah], b. May 8, 1742	1	107
Sarah, m. Samuel **THORINGTON**, b. of Preston, May 10, 1759, by Samuel Prentice, J.P.	2	123
Sarah, w. John, Jr., d. Aug. 21, 1766	2	135
Sarah, d. [John, Jr. & Asenath], b. May 20, 1768	2	135
Sarah, d. [Joseph & Sarah], b. Aug. 22, 1788	2	218
Sarah L., m. Jonathan M. **BAKER**, Nov. 19, 1836	4	125
Simeon, s. [Abraham & Silence], b. Dec. 23, 1763	2	13
Simeon, s. [Joseph & Sarah], b. Dec. 4, 1783	2	218
Sophia, d. [Elisha & Abigail], b. July 22, 1790	2	136
Stephen, s. Abraham & Silence, b. Mar. 11, 1773	2	13
Temperance, [d. Nathan & Eunice], b. Sept. 1, 1785	2	345
Temperance, d. Nathan, had illeg. s. Harry **GUILE**, b. June 24, 1804; had illeg. s. Alfred **GUILE**, b. Jan. 21, 1822	2	368
Temperance, [d. Nathan & Eunice], d. Aug. 18, 1841, ae 56 y.	2	345
William, s. [Beniamin & Phebe], b. Mar. 1, 1723/2	1	56
William, of Preston, m. Frances **PALMER**, of Stonington, Oct. 7, 1744	2	12
William, s. Abraham & Silence, b. Mar. 17, 1762	2	13
William, s. [Joseph & Sarah], b. Dec. 8, 1781	2	218
William S., m. Mary A. **ELDRED**, b. of Preston, Dec. 25, 1850, by Rev. Cyrus Miner	4	206
William S., farmer, ae 22, b. in Griswold, now of Preston, m. Mary A. **ELDRED**, ae 25, b. in S. Edmoston, N.Y., now of Preston, Dec. 25, 1851, by Cyrus Minor	5	1
GUYANT, Matilda, of Groton, m. Amos **CORNING**, of Preston, Nov. 8, 1818, by Rev. John Hyde	2	268
HADSALL, Content, of Stonington, m. Ebenezer **REYNOLDS**, Jr. of Preston, May 13, 1787	2	208
HAIN[E]S, Anna, [d. Josiah ?], b. Nov. 3, 1696	1	31
Elizabeth, [d. Josiah ?], b. Mar. 7, 1694	1	31
Joshua, [d. Josiah ?], b. Aug. 27, 1701	1	31
Josiah, Jr., s. Josiah, b. Jan. 8, 1698/9	1	31

PRESTON VITAL RECORDS 115

	Vol.	Page
HAKES, Anna, [w. Elisha], d. Apr. 28, 1810	2	369
Elisha, m. Anna GEER, June 13, 1802	2	369
Elisha, m. Nabby GEER, Nov. 29, 1810	2	369
Elisha, d. Apr. 20, 1834	2	369
Eliza, m. Rufus P. CHURCH, b. of Preston, Apr. 29, 1821, by Levi Walker	3	8
Henry A., s. Henry B., blacksmith, & Anne W., ae 26, b. Feb. 7, 1847	5	6
Nabby P., of Preston, m. Thomas M. SAFFORD, Jan. 20, 1831, by Rev. Augustus B. Collins	3	158
Nancy Ann, of Preston, m. Henry FANNING, of Bozrah, Jan. 1, 1828, at Elihu Hatch's in Preston, by Rev. William Palmer, of Norwich	3	113
Phebe E., of Preston, m. James A. ROGERS, Feb. 16, 1835, by Rev. Alfred Gates	3	318
Phebe Est[h]er, d. Elisha & Nabby, b. Apr. 20, 1815	2	369
Richard, farmer, d. Sept. 2, 1867, ae 61	8-C	27
HALKINS, Annah, [d. George & Sewsanna], b. Oct. 4, 1700	1	79
George, [s. George & Sewsanna], b. Apr. 22, 1708	1	79
James, [s. George & Sewsanna], b. Mar. 4, 1705	1	79
Joseph, [s. George & Sewsanna], b. Nov. 16, 1712	1	79
Sarah, [d. George & Sewsanna], b. Nov. 6, 1702	1	79
Sewsanna, d. George & Sewsanna, b. Sept. 10, 1698	1	79
HALL, Abigail, of Plainfield, m. Andrew HERRICK, of Preston, Nov. 9, 1748	2	38
Amelia Susan, b. in Charlestown, R.I., d. Oct. 2, 1859, ae 2	8-C	13
Charlotte, d. Oliver, b. Apr. 25, 1804	2	320
Emaline, married, d. Oct. 18, 1854, ae 28	8-C	4
George, of Lime, m. [E]unice GATES, of Preston, Oct. 12, 1738	1	116
George H., m. Eveline CORNING, b. of Preston, July 23, 1849, by Rev. John Lovejoy, of Norwich	4	175
George H., ae 27, b. in Sterling, now of Preston, m. Emeline CORNING, ae 23, of Preston, July 23, [1849?], by John Lovejoy	5	2
George H., b. Apr. 27, [1850?]	5	9
Hannah, m. Peter B. GARDINER, Dec. 26, 1822, by Rev. John Hyde	3	39
Horace R., of Westerly, R.I., m. Sary L. AVERY, of Preston, Oct. 13, 1845, by Rev. Dexter Potter, of Poquetonnuck, Ct.	4	124
Joseph, manufacturer, married, b. in Europe, d. May 25, 1862, ae 54	8-C	18
Lucy, m. Joseph BELCHER, b. of Preston, Mar. 30, 1786	2	213
Lyman, s. Oliver, b. July 5, 1802	2	320
Lyman, m. Harriet OLIN, b. of Preston, Feb. 13, 1825, by Rev. William Palmer	3	74
Polly, unmarried, d. May 30, 1863, ae 74	8-C	20
Rheuame, m. Isaac COIT, b. of Preston, Nov. 23, 1780	2	186
-----, wid. of Joseph, d. Oct. 7, 1864, ae 50	8-C	22
HALLETT, Phebe D., d. William, ae 25, farmer, & Harriet F., ae 23, b. June 21, 1850	5	6
William, of Ledyard, m. Harriet F. WOODWARD, of N. Stonington, Sept. 9, 1849, by Rev. N. S. Hunt	4	179
William, farmer, ae, 25, b. in Ledyard, now of Preston, m. Harriet F. WOODWARD, ae 23, b. in N. Stonington, Sept. 9, 1849, by		

116 BARBOUR COLLECTION

	Vol.	Page
HALLETT, (cont.)		
Nathan S. Hunt	5	2
HALLEY, Squire, m. Sarah **HARRIS,** b. of Preston, Mar. 16, 1774	2	100
HALSEY, Clarina, m. John **AVERY,** Jr.., May 28, 1812	2	324
Eliza, of Preston, m. Jonah **WITTER,** Jr., Nov. 7, 1830, by Rev. Augustus B. Collins	3	154
Esther, d. [Jeremiah & Esther], b. Sept. 18, 1784	2	61
Esther, m. Adin **COOK,** Mar. 2, 1806, by Jeremiah Halsey, J.P.	2	402
Esther, [w. Jeremiah], d. Apr. 23, 1833	2	61
George Washington, s. [Jeremiah & Esther], b. Apr. 7, 1777	2	61
Harriet, d. [Jeremiah & Esther], b. Aug. 27, 1794	2	61
Jeremiah, m. Esther **PARKE,** b. of Preston, Jan. 1, 1769	2	61
Jeremiah, d. Aug. 25, 1829	2	61
Jeremiah Shipley, s. [Jeremiah & Esther], b. Oct. 20, 1774	2	61
John Jay, s. [Jeremiah & Esther], b. Apr. 15, 1791	2	61
Lucy, of Preston, m. Giles **GALLUP,** of Preston, Dec. 27, 1829, by Rev. Timothy Tuttle, of Groton	3	139
Phebe, d. Jeremiah & Esther, b. Sept. 22, 1772	2	61
Phebe, m. Hezekiah **GODDARD,** b. of Preston, Feb. 8, 1795	2	254
Polly, d. [Jeremiah & Esther], b. Apr. 6, 1789	2	61
Sally A., m. Hezekiah **GODDARD,** Feb. 1, 1807; d. Mar. 16, 1808	2	254
Sally Ayer, d. [Jeremiah & Esther], b. Nov. 6, 1779	2	61
Sarah, wid. W[illia]m, d. Dec. 15, 1787	2	5
Sarah Ann, m. Austin **BREWSTER,** b. of Preston, Jan. 1, 1833, by Rev. Nathan B. Burgess	3	185
Silas Plowden, s. [Jeremiah & Esther], b. Jan. 6, 1787	2	61
William, d. Mar. 4, 1783	2	5
William, d. Mar. 6, 1783, ae 83 y.	2	14
William, of Preston, m. Thankful **COOPER,** of Updike's Newtown, R.I., Apr. 10, 1791	2	221
William Pitt, s. [Jeremiah & Esther], b. Mar. 4, 1782	2	61
HAMLIN, Dorcas, m. Nathan **STARKWEATHER,** b. of Preston, Oct. 22, 1751	2	48
HAMMOND, Charles, m. Jane M. **WATERS,** b. of Preston, Jan. 5, 1859*, by Rev. John Lovejoy (*Perhaps 1850 ? or 1851 ?)	4	202
Charles H., s. John, ae 34, & Lucy, ae 29, carpenter, b. Jan. 27, 1849	5	9
Hannah, of Preston, m. Joshua S. **YORK,** of Westerly, R.I., Oct. 8, 1849, by Rev. Cyrus Minor	4	182
Hannah, of Preston, m. Joshua P. **YORK,** of Westerly, R.I., Oct. 8, 1849, by Cyrus Minor	5	1
Hannah, married, b. in Ireland, d. May 23, 1863, ae 74	8-C	20
Henry A., b. in N.Y., resid., in N.Y., d. Oct. 8, 1865, ae 6 y. 6 m.	8-C	25
John, m. Lucy A. **HUNTLEY,** b. of Preston, June 10, 1844, by H. R. Knapp	4	106
Mary, ae 20, b. in Norwich, m. Henry **OSBORN,** ae 22, farmer, b. in Boston, res. of Preston, May 10, [1850], by Elder Hiscock	5	2
Mary J., d. Jan. 27, 1862, ae 6 m. 25 d.	8-C	18
William, farmer, widower, b. in England, d. June 2, 1865, ae 79	8-C	24
HARKNESS, Elizabeth, d. [John & Judah], b. Mar. 5, 1776	2	180
Elizabeth, m. William **POLLARD,** b. of Preston, Apr. 14, 1793	2	252
George, s. John & Judah, b. Mar. 9, 1774; d. July 20, 1783	2	180
George, m. Frances A. **CHAMPLAIN,** b. of Preston, June 7, 1831, by Rev. Augustus B. Collins	3	163

PRESTON VITAL RECORDS

	Vol.	Page
HARKNESS, (cont.)		
George Palmer, s. [James & Abigail], b. Nov. 28, 1804	2	305
James, s. [John & Judah], b. Apr. 27, 1778	2	180
James, m. Abigail PALMER, b. of Preston, Dec. 13, 1801	2	305
James Madison, [s. James & Abigail], b. Jan. 18, 1809	2	305
Jain (Jane), d. [John & Judah], b. July 3, 1782	2	180
Jane Brewster, d. [James & Abigail], b. Nov. 11, 1813	2	305
John, s. [John & Judah], b. Aug. 28, 1788	2	180
John Jay, s. [James & Abigail], b. July 31, 1811	2	305
Marian, d. [James & Abigail], b. June 26, 1802	2	305
Mary, d. [John & Judah], b. Jan. 28, 1780	2	180
Mary, married, d. Sept. 21, 1864, ae 83	8-C	22
Mary A., d. July 16, 1854, ae 13	8-C	3
HARRINGTON, [see also HERRINGTON and YERRINGTON],		
Edward, m. Adeline MAYNARD, Nov. 12, 1837, by Isaac Williams, 2d, J.P.	4	12
Jemime, m. Thomas BENNET[T], Apr. 22, 1719	1	72
William, of Ledyard, m. Sarah C. ROUSE, of Norwich, Apr. 23, 1843, by Henry R. Knapp	4	94
William F., of Lisbon, m. Sally JONES, of Preston, Aug. 11, 1831, by Robert S. Avery, J.P.	3	164
-----, stillborn, resid. of Norwich, b. in Preston, d. Dec. 16, 1863	8-C	21
HARRIS, HARRISS, Abigail, d. [Daniel & Mary], b. June 25, 1733	1	114
Abigail, d. [Job & Abigail], b. July 23, 1772	2	86
Annah, [d. Asa], b. Mar. 27, 1710/11	1	78
Asa, s. [Asa], b. Nov. 27, 1709	1	78
Charles W., s. [John H. & Mary Ann], b. Mar. 17, 1835	2	357
Daniel, m. Mary BULLARD, Nov. 18, 1728	1	114
Daniel, m. Lydia HILL, b. of Preston, Mar. 7, 1738/9	2	37
Daniel, s. [Daniel & Lydia], b. June 17, 1743	2	37
Daniel, Jr., of Preston, m. Dorothy RUDE, of Plainfield, Dec. 19, 1765	2	58
Daniel, of Preston, m. Hannah BENJAMIN, of Plainfield, Feb. 10, 1771	2	37
Daniel, s. [Daniel, Jr. & Dorothy], b. June 19, 1771	2	58
Daniel, d. Nov. 25, 1791	2	38
Elijah, reputed s. Elijah HARRIS, begotten of Patience GEER, b. Aug. 20, 1768	2	67
Eliza J., of Preston, m. Revillo F. CHAPMAN, of E. Haddam, Feb. 17, 1843, by Rev. R. O. Williams. (See also Oliza J.)	4	118
Elizabeth, d. [Daniel, Jr. & Dorothy], b. Oct. 25, 1773	2	58
Ephraim, [s. Asa], b. Dec. 28, 1712	1	78
Eunice, d. [Job & Abigail], b. May 14, 1775	2	86
Experance, d. [Daniel & Mary], b. Nov. 2, 1737	1	114
George W., s. [John H. & Mary Ann], b. Jan. 1, 1831, in Preston	2	357
Henry P., s. Albert, ae 32, farmer, & Eliza, b. Oct. 30, 1850	5	3
Jacob, s. [Daniel, Jr. & Dorothy], b. Oct. 17, 1775	2	58
James, s. [Daniel & Lydia], b. Apr. 27, 1754	2	37
Job, of Canterbury, m. Abigail BENNET[T], of Preston, Apr. 8, 1765	2	86
John, s. Job & Abigail, b. Apr. 22, 1766	2	86
John, s. [John H. & Mary Ann], b. May 29, 1833, in Preston	2	357
John H., b. Sept. 16, 1795, at Waterford; m. Mary Ann WILLIAMS,		

118   BARBOUR COLLECTION

	Vol.	Page
HARRIS, HARRISS, (cont.)		
May 8, 1822, in Stonington, by John G. Whitman, Elder	2	357
John H., merchant, married, b. in New London, d. July 16, 1864, ae 68 y. 11 m.	8-C	22
John Searl[e], s. [Daniel, Jr. & Dorothy], b. Aug. 14, 1769	2	58
Joshua, s. [Job & Abigail], b. Apr. 11, 1770	2	86
Josiah, s. [Daniel & Lydia], b. Mar. 27, 1745	2	37
Lydia, d. [Daniel & Lydia], b. Apr. 4, 1740	2	37
Lydia, w. Daniel, d. June 26, 1767	2	37
Lydia Ann, d. [John H. & Mary Ann], b. Mar. 31, 1823, in Stonington	2	357
Lydia Ann, of Preston, m. George B. **CONKLIN**, of Norwich, Dec. 16, 1844, by Rev. R. O. Williams	4	111
Lydia L., of Preston, m. Dudley D. **WILLIAMS**, of Stonington, Jan. 3, 1830, by John Brewster, J.P.	3	140
Marcy, [d. Asa], b. Nov. 14, 1714	1	78
Marcy, of Colchester, m. Robert **STANTON**, Jr., of Preston, Dec. 10, 1778	2	164
Ma[r]ther, m. Joseph **GEER**, b. of Preston, Dec. 23, 1741	1	116
Martha, d. [John H. & Mary Ann], b. Nov. 27, 1837	2	357
Mary, d. [Daniel & Mary], b. Aug. 8, 1735	1	114
Mary, w. Daniel, d. Nov. 2, 1737/8 [sic]	1	114
Mary Esther, d. [John H. & Mary Ann], b. Sept. 27, 1828, in Groton	2	357
Oliza J., (Eliza ?), d. [John H. & Mary Ann], b. May 10, 1826, in Groton	2	357
Oliza J., see also Eliza J.		
Partheny, d. Job & Abigail, b. Jan. 9, 1768	2	86
Rebecca, d. [Daniel & Lydia], b. Apr. 27, 1752	2	37
Robert, s. [Daniel, Jr. & Dorothy], b. Dec. 12, 1766	2	58
Robert B., painter, married, b. in Bozrah, d. Jan. 2, 1864, ae 55 y. 11 m.	8-C	21
Sarah, d. [Daniel & Lydia], b. July 16, 1748	2	37
Sarah, m. Squire **HALLEY**, b. of Preston, Mar. 16, 1774	2	100
Thankfull, d. [Daniel & Lydia], b. Apr. 25, 1750	2	37
Thankfull, of Preston, m. Samuel **DAVIS** of Plainfield, Dec. 30, 1773	2	151
HARRISON, Olive, black, nurse, unmarried, d. Apr. 23, 1860, ae 59	8-C	14
HART, Allice Cogswell, d. Rev. Levi & Rebecca, b. Aug. 11, 1772	2	111
Jonathan, m. Abigail **PRENTICE**, b. of Preston, Dec. 10, 1795	2	249
Levi, Rev., of Preston, m. Rebecca **BELLAMY**, of Woodberry, Sept. 6, 1761	2	111
Levi, s. [Rev. Levi & Rebecca], b. Feb. 18, 1783	2	111
Levi, Rev., of Preston, m. Lydia **BACKUS**, Oct. 26, 1790	2	111
Levi, Rev., d. Oct. 27, 1808, ae 71 y.	2	111
Rebecca, d. Levi & Rebecca, b. May 23, 1765	2	111
Rebecca, w. Rev. Levi, d. Dec. 24, 1788	2	111
William Sherman, s. Rev. Levi & Rebecca, b. June 17, 1768	2	111
HARTSHORN, Abigail, w. Jonathan, d. Aug. 25, 1781	2	37
Andrew, m. Huldah **STANTON**, of Preston, May 16, 1804, by Thomas Goddard, Elder	2	358
Huldah, d. [Andrew & Huldah], b. Sept. 16, 1807	2	358
Isaac, s. Jonathan, b. Nov. 8, 1786	2	37
HARVEY, Betsey, m. William **KIMBALL**, b. of Preston, Apr. 11, 1790	2	270

PRESTON VITAL RECORDS 119

	Vol.	Page
HARVEY, (cont.)		
Betsey M., d. [Col. Paul & Betsey], b. Mar. 6, 1809	2	397
Clinton, s. Henry, b. Jan. [ ], 1850	5	6
Delancey, d. Aug. 22, 1861, ae 11 m. 27 d.	8-C	17
Edward A., unmarried, farmer, d. Mar. 2, 1861, ae 20	8-C	16
Edward Austin, [s. Joseph & Betsey B.], b. Dec. 5, 1840	2	383
Elizabeth, [d. Joseph & Betsey B.], b. Sept. 15, 1820	2	383
Elizabeth, m. Harvey **CHAPMAN**, b. of Preston, Dec. 1, 1839, by Rev. Nathan E. Shailer	4	32
Emeline, d. [Col. Paul & Betsey], b. July 18, 1814	2	397
Frederic A., s. Henry, ae 31, farmer, & Alvira, ae 25, b. Mar. 29, 1848	5	6
Geo[rge] P., m. Mary **CHAPMAN**, Oct. 31, 1839, by Rev. N. E. Shailer	4	30
George Phillips, [s. Joseph & Betsey B.], b. Oct. 31, 1818	2	383
Harriet, [d. Joseph & Betsey B.], b. Aug. 27, 1815	2	383
Harriet, m. Elijah **DEWEY**, Apr. 5, 1835, by George Giddings, J.P.	3	319
Henry, [s. Joseph & Betsey B.], b. Mar. 29, 1817	2	383
Hosea Balieu, s. [Col. Paul & Betsey], b. Mar. 25, 1820	2	397
Irus Witter, [s. Joseph & Betsey B.], b. May 4, 1828	2	383
Jane M., m. William L. **BUDDINGTON**, b. of Preston, May 1, 1842, by Rev. N. E. Shailer	4	77
John, s. [Col. Paul & Betsey], b. Dec. 12, 1816	2	397
Joseph, m. Betsey **PHILLIPS**, Nov. 20, 1814	2	383
Joseph, Jr., [s. Joseph & Betsey B.], b. Oct. 25, 1824	2	383
Joseph, Jr., bottler, married, resid. in Newport, R.I., d. Sept. 17, 1863, ae 38	8-C	20
Josephine, d. Apr. 1, 1860, ae 9/12	8-C	14
Lavinna, m. Capt. Denison **PALMER**, b. of Preston, April 19, 1809, by Rev. Lemuel Tyler	2	392
Nancy A., m. George G. **FITCH**, b. of Preston, Dec. 23, 1849, by Rev. Cyrus Miner	4	184
Nancy A., ae 26, of Preston, m. George G. **FITCH**, ae 22, mason, b. in Franklin, res. of Preston, Dec. 23, 1849, by Cyrus Minor	5	3
Nancy A., m. George G. **FITCH**, of Preston, mason, Dec. 24, 1849, by Cyrus Minor	5	1
Nancy Amelia, [d. Joseph & Betsey B.], b. Dec. 4, 1822	2	383
Paul, Col., b. Oct. 12, 1784	2	397
Paul, Col., m. Betsey **GREEN**, July 23, 1805	2	397
Paul, Col., m. Margaret **FITCH**, b. of Preston, Dec. 14, 1823, by Jona[than] Brewster, J.P.	3	50
Ransford, [s. Joseph & Betsey B.], b. June 25, 1832; d. Aug. 6, 1833	2	383
Ransford H., [s. Joseph & Betsey B.], b. Oct. 30, 1834	2	383
Rhoda, m. Richard **STROUD**, b. of Preston, May 3, 1798	2	271
Simeon G., s. [Col. Paul & Betsey], b. Oct. 12, 1805	2	397
Simeon G., m. Angeline **STANDISH**, b. of Preston, Mar. 14, 1830, by Rev. Luther Godard	3	142
HASKELL, HASKEL Almira, [d. John & Lucinda], b. Oct. 2, 1804; d. June 30, 1805	2	269
Almira, [d. John & Lucinda], b. Nov. 15, 1806	2	269
Avery D., s. [Benjamin & Lucinda], b. Oct. 3, 1804	2	362
Avery D., m. Clarissa Ann **STANDISH**, b. of Preston, Nov. 27, 1828, by Rev. Augustus B. Collins	3	147

120 BARBOUR COLLECTION

	Vol.	Page
HASKELL, HASKEL, (cont.)		
Benjamin, m. Lucinda BROWN, Feb. 26, 1804	2	362
Benjamin, d. Jan. 6, 1849, ae 73, farmer	5	13
Betsey, m. Timothy PALMER, b. of Preston, Oct. 15, 1837, by Henry Haskell, J.P.	4	8
Betsey B., d. [Benjamin & Lucinda], b. Sept. 20, 1807	2	362
Charles Howard, [s. Perry Mumford & Polly], b. [ ] at Norwich	2	369
Emma F., d. [Benjamin & Lucinda], b. July 29, 1817 (see HERSKELL)	2	362
George L. B., s. [Benjamin & Lucinda], b. July 8, 1809	2	362
Giles, m. Eliza E. STANDISH, of Preston, Feb. 17, 1833, by Rev. Augustus B. Collins	3	188
Giles M., s. [Benjamin & Lucinda], b. May 26, 1806	2	362
Hannah, m. John TRACY, b. of Norwich, Jan. 28, 1756	2	95
Hannah, d. [John & Lucinda], b. Dec. 25, 1790, at Weathersfield, [Vt.]	2	269
Harriet, d. [John & Lucinda], b. Aug. 3, 1796	2	269
Harriet, m. William POLLARD, 2d, b. of Preston, Sept. 24, 1820, by Jonathan Brewster, J.P.	3	28
Harriet G., [d. Perry Mumford & Polly], b. Sept. [ ], at Norwich	2	369
Henry, s. [John & Lucinda], b. Apr. 16, 1799	2	269
Henry, s.[Benjamin & Lucinda], b. July 8, 1815	2	362
Henry, m. Clarissa DAVIS, b. of Preston, Apr. 3, 1828, by Rev. David W. Bentley; d. Nov. 17, 1859, ae 60 y. 7 m.	3	115
Henry, farmer, married, d. Nov. 17, 1859, ae 60	8-C	13
Hezekiah, s. [John & Lucinda], b. Oct. 14, 1793	2	269
Hiram, s. [Perry Mumford & Polly], b. Apr. 14, 1803, at Norwich	2	369
Jane H., [d. Perry Mumford & Polly], b. [ ], at Norwich	2	369
John, of Preston, m. Lucinda JONES, of Weathersfield, Vt., Jan. 25, 1790	2	269
John, d. Feb. 9, 1828	2	269
Louis M., [s. Perry Mumford & Polly], b. [ ], at Norwich	2	369
Lucinda, d. [John & Lucinda], b. Aug. 19, 1801	2	269
Lucinda, w. John, d. Sept. 19, 1822	2	269
Lucinda, m. Henry K. HEWIT[T], Nov. 24, 1824, by Rev. Gideon B. Perry	3	59
Lucy Coit, [d. Perry Mumford & Polly], b. [ ] at Griswold	2	369
Mary M., d. Perry M. & Polly, m. Charles EAGLES, of New York, Sept. 13, 1827, by Rev. Seth Bliss, at Jewett City	2	369
Mary Mumford, [d. Perry Mumford & Polly], b. Sept. 7, 1806, at Norwich	2	369
Perry Mumford, b. May 4, 1781, at Tolland	2	369
Perry Mumford, m. Polly JONES, b. of Preston, June 20, 1802, by Samuel Mott	2	369
Sally M., m. Joseph A. Palmer, b. of Preston, Dec. 31, 1848, by Cyrus L. Miner	5	1
Sarah A., d. [Benjamin & Lucinda], b. Oct. 10, 1813	2	362
Sarah M., of N. Stonington, m. Joseph PALMER, of Preston, Dec. 31, 1848, by Rev. Cyrus Miner	4	162
Walter B., s. [Benjamin & Lucinda], b. Nov. 24, 1811	2	362

PRESTON VITAL RECORDS 121

	Vol.	Page
HATCH, Abigail, w. Jeremiah, d. Feb. 26, 1762	2	84
Adrian, s. [John & Sarah], b. July 7, 1756	2	76
Alpheas, s. [John & Sarah], b. Dec. 22, 1750	2	76
Asher, s. [John & Sarah], b. Aug. 27, 1752	2	76
Benjamin, s. John & Jerusha, b. Aug. 23, 1733	1	45
Benjamin, s. [John & Sarah], b. Dec. 16, 1748	2	76
Daniel Rose, s. John Wilkes & Jerusha, b. Feb. 11, 1796	2	260
Elijah, s. [Rufus & Elizabeth], b. May 26, 1768	2	112
Elisha, s. [Jeremiah, Jr. & Abigail], b. Sept. 13, 1760	2	84
Elisha, m. Molly REX, b. of Preston, Nov. 19, 1786	2	212
Elisabeth, d. John & Jerusha, b. May 12, 1731	1	45
Ephraim, s. Rufus & Elizabeth, b. July 17, 1776	2	112
Eunis, d. [John & Jerusha], b. June 16, 1746	1	45
Frederick, s. [John Wilkes & Jerusha], b. May 13, 1798	2	260
Gilbert, s. [Rufus & Elizabeth], b. Aug. 14, 1764, in Stonington	2	112
Harper, s. [John & Sarah], b. Aug. 12, 1763	2	76
James, s. [Jeremiah, Jr. & Abigail], b. July 18, 1756	2	84
James, m. Esther TUCKER, b. of Preston, Jan. 10, 1782	2	180
Jeremiah, m. Lidia RIX, Jan. 19, 1727/8	1	48
Jeremiah, s. [Jeremiah & Lidia], b. Feb. 2, 1728/9	1	48
Jeremiah, Jr., m. Abigail RICH, b. of Preston, Aug. 8, 1750	2	84
Jeremiah, Jr., m. Elizabeth BRAGG, b. of Preston, Feb. 8, 1764	2	84
Jeremiah, d. Jan. 8, 1786	2	12
Jeremiah, Jr., d. Nov. 16, 1791	2	84
Jerusha, d. [John & Jerusha], b. Aug. 29, 1740	1	45
John, m. Jerusha HERRICK, Aug. ye last day, 1726	1	45
John, s. [John & Jerusha], b. June 9, 1727	1	45
John, m. Sarah RICHARDS, b. of Preston, Apr. 7, 1748	2	76
John, Sr., d. Dec. 18, 1751	1	45
John, s. [John & Sarah], b. June 8, 1761	2	76
John Wilkes, s. [Rufus & Elizabeth], b. May 23, 1770	2	112
Joseph, s. [John & Jerusha], b. May 13, 1738	1	45
Joseph, m. Elizabeth BROWN, b. of Preston, Mar. 19, 1761	2	95
Joseph, s. [Rufus & Elizabeth], b. May 29, 1772	2	112
Lydia, d. [Jeremiah, Jr. & Abigail], b. Aug. 8, 1751	2	84
Lydia, [w. Jeremiah], d. Jan. 23, 1772	1	48
Lydia, d. [Elisha & Molly], b. May 27, 1789; d. Aug. 16, 1807	2	212
Naomi, d. [John & Sarah], b. Dec. 9, 1758	2	76
Nathan, s. [Jeremiah & Lidia], b. Sept. 30, 1738	1	48
Reuben, s. [Joseph & Elizabeth], b. July 7, 1763	2	95
Rizpah, d. [John & Sarah], b. Sept. 30, 1754	2	76
Rufus, s. [John & Jerusha], b. Dec. 5, 1735	1	45
Rufus, of Preston, m. Elizabeth STARKWEATHER, of Stonington, Jan. 19, 1764	2	112
Rufus, s. [Rufus & Elizabeth], b. June 25, 1766	2	112
Rufus, d. Mar. 10, 1776	2	112
Sarah, d. [Jeremiah, Jr. & Abigail], b. Oct. 28, 1753	2	84
Seth, s. [Rufus & Elizabeth], b. Aug. 6, 1774	2	112
William, d. May 9, 1768	2	45
Zurviah, d. [Jeremiah, Jr. & Abigail], b. May 9, 1758	2	84
HAUGHTON, Mary E., d. Mr., ae 28, mechanic, & Mrs., ae 30, b. Oct. 30, 1848	5	8
HAVENS, Desire, m. William JOHNSON, b. of Preston, Nov. 27, 1789	2	193

122   BARBOUR COLLECTION

	Vol.	Page
HAVENS, (cont.)		
Stephen R., d. May 18, 1850	5	14
HAZEN, Harvey L., of Norwich, m. Sarah B. CORNING, of Preston, Aug. 19, 1821, by Rev. John Hyde	3	34
Lydia P., b. Feb. 28, 1795; m. Jedidiah CORNING, June 11, 1815	3	125
HEATH, Elizabeth, d. [Obidiah & Elizabeth], b. July 18, 1724	1	74
Elizabeth, of Preston, m. Nathan* HUNTINGTON, Jr., of Norwich, Jan. 26, 1741/2 (*correction (Matthew) handwritten on original manuscript)	2	11
Obidiah, m. Elizabeth ADAMS, Sept. 14, 1723	1	74
Obediah, s. [Obidiah & Elizabeth], b. July 15, 1729	1	74
Reuben, of New London, m. Sarah D. BENJAMIN, of Preston, Oct. 22, [1850], by Rev. Cyrus Miner	4	195
Reuben, cooper, of New London, m. his 2d w. Sarah P. BENJAMIN, of Preston, Oct. 22, 1850, by Elder Cyrus Minor	5	3
Thomas, m. Weightstill FULLER, Feb. 21, 1733/4	1	59
Thomas, s. Thomas & Weightstill, b. Nov. 13, 1734	1	59
HEDGE, HEDG, Abigail, m. Joseph DURKE, Mar. 10, 1729/30	1	97
Blyden, m. Mary Ann BOOTH, May 23, 1820	3	327
Charles B., d. Sept. 11, 1862, ae 6 m.	8-C	18
Charles Denison, s. [Blyden & Mary Ann], b. Mar. 8, 1825	3	327
Washington Lafayette, s. [Blyden & Mary Ann], b. July 29, 1829	3	327
William, ae 24, mason, of Preston, m. Anne ALBERTSON, ae 21, Dec. 1, [1850], by [ ] Loveland	5	2
William Blyden, s. [Blyden & Mary Ann], b. June 13, 1827	3	327
HENRY, Philena, colored, d. Mar. 18, 1848, ae 70	5	12
Polly, of Canterbury, m. Elisha SMITH, of Preston, Jan. 2, 1814	2	338
HERD, Mary, m. Obed BENJAMIN, b. of Preston, Mar. 27, 1755	2	76
HERRICK, HERICK, Abigail, m. John REA, Apr. 22, 1718	1	10
Abiga[i]ll, d. [Ephraim & Rachell], b. Oct. 21, 1721	1	46
Abigail, m. Nathan LEONARD, b. of Preston, Nov. 12, 1739	2	81
Abigail, d. [William & Abigail], b. Oct. 16, 1744	1	103
Abigail, w. William, d. Feb. 2, 1746/7	1	103
Abigail, d. [Andrew & Abigail], b. Oct. 27, 1749	2	38
Abigail, d. [Ephraim & Sarah], b. Sept. 17, 1759	2	103
Abigail, d. [Ephraim & Sarah], b. Jan. 3, 1787	2	228
Alanson, s. [Elias & Mary], b. Jan. 13, 1775	2	47
Allice, d. [Israel & Ruth], b. Sept. 1, 1782	2	160
Ama, m. James PARTRIDGE, Feb. 8, 1776	2	121
Ama, see also Amy		
Amos, s. [Robert & Abia], b. Dec. 5, 1745	1	89
Amos, s. [Nathan & Deborah], b. Nov. 25, 1764	2	84
Amy, d. [Nathan & Deborah], b. Dec. 8, 1756	2	84
Amy, see also Ama		
Andrew, s. [Ephraim & Rachell], b. Feb. 10, 1726/27	1	46
Andrew, of Preston, m. Abigail HALL, of Plainfield, Nov. 9, 1748	2	38
Andrew, s. [Andrew & Abigail], b. Apr. 7, 1752	2	38
Anna, [d. Ephr[a]im], b. Feb. 5, 1696	1	57
Annah, m. James RIX, Feb. 7, 1711/10	1	87
Anne, d. [Israel & Ruth], b. Nov. 22, 1775; d. Oct. 3, 1776	2	160
Arabellah, d. [William & Abigail], b. Dec. 17, 1736	1	103
Arabilla, m. Bethuel BRUMBLY, b. of Preston, Dec. 21, 1758	2	101
Asa, s. [Isaac & Elizabeth], b. Nov. 7, 1761	2	41

PRESTON VITAL RECORDS 123

	Vol.	Page

HERRICK, HERICK, (cont.)

	Vol.	Page
Asher, s. [Ephraim & Sarah], b. May 14, 1785	2	228
Asher R., m. Lucy HUTCHINSON, b. of Preston, Aug. 12, 1810	2	321
Avery, s. Elias & Mary, b. Jan. 16, 1764	2	47
Avery, s. [Elias & Mary], b. Sept. 24, 1767	2	47
Benjaman, [s. Timothy], b. Apr. 17, 1706	1	56
Beniamin, s. [Stephen & Phebe], b. Dec. 4, 1732	1	99
Betsey, d. [Ephraim & Sarah], b. July 11, 1795; d. Dec. 13, 1795	2	228
Bets[e]y Tracy, s. [Israel & Ruth], b. Dec. 21, 1788	2	160
Daniell, [s. Samuel], b. Dec. 9, 1708	1	46
Daniel, s. [Stephen & Phebe], b. May 18, 1742	1	99
Deborah, d. [Nathan & Deborah], b. Jan. 10, 1769	2	84
Deborah, of Preston, m. Walter BLUNT, of Norwich, Sept. 1, 1785	2	237
Desire, twin with Thankfull, [d. Timothy], b. May 29, 1708	1	56
Desier, m. Ebenezer GEER, b. of Preston, Apr. 1, 1730	2	6
Ebenezer, m. Elizabeth GUILE, Jan. 26, 1721/22	1	72
Ebenezer, s. [Edward & Mary], b. Oct. 2, 1731	1	85
Ebenezer, s. [Isaac & Elizabeth], b. July 25, 1746	2	41
Ebenezer, m. Esther BRAMAN, b. of Preston, Aug. 10, 1759	2	111
Ebenezer, s. [Ebenezer & Esther], b. Sept. 21, 1763	2	111
Ebenezer, s. [Nathan & Deborah], b. Dec. 10, 1766	2	84
Ebenezer, m. Betsey CULVER, b. of Preston, Nov. 24, 1774	2	110
Edward, m. Mary DENISON, Nov. 10, 1725	1	85
Edward, m. his 2d w. Marg[a]rit AVERY, of Groton, Dec. 9, 1737	1	85
Edward, m. Elizabeth BRAMAN, b. of Preston, Oct. 27, 1757	2	98
Edward, s. [Ebenezer & Esther], b. June 26, 1761	2	111
Eldredge, s. [Simeon & Abigail], b. Mar. 29, 1773	2	148
Eleazer, m. Mary REA, b. of Preston, Apr. 11, 1759	2	101
Eleazer, s. [Eleazer & Mary], b. June 30, 1776	2	101
Elias, s. [Robert & Abai], b. Sept. 9, 1739	1	89
Elias Brown, s. [Ephraim, 3d, & Rebecca], b. Oct. 24, 1811	2	324
Elijah, s. [Stephen & Phebe], b. Jan. 25, 1736/7	1	99
Elijah, s. [Ephraim & Rachell], b. Aug. 15, 1740	1	46
Elijah, s. [Ephraim & Sarah], b. Dec. 13, 1761	2	103
Elijah, of Preston, m. Lucinda PRENTICE, of Stonington, Jan. 19, 1786	2	207
Elisha, s. [Nathan & Deborah], b. Jan. 10, 1763	2	84
Elisha, s. [Ebenezer & Betsey], b. May 5, 1777	2	110
Elisha B., s. [Asher P. & Lucy], b. Feb. 28, 1811; d. Jan. 16, 1812	2	321
Elisabeth, [d. Ephraim], b. July 14, 1702	1	57
Elisabeth, m. Jonathan GEER, June 15, 1721	1	60
Elizabeth, d. [Ebenezer & Elizabeth], b. Mar. 8, 1725/6	1	72
Elizabeth, d. [Ephraim & Rachell], b. Mar. 15, 1736	1	46
Elizabeth, m. Isaac HERRICK, b. of Preston, Mar. 9, 1743	2	41
Elizabeth, d. [Isaac & Elizabeth], b. Mar. 8, 1750	2	41
Elizabeth, d. [Andrew & Abigail], b. Dec. 8, 1754	2	38
Elizabeth, twin with Jonathan, d. [Jonathan & Elizabeth], b. July 14, 1767	2	137
Elizabeth, of Preston, m. Joseph WILBUR, of Preston, Jan. 5, 1775	2	242
Ephraim, Jr., m. Rachell FFELLOWS, Feb. 19, 1719/18	1	46
Ephraim, s. [Ephraim & Rachell], b. Nov. 10, 1725	1	46
Ephraim, s. [Isaac & Elizabeth], b. Apr. 2, 1752	2	41
Ephraim, m. Sarah RIPLEY, b. of Preston, Apr. 27, 1756	2	103

BARBOUR COLLECTION

	Vol.	Page
HERRICK, HERICK, (cont.)		
Ephraim, s. [Ephraim & Sarah], b. July 6, 1757	2	103
Ephraim, s. [Ephraim & Sarah], d. Aug. 17, 1783	2	103
Ephraim, m. Sarah ROSSETER, b. of Preston, Nov. 11,1784	2	228
Ephraim, s. [Ephraim & Sarah], b. Oct. 22, 1790	2	228
Ephraim, 3d, m. Rebecca KINNEY, b. of Preston, Nov. 11,1810	2	324
Esther, d. [Ephraim & Rachell], b. Apr. 16, 1738	1	46
Esther, m. Phinehas GATES, b. of Preston, June 16, 1758	2	102
Esther, d. [Isaac & Elizabeth], b. May 4, 1765	2	41
Esther, d. [Simeon & Abigail], b. Aug. 26, 1768	2	148
Eunice, d. [Robert & Abia], b. Jan. 17, 1737/8	1	89
Eunice, d. [Nathan & Deborah], b. Sept. 18, 1760	2	84
Eunice, d. [Isaac & Elizabeth], b. Feb. 19, 1763	2	41
Eunice, d. [Elias & Mary], b. Apr. 20, 1765	2	47
Eunice, of Preston, m. Roger SPICER, of Preston, July 3, 1791	2	239
Experience, d. [Elias & Mary], b. May 17, 1770	2	47
Ezra, s. [Isaac & Elizabeth], b. Oct. 31, 1756; d. Mar. 14, 1759	2	41
Freelove, d. [Stephen & Phebe], b. Feb. 22, 1730/31	1	99
Grace, d. [Edward & Marg[a]rit], b. July 4, 1747	1	85
Hannah, d. [Israel & Hannah], b. July 23, 1752	2	51
Hannah, w. Israel, d. May 13, 1760	2	51
Hannah, d. [Israel & Ruth], b. Sept. 30, 1777	2	160
Henery, s. [Edward & Marg[a]rit], b. Apr. 3, 1740	1	85
Hiram, s. [Eleazer & Mary], b. May 15, 1769	2	101
Hiram, m. Anna BRUMBLEY, b. of Preston, Mar. 23, 1791	2	280
Isaac, [s. Ephraim], b. Jan. 1, 1712/11; d. Nov. 14, 1713	1	57
Isaac, s. [Ephraim & Rachell], b. Dec. 16, 1719	1	46
Isaac, m. Elizabeth HERRICK, b. of Preston, Mar. 9, 1743	2	41
Isaac, s. [Isaac & Elizabeth], b. Feb. 8, 1748	2	41
Israel, [s. Timothy], b. June 11, 1720	1	56
Israel, m. Hannah TUCKER, b. of Preston, Nov. 17, 1748	2	51
Israel, s. [Israel & Hannah], b. July [ ], 1750	2	51
Israel, Lieut., d. May 8, 1760	2	51
Israel, of Preston, m. Ruth TRACY, of Norwich, Jan. 5, 1775	2	160
Israel, s. [Israel & Ruth], b. May 24, 1785	2	160
Jerusha, [d. Ephr[a]im], b. Dec. 11, 1699	1	57
Jerusha, m. John HATCH, Aug. ye last day, 1726	1	45
John, s. Jno. & Joannah, b. July 29, 1732	1	97
John, s. [Eleazer & Mary], b. July 27, 1763, in Stonington	2	101
John, s. [Hiram & Anna], b. Oct. 14, 1799	2	280
Jonathan, s. [Edward & Marg[a]rit], b. Dec. 3, 1743	1	85
Jonathan, twin with Elizabeth, s. [Jonathan & Elizabeth], b. July 14, 1767	2	137
Joseph, [s. Samuel], b. May 1, 1711	1	46
Joseph, s. [Stephen & Phebe], b. May 5, 1735	1	99
Judah, d. [Isaac & Elizabeth], b. July 20, 1744	2	41
Judith, m. Jacob BURTON, June 11, 1712	1	89
Judith, d. [William & Mercy], b. Apr. 7, 1748	2	25
Keziah, [d. Samuel], b. Apr. 30, 1715	1	46
Lemuel, s. [Robert & Abiah], b. Apr. 6, 1758	2	40
Leonard, of Washington, N.Y., m. Sabra TRACY, of Preston, Jan. 10, 1819	2	394
Libeus, s. Robert & ABIA[H], b. May 31, 1749	2	40

HERRICK, HERICK, (cont.)

Lidia, see also Lydia

	Vol.	Page
Lidia, m. Thomas **DAVISON**, Aug. 31, 1726	1	33
Lucretia, d. [William & Abigail], b. Jan. 13, 1739	1	103
Luce, d. [Edward & Marg[a]rit], b. Aug. 3, 1738	1	85
Lucy, d. [Robert & Abia], b. Feb. 23, 1741/2	1	89
Lucy, m. James **ELLIS**, b. of Preston, July 20, 1757	2	117
Lucy, d. Jonathan & Elizabeth], b. Apr. 14, 1762, in Norwich	2	137
Lucy, m. Benajah **TRACY**, b. of Preston, July 1, 1762	2	63
Lucy, d. [Ebenezer & Betsey], b. Aug. 5, 1775	2	110
Lucy, of Griswold, m. Daniel S. **SIMS**, of Preston, Nov. 25, 1841, by Rev. Nathan E. Shailer	4	71
Lucy Button, d. [Hiram & Anna], b. Sept. 2, 1804	2	280
Lydia, d. [Israel & Hannah], b. Feb. 11, 1749	2	51
Lydia, m. Moses **WOODWARD**, b. of Preston, Mar. 31, 1776	2	158
Lydia, see also Lidia		
Mana Augusta, d. [Hiram & Anna], b. Mar. 12, 1810	2	280
Marg[a]rit, d. [Edward & Marg[a]rit], b. Mar. 20, 1745	1	85
Martha, d. [Jonathan & Elizabeth], b. May 15, 1772	2	137
Mary, m. John **STARKWEATHER**, Dec. 28, 1708	1	66
Mary, d. [Edward & Mary], b. Dec. 20, 1726	1	85
Mary, m. Jacob **BURTON**, Aug. 20, 1729. She was his 2d wife	1	89
Mary, w. Edward, d. June 9, 1735	1	85
Mary, m. John **LESTER**, b. of Preston, Feb. 3, 1741/2	1	123
Mary, d. [Robert & Abia], b. Feb. 12, 1743/4	1	89
Mary, d. [Isaac & Elizabeth], b. July 19, 1759	2	41
Mary, d. [Ephraim & Sarah], b. Mar. 23, 1765	2	103
Mary, m. Jonas **PARK[E]**, b. of Preston, Mar. 5, 1783	2	189
Mary, d. [Elijah & Lucinda], b. Oct. 24, 1794	2	207
Mehetable, d. [Israel & Hannah], b. Oct. 27, 1755	2	51
Mercy, d. [Nathan & Deborah], b. Aug. 24, 1758	2	84
Moses, s. [Edward & Marg[a]rit], b. Sept. 24, 1749	1	85
Moses, s. [Jonathan & Elizabeth], b. Apr. 17, 1774	2	137
Nabba, d. [Simeon & Abigail], b. Oct. 24, 1770, in Stonington	2	148
Nathan, s. [Stephen & Phebe], b. Nov. 24, 1743	1	99
Nathan, m. Deborah **GATES**, b. of Preston, Apr. 15, 1756	2	84
Nathan, of Preston, m. Hannah **KING**, of Norwich, Aug. 8, 1771	2	172
Olive, [d. Robert & Abiah], b. Aug. 6, 1754	2	40
Ollevet, of Worthington, m. Jephthiah **GEER**, of Preston, Nov. 19, 1797	2	262
Persea, d. [Hiram & Anna], b. Mar. 16, 1794	2	280
Phebe, d. [Stephen, Jr. & Anna], b. Nov. 22, 1749	2	31
Phebe, d. [Ebenezer & Esther], b. Mar. 10, 1760	2	111
Phebe Prentice, d. [Elijah & Lucinda], b. Nov. 10, 1789	2	207
Phineas, s. [Ephraim & Rachell], b. Apr. 3, 1730	1	46
Polley, s. [Eleazer & Mary], b. Sept. 5, 1778 (Probably a daughter)	2	101
Polly, d. [Ephraim & Sarah], b. Apr. 4, 1793	2	228
Prissilla, [d. Ephraim], b. Feb. 6, 1705	1	57
Prisillah, m. Stephen **KINNI**, Jan. 29, 1729/30	1	26
Rachal, d. [Ephraim & Rachell], b. Mar. 19, 1732	1	46
Rachal, d. [Isaac & Elizabeth], b. Oct. 19, 1754	2	41
Rachal, m. Samuel **WHEELER**, b. of Preston, Sept. 19, 1756	2	38
Rebeckah, d. [Jonathan & Elizabeth], b. Dec. 2, 1769	2	137

HERRICK, HERICK, (cont.)

	Vol.	Page
Rebeckah, d. [Ephraim & Sarah], b. July 11, 1797	2	228
Rebeckah Hart, d. [Elijah & Lucinda], b. June [ ], 1792	2	207
Robert, [s. Timothy], b. Mar. 1, 1712/3	1	56
Robert, of Preston, m. Abia HILL, of Stonington, Nov. 18, 1736	1	89
Robert, s. [Hiram & Anna], b. Sept. 16, 1797	2	280
Ruba, d. [Hiram & Anna], b. June 23, 1792	2	280
Ruby, of Preston, m. Ezra WHIPPLE, of Burn, N.Y., Jan. 15, 1813	2	330
Ruphus, s. [Edward & Mary], b. Mar. 13, 1734	1	85
Rufus, s. [Eleazer & Mary], b. Aug. 29, 1765	2	101
Ruth, d. [Israel & Ruth], b. May 31, 1780	2	160
Sabra, d. [Robert & Abiah], b. May 1, 1756	2	40
Sally, d. [Ephraim & Sarah], b. Jan. 24, 1789	2	228
Samuell, Jr., [s. Samuel], b. Mar. 24, 1703	1	46
Sarah, m. James KINNI, Aug. ye last day, 1726	1	86
Sarah, d. [Stephen & Phebe, b. Feb. 12, 1738/9	1	99
Sarah, d. [Eleazer & Mary], b. Nov. 5, 1761	2	101
Sarah, d. Elias & Mary, b. Jan. 10, 1762	2	47
Sarah, m. Joseph GUILE, b. of Preston, Mar. 2, 1781	2	218
Sarah, d. [Elijah & Lucinda], b. Nov. 29, 1786	2	207
Silence, [s. Timothy], b. May 22, 1725	1	56
Silence had illeg. s. Uriah BEAMAN, b. Feb. 24, 1746/7. Reputed father John BEAMAN, of Kent	2	21
Silence, m. Abraham GUILE, b. of Preston, Apr. 21, 1747	2	12
Silence, m. Israel BURTON, b. of Preston, June 23, 1748	2	34
Simeon, s. [Robert & Abia], b. Sept. 11, 1747	1	89
Simeon, m. Abigail KILLAM, b. of Preston, Nov. 8, 1767	2	148
Stephen, [s. Samuel], b. Feb. 12, 1705/6	1	46
Stephen, m. Phebe GUILE, Nov. 10, 1726	1	99
Stephen, s. [Stephen & Phebe], b. Nov. 10, 1728	1	99
Stephen, Jr., of Preston, m. Anna FARGO, of Groton, Feb. 25, 1747/8	2	31
Stephen, s. [Stephen, Jr. & Anna, b. Aug. 30, 1748	2	31
Stephen, s. [Israel & Hannah], b. Feb. 24, 1760	2	51
Stephen, s. [Jonathan & Elizabeth], b. Mar. 19, 1764, in Norwich	2	137
Stephen, s. [Eleazer & Mary], b. May 5, 1767	2	101
Thankfull, twin with Desire, [d. Timothy], b. May 29, 1708	1	56
Thankfull, d. [Simeon & Abigail], b. Apr. 19, 1775	2	148
Timothy, [s. Timothy], b. June 22, 1710	1	56
Waighstill, [d. Timothy], b. June 1, 1715	1	56
William, [d. Ephraim], b. July 25, 1708	1	57
William, m. Abigail WILLIAMS, Sept. 12, 1734	1	103
William, s. [William & Abigail], b. Feb. 26, 1741	1	103
William, of Preston, m. Mercy PALMER, of Stonington, May 15, 1746	2	25
William, s. [Israel & Ruth], b. May 7, 1792	2	160
William Avery, s. [Hiram & Anna], b. June 22, 1814	2	280
Zipporah, d. [Israel & Hannah], b. Feb. 24, 1758	2	51
Zurviah, d. [William & Mercy], b. Dec. 22, 1749	2	25

HERRINGTON, [see also HARRINGTON and YERRINGTON,

	Vol.	Page
Abigail, d. Benjamin, b. May 28, 1749	2	42
Hannah, of Windham, m. John PARRISH, of Preston, Oct. 18, 1750	2	40
Lavina, m. William GRANT, Nov. 17, 1844, by John P. Gates, J.P.	4	110

PRESTON VITAL RECORDS 127

	Vol.	Page
HERRINGTON, (cont.)		
Martha, d. Benjamin, b. Mar. 18, 1751	2	42
Zerviah, m. R[e]uben PARK[E], b. of Preston, June 22, 1785	2	202
HERSKELL, [see also **HASKELL**], Emma, of Preston, m. Silas WILCOX, of Stonington, Nov. 25, 1840, by Rev. Augustus B. Collins	1	46
HERTFORD, William, of Stonington, m. Mary Ann SHARP, of Preston, Apr. 23, 1848, by Rev. Roswell Whitmore	1	144
HEWITT, HEWIT, HEWETT, Asa, s. Jabez, b. July 6, 1761	2	55
Charles, m. Eunice WITTER, Feb. 28, 1813	2	355
Charles, s. [Charles & Eunice], b. Nov. 20, 1813	2	355
Charles Edwin, s. Simeon & Mahala, b. Jan. 11, 1810	2	358
Emily F., school-mistress, unmarried, d. Aug. 22, 1862, ae 18	8-C	18
Emma Crandall, d. Feb. 22, 1859, ae 8 m.	8-C	12
Erastus F., s. [Charles & Eunice], b. Nov. 26, 1824	2	355
Erastus F., m. Mary Jane AVERY, b. of Preston, Sept. 11, 1849, by Rev. Henry Floy Roberts	4	180
Eunice, d. Nov. 22, 1852, ae 63. Widow	8-C	1
Francina E., d. [Charles & Eunice], b. July 5, 1817; d. Feb. 27, 1825	2	355
Hannah, single, b. in N. Stonington, d. Nov. [ ], 1856, ae 75	8-C	8
Henry, m. Betsey ROATH, b. of Preston, Nov. 6, 1842, by Rev. Nathan E. Shailer	4	86
Henry, farmer, married, d. Sept. 22, 1859, ae 41	8-C	13
Henry K., m . Lucinda HASKELL, Nov. 24, 1824, by Rev. Gideon B. Perry	3	59
Jane Eliza, of Milltown, Ct., m. Andrew AVERY, May 19, 1864. She was his 2d wife.	4	199
John H., s. [Charles & Eunice], b. Aug. 8, 1835	2	355
Joseph H., s. [Charles & Eunice], b. May 30, 1827	2	355
Lewis, s. Jabez, b. Nov. 14, 1756	2	55
Lydia, of Stonington, m. Elijah BARN[E]S, of Preston, Apr. 4, 1776	2	104
M. A., d. July 13, 1848, ae 34	5	12
Mercy, d. Jabez, b. Nov. 16, 1758	2	55
O. P., town clerk, unmarried, b. in N. Stonington, d. Oct. 28, 1861, ae 35	8-C	17
Patty, m. Cyrus GATES, Jr., b. of Preston, Sept. 5, 1813	2	376
Phebe, of Stonington, m. Caleb T. AMES, of Preston, Dec. 9, 1799	2	286
Phebe, m. Jesse BEDUNT, b. of Preston, Sept. 15, 1822, by Jonathan Brewster, J.P.	3	29
Salla, d. Jabez, b. Aug. 1, 1762	2	55
Sarah A., married, b. in N. Stonington, d. Dec. 7, 1853, ae 36	8-C	2
Sarah A., married, d. June 3, 1864, ae 47	8-C	22
Simeon, Jr., m. Betsey GATES, b. of Preston, Nov. 19, 1826, by William Williams, J.P.	3	90
Stanton, s. [Charles & Eunice], b. June 19, 1815	2	355
Stanton, s. Stanton, ae 34, farmer, & Harriet, ae 32, b. Apr. 5, 1850	5	5
Thankfull, of Stonington, m. Gideon KINNE, of Preston, Oct. 29, 1746	2	58
Washington, s. Simeon & Mahala, d. May 19, 1816, ae 14 y.	2	358
HIBBARD, John, m. Frances Eliza ROATH, Oct. [ ], 1825, by Rev. Zelotes Fuller	3	71
HIDE, [see also **HYDE**], Albert, s. [Joel & Dolly], b. Mar. 6, 1795	2	233
Allathine, d. [Joel & Dolly], b. Dec. 24, 1792	2	233

	Vol.	Page
HIDE, (cont.)		
Harriet, d. [Joel & Dolly], b. July 9, 1797	2	233
Joel, m. Dolly **BELCHER**, b. of Preston, Nov. 6, 1791	2	233
Morgan, s. [Joel & Dolly], b. Sept. 12, 1802	2	233
Olive Pom[e]roy, d. [Joel & Dolly], b. Nov. 7, 1799	2	233
HILL, Abia, of Stonington, m. Robert **HERRICK**, of Preston, Nov. 18, 1736	1	89
Clark, of Norwich, m. Huldah **AVERY**, of Preston, Dec. 20, 1841, by Rev. Anson Gleason	4	66
Elizabeth, d. [John & Elizabeth], b. Feb. 5, 1714/15	1	19
Elizabeth, m. Gidion **SAFFORD**, Jan. 13, 1731/2	1	76
George Henry, [s. Clark & Huldah], b. Dec. 7, 1854	4	66
Hannah Ann, [d. Clark & Huldah], b. Sept. 30, 1844, in Brooklyn, Ct.	4	66
Huldah J., [d. Clark & Huldah], b. Mar. 13, 1858	4	66
James Avery, [s. Clark & Huldah], b. Dec. 4, 1846	4	66
John, m. Elizabeth **YERRINGTON**, Oct. 29, 1713	1	19
Lydia, m. Daniel **HARRISS**, b. of Preston, Mar. 7, 1738/9	2	37
Mary A., d. Clark, ae 32, farmer, & Huldah, ae 33, b. Jan. 2, 1850	5	8
Mary Addie [d. Clark & Huldah], b. Feb. 2, 1850	4	66
Olive, of Milford, N.Y., m. Daniel **LANPHEAR**, of Hardwick, N.Y., Aug. 18, 1809	2	307
Samuel, m. Esther **KILLAM**, b. of Preston, Dec. 12, 1769	2	123
Thankfull, of Stonington, m. Phineas **KILLUM**, of Preston, Aug. 14, 1739	1	71
HILLAM, Thankful, m. Stephen H. **SAFFORD**, b. of Preston, Apr. 6, 1829, by Rev. Augustus B. Collins	3	127
HILLIARD, HILLARD, Amos Avery, s. Sam[ue]l & Phebe, b. July 7, 1770	2	132
Benjamin, s. Sam[ue]l [& Phebe], b. Mar. 16, 1773	2	132
Benjamin, Capt., d. May 5, 1801	2	230
Benjamin Franklin, s. [Benjamin], b. Feb. 27, 1801; d. July 28, 1820, at sea	2	230
Betsey, d. [Benjamin], b. Sept. 20, 1798	2	230
Chester, Capt., s. Benjamin, d. Oct. 27, 1817, at sea	2	230
Chester H., s. Moses & Sally, b. Nov. 26, 1815	2	301
Clarrisa, d. [Benjamin], b. Jan. 29, 1792	2	230
Clarissa, of Preston, m. John **DEMING**, Sept. 11, 1817, by Rev. John Hyde	2	385
Elias Brewster, s. Moses & Martha, b. Sept. 6. 1825	2	301
Esther, d. Benjamin, b. Oct. 2, 1788	2	230
Esther, m. Erastus **BREWSTER**, b. of Preston, Dec. 7, 1806	2	290
Frederick, s. [Moses & Sally], b. July 24, 1822	2	301
George Hamilton, [s. George W. & Sarah C.], b. Aug. 21, 1824; d. July 13, 1867	3	4
George W., m. Sarah C. **TYLER**, b. of Preston, Sept. 19, 1821, by Rev. John Hyde	3	4
George W., d. Mar. 3, 1830	3	4
George Washington, s. [Benjamin], b. July 23, 1796	2	230
John, s. [Moses & Sally], b. Dec. 18, 1807	2	301
Moses, m. Sally **PRIDE**, b. of Preston, Mar. 12, 1806	2	301
Moses, of Preston, m. Martha **BREWSTER**, of Griswold, Feb. 4, 1824, in Griswold	2	301

	Page	Vol.

HILLIARD, HILLARD, (cont.)

	Page	Vol.
Moses, s. Moses & Martha, b. Feb. 11, 1827	2	301
Rebecca, of Voluntown, m. Ebenezer CLARK, Jr., of Preston, June 20, 1795	2	298
Sabra, w. Capt. Benjamin, d. Apr. 5, 1805	2	230
Sabra Ann, d. [Moses & Sally], b. Jan. 3, 1820	2	301
Salla, d. Samuel & Phebe, b. Nov. 16, 1768	2	32
Sally, m. Erastus BREWSTER, b. of Preston, Dec. 26, 1802	2	290
Sally, d. Moses & Sally, b. Nov. 2, 1817	2	301
Sally, w. Capt. Moses, d. Sept. 26, 1823	2	301
Sarah C., [w. George W.], d. Nov. 18, 1829	3	4
Sophia, d. [Benjamin], b. Feb. 22, 1794	2	230
Sophia, of Preston, m. Ephraim MEECH, of N. Stonington, Oct. 14, 1813, by Rev. John Hyde	2	344
William, s. [Moses & Sally], b. Jan. 2, 1814	2	301

HINCKLEY, HINKLEY, Joann T., m. Francis S. AVERY, b. of Preston,

	Page	Vol.
Dec. 18, 1844, by Rev. Augustus B. Collins	4	116
Russell, of Preston, m. Mary Ann DICKENS, of Stonington, Oct. 7, 1849, by Rev. John Lovejoy, of Norwich	4	183
William E., farmer, married, b. in Hebron, d. Dec. 1, 1857, ae 72	8-C	10
Zurviah, of Stonington, m. Thaddeus COOK, of Preston, Jan. 30, 1754	2	77

HISCOX, James Albert, unmarried, carpenter, d. Nov. 20, 1860, ae 18   8-C   15

[HODGE], HODG, HODGES, Deborah, d. Henry, b. Mar. 12, 1707/8   1   27

	Page	Vol.
Ephraim, s. [Ephraim & Bethiah], b. Sept. 4, 1740	1	115
Hannah, [d. Henry], b. May 25, 1713	1	27
John, s. Henry, b. Sept. 12, 1717	1	27
Rachell, [d. Henry], b. Dec. 20, 1711	1	27
Rachal, d. Ephraim & Bethiah, b. Apr. 18, 1738	1	115
Rachel, of Groton, m. Caleb CLARK, of Preston, Apr. 2, 1761	2	109
Sarah, [d. Henry], b. Mar. 20, 1709/10	1	27
Sarah, m. John GUILD, Nov. 5, 1735	1	107
Sarah, d. [Ephraim & Bethiah], b. Mar. 28, 1743	1	115

HOLDEN, Annette, d. Edwin F., ae 24, farmer, & Lydia A., ae 21, b. Jan.

	Page	Vol.
19, [1850 ?]	5	6
Caroline, d. [Samuel], b. Jan. 30, 1799	2	365
Caroline, m. James KILLAM, b. of Preston, Apr. 4, 1821, by Rev. John Hyde	3	33
Charles, black, laborer, unmarried, d. Sept. 20, 1860, ae 60	8-C	15
Charles W., m. Rebina C. CORNING, of Preston, Jan. 9, 1843, by Rev. Augustus B. Collins	4	89
Charles Walter, s. [Walter & Nancy B.], b. Oct. 25, 1816	3	51
Charlotte, d. [Samuel], b. June 28, 1806	2	365
Charlotte, of Preston, m. Zebulon R. ROBBINS, of Norwich, Apr. 24, 1830, by Rev. Augustus B. Collins	3	143
Edward, s. Walter, ae 60, farmer, & Lydia, ae 32, b. Feb. 22, [1850 ?]	5	6
Edwin F., ae 26, farmer, of Preston, m. Lydia A. PHILLIPS, ae 19, Mar. 14, 1850, by Jacob Allen	5	3
Edwin F., farmer, married, d. Aug. 27, 1857, ae 33	8-C	9
Edwin Fitch, s. [Walter & Nancy B.], b. Nov. 21, 1823	3	51
Edwin Fitch, m. Lydia Ann PHILLIPS, b. of Preston, Mar. 14, 1850, by Rev. Jacob Allen	4	188

130 BARBOUR COLLECTION

	Vol.	Page
HOLDEN, (cont.)		
Esther B., d. Samuel & Sally [H.], b. June 11, 1828	3	129
Henry, laborer, colored, married, b. in Canterbury, d. Dec. 1, 1858, ae 58	8-C	11
Isaac, s. [Samuel & Sally H.], b. June 11, 1832	3	129
Louisa, d. Samuel, b. Apr. 9, 1789	2	365
Mary C., of Preston, m. Silas F. **BEEBE**, of Norwich, May 14, 1846, by Rev. Augustus B. Collins	4	129
Mary Caroline, d. [Walter & Nancy B.], b. Sept. 6, 1826	3	51
Nancy Charlotte, d. [Walter & Nancy B.], b. Jan. 3, 1831; d. Aug. 15, 1833	3	51
Rebecca, d. [Samuel], b. June 15, 1795	2	365
Ruth, w. Samuel, d. Aug. 2, 1839	2	365
Ruth Ann, d. [Walter & Nancy B.], b. July 25, 1818, at Norwich	3	51
Ruth Ann, of Preston, m. Thomas F. **STANDISH**, Oct. 31, 1838, by Rev. Augustus B. Collins	4	14
Samuel, s. [Samuel], b. Nov. 28, 1801; d. July 12, 1826	2	365
Samuel, m. Sally H. **BREWSTER**, b. of Preston, Mar. 1, 1827, by Rev. John Hyde	3	129
Walter, s. [Samuel], b. Aug. 5, 1791	2	365
Walter, of Preston, m. Nancy B. **BUSHNELL**, of Norwich, Jan. 1, 1816	3	51
Walter, farmer, married, d. Feb. 13, 1855, ae 63	8-C	5
HOLDRIDGE, Dudley, illeg. s. Dorothy **KIMBALL**, who later married Jamison **PRENTICE**, b. Aug. 15, 1766	2	108
HOLLEY, Benjamin, s. [Samuel], b. Feb. 20, 1761	2	44
Charlotte, d. John, b. Sept. 13, 1772	2	148
Crandal[l], s. Samuel, b. Mar. 11, 1743, in Coventry, R.I.	2	44
Elizabeth, d. John, b. July 5, 1767	2	148
Jared, s. John, b. Mar. 13, 1770, in Norwich	2	148
John, s. [Samuel], b. Apr. 16, 1747	2	44
Manchester, s. [Samuel], b. Feb. 18, 1750	2	44
Manchester, 2d, s. [Samuel], b. Dec. 4, 1754	2	44
Mary, d. Samuel, Jr., b. Apr. 15, 1759	2	44
Rachal, d. Samuel, Jr., b. June 3, 1760	2	44
Robert, s. [Samuel], b. Feb. 1, 1759]	2	44
Rozzel, [s. John], b. July 14, 1765, in Norwich	2	148
Ruth, d. [Samuel], b. Dec. 31, 1744, in Coventry, R.I.	2	44
Ruth, d. Samuel, Jr., b. June 3, 1767	2	44
Samuel, s. Samuel, b. Feb. 21, 1741	2	44
Sarah, d. [Samuel], b. Dec. 27, 1756	2	44
Steward, s. Samuel, Jr., b. Mar. 16, 1762	2	44
Thomas, s. John, b. June 2, 1775	2	148
William, s. John, b. Apr. 25, 1778	2	148
HOLLOWAY, Joseph P., of Charlestown, R.I., m. Esther **LAMB**, of Groton, Ct., Nov. 28, 1824, by Denison Palmer, J.P.	3	57
Whitman, m. Polly **BROWN**, b. of Preston, Jan. 14, 1821, by Rev. Levi Walker	3	16
HOLMES, Abigail, of Stonington, m. Roger **STERREY**, of Preston, May 4, 1748	2	29
Allice Lucina, d. [Bartlett & Mercy Stanton], b. Nov. 11, 1811	2	311
Asher, of Stonington, m. Phebe **BROWN**, of Preston, Jan. 1, 1823, by Levi Meech, Elder	3	99

PRESTON VITAL RECORDS 131

	Vol.	Page
HOLMES, (cont.)		
Asher Denison, s. Asher & Phebe, b. Sept. 1, 1824	3	99
Bartlett, of Montville, m. Mercy Stanton KIMBALL, of Preston, Jan. 1, 1809	2	311
Bartlett, Capt., of Griswold, m. Lucinda UTTL[E]Y, of Preston, Dec. 30, 1838, by Rev. Augustus P. Collins	4	17
Ella E., d. Aug. 25, 1855	8-C	6
Eller C., d. Aug. 1, 1856	8-C	8
Harty Permela, d. [Bartlett & Mercy STANTON], b. Apr. 9, 1809	2	311
Nathan William, s. [Asher & Phebe], b. Sept. 8, 1826	3	99
Shubael, of Stonington, m. Sally B. BROWN, of Preston, Mar. 18, 1821, by Levi Walker	3	23
Shubael, farmer, d. July 29, 1867, ae 74	8-C	27
William H., of Norwich, m. Lucy C. STANTON, of Preston, Aug. 27, 1849, by Rev. John Lovejoy, of Norwich	4	177
HOLT, Alfred R., of Norwich, m. Jane B. NASH, of Pequetonnuck, Nov. 10, 1841, in Pequetonnuck, by Rev. Dexter Potter	4	65
HOUSEMAN, Lucius A., d. July 12, 1864, ae 4 y. 8 m.	8-C	22
HOWARD, Sarah, m. Joseph GEARES, Jan. 7, 1692	1	17
Sarah, m. Joseph GEER, Jan. 7, 1692	1	106
HOWLETT, Hannah, d. [1849 ?], ae 60, at Town House	5	13
HOWSE, Content, m. Peter BRANCH, Mar. 31, 1719	1	67
HOXIE, George, married, farmer, d. Feb. 22, 1861, ae 38	8-C	16
P. G., married, farmer, d. Jan. 12, 1861, ae 75	8-C	16
Susan, widow, b. in Richmond, R.I., d. June 9, 1864, ae 72	8-C	22
Zachariah, of Charlestown, R.I., m. Mary BAKER, of Preston, persons of color, Nov. 10, 1841, by Stephen Tyler, J.P.	4	62
HULL, Eunice, of N. Stonington, m. Elisha B. BREWSTER, of Preston, Sept. 13, 1810	2	317
HUNT, Esther, of Coventry, m. Rev. Alpha MILLS, of Andover, Apr. 9, 1849, by Rev. N. S. Hunt	4	167
Esther*, m. Rev. Alpha MILLER, of Andover, Apr. 9, 1849, by Nathan S. Hunt. (His 2d wife)	5	1
HUNTER, John, s. Nehemiah & his w., b. Apr. 12, 1748	2	24
HUNTINGTON, Abel, s. [Nathan, Jr. & Elizabeth], b. Dec. 24, 1747	2	11
Abigail, d. [Daniel & Elizabeth], b. Nov. 27, 1806	2	268
Andrew, m. Lucy LANSIER, b. of Norwich, Aug. 23, 1764	2	112
Andrew, s. [Andrew & Lucy], b. Nov. 23, 1766	2	112
Andrew, s. [Daniel & Elizabeth], b. July 29, 1808	2	268
Andrew, of Norwich, m. Lydia LORING, of Preston, June 3, 1835, by Rev. Augustus B. Collins	3	321
Andrew, of Savannah, Ga., m. Louisa T. DOWNING, of Preston, Ct., Sept. 10, 1840, by Rev. Augustus B. Collins	4	44
Asa, s. [Nathan, Jr. & Elizabeth], b. Oct. 19, 1742	2	11
Betsey, d. [Andrew & Lucy], b. Dec. 19, 1777	2	112
Daniel, s. [Andrew & Lucy], b. Oct. 20, 1775	2	112
Daniel, m. Elizabeth LORD, b. of Preston, Apr. 24, 1800	2	268
Elisha, s. [Andrew & Lucy], b. July 30, 1780; d. Apr. 27, 1784	2	112
Enoch, s. [Andrew & Lucy], b. June 11, 1771; d. Dec. 28, 1775	2	112
George, s. [Daniel & Elizabeth], b. Mar. 30, 1805	2	268
Henry, s. [Daniel & Elizabeth], b. Feb. 25, 1801; d. Dec. 3, 1807	2	268
Hiram, s. Nancy Pomp, b. Nov. 30, 1822. (Slaves ? of Robert Crary ?)	2	406

	Vol.	Page
HUNTINGTON, (cont.)		
John, s. [Andrew & Lucy], b. Jan. 16, 1769; d. Dec. 21, 1772	2	112
John, 2d, s. [Andrew & Lucy], b. June 22, 1773; d. Nov. 3, 1805	2	112
Jonas, s. [Nathan, Jr. & Elizabeth], b. May 29, 1745	2	11
Lucy, d. [Andrew & Lucy], b. June 7, 1765	2	112
Lucy, m. Nathan BELCHER, b. of Preston, Nov. 10, 1785	2	200
Lucy, d. [Daniel & Elizabeth], b. Apr. 15, 1803	2	268
Lucy, w. Andrew, d. Feb. 10, 1815	2	112
Nathan, Jr., of Norwich, m. Elizabeth HEATH, of Preston, Jan. 26, 1741/2	2	11
Sarah, of Norwich, m. Amaziah BRANCH, of Preston, May 19, 1763	2	109
Simeon, s. [Daniel & Elizabeth], b. July 24, 1810	2	268
William, s. [Daniel & Elizabeth], b. July 9, 1812	2	268
HUNTLEY, Betsey, of Preston, m. Leonard SHARP, Apr. 15, 1839, by Asher P. Brown, J.P.	4	23
Julia Ann, m. Daniel W. CROCKER, b. of Preston, Dec. 29, 1833, by Isaac Gallup, J.P.	3	201
Lucy A., m. John HAMMOND, b. of Preston, June 10, 1844, by H. R. Knapp	4	106
Wealthy, m. R[e]uben COOK, b. of Preston, Apr. 27, 1806	2	303
HUNTON, Henriette, illeg. d. Susannah STANTON, b. Feb. 26, 1803	2	148
HURD, [see under HERD]		
HURLBURT, Mary, d. Jan. 20, [1848 ?], ae 2	5	14
Mary E., d. Wen., ae 32, railroad, & Mary, ae 30, b. Mar. 18, 1849	5	9
HUTCHENS, HUTCHINS, HUTHENS, Ann, d. [Beniamin & Prudance], b. Nov. 14, 1733	1	99
Beniamin, m. Prudance STARKWEATHER, Dec. 10, 1730	1	99
Benjamin, s. [Beniamin & Prudance], b. May 4, 1735	1	99
Harriet, widow, b. in New York, d. Aug. 26, 1864, ae 59	8-C	22
Patience, m. Daniel KINNE, May 27, 1773	2	126
Thomas, s. [Beniamin & Prudance], b. May 5, 1737	1	99
-----, m. John MEACH, May 1, 1723	1	59
HUTCHINSON, HUTCHESON, HUTCHENSON, Abby, d. [Daniel & Sarah], b. Oct. 27, 1809	2	305
Abby G., m. Isaac LAWTON, b. of Griswold, Aug. 7, 1833, by Rev. Alfred Gates	3	194
Amos, s. [Israel & Phebe], b. Oct. 14, 1757	2	95
Amos, m. Lucy KINNE, b. of Preston, May 18, 1780	2	168
Amos, s. [Amos & Lucy], b. Sept. 10, 1792; d. Dec. 3, 1792	2	168
Benjamin, s. [Israel & Phebe], b. Feb. 27, 1760	2	95
Betsey, d. [Amos & Lucy], b. June 6, 1785	2	168
Daniel, s. [Amos & Lucy], b. Jan. 21, 1781	2	168
Daniel, m. Sarah GODDARD, b. of Preston, June 9, 1803	2	305
Elisha, s. [Israel & Mary], b. Sept. 20, 1746	1	117
Elisha, m. Mercy GUILE, b. of Preston, Oct. 1, 1768	2	152
Israel, m. Mary BURTON, b. of Preston, Nov. 3, 1736	1	117
Israel, m. Wid. Phebe BENJAMIN, b. of Preston, Dec. 16, 1756	2	95
Israel, s. [Elisha & Mercy], b. May 27, 1775	2	152
Lucy, d. [Amos & Lucy], b. Mar. 27, 1787	2	168
Lucy, m. Asher P. HERRICK, b. of Preston, Aug. 12, 1810	2	321
Lydia, d. [Israel & Mary], b. May 29, 1744	1	117
Lydia, d. [Elisha & Mercy], b. Nov. 26, 1768	2	152

	Vol.	Page
HUTCHINSON, HUTCHESON, HUTCHENSON, (cont.)		
Mary, d. [Israel & Mary], b. Sept. 2, 1739	1	117
Mary, w. Israel, d. Jan. 4, 1746/7	1	117
Mary, d. [Elisha & Mercy], b. July 9, 1771	2	152
Merebah, d. [Amos & Lucy], b. Oct. 30, 1801	2	168
Polly, d. [Amos & Lucy], b. Apr. 1, 1789	2	168
Polly, m. Theophilus RIX, Jr., b. of Preston, June 23, 1808	2	328
Ralph, s. [Amos & Lucy], b. Jan. 8, 1783	2	168
Ruth, d. [Israel & Mary], b. July 4, 1737	1	117
Ruth, m. Jared COOK, b. of Preston, Dec. 21, 1753	2	89
Sarah, d. [Israel & Phebe], b. May 24, 1762	2	95
Stephen, s. [Amos & Lucy], b. Apr. 24, 1795	2	168
Susan[n]ah, d. [Israel & Mary], b. Aug. 22, 1742	1	117
Susan[n]ah, m. William KINNEY, b. of Preston, May 3, 1812	2	327
Thomas Goddard, s. [Daniel & Sarah], b. Jan. 5, 1805	2	305
Wheeler, s. [Israel & Phebe], b. Dec. 28, 1764	2	95
William, s. [Amos & Lucy], b. Feb. 11, 1799	2	168
Woolcott, s. Ralph & Eliza, b. Jan. 24, 1819	2	374
HYDE, [see also HIDE], Lucy Ann, of Lisbon, m. Charles PALMER, of Preston, Dec. 12, 1842, by Rev. Levi Nelson	4	113
Lydia Mead, d. [Joel & Dolly], b. Nov. 7, 1809	2	233
Susanna, d. [Joel & Dolly], b. Oct. 8, 1807	2	233
William Albert, s. [Joel & Dolly], b. June 25, 1805	2	233
INGRAHAM, Nathan, m. Louis SHARP, Nov. 26, 1825, by Zelotes Fuller	3	79
INGRAM, Mary, wid. d. Sept.13, 1855, ae 92	8-C	6
William, m. Harriet F. WILLIAMS, of Preston, Oct. 20, 1844, by Rev. Augustus B. Collins	4	108
William H., s. William, ae 26, farmer, & Harriet, ae 22, b. Mar. 12, 1849	5	5
-----, child of William, ae 26, farmer, & Harriet, ae 21, b. Oct. 9, 1847	5	5
IRISH, Susan, m. William PENDLETON, Jr., b. of Preston, Oct. 3, 1837, by Rev. Nathan E. Shailer	4	6
JACKSON, Rebeckah, m. Zachariah WHIPPLE, b. of Norwich, Jan. 3, 1768	2	60
Thomas, s. Thomas & Mary, b. Feb. 17, 1775	2	88
Thomas, Sr., d. Nov. 22, 1806, ae 79 y. 2 m.	2	88
JACOUS, Hannah, d. Ebenezer & Mary, b. Sept. 5, 1743	1	96
JAMES, Anne, d. [John & Esther], b. July 28, 1766	2	128
Emily, d. [1849 ?], ae 58, at Town House	5	13
Esther, d. [John & Esther], b. Sept. 22, 1775; d. Jan. 23, 1776	2	128
Esther, d. [John & Esther], b. Jan. 3, 1783	2	128
Hannah, d. [John & Esther], b. Dec. 8, 1773	2	128
John, late of Exheter, R.I., m. Esther DENISON, b. of Stonington, Apr. 26, 1764, by Rev. Joseph Fish, of Stonington	2	128
John, s. [John & Esther], b. June 14, 1771	2	128
Mary*, ae 33, b. in Norwich, now of Preston, m. Edwin BROMBLEY, ae 29, of Preston, Apr. 15, [1850], by [ ] Lovejoy. (*Her 2d marriage)	5	2
Nabby, d. [John & Esther], b. Mar. 17, 1777	2	128
Polly, d. [John & Esther], b. July 28, 1779	2	128
Simeon, s. [John & Esther], b. Apr. 29, 1785	2	128

134 BARBOUR COLLECTION

	Vol.	Page
JAMES, (cont.)		
Susannah, d. [John & Esther], b. Oct. 1, 1764	2	128
Thomas, s. [John & Esther], b. Mar. 17, 1781	2	128
William, s. [John & Esther], b. May 18, 1769	2	128
JAMESON, Lydia Maria, d. Oct. 13, 1867	8-C	27
JEFFERS, Benjamin, s. Joseph, b. Aug. 22, 1762	2	26
Dorcas, w. Joseph, d. May 11, 1766	2	26
John, s. [Joseph & Ruhama], b. Aug. 30, 1767	2	26
Joseph, s. Joseph, b. Aug. 20, 1760	2	26
Joseph, m. Ruhama **DOWNING**, b. of Preston, Jan. 4, 1767	2	26
Mary, d. Joseph, b. Nov. 5, 1756	2	26
JEMISON, Abigail, of Stonington, m. Elihu **PRENTICE**, of Preston, Nov. 8, 1738	1	97
Margaret, of Stonington, m. John **BENJAMIN**, of Preston, Jan. 3, 1739/40	1	96
Sarah, m. James **BUNDY**, Jr. May 15, 1735	1	112
JENCKES, Carrie E., d. Feb. 14, 1862, ae 1 y. 8 m. 11 d.	8-C	18
JENKINS, Reuben, of Lisbon, m. Mariah **BILLINGS**, of Colchester, Apr. 20, 1834, by Rev. D. N. Bentley	3	310
JENNINGS, [see also **GENNINGS**], Anna, married, b. in Ireland, d. Dec. 23, 1862, ae 33	8-C	19
Robert N., d. July 29, 1857, ae 10 m. 9 d.	8-C	9
JEWETT, [see under **JUET**]		
JOHNSON, Abigail, d. [Samuel & Eunice], b. Jan. 5, 1784	2	172
Ascena, w. Nathan, d. July [ ], 1780	2	3
Charles, s. [John & Lydia], b. Apr. 29, 1806	2	273
Daniel, s. [Stephen, Jr. & Lydia], b. Sept. 11, 1805	2	267
Daniel, s. [Nathan & Ascena], b. May 8, 1780	2	3
Dwight, s. [John & Lydia], b. June 13, 1813	2	273
Edwin, black, laborer, married, d. Dec. 22, 1862, ae 50	8-C	19
Elijah, s. [Joseph & Abigail], b. July 15, 1755; d. June 9, 1781	2	78
Elizabeth, m. Gideon **AVERELL**, Oct. 6, 1776	2	149
Frank W., d. Oct. 9, 1861, ae 11 m. 10 d.	8-C	17
George, s. [John & Lydia], b. Mar. 4, 1808	2	273
Henry, s. [William & Desire], b. Mar. 11, 1791	2	193
Henry, sailor, d. Dec. 8, 1867, ae 38	8-C	27
Henry L., d. July 14, 1849, ae 9 m.	5	13
Henry L., s. Lyman, ae 35, farmer, & Lucy, ae 29, b. Oct. 13, 1849	5	9
Henry Leonard, s. [Stephen, Jr. & Lydia], b. Jan. 27, 1808	2	267
James, s. [John & Lydia], b. Mar. 2, 1812	2	273
John, m. Lydia **MORGAN**, b. of Preston, Aug. 28, 1800	2	273
John, s. [John & Lydia], b. July 17, 1810	2	273
Joseph, m. Abigail **BELCHER**, b. of Preston, May 27, 1752	2	78
Joseph, s. John & Catharine, b. May 25, 1781	2	181
Laura, d. [Stephen, Jr. & Lydia], b. Feb. 25, 1801	2	267
Mary, reputed d. Nathan **JOHNSON**, begotten of Ascena **KAY**, b. Dec. 8, 1776	2	3
Mary Kinney, d. [Stephen, Jr. & Lydia], b. Jan. 17, 1810	2	267
Nathan, m. Ascena **KAY**, b. of Preston, Jan. 15, 1777	2	3
Nathan, m. Mary **MACLAIN**, Sept. 24, 1780	2	3
Nathan, of Griswold, m. Ruth F. **MEECH**, of Preston, Oct. 27, 1825, by Rev. John Hyde	3	69
Olive, d. [John & Lydia], b. Aug. 24, 1801	2	273

PRESTON VITAL RECORDS

	Vol.	Page
JOHNSON, (cont.)		
Rebeckah, m. Daniel **RIX**, b. of Preston, Oct. 28, 1762	2	105
Rebecca, of Preston, m. Charles **FRINK**, of Stonington, Dec. 24, 1797	2	255
Roy M., b. in Ashaway, R.I., resid. in Preston, d. Aug. 26, 1865, ae 10 m.	8-C	24
Sally, d. [William & Desire], b. July 4, 1795	2	193
Samuel, s. [Joseph & Abigail], b. Oct. 28, 1757	2	78
Samuel, m. Eunice **PARK[E]**, b. of Preston, Oct. 25, 1781	2	172
Stephen, Jr., of Preston, m. Lydia **LARNED**, of Thompson, Jan. 2, 1800	2	267
Stephen, s. [Stephen, Jr. & Lydia], b. Apr. 15, 1803	2	267
Tho[ma]s, farmer, unmarried, black, d. Sept. 10, 1859, ae 48	8-C	13
William, m. Desire **HAVENS**, b. of Preston, Nov. 27, 1789	2	193
William, m. Mary Ann **WALKER**, Dec. 15, 1844, by John P. Gates, J.P.	4	115
William, of Preston, m. Almira M. **PIERCE**, of Franklin, Apr. 20, 1853, by Rev. S. S. Chapin, of Poquetonnuck	4	229
William Clark, s. [John & Catharine], b. Nov. 16, 1783	2	181
JONES, Aaron, s. [Lewis & Marcy], b. May 10, 1737	1	98
Abel, s. Moses, b. Oct. 14, 1761	2	59
Alexander, s. [Alpheas & Mabel], b. Dec. 26, 1770	2	100
Alpheas, s. [Ephraim & Marg[a]ret], b. Jan. 1, 1741/2	1	87
Alpheas, of Preston, m. Mabel **COOK**, of Norwich, Jan. 15, 1761	2	100
Amos, s. [Will[ia]m, b. Jan. 27, 1720/19	1	24
Aseph, s. [Elias & Mary], b. Sept. 11, 1758	2	106
Betsey, d. [Simeon], b. Feb. 19, 1790	2	250
Daniel, s. [Will[ia]m], b. May 12, 1722	1	24
Desiah, d. Ephraim & Marg[a]ret, b. Mar. 16, 1734	1	87
Elias, s. [Ephraim & Marg[a]ret], b. Feb. 8, 1730/31	1	87
Elias, m. Mary **AMES**, b. of Preston, Oct. 24, 1757	2	106
Elijah, s. [Simeon], b. Apr. 14, 1798	2	250
Elijah, s. [Ephraim, Jr. & Jerusha], b. Nov. 22, 1754	2	75
Eliza, b. Sept. 25, 1805	4	119
Eliza, d. [Simeon], b. Sept. 25, 1806	2	250
Eliza, of Preston, m. Rowland* **BURDICK**, of Charlestown, R.I., Oct. 23, 1826, by Welcome A. Browning, J.P. (*Perhaps Howland).	4	119
Elizabeth, d. [Ephraim & Margaret], b. Mar. 15, 174[ ]	1	87
Ephraim, m. Marg[a]ret **AMES**, Apr. 17, 1729	1	87
Ephraim, s. [Ephraim & Marg[a]ret], b. July 18, 1738	1	87
Ephraim, Jr., m. Jerusha **RIX**, b. of Preston, Jan. 16, 1751	2	75
Erastus, s. [Simeon], b. Sept. 21, 1801	2	250
Esther, d. [Ephraim, Jr. & Jerusha], b. Feb. 11, 1769	2	75
Ethel, s. [Alpheas & Mabel], b. Feb. 13, 1764	2	100
Eunice, d. [Alpheas & Mabel], b. Apr. 9, 1768	2	100
Eunice, d. Simeon, b. Aug. 8, 1785	2	250
Fanny, d. [Simeon], b. Mar. 24, 1788	2	250
Leui, s. [Simeon], b. June 1, 1792	2	250
Lewis, m. Marcy **GREEN**, Nov. 2, 1732	1	98
Luana, d. Moses, b. Jan. 11, 1764	2	59
Lucinda, of Weathersfield, Vt., m. John **HASKELL**, of Preston, Jan. 25, 1790	2	269

	Vol.	Page
JONES, (cont.)		
Luther, s. [Elias & Mary], b. July 15, 1756 [sic] (1760 ?)	2	106
Lydia, d. [Ephraim, Jr. & Jerusha], b. Dec. 6, 1756	2	75
Marg[a]ret, twin with Mary, d. Elias & Mary, b. Nov. 17, 1766	2	106
Mariam, twin with Moses, [d. Lewis & Marcy], b. June 26, 1735	1	98
Mary, d. [Will[ia]m], b. Aug. 24, 1715	1	24
Mary, d. [Lewis & Marcy], b. Aug. 16, 1733	1	98
Mary, m. Azariah **GATES**, b. of Preston, Mar. 22, 1749	2	54
Mary, d. [Ephraim, Jr. & Jerusha], b. Jan. 10, 1753	2	75
Mary, twin with Marg[a]ret, d. Elias & Mary, b. Nov. 17, 1766	2	106
Moses, twin with Mariam, s. [Lewis & Marcy], b. June 26, 1735	1	98
Nathan, s. [Ephraim, Jr. & Jerusha], b. Oct. 5, 1763	2	75
Parkes, s. [Will[ia]m, b. Dec. 6, 1724	1	24
Polly, b. Feb. 7, 1782, at Windsor, Vt.	2	369
Polly, m. Perry Mumford **HASKELL**, b. of Preston, June 20, 1802, by Samuel Mott	2	369
R[e]ubin, s. [Ephraim & Marg[a]ret], b. May 31, 1736	1	87
R[e]uben, s. [Elias & Mary], b. May 10, 1763	2	106
Sabra, m. James **GREEN**, b. of Preston, Dec. 1, 1793	2	251
Sally, d. [Simeon], b. Aug. 11, 1795	2	250
Sally, m. Jabez **ALLEN**, b. of Preston, Sept. 28, 1821	3	63-A
Sally, of Preston, m. William F. **HARRINGTON**, of Lisbon, Aug. 11, 1831, by Robert S. Avery, J.P.	3	164
Samson, s. [Ephraim & Marg[a]ret], b. Mar. 2, 1743/4	1	87
Sarah, d. [Lewis & Marcy], b. July 13, 1739	1	98
Sarah, d. [Ephraim, Jr. & Jerusha], b. Nov. 8, 1758	2	75
Simeon, s. [Alpheas & Mabel], b. Sept. 18, 1762	2	100
Stephen, s. [Alpheas & Mabel], b. Oct. 1, 1766	2	100
William, s. [Will[ia]m], b. May 10, 1718	1	24
Zipporah, d. [Ephraim, Jr. & Jerusha], b. Mar. 16, 1751; d. Oct. 21, 1753	2	75
Zipporah, d. [Alpheas & Mabel], b. Apr. 9, 1761	2	100
Zurviah, d. [Ephraim, Jr. & Jerusha], b. May 24, 1761	2	75
JORDON, Lucy, m. Joseph **BRUMBLEY**, Oct. [ ], 1793	2	374
JOSLIN, Elizabeth, d. Henry **JOSLIN**, Elder, of Hopkinton, m. Asa **KENNY**, s. David, of Preston, Jan. 13, 1799, in Hopkinton, by Asa Coon, Elder	2	261
Patty, of Hopkinton, R.I., m. Jonah **KINNIE**, of Preston, Mar. 5, 1801	2	277
Samuel, of Charlton, Worcester Cty., Mass., m. Lydia **BROWN**, of Preston, Oct. 17, 1827, by Robert S. Avery, J.P.	3	102
JOY, Thomas, m. Angeline **BREWSTER**, Oct. 31, 1826, by Jona[than], Brewster, J.P.	3	95
JUET, Sary, m. Capt. James **TILER**, Sept. 2, 173[ ]. She was his 2d w.	1	61
KANE, Patrick, mason, married, b. in Ireland, d. Dec. 15, 1864, ae 47	8-C	23
KATTMAN, Anthony, d. July 11,1863, ae 2 m. 8 d.	8-C	20
KAY, Ascena, had illeg. d. Mary **JOHNSON**, b. Dec. 8, 1776. Reputed father Nathan **JOHNSON**; m. Nathan **JOHNSON**, b. of Preston, Jan. 15, 1777	2	3
KEDY, [see under **CADY**]		
KEENE, Catharine, unmarried, b. in Ireland, d. Nov. [ ], 1863, ae 50 y.	8-C	21
KENNEDY, Mary, of Norwich, m. Daniel **TRACY**, of Preston, Apr. 10, 1755	2	81

PRESTON VITAL RECORDS 137

	Vol.	Page
KENYON, Albert M., d. Sept. 22, 1860, ae 4	8-C	15
Martin R., soldier, married, b. in Griswold, d. July 26, 1863, ae 33 y. (Lieut.)	8-C	20
KILLAM, KILLOM, Abigail, m. Eliab FARNAM, b. of Preston, June 19, 1754	2	80
Abigail, m. Simeon HERRICK, b. of Preston, Nov. 8, 1767	2	148
Abner, s. John & Sarah, b. Nov. 8, 1720	1	104
Amasa, s. John & Sarah, b. Dec. 10, 1727	1	104
Ann, d. [Samuell & Elizabeth], b. Jan. 16, 1723	1	20
Anne, m. Zebulon PARKE, b. of Preston, Mar. 27, 1745	2	114
Deborah, d. [Samuell & Elizabeth], b. May 30, 1725	1	20
Deborah, of Preston, m. John PLUM[M]ER, of Preston, Mar. 12, 1740	1	121
Deborah, d. Phineas & Thankfull, b. Mar. 27, 1752	2	31
Elizabeth, d. Sam[ue]ll & Elizabeth, b. Apr. 25, 1717	1	20
Esther, m. Samuel HILL, b. of Preston, Dec. 12, 1769	2	123
Hannah, d. [Samuell & Elizabeth], b. Apr. 4, 1719	1	20
James, s. [Samuel, Jr. & Thankfull], b. May 18, 1775; d. Sept. 28, 1775	2	151
James, m. Caroline HOLDEN, b. of Preston, Apr. 4, 1821, by Rev. John Hyde	3	33
Jebtha, s. [John & Abigail], b. Oct. 23, 1733	1	104
Jephthah, of Preston, m. Phebe PARKE, of Stonington, Oct. 24, 1754	2	73
Jepthah, s. [Jephthah & Phebe], b. June 22, 1757	2	73
John, m. Sarah ROSE, Mar. 5, 1718	1	104
John, m. his 2d w. Abigail KIMBALL, Feb. 13, 1730	1	104
Lucy, d. [Samuel, Jr. & Thankfull], b. Feb. 27, 1777	2	151
Lucy, m. Gurdon KIMBALL, b. of Preston, Feb. 26, 1798	2	271
Lyman, s. [Samuel, Jr. & Thankfull], b. May 24, 1771	2	151
Lidia, b. June 3, 1733	1	20
Lydia, d. [Samuel, Jr. & Thankfull], b. Aug. 24, 1768	2	151
Mary, d. [Samuell & Elizabeth], b. July 22, 1728	1	20
Mary, m. Robert PARKE, b. of Preston, Jan. 2, 1744/5	2	18
Merebah, d. [Jephthah & Phebe], b. July 14, 1755	2	73
Meribah, m. Thomas GEER, b. of Preston, Feb. 11, 1773	2	151
Nathan, s. John & Abigail, b. May 5, 1732	1	104
Olive, m. Benjamin TRACY, b. of Preston, Nov. 17, 1763	2	117
Phinehas, s. John & Sarah, b. Aug. 6, 1718	1	104
Phineas, of Preston, m. Thankfull HILL, of Stonington, Aug. 14, 1739	1	71
Prudence, d. [Samuel, Jr. & Thankfull], b. Apr. 9, 1781	2	151
Rachel, d. [Samuell & Elizabeth], b. Nov. 24, 1730	1	20
Rachal, m. Joseph BO[A]RDMAN, b. of Preston, Feb. 8, 1749	2	65
Sabrah, d. [Samuel, Jr. & Thankfull], b. Mar. 10, 1779	2	151
Sam[ue]ll, s. [Samuell & Elizabeth], b. Mar. ye last day, 1721	1	20
Samuel, Jr., m. Lucy PARKE, b. of Preston, July 9, 1741	1	120
Samuel, Jr., of Preston, m. Thankfull SMITH, of Stonington, Jan. 31, 1768	2	151
Samuel, Jr., s. [Samuel, Jr. & Thankfull], b. June 26, 1773; d. Sept. 9, 1775	2	151
Sarah, d. John & Sarah, b. Feb. 5, 1724	1	104
Sarah, w. John, d. Nov. 5, 1729	1	104

	Vol.	Page
KILLAM, KILLOM		
Sarah, m. Joseph **PARKE**, b. of Preston, Nov. 29, 1761	2	104
Zadock, s. John & Sarah, b. Oct. 25, 1722	1	104
Zadock, m. Hannah **BUTTON**, b. of Preston, Nov. 8, 1744	2	17
KIMBALL, KIMBAL, KIMBEL, Abell, s. [Isaac & Prudence], b. Sept. 9, 1733	1	91
Abel, s. [Jacob, Jr. & Esther], b. Nov. 17, 1754	2	59
Abigail, m. John **KILLAM**, Feb. 13, 1730. She was his 2d w.	1	104
Abigail, d. [Daniel & Mary], b. June 3, 1774	2	144
Abigail, d. [Nathaniel & Lucy], b. Oct. 15, 1803	2	270
Abigail L., d. [Elisha, Jr. & Lucy S.], b. June 2, 1806	2	366
Allice, m. Joseph **WILBUR**, b. of Preston, Aug. 31, 1809	2	315
Ame, d. [Isaac & Prudence], b. Oct. 12, 1743	1	91
Amie, d. [Nathan & Margaret], b. July 7, 1754	2	94
Amy, m. Asa **STARKWEATHER**, b. of Preston, Feb. 18, 1779	2	168
Amy, of Lisbon, m. Asa **BENNET[T]**, of Preston, Mar. 20, 1794	2	247
Anne, d. [Elisha & Hope], b. Aug. 20, 1772	2	146
Assa, s. [Jacob & Mary], b. Mar. 4, 1742/3	1	77
Asa, m. Esther **MEECH**, Nov. 17, 1763	2	133
Asa, s. [Asa & Esther], b. Feb. 18, 1769	2	133
Asa, s. [Gurdon & Lucy], b. Dec. 26, 1798	2	271
Azubah, d. [John & Ruhumah], b. Feb. 27, 1757	2	55
Barton D., s. [Prosper & Margary], b. June 22, 1792	2	227
Beniamin, b. Apr. 15, 1722	1	35
Benjamin, m. Hannah **RICHARDS**, b. of Preston, Nov. 5, 1745	2	28
Bethiah, twin with Sarah, b. Feb. 18, 1723/4	1	35
Bethiah, m. Asa **KINNE**, b. of Preston, Nov. 12, 1743	2	11
Bets[e]y, d. [William & Betsey], b. Aug. 24, 1793	2	270
Betsey, m. Allyn **CHAPMAN**, Aug. 7, 1814, by Jared Gallup	3	303
Betsey, d. [William, Jr. & Esther], b. Sept. 16, 1821	2	403
Betsey G., of Preston, m. John W. **STANTON**, of Norwich, Aug. 4, 1839, by Anson Gleason	4	114
Betsey G., d. Frank, ae 30, brickmaker, & Eliza, ae 30, b. Aug. 8, 1847	5	7
Charles, s. [Prosper & Margary], b. Oct. 16, 1799	2	227
Charles, m. Sarah Ann **FRINK**, b. of Preston, Mar. 26, 1829, by Rev. Augustus B. Collins	3	126
Charles, s. [Charles & Sarah Ann], b. Apr. 25, 1830	3	126
Chester, s. [Asa & Esther], b. Aug. 10, 1764	2	133
Chester, s. Anna, "a bastard child", b. Mar. 6, 1789	2	40
Clarissa, of Preston, m. Oren **STODDARD**, of Groton, Dec. 24, 1826, by John Brewster, J.P.	3	93
Cretia, d. [Jacob & Mary], b. Apr. 28, 1750	1	77
Cresha, m. Thomas **MEECH**, b. of Preston, Oct. 5, 1769	2	144
Cynthia, d. [Asa & Esther], b. Sept. 9, 1771	2	133
Daniel, s. [Jacob & Mary], b. Sept. 15, 1752	1	77
Daniel, s. [Benjamin & Hannah], b. May 20, 1753	2	28
Daniel, m. Mary **STERREY**, b. of Preston, June 24, 1773	2	144
Dauid, m. Sarah **PRIDE**, Oct. 20, 1726	1	61
David, s. David & Sarah, b. Sept. 9, 1734	1	61
David, s. [Nathan & Margaret], b. May 20, 1763	2	94
David, of Preston, m. Mary **CULVER**, of Norwich, Mar. 24, 1774	2	6
Dayton, s. [Prosper & Margary], b. Feb. 18, 1802	2	227

KIMBALL, KIMBAL, KEMBEL, (cont.)

	Vol.	Page
Dimmis, m. Joseph **TYLER**, b. of Preston, May 29, 1826, by Levi Meech, Elder	3	87
Dorothy, d. [Isaac & Prudence], b. Feb. 16, 1738/9	1	91
Dorothy, who later married Jamison **PRENTICE**, had illeg. s. Dudley **HOLDRIDGE**, b. Aug. 15, 1766	2	108
Edwin, m. Dolly **BREWSTER**, b. of Preston, May 8, 1833, by Rev. Nathan B. Burgess	3	192
Elisha, s. [Jacob & Mary], b. May 7, 1748	1	77
Elisha, of Preston, m. Hope **CAPRON**, of Groton, Jan. 3, 1771	2	146
Elisha, s. [Elisha & Hope], b. July 19, 1782	2	146
Elisha, Jr., b. July 19, 1782; m. L[ucy], S. **LATHROP**, Feb. 16, 1804	2	366
Eliza, d. [Prosper & Margary], b. Jan. 29, 1795	2	227
Elizabeth, d. [Benjamin & Hannah], b. Nov. 2, 1760	2	28
Emily, [d. Nathan P. & Harriet], b. Apr. 7, 1848	4	2
Emily, d. Nathan P., ae 39, b. Apr. 7, 1848	5	4
Ephraim, s. [Jacob, Jr. & Esther], b. May 11, 1761	2	59
Erastus, s. [Elisha & Hope], b. Nov. 19, 1779	2	146
Erastus B., s. [Nathaniel & Lucy], b. Apr. 5, 1798	2	270
Esther, m. Nathan **BURTON**, b. of Preston, Apr. 17, 1791	2	135
Esther, d. [Frank, 2d, & Sophia F.], b. June 13, 1842	4	10
Eunis, d. [Dauid & Sarah], b. Sept. 15, 1729	1	61
Eunice, m. Thomas **RIX**, Jr., b. of Preston, Dec. 23, 1762	2	105
Eunice, d. [Nathan & Margaret], b. Apr. 22, 1771	2	94
Frank, s. [William & Betsey], b. Oct. 9, 1799	2	270
Frank, s. [Prosper & Margary], b. Apr. 2, 1805; d. Dec. 22, 1809	2	227
Frank, s. [William, Jr. & Esther], b. Feb. 15, 1818	2	403
Frank, 2d, m. Sophia F. **STANDISH**, b. of Preston, Jan. 14, 1838, by Anson Gleason	4	10
Gurdon, m. Lucy **KILLAM**, b. of Preston, Feb. 26, 1798	2	271
Gurdon, m. Sally A. **BREWSTER**, Apr. 28, 1829, by Levi Meech, Elder	3	131
Gurdon Smith, [s. Gurdon & Lucy], b. Mar. 30, 1808	2	271
Hannah, d. [Jacob & Mary], b. Mar. 18, 1730/31	1	77
Hannah, m. Zebulon **PARRISH**, b. of Preston, Sept. 15, 1748	2	31
Hannah, d. [Elisha & Hope], b. Apr. 22, 1778	2	146
Hannah, m. Joseph **GEER**, b. of Preston, Feb. 16, 1800	2	273
Harriet Francis, d. Nathan P. & Harriet, b. Mar. 24, 1839	4	2
Isaac, m. Prudence **PARKE**, May 13, 1729	1	91
Isaac, s. [Isaac & Prudence], b. June 9, 1735	1	91
Jacob, m. Mary **PARKE**, Feb. 24, 1730	1	77
Jacob, s. [Jacob & Mary], b. Dec. 1, 1735	1	77
Jacob, Jr., of Preston, m. Esther **PHILLIPS**, of Plainfield, Jan. 16, 1754	2	59
Jemima, of Stonington, m. Ezra **TRACY**, of Preston, Jan. 24, 1760	2	97
Jesse, s. [Isaac & Prudence], b. Apr. 15, 1737	1	91
Jesse, m. Lydia **BENJAMIN**, b. of Preston, Sept. 20, 1759	2	91
John, s. [Isaac & Prudence], b. Dec. 12, 1731	1	91
John, of Preston, m. Ruhumah **SANDERS**, of Lyme, Sept. 21, 1752	2	55
Jonathan, twin with Sarah, s. [David & Sarah], b. Apr. 1, 1738	1	61
Jonathan, s. [Nathan & Margaret], b. July 10, 1759	2	94
Joseph, b. Dec. 29, 1731	1	35

BARBOUR COLLECTION

	Vol.	Page
KIMBALL, KIMBAL, KIMBEL, (cont.)		
Joseph, Jr., m. Hannah **MORGAN**, b. of Preston, May 2, 1754	2	65
Joseph Tyler, [s. Gurdon & Lucy], b. June 21, 1803	2	271
Levy, s. [Jacob & Mary], b. Apr. 26, 1745	1	77
Leonora, [d. Gurdon & Lucy], b. Feb. 19, 1810	2	271
Lucinda, d. [Gurdon & Lucy], b. Dec. 16, 1801	2	271
Lucinda, of Preston, m. Daniel **THOMAS**, Jr., of Groton, Sept. 10, 1820, by Jona[than] Brewster, J.P.	3	31
Luse, d. [Jacob & Mary], b. Jan. ye last day, 1732/3	1	77
Lucy, m. Joshua **MEECH**, b. of Preston, Dec. 11, 1754	2	93
Lucy, d. [Asa & Esther], b. Mar. 17, 1767	2	133
Lucy, of Preston, m. Joseph **TYLER**, 2d, of Preston, Apr. 1, 1787	2	234
Lucy, wid., b. in Groton, d. Feb. 10, 1859, ae 82	8-C	12
Lucy E., d. [Elisha, Jr. & Lucy S.], b. July 7, 1811; d. Feb. 16, 1814	2	366
Lucy H., d. [Nathaniel & Lucy], b. Dec. 29, 1812	2	270
Lucy H., of Preston, m. Elisha **BREWSTER**, Jr., Mar. 12, 1832, by Rev. Augustus B. Collins	3	175
Lydia, of Stonington, m. Theophilus **RIX**, of Preston, Feb. 8, 1759	2	101
Marcy, d. [Dauid & Sarah], b. Jan. 31, 1726/7	1	61
Margaret, d. [Nathan & Margaret], b. Aug. 13, 1761	2	94
Margaret, m. Robert **CRARY**, 3d, b. of Preston, Jan. 23, 1783	2	189
Margary, w. Prosper, d. Jan. 7, 1837	2	227
Margary, [d. Nathan P. & Harriet], b. Aug. 2, 1841	4	2
Maria S., d. July 20, 1854, ae 12	8-C	3
Mary, d. [Jacob & Mary], b. Mar. 13, 1738	1	77
Mary, w. Jacob, d. Dec. 5, 1758	1	77
Mary, d. [Jacob, Jr. & Esther], b. Aug. 24, 1759	2	59
Mary, m. James **GEER**, b. of Preston, Nov. 10, 1776	2	66
Mary Jane, [d. Nathan P. & Harriet], b. Dec. 23, 1845; d. May 30, 1846	4	2
Mary Sterry, d. [Daniel & Mary], b. May 9, 1780	2	144
Mehatable, d. [Benjamin & Hannah], b. Mar. 12, 1757	2	28
Mercy, m. Matthias **BUTTON**, b. of Preston, July 1, 1760	2	113
Mercy, d. [Nathan & Margaret], b. Jan. 21, 1774	2	94
Mercy Stanton, of Preston, m. Bartlett **HOLMES**, of Montville, Jan. 1, 1809	2	311
Moses, s. [Jacob & Mary], b. May 6, 1741	1	77
Moses, m. Mary **SATTERLEE**, b. of Preston, Feb. 9, 1764	2	132
Moses, s. [Moses & Mary], b. May 11, 1766	2	132
Moses, s. [Nathaniel & Lucy], b. Dec. 26, 1795	2	270
Moses T., s. [William, Jr. & Esther], b. June 2, 1824	2	403
Nathan, s. David & Sarah, b. Mar. 8, 1732	1	61
Nathan, m. Margaret **RIX**, b. of Preston, Feb. 13, 1754	2	94
Nathan, s. [Nathan & Margaret], b. Dec. 10, 1767	2	94
Nathan, d. June 4, 1811	2	94
Nathan Chester, [s. Nathan P. & Harriet], b. Sept. 11, 1843	4	2
Nathan P., m. Harriet **FRINK**, b. of Preston, Feb. 22, 1837, by Rev. Augustus B. Collins	4	2
Nathan Pride, s. [Prosper & Margary], b. Oct. 27, 1812	2	227
Nathaniel, s. [Moses & Mary], b. Oct. 21, 1768	2	132
Nathaniel, m. Lucy **BREWSTER**, b. of Preston, Mar. 29, 1795	2	270
Nathaniel, s. [Nathaniel & Lucy], b. Aug. 24, 1799	2	270
Phebee, of Stonington, m. Thomas **SAFFORD**, of Preston, Oct. 25,		

	Vol.	Page
KIMBALL, KIMBAL, KIMBEL, (cont.)		
1764	2	116
Polly, d. [Moses & Mary], b. Aug. 29, 1771	2	132
Polly, m. Ebenezer **ALLYN**, b. of Preston, Aug. 7, 1794	2	269
Polly, d. [William & Betsey], b. Apr. 11, 1798	2	270
Polly, m. Alford **CHAPMAN**, Dec. 17, 1815, by Jared Gallup, Esq.	3	304
Prosper, s. [Nathan & Margaret], b. July 22, 1769	2	94
Prosper, m. Margary **DORRANCE**, b. of Preston, Jan. 22, 1792	2	227
Prosper, d. Oct. 18, 1836	2	227
Ruame, d. [Benjamin & Hannah], b. Mar. 6, 1759	2	28
Sally A., d. [Elisha, Jr. & Lucy S.], b. Aug. 14, 1808	2	366
Sam[ue]l Edmund, [s. Gurdon & Lucy], b. June 7, 1812	2	271
Sarah, twin with Bethiah, b. Feb. 18, 1723/4	1	35
Sarah, of Preston, m. Richard **PARKE**, of Preston, Nov. 3, 1736	1	105
Sarah, twin with Jonathan, d. [David & Sarah], b. Apr. 1, 1738	1	61
Sarah, d. [Benjamin & Hannah], b. Oct. 6, 1746	2	28
Sarah, of Stoningtown, m. David **STANTON**, of Preston, May 1, 1755	2	86
Sarah, m. Andrew **FRINK**, b. of Preston, Apr. 13, 1758	2	96
Sarah, d. [Jacob, Jr. & Esther], b. Feb. 6, 1763	2	59
Sarah, d. [Nathan & Margaret], b. Jan. 22, 1765	2	94
Sarah, m. Joseph **FREEMAN**, Jr., b. of Preston, Apr. 10, 1766	2	141
Sarah, w. David, d. Feb. 10, 1769	1	61
Sarah, m. Alexander **KINNIE**, b. of Preston, Feb. 12, 1792	2	228
Sarah Ann, d. [Charles & Sarah Ann], b. Mar. 26, 1832	3	126
Shubael, s. [Elisha & Hope], b. July 22, 1775	2	146
Silva, d. [John & Ruhumah], b. Nov. 15, 1759	2	55
Stephen, s. [Jacob, Jr. & Esther], b. Dec. 25, 1757	2	59
Sterry, s. [Daniel & Mary], b. Aug. 19, 1782	2	144
Susan, [d. Elisha, Jr. & Lucy S.], b. Jan. 25, 1814	2	366
Sybel, d. [Elisha & Hope], b. Aug. 3, 1773	2	146
Sybel A., d. [Elisha, Jr. & Lucy S.], b. Oct. 14, 1804	2	366
Thankfull, d. [John & Ruhumah], b. Jan. 26, 1754	2	55
William, s. [Moses & Mary], b. Nov. 18, 1764	2	132
William, m. Betsey **HARVEY**, b. of Preston, Apr. 11, 1790	2	270
William, s. [William & Betsey], b. Apr. 18, 1796	2	270
William, Jr., m. Esther **GRAY**, Nov. 30, 1815, by Ebenezer Morgan	2	403
William, farmer, married, d. Oct. 26, 1864, ae 68	8-C	22
William H., s. [Frank, 2d, & Sophia F.], b. Oct. 25, 1839; d. May 28, 1841	4	10
William S., s. [Nathaniel & Lucy], b. Mar. 19, 1809	2	270
Zipporah, d. [Nathan & Margaret], b. Feb. 17, 1756	2	94
Zipporah, m. Gideon **RAY**, b. of Preston, Mar. 20, 1777	2	160
Zurviah, d. [Nathan & Margaret], b. Oct. 11, 1757	2	94
KING, Hannah, of Norwich, m. Nathan **HERRICK**, of Preston, Aug. 8, 1771	2	172
Mary, married, d. Nov. 14, 1862, ae 35	8-C	19
KINGSLEY, John D., of Lebanon, m. Eunice **SPICER**, of Preston, Apr. 23, 1843, by Rev. R. O. Williams	4	93
Phebe L., of Norwich, m. William L. **SPENCER**, of E. Haddam, Sept. 27, 1840, by Rev. N. E. Shailer	4	47
Willitt B., d. Mar. 9, 1866, ae 2	8-C	26
KINNE, KINNI, KINNIE, KINNEY, KENNY, Aaron, [s. Thomas], b. Jan. 21, 1707	1	95

KINNE, KINNI, KINNIE, KINNEY, KENNY, (cont.)

	Vol.	Page
Abby Goddard, d. [Alexander & Sarah], b. Aug. 30, 1802	2	228
Abiga[i]ll, [d. Joseph], b. Aug. 16, 1705	1	34
Abigail, m. Elijah BELCHER, Sept. 7, 1724	1	21
Abigail, d. [Jacob & Judeth], b. Nov. 24, 1734	1	98
Abigail, d. [Asa, Jr. & Thankfull], b. Dec. 30, 1774	2	156
Abigail, d. [Daniel & Patience], b. Apr. 13, 1779	2	126
Abigail, of Voluntown, m. Levi PHILLIPS, of Preston, Nov. 19, 1789	2	236
Ada, of Griswold, m. Breed BROWN, of Preston, Oct. 30, 1816, by Alexander Stewart, J.P., of Griswold	2	384
Alexander, s. [Spencer & Merribee], b. Oct. 13, 1765	2	67
Alexander, m. Sarah KIMBALL, b. of Preston, Feb. 12, 1792	2	228
Alfred, s. [Alexander & Sarah], b. Jan. 14, 1797	2	228
Alfred A., of Voluntown, m. Athelia SPICER, of Preston, Sept. 22, 1829, by Rev. Augustus B. Collins	3	134
Alphard, s. [Josiah & Tabitha], b. Sept. 21, 1782; d. Sept. 24, 1782	2	185
Amos, [s. Thomas], b. Sept. 3, 1708	1	95
Amos, m. Sarah PALMER, Nov. 15, 1732	1	75
Annah, [d. Joseph], b. July 31, 1725	1	34
Anna, d. [Stephen & Prisillah], b. June 7, 1741	1	26
Anna, d. [Thomas, Jr. & Hannah], b. Nov. 7, 1744	2	10
Archelaus, s. [James & Sarah], b. Sept. 6, 1736	1	86
Asa, [s. Joseph], b. Sept. 26, 1723	1	34
Asa, m. Bethiah KIMBAL[L], b. of Preston, Nov. 12, 1743	2	11
Asa, s. Benjamin & Thankfull, b. Mar. 17, 1749	2	17
Asa, s. [Asa & Bethiah], b. Aug. 26, 1752	2	11
Asa, Jr., m. Thankfull BELLOWS, b. of Preston, Dec. 30, 1772	2	156
Asa, s. [David & Jerusha], b. Aug. 11, 1776	2	190
Asa, s. David, of Preston, m. Elizabeth JOSLIN, d. Henry JOSLIN, Elder, of Hopkinton, Jan. 13, 1799, in Hopkinton, by Asa Coon, Elder	2	261
Asa, of Homer, N.Y., m. Diann[a] SPICER, of Preston, Sept. 15, 1830, by Rev. Augustus B. Collins	3	152
Avis, d. [Gideon & Thankfull], b. Apr. 27, 1769	2	58
Avis, m. Walter BROWN, Jr., b. of Preston, Oct. 10, 1784	2	352
Benjamin, of Salem, m. Elisabeth RICHARDS, of Preston, Nov. 21, 1738	1	118
Benjamin, m. Thankfull RUDE, b. of Preston, Dec. 24, 1745	1	118
Benjamin, s. [Benjamin & Thankfull], b. Dec. 14, 1755	2	17
Benjamin, m. Sarah BUMP, b. of Preston, Sept. 3, 1757	2	17
Bethiah, d. [Asa & Bethiah], b. Jan. 11, 1755	2	11
Betsey, d. Moses & Adah, b. Sept. 10, 1781	2	206
Betsey, m. Israel BURTON, Jr., b. of Preston, May 12, 1788	2	225
Braddick, s. [Alexander & Sarah], b. Nov. 10, 1794	2	228
Bradford, s. [Joseph & Jemima], b. Dec. 2, 1764	2	49
Calista, d. [Lot & Betsey], b. Feb. 14, 1803	2	323
Calvin, s. [Lot & Betsey], b. Apr. 3, 1800	2	323
Caroline Brown, d. [Alexander & Sarah], b. Dec. 4, 1804	2	228
Charles, s. Jonas & Mary, b. Apr. 15, 1793	2	225
Comfort, d. [Gideon & Thankfull], b. Apr. 6, 1760	2	58
Cynthia, m. Nathan STANTON, b. of Preston, Nov. 1, 1781	2	175
Cynthia, see also Synthia		

PRESTON VITAL RECORDS 143

	Vol.	Page
KINNE, KINNI, KINNIE, KINNEY, KENNY, (cont.)		
Daniell, [s. Joseph], b. Apr. 15, 1711	1	34
Daniel, s. [Jacob & Judeth], b. Dec. 18, 1736	1	98
Daniel, s. [Joseph & Jemima], b. Oct. 16, 1759	2	49
Daniel, m. Patience HUTCHENS, May 27, 1773	2	126
David, s. [Jeremiah & Mary], b. Nov. 11, 1736	1	83
David, s. Benjamin & Thankful, b. Nov. 3, 1746	2	17
David, twin with Jonathan, s. [Joseph & Jemima], b. June 9, 1762	2	49
David, m. Jerusha PARK[E], b. of Preston, Aug. 21, 1771	2	190
Denison, s. [Ezra & Sarah], b. Jan. 5, 1766	2	77
Diddimus, s. [Stephen & Prisillah], b. Aug. 7, 1743	1	26
Ebenezer, s. [James & Sarah], b. June 30, 1728	1	86
Elias, s. [Jacob & Judeth], b. July 13, 1740	1	98
Elizabeth, d. [Amos & Sarah], b. Sept. 15, 1735	1	75
Elizabeth, [w. Benjamin], d. Oct. 17, 1744	1	118
Elizabeth, d. [Joseph & Sarah], b. Jan. 28, 1748	2	49
Elizabeth, d. [Spencer & Merribee], b. Apr. 12, 1768	2	67
Elizabeth, m. Timothy LESTER, Jr., b. of Preston, Dec. 7, 1769	2	127
Emeline, d. [Henry & Sibbel], b. Feb. 11, 1800	2	210
Esther, d. [Henry & Sibbel], b. July 4, 1798	2	210
Eunice, [d. Joseph], b. Jan. 20, 1716; d. June 18, 1718	1	34
Eunice, d. [Jeremiah & Mary], b. June 1, 1734	1	83
Ezra, [s. Joseph], b. Sept. 20, 1727	1	34
Ezra, m. Sarah DENISON, b. of Preston, Oct. 24, 1748	2	77
Ezra, s. [Ezra & Sarah], b. Feb. 18, 1773	2	77
Ezra, Capt., had negro boy Prince Monday, b. Dec. 11, 1792	2	182
Franklin Packer, [s. John P. & Louis], b. July 9, 1833, in Voluntown	4	231
Geary, s. [Henry & Sibbel], b. July 3, 1796	2	210
George Washington, [s. John P. & Louis], b. Nov. 26, 1841, in Preston	4	231
Gid[e]on, [s. Thomas], b. Apr. 22, 1723	1	95
Gideon, of Preston, m. Thankfull HEWIT[T], of Stonington, Oct. 29, 1746	2	58
Gideon, s. [Gideon & Thankfull], b. May 3, 1750	2	58
Gideon, s. [Lot & Betsey], b. Aug. 9, 1790	2	323
Hannah, d. [Gideon & Thankfull], b. Aug. 1, 1758	2	58
Hannah, d. [David & Jerusha], b. Mar. 4, 1784	2	190
Henry, s. [Spencer & Merribee], b. July 18, 1760	2	67
Henry, m. Sibbel TRACY, of Preston, June 17, 1784	2	210
Henry, s. [Henry & Sibbel], b. May 6, 1786; d. Apr. 9, 1787	2	210
Henry, s. [Henry & Sibbel], b. Dec. 5, 1791	2	210
Huldah, [d. Thomas], b. Feb. 1, 1719	1	95
Huldah, m. Nathaniel COGSWELL, b. of Preston, Dec. 8, 1737	2	20
Huldah, twin with Phebe, d. Gideon & [Thankfull], b. July 19, 1754	2	58
Jacob, [s. Joseph], b. June 2, 1707	1	34
Jacob, m. Judeth COGSWELL, Dec. 19, 1732	1	98
Jacob, s. [Jacob & Judeth], b. Apr. 9, 1738	1	98
James, [s. Thomas], b. Oct. 14, 1703	1	95
James, m. Sarah HERRICK, Aug. ye last day, 1726	1	86
James, s. [James & Sarah], b. Aug. 21, 1734	1	86
James, m. Susan FISH, b. of Voluntown, Feb. 26, 1837, by Nathan E. Shailer	4	4
Jemima, d. [Ezra & Sarah], b. May 3, 1753	2	77

144 BARBOUR COLLECTION

	Vol.	Page
KINNE, KINNI, KINNIE, KINNEY, KENNY, (cont.)		
Jemima, d. [Joseph & Jemima], b. May 2, 1766	2	49
Jemima, m. David BOARDMAN, b. of Preston, Nov. 9, 1769	2	134
Jeremiah, [s. Thomas], b. Aug. 30, 1702	1	95
Jeremiah, m. Mary STARKWEATHER, Nov. ye last day, 1726	1	83
Jerome, m. Elizabeth PLUMER, Nov. 21, 1764	2	126
Jerome, s. [Daniel & Patience], b. May 19, 1777	2	126
Jerusha, twin with Timothy, [d. Thomas], b. Mar. 14, 1722	1	95
Jerusha, d. [David & Jerusha], b. Mar. 4, 1774	2	190
Jesse, s. [Stephen & Prisillah], b. May 25, 1735	1	26
Joanna, d. [Ezra & Sarah], b. June 25, 1749	2	77
Joanna, m. Asa WITTER, b. of Preston, Oct. 10, 1765	2	117
John, s. [Jeremiah & Mary], b. Aug. 10, 1729	1	83
John, s. John & Anna, b. Dec. 22, 1762	2	107
John P., b. May 1, 1804, in Voluntown; m. Louis YORK, Dec. 21, 1828, in N. Stonington, by Elder J. Miner	4	231
Jonah, s. [David & Jerusha], b. Nov. 28, 1780	2	190
Jonah, of Preston, m. Patty JOSLIN, of Hopkinton, R.I., Mar. 5, 1801	2	277
Jonas, s. [Gideon & Thankfull], b. May 25, 1752	2	58
Jonathan, twin with David, s. [Joseph & Jemima], b. June 9, 1762	2	49
Joseph, [s. Joseph], b. Feb. 17, 1717/18	1	34
Joseph, Jr., m. Sarah BLUNT, b. of Preston, June 10, 1740	1	38
Joseph, m. Sarah BLUNT, b. of Preston, June 10, 1740	2	49
Joseph, s. [Asa & Bethiah], b. June 27, 1748	2	11
Joseph, of Preston, m. Jemima LAMB, of Norwich, June 12, 1755	2	49
Joseph, s. [Joseph & Jemima], b. Mar. 23, 1756	2	49
Joseph, Jr., m. Mary BUTTON, Apr. 5, 1769	2	137
Joseph, s. [Joseph, Jr. & Mary], b. Sept. 14, 1771	2	137
Josiah, s. [Benjamin & Sarah], b. Nov. 30, 1760	2	17
Josiah, of Preston, m. Tabitha ABBE, of Windham, Nov. 11, 1781	2	185
Judath, d. [Jacob & Judeth], b. June 20, 1745	1	98
Keziah, [d. Joseph], b. July 23, 1713	1	34
Keziah, [d. Thomas], b. Dec. 31, 1714	1	95
Kezia, d. [James & Sarah], b. July 26, 1730	1	86
Keziah, m. Nathaniell BROWN, Dec. 14, 1731	1	52
Kezia, m. Nathaniel BROWN, b. of Preston, Dec. 14, 1731	2	16
Kezia, d. [Jacob & Judeth], b. Aug. 22, 1742	1	98
Kezia, d. [Joseph & Sarah], b. July 13, 1752	2	49
Kimball, s. [Joseph, Jr. & Mary], b. July 8, 1773	2	137
Lois, m. Edward PAIN, Apr. 6, 1732	1	31
Lot, s. [Gideon & Thankfull], b. Jan. 13, 1765	2	58
Lot, m. Betsey ROBBINS, b. of Preston, Dec. 7, 1786	2	205
Lot, m. Betsey [ ]	2	323
Lowes, [d. Thomas], b. Mar. 18, 1713	1	95
Lucynda, d. [David & Jerusha], b. July 11, 1778	2	190
Lucretia, d. [Ezra & Sarah], b. May 13, 1770	2	77
Lucy, d. [Joseph & Sarah], b. July 12, 1743	2	49
Lucy, m. Elijah BARNES, b. of Preston, May 13, 1762	2	104
Lucy, d. [Spencer & Merribee], b. Sept. 9, 1762	2	67
Lucy, m. Amos HUTCHINSON, b. of Preston, May 18, 1780	2	168
Lucy A., b. in Plainfield, d. Dec. 18, 1848, ae 19	5	12
Lucy Ann, [d. John P. & Louis], b. Jan. 28, 1830, in Plainfield; d.		

KINNE, KINNI, KINNIE, KINNEY, KENNY, (cont.)

	Vol.	Page
Dec. 18, 1848	4	231
Luther, s. [Woodbury & Zerviah], b. Sept. 10, 1808	2	335
Lydia, d. [Joseph, Jr. & Mary], b. Mar. 2, 1770	2	137
Marcy, d. [Ezra & Sarah], b. July 12, 1751	2	77
Martha, [d. Thomas], b. Jan. 20, 1712	1	95
Martha, d. [Thomas, Jr. & Hannah], b. Feb. 22, 1741/2	2	10
Martin, s. [Woodbury & Zerviah], b. May 13, 1810	2	335
Mary, [d. Joseph], b. June 28, 1721	1	34
Mary, d. [Jeremiah & Mary], b. Jan. 28, 1727/8	1	83
Mary, of Voluntown, m. Jesse STARKWEATHER, of Preston, Nov. 11, 1762	2	112
Meriam, d. [Jeremiah & Mary], b. Aug. 5, 1738	1	83
Moses, [s. Thomas], b. May 8, 1710	1	95
Nathan, [s. Thomas], b. Mar. 29, 1727	1	95
Nathaniel, s. [Stephen & Priscillah], b. Apr. 26, 1739	1	26
Newcomb, s. [Joseph & Jemima], b. Jan. 18, 1761	2	49
Oren Alexander, s. [Alexander & Sarah], b. June 3, 1799	2	228
Pareley, s. [Joseph & Jemima], b. Apr. 6, 1768	2	49
Peabody, s. [Ezra & Sarah], b. July 20, 1757	2	77
Phebe, [d. Thomas], b. July 24, 1720	1	95
Phebe, m. James FREEMAN, b. of Preston, Aug. 16, 1739	1	105
Phebe, twin with Huldah, d. Gideon & [Thankfull], b. July 19, 1754	2	58
Phebe, d. [Stephen & Rebeckah], b. Jan. 17, 1799	2	313
Pierpont, s. [Lot & Betsey], b. July 13, 1797	2	323
Polly, d. [Henry & Sibbel], b. July 28, 1794	2	210
Polly Crary, d. Stephen & Rebeckah, b. Aug. 22, 1790	2	313
Prescilla, m. Asher FANNING, b. of Preston, June 13, 1768	2	140
Prosper, s. [Alexander & Sarah], b. June 8, 1807	2	228
Rachel, of Voluntown, m. Waterman PHILLIPS, of Preston, Nov. 21, 1799	2	275
Rebecca, m. Ephraim HERRICK, 3d, b. of Preston, Nov. 11, 1810	2	324
Roger, s. John & Anna, b. May 31, 1765	2	107
Rosell, s. [Stephen & Prisillah], b. May 4, 1737	1	26
Rufus, s. [Daniel & Patience], b. Feb. 3, 1774	2	126
Sabra, d. John & Anna], b. Sept. 20, 1760	2	107
Sabra, of Voluntown, m. Simeon MORGAN, Jr., of Preston, Jan. 4, 1807	2	309
Sally, d. [Lot & Betsey], b. May 23, 1805	2	323
Samson, s. [Amos & Sarah], b. Oct. 8, 1733	1	75
Sanford, s. [Joseph & Jemima], b. Aug. 14, 1769	2	49
Sarah, d. [James & Sarah], b. Aug. 23, 1732	1	86
Sarah, d. [Joseph & Sarah], b. Mar. 28, 1745	2	49
Sarah, d. [Asa & Bethiah], b. Jan. 22, 1744/5; d. Oct. 13, 1746	2	11
Sarah, w. Joseph, d. Dec. 23, 1754	2	49
Sarah, d. [Ezra & Sarah], b. Aug. 1, 1755	2	77
Sarah, d. [Benjamin & Sarah], b. Dec. 10, 1758	2	17
Sarah, 2d, d. [Ezra & Sarah], b. Oct. 22, 1760	2	77
Sarah, m. Edward MOTT, b. of Preston, Dec. 10, 1761	2	101
Sarah, d. [Daniel & Patience], b. July 19, 1775	2	126
Spencer, s. [Jeremiah & Mary], b. Feb. 3, 1731/2	1	83
Spencer, m. Merribee BRUMBLY, b. of Preston, Dec. 12, 1759	2	67
Spencer, s. [Henry & Sibbel], b. Mar. 25, 1802	2	210

	Vol.	Page
KINNE, KINNI, KINNIE, KINNEY, KENNY, (cont.)		
Stephen, [s. Thomas], b. June 1, 1705	1	95
Stephen, m. Prisillah HERRICK, Jan. 29, 1729/30	1	26
Stephen, [s. Stephen & Prisillah], b. Dec. 18, 1732	1	26
Stephen, s. [Gideon & Thankfull], b. Mar. 6, 1762	2	58
Stephen, s. [Asa, Jr. & Thankfull], b. Apr. 20, 1773	2	156
Susan, d. [Henry & Sibbel], b. Dec. 31, 1789	2	210
Synthia, d. [Ezra & Sarah], b. May 26, 1763	2	77
Synthia, see also Cynthia		
Thankfull, d. [Gideon & Thankfull], b. July 17, 1747	2	58
Thankfull, [w. Benjamin], d. Jan. 23, 1756	2	17
Thankfull, d. [Lot & Betsey], b. Oct. 29, 1787	2	323
Thankfull, m. Nathan BROWN, b. of Preston, Jan. 1, 1807	2	329
Thomas, [s. Thomas], b. May 11, 1717	1	95
Thomas, Jr., of Preston, m. Hannah GALLUP, of Volluntown, Feb. 19, 1740/41	2	10
Thomas, of Preston, m. Hannah GALLUP, of Voluntown, Feb. 19, 1742	1	71
Timothy, twin with Jerusha, [d. Thomas], b. Mar. 14, 1722	1	95
Weltha, d. [Gideon & Thankfull], b. Sept. 5, 1756	2	58
William, s. [David & Jerusha], b. Apr. 19, 1772	2	190
William, s. [Henry & Sibbel], b. July 14, 1787	2	210
William, m. Susan[n]ah HUTCHINSON, b. of Preston, May 3, 1812	2	327
Woodbury, s. [Spencer & Merribee], b. Jan. 31, 1776	2	67
Woodbury, of Preston, m. Zerviah KINNEY, of Plainfield, Apr. 14, 1808	2	335
Zerviah, d. [Gideon & Thankfull], b. Oct. 30, 1748	2	58
Zerviah, of Plainfield, m. Woodbury KINNEY, of Preston, Apr. 14, 1808	2	335
Zeporah, [d. Joseph], b. Mar. 23, 1708/9	1	34
Zeporah, m. Thomas BRANCH, Nov. 9, 1726	1	65
Zip[p]orah, d. [Alexander & Sarah], b. Nov. 29, 1792	2	228
KINYON, [see also [KENYON], Martin R., Lieut., d. July 26, 1863, from wounds received in the service of the U.S. Left d. Elner E., ae 1 yr.	5	A
KIRKLAND, Betsey, of Lyme, m. Jonathan LEWIS, of Montville, Jan. 3, 1836, by Nathan E. Shailer	3	330
Mary Ann, of Lyme, m. Griswold STEWART, of Montville, Jan. 4, 1836, by Rev. N. E. Shailer	3	337
KIRTLAND, Mary, of Norwich, m. Caleb FREEMAN, of Preston, Mar. 6, 1766	2	120
KNAPP, Aura, d. May 28, 1866, ae 1	8-C	26
Edward J., d. Mar. 6, 1861, ae 9 m. 25 d.	8-C	16
Hannah Rebecca, unmarried, d. Sept. 12, 1859, ae 15	8-C	13
LADD, Eunice, of Norwich, m. Nathan G[U]ILE, of Preston, Apr. 9, 1784, by Sam[ue]l Nott, Clerk. Recorded in Franklin Jan. 31, 1793	2	345
LAMB, Anne, m. Samuell BRANCH, May 23, 1728	1	53
Cynthia, see Synthia		
Dorothy, m. Dauid MORGAN, Dec. 12, 1728	1	78
Drusilla, married, b. in Augusta, Me., d. Mar. 10, 1859, ae 54	8-C	12
Esther, of Groton, m. Joseph P. HOLLOWAY, of Charlestown, R.I. Nov. 28, 1824, by Denison Palmer, J.P.	3	57

PRESTON VITAL RECORDS 147

	Vol.	Page
LAMB, (cont.)		
Jemima, of Norwich, m. Joseph KINNE, of Preston, June 12, 1755	2	49
Marion W., married, d. Nov. 4, 1861, ae 34	8-C	17
Synthia, of Stonington, m. Robert CRARY, of Preston, Dec. 7, 1780	2	179
LAMBERT, Phebe, of Preston, m. James WADE, of Norwich, Sept. 4, 1820, by Rev. John Hyde	3	18
Polly, unmarried, d. Apr. 29, 1862, ae 61	8-C	18
LAMPHERE, [see also **LANPHEAR**], Almira M., married, b. in N. Stonington, d. Oct. 17, 1861, ae 51	8-C	17
Daniel, farmer, married, b. in Stonington, d. Oct. 10, 1861, ae 78	8-C	17
Henry, d. Jan. 10, 1864, ae 4	8-C	21
Henry A., Sergt., Co. K, unmarried, resid. in Louisiana, d. Dec. 1, 1862, ae 20	8-C	19
Nathan, farmer, unmarried, b. in Winfield, N.Y., d. June 1, 1864, ae 37	8-C	22
Winfield, d. Feb. 26, 1866, ae 4	8-C	26
LANE, Doxse, m. Esther **FREEMAN**, b. of Preston, Dec. 1, 1756	2	86
Joseph, s. [Doxse & Esther], b. Apr. 19, 1758	2	86
LANPHEAR, [see also **LAMPHERE**], Daniel, of Hardwick, m. Olive HILL, of Milford, b. of N.Y., Aug. 18, 1809	2	307
Elisha, s. [Daniel & Olive], b. Feb. 28, 1815, in Lock	2	307
Eliza Ann, d. [Daniel & Olive], b. Feb. 1, 1817, in Springfield	2	307
Joshua, [s. Daniel & Olive], b. June 30, 1825, in Brookfield	2	307
Julia Ann, d. [Daniel & Olive], b. Feb. 10, 1813, in Brookfield	2	307
Lucy Almira, [d. Daniel & Olive], b. Nov. [ ], 1829, in Griswold	2	307
Lucy Ann, m. Rufus T. **BUISTOW**, b. of Preston, May 7, 1854, by Rev. N. S. Hunt	4	235
Mary Ann, d. [Daniel & Olive], b. Apr. 2, 1811, in Springfield	2	307
Nathan, [s. Daniel & Olive], b. Oct. 2, 1821, in Winfield	2	307
Nathan, m. Hannah **PRATT**, July 27, 1845, by Norman Noble, J.P.	4	122
LANSIER, Lucy, m. Andrew **HUNTINGTON**, b. of Norwich, Aug. 23, 1764	2	112
LARABEE, LARABY, LARIBE, Elisha, s. Nathaniel & Zurviah, b. Jan. 5, 1782	2	97
Esther, d. [Nathaniel & Zurviah], b. Mar. 17, 1774	2	71
Ezra Bingham, s. [Nathaniel & Zurviah], b. Sept. 19, 1776	2	71
Febe, m. John **BENIAMIN**, Aug. 7, 1705	1	84
Hannah, d. [Nathaniel & Zurviah], b. May 22, 1761	2	71
Lucy, d. [Nathaniel] & Zurviah], b. June 13, 1769	2	71
Lydia, d. [Nathaniel & Zurviah], b. Sept. 12, 1771	2	71
Nathan, s. [Nathaniel & Zurviah], b. May 12, 1766	2	71
Nathaniel, m. Zurviah **FRINK**, b. of Preston, Dec. 14, 1757	2	71
Phebe, see under Febe		
Theophilus, s. [Nathaniel & Zurviah], b. Nov. 27, 1763	2	71
Thomas, s. [Willet & Dorothy], b. July 16, 1730	1	68
Willet, m. Dorothy **CLARK**, Feb. 7, 1725/6	1	68
Zurviah, d. [Nathaniel & Zurviah], b. Apr. 25, 1759	2	71
LARKHAM, Betsey, married, b. in R.I., d. Nov. 10, 1856, ae 50	8-C	8
Mary C., seamstress, unmarried, b. in Chaplin, d. Oct. 5, 1856, ae 30	8-C	8
LARNED, Lydia, of Thompson, m. Stephen **JOHNSON**, Jr., of Preston, Jan. 2, 1800	2	267
LATHAM, Amos L., of Groton, m. Eliza **GORE**, of Preston, Sept. 10,		

	Vol.	Page
LATHAM, (cont.)		
1823, by Robert S. Avery, J.P.	3	45
Asa L., m. Mary **BREWSTER,** b. of Preston, Apr. 9, 1832, by Rev. Augustus B. Collins	3	177
Austin B., m. Caroline C. **LATHAM,** b. of Preston, Oct. 20, 1841, by Rev. Nathan E. Shailer	4	61
Caroline C., m. Austin B. Latham, b. of Preston, Oct. 20, 1841, by Rev. Nathan E. Shailer	4	61
Eliza, widow, d. Jan. 7, 1860, ae 60	8-C	14
Eunice, wid., b. in Groton, d. Jan. 12, 1858, ae 76	8-C	10
Harriet N., of Preston, m. Timothy H. **POTTER,** of Greenville, June 20, 1842, in Poquetonnuck, by Dexter Potter	4	69
Lucy, m. Joseph S. **WALKER,** Nov. 12, [1826?], by Zelotes Fuller	3	92
Mary A., of Groton, m. William P. **WITTER,** of Preston, Nov. 10, 1834, by Rev. John Hyde	4	67
Mary Caroline, d. Mar. 4, 1859, ae 5 y. 4 m.	8-C	12
Nancy, m. Elisha **MINER,** of Lyme, Sept. 26, 1826, by Jona[than] Brewster, J.P.	3	94
Robert Y., of Ledyard, m. Happy L. **BROWN,** of Preston, Oct. 15, 1838, by Comfort D. Fillmore, Deacon	4	11
William K., m. Eliza **WITTER,** Dec. 8, 1822, by Rev. John Hyde	3	38
LATHROP, [see also **LOTHROP**], Charity, of Norwich, m. Isaac **GATES,** July 29, 1765	1	100
Dixwell, m. Eunice Davis **BOOTH,** of Preston, Oct. 14, 1790	2	240
Dixwell, s. [Dixwell & Eunice Davis], b. Nov. 9, 1796	2	240
Dixwell, m. Mahala **BENNET[T],** b. of Preston, Mar. 30, 1806	2	240
Elijah, s. [Dixwell & Mahala], b. Sept. 13, 1806	2	240
Elizabeth Dixwell, d. [Dixwell & Eunice Davis], b. Feb. 20, 1793	2	240
Eunice, d. [Dixwell & Eunice Davis], b. Sept. 7, 1798	2	240
Fanna, d. [Dixwell & Mahala], b. Sept. 23, 1807	2	240
James, s. [Dixwell & Mahala], b. Jan. 22, 1810	2	240
Jason, s. [Dixwell & Mahala], b. May 8, 1812	2	240
Joseph, s. [Dixwell & Eunice Davis], b. June 28, 1791	2	240
Lucy S., b. Jan. 17, 1783; m. Elisha **KIMBALL,** Jr., Feb. 16, 1804	2	366
Rachel, d. [Dixwell & Mahala], b. Nov. 23, 1808	2	240
Samuel Bishop, s. [Dixwell & Eunice Davis], b. Mar. 1, 1795	2	240
LAWRENCE, Betsey, of Voluntown, m. Elias **DAVIS,** of Preston, Nov. 27, 1803	2	334
Daniel, m. Synthia **WILKESON,** Feb. 4, 1797	2	287
Lucy, d. [Daniel & Synthia], b. Dec. 6, 1799	2	287
LAWTON, Isaac, m. Abby G. **HUTCHINSON,** b. of Griswold, Aug. 7, 1833, by Rev. Alfred Gates	3	194
LAYDON, John, b. in Plainfield, d. Feb. 20, 1863, ae 8 y.	8-C	20
LEADS, Asenath Maria, d. [Joshua & Peace], b. Mar. 8, 1805	2	272
Joshua, m. Peace **PARTRIDGE,** b. of Preston, Jan. 31, 1799	2	272
Joshua, s. [Joshua & Peace], b. Oct. 2, 1801	2	272
Julian, d. [Joshua & Peace], b. Feb. 3, 1800	2	272
Mary, d. [Joshua & Peace], b. Feb. 15, 1807	2	272
LEDYARD, Bridget, of Groton, m. Asa **SMITH,** of Preston, Apr. 13, 1789	2	122
Bridget, of Groton, m. Asa **SMITH,** of Preston, Apr. 13, 1789	2	197
LEE, John T., farmer, unmarried, b. in Norwich, d. Feb. 13, 1861, ae 10	8-C	16
Patrick M., unmarried, d. Feb. 21, 1861, ae 21	8-C	16

	Vol.	Page
LEEDS, [see under LEADS]		
LEFFINGWELL, Sarah, m. William MORSE, b. of Preston, Dec. 31, 1767	2	120
LEONARD, LEONORD, LENARD, [see also LARNED], Abigail, d. [Nathan & Abigail], b. June 15, 1740	2	81
Abigail Avery, d. [George & Honour], b. Nov. 14, 1799	2	288
Alfred, of W. Springfield, Mass., m. Mary ANDREWS, of Preston, Jan. 1, 1834, by Rev. G. F. Davis, of Hartford	3	315
Amos, s. [Ebenezer & Esther], b. Oct. 11, 1741	2	27
Amos, m. Mary PARTRIDGE, b. of Preston, June 24, 1762	2	110
Amos, s. [Amos & Mary], b. Dec. 16, 1766	2	110
Amey, d. [Nathan & Abigail], b. Aug. 25, 1744	2	81
Anna, d. [Nathan, Jr. & Hannah], b. Jan. 25, 1765	2	115
Asa, s. [Samuel & Lydia], b. Aug. 8, 1736	2	68
Benjamin, s. [Ebenezer, Jr. & Abigail], b. June 11, 1766	2	125
Betsey, d. [Samuel, Jr. & Elizabeth], b. Dec. 16, 1794	2	211
Charles Edwin, s. [Joseph & Polly], b. Sept. 29, 1805	2	260
Charlotte Ann, d. [Joseph & Polly], b. Oct. 17, 1812	2	260
Daniel, s. [Samuel & Lydia], b. Dec. 3, 1753	2	68
Ebenezer, m. Esther AMES, b. of Preston, May 6, 1730	2	27
Ebenezer, s. [Samuel & Lydia], b. July 1, 1741	2	68
Ebenezer, Jr., of Preston, m. Abigail AVERY, of Groton, Sept. 25, 1765	2	125
Elisha, s. [Nathan & Abigail], b. Jan. 2, 1751/2	2	81
Ellis, m. Phebe A. WOODWARD, of N. Stonington, Mar. 8, 1840, by Rev. Augustus B. Collins	4	33
Esther, d. [Ebenezer & Esther], b. Apr. 22, 1731	2	27
Ezra, s. [Nathan & Abigail], b. June 30, 1755	2	81
George, m. Honour ANDRUS, b. of Preston, Feb. 18, 1798	2	288
Hannah, d. [Ebenezer & Esther], b. Feb. 1, 1744	2	27
Hannah, m. John STARKWEATHER, b. of Preston, May 25, 1780	2	170
Harriet Abby, d. [Joseph & Polly], b. Nov. 14, 1810	2	260
Honor, m. Warren ANDREWS, Aug. 7, 1803	2	381
Jahleel, d. June 19, 1773	2	27
James, s. [Samuel, Jr. & Elizabeth], b. July 16, 1803	2	211
James, of Griswold, m. Betsey K. BROWN, of Preston, Oct. 27, 1824, by Levi Meech, Elder	3	56
James E., d. Aug. 30, 1857, ae 2; b. in Sabrela, Iowa	8-C	9
Jane, m. Daniel WILLIAMS, Jr., b. of Preston, June 6, 1737	1	112
Jemima, d. [Amos], b. Nov. 29, 1769	2	110
John, s. [Samuel & Lydia], b. Nov. 29, 1744	2	68
Joseph, s. [Samuel, Jr. & Mary], b. Apr. 1, 1773	2	90
Joseph, m. Polly BLISS, b. of Preston, Nov. 2, 1796	2	260
Joseph, s. [Joseph & Polly], b. May 19, 1801	2	260
Levy, s. [Nathan & Abigail], b. June 26, 1762	2	81
Lucy, d. [Samuel, Jr. & Elizabeth], b. Jan. 2, 1788	2	211
Lydia, d. [Samuel & Lydia], b. Mar. 20, 1739	2	68
Lydia, w. Capt. Samuel, d. May [ ], 1760	2	68
Lydia, d. [Samuel, Jr. & Mary], b. Dec. 23, 1760	2	90
Lydia, m. Daniel BRAMAN, b. of Preston, Jan. 9, 1783	2	191
Mary, d. [Samuel & Lydia], b. Mar. 20, 1742	2	68
Mary, d. [Samuel, Jr. & Mary], b. June 3, 1763	2	90
Mary, w. Amos, d. Dec. 21, 1766	2	110

150   BARBOUR COLLECTION

	Vol.	Page
LEONARD, LEONORD, LENARD, (cont.)		
Mary, m. Belcher STARKWEATHER, b. of Preston, Dec. 30, 1784	2	198
Mary, m. Nathan STANTON, b. of Preston, Dec. 7, 1809	2	311
Mary Lester, d. [Joseph & Polly], b. Dec. 4, 1808	2	260
Mehetable, d. [Samuel & Lydia], b. Sept. 28, 1747	2	68
Mehetable, d. [Samuel, Jr. & Elizabeth], b. Nov. 15, 1796; d. Mar. 31, 1800	2	211
Mehetable, m. John GEER, b. of Preston, Feb. 22, 1804	2	293
Moses, s. [Amos & Mary], b. June 21, 1763	2	110
Nathan, m. Abigail HERRICK, b. of Preston, Nov. 12, 1739	2	81
Nathan, s. [Nathan & Abigail], b. June 17, 1742	2	81
Nathan, Jr., m. Hannah BRANCH, b. of Preston, Jan. 12, 1764	2	115
Olive, d. [Ebenezer & Esther], b. Aug. 17, 1748	2	27
Olive, d. [Samuel & Lydia], b. Jan. 30, 1751	2	68
Olive, m. Asahel TRACY, b. of Preston, Feb. 16, 1769	2	125
Polly, d. [Samuel, Jr. & Elizabeth], b. July 31, 1791	2	211
Sabra, d. [Samuel, Jr. & Mary], b. Dec. 12, 1757	2	90
Sabra, d. [Samuel, Jr. & Mary], d. Mar. 19, 1773	2	90
Sally, d. [Joseph & Polly], b. Nov. 19, 1798; d. Feb. 22, 1800	2	260
Samuel, m. Lidya STANTON, Apr. 9, 1733 (Entry crossed out)	1	100
Samuel, m. Lidya STANTON, b. of Preston, Aug. 9, 1733	2	68
Samuel, s. [Samuel & Lydia], b. June 10, 1734	2	68
Samuel, Jr., m. Mary FREEMAN, b. of Preston, Dec. 25, 1755	2	90
Samuel, Capt., d. Apr. 24, 1760	2	68
Samuel, s. [Samuel, Jr. & Mary], b. May 6, 1768	2	90
Samuel, Jr., m. Elizabeth BRAMAN, b. of Preston, Sept. 27, 1787	2	211
Samuel, s. [Samuel, Jr. & Elizabeth], b. Oct. 28, 1799	2	211
Samuel, d. Dec. 21, 1808	2	90
Sanford, s. [Nathan, Jr. & Hannah], b. May 2, 1766	2	115
Sarah, d. [Ebenezer, Jr. & Abigail], b. Mar. 20, 1768	2	125
Simeon, s. [Nathan & Abigail], b. Sept. 17, 1765	2	81
William, s. [Ebenezer, Jr. & Abigail], b. May 6, 1770	2	125
Zipporah, d. [Ebenezer & Esther], b. Mar. 16, 1746	2	27
LEONARDSON, Ebenezer, s. [Samuel & Lidya], b. Mar. 7, 1710/9	1	93
Jane, d. [Samuel & Lidya], b. Nov. 5, 1714	1	93
Lidia, d. Sam[ue]ll & Lydia, b. Sept. 22, 170[ ]	1	93
Nathan, s. [Samuel & Lidya], b. Aug. 22, 1717	1	93
Sam[ue]ll, s. [Samuel & Lidya], b. May 18, 1712	1	93
Sam[ue]ll, d. May 11, 1718	1	93
LESTER, Abigail, d. [Andrew & Prescilla], b. Jan. 13, 1756	2	57
Alexander, s. [Elisha & Bitsy], b. Nov. 3, 1803; d. Mar. 30, 1805	2	184
Alexander Hamilton, s. [Daniel M. & Abigail T.], b. May 30, 1813	2	309
Allice, d. [Elijah & Damaras], b. July 20, 1790	2	173
Andrew, m. Lidia STARKWEATHER, Dec. 28, 1714	1	16
Andrew, of Preston, m. Prescilla STEAVENS, of Plainfield, Mar. 15, 1748	2	57
Andrew, Lieut., d. May 22, 1751	1	16
Andrew, s. [Andrew & Prescilla], b. June 6, 1753	2	57
Betsey, d. [Elisha & Bitsey], b. June 27, 1791	2	184
Charles, s. [Moses & Sally Edwards], b. July 15, 1815	2	146
Charles F., s. [Elijah & Damaras], b. Jan. 14, 1797	2	173
Daniel M., m. Abigail T. LORD, b. of Preston, Jan. 4, 1809	2	309
Daniel Mason, s. [Elisha & Bitsey], b. Dec. 8, 1783	2	184

PRESTON VITAL RECORDS 151

	Vol.	Page
LESTER, (cont.)		
Elijah, s. [Timothy & Mehetabel], b. May 24, 1753	1	122
Elijah, of Preston, m. Damaras LORD, of Norwich, Feb. 7, 1782	2	173
Elisha, s. [Timothy & Mehetabel], b. Nov. 19, 1739	1	122
Elisha, m. Bitsey FREEMAN, b. of Preston, Jan. 3, 1783	2	184
Elisha, s. [Elisha & Bitsey], b. May 18, 1795	2	184
Esther, d. [Elisha & Bitsey], b. Aug. 20, 1789	2	184
George, s. [Elisha & Bitsey], b. Dec. 4, 1799	2	184
Hannah, m. Elisha TYLER, b. of Preston, Dec. 31, 1755	2	181
Harte, d. [Timothy & Rebecca], b. Mar. 4, 1782	2	157
Hart, of Preston, m. Lemuel POM[E]ROY, of Pittsfield, Mass., June 8, 1800	2	208
James L., of Preston, m. Nancy WHEELER, of N. Stonington, Nov. 22, 1810	2	314
James Lord, s. [Elijah & Damaras], b. Jan. 31, 1785	2	173
John, s. Andrew & Lidia, b. Jan. 2, 1716/7	1	16
John, s. [Andrew & Lidia], b. July 19, 1721	1	16
John, m. Mary HERRICK, b. of Preston, Feb. 3, 1741/2	1	123
John, s. [Andrew & Prescilla], b. Nov. 15, 1750	2	57
John, s. [Elisha & Bitsey], b. Aug. 29, 1787	2	184
Joseph, s. [Elijah & Damaras], b. Nov. 23, 1788	2	173
Lucy, d. [Elijah & Damaras], b. Feb. 8, 1787	2	173
Lucy, m. George LORING, b. of Preston, Mar. 23, 1809	2	310
Lydia, d. [Timothy & Mehetable], b. Mar. 24, 1756	1	122
Lydia, d. [Elisha & Bitsey], b. Oct. 7, 1785	2	184
Lydia, m. Jesse STARKWEATHER, 2d, b. of Preston, Jan. 16, 1805	2	307
Lydia, w. Moses, d. Dec. 19, 1806	2	146
Mary, m. John RUDE, Sept. 11, 1714	1	90
Mary, d. [Andrew & Lidia], b. Oct. 19, 1723	1	16
Mary, m. Robert STANTON, b. of Preston, Nov. 4, 1741	2	69
Mary, d. [Timothy & Mehetable], b. Apr. 1, 1743	1	122
Mary, d. [Nathan & Rebeckah], b. Jan. 29, 1768	2	108
Mary Ann, d. [James L. & Nancy], b. Mar. 5, 1812	2	314
Mehetabel, d. [Timothy & Mehetabel], b. May 1, 1746	1	122
Mehetable, m. Whe[e]ler COIT, b. of Preston, Dec. 26, 1765	2	136
Mehetable, d. [Timothy, Jr. & Elizabeth], b. Oct. 25, 1770	2	127
Mehetable, w. Timothy, d. Mar. 9, 1776	2	157
Mehetable, d. [Timothy & Rebecca], b. Mar. 2, 1779; d. Nov. 1, 1794	2	157
Mehetable, m. James BRAMAN, b. of Preston, Oct. 15, 1794	2	243
Mehetable, d. [Elisha & Bitsey], b. Nov. 21, 1797	2	184
Moses, s. [Timothy & Mehetabel], b. Oct. 12, 1750	1	122
Moses, m. Lydia LORD, b. of Preston, Nov. 25, 1773	2	146
Moses, of Preston, m. Sally Edwards WOODBRIDGE, of Stockbridge, Mass., Nov. 2, 1807	2	146
Moses Woodbridge, s. [Moses & Sally Edwards], b. Jan. 28, 1809	2	146
Nathan, s. [John & Mary], b. Sept. 8, 1743	1	123
Nathan, of Preston, m. Rebeckah AVERY, of Groton, Jan. 4, 1764	2	108
Nathan, m. Elizabeth AVERELL, b. of Preston, May 2, 1771	2	108
Phinehas, s. [Andrew & Prescilla], b. Nov.27, 1748	2	57
Polly, d. [Elisha & Bitsey], b. May 10, 1793	2	184
Rebeckah, w. Nathan, d. Mar. 17, 1771	2	108

	Vol.	Page
LESTER, (cont.)		
Rebecca, d. [Timothy & Rebecca], b. June 11, 1777	2	157
Rebecca, m. Henry **BREWSTER**, b. of Preston, Dec. 8, 1796	2	190
Rebecca, d. [Elisha & Bitsey], b. Mar. 5, 1806	2	184
Rebeckah Bellamy, d. [Elijah & Damaras], b. Sept. 22, 1792; d. Oct. 27, 1794	2	173
Sarah, twin with Susannah, d. [Elijah & Damaras], b. Feb. 10, 1783	2	173
Sarah, of Preston, m.John Buckley **PERRY**, of Lee, Mass., Apr. 30, 1811	2	314
Sarah Edwards, d. [Moses & Sally Edwards], b. Mar. 12, 1811	2	146
Susannah, twin with Sarah, d. [Elijah & Damaras], b. Feb. 10, 1783	2	173
Susanna, m. Daniel **MORGAN**, 3d, b. of Preston, Nov. 5, 1807	2	306
Timothy, s. [Andrew & Lidia], b. Aug. 27, 1718	1	16
Timothy, m. Mehetabel **BELCHER**, b. of Preston, Oct. 1, 1741	1	122
Timothy, s. [Timothy & Mehetabel], b. Mar. 18, 1748	1	122
Timothy, Jr., m. Elizabeth **KINNE**, b. of Preston, Dec. 7, 1769	2	127
Timothy, m. Rebecca **AYRALT**, b. of Preston, July 3, 1776	2	157
Timothy, d. Feb. 17, 1795, ae 77 y.	2	157
Timothy, s. [Moses & Sally Edwards], b. Feb. 25, 1813	2	146
-----, s. [Elisha & Bitsey], b. Aug. 13, 1802; d. Sept. 6, 1802	2	184
LEWIS, Abby, seamstress, unmarried, b. in Norwich, d. Nov. 28, 1862, ae 19	8-C	19
Abby A., illegitimate, b. in Groton, d. Sept. 16, 1864, ae 34	8-C	22
Adeline, of New York, N.Y., m. Albert H. **DAVIS**, of Preston, Mar. 22, 1847, by Rev. T. Remington, of New York. Witnesses: Charles L. Davis, Abby Geer	4	135
Ellen, m. Henry **GUILE**, b. of Preston, Sept. 12, 1824, by Levi Meech, Elder	3	54
John, carpenter, married, d. Dec. 17, 1866, ae 67	8-C	26
Jonathan, of Montville, m. Betsey **KIRKLAND**, of Lyme, Jan. 3, 1836, by Nathan E. Shailer	3	330
Mary, d. Nov. 12, 1867, ae 41	8-C	27
-----, stillborn male, Nov. 12, 1867	8-C	27
LINCOLN, Amanda W., married, b. in Hampton, d. Aug. 7, 1866, ae 29	8-C	26
LION, Ephraim, s. Eben[eze]r, b. Oct. 7, 1744	2	36
LITTLE, Anna, d. Robert & Mary, b. Apr. 15, 1753, in Dutcher's County, N.Y.	2	62
Anne, of Preston, m. Fra[n]ces **DONNEDY**. A Continental Soldier, Nov. 14, 1779	2	171
Eunice, d. [Robert & Mary], b. Sept. 10, 1750	1	68
George, s. [Robert & Mary], b. Oct. 24, 1746	1	68
Marg[a]rit, d. [Robert & Mary], b. May 30, 1744	1	68
Mary, d. Robert & Mary, b. Dec. 17, 1736	1	68
Mittamas, d. Margaret, "a bastard child", b. Mar. 8, 1770	2	42
Phillemon, s. Mary, "a bastard child", b. Dec. 7, 1766	2	42
Rosannah, d. Margaret, "a bastard child", b. Dec. 19, 1766	2	42
Zepheniah, s. [Robert & Mary], b. Mar. 31, 1742	1	68
Zephaniah, s. Robard & Mary, b. Mar. 31, 1742	1	123
LOCKHART, Hartshorn C., of Colchester, m. Susan C. **BILLINGS**, of Preston, Nov. 10, [1850], by Rev. Cyrus Miner	4	196
LOMBARD, Mica, b. July 18, 1689	1	31
LOOMIS, Marshall, farmer, married, b. in Southwick, Mass., d. Dec. 31, 1859, ae 50	8-C	14

	Vol.	Page
LOOMIS, (cont.)		
Nancy Maria, unmarried, b. in Long Island, d. Nov. 17, 1858	8-C	11
LORD, Abigail, w. Capt. Nathaniel, d. Apr. 19, 1789	2	201
Abigail T., m. Daniel M. **LESTER,** b. of Preston, Jan. 4, 1809	2	309
Abigail Tyler, d. [Nathaniel], b. Mar. 30, 1789	2	201
Damaris, d. [Hezekiah, Jr. & Jerusha], b. Apr. 14, 1760	2	57
Damaras, of Norwich, m. Elijah **LESTER,** of Preston, Feb. 7, 1782	2	173
Elias, s. [Hezekiah & Sarah], b. Dec. 28, 1731	1	66
Elias, m. Elizabeth **COIT,** b. of Preston, Mar. 21, 1754	2	78
Elias, s. [James & Lydia], b. Jan. 27, 1810	2	325
Elisha, s. [Hezekiah & Sarah], b. July 18, 1733	1	66
Elizabeth, d. [Hezekiah & Zurviah], b. July 18, 1748	1	66
Elizabeth, m. Daniel **MORGAN,** 3d, b. of Preston, Jan. 30, 1771	2	133
Elizabeth, d. [Nathaniel & Abigail], b. May 17, 1779	2	132
Elizabeth, m. Daniel **HUNTINGTON,** b. of Preston, Apr. 24, 1800	2	268
Hezekiah, m. Sarah **FISH,** Feb. 9, 1724/5	1	66
Hezekiah, s. [Hezekiah & Sarah], b. Jan. 4, 1726/7	1	66
Hezekiah, m. Zurviah **BAKER*,** June 21, 1738 (*(**BACKUS** in Scotland C.R. 2:37) handwritten in margin of original document)	1	66
Hezekiah, Jr., m. Jerusha **GATES,** b. of Preston, Apr. 2, 1752	2	57
Hezekiah, Rev., d. June 23, 1769	1	66
Hezekiah, s. [Nathaniel & Abigail], b. July 9, 1774	2	132
Hezekiah,, m. Sibel **COIT,** b. of Preston, Sept. 3, 1802	2	292
James, s. [Hezekiah, Jr. & Jerusha], b. Oct. 8, 1753	2	57
James, s. [Elias & Elizabeth], b. Apr. 13, 1760	2	78
James, m. Lydia **COIT,** b. of Preston, Apr. 4, 1802	2	281
James, m. Lydia **COIT,** b. of Preston, Apr. 4, 1802	2	325
James, s. [James & Lydia], b. Feb. 23, 1807	2	325
Jerusha, d. [Hezekiah, Jr. & Jerusha], b. May 7, 1765	2	57
Joseph, s. [Elias & Elizabeth], b. Apr. 13, 1755	2	78
Lucy, d. [Hezekiah, Jr. & Jerusha], b. Nov. 18, 1762	2	57
Lydia, d. [Hezekiah & Zurviah], b. Sept. 22, 1744; d. Apr. 15, 1748	1	66
Lydia, d. [Hezekiah & Zurviah], b. Sept. 7, 1749	1	66
Lydia, m. Moses **LESTER,** b. of Preston, Nov. 25, 1773	2	146
Lydia, d. [Nathaniel], b. Aug. 7, 1787	2	201
Mary, d. Hezekiah & Zurviah], b. Apr. 22, 1746	1	66
Nathaniel, s. [Hezekiah & Zurviah], b. Apr. 7, 1739	1	66
Nathaniel, m. Abigail **TYLER,** b. of Preston, Oct. 27, 1768	2	132
Nathaniel, s. [Nathaniel & Abigail], b. Aug. 30, 1783	2	132
Nathaniel, Capt., of Preston, m. Mary **BANE,** of Norwich, Dec. 18, 1792	2	201
Nathaniel, d. June 30, 1806, ae 68 y.	2	201
Salla, d. [Nathaniel & Abigail], b. Feb. 5, 1777	2	132
Sally, m. Shubael **MEECH,** b. of Preston, Nov. 16, 1798	2	285
Sarah, d. [Hezekiah & Sarah], b. Jan. 1, 1728/9	1	66
Sarah, w. [Hezekiah], d. Dec. 20, 1733	1	66
Sarah, d. [Hezekiah, Jr. & Jerusha], b. Dec. 10, 1755	2	57
William, s. [Nathaniel], b. May 31, 1785	2	201
Zerviah, d. [Hezekiah & Zurviah], b. Dec. 7, 1741	1	66
Zurviah, d. [Elias & Elizabeth], b. May 23, 1757	2	78
Zerviah, d. [Nathaniel & Abigail], b. Mar. 13, 1772; d. Feb. 24, 1775	2	132
Zerviah, d. [Nathaniel & Abigail], b. Feb. 24, 1781	2	132

	Vol.	Page
LORD, (cont.)		
Zurviah, d. Nathaniel, d. Sept. 7, 1784	2	201
LORING, Frances Ann, d. [George & Lucy], b. Feb. 24, 1812	2	310
George, m. Lucy **LESTER,** b. of Preston, Mar. 23, 1809	2	310
George, single, d. Dec. 13, 1853, ae 66	8-C	1
Henry Isaac, s. [George & Lucy], b. July 19, 1814	2	310
Lucy A., of Preston, m. Dr. W[illia]m W. **MINER,** of Griswold, Nov. 8, 1836, by Rev. Augustus B. Collins	3	334
Lydia, d. [George & Lucy], b. Apr. 6, 1810	2	310
Lydia, of Preston, m. Andrew **HUNTINGTON,** of Norwich, June 3, 1835, by Rev. Augustus B. Collins	3	321
Mary F., d. William, ae 31, farmer, & Harriet K., ae 28, b. Feb. 2, 1848	5	4
Sarah, of Preston, m. Oliver P. **AVERY,** Feb. 22, 1843, by Rev. Augustus B. Collins	4	91
William, m. Harriet K. **MORGAN,** of Preston, Feb. 1, 1842, by Rev. Augustus B. Collins	4	68
LOTHROP, [see also **LATHROP**], Elizabeth, of Norwich, m. William **WITTER,** of Preston, Oct. 4, 1759	2	7
LOVELESS, Jane, m. Joseph **GREEN,** b. of Preston, Sept. 19, 1750	2	84
LOVETT, Anna, of Lysbon, m. James **COIT,** of Preston, Nov. 27, 1800	2	288
LUSE, Elizabeth, of Windham, m. John **MACKWEATHY,** of Preston, May 22, 1738	1	80
Judath, m. James **MACKWETHEY,** Sept. 8, 1730	1	108
LYNCH, Charlie, d. May 13, 1862, ae 3 m.	8-C	18
Ellen, d. May 11, 1862, ae 5	8-C	18
Eugene, b. in Rhode Island, d. May 13, 1862, ae 3	8-C	18
LYON, [see under **LION**]		
MACKAY, William, d. Nov. [1849 ?], ae 3	5	13
MACKELL, Mary, m. James **GEER,** Nov. 5, 1735	1	117
MACKLIN, Jacob, m. Abby **SPICER,** b. of Preston, Jan. 29, 1854, by Rev. N. S. Hunt	4	233
MACKNELL, MACKNAIL, Hugh, m. Sarah **BASSET[T],** Sept. 26, 1720	1	54
Rose, d. [Hugh & Sarah], b. Sept. 13, 1722	1	54
Rose had illeg. s. William **BASSET,** b. June 15, 1748	2	21
Sarah, d. [Hugh & Sarah], b. Mar. 7, 1724/5	1	54
MACKWETHY, MACKERWITHEE, MACKWETHEY, MACKWEATHY, Amasa, s. [James & Judath], b. Sept. 27, 1745	1	108
Elizabeth, [d. Dauid], b. Mar. 20, 1712/13	1	72
Elizabeth, m. John **MULKIN,** b. of Preston, Jan. 3, 1734	2	23
Ephraim, d. Mar. 1, 1753	2	15
Experenes, d. [James & Judath], b. June 10, 1733	1	108
James, m. Judath **LUSE,** Sept. 8, 1730	1	108
James, s. [James & Judath], b. July 6, 1735	1	108
Jedidiah, d. [John & Elizabeth], b. Mar. 20, 1741	1	80
Jerusha, d. [John & Elizabeth], b. Mar. 10, 1742/3	1	80
John, of Preston, m. Elizabeth **LUSE,** of Windham, May 22, 1738	1	80
Judith, d. [James & Judath], b. Apr. 24, 1741	1	108
Lemuel, s. [James & Judath], b. June 6, 1737	1	108
Nathan, s. [John & Elizabeth], b. May 5, 1739	1	80
Sybel, d. [James & Judath], b. June 14, 1731	1	108

PRESTON VITAL RECORDS

	Vol.	Page
MACKWETHY, MACKERWITHEE, MACKWETHEY, MACKWEATHY, (cont.)		
Zube, d. [James & Judath], b. July 28, 1739	1	108
MACLANE, MACLAIN, James, m. Esther RUDE, b. of Preston, Oct. 22, 1767, by Wait Palmer, Elder	2	67
Mary, m. Nathan JOHNSON, Sept. 24, 1780	2	3
MAIN, MAINE, Daniel, of Ledyard, m. Lucy E. GAY, of Preston, Jan. 26, 1843, by Jedidiah R. Gay, J.P.	4	84
Lewis, of N. Stonington, m. Cynthia STEWART, of N. Stonington, May 1, 1836, by Rev. N. E. Shailer	3	339
Nathaniel, Priv., d. Apr. 17, 1863, [in the service of the U.S.]; left d. Mary M., ae 14 y., s. John L., ae 7 y., & s. Nathan N., ae 10 y.	5	A
Nathaniel, soldier, married, b. in N. Stonington, resid. Camp Parapet, d. Apr. 17, 1863, ae 44	8-C	20
Peres, of Stonington, m. Rebecca STANTON, of Preston, Jan. 26, 1786	2	229
Polly, d. [Peres & Rebecca], b. Apr. 12, 1791	2	229
Prudence, of Stonington, m. Ezra BENJAMIN, of Preston, Apr. 27, 1769	2	133
Rebecca, d. [Peres & Rebecca], b. Nov. 4, 1786, in Stonington	2	229
Rufus, s. Rufus & Sarai, b. Jan. 14, 1779	2	174
Stephen, s. [Rufus & Sarai], b. Jan. 26, 1781	2	174
William A., Priv., d. Aug. 9, 1863, in the service of U.S. Left s. Walter M., b. Mar. 31, 1863	5	A
MALLISON, MALLESON, MALESON, Alice Ann, m. Samuel ROATH, Jr., Oct. 7, 1805, by John Sterry, of Norwich	2	203
Eunice, d. [George & Nancy], b. Mar. 13, 1802	2	405
George, of Lisbon, m. Nancy CROSSWELL, of Preston, Sept. 22, 1799 (see also MATTISON)	2	405
George, s. [George & Nancy], b. Feb. 6, 1804	2	405
Mary Ann, d. [George & Nancy], b. July 9, 1809	2	405
Rhoda, d. [George & Nancy], b. Sept. 22, 1800	2	405
MALLORY, Dimmis W., of Norwich, m. Samu[e]l C. BURR (?), of N. Stonington, Apr. 26, 1821, by Levi Walker	3	9
MANORS, Mary, of Preston, m. David PLUM[M]ER, of Preston, Sept. 9, 1740	1	121
MAPLES, Daniel, m. Angeline GATES, b. of Preston, Mar. 22, 1840, by Rev. Nathan E. Shailer	4	36
Esther, m. William CORNING, b. of Preston, Sept. 22, 1822, by Jonathan Brewster, J.P.	3	35-A
George A., farmer, married, d. Nov. 6, 1855, ae 39	8-C	6
Harriet M., d. George, farmer, & Mary, b. Dec. 25, 1847	5	6
Olive, d. Sept. 8, 1854, ae 78	8-C	4
Olive, widow, d. Aug. 18, 1859, ae 69	8-C	13
Sary, m. Amasa CORNING, b. of Preston, Dec. 1, 1822, by Jonathan Brewster, J.P.	3	37
Sarah, wid., d. Nov. 8, 1852, ae 85	8-C	1
MAPLET, Elizabeth, d. Christian H., carpenter, b. Dec. 28, 1850	5	8
MARIA (?), William, d. Mar. 4, 1865, ae 9 y. 4 m.	8-C	24
MARION, George H., d. Dec. 22, 1865, ae 13 y.	8-C	25
Sally, d. Nov. 15, 1847, ae 64	5	11
MARTIN, Martha, m. Nathan GATES, b. of Preston, Dec. 13, 1780	2	188
Wheeler, s. Jerusha Geer, b. Feb. 8, 1765	2	51

	Vol.	Page
MARYATT, Frances, d. [Henry & Frances], b. Sept. 26, 1807	2	207
Henry, of Hopkinton, R.I., m. Frances STANTON, of Preston, Sept. 11, 1805	2	207
MATHEWSON, Josiah, of Plainfield, m. Eunice GUILE, of Preston, Mar. 24, 1844, by Henry R. Knapp	4	104
MATTISON, MATTERSON, George, of Lisbon, m. Nancy COGSWELL, of Preston, Sept. 20, 1799. (See also MALLESON. As above in Records of 2d Ch. of Preston-Griswold.)	2	405
Lucretia, w. William, d. July 18, 1812	2	182
Salla, d. William & Lucretia, b. Aug. 24, 1774	2	182
Sullivan, s. [William & Lucretia], b. Oct. 3, 1777	2	182
William, of Preston, m. Roseanna WHITFORD, of Sterling, Dec. 13, 1815, by Amos Wells, Clerk, of Sterling	2	182
MAXCY, Hannah, m. Fisher DRAPER, b. of Attlebury, Mass., Mar. 5, 1789	2	225
MAXLY, Elizabeth, of Preston, m. Thomas COMBS, of Groton, Aug. 11, 1782	2	237
MAYNARD, Adeline, m. Edward HARRINGTON, Nov. 12, 1837, by Isaac Williams, 2d, J.P.	4	12
Eunice, d. [Asahel & Hannah], b. Sept. 25, 1802	2	224
Lucy, d. [Asahel & Hannah], b. Mar. 26, 1800	2	224
Mary, m. Miner GRANT, July 20, 1824, by Palmer Hewit[t], J.P.	3	52
Oliver, s. [Asahel & Hannah], b. Apr. 22, 1804	2	224
McALLISTER, Elizabeth, b. in Scotland, d. Sept. 18, 1851, ae 13	5	14
McCOY, Polly, m. Rufus ROATH, June 29, 1823, by Nathan Stanton, J.P.	3	36
McDANIEL, Helen, d. Elisha, ae 41, farmer, & Elizabeth, ae 31, b. June 3, 1849	5	9
McDONALDS, McDANOLDS, MACKDANOLDS, Asa, s. [Jonathan & Prudence], b. May 29, 1774; d. Aug. 28, 1776	2	139
Asher, s. [Jonathan & Prudence], b. Jan. 19, 1783	2	139
Esther, d. [Jonathan & Prudence], b. Feb. 7, 1780	2	139
Ezra, s. [Jonathan & Prudence], b. Mar. 15, 1778	2	139
Jonathan, m. Prudence DABOL, b. of Preston, Nov. 7, 1771	2	139
Matilda, d. [Jonathan & Prudence], b. Aug. 16, 1772	2	139
McGUIRE, John, d. June 26, 1861, ae 1	8-C	16
McKENY, Ann A., married, d. Nov. 13, 1857, ae 34	8-C	10
McKEY, George, s. Charles, ae 29, shoemaker, & Ann, ae 26, b. May 2, 1849	5	9
McLAUGHLING, Margaret, d. Jan. 25, 1857, ae 13	8-C	9
Peter, farmer, unmarried, b. in Ireland, d. Feb. 10, 1857, ae 75	8-C	9
McMANUS, Ann, b. in Ireland, d. Feb. 8, 1864, ae 48	8-C	21
Henry, d. May 7, 1850, ae 4	5	11
James, unmarried, farmer, b. in Ireland, d. Nov. 5, 1856, ae 74	8-C	8
Juliaette, d. Sept. 21, 1865, ae 6 y.	8-C	25
Margaret, d. Bernard, ae 36, farmer, & Ann, ae 35, b. Apr. 15, 1847	5	4
McTERNAN, Patrick, unmarried, farmer, b. in Ireland, d. June 21, 1856, ae 19	8-C	7
MEECH, MEACH, MEATCH, Aaron, m. Miriam CLARK, Nov. 8, 1733	1	101
Aaron, s. Aaron & Freelove, b. Apr. 14, 1757	2	17
Abel, s. Aaron & Allatheah, b. Oct. 10, 1775	2	150

MEECH, MEACH, MEATCH, (cont.)

	Vol.	Page
Abigail, d. [John], b. Aug. 1, 1727	1	59
Abigail, d. [Joshua & Lucy], b. Aug. 4, 1763	2	93
Adaline, d. [Shubael & Sally], b. May 2, 1811	2	285
Alonzo Kimball, s. [Charles & Cynthia], b. Nov. 20, 1810; d. Nov. 9, 1812	2	340
Amy, of Stonington, m. Ebenezer WITTER, Jr., of Preston, June 2, 1757	2	94
Amey, of Stonington, m. Thomas FARLAN, of Preston, Nov. 19, 1772	2	148
Amie, d. [David & Prudence], b. Jan. 25, 1777	2	123
Appleton, s. [Joshua & Lucy], b. Aug. 29, 1768	2	93
Appleton, s. [Jacob & Sarah], b. Feb. 27, 1790	2	203
Charles, s. [Thomas & Creshe], b. Apr. 25, 1783	2	144
Charles, s. [Jacob & Sarah], b. Aug. 24, 1792	2	203
Charles, m. Cynthia CRARY, b. of Preston, Mar. 1, 1804	2	340
Charles, Dea., farmer, widower, b. in N. Stonington, d. Feb. 1, 1863, ae 81 y.	8-C	20
Charles L., m. Abby A. PHILLIPS, of Preston, Oct. 1, 1829, by Rev. Augustus B. Collins	3	137
Charles L., farmer, married, d. May 13, 1862, ae 54	8-C	18
Charles Lamb, s. [Charles & Cynthia], b. Jan. 28, 1808	2	340
Cynthia, married, d. Nov. 28, 1856, ae 74	8-C	8
Cynthia Mariah, d. Joshua & Polly, b. July 18, 1811	2	363
Cynthia Melissa, d. [Charles & Cynthia], b. Apr. 25, 1813; d. Dec. 24, 1831	2	340
Cyprian, s. [Timothy & Mary], b. Oct. 23, 1764	2	115
David, m. Prudence STANTON, b. of Preston, Jan. 5, 1769	2	123
Deborah, m. Dan RUDE, b. of Preston, Mar. 9, 1769	2	128
Dennis, s. [Timothy & Mary], b. Feb. 14, 1763	2	115
Diantha M., d. [Charles & Cynthia], b. Jan. 11, 1825	2	340
Dwight L., [s. Shubael & Sally], b. Mar. 12, 1816	2	285
Dwight Tyler, s. [John & Eunice], b. Nov. 21, 1823	2	372
Edwin B., s. [Shubael & Sally], b. Dec. 12, 1812	2	285
Elizabeth, d. Moses & Elizabeth, b. Jan. 22, 1770	2	103
Elizabeth, w. Moses, d. Dec. 6, 1776	2	103
Elizabeth, m. Zephaniah RUDE, Nov. 12, 1790	2	341
Ephraim, s. Joshua & Polly, b. Feb. 13, 1799	2	363
Ephraim, of N. Stonington, m. Sophia HILLIARD, of Preston, Oct. 14, 1813, by Rev. John Hyde	2	344
Esther, d. Freelove, b. June 20, 1762	2	22
Esther, m. Asa KIMBALL, Nov. 17, 1763	2	133
Eunice, d. [David & Prudence], b. Nov. 17, 1789	2	123
Eunice, m. John SAFFORD, Jr., b. of Preston, Jan. 4, 1798	2	257
Eunice, d. [Stephen & Lucy], b. Mar. 4, 1816	2	255
Eunice Jane, d. [John & Eunice], b. Aug. 10, 1826	2	372
Frances Maria, d. [John & Eunice], b. July 20, 1831	2	372
Francis Phillips, s. [Charles L. & Abby A.], b. June 22, 1830; d. Apr. 23, 1831	3	137
George, s. [David & Prudence], b. Feb. 16, 1771	2	123
Gurdon, s. [Thomas & Creshe], b. Mar. 29, 1771	2	144
Hannah, d. [John], b. Mar. 4, 1723/4	1	59
Hannah, m. Eliazer BELLOWS, May 27, 1735	1	107

BARBOUR COLLECTION

MEECH, MEACH, MEATCH, (cont.)

	Vol.	Page
Hannah, m. Stephen GATES, Jr., b. of Preston, Apr. 11, 1743	2	13
Hannah, of Stonington, m. William AVERY, of Preston, Sept. 27, 1749, by Sam[ue]ll Prentice, J.P.	2	32
Harriet, d. [Stephen & Lucy], b. Aug. 14, 1798; d. May 18, 1799	2	255
Harriet, [d. Jacob & Sarah], b. Apr. 22, 1799	2	203
Harriet, of Preston, m. Bradford AMES, Mar. 20, 1828, by Rev. Augustus B. Collins	3	111
Harriet Lucretia, d. [Stephen & Lucy], b. Jan. 25, 1809; d. Mar. 16, 1809	2	255
Henry, s. [David & Prudence], b. Apr. 18, 1773	2	123
Henry, s. [Shubael & Sally], b. Apr. 24, 1803	2	285
Hezekiah Lord, s. [Shubael & Sally], b. Apr. 9, 1801	2	285
Jacob, s. [Joshua & Lucy], b. Apr. 10, 1758	2	93
Jacob, m. Sarah PLUMMER, b. of Preston, Nov. 20, 1782	2	203
John, m. Hannah YEOMAN, Aug. 26, 1691	1	21
John, [s. John & Hannah], b. Jan. 18, 1695	1	21
John, m. [ ] HUT[C]HENS, May 1, 1723	1	59
John, s. [Joshua & Lucy], b. Dec. 21, 1755	2	93
John, Jr., of Preston, m. Sarah COOK, of Norwich, Oct. 28, 1777	2	166
John, Jr., d. Oct. 30, 1781	2	166
John, d. Jan. 14, 1782, ae 88 y.	2	12
John, s. [Jacob & Sarah], b. Feb. 21, 1788	2	203
John, of Preston, m. Eunice SWAN, of N. Stonington, Dec. 22, 1816	2	372
John Henry, s. [John & Eunice], b. Nov. 1, 1821	2	372
John Plummer, s. Joshua & Polly, b. Feb. 10, 1809	2	363
John T., [s. Shubael & Sally], b. July 30, 1814	2	285
Joseph, s. [David & Prudence], b. Nov. 23, 1769	2	123
Joshua, s. [John], b. Jan. 16, 1730/1	1	59
Joshua, m. Lucy KIMBAL[L], b. of Preston, Dec. 11, 1754	2	93
Joshua, m. Polly PETERS, b. of Preston, Jan. 10, 1796	2	363
Lemuel S., s. [Charles & Cynthia], b. Apr. 6, 1821; d. July 27, 1821	2	340
Louisa, d. Joshua & Polly, b. Feb. 20, 1801	2	363
Louisa, , d. [Charles & Cynthia], b. Sept. 28, 1819; d. Aug. 27, 1821	2	340
Lucretia Kimball, d. [Stephen & Lucy], b. Nov. 11, 1812	2	255
Lucretia R., of Preston, m. Erastus P. MINOR, of Norwich, Feb. 8, 1832, by Rev. Augustus B. Collins	3	171
Lucy, d. [David & Prudence], b. June 23, 1775	2	123
Lucy, d. [Jacob & Sarah], b. Feb. 25, 1784	2	203
Lucey, d. Joshua & Polly, b. Nov. 15, 1803	2	363
Lucy, unmar., d. Mar. 17, 1853, ae 86	8-C	1
Lucy Ann Swan, d. [John & Eunice], b. Feb. 15, 1818	2	372
Lucy B., m. Edwin FITCH, Sept. 16, 1824, by Rev. John Hyde	3	68
Lucy Billings, d. [Stephen & Lucy], b. Dec. 15, 1801	2	255
Lydia, d. [Shubael & Sally], b. Oct. 14, 1802	2	285
Mabel, of Preston, m. Joseph WILLIAMS, of Norwich, Jan. 2, 1754	2	71
Maria D., m. William H. PRENTICE, b. of Preston, Feb. 4, 1850, by Rev. N. S. Hunt	4	187
Martha Bushnell, d. Joshua & Polly, b. Nov. 2, 1813	2	363
Mary, d. [Shubael & Sally], b. Nov. 10, 1805	2	285
Mary C., of Preston, m. George W. PHILLIPS, Sept. 14, 1831, by Rev. Augustus B. Collins	3	165
Mary Park[e], m. Joseph Avery YARRINGTON, Sept. 19, 1813	2	393

PRESTON VITAL RECORDS 159

	Vol.	Page
MEECH, MEACH, MEATCH, (cont.)		
Merabah, m. James **FRINK**, June 25, 1778	2	60
Moses, s. Moses & Elizabeth, b. Dec. 6, 1771	2	103
Moses, of Preston, m. Martha **PACKER**, of Groton, Dec. 2, 1781	2	192
Nathan, s. [David & Prudence], b. Apr. 16, 1781	2	123
Nathan, s. [Moses & Martha], b. Sept. 8, 1784	2	192
Noyes Billings, s. [Stephen & Lucy], b. June 17, 1810	2	255
Polly, d. [Jacob & Sarah], b. Jan. 25, 1786	2	203
Polly, m. Erastus **MORGAN**, b. of Preston, Oct. 12, 1806	2	348
Polly Crary, d. [Charles & Cynthia], b. Mar. 13, 1805	2	340
Ruth F., of Preston, m. Nathan **JOHNSON**, of Griswold, Oct. 27, 1825, by Rev. John Hyde	3	69
Sabra, d. [Moses & Martha], b. Mar. 17, 1789	2	192
Sally, d. [Jacob & Sarah], b. Apr. 26, 1797	2	203
Sally, d. [Shubael & Sally], b. Sept. 4, 1799	2	285
Sally Adaline, d. [John & Eunice], b. Sept. 22, 1819	2	372
Sally B., seamstress, unmarried, d. Jan. 21, 1862, ae 61	8-C	18
Sally Billings, d. [Stephen & Lucy], b. Feb. 4, 1800	2	255
Sally Peters, d. Joshua & Polly, b. May 27, 1796	2	363
Sarah, d. [Joshua & Lucy], b. Feb. 2, 1766	2	93
Sarah, d. [Moses & Martha], b. Aug. 14, 1782	2	192
Sarah Ann, d. [Charles & Cynthia], b. June 17, 1815	2	340
Sarah Ann, of Preston, m. James M. **FITCH**, of Montville, Mar. 8, 1841, by Augustus B. Collins	4	58
Shubael, s. [Thomas & Creshe], b. Nov. 11, 1772	2	144
Shubael, m. Sally **LORD**, b. of Preston, Nov. 16, 1798	2	285
Shubael, s. [Shubael & Sally], b. Feb. 21, 1809	2	285
Silas, s. [John, Jr. & Sarah], b. June 19, 1780	2	166
Stephens, s. [Thomas & Creshe], b. May 20, 1770	2	144
Stephen, of Preston, m. Lucy **BILLINGS**, of Stonington, Mar. 20, 1796	2	255
Stephen, m. Eunice **AVERELL**, of Preston, June 20, 1839, by Rev. Augustus B. Collins	4	24
Stephen, farmer, married, b. in Preston, d. Sept. 22, 1859, ae 91	8-C	13
Stephen Wallbridge, s. [Stephen & Lucy], b. Apr. 23, 1797; d. Oct. 18, 1797	2	255
Stephen Wilcox, s. [Stephen & Lucy], b. Jan. 25, 1804	2	255
Susan, d. [Shubael & Sally], b. Sept. 25, 1807	2	285
Thomas, [s. John & Hannah], b. Nov. 18, 1697	1	21
Thomas, s. [Joshua & Lucy], b. July 14, 1760	2	93
Thomas, m. Creshe **KIMBALL**, b. of Preston, Oct. 5, 1769	2	144
Thomas, m. Eunice **BO[A]RDMAN**, b. of Preston, Sept. 23, 1792	2	246
Thomas, d. May 25, 1793 (drowned)	2	246
Thomas, s. [Thomas & Eunice], b. Sept. 21, 1793; d. Mar. 25, 1794	2	246
Timothy, m. Mary **BRUMBLEY**, b. of Preston, Sept. 1, 1762	2	115
Triphenia, d. [John, Jr. & Sarah], b. Aug. 28, 1778	2	166
William, [s. John & Hannah], b. May 7, 1696	1	21
William, d. Jan. 17, 1776	2	12
William, s. [Moses & Martha], b. Dec. 17, 1786	2	192
Zilpha, of Stonington, m. Isaac **MORGAN**, Jr., of Preston, Oct. 31, 1751	2	49
Zipporah, d. [David & Prudence], b. Oct. 13, 1784	2	123
-----, s. [Charles & Cynthia], b. Aug. 27, 1817; d. Sept. 26, 1817	2	340

	Vol.	Page
MEECH, MEACH, MEATCH, (cont.)		
-----, child of Charles L., ae 40, farmer, & Mary, ae 39, b. July 22, 1848	5	5
-----, female, d. Oct. 23, 1858, ae 1 d.	8-C	11
-----, d. May 31, 1865, ae 1 d.	8-C	24
MILLER, Alpha, Rev., of Andover, m. Esther **HUNT**, Apr. 9, 1849, by Nathan S. Hunt. (His 2d marriage) (See also **MILLS**)	5	1
John, of Germany, m. Mary **CRAIG**, of Scotland, b. late residents in Norwich, Nov. 28, 1847, by Rev. N. S. Hunt	4	138
John, of Germany, m. Mary **CRAIG**, Nov. 28, 1847, by N. S. Hunt	5	1
MILLINGTON, Sarah, m. William **AMES**, Jan. 31, 1721/2	1	36
MILLS, Alpha, Rev., of Andover, m. Esther **HUNT**, of Coventry, Apr. 9, 1849, by Rev. N. S. Hunt (See also **MILLER**, Alpha)	4	167
Hannah, of Groton, m. Thomas **SMITH**, of Montgomery, Mass., Nov. 6, 1785, by Rev. Aaron Kinnie, of Groton	2	234
MINNIE, Ella, b. in New London, d. June 21, 1859, ae 2	8-C	12
MINER, MINOR, Elisha, of Lyme, m. Nancy **LATHAM**, Sept. 26, 1826, by Jonathan Brewster, J.P.	3	94
Elizabeth L., of Lyme, m. Dewey **BRUMBLEY**, of Norwich, Oct. 28, 1827, at Cyrus Latham's, by Rev. William Palmer, of Norwich	3	101
Erastus P., of Norwich, m. Lucretia R. **MEECH**, of Preston, Feb. 8, 1832, by Rev. Augustus B. Collins	3	171
James, of Groton, m. Caroline **STORY**, of Preston, July 19, 1829, by Elisha Brewster, J.P.	3	132
Marcy, m. Frances **WEST**, Dec. 20, 1696, by Samuell Mason, Asst.	1	23
Nancy Amanda, widow, d. Mar. 31, 1859, ae 67	8-C	12
Nancy E., m. James M. **FOWLER**, b. of Preston, Jan. 30, 1848, by C. L. Miner	5	1
Sarah, m. Nathaniell **TRACY**, May 21, 1706	1	65
Sarah E., of Preston, m. John W. **UTTER**, of Preston, Jan. 29, 1848, by George J. Smith, Esq.	5	2
W[illia]m W., Dr., of Griswold, m. Lucy A. **LORING**, of Preston, Nov. 8, 1836, by Rev. Augustus B. Collins	3	334
-----, stillborn c. William, ae 32, farmer, & Abby A., ae 24, b. July 10, 1849	5	8
MITCHELL, Belle, unmarried, b. in Scotland, d. June 13, 1860, ae 18	8-C	15
MIX, Daniel, m. Keziah **AUSTIN**, b. of Preston, Nov. 4, 1799	2	263
Dorcas, widow, d. Feb. 11, 1861, ae 92	8-C	16
Eunice, m. Silas **BREWSTER**, b. of Preston, Jan. 9, 1784	2	351
George, s. [Daniel & Keziah], b. Oct. 16, 1803	2	263
Joseph, s. [Daniel & Keziah], b. Sept. 26, 1800	2	263
Lucy, d. [Daniel & Keziah], b. Mar. 12, 1805	2	263
MIXER, Anna, of Murrysfield, m. Moses **MORSE**, of Preston, Aug. 8, 1771	2	145
MODET, Almira L., d. David, ae 38, railroad, & An[n]a, ae 34, b. Aug. 11, 1848	5	8
MOLLY, Samuel, Jr., of New London, m. Eunice **WOODMANSEE**, of Preston, Apr. 17, 1828, by Rev. John G. Wightman	3	114
MONDAY, Prince, a negro boy of Capt. Ezra **KINNE**'s, b. Dec. 11, 1792	2	182
MONROE, Hannah A., ae 19, b. in New London, m. Henry A. **PERKINS**, ae 21, of Preston, July 9, [1850], by [ ] Carpenter	5	2

PRESTON VITAL RECORDS   161

	Vol.	Page
MOODEY, Clarrisa, d. [Pickle & Abigail], b. [ ] at Stonington; d. Feb. 10, 1789 (Negroes)	2	182
Clarissa, d. Nancy, b. Sept. 20, 1812	2	405
Isaac Stanton, s. Lucretia, a black woman, b. Apr. 20, 1787, at Pero Moodey's	2	221
Jedidiah, s. [Pickle & Abigail], b. June 5, 1783 (Negroes)	2	182
Johnson, s. [Pickle & Abigail], b. Mar. 6, 1773; d. Feb. 16, 1775 (Negroes)	2	182
Johnson, s. [Pickle & Abigail], b. June 6, 1776 (Negroes)	2	182
Marshall, s. [Pickle & Abigail], b. June 2, 1786 (Negroes)	2	182
Martha,d. [Pickle & Abigail], b. Sept. 4, 1774 (Negroes)	2	182
Martha, m. Gurdon BUCK, b. of Preston, Apr. 7, 1799	2	407
Mary Simpson, d. Nancy, b. Jan. 10, 180[ ]	2	405
Nancy, d. [Pickle & Abigail], b. Nov. 30, 1790 (Negroes]	2	182
Pero, of Preston, m. Ruth GATES, of Coventry, R.I., Dec. 9, 1779	2	221
Pero, had negro Isaac Stanton MOODEY, s. Lucretia, a black woman, b. Apr. 20, 1787	2	221
Pickle, a negro of Capt. Thaddeas Cook's, of Preston, m. Abigail WALLEY, of Stonington, Nov. 14, 1771	2	182
Thaddeas, s. [Pickle & Abigail], b. Aug. 23, 1780 (Negroes)	2	182
MOORE, Charles, [s. Jordan & Mary], b. Sept. 25, 1826	3	60
Charles H., unmarried, d. Mar. 30, 1853, ae 6	8-C	1
Charles T., [s. David & Keziah], b. Oct. 15, 1820; d. Apr. 6, 1821	4	225
Cyrus, [s. David & Lydia], b. July 26, 1785	4	225
Cyrus W., s. [Jordan & Mary], b. Nov. 21, 1817	3	60
David, m. Lydia WHEELER, Mar. 16, 1782	4	225
David, m. Sally PRENTICE, Mar. 29, 1808	4	225
David, m. Keziah AMES, Dec. 28, 1817, by Rev. Gustavus F. Davis	4	225
David, d. Oct. 31, 1839	4	225
Eliza P., [d. David & Sally], b. Jan. 18, 1814; d. Mar. 4, 1814	4	225
Emeline, [d. David & Sally], b. Nov. 17, 1809	4	225
Esther W., widow, b. in N. Stonington, d. Nov. 27, 1861, ae 73	8-C	17
Frances Ellen, d. Apr. 3, 1853, ae 2	8-C	1
George, [s. David & Lydia], b. Dec. 1, 1787	4	225
George, [s. David], d. Dec. 28, 1822	4	225
Hannah T., [d. David & Keziah], b. Dec. 19, 1822	4	225
Henry W., s. [Jordan & Mary], b. Apr. 7, 1819	3	60
Jordan, m. Mary MOORE, July 26, 1817	3	60
Leander, s. [Jordan & Mary], b. Mar. 28, 1821	3	60
Lydia, [w. David], d. June 27, 1806	4	225
Lydia W., [d. David & Keziah], b. Oct. 26, 1818	4	225
Mary, [d. David & Lydia], b. June 4, 1792	4	225
Mary, m. Jordan MOORE, July 26, 1817	3	60
Nancy, [d. David & Lydia], b. June 6, 1789	4	225
Nancy, widow, b. in Norwich, d. Mar. 12, 1866, ae 60	8-C	26
Nancy E., m. James M. FOWLER, b. of Preston, Feb. 14, 1841, by Rev. Cyrus Miner	4	141
Sally, [d. David & Lydia], b. Jan. 25, 1784	4	225
Sally, w. David, d. Mar. 2, 1817	4	225
Sangalence, d. [Jordan & Mary], b. May 10, 1822	3	60
W[illia]m N., s. Wallace, ae 34, carpenter, & Lucy, ae 32, b. Nov. 3, 1848	5	8
MORGAN, Abigell, [d. Joseph], b. Feb. 10, 1688/9; d. May 28, 1695	1	40

MORGAN, (cont.)

	Vol.	Page
Abigail, d. Ebenezer & Desier, b. Nov. 11, 1749; d. Nov. 7, 1751	2	43
Alice, of Plainfield, m. Bishop TYLER, of Preston, Nov. 29, 1797	2	277
Amos, s. [Samuel & Elizabeth], b. Oct. 5, 1735	1	92
Amos, s. Dudley [& Easther], b. Oct. 9, 1784; d. May 7, 1786	2	172
Amos, of N. Stonington, m. Cynthia BROWN, of [ ], Dec. 15, 1808	2	355
Amos, m. Elizabeth BROWN, Feb. 27, 1814	2	355
Amos B., s. [Amos & Cynthia], b. June 28, 1813	2	355
Amy, d. [Samuel & Elizabeth], b. Sept. 4, 1749	1	92
Amy, m. John CRARY, b. of Preston, Feb. 23, 1769	2	131
Amy, d. [John & Eunice], b. June 20, 1770	2	121
Anna, [d. Joseph], b. Dec. 16, 1697	1	40
Anna, m. Ezra WITTER, b. of Preston, Feb. 12, 1752	2	50
Anna, d. [Isaac, Jr. & Zilpha], b. Mar. 1, 1758	2	49
Anna, d. [Isaac & Elizabeth], b. July 1, 1773	2	49
Anne, [d. Joseph], b. Nov. 10, 1678	1	40
Anne, d. David & Dorothy, b. Feb. 27, 1733/4	1	78
Austin, s. [Shubael & Cynthia], b. July 26, 1797	2	267
Beniamin, [s. Isaac], b. Aug. 8, 1714	1	39
Benjamin, m. Sarah BRANCH, Jan. 21, 1734	1	82
Benjamin, s. [Benjamin & Sarah], b. Oct. 25, 1742	1	82
Benjamin, Jr., m. Sarah PARK[E], b. of Preston, Nov. 5, 1772	2	156
Betsey, d. Daniel, 3d, & Elizabeth, b. Mar. 10, 1772	2	133
Betsey, d. [Simeon & Hannah], b. May 31, 1783	2	104
Betsey, m. Nathan COIT, b. of Preston, Mar. 14, 1792	2	230
Betsey, m. Henry WILCOX, b. of Preston, Sept. 26, 1830, by Levi Meech, Elder	3	155
Binnar, s. [James & Grace], b. Dec. 4, 1763	2	45
Caroline, d. [Simeon, Jr. & Sabra], b. Nov. 23, 1807	2	309
Charles, s.[John & Eunice], b. Jan. 4, 1792	2	121
Charles, s. [Daniel & Johannah], b. Jan. 2, 1793; d. Mar. 6, 1794	2	191
Charles, [s. John & Eunice], d. Mar. 1, 1822	2	121
Charles C., of New York City, m. Lucy Ann TRACY, of Preston, Oct. 16, 1837, by Rev. Augustus B. Collins	4	7
Charles Crary, [s. Erastus & Polly], b. Dec. 22, 1812	2	348
Consider, s. [Joseph & Ruth], b. June 28, 1740	1	107
Cynthia, d. [Shubael & Cynthia], b. Dec. 9, 1791	2	267
Cynthia, [w. Amos], d. Dec. 31, 1813	2	355
Cyprain, s. [Rozel & Martha], b. Oct. 2, 1767	2	100
Daniel, s. [James & Bridget], b. Apr. 16, 1712	1	87
Daniell, m. Elizabeth GATES, Dec. 24, 1730	1	42
Daniel, s. [Samuel & Elizabeth], b. Oct. 1, 1744	1	92
Dan[ie]ll, s. [Daniel & Elisabeth], b. Sept. 12, 1746	1	43
Daniel, Capt., d. Oct. 16, 1773, ae 62 y.	2	66
Daniel, m. Johannah BREWSTER, b. of Preston, Jan. 23, 1777	2	191
Daniel, s. [Daniel, 3d, & Elizabeth], b. Aug. 16, 1778	2	133
Daniel, s. [Daniel & Johannah], b. Apr. 30, 1782	2	191
Daniel, 3d, m. Susanna LESTER, b. of Preston, Nov. 5, 1807	2	306
Daniel, 4th, m. Mehetable STARKWEATHER, b. of Preston, Mar. 21, 1811, by Rev. Levi Nelson, of Lisbon	3	75
Daniel, Jr., d. May 8, 1811	2	133
Daniel, d. Feb. 16, 1817	2	191

MORGAN, (cont.)

	Vol.	Page
Daniel, farmer, widower, d. Apr. 6, 1864, ae 81	8-C	21
Daniel B., m. Lucy Ann RUDE, b. of Preston, Dec. 16, 1845, by Rev. Augustus B. Collins	4	126
Daniel Belcher, s. [Daniel, 4th, & Mehetable], b. Jan. 24, 1821	3	75
Dauid, [s. Isaac], b. Feb. 21, 1700	1	39
Dauid, m. Dorothy LAMB, Dec. 12, 1728	1	78
David, d. Mar. 24, 1768	1	78
Deborah, [d. Joseph], b. May 31, 1694	1	40
Desier, d. Dan[ie]ll & Elisabeth, b. Feb. 27, 1735/6	1	42
Desire, m. William BELCHER, b. of Preston, Apr. 23, 1752	2	79
Dorothy, [d. Joseph], b. Mar. 6, 1652	1	40
Dorothy, [d. Joseph], b. Feb. 29, 1675/6	1	40
Dorothy, m. Ebenezer WITTER, May 5, 1693	1	111
Dorothy, d. [David & Dorothy], b. Feb. 28, 1747	1	78
Dudley, of Stonington, m. Easther BROWN, of Groton, Feb. 28, 1783	2	172
Dudl[e]y, s. [Dudley & Easther], b. Jan. 8, 1790	2	172
Dudl[e]y B., of Groton, m. Emeline OLIN, of Preston, Dec. 2, 1832, by Rev. William Palmer	3	184
Dwelle, s. [Joseph & Ruth], b. Apr. 12, 1749	1	107
Dwelle, d. Sept. 19, 1764	1	107
Dwight Ripley, s. [Simeon, Jr. & Sabra], b. Sept. 1, 1809	2	309
Ebenezer, [s. Isaac], b. Sept. 24, 1719	1	39
Edward, s. [Jonas & Sarah], b. July 26, 1785	2	176
Edwin, s. [Daniel, 3d, & Susanna], b. Apr. 26, 1811	2	306
Elisha, s. [Daniel & Elisabeth], b. Nov. 9, 1748	1	43
Elisha, m. Olive COIT, b. of Preston, June 6, 1771	2	158
Elisha, s. [John & Eunice], b. Sept. 24, 1775	2	121
Elizabeth, d. Daniel & Elizabeth, b. Feb. 28, 1733/4	1	42
Elizabeth, d. [Samuel & Elizabeth], b. Mar. 4, 1747	1	92
Elizabeth, d. Daniel & Elizabeth, b. Jan. 23, 1753	2	66
Elizabeth, m. Asa SMITH, b. of Preston, Apr. 21, 1768	2	122
Elizabeth, w. Capt. Daniel, d. Feb. 11, 1793, ae 80 y.	2	66
Emma J., d. June 23, 1853, ae 2	8-C	1
Emma L., d. June 6, 1862, ae 9 m. 5 d.	8-C	18
Emma S., d. Daniel B., ae 30, farmer, & Lucy A., ae 30, b. Feb. 3, 1850	5	4
Ephraim, s. [James & Grace], b. Feb. 3, 1755; d. Oct. 7, 1755	2	45
Ephraim, s. [James & Grace], b. Sept. 19, 1756	2	45
Ephraim, s. [James, Jr. & Polly], b. Apr. 29, 1785	2	197
Erastus, s. [John & Eunice], b. Apr. 22, 1782	2	121
Erastus, m. Polly MEECH, b. of Preston, Oct. 12, 1806	2	348
Erastus, s. [Erastus & Polly], b. July 7, 1809	2	348
Erastus, now of Norwich,m. Mary L. MORGAN, of Preston, Nov. 3, 1834, by G. A. Calhoun	3	312
Erastus, farmer, married, d. Nov. 10, 1855, ae 73	8-C	6
Esther, d. Dan[ie]ll & Elisabeth, b. Mar. 24, 1744	1	43
Esther, m. William TUCKER, b. of Preston, June 4, 1767	2	125
Esther, d. [Isaac & Elizabeth], b. Mar. 12, 1769	2	49
Eunice, d. [Daniel & Elizabeth], b. May 3, 1742	1	42
Eunice, d. [John & Eunice], b. Jan. 14, 1772	2	121
Eunice, d. [Dudley & Easther], b. Feb. 18, 1786	2	172
Eunice, m. Elijah CLARK, b. of Preston, Mar. 27, 1791	2	339

MORGAN, (cont.)

	Vol.	Page
Eunice C., of Preston, m. Roswell L. WOODMANSEE, of N. Stonington, Feb. 29, 1848, by Rev. N. S. Hunt	4	142
Eunice C., m. Roswell P. WOODMANSEE, farmer, Feb. 29, 1848, by N. S. Hunt	5	1
Eunice Crary, [d. Erastus & Polly], b. June 19, 1817	2	348
Ezra, s. [James & Grace], b. Mar. 14, 1771; d. Feb. 14, 1772	2	45
Ezra, s. [Daniel, 3d, & Elizabeth], b. Jan. 18, 1786; d. Aug. 15, 1786	2	133
George, s. [Dudley & Easther], b. May 10, 1792	2	172
George W., s. [Daniel & Johannah], b. Jan. 14, 1795	2	191
George W., of Preston, m. Eliza BREWSTER, of Griswold, Dec. 22, 1830, by Rev. Augustus B. Collins	3	159
Grace, [w. James], d. Feb. 1, 1804	2	45
Hannah, [d. Joseph], b. Dec. 3, 1673; d. Aug. 8, 1697	1	40
Hannah, d. [James & Bridget], b. Dec. 9, 1708	1	87
Hannah, d. [Benjamin & Sarah], b. Mar. 2, 1739/40	1	82
Hannah, d. [Daniell & Elizabeth], b. Sept. 14, 1731	1	42
Hannah, m. Joseph KIMBAL[L], Jr., b. of Preston, May 2, 1754	2	65
Hannah, m. Simeon MORGAN, b. of Preston, Aug. 26, 1762	2	104
Hannah, d. [Daniel, 3d, & Elizabeth], b. Dec. 12, 1773	2	133
Hannah, d. [Simeon & Hannah], b. Feb. 17, 1780; d. Aug. 24, 1785	2	104
Hannah, [w. Simeon], d. Sept. 24, 1796	2	104
Hannah, of Preston, m. Rev. Gordon DORRANCE, of Windsor, Mass., Jan. 23, 1799	2	240
Harriet, d. [Daniel, 4th, & Mehetable], b. Sept. 24, 1812	3	75
Harriet K., of Preston, m. William LORING, Feb. 1, 1842, by Rev. Augustus B. Collins	4	68
Harriet Kinney, [d. Erastus & Polly], b. Dec. 25, 1819	2	348
Harriet N., m. Edwin PALMER, b. of Preston, Mar. 17, 1834, by Rev. Augustus B. Collins	3	202
Henry Albert, b. July 3, 1810	2	153
Hezekiah, s. [Benjamin, Jr. & Sarah], b. Apr. 29, 1777	2	156
Hezekiah Lord, s. [Daniel, 3d, & Susanna], b. Jan. 5, 1809	2	306
Huldy, d. [Daniel & Elizabeth], b. July 31, 1740; d. Dec. 14, 1740	1	42
Isaack, [s. Isaac], b. May 28, 1706	1	39
Isaac, m. his 2nd w. Abiga[i]l SKIFFE, June 23, 1715	1	39
Isaac, d. June 20, 1725	1	39
Isaac, s. [Dauid & Dorothy], b. Apr. 26, 1730	1	78
Isaac, s. [Joseph & Ruth], b. Mar. 29, 1739	1	107
Isaac, Jr., of Preston, m. Zilpha MEECH, of Stonington, Oct. 31, 1751	2	49
Isaac, d. Nov. 25, 1754	1	39
Isaac, m. Elizabeth TRACY, b. of Preston, May 27, 1764	2	49
Isaac, s. [Benjamin, Jr. & Sarah], b. Apr. 17, 1776	2	156
Jacob Edwin, [s. Erastus & Polly], b. July 12, 1822	2	348
James, s. [James & Bridget], b. June 24, 1707	1	87
James, s. [Samuel & Elizabeth], b. Jan. 31, 1729/30	1	92
James, of Preston, m. Grace SMITH, of Stonington, Nov. 8, 1750	2	45
James, s. [James & Grace], b. Sept. 1, 1761	2	45
James, Jr., m. Polly MOTT, b. of Preston, Apr. 22, 1785	2	197
James, Sr., d. Oct. 15, 1801	2	45
Jerusha, d. [James & Grace], b. Feb. 3, 1753	2	45
John, s. [Samuel & Elizabeth], b. Mar. 21, 1742	1	92

MORGAN, (cont.)

	Vol.	Page
John, m. Eunice **CRARY**, b. of Preston, Apr. 17, 1768	2	121
John, s. [John & Eunice], b. Sept. 18, 1777	2	121
John, s. Dudley [& Easther], b. Apr. 23, 1783	2	172
John, [s. Erastus & Polly], b. Apr. 22, 1815	2	348
John, d. July 9, 1816, ae 75 y.	2	121
John Bellows, s. [Shubael & Cynthia], b. Mar. 5, 1802	2	267
Jonas, s. [Samuel & Elizabeth], b. Dec. 20, 1752	1	92
Jonas, m. Sarah **MOTT**, b. of Preston, Dec. 13, 1781	2	176
Jonas, s. [Jonas & Sarah], b. Oct. 24, 1783	2	176
Jonathan Park, s. [Benjamin, Jr. & Sarah], b. July 1, 1781	2	156
Joseph, Sr., b. Oct. 29, 1646	1	40
Joseph, Jr., [s. Joseph], b. Nov. 6, 1671	1	40
Joseph, [s. Isaac], b. Mar. 15, 1710	1	39
Joseph, of Preston, m. Ruth **BREWSTER**, of Duxbury, May 8, 1735	1	107
Joseph, s. [Joseph & Ruth], b. May 14, 1745	1	107
Joseph, Capt., d. May 24, 1764	1	107
Joseph, s. [Isaac & Elizabeth], b. May 17, 1771	2	49
Joseph, s. [Benjamin, Jr. & Sarah], b. Aug. 20, 1773	2	156
Julyann, d. [Daniel, 4th & Mehetable], b. June 5, 1814	3	75
Lucinda, d. [Simeon & Hannah], b. May 10, 1788	2	104
Lucinda, d. [Amos & Cynthia], b. July 24, 1811	2	355
Lucinda, of Preston, m. Eleazer **WHEELER**, Jr., of N. Stonington, Oct. 31, 1830, by Levi Meech, Elder	3	156
Lucy, d. [Benjamin & Sarah], b. Jan. 8, 1748/9	1	82
Lucy, d. [Simeon & Hannah], b. Apr. 15, 1771	2	104
Lucy, [d. Simeon & Hannah], b. Dec. 4, 1791	2	104
Lucy A., married, d. Oct. 29,1857, ae 36	8-C	9
Lucy Brewster, d. [Benjamin, Jr. & Sarah], b. Dec. 1, 1779	2	156
Lucy M., d. [Erastus & Polly], b. Sept. 7, 1807	2	348
Lucy M., of Preston, m. Hezekiah **CANFIELD**, of Mt. Clemens, Mich., May 28, 1834, by Rev. Augustus B. Collins	3	307
Lydia, d. [Joseph & Ruth], b. Apr. 7, 1742	1	107
Lydia, d. [Daniel, 3d, & Elizabeth], b. Oct. 11, 1780	2	133
Lydia, m. John **JOHNSON**, b. of Preston, Aug. 28, 1800	2	273
Marcy, d. [James & Grace], b. Nov. 19, 1773	2	45
Marg[a]ret, [d. Joseph], b. July 28, 1686	1	40
Margaret, d. [James & Grace], b. May 25, 1766	2	45
Margery, m. Elias **BREWSTER**, b. of Preston, Jan. 20, 1785	2	204
Margery, d. [Daniel, 4th & Mehetable], b. Jan. 9, 1817	3	75
Margery B., of Preston, m. Geo[rge] W. **WILLES**, of Masonville, N.Y., Nov. 16, 1852, by Rev. N. S. Hunt	4	222
Martha, [d. Joseph], b. Mar. 22, 1681	1	40
Mary, [d. Isaac], b. June 21, 1702	1	39
Mary, d. [Dauid & Dorothy], b. Apr. 27, 1732	1	78
Mary, d. [Benjamin & Sarah], b. Apr. 13, 1738; d. Aug. 15, 1742	1	82
Mary, m. Nathaniel **MORSS**, b. of Preston, Oct. 11, 1749	2	40
Mary, d. [Joseph & Ruth], b. June 20, 1753	1	107
Mary, d. [Isaac, Jr. & Zilpha], b. Dec. 10, 1755	2	49
Mary, d. [Benjamin, Jr. & Sarah], b. Oct. 26, 1774	2	156
Mary, of N. Stonington, m. Henry **FANNING**, of Preston, Dec. 19, 1812, in N. Stonington, by Rev. John Hyde	2	332
Mary, widow, d. Nov. 7, 1863, ae 77 y. 9 m. 13 d.	8-C	21

BARBOUR COLLECTION

	Vol.	Page
MORGAN, (cont.)		
Mary L., of Preston, m. Erastus **MORGAN**, now of Norwich, Nov. 3, 1834, by G. A. Calhoun	3	312
Mehatable, d. [Simeon & Hannah], b. July 8, 1768	2	104
Mehitable, married, d. July 6, 1862, ae 75	8-C	18
Mercy, d. [Joseph & Ruth], b. Apr. 8, 1751; d. Nov. 2, 1754	1	107
Nabby, d. [Daniel & Johannah], b. Sept. 22, 1788	2	191
Nabby, m. Jonas **AYER**, b. of Preston, Jan. 10, 1813	2	377
Nathan, s. [Samuel & Elizabeth], b. Nov. 29, 1739	1	92
Nathan, s. [Daniel & Elizabeth], b. Apr. 16, 1751	1	43
Nathan, s. [Daniel & Elizabeth], d. Aug. 8, 1753	2	66
Nathan, s. [Isaac, Jr. & Zilpha], b. Sept. 15, 1753	2	49
Nathan, s. [Daniel, 3d, & Elizabeth], b. Sept. 22, 1783	2	133
Nathaniel, s. Isaac & Abigail, b. June 23, 1717	1	39
Olive, d. [Joseph & Ruth], b. May 8, 1737	1	107
Palla, d. [Daniel & Johannah], b. Oct. 5, 1777	2	191
Polly, d. [Daniel & Johannah], d. Jan. 12, 1787	2	191
Polly, of Groton, m. John **BREWSTER**, of Preston, Feb. 5, 1806	2	327
Polly, d. [Daniel, 4th, & Mehetable], b. June 17, 1811	3	75
Rachell, d. [James & Bridget], b. July 19, 1710	1	87
Rachal, d. [Samuel & Elizabeth], b. Feb. 11, 1732	1	92
Rachel, d. [James & Grace], b. Nov. 19, 1758	2	45
Rachel, m. Labeas **GEER**, b. of Preston, June 1, 1781	2	171
Rhode, d. [Daniel & Johannah], b. Jan. 16, 1786	2	191
Rhoda, m. Tyler **BROWN**, b. of Preston, Feb. 22, 1810	2	344
Robert Crary, s. [John & Eunice], b. June 4, 1786	2	121
Rosel, s. [David & Dorothy], b. July 17, 1737	1	78
Rozel, m. Martha **DOWNER**, b. of Preston, Dec. 4, 1760	2	100
Salla, d. [Simeon & Hannah], b. July 1, 1763	2	104
Salla, d. [John & Eunice], b. Oct. 11, 1773; d. Aug. 24, 1775	2	121
Salla, d. [John & Eunice], b. Sept. 6, 1779	2	121
Salla, d. [Dudley & Easther], b. Apr. 7, 1787	2	172
Salla, d. [Daniel, 3d, & Elizabeth], b. Aug. 21, 1787	2	133
Sally, m. William **TUCKER**, Jr., b. of Preston, May 5, 1814	2	362
Samuell, s. James & Bridget, b. Dec. 16, 1705	1	87
Samuel, m. Elizabeth **FORESER [FOSTER]**, Dec. 19, 1728	1	92
Samuel, twin with Simeon, s. Sam[ue]ll & Elizabeth, b. May 18, 1734	1	92
Samuel, Town Clerk, d. Dec. 29, 1769, ae 65 y.	2	5
Samuel, s. [Simeon & Hannah], b. May 7, 1778	2	104
Samuel, farmer, d. Apr. 11, 1854	8-C	3
Sanford, s. [John & Eunice], b. Jan. 5, 1769	2	121
Sarah, m. John **AMAS**, Apr. [ ], 1694	1	36
Sarah, d. [Benjamin & Sarah], b. Dec. 11, 1735	1	82
Sarah, w. Benjamin, d. Oct. 16, 1791, ae 87 y.	2	5
Seth, s. [Ebenezer & Desier], b. Mar. 29, 1755	2	43
Shubael, s. [Simeon & Hannah], b. Dec. 28, 1765	2	104
Shubael, of Preston, m. Cynthia **BELLOWS**, of Groton, Mar. 10, 1791	2	267
Shubael, s. [Shubael & Cynthia], b. Sept. 19, 1795	2	267
Sibal, d. [Isaac & Elizabeth], b. Dec. 30, 1765	2	49
Simeon, twin with Samuel, s. Sam[ue]ll & Elizabeth, b. May 18, 1734	1	92

MORGAN, (cont.)

	Vol.	Page
Simeon, m. Hannah MORGAN, b. of Preston, Aug. 26, 1762	2	104
Simeon, s. [Simeon & Hannah], b. Feb. 24, 1774	2	104
Simeon, Jr., of Preston, m. Sabra KINNIE, of Voluntown, Jan. 4, 1807	2	309
Sophia, d. [Dudley & Easther], b. Sept. 18, 1788	2	172
Sophia, d. [Shubael & Cynthia], b. Nov. 4, 1793	2	267
Sybil, see under Sibal		
Temperance, d. [Ebenezer & Desier], b. July 4, 1752	2	43
Thisbe, d. [John & Eunice], b. Oct. 26, 1783	2	121
Warren, s. [Shubael & Cynthia], b. July 17, 1799	2	267
Zerviah, d. [Daniel, 3d, & Elizabeth], b. Apr. 6, 1776	2	133
Zilpha, w. Isaac, d. Jan. 19, 1763	2	49
Zipporah, d. [Daniel & Elizabeth], b. Feb. 15, 1737/8	1	42
Zipporah, m. Oliver COIT, b. of Preston, Nov. [ ], 1758	2	153
Zip[p]orah, d. [James & Grace], b. Dec. 26, 1768; d. Feb. 4, 1769	2	45
MORSE, MORSS, Abel, s. [Daniel, Jr. & Anne], b. Nov. 25, 1755	2	36
Abigail, d. [Daniel, Jr. & Anne], b. Mar. 27, 1760	2	36
Anna, d. [John & Susannah], b. Dec. 21, 1771	2	139
Anna Walter, d. [Nathaniel & Mary], b. May 11, 1769	2	40
Anthony, s. [Nathaniel & Mary], b. Dec. 22, 1753	2	40
Carpenter, twin with John, s. [John & Susannah], b. Mar. 9, 1775	2	139
Clarissa, d. [Moses & Anna], b. Feb. 2, 1773	2	145
Daniel, Jr., m. Anne WILLCOCKS, b. of Preston, June 29, 1749	2	36
Daniel, s. [Daniel, Jr. & Anne], b. July 19, 1751	2	36
Daniel, s. [Moses & Sarah], b. Feb. 18, 1761	2	11
Daniel, Jr., m. Patience RUDE, b. of Preston, Nov. 23, 1769	2	12
Daniel, 3d, m. Elizabeth LORD, b. of Preston, Jan. 30, 1771	2	133
David, s. [Nathaniel & Mary], b. Feb. 21, 1756	2	40
Desire, widow, d. May 1, 1861, ae 76	8-C	16
Elijah Morgan, s. [Nathaniel & Mary], b. Dec. 23, 1766	2	40
Elisha, s. [Moses & Sarah], b. May 6, 1765	2	11
Elizabeth, d. [Moses & Sarah], b. Sept. 11, 1753	2	11
Elizabeth, m. Abijah PARKE, b. of Preston, Dec. 17, 1761	2	99
Elizabeth, d. [Nathaniel & Mary], b. Oct. 7, 1771	2	40
Elizabeth, d. [William & Sarah], b. May 15, 1776	2	120
Eunice, d. [William & Sarah], b. Oct. 14, 1780	2	120
Eunice, of Preston, Ct., m. Henry GEER, of Paris, N.Y., Oct. 10, 1807	2	296
Hannah, d. [Daniel, Jr. & Anne], b. Feb. 15, 1753; d. Apr. 3, 1753	2	36
Hannah, d. [Daniel, Jr. & Anne], b. Mar. 20, 1768	2	36
Hannah, d. [William M. & Hannah], b. June 22, 1811	2	310
Harris Bayman, s. [Moses & Anna], b. Mar. 1, 1775	2	145
John, s. [Daniel, Jr. & Anne], b. Apr. 16, 1750	2	36
John, m. Susannah GEER, b. of Preston, Nov. 17, 1770	2	139
John, twin with Carpenter, s. [John & Susannah], b. Mar. 9, 1775	2	139
Joshua, s. [Moses & Sarah], b. Feb. 8, 1748/9	2	11
Josiah, s. [Moses & Sarah], b. June 17, 1763	2	11
Judeth, d. [William & Sarah], b. July 9, 1769	2	120
Judeth, m. Deac. Elijah BELCHER, b. of Preston, July 15, 1773	2	8
Martha, d. [Daniel, Jr. & Anne], b. Oct. 15, 1764	2	36
Martha, m. Samuel STANTON, Jr., b. of Preston, Dec. 3, 1786	2	217
Mary, d. [Nathaniel & Mary], b. July 27, 1758	2	40

	Vol.	Page
MORSE, MORSS, (cont.)		
Mary, d. [Daniel, Jr. & Anne], b. Nov. 12, 1762	2	36
Mary, d. [Daniel, Jr. & Anne], b. Aug. 5, 1766	2	36
Moses, m. Sarah **FISH**, b. of Preston, Aug. 2, 1744	2	11
Moses, s. [Moses & Sarah], b. Dec. 21, 1746	2	11
Moses, of Preston, m. Anna **MIXER**, of Murrysfield, Aug. 8, 1771	2	145
Moses, of Canterbury, m. Almira **GEER**, of Preston, Apr. 16, 1849, by Rev. N. S. Hunt	4	168
Nathan, s. [Moses & Sarah], b. Nov. 8, 1755	2	11
Nathaniel, m. Mary **MORGAN**, b. of Preston, Oct. 11, 1749	2	40
Nathaniel, s. [Nathaniel & Mary], b. June 24, 1751	2	40
Nathaniel, Sr., d. June 9, 1781	2	40
Polly, d. [John & Susannah], b. Feb. 19, 1779	2	139
Robert, s. [Nathaniel & Mary], b. Jan. 16, 1764	2	40
Samuel, s. [Moses & Sarah], b. Aug. 28, 1745	2	11
Sarah, m. Jabez **STANTON**, b. of Preston, Sept. 9, 1745	2	32
Sarah, d. [Moses & Sarah], b. Apr. 15, 1751	2	11
Sarah, d. [William & Sarah], b. Mar. 13, 1773	2	120
Sarah, wid. William, d. Jan. 7, 1814	2	120
Sarah, d. Feb. 10, 1856, ae 3 m.	8-C	7
Sarah Leffingwell, d. [William M. & Hannah], b. Jan. 5, 1814	2	310
Stephen, s. [Daniel, Jr. & Anne], b. Oct. 3, 1757	2	36
Susanna, d. [John & Susannah], b. Feb. 22, 1777	2	139
Thomas, s. [Moses & Sarah], b. Feb. 19, 1758	2	11
Timothy, s. [Daniel, Jr. & Anne], b. Mar. 31, 1754	2	36
Timothy, s. [John & Susannah], b. Mar. 21, 1781	2	139
William, m. Sarah **LEFFINGWELL**, b. of Preston, Dec. 31, 1767	2	120
William, d. Apr. 9, 1798	2	120
William, of Griswold, m. Sarah **AVERY**, of Preston, Jan. 13, 1851, by Rev. John Avery, of Exeter, [Ct.]	4	201
William M., m. Hannah **WOODWARD**, b. of Preston, Nov. 30, 1809	2	310
William Merrell, s. [William & Sarah], b. Mar. 28, 1778	2	120
MOTT, Abigail, m. Peter **BOWDISH**, b. of Preston, Dec. 11, 1750	2	79
Abigail, d. [Samuel & Abigail], b. Sept. 7, 1767	2	116
Abigail, w. Col. Samuel, d. Aug. 11, 1776	2	116
Abigail, m. Avery **DOWNER**, b. of Preston, Jan. 8, 1786	2	220
Betsey, d. [Edward & Eunice], b. Feb. 29, 1790	2	200
Bishop, s. [Gershom & Ziporah], b. Apr. 21, 1802	2	364
Desire, twin with Keziah, d. [Edward & Sarah], b. July 29, 1773	2	101
Edward, m. Sarah **KINNE**, b. of Preston, Dec. 10, 1761	2	101
Edward, s. [Edward & Sarah], b. Aug. 18, 1768	2	101
Edward, of Preston, m. Eunice **WILLIAMS**, of Groton, Dec. 4, 1785	2	200
Esther, d. [Samuel & Abigail], b. July 23, 1774	2	116
Esther, d. Dec. 4, 1850, ae 74	5	11
Eunice, d. [Edward & Eunice], b. Aug. 30, 1788	2	200
Eunice, d. [Gershom & Ziporah], b. Aug. 13, 1805	2	364
Experience, d. [Edward & Sarah], b. Mar. 29, 1771	2	101
Fanny, m. Amos **WITTER**, b. of Preston, Oct. 17, 1809	2	238
Gershom, b. Jan. 14, 1772; m. Zip[p]orah **ROCKWELL**, Mar. 29, 1794	2	364
Gershom, s. [Gershom & Ziporah], b. Apr. 8, 1797; d. Jan. 5, 1816	2	364

	Vol.	Page
MOTT, (cont.)		
Hannah, d. [Gershom & Ziporah], b. Sept. 23, 1809	2	364
Harriet, d. [John Tyler & Dolly], b. Mar. 18, 1816	2	307
John Tyler, s. [Col. Samuel & Lydia], b. Sept. 15, 1778	2	116
John Tyler, m. Dolly **AYER**, b. of Preston, Nov. 30, 1800	2	307
John Tyler, s. [John Tyler & Dolly], b. Dec. 2, 1806	2	307
Keziah, twin with Desire, d. [Edward & Sarah], b. July 29, 1773	2	101
Keziah, of Preston, m. Ansel **WILLIAMS**, of Groton, June 23, 1793	2	238
Lucy, d. [Samuel & Abigail], b. Mar. 22, 1772	2	116
Lucy, d. [Col. Samuel & Lydia], b. May 29, 1779	2	116
Lucy Ann, d. [Gershom & Ziporah], b. Apr. 17, 1814	2	364
Lucy Augusta, d. [John Tyler & Dolly], b. June 23, 1813	2	307
Lydia, d. Sam[ue]ll & Lydia, b. Dec. 24, 1784; d. Oct. 20, 1786	2	188
Lydia, w. Col. Sam[ue]ll, d. Feb. 24, 1787	2	188
Lydia Ann, d. [John Tyler & Dolly], b. Apr. 4, 1810	2	307
Mary, d. [Gershom & Ziporah], b. Oct. 3, 1807	2	364
Minor, twin with Morgan, s. [Gershom & Ziporah], b. Dec. 23, 1817	2	364
Morgan, twin with Minor, s. [Gershom & Ziporah], b. Dec. 23, 1817	2	364
Olive A., m. George **PRENTICE**, b. of Preston, Dec. 10, 1820, by Rev. John Hyde	3	21
Olive Ayer, d. [John Tyler & Dolly], b. May 12, 1802	2	307
Polly, d. [Edward & Sarah], b. Aug. 31, 1766	2	101
Polly, m. James **MORGAN**, Jr., b. of Preston, Apr. 22, 1785	2	197
Rebeckah, d. [Samuel & Abigail], b. Mar. 12, 1770	2	116
Sally, d. [Gershom & Ziporah], b. Dec. 23, 1798; d. May 19, 1801	2	364
Samuel, m. Abigail **ROSSITER**, b. of Preston, Nov. 24, 1765	2	116
Samuel, Col., m. Lydia **TYLER**, Aug. 7, 1777	2	116
Sam[ue]ll, m. Abigail **STANTON**, late Abigail **AYER**, b. of Preston, Jan. 13, 1788	2	188
Samuel Madison, s. [John Tyler & Dolly], b. May 16, 1804	2	307
Sam[ue]l Rockwell, s. [Gershom & Ziporah], b. Sept. 22, 1800	2	364
Samuel Rosseter, [s. Col. Samuel & Lydia], b. Aug. 7, 1782	2	116
Sarah, d. [Edward & Sarah], b. Dec. 15, 1762	2	101
Sarah, w. Edward, d. Aug. 16, 1773, ae 29 y.	2	101
Sarah, m. Jonas **MORGAN**, b. of Preston, Dec. 13, 1781	2	176
Sarah, m. Miner **SPAULDING**, b. of Preston, Mar. 11, 1787	2	207
Sarah, d. [Gershom & Ziporah], b. Aug. 2, 1795	2	364
William Albert, s. [John Tyler & Dolly], b. Mar. 23, 1808	2	307
Zip[p]orah, d. [Gershom & Ziporah], b. Mar. 7, 1804	2	364
MULKEY, Thomas B., farmer, married, b. in N. Stonington, d. June 29, 1859, ae 57	8-C	12
MULKIN, MULKINS, Elizabeth, d. [John, Jr. & Ruth], b. Apr. 26, 1757	2	165
Ellia, d. [John, Jr. & Ruth], b. July 21, 1761	2	165
Elliner, d. [John & Elizabeth], b. Mar. 19, 1745	2	23
Elizabeth, d. [John & Elizabeth], b. Feb. 16, 1736	2	23
Elizabeth, d. [John & Elizabeth], b. Nov. 17, 1753	2	23
Ephraim, s. [John & Elizabeth], b. Aug. 26, 1751	2	23
Henry, s. [John & Elizabeth], b. Mar. 17, 1740	2	23
Henry, s. [John, Jr. & Ruth], b. June 1, 1767	2	165
James, s. [John, Jr. & Ruth], b. May 14, 1769	2	165
John, m. Elizabeth **MACKWETHEY**, b. of Preston, Jan. 3, 1734	2	23
John, s. [John & Elizabeth], b. Aug. 11, 1734	2	23
John, Jr., m. Ruth **BUTLER**, Mar. 11, 1756	2	165

	Vol.	Page
MULKIN, MULKINS, (cont.)		
John, s. [John, Jr. & Ruth], b. Sept. 7, 1763	2	165
Joseph, s. [John, Jr. & Ruth], b. Dec. 7, 1773	2	165
Lucy, twin with Nivy, d. [John, Jr. & Ruth], b. Dec. 17, 1771	2	165
Mary, d. [John & Elizabeth], b. May 28, 1738	2	23
Mary, m. Lemuel **WETHY**, b. of Preston, Jan. 1, 1757	2	2
Mary, d. John, Jr., b. July 19, 1781	2	165
Nivy, twin with Lucy, d. [John, Jr. & Ruth], b. Dec. 17, 1771	2	165
Polly, m. Levi **GATES**, b. of Preston, Mar. 5, 1812, by Charles Fanning, J.P.	2	320
Rufus, s. [John & Elizabeth], b. May 1, 1747	2	23
Rufus, s. [John, Jr. & Ruth], b. Aug. 21, 1765	2	165
Sarah, d. [John & Elizabeth], b. Sept. 14, 1742	2	23
Sarah, d. [John, Jr. & Ruth], b. June 20, 1759	2	165
MULKUKER, Catharine, d. July 2, 1860, ae 14 d.	8-C	15
MULSEY, Mercy, widow, b. in Groton, d. May 30, 1860, ae 63	8-C	14
MURPHY, Edward, of Norwich, m. Eunice **STORY**, of Preston, Apr. 21, 1822, by Rev. Charles Hudson	3	2
NASH, Asa, m. Emily **CORNING**, b. of Preston, Mar. 20, 1842, by Rev. N. E. Shailer	4	78
Austin B., m. Ann Eliza **PENDLETON**, b. of Preston, Sept. 26, 1849, by Rev. Henry Floy Roberts	4	181
George M., sailor, unmarried, b. in Westerly, R.I., d. Apr. 3, 1857, ae 25	8-C	9
Grace B., of Preston, m. Zephaniah **ANDREW**, of Coventry, R.I., July 12, 1832, by Rev. Nathan B. Burgess	3	178
Henry Ettay, s. Asa, ae 31, merchant, & Emily, ae 31, b. Mar. 29, 1849	5	9
Jane B., of Pequetonnuck, m. Alfred R. **HOLT**, of Norwich, Nov. 10, 1841, in Pequetonnuck, by Rev. Dexter Potter	4	65
Nancy, m. Erastus **O'BRIEN**, b. of Preston, Apr. 24, 1825, by Jona[than] Brewster, J.P.	3	62
Sally P., of Preston, m. Nathaniel **ELDREDGE**, of Groton, Oct. 22, 1833, by Rev. Nathan B. Burgess	3	198
NEWTON, Emily S., married, seamstress, b. in Woodstock, Ct., d. June 7, 1864, ae 49	8-C	22
Gustavus, s. Dennington, ae 32, carpenter, & Emily, ae 29, b. Oct. 14, 1848	5	8
Gustavus C., d. Jan. 23, 1854, ae 6	8-C	2
Nichols, Damon, of Princeton, Mass., m. Sarah a. **CORNING**, of Preston, June 13, 1852, by Rev. Geo[rge] M. Carpenter	4	219
NICHOLSON, Allen, s. [William Beard & Marvell], b. May 23, 1795	2	214
Daniel, a. [William Beard & Marvel], b. Sept. 14, 1798	2	214
John, s. [William Beard & Marvel], b. Mar. 21, 1793	2	214
William, s. [William Beard & Marvel], b. July 7, 1789	2	214
William Beard, of Newport, R.I., m. Marvel **PALMER**, of Preston, Sept. 14, 1788	2	214
NICKERSON, Thomas H., widower, d. Aug. 15, 1867, ae 60	8-C	27
NILES, Hannah, of Groton, m. Amos **AVERY**, of Preston, Apr. 14, 1762	2	119
NOBLE, Henry, s. Norman, ae 32, farmer, & Ellen, ae 36, b. Nov. 28, 1847	5	6
NOMER, Frederick, d. Mar. 15, 1865, ae 2 y. 6 m.	8-C	24
NORMAN, Anna L., d. Sept. 24, 1860, ae 2	8-C	15

PRESTON VITAL RECORDS 171

	Vol.	Page
NORMAN, (cont.)		
Betsey, d. [John & Mary], b. Dec. 19, 1786	2	213
Joel, s. [John & Mary], b. May 4, 1789	2	213
John, m. Mary **PRESTON**, b. of Norwich, Mar. 16, 1786	2	213
John, s. [John & Mary], b. Nov. 3, 1794	2	213
Polly, d. [John & Mary, b. Aug. 28, 1791	2	213
[**NORTHRUP**], **NORTHUP**, Alexander Hamilton, s. [George & Ellen], b. Sept. 16, 1804	2	322
Emanuel, m. Phebe **BROWN**, b. of Preston, Jan. 22, 1777	2	23
Emanuel, s. [Emanuel & Phebe], b. Jan. 6, 1778	2	23
Frances, d. [George & Ellen], b. Mar. 3, 1793	2	322
George, m. Ellen **WETHY**, b. of Preston, Mar. 8, 1792	2	322
George, s. [George & Ellen], b. July 12, 1801	2	322
Polly, d. [George & Ellen], b. Feb. 4, 1794	2	322
Sally, d. [George & Ellen], b. Aug. 11, 1796	2	322
NOYES, **NOYS**, Dorothy, d. Rev. James, m. Salmon **TREAT**, Apr. 12, 1698	1	7
Frank Kimball, s. W[illia]m C. & Amey, b. Nov. 27, 1846	4	137
O'BRIEN, Albert, farmer, d. July 19, 1854, ae 18	8-C	3
Augusta L., m. Elisha R. **CHURCH**, b. of Preston, Mar. 4, 1844, by Rev. Dexter Potter, of Poquetonnuck	4	102
Erastus, m. Nancy **NASH**, b. of Preston, Apr. 24, 1825, by Jona[than] Brewster, J.P.	3	62
Erastus, m. Clarissa S. **CHIPMAN**, b. of Preston, Sept. 19, 1851, by Rev. S. S. Chapin, of Poquetonnuck	4	213
Erastus, timber-getter, widower, d. Feb. 26, 1865, ae 61	8-C	24
Hannah, of Preston, m. Charles **DEWEY**, of Norwich, Sept. 5, 1824, by Jona[than] Brewster, J.P.	3	53
John, of Groton, m. Lucy **ELLIS**, of Preston, Jan. 18, 1821, by Jona[than] Brewster, J.P.	3	30
John, widower, d. Aug. 26, 1865, ae 65 y.	8-C	24
Lovicy, of Groton, m. Henry **DEMING**, of Preston, Aug. 23, 1818, by Jonathan Brewster, J.P.	2	392
Lucy, married, d. Sept. 20, 1855, ae 55	8-C	6
Lucy, d. May 1, 1860, ae 20 d.	8-C	14
Nancy, married, d. Dec. 22, 1862, ae 56	8-C	19
Rocelia, d. June 17, 1855, ae 11	8-C	5
Sally, of Preston, m. Francis L. **CHURCH**, of Montville, Aug. 21, 1849, by Rev. H. Floy Roberts	4	176
-----, d. July 20, 1860, ae 1 m.	8-C	15
O'CONNELL, Ellen, b. Apr. 10, [1849 or 1850]	5	9
Irus, child of Joseph & Sophia, b. Jan. 24, 1848	5	7
OLDEN, Welthy, m. John **SPENCER**, Jan. 3, 1769	2	143
OLIN, Anthony, s. [Phillip & Mary], b. Feb. 16, 1777	2	265
Benjamin, s. [Phillip & Mary], b. Apr. 14, 1768	2	264
Benjamin, m. Sally **OLIN**, b. of Preston, Oct. 10, 1793, by Rev. Levi Hart	2	396
Benjamin, s. [Benjamin & Sally], b. Sept. 19, 1796	2	396
Benjamin, of Preston, m. Elizabeth Ann **BABCOCK**, of Herkimer, N.Y., Mar. 9, 1843, by Rev. Nathan E. Shailer	4	87
Benjamin, d. July 31, 1848	2	396
Benjamin, farmer, d. July 31, 1848, ae 80	5	13
Betsey, d. [Benjamin & Sally], b. May 16, 1813	2	396

	Vol.	Page
OLIN, (cont.)		
Betsey, m. John H. **FITCH,** b. of Preston, Jan. 1, 1837, by Rev. N. E. Shailer	4	1
Charlotte, d. [Benjamin & Sally], b. Apr. 23, 1809	2	396
Charlotte, of Preston, m. Barnabus H. **WATERS,** of Lisbon, Feb. 27, 1834, by Reuben Porter	3	204
Elijah, s. [Benjamin & Sally], b. Feb. 8, 1811	2	396
Elizabeth, d. [Phillip & Mary], b. Aug. 2, 1770	2	264
Emeline, d. [Benjamin & Sally], b. Oct. 12, 1808	2	396
Emeline, of Preston, m. Dudl[e]y B. **MORGAN,** of Groton, Dec. 2, 1832, by Rev. William Palmer	3	184
George, s. [Benjamin & Sally], b. Nov. 24, 1799	2	396
Harriet, d. [Benjamin & Sally], b. Apr. 21, 1798	2	396
Harriet, m. Lyman **HALL,** b. of Preston, Feb. 13, 1825, by Rev. William Palmer	3	74
Jeffrey, s. [Benjamin & Sally], b. July 20, 1815	2	396
Jeffrey, m. Betsey M. **WILCOX,** b. of Preston, Nov. 25, 1841, by Rev. Nathan E. Shailer	4	70
John, s. [Benjamin & Sally], b. Nov. 27, 1802	2	396
Lucy, d. [Phillip & Mary], b. Dec. 2, 1766	2	264
Mary, d. [Phillip & Mary], b. Oct. 21, 1775	2	265
Newbury, s. [Phillip & Mary], b. Mar. 15, 1774	2	264
Phillip, m. Mary **GREEN,** b. of Preston, Oct. 28, 1765	2	264
Phillip, s. [Phillip & Mary], b. Nov. 14, 1769	2	264
Phillip, [s. Phillip & Mary], d. Apr. 1, 1772	2	264
Sabra, m. Jabez **STANTON,** b. of Preston, June 1, 1794	2	276
Sabra, d. [Benjamin & Sally], b. July 10, 1804	2	396
Sabra, of Preston, m. Benjamin **DAVIS,** of Trenton, N.J. June 14, 1827, at Benjamin Olin's, by Rev. William Palmer, of Norwich	3	108
Sally, m. Benjamin **OLIN,** b. of Preston, Oct. 10, 1793, by Rev. Levi Hart	2	396
Sally, w. Benjamin, d. July 5, 1841	2	396
Squire, s. [Phillip & Mary], b. Apr. 14, 1772	2	264
William, s. [Phillip & Mary], b. Nov. 2, 1779	2	265
William, s. [Benjamin & Sally], b. Apr. 14, 1806	2	396
-----, twins, [of Benjamin & Sally], b. Feb. 16, 1794; one d. Feb. 19, 1794 and the other Feb. 22, 1794	2	396
OLIVER, Lydia, m. John **STANTON,** b. of Preston, June 18, 1797	2	254
OSBORN, OSBORNE, Betsey, wid., d. Jan. 24, 1859, ae 55	8-C	12
Charles D., d. July 6, 1855	8-C	6
Henry, ae 22, farmer, b. in Boston, res. of Preston, m. Mary **HAMMOND,** ae 20, b. in Norwich, May 10, [1850], by Elder Hiscock	5	2
Sybel, m. Frances **STANTON,** Sept. 16, 1827, by Jabez W. Giddings, J.P.	3	117
William, m. Cornelia A. **SMITH,** b. of Norwich, Aug. 4, 1849, by Rev. Cyrus Miner	4	173
William, of Norwich, m. Cornelia N. **SMITH,** Aug. 5, 1849, by Cyrus L. Minor	5	1
W[illia]m, supposed of Preston, m. Cornelia A. **SMITH,** Aug. 6, 1849, by Cyrus L. Minor	5	1
-----, widow, b. in Norwich, d. Feb. 19, 1859, ae 73	8-C	12
OSWALA, Henry, d. May 31, 1864, ae 3	8-C	22

PRESTON VITAL RECORDS 173

	Vol.	Page
OTIS, Christopher Geer, s. [Richard & Patience], b. Sept. 18, 1781	2	85
Lovice, d. [Richard & Patience], b. Mar. 1, 1776	2	85
Mary, d. [Richard & Patience], b. May 2, 1778	2	85
Richard, of New London, m. Patience GEER, of Preston Dec. 6, 1773	2	85
PACKER, Abby J., unmarried, seamstress, d. Apr. 30, 1861, ae 15	8-C	16
Martha, of Groton, m. Moses MEECH, of Preston, Dec. 2, 1781	2	192
PAGE, Freelove, colored, d. Feb. 19, 1849, ae 4	5	12
PAINE, PAIN, Deborah, d. [Stephen & Deborah], b. Oct. 28, 1732	1	95
Edward, m. Lois KINNI, Apr. 6, 1732	1	31
John, minister, married, b. in Pomfret, d. Apr. 29, 1864, ae 70	8-C	21
Rachell, d. of w. of Joseph Parke, b. Aug. 18, 1708	1	50
Stephen, m. Deborah SKINNER, July 29, 1730	1	95
Stephen, s. [Stephen & Deborah], b. July 11, 1731	1	95
PALMER, PALMOR, Abby, d. [Joseph A. & Mary], b. May 8, 1826	2	351
Abigail, m. James HARKNESS, b. of Preston, Dec. 13, 1801	2	305
Abigail, mother of Joseph A., d. June 14, 1825	2	351
Abigail, wid. Jesse, d. July 14, 1825	2	215
Amy, d. [Gershom & Betsey], b. July 8, 1798	2	299
Annah, m. Jonathan TRACY, Feb. 11, 1700/1	1	37
Anna, of Voluntown, m. John RAY, of Preston, May 4, 1749	2	63
Anna, d. [Jesse & Abigail], b. May 18, 1787	2	215
Anna, of Voluntown, m. Elijah GATES, of Preston, Dec. 4, 1788	2	231
Anna, m. Minor GRANT, b. of Preston, Aug. 16, 1807	2	372
Asa, alias Asa PARK[E], illeg. s. Marvel PALMER, b. Jan. 13, 1783	2	214
Asenath, of Voluntown, m. Gideon RAY, of Preston, Dec. 24, 1751	2	64
Betsey, d. [Gershom & Betsey], b. Jan.16, 1796	2	299
Charles, s. [Walter & Patty], b. Sept. 7, 1807	2	265
Charles, of Preston, m. Lucy Ann HYDE, of Lisbon, Dec. 12, 1842, by Rev. Levi Nelson	4	113
Charles Lucian, s. Charles & Lucy Ann, b. Jan. 31, 1844	4	113
Claracy, d. [Jesse & Abigail], b. Mar. 31, 1793	2	215
Cynthia B., m. Capt. William BENJAMIN, b. of Preston, May 29, 1848, by Rev. N. S. Hunt	4	145
Cynthia Billings, d. [Capt. Denison & Lavinna], b. Oct. 27, 1820	2	392
Cynthia Levina, d. Nathan D. & Nancy, b. May 10, 1833	3	176
Cyrus, s. [Walter & Patty], b. Jan. 19, 1795	2	265
Delia Ann, d. Nathan D., b. Apr. 10, 1831	3	176
Denison, s. George & Anna, b. Nov. 25, 1774	2	153
Denison, Capt., m. Lavinna HARVEY, b. of Preston, Apr. 19, 1809, by Rev. Lemuel Tyler	2	392
Denison, d. Feb. 4, 1829, ae 54 y. 2 m. 10 d.	2	392
Denison, s. [Nathan D. & Nancy], b. May 2, 1835	3	176
Edwin, s. [Walter & Patty], b. June 15, 1805	2	265
Edwin, m. Harriet N. MORGAN, b. of Preston, Mar. 17, 1834, by Rev. Augustus B. Collins	3	202
Edwin, d. Sept. 17, 1859, ae 15-1/2	8-C	13
Edwin Irving, s. [Edwin & Harriet N.], b. Oct. 16, 1843; d. Sept. 17, 1869. Entered July 5, 1881	3	202
Elias, s. Henry, Jr. & Polly, b. Jan. 23, 1810	2	319
Elisha Crary, s. [Henry, Jr. & Polly], b. Dec. 26, 1815	2	319
Elizabeth D., [d. Nathan D. & Nancy], b. Feb. 16, 1838; d. May 24,		

PALMER, PALMOR, (cont.)

	Vol.	Page
1845	3	176
Elizabeth Debble, d. [Nathan D. & Nancy], b. Dec. [ ] (Entry crossed out)	3	176
Eunice, d. [Samuel & Eunice], b. Mar. 28, 1805	2	315
Eunice, w. Samuel, d. Nov. 21, 1836, ae 66 y.	2	315
Eunice A., m. Milton B. WEEKS, b. of Preston, Sept. 31, 1821, by Rev. John Hyde	3	5
Eunice C., of Preston, m. James D. ROGERS, of Norwich, Dec. 25, 1844, by Rev. Augustus B. Collins	4	117
Eunice Geer, d. [Capt. Denison & Lavinna], b. Mar. 23, 1818	2	392
Frances, of Stonington, m. William GUIL[E], of Preston, Oct. 7, 1744	2	12
Frank, s. [Edwin & Harriet N.], b. Nov. 30, 1850. Entered July 5, 1881	3	202
Frank, s. Edwin, ae 45, farmer, & Harriet, ae 38, b. Nov. 30, [1850]	5	4
George D., of Griswold, m. Harriet BENJAMIN, of Preston, Mar. 13, 1842, by Rev. Nathan E. Shailer	4	73
George Denison, illeg. s. Eunice [WELLS, w. William], b. Jan. 29, 1804	2	158
George Ray, s. [Gershom & Betsey], b. Apr. 16, 1803	2	299
Gershom, of Voluntown, m. Betsey SMITH, of Montville, Nov. 27, 1794	2	299
Gershom, s. [Gershom & Betsey], b. Jan. 31, 1801	2	299
Grace, d. [Edwin & Harriet N.], b. Oct. 8, 1855. Entered July 5, 1881	3	202
Hannah, d. [Reuben & Lucretia], b. Dec. 25, 1781	2	183
Harriet, d. [Walter & Patty], b. Feb. 6, 1801	2	265
Harriet, of Preston, m. Col. Roswell ALLYN, of Groton, June 20, 1826, by Walter Palmer, J.P.	3	86
Harriet E., d. [Nathan D. & Nancy], b. Feb. 19, 1846	3	176
Harriet S., d. [Nathan D. & Nancy], b. Nov. 4, 1842; d. May 19, 1845	3	176
Henry, s. George & Anna, b. Nov. 9, 1776	2	153
Henry, tanner, single, d. Oct. 28, 1853, ae 77	8-C	2
Herbert Irving, s. Joseph & Sarah M., b. Sept. 29, 1849	4	162
Hollis Hyde, [s. Charles & Lucy Ann], b. Aug. 13, 1850	4	113
Jedidiah, Deac., d. July 25, 1798	2	265
Jedidiah, s. [Walter & Patty], b. Mar. 18, 1803	2	265
Jedidiah, [s. Walter & Patty], b. Aug. 18, 1805	2	265
Jemima, of Stonington, m. Jonathan PHILLIPS, of Preston, Jan. 21, 1779	2	164
Jesse, m. Abigail ANDRUS, b. of Norwich, Apr. 21, 1785	2	215
Jesse, d. Aug. 11, 1807	2	215
Jesse G. W., s. [Joseph A. & Mary], b. Apr. 20, 1824	2	351
John Benjamin, s. [Timothy & Betsey], b. Jan. 20, 1844	4	8
John L., d. Oct. 15, 1856, ae 1	8-C	8
Joseph, s. [Walter & Patty], b. Oct. 1, 1815	2	265
Joseph, of Preston, m. Sarah M. HASKELL, of N. Stonington, Dec. 31, 1848, by Rev. Cyrus Miner	4	162
Joseph A., of Preston, m. Mary PEABODY, of N. Stonington, May 20, 1819, by Jonathan Minor, Elder, of N. Stonington	2	351
Joseph A., farmer, m. Sally M. HASKELL, b. of Preston, Dec. 31,		

	Vol.	Page
PALMER, PALMOR, (cont.)		
1848, by Cyrus L. Miner	5	1
Joseph Andrus, s. [Jesse & Abigail], b. June 2, 1795	2	215
Joseph H., s. [Joseph A. & Mary], b. July 18, 1822	2	351
Justin, m. Susan STANTON, July 19, 1840, by Nathan Stanton, J.P.	4	42
Keturah, m. Jacob BURTON, b. of Preston, Nov. 27, 1788	2	242
Louis, of Stonington, m. John BENJAMIN, of Preston, May 11, 1775	2	85
Lovina, widow, d. Oct. 4, 1855, ae 74	8-C	6
Lucretia, d. Timothy & Betsey, b. Mar. 20, 1839	4	8
Lydia Ann, [d. Charles & Lucy Ann], b. Oct. 27, 1845	4	113
Maria F., d. [Nathan D. & Nancy], b. June 16, 1849	3	176
Maria Fowler, d. [Capt. Denison & Lavinna], b. Dec. 18, 1811	2	392
Martha, widow, d. Sept. 3, 1861, ae 86	8-C	17
Martha Amelia, [d. Charles & Lucy Ann], b. Nov. 17, 1848	4	113
Marvel, had illeg. s. Asa PARK[E], alias PALMER, b. Jan. 13, 1783	2	214
Marvel, of Preston, m. William Beard NICHOLSON, of Newport, R.I., Sept. 14, 1788	2	214
Mary, of Voluntown, m. Samuel STANTON, of Preston, Nov. 7, 1754	2	69
Mary, of Norwich, m. Isaiah COOK, of Preston, Mar. 21, 1765	2	111
Mary Ann, d. [Walter & Patty], b. Aug. 21, 1809	2	265
Mary Ann, of Preston, m. Luther PELLET, of Norwich, Sept. 17, 1833, by Rev. Augustus B. Collins	3	195
Mary Jane, d. [Edwin & Harriet N.], b. June 2, 1835	3	202
Mercy, of Stonington, m. William HERRICK, of Preston, May 15, 1746	2	25
Nab[b]y, d. [Jesse & Abigail], b. Oct. 14, 1789	2	215
Nancy, d. [Walter & Patty], b. Mar. 12, 1793	2	265
Nancy, unmarried, b. in Norwich, d. May 14, 1865, ae 72 y.	8-C	24
Naomy, of Stonington, m. Stephen RAY, of Voluntown, Apr. 15, 1779, by Eleazer Brown, Elder	2	161
Nathan D., b. Feb. 25, 1810	3	176
Nathan D., m. Nancy SWAN, Oct. 7, 1830, by Rev. Augustus B. Collins	3	176
Nathan Denison, s. [Capt. Denison & Lavinna], b. Feb. 25, 1810	2	392
Olive, d. [Walter & Patty], b. Dec. 10, 1798	2	265
Patty, d. [Walter & Patty, b. Oct. 25, 1813	2	265
Patty, d. [Henry, Jr. & Polly], b. Apr. 15, 1814	2	319
Patty, d. Aug. [ ], 1832	2	265
Polly, d. [Henry, Jr. & Polly], b. Sept. 1, 1811	2	319
Reuben, of Stonington, m. Lucretia TYLER, of Preston, Nov. 16, 1780	2	183
Robert, s. [Henry, Jr. & Polly], b. Dec. 13, 1812	2	319
Robert M., farmer, married, d. Jan. 19, 1867, ae 89	8-C	27
Roxanna, d. Mar. 12, 1848, ae 1	5	12
Ruth A., of Preston, m. Henry B. RUDE, tanner, of Preston, Feb. 20, 1850, by Nathan S. Hunt	5	1
Ruth Ann, d. [Capt. Denison & Lavinna], b. Jan. 30, 1816	2	392
Ruth Ann, m. Henry B. RUDE, b. of Preston, Feb. 30 [sic], 1850, by Rev. N. S. Hunt	4	186
Samuel, m. Eunice BRAMAN, b. of Preston, Dec. 29, 1799	2	315

BARBOUR COLLECTION

	Vol.	Page
PALMER, PALMOR, (cont.)		
Sarah, m. Amos **KINNI,** Nov. 15, 1732	1	75
Thomas, s. [Samuel & Eunice], b. Feb. 10, 1803	2	315
Thomas, s. [Samuel & Eunice, d. Apr. 28, 1845	2	315
Timothy, m. Betsey **HASKELL,** b. of Preston, Oct. 15, 1837, by Henry Haskell, J.P.	4	8
Timothy, farmer, d. Aug. 19, 1849	5	13
Walter, m. Patty **PENDLETON,** of Preston, Mar. 25, 1792	2	265
Walter, s. [Walter & Patty], b. Sept. 12, 1811	2	265
Walter, d. Mar. 17, 1833	2	265
William A., s. W[illia]m, carpenter, & Amanda, b. Mar. 13, 1848	5	7
William B., m. Amanda M. **GALLUP,** b. of Preston, July 1, 1844, by Rev. Augustus B. Collins	4	107
William Harrison, s. [Edwin & Harriet N.], b. Nov. 2, 1840; d. Jan. 15, 1841	3	202
William P., m. Fanny **CRARY,** b. of Preston, Dec. 14, 1820, by Rev. John Hyde	3	22
William Pendleton, s. [Walter & Patty], b. Oct. 23, 1796	2	265
-----, child of Joseph, farmer, & Sarah M., b. [ ], 1850	5	3
PALMETER, Ephraim, m. Mary **BAKER,** b. of Preston, Apr. 9, 1807	2	306
PARCLOW, Isaac, married, farmer, d. Oct. 10, 1855, ae 21	8-C	6
PARKE, PARK, A[a]ron, s. [James & Deborah], b. Nov. 4, 1711	1	86
Aaron, s. James, d. Apr. 4, 1733	1	86
Aaron, s. [Robert & Mary], b. Nov. 2, 1748	2	18
Abby Burrows, d. [Hezekiah & Phebe], b. Oct. 10, 1784	2	342
Abby Prentice, d. [Nathan & Margaret], b. Feb. 15, 1808	2	265
Abeg[a]ill, d. Thomas & Haner], b. Aug. 25, 1705	1	71
Abiga[i]ll, [d. Samuell & Abegall], b. July 6, 1712	1	59
Abijah, s. [Eliezer & Eliphel (?)], b. May 24, 1734	1	51
Abijah, m. Elizabeth **MORSS,** b. of Preston, Dec. 17, 1761	2	99
Abijah, s. [Abijah & Elizabeth], b. Nov. 16, 1762	2	99
Abijah, Jr., of Preston, m. Jemima **SLADE,** of Groton, Apr. 17, 1788	2	223
Abijah, s. [Abijah, Jr. & Jemima], b. Apr. 27, 1794	2	223
Abijah, Jr., m. Mary **TRACY,** b. of Preston, Feb. 18, 1801	2	223
Adam, [s. Samuell & Abegall], b. July 31, 1714	1	59
Adam, m. Lydia **TRACY,** May 18, 1732	1	110
Albert F., [s. Benjamin F.], b. Dec. 11, 1814	2	194
Allife, d. [Daniel & Esther], b. Nov. 23, 1741	1	127
Ame, d. [Benajah & Lydia], b. Oct. 28, 1745	1	125
Amos, s. [Hezekiah & Margere], b. Sept. 3, 1735; d. Mar. 21, 1736	1	90
Amos, s. [Josiah & Sarah], b. Jan. 19, 1739/40	1	110
Amos, s. [Silas & Sarah], b. Sept. 19, 1749	2	29
Amy, see under Ame		
Andrew, s. [John & Jerusha], b. Sept. 25, 1727; d. Jan. 17, 1727/8	1	41
Annen, d. Isaac, b. Feb. 11, 1729/30 [probably 1739/40]	1	113
Appleton Rosseter, s. [Shubael & Abigail], b. Apr. 8, 1808	2	276
Assas, s. [Eliezer & Eliphel (?)], b. Feb. 4, 1732	1	51
Asa, m. Rachal **PARKE,** b. of Preston, Nov. 28, 1753	2	61
Asa, alias Asa **PALMER,** illeg. s. Marvel **PALMER,** b. Jan. 13, 1783	2	214
Asa, s. [Hezekiah & Phebe], b. June 23, 1789	2	342
Asa, of Preston, m. Martha Billing[s] **AVERY,** of Groton, Mar. 22, 1813	2	343

PRESTON VITAL RECORDS 177

	Vol.	Page
PARKE, PARK, (cont.)		
Asahel Tracy, s. [Abijah, Jr. & Jemima], b. Mar. 31, 1801	2	223
Asahel Tracy, s. [Abijah, Jr. & Mary], b. Mar. 11, 1802	2	223
Avery, s. [Roswell & Eunice], b. Dec. 23, 1781	2	178
Benajah, [s. Thomas & Haner], b. July 8, 1718	1	71
Benajah, of Preston, m. Lydia **PARRISH,** of Windham, May 20, 1741	1	125
Benajah, s. [Benajah & Lydia], b. Jan. 9, 1748/9	1	125
Benjamin, s. [Josiah & Sarah], b. Sept. 3, 1732	1	110
Benjamin F., farmer, widower, d. Oct. 8, 1863, ae 81 y.	8-C	20
Benjamin Franklin, s. [Elisha & Hannah], b. Jan. 11, 1782	2	178
Content, d. Robert & Deborah, b. Feb. 4, 1760	2	34
Cynthia, d. [Abijah, Jr. & Jemima], b. Nov. 29, 1790	2	223
Daniel, m. Esther **AUERILL,** Apr. 13, 1732	1	127
Daniel, Jr., s. [Daniel & Esther], b. Mar. 4, 1744/5	1	127
Daniel, s. [Ruben & Zerviah], b. May 14, 1786	2	202
Deborah, d. [William & Hannah], b. Aug. 5, 1696	1	14
Deborah, d. James, b. Aug. 10, 1716	1	86
Deborah, m. Isaac **PARKE,** Mar. 27, 1735	1	113
Deborah, w. James, d. Dec. 10, 1736	1	86
Deborah, m. Joseph **RUDE,** b. of Preston, Nov. 13, 1742	1	32
Deborah, d. [Zebulon & Anne], b. Feb. 5, 1752	2	114
Deborah, d. [Robert & Mary], b. Aug. 27, 1761	2	18
Dorothy, d. [Thomas & Haner], b. July 22, 1715	1	71
Dorothy, m. Thomas **WOODWARD,** May 18, 1725	1	106
Dorothy, d. [Moses & Sarah], b. Sept. 26, 1753	2	52
Ebenezer, s. [Eliezer & Eliphel (?)], b. Apr. 23, 1721	1	51
Ebenezer, s. [Daniel & Esther], b. Sept. 10, 1738	1	127
Edwin A., [s. Benjamin F.], b. Jan. 27, 1817	2	194
Edwin Albert, s. [Asa & Martha Billing[s]], b. Dec. 28, 1813	2	343
Eliezer, m. Eliphel (?) **BUTTON,** Feb. 4, 1716/7	1	51
Eleazer, s. [Peter & Abigail], b. Mar. 27, 1755	2	55
Eliezer, d. Nov. 14, 1769	1	51
Elihu, s. [John & Jerusha], b. July 5, 1732; d. Feb. 16, 1733	1	41
Elijah, s. [Hezekiah & Margere], b. Sept. 4, 1718; d. Feb. 10, 1734/5	1	90
Elijah, s. [Eliezer & Eliphel (?)], b. Jan. 23, 1735/6	1	51
Elijah, s. [Paul & Sarah], b. May 29, 1740; d. Oct. 14, 1742	1	123
Elijah, s. [Silas & Sarah], b. Nov. 10, 1755	2	29
Elijah, of Preston, m. Lucy **STARKWEATHER,** of Stonington, Apr. 2, 1778	2	178
Eliphel (?), w. Eleazer, d. Nov. 3, 1781, ae 88 y.	2	22
Elisha, s. [Paul & Sarah], b. Oct. 2, 1746	1	123
Elisha, m. Marg[a]ret **AVERY,** b. of Preston, Mar. 19, 1767	2	124
Elisha, of Preston, m. Hannah **BELTON,** of Groton, Dec. 1, 1771	2	178
Elizabeth, d. [Eliezer & Eliphel (?)], b. Aug. 15, 1719	1	51
Elizabeth, d. [Zebulon & Anne], b. Nov. 2, 1762	2	114
Elizabeth, d. [Abijah & Elizabeth], b. Sept. 19, 1764	2	99
Elizabeth, m. Ritchard **FANNING,** b. of Preston, Oct. 26, 1797	2	258
Elizabeth, d. [Abijah, Jr. & Mary], b. Sept. 12, 1803	2	223
Emeline, [d. Benjamin F.], b. Oct. 16, 1812	2	194
Emeline, seamstress, unmarried, d. June 22, 1862, ae 49	8-C	18
Ephraim, s. [Daniel & Esther], b. Oct. 31, 1734; d. Mar. 26, 1737	1	127
Ephraim, s. [Paul & Sarah], b. Feb. 6, 1745	1	123

PARKE, PARK, (cont.)

	Vol.	Page
Ephraim, s. [Paul & Sarah], d. Oct. 14, 1762	1	123
Ephraim, s. [Elisha & Marg[a]ret], b. Jan. 14, 1770	2	124
Erasmus Darwin, s. [Shubael & Abigail], b. Apr. 16, 1815	2	276
Esther, d. [Silas & Sarah], b. Aug. 23, 1753	2	29
Esther, m. Jeremiah HALSEY, b. of Preston, Jan. 1, 1769	2	61
Esther, d. [Ruben & Zerviah], b. June 4, 1791	2	202
[E]unes, d. [Eliezer & Eliphel (?)], b. Feb. 19, 1727/8	1	51
Eunice, m. Ebenezer AVERY, b. of Preston, Nov. 9, 1758	2	72
Eunice, d. [Abijah & Elizabeth], b. Sept. 21, 1767	2	99
Eunice, m. Samuel JOHNSON, b. of Preston, Oct. 25, 1781	2	172
Eunice, w. Roswell, d. Apr. 5, 1786, ae 23 y.	2	178
Ezekiell, m. Marcy SAFFORD, Sept. 20, 1716	1	44
Hannah, d. [William & Hannah], b. Sept. 10, 1685	1	14
Hannah, w. William, d. Mar. 28, 1705	1	14
Hannah, 2d w. of William, d. Jan. 1, 1712	1	14
Hannah, d. Thomas & Hannah, b. June 22, 1721	1	71
Hannah, d. [Daniel & Esther], b. Sept. 18, 1736	1	127
Hannah, d. [Benajah & Lydia], b. Feb. 14, 1743/4	1	125
Hannah, m. Samuel STANDISH, b. of Preston, Jan. 15, 1745	1	74
Hannah, d. Robert, b. July 14, 1746	2	18
Hannah, married, d. Jan. 17, 1855, ae 62	8-C	5
Hannah C., [d. Benjamin F.], b. May 27, 1822	2	194
Henry Russ, s. [Hezekiah & Phebe], b. Feb. 21, 1791	2	342
Hezekiah, m. Margere DIKE, Nov. 14, 1716	1	90
Hezekiah, s. [Hezekiah & Margere], b. Nov. 13, 1723; d. May 2, 1733	1	90
Hezekiah, s. [Paul & Sarah], b. Oct. 23, 1750	1	123
Hezekiah, b. Oct. 23, 1750; m. Phebe AVERY, Jan. 5, 1775	2	342
Hezekiah, d. Feb. 10, 1752	1	90
Hezekiah, m. Phebe AVERY, b. of Preston, Jan. 5, 1775	2	155
Hezekiah Ripley, s. [Hezekiah & Phebe], b. May 24, 1794	2	342
Isaac, m. Deborah PARKE, Mar. 27, 1735	1	113
Isaac, s. Isaac & Deborah, b. Jan. 21, 1739/40	1	124
Isaac, d. Dec. 15, 1740/41	1	124
Jabis, s. [John & Jerusha], b. July 18, 1725	1	41
James, m. Deborah GEARS, Mar. 27, 1710/9	1	86
James, twin with Oliver, s. Nathan & Mary, b. Sept. 7, 1755	2	33
James, s. [Abijah, Jr. & Jemima], b. Apr. 17, 1799	2	223
Jemima, m. Jacob RUDE, Feb. 23, 1714/15	1	64
Jerusha, d. [John & Jerusha], b. Jan. 12, 1738/9	1	41
Jerusha, d. [Benajah & Lydia], b. Dec. 24, 1741	1	125
Jerusha, m. David KINNE, b. of Preston, Aug. 21, 1771	2	190
Jesse, s. [Peter & Abigail], b. Aug. 14, 1752	2	55
Joanna, m. Dauid RUDE, Feb. 20, 1710/11	1	64
John, s. [William & Hannah], b. Apr. 5, 1701	1	14
John, m. Jerusha STARKWEATHER, Mar. 27, 1723	1	41
John, s. [John & Jerusha], b. Jan. 11, 1736/7; d. June 10, 1737	1	41
John D., [s. Benjamin F.], b. Apr. 26, 1819	2	194
John Gore, s. [Hezekiah & Phebe], b. Apr. 29, 1787	2	342
John Slead, s. [Abijah, Jr. & Jemima], b. Jan. 28, 1797	2	223
Jonah, s. [Benajah & Lydia], b. Apr. 3, 1756	1	125
Jonas, s. [Zebulon & Anne], b. Oct. 14, 1757	2	114

PRESTON VITAL RECORDS

	Vol.	Page
PARKE, PARK, (cont.)		
Jonas, m. Mary **HERRICK**, b. of Preston, Mar. 5, 1783	2	189
Jonas Belton, s. [Nathan & Margaret], b. Aug. 20, 1802	2	265
Jonathan, s. [Paul & Sarah], b. Apr. 7, 1752	1	123
Jonathan, m. Anna **WITTER**, b. of Preston, Mar. 21, 1773	2	154
Jonathan, d. Sept. 13, 1776	2	154
Jonathan Chester, [s. Hezekiah & Phebe], b. Sept. 21, 1799	2	342
Jonathan Stanton, s. [Shubael & Abigail], b. June 12, 1803	2	276
Joseph, m. [ ], Feb. [ ], 1709/10	1	50
Joseph, s. Joseph, b. Sept. 23, 1712	1	50
Joseph, m. Rachell **PARRICH**, Oct. 28, 1719	1	17
Joseph, s. [Daniel & Esther], b. Feb. 25, 1732/3	1	127
Joseph, s. [Josiah & Sarah], b. Jan. 17, 1734	1	110
Joseph, m. Sarah **KILLAM**, b. of Preston, Nov. 29, 1761	2	104
Joseph B., m. Hannah **STARKWEATHER**, b. of Preston, Nov. 24, 1803	2	295
Joseph Belton, s. [Elisha & Hannah], b. Dec. 23, 1778	2	178
Joseph Belton, s. [Joseph B. & Hannah], b. Jan. 28, 1805	2	295
Joshua, s. [William & Hannah], b. Jan. 11, 1691/90	1	14
Joshua, s. [John & Jerusha], b. May 5, 1734	1	41
Josiah, [s. Thomas & Haner], b. May 18, 1709	1	71
Josiah, m. Sarah **BENJAMIN**, b. of Preston, Nov. 5, 1731	1	110
Josiah, s. [Josiah & Sarah], b. Aug. 15, 1744	1	110
Judeth, [d. William & Hannah], b. Nov. 28, 1693	1	14
Julia E., m. Sidney B. **POTTER**, b. of Preston, Sept. 10, 1848, by Rev. H. Floy Roberts	4	154
Keziah, m. Jonathan **DAUISON**, Nov. 3, 1720	1	55
Levy, s. [Benajah & Lydia], b. July 3, 1760	1	125
Lucindah, d. [Roswell & Eunice], b. Feb. 3, 1784	2	178
Lucy, m. Samuel **KILLAM**, Jr., b. of Preston, July 9, 1741	1	120
Lucy, d. [Zebulon & Anne], b. Apr. 13, 1749	2	114
Lucy, m. Elijah **WITTER**, b. of Preston, Nov. 18, 1756	2	85
Lucy, d. Elisha & Marg[a]ret, b. Feb. 18, 1768	2	124
Lucy, d. [Paul & Mary], b. Mar. 19, 1774	2	142
Lucy, d. [Nathan & Margaret], b. Sept. 16, 1800	2	265
Lydia, d. [Adam & Lydia], b. Feb. 4, 1734/5;d. Mar. 31, 1742	1	110
Lydia, d. [Benajah & Lydia], b. Dec. 3, 1752	1	125
Mabel, see under Maybell		
Marcy, m. Jedidiah **TRACY**, Apr. 15, 1728	1	23
Marg[a]ret, w. Elisha, d. Jan. 22, 1770	2	124
Margaret, d. [Elisha & Hannah], b. May 10, 1777	2	178
Margaret, m. Nathan **PARK[E]**, b. of Preston, Dec. 12, 1799	2	265
Margery, d. [Paul & Sarah], b. Dec. 20, 1742	1	123
Martha, d. [William & Hannah], b. Apr. 1, 1699	1	14
Mary, [d. Thomas & Haner], b. June 24, 1711	1	71
Mary, [d. Eleazer ?), d. Jan. 23, 1711/12	1	69
Mary, [d. Joseph], b. Feb. 24, 1715	1	50
Mary, [d. Samuell & Abegall], b. Feb. 20, 1717/6	1	59
Mary, 3d w. of William, d. Oct. 15, 1726	1	14
Mary, m. Jacob **KIMBALL**, Feb. 24, 1730	1	77
Mary, d. [Adam & Lydia], b. Aug. 20, 1737	1	110
Mary, d. [Eliezer & Eliphel (?)], b. Nov. 13, 1737	1	51
Mary, d. [Daniel & Esther], b. Dec. 25, 1739; d. Sept. 9, 174[ ]	1	127

PARKE, PARK, (cont.)

	Vol.	Page
Mary, m. John AVERY, Jr., b. of Preston, Jan. 22, 1752	2	4
Mary, d. [Peter & Abigail], b. Feb. 9, 1762	2	55
Mary, m. Oliver SISSON, b. of Preston, June 17, 1762	2	18
Mary, reputed d. Aaron PARKE, begotten of Margaret BENJAMIN, b. Feb. 23, 1770	2	16
Mary R., [d. Benjamin F.], b. Dec. 2, 1826	2	194
Maybell, d. [Isaac & Deborah], b. Nov. 20, 1737	1	113
Molle Brewer, d. [Paul & Sarah], b. July 23, 1757	1	123
Molly Braer, d. [Jonathan & Anna], b. Feb. 26, 1776	2	154
Moses, s. [Hezekiah & Margere], b. Apr. 28, 1733	1	90
Moses, m. Sarah BREWSTER, b. of Preston, Nov. 9, 1752	2	52
Moses, s. [Zebulon & Anne], b. Apr. 22, 1755	2	114
Moses, s. [Silas & Sarah], b. Aug. 1, 1766	2	29
Moses, of Preston, m. Mary CLARK, of Norwich, Mar. 19, 1778	2	162
Nabby, d. [Ruben & Zerviah], b. Apr. 9, 1801	2	202
Nathan, s. [Adam & Lydia], b. Sept. 3, 1739	1	110
Nathan, m. Mary WALTON, b. of Preston, Oct. 15, 1747	2	33
Nathan, s. [Robert & Mary], b. May 6, 1758	2	18
Nathan, s. [Abijah & Elizabeth], b. Jan. 5, 1772	2	99
Nathan, m. Margaret PARK[E], b. of Preston, Dec. 12, 1799	2	265
Nehemiah, [s. Samuell & Abegall], b. May 23, 1719	1	59
Nehemiah, of Preston, m. Mary BUTTON, of Voluntown, Dec. 26, 1751	2	54
Nehemiah, s. [Nehemiah & Mary], b. Oct. 18, 1752	2	54
Niles, s. [Elisha & Hannah], b. Mar. 5, 1773	2	178
Oliver, twin with James, s. Nathan & Mary, b. Sept. 7, 1755	2	33
Paul, s. [Hezekiah & Margere], b. Sept. 4, 1718	1	90
Paul, m. Sarah SMITH, b. of Preston, Dec. 21, 1738	1	123
Paul, s. [Paul & Sarah], b. July 23, 1754; d. Aug. 12, 1769	1	123
Paul, of Preston, m. Mary RUST, of Ipswich, Nov. 26, 1772	2	142
Paul, s. [Hezekiah & Phebe], b. Aug. 15, 1777	2	342
Paul Sherman, s. [Shubael & Abigail], b. Oct. 10, 1805	2	276
Paul W. W., [s. Benjamin F.], b. May 31, 1837	2	194
Peter, s. [Eliezer & Eliphel (?)], b. Nov. 27, 1725	1	51
Peter, m. Abigail COOK, b. of Preston, Jan. 8, 1751	2	55
Phebe, of Stonington, m. Jephthah KILLAM, of Preston, Oct. 24, 1754	2	73
Phebe, d. [Hezekiah & Phebe], b. Oct. 10, 1796	2	342
Polly Brown, d. [Shubael & Abigail], b. Feb. 7, 1811	2	276
Polly Starkweather, d. [Elijah & Lucy], b. Oct. 30, 1780	2	178
Prentice Avery, [s. Hezekiah & Phebe], b. Jan. 23, 1776	2	342
Prudence, [d. Thomas & Haner], b. Oct. 14, 1706	1	71
Prudence, m. Isaac KIMBAL[L], May 13, 1729	1	91
Rachell, d. [James & Deborah], b. Nov. 14, 1714	1	86
Rachal, m. Joseph ELLIS, Nov. 17, 1731	1	105
Rachel, d. [Adam & Lydia], b. Dec. 24, 1733	1	110
Rachel, d. [Nathan & Mary], b. Mar. 27, 1748	2	33
Rachal, m. Asa PARKE, b. of Preston, Nov. 28, 1753	2	61
Rachal, w. Asa, d. Jan. 28, 1816	2	61
Ralph H., [s. Benjamin F.], b. Aug. 19, 1832	2	194
R[e]ubin, s. [Eliezer & Eliphel (?)], b. Feb. 27, 1724/3	1	51
R[e]uben, s. [Robert & Mary], b. Aug. 13, 1755	2	18

PRESTON VITAL RECORDS 181

	Vol.	Page
PARKE, PARK, (cont.)		
R[e]uben, m. Zerviah **HERRINGTON**, b. of Preston, June 22, 1785	2	202
Richard, [s. Samuell & Abegall], b. June 3, 1710	1	59
Richard, of Preston, m. Sarah **KIMBAL[L]**, of Preston, Nov. 3, 1736	1	105
Richard, s. [Adam & Lydia], b. Apr. 17, 1747	1	110
Robert, m. Mary **KILLAM**, b. of Preston, Jan. 2, 1744/5	2	18
Roger, s. [Robert & Mary], b. Aug. 29, 1752	2	18
Roswell, m. Eunice **STARKWEATHER**, b. of Preston, Mar. 8, 1781	2	178
Roswell, s. [Roswell & Eunice], b. Jan. 2, 1786	2	178
Roswell, d. Nov. 13, 1847, ae 89	5	11
Rufus, s. [Zebulon & Anne], b. Mar. 15, 1761	2	114
Russel[l], s. [Hezekiah & Phebe], b. June 16, 1779	2	342
Sabrah, d. [Silas & Sarah], b. Jan. 17, 1763	2	29
Sabra, m. Consider **STERRY**, b. of Preston, Oct. 15, 1780	2	170
Sally, m. Nathan **STANDISH**, Jr., Sept. 15, 1802	2	384
Sally, m. Nathan **STANDISH**, Jr., b. of Preston, Sept. 15, 1802	2	390
Samuell, m. Abegall **AYERS**, May 8, 1709	1	59
Saras, d. [Joseph], b. Nov. 3, 1710	1	50
Sarah, d. [Eliezer & Eliphel (?), b. Jan. 18, 1718/7	1	51
Sarah, d. [Daniel & Esther], b. June 27, 1743	1	127
Sarah, d. [Paul & Sarah], b. Dec. 13, 1748	1	123
Sarah, d. [Abijah & Elizabeth], b. May 23, 1769	2	99
Sarah, w. Paul, d. Jan. 23, 1772	1	123
Sarah, m. Benjamin **MORGAN**, Jr., b. of Preston, Nov. 5, 1772	2	156
Sarah, w. Silas, d. Oct. 2, 1778	2	33
Sarah, d. [Silas & Deborah], b. Jan. 1, 1780	2	33
Sarah, of Preston, m. Abel **SPICER**, of Groton, Nov. 13, 1788	2	283
Shubael, s. [Silas & Sarah], b. Sept. 10, 1758; d. Jan. 18, 1769, ae 11 y.	2	29
Shubael, s. [Jonathan & Anna], b. Jan. 8, 1774	2	154
Shubael, m. Abigail **ROSSETER**, b. of Preston, Jan. 22, 1801	2	276
Shubael W., of Salem, Ct., m. Maria **PENDLETON**, of Preston, Apr. 23, 1826, by Rev. Ashbell Steele, of Poquetonuck	3	82
Shubael Wolcott, s. [Shubael & Abigail], b. Oct. 21, 1801	2	276
Silae, d. [Moses & Sarah], b. July 12, 1755	2	52
Silas, s. [Hezekiah & Margere], b. Mar. 10, 1726	1	90
Silas, of Preston, m. Sarah **AYER**, of Seabrooke, Apr. 10, 1746	2	29
Silas, s. [Silas & Sarah], b. Nov. 9, 1760	2	29
Silas, of Preston, m. Deborah **BREWSTER**, of Norwich, Apr. 8, 1779	2	33
Silas, m. Sabra **BREWSTER**, b. of Preston, Dec. 31, 1820, by Benj[amin] Harris, J.P.	3	14
Silas Warren, s. [Elijah & Lucy], b. Dec. 21, 1778	2	178
Simeon, s. [Eliezer & Eliphel (?)], b. Mar. 21, 1730	1	51
Solomon, s. [Ezekiell & Marcy], b. June 16, 1719	1	44
Solomon, s. [Zebulon & Anne], b. Feb. 17, 1747	2	114
Susanna, d. [Josiah & Sarah], b. Apr. 11, 1742	1	110
Sybel, d. [Josiah & Sarah], b. Feb. 26, 1736	1	110
Thomas, m. Haner **WITTER**, Nov. 5, 1703	1	71
Thomas, [s. Thomas & Haner], b. July 26, 1714	1	71
Thomas, s. [Josiah & Sarah], b. Dec. 8, 1745	1	110

PARKE, PARK, (cont.)

	Vol.	Page
Timothy, s. [John & Jerusha], b. Nov. 21, 1729	1	41
William, m. Hannah FRINK, Dec. 3, 1684	1	14
William, s. [William & Hannah], b. Dec. 8, 1687	1	14
William, m. Hannah PLIMTON (his 2d wife) Oct. 3, 1707	1	14
William, Jr., d. [ ], 1710	1	14
William, m. [Mary], his 3d w., July 11, 1716	1	14
William, s. [John & Jerusha], b. Jan. 17, 1724/3	1	41
William, s. [Benajah & Lydia], b. Aug. 14, 1750	1	125
William More, s. [Hezekiah & Phebe], b. Aug. 18, 1782	2	342
William Witter, s. [Shubael & Abigail], b. Apr. 13, 1813; d. June 28, 1814	2	276
Zebulun, s. Ezekiell & Marcy, b. Mar. 10, 1718	1	44
Zebulon, m. Anne KILLAM, b. of Preston, Mar. 27, 1745	2	114
Zeruiah, d. [Nathan & Mary], b. Jan. 22, 1749/50	2	33
Zipporah, d. Silas & Sarah, b. Aug. 26, 1747; d. Feb. 10, 1761	2	29
PARKER, Esther, m. Asa FRINK, Oct. 17, 1776	2	153
Lucy E., d. Nelson G., farmer, ae 33, & Lucy M., ae 34, b. Apr. 27, 1848	5	3
Nelson G., m. Lucy Ann Maria BENJAMIN, b. of Preston, Mar. 27, 1836, by Robert S. Avery, J.P.	3	326
PARKMAN, Elias, m. Allethena BELCHER, b. of Preston, Nov. 24, 1785	2	206
Samuel Breck, s. [Elias & Allethena], b. May 11, 1787	2	206
PARRISH, PARISH, PARRICH, Abigall, [d. John], b. Mar. 25, 1708	1	44
Abiga[i]ll, d. [Beniamin & Mary], b. July 31, 1725	1	52
Amanda Tracy, d. [Roswell, Jr. & Amanda], b. June 3, 1804	2	301
Azariah, d. [Beniamin & Mary], b. July 5, 1713; d. Apr. 10, 1740	1	52
Beniamin, m. Mary TRACY, Apr. 18, 1705	1	52
Beniamin, s. [Beniamin & Mary], b. May 10, 1706	1	52
Charles Tracy, s. [Roswell, Jr. & Amanda], b. Jan. 7, 1802	2	301
Cyprian, s. [John & Hannah], b. Sept. 8, 1751	2	40
Daniell, s. [Beniamin & Mary], b. June 28, 1720	1	52
Deborah, d. [Beniamin & Mary], b. June 7, 1718	1	52
Dorithey, [d. John], b. June 7, 1710	1	44
Elizabeth, m. Frances TRACY, Jan. 6, 1714/13	1	38
George Dinworth, s. [Roswell, Jr. & Amanda], b. June 25, 1806	2	301
Hannah, d. [Beniamin & Mary], b. Apr. 16, 1711	1	52
Isaac, s. [Zebulon & Hannah], b. Sept. 23, 1749	2	31
Jacob, s. [Zebulon & Hannah], b. Jan. 30, 1752	2	31
Jerusha, d. [Beniamin & Mary], b. June 30, 1722	1	52
John, of Preston, m. Hannah HERRINGTON, of Windham, Oct. 18, 1750	2	40
Joseph, s. [Beniamin & Mary], b. Jan. 18, 1708	1	52
Julian, d. [Roswell, Jr. & Amanda], b. Apr. 9, 1808	2	301
Lidia, m. Christopher TRACY, May 20, 1705	1	53
Lydia, of Windham, m. Benajah PARKE, of Preston, May 20, 1741	1	125
Mary, d. John, b. Oct. 8, 1704	1	44
Mary, d. [Beniamin & Mary], b. Aug. 10, 1709	1	52
Mary, m. Jonathan BREWSTER, Nov. 9, 1726	1	58
Mary, wid., m. Josiah WITTER, b. of Preston, Apr. 24, 1763	2	73
Phebe, d. [John & Hannah], b. June 17, 1753	2	40
Polly, d. [Rozel], b. Aug. 17, 1782	2	144

PRESTON VITAL RECORDS 183

	Vol.	Page
PARRISH, PARISH, PARRICH, (cont.)		
Rachell, m. Joseph **PARKE**, Oct. 28, 1719	1	17
Rozel, s. Rozel & Anna, b. Dec. 13, 1779	2	163
Rozel, s. Rozel, b. Dec. 18, 1779	2	144
Roswell, Jr., m. Amanda **TRACY**, b. of Preston, Jan. 21, 1801	2	301
Roswell, of Preston, m. Eunice **SEARS**, of N. Stonington, Apr. 10, 1814, by Thomas Prentice, J.P.	4	223
Sara[h], m. Dauid **TRACY**, Oct. 6, 1709	1	60
Tamson, d. [Beniamin & Mary], b. Aug. 20, 1715	1	52
Zebulon, m. Hannah **KIMBAL[L]**, b. of Preston, Sept. 15, 1748	2	31
PARTRIDGE, PATRIDGE, PARTREDG, Abel, s. [John & Susanna], b. Oct. 13, 1741	1	117
Abel, m. Eunice **STORY**, b. of Preston, Apr. 9, 1767	2	66
Abner, s. [Perez & Judeth], b. Mar. 17, 1745	2	23
Amos, s. [Perez & Judeth], b. May 10, 1747	2	23
Ame, m. Samuel **TRACY**, Jr., b. of Preston, May 15, 1755	2	83
Amy, d. [Abel & Eunice], b. Mar. 1, 1768	2	66
Anna, d. Samuel & Deborah, b. Apr. 11, 1730	1	70
Asa, s. [Thomas & Sarah], b. June 9, 1740	1	111
Asa, m. Eliphel **GEER**, b. of Preston, Feb. 25, 1762	2	114
Asa, s. [Asa & Eliphel], b. July 20, 1764	2	114
Asa, Jr., m. Anna **WOODWARD**, b. of Preston, Jan. 30, 1780	2	159
Asa, s. [Elijah & Prudence], b. May 31, 1790	2	232
Asenath, d. [Asa & Eliphel], b. Sept. 17, 1783	2	114
Augustus, s. [James & Ama], b. Apr. 8, 1789	2	121
Betsey, d. [Elijah & Prudence], b. Feb. 5, 1792	2	232
Bishop Tyler, s. [Elijah & Prudence], b. June 26, 1796	2	232
Celia, d. [Asa & Eliphel], b. Dec. 18, 1780	2	114
Celia, d. [Elijah & Prudence], b. July 26, 1798	2	232
Celia, m. Samuel **FREEMAN**, Jr., b. of Preston, Apr. 9, 1800	2	272
Cyrus, s. [Ruben & Elizabeth], b. Oct. 28, 1781	2	183
Deborah, [d. Samuel & Deborah], b. Apr. 28, 1717	1	70
Deborah, m. Isa[a]c **GATES**, Aug. 21, 1733	1	100
Deborah, w. Samuel, d. Jan. 3, 1770	1	70
Deborah, d. [Ruben & Elizabeth], b. July 31, 1770	2	183
Dorothy, d. [Thomas & Sarah], b. May 9, 1746	1	111
Dorothy, m. Vine **BRANCH**, b. of Preston, Nov. 27, 1763	2	118
Elias, s. [Samuel, Jr. & Ruth], b. July 1, 1758	2	51
Elijah, s. [Thomas & Sarah], b. Feb. 25, 1749/50	1	111
Elijah, [s. Thomas & Sarah], d. Nov. 1, 1754	1	111
Elijah, s. [Asa & Eliphel], b. Jan. 31, 1763	2	114
Elijah, of Preston, m. Prudence **BROWN**, of Groton, Apr. 7, 1785	2	232
Elijah, s. [Elijah & Prudence], b. July 24, 1786	2	232
Elisha, s. [Samuel, Jr. & Ruth], b. Oct. 20, 1744	2	51
Elisha, s. [Ruben & Elizabeth], b. June 12, 1772	2	183
Elisha, s. [Elijah & Prudence], b. May 7, 1788	2	232
Elizabeth, d. [Ruben & Elizabeth], b. Sept. 5, 1774	2	183
Ephraim, s. [Samuel, Jr. & Ruth], b. Sept. 2, 1753	2	51
Ezra, s. [Thomas & Sarah], b. Mar. 17, 1752; d. Oct. 30, 1754	1	111
Ezra Payson, s. [James & Rebecca], b. Mar. 9, 1775	2	121
Frederick, s. [James & Ama], b. Feb. 4, 1786	2	121
George, s. [Asa & Eliphel], b. Jan. 22, 1776	2	114
Hannah, d. Sam[ue]ll & Debora[h], b. Mar. 10, 1711/12	1	70

	Vol.	Page
PARTRIDGE, PATRIDGE, PARTREDG, (cont.)		
Hannah, d. [Perez & Judeth], b. Mar. 5, 1743	2	23
Hart, s. [Asa & Eliphel], b. Apr. 12, 1772	2	114
Harvey, s. [Asa & Eliphel], b. May 4, 1774	2	114
Isaac, s. [Samuel, Jr. & Ruth], b. Aug. 21, 1761	2	51
James, s. [Thomas & Sarah], b. Mar. 19, 1748	1	111
James, m. Rebecca **BROWN**, b. of Preston, Nov. 17, 1768	2	121
James, m. Ama **HERRICK**, Feb. 8, 1776	2	121
John, [s. Samuel & Deborah], b. Jan. 28, 1716/17	1	70
John, of Preston, m. Susanna **WILCOCKS**, May 11, 1738	1	117
John, s. [John & Susanna], b. May 26, 1739	1	117
Lucinda, m. John **WATSON**, Jan. 21, 1849, by Cyrus Miner	4	163
Lucy, d. [Perez & Judeth], b. Aug. 16, 1749	2	23
Mabel, d. [Thomas & Sarah], b. May 16, 1738	1	111
Mary, [s. Samuel & Deborah], b. Aug. 3, 1727	1	70
Mary, d. [Thomas & Sarah], b. Apr. 19, 1744	1	111
Mary, m. Zephaniah **WOODWARD**, b. of Preston, Jan. 27, 1747/8	2	33
Mary, m. Amos **LEONARD**, b. of Preston, June 24, 1762	2	110
Nathan, s. [Ruben & Elizabeth], b. Sept. 2, 1779	2	183
Nathaniel Brown, s. [Elijah & Prudence], b. July 12, 1800	2	232
Olive, d. [Samuel, Jr. & Ruth], b. Mar. 18, 1751	2	51
Peace, d. [Asa & Eliphel], b. May 20, 1778	2	114
Peace, m. Joshua **LEADS**, b. of Preston, Jan. 31, 1799	2	272
Pearl, s. [Asa & Eliphel], b. May 11, 1766	2	114
Pearl, m. Zip[p]orah **FREEMAN**, b. of Preston, Oct. 27, 1791	2	231
Perez, m. Judeth **BURTON**, b. of Preston, Feb. 25, 1741	2	23
Perier, [s. Samuel & Deborah], b. May 3, 1720	1	70
Polly, d. [James & Ama], b. Apr. 12, 1784	2	121
Prosper, s. [Asa & Eliphel], b. Mar. 25, 1768	2	114
Prosper, [s. Asa & Eliphel], d. July 6, 1791	2	114
Rebecca, w. James, d. Mar. 12, 1775	2	121
Rebecca, d. [James & Ama], b. Jan. 4, 1778	2	121
R[e]uben, s. [Samuel, Jr. & Ruth], b. Aug. 5, 1742	2	51
R[e]uben, m. Elizabeth **ROSE**, b. of Preston, Oct. 12, 1769	2	183
R[e]uben, s. [Ruben & Elizabeth], b. Aug. 4, 1777	2	183
Roxa, d. [James & Ama], b. Oct. 5, 1790	2	121
Ruamy, d. [James & Ama], b. Nov. 14, 1780	2	121
Ruth, d. [Samuel, Jr. & Ruth], b. Oct. 24, 1746	2	51
Ruth, m. Peter **BRANCH**, b. of Preston, Aug. 25, 1765	2	113
Samuel, m. Deborah **ROSE**, May 15, 1710	1	70
Sam[ue]ll, [s. Samuel & Deborah], b. Apr. 23, 1722	1	70
Samuel, Jr., m. Ruth **WOODWARD**, b. of Preston, Nov. 5, 1741	2	51
Samuel, s. [Samuel, Jr., & Ruth], b. Dec. 28, 1748	2	51
Samuel, d. Oct. 19, 1774	1	70
Sarah, d. [Thomas & Sarah], b. Apr. 9, 1742; d. Apr. 5, 1750	1	111
Sarah, [w. Thomas], d. Nov. 14, 1754	1	111
Sarah, d. [Asa & Eliphel], b. Mar. 13, 1770	2	114
Susanna, w. John, d. Dec. 10, 1755	1	117
Thomas, [s. Samuel & Deborah], b. May 18, 1714	1	70
Thomas, m. Sarah **TREAT**, b. of Preston, May 10, 1737	1	111
Thomas, m. Wid. Zipporah **FREEMAN**, b. of Preston, Sept. 16, 1761	2	92
Thomas, d. May 26, 1781, ae 67 y.	2	92

PRESTON VITAL RECORDS 185

	Vol.	Page
PARTRIDGE, PATRIDGE, PARTREDG, (cont.)		
Thomas, s. [James & Ama], b. May 23, 1782	2	121
William Brown, s. [Elijah & Prudence], b. May 25, 1794	2	232
PAYSON, Mary, of Pomfret, m. Jacob **BROWN,** of Preston, Dec. 14, 1757	2	83
PEABODY, Frances S., m. Martha A. **WHEELER,** b. of N. Stonington, Oct. 9, 1836, by Rev. Nathan E. Shailer	3	333
Mary, of N. Stonington, m. Joseph A. **PALMER,** of Preston, May 20, 1819, by Jonathan Minor, Elder, of N. Stonington	2	351
PEAPLE, Sarah, of East Haddam, m. Samuel **STARKWEATHER,** of Stonington, July 29, 1744	2	26
PECK, Seth L., of Ledyard, m. Eunice A. **GALLUP,** of N. Stonington, Aug. 5, 1849, by Rev. Cyrus Miner	4	174
Seth L., tanner & Currier, of Ledyard, m. Eunice **GALLUP,** of N. Stonington, Aug. 7, 1849, by Cyrus Minor	5	1
PECKHAM, Adin R., soldier, unmarried, d. May 12, 1864, ae 31	8-C	22
Albertus, s. [Thomas H. & Sophia], b. Dec. 11, 1825, in N. Stonington	4	25
Christopher V., of E. Windsor, m. Harriet **BARNES,** of Preston, Dec. 3, 1837, by A. Gleason	4	9
Clarrissa, d. John O., & Margaret, b. Apr. 27, 1849	5	5
Emily, d. [Thomas H. & Sophia], b. [ ]	4	25
Enoch Stanton, [s. Thomas H. & Sophia], b. Feb. 8, 1823, in N. Stonington	4	25
Harriet D., d. [Thomas H. & Sophia], b. Nov. 28, 1818, in N. Stonington	4	25
John A., d. June 26, 1850, ae 1	5	11
Lucy A., d. June 28, 1850, ae 4	5	11
Margaret, married, b. in Ireland, d. Dec. 13, 1857, ae 41	8-C	10
Martha A., m. William D. Smith, Oct. 18, 1832, by Rev. Alfred Gates	3	183
Nancy Hubbard, [d. Thomas H. & Sophia], b. Oct. 25, 1836, in Preston	4	25
Robert A., s. John O., ae 32, farmer, & Margaret, ae 30, b. Dec. 25, 1847	5	4
Sarah, m. John **SHELDON,** Mar. 8, 1848, by Warren Cook, J.P.	4	147
Sarah, ae 56, m. John **SHELDON,** farmer, ae 58, b. in Exeter, R.I., now of Preston, Mar. 8, 1848, by Warren Cook, J.P.	5	1
Stephen H., Rev. of Ledyard, m. Frances **GATES,** of Preston, Nov. 30, 1843, by Rev. Henry R. Knapp	4	99
Stephen Hazard, [s. Thomas H. & Sophia], b. Dec. 8, 1827, in N. Stonington	4	25
Thomas H., m. Sophia **GALLUP,** [ ], in N. Stonington	4	25
William, s. [Thomas H. & Sophia], b. Jan. 19, 1821, in N. Stonington	4	25
PELLET, Luther, of Norwich, m. Mary Ann **PALMER,** of Preston, Sept. 17, 1833, by Rev. Augustus B. Collins	3	195
PELTON, Sarah, m. Joseph **ROSE,** Sept. 15, 1715	1	94
PEMBERTON, Ebenezer, s. Patrick & Mary, b. Oct. 9, 1778	2	174
Joanna, twin with Sarah, d. Patrick G. & Mary, b. Aug. 21, 1780	2	174
Mary Vans, d. Patrick G. & Mary, b. Oct. 6, 1776	2	174
Sarah, twin with Joanna, d. Patrick G. & Mary, b. Aug. 21, 1780	2	174
PENDERSON, [see also **PUNDERSON** and **PONDERSON**], Austin, [s. Cyrus], b. Apr. 2, 1806	3	98

186 BARBOUR COLLECTION

	Vol.	Page
PENDERSON, (cont.)		
Clarinda, m. James **TYLER**, b. of Preston, Nov. 22, 1786	2	266
Cyrus, of Preston, m. Lucretia **STODDARD**, of Groton, Feb. 11, 1827, in Groton, by Thomas R. Peck	3	98
Cyrus Minor, [s. Cyrus], b. July 12, 1812	3	98
Eliza, [d. Cyrus], b. Feb. 24, 1804	3	98
Julia, [d. Cyrus], b. Mar. 4, 1800	3	98
Maria, [d. Cyrus], b. June 4, 1802	3	98
William Owen, [s. Cyrus], b. Sept. 29, 1814	3	98
-----, [s. Cyrus], b. Dec. 29, 1807; d. Dec. 30, 1807	3	98
PENDLETON, Ann Eliza, m. Austin B. **NASH**, b. of Preston, Sept. 26, 1849, by Rev. Henry Floy Roberts	4	181
Ansel, s. [William & Dolly], b. Dec. 27, 1804	2	312
Ansel, m. Ann **BUTTON**, b. of Preston, Dec. 3, 1835, by Nathan E. Shailer	3	329
Charles L., m. Lucy Ann **BABCOCK**, Oct. 1, 1832, at Poquetunuck	3	181
Dolly, married, d. Aug. 4, 1865, ae 88 y. 11 m. 10 d.	8-C	24
Harriet A., d. Ansel, ae 45, farmer, & Ann, ae 33, b. May 20, 1850	5	5
Henryette, d. Ansel, ae 43, farmer, & Anna W., ae 31, b. Apr. 26, 1848	5	5
Josephine, d. David, merchant, & Margaret, b. May 11, 1848	5	7
Lucy L., m. Abel P. **ADAMS**, of Royalton, Oct. 6, 1825, by Levi Meech, Elder	3	70
Lucy Lathrop, d. [William & Dolly], b. Apr. 5, 1806	2	312
Lydia, m. Elisha **BENNETT**, Jan. 1, 1807	2	334
Maria, of Preston, m. Shubael W. **PARK[E]**, of Salem, Ct., Apr. 23, 1826, by Rev. Ashbell Steele, of Poquetonuck	3	82
Patty, of Preston, m. Walter **PALMER**, Mar. 25, 1792	2	265
Solomon S., m. Marcia A. **STARKWEATHER**, of Preston, Jan. 15, 1839, by Rev. N. E. Shailer	4	20
Solomon Story, s. [William & Dolly], b. Apr. 17, 1813	2	312
William, of Norwich, m. Dolly **BAILEY**, of Preston, Oct. 30, 1803	2	312
William, Jr., s. [William & Dolly], b. May 1, 1810	2	312
William, Jr., m. Susan **IRISH**, b. of Preston, Oct. 3, 1837, by Rev. Nathan E. Shailer	4	6
William, farmer, widower, d. Mar. 7, 1866, ae 83	8-C	26
William C., b. May 9, [1850 ?]	5	9
-----, child stillborn, Courtland, ae 28, carpenter, & Eliza, ae 27, b. [, 1848 ?]	5	9
PERKINS, Charity, d. [Ebenezer & Hannah], b. July 4, 1714	1	82
Ebenezer, m. Hannah **SAFFORD**, Aug. 14, 1710	1	82
Ebenezer, s. [Ebenezer], b. July 1, 1721	1	83
Elliot, d. Oct. 14, 1847, ae 7	5	13
Hannah, unmar., d. Oct. 16, 1852, ae 62	8-C	1
Henry, b. in Brooklyn, N.Y., d. Feb. 22, 1862, ae 8 y. 12 d.	8-C	18
Henry A., ae 21, of Preston, m. Hannah A. **MONROE**, ae 19, b. in New London, July 9, [1850], by [ ] Carpenter	5	2
Lemmuell, s. [Ebenezer], b. Apr. 2, 1720	1	83
Lois, of Groton, m. Enos **DAVIS**, of Preston, June 22, 1826, by Ralph Hurlbert, J.P.	3	83
Lucy Ann, m. Lewis **CROMWELL**, b. of Groton, Nov. 3, 1844, in Poquetonnuck, by Rev. Dexter Potter	4	109
Lydya, of Groton, m. Erastus **ROSSETER**, of Preston, Sept. 13,		

PRESTON VITAL RECORDS 187

	Vol.	Page
PERKINS, (cont.)		
1778	2	209
Newman, s. [Ebenezer & Hannah], b. Mar. 8, 1711	1	82
Oliver, s. [Ebenezer & Hannah], b. Apr. 29, 1713	1	82
Vallentine, s. [Ebenezer], b. Sept. 26, 1718	1	83
-----, child of Lewis D., ae 23, fisherman, & Sarah M., ae 23, b. June 13, 1850	5	8
PERRIMAN Mery, of [Preston], m. John **GRAVES**, of Preston, Apr. 7, 1841	2	368
PERRY, John Buckley, of Lee, Mass., m. Sarah **LESTER**, of Preston, Apr. 30, 1811	2	314
PETERS, Andrew, s. [Nathan & Lois], b. July 15, 1789	2	127
Benjamin, [s. Nathan & Lois], b. May 20, 1771; d. May 9, 1774	2	127
Eliza, [d. Nathan & Lois], b. July 7, 1793	2	127
Hannah, [d. Nathan & Lois], b. Dec. 18, 1780	2	127
Mary, of Plainfield, m. Simon **ROSE**, of Preston, black people, Dec. 11, 1783, by Alex Miller, V.D.M.	2	182
Nathan, m. Lois **CRARY**, b. of Preston, June 10, 1770, by Asher Rosseter, Clerk	2	127
Polly, [d. Nathan & Lois], b. May 30, 1778	2	127
Polly, m. Joshua **MEECH**, b. of Preston, Jan. 10, 1796	2	363
Rebecca, married, d. Dec. 12, 1854, ae 60	8-C	4
Robert Crary, [s. Nathan & Lois], b. July 28, 1787	2	127
Sally, [d. Nathan & Lois], b. Feb. 2, 1776	2	127
W[illia]m S., [s. Nathan & Lois], b. Jan. 24, 1774	2	127
W[illia]m Sam[ue]l, [s. Nathan & Lois], d. June [ ], 1804, at Niagara	2	127
-----, 2d s. [Nathan & Lois], b. Dec. 26, 1772; d. Jan. 8, 1773	2	127
-----, 4th d. [Nathan & Lois], stillborn Dec. 22, 1782	2	127
PETERSON, Elizabeth, m. Henry **BROWN**, of Preston, people of color, Mar. 1, 1848	5	2
PETTENGILL, Hannah, of Bridg[e]water, m. Solomon **AVERELL**, of Preston, Dec. 18, 1746	2	47
PHILLIPS, Abby A., of Preston, m. Charles L. **MEECH**, Oct. 1, 1829, by Rev. Augustus B. Collins	3	137
Abigail M., [d. George & Nancy], b. Aug. 25, 1810 (twin with Nancy A.)	2	347
Anna, d. May 22, 1849, ae 55	5	11
Asa, [s. Jonathan & Esther], b. Apr. 6, 1737	1	18
Asenath, d. [Jonathan & Jemima], b. May 18, 1799	2	164
Austin, [s. George & Nancy], b. Mar. 24, 1806	2	347
Austin, m. Margaret B. **ROBINSON**, of Preston, Oct. 5, 1830, by Rev. John Hyde, N. Wilbraham, Mass. Intention of marriage published Oct. 3, 1830, by Rev. Augustus B. Collins	3	150
Ayer, [s. Jonathan & Esther], b. Mar. 16, 1726	1	18
Barbary, d. [Jeremiah & Margaret], b. Mar. 24, 1780	2	223
Barbara, m. Stephen **BENJAMIN**, b. of Preston, Mar. 7, 1799	2	264
Benj[ami]n B., spinner, married, b. in Norwich, d. July 19, 1858, ae 53	8-C	10
Benjamin Barney, s. [Freeman], b. Nov. 2, 1804, in Plainfield	2	332
Betsey, m. Joseph **HARVEY**, Nov. 20, 1814	2	383
Betsey B., [d. George & Nancy], b. Aug. 27, 1798	2	347
Charles Henry, [s. Grandison & Emma], b. Aug. 4, 1827	4	152
Content, d. [Jonathan & Jeneverah], b. May 11, 1757	2	35

188   BARBOUR COLLECTION

	Vol.	Page
PHILLIPS, (cont.)		
Cynthia Melissa, d. [George W. & Mary C.], b. June 24, 1832	3	165
Daniel, [s. Jonathan & Esther], b. Feb. 9, 1729/30	1	18
Elijah, s. [Jeremiah & Margaret], b. Feb. 13, 1784; d. Dec. [ ], 1784	2	223
Ellen Maria, [d. Grandison & Emma], b. Sept. 2, 1830	4	152
Emma E., m. Calvin J. **COOK**, b. of Preston, Sept. 1, 1851, by Rev. N. S. Hunt	4	209
Emma Elizabeth, [d. Grandison & Emma], b. Feb. 27, 1832, in Franklin	4	152
Esther, [d. Jonathan & Esther], b. Mar. 2, 1735	1	18
Esther, of Plainfield, m. Jacob **KIMBAL[L]**, Jr., of Preston, Jan. 16, 1754	2	59
Esther Benjamin, d. [Jeremiah & Margaret], b. Nov. 13, 1789	2	223
Esquier, s. [Jonathan & Jeneverah], b. Aug. 3, 1759	2	35
Ethel, s. [Jonathan & Jemima], b. Oct. 19, 1779	2	164
Fanny B., d. [George & Nancy], b. Nov. 18, 1796	2	347
Fanny B., m. Irus **WITTER**, b. of Preston, Mar. 26, 1826, by Rev. John Hyde	3	130
Frederick Fanning, s. Freeman, b. Jan. 23, 1802	2	332
George, b. Mar. 4, 1772, in Exeter, R.I.; m. Nancy **ROSE**, Mar. 21, 1796	2	347
George, m. Anna A. **BUTTON**, b. of Preston, Mar. 23, 1841, by Rev. N. E. Shailer	4	57
George Grandison, [s. Grandison & Emma], b. Feb. 21, 1834, in Franklin	4	152
George W., [s. George & Nancy], b. May 10, 1813	2	347
George W., m. Mary C. **MEECH**, of Preston, Sept. 14, 1831, by Rev. Augustus B. Collins	3	165
Granason, [s. George & Nancy], b. June 20, 1802	2	347
Grandison, b. June 20, 1802	4	152
Grandison, m. Emma **WILLIAMS**, Nov. 2, 1826, in N. Stonington, by Rev. John Hyde	4	152
Grandison, farmer, married, d. Mar. 2, 1864, ae 61 y. 9 m.	8-C	21
Grosvenor, [s. George & Nancy], b. May 19, 1804	2	347
James Ingalls, s. [Jeremiah & Olive], b. Nov. 30, 1805	2	298
Jemima, d. [Jonathan & Jemima], b. Mar. 21, 1784	2	164
Jemima, [w. Jonathan], d. May 4, 1811	2	164
Jeneverah, [w. Jonathan], d. Aug. 14, 1812	2	35
Jeremiah, of Newport, m. Margaret **STANTON**, of Preston, May 11, 1777	2	223
Jeremiah, s. [Jeremiah & Margaret], b. Feb. 22, 1778	2	223
Jeremiah, Jr., of Preston, m. Olive **ABBOTT**, of N. Providence, Apr. 26, 1802	2	298
Jerusha, d. [Jonathan & Jeneverah], b. Apr. 27, 1755	2	35
John, [s. Jonathan & Esther], b. Oct. 21, 1727	1	18
John, s. [Jeremiah & Margaret], b. Jan. 30, 1782	2	223
Jonathan, s. Jonathan & Esther, b. Feb. 8, 1722/23	1	18
Jonathan, m. Jeneverah **BRANCH**, b. of Preston, Dec. 13, 1749	2	35
Jonathan, of Preston, m. Jemima **PALMER**, of Stonington, Jan. 21, 1779	2	164
Jonathan, s. [Jonathan & Jemima], b. Apr. 25, 1802	2	164
Joseph, s. [Jonathan & Jemima], b. Apr. 16, 1786	2	164
Julia, m. Russell **FITCH**, Mar. 19, 1821, by Rev. John Hyde	3	49

PRESTON VITAL RECORDS 189

	Vol.	Page
PHILLIPS, (cont.)		
Juliany, [d. George & Nancy], b. Mar. 15, 1800	2	347
Levi, s. [Jonathan & Jeneverah], b. May 8, 1767	2	35
Levi, of Preston, m. Abigail **KINNIE**, of Voluntown, Nov. 19, 1789	2	236
Levi, s. [Levi & Abigail], b. June 21, 1792	2	236
Lucy, d. [Jonathan & Jeneverah], b. Aug. 6, 1764	2	35
Lydia, d. Jonathan & Jeneverah, b. Oct. 24, 1761	2	35
Lydia, d. [Levi & Abigail], b. Sept. 27, 1790	2	236
Lydia A., ae 19, m. Edwin F. **HOLDEN**, ae 26, farmer, of Preston, Mar. 14, 1850, by Jacob Allen	5	3
Lydia Ann, m. Edwin Fitch **HOLDEN**, b. of Preston, Mar. 14, 1850, by Rev. Jacob Allen	4	188
Mahala, d. [Jonathan & Jeneverah], b. May 29, 1774	2	35
Margaret B., of Preston, m. Austin A. **CHAPMAN**, of Norwich, Dec. 18, 1850, by Rev. Cyrus Miner	4	205
Margaret B., of Preston, m. Austin A. **CHAPMAN**, mason, b. in Preston, res. of Norwich, Dec. 18, 1850, by Elder Cyrus Minor	5	3
Mary Caroline, [d. Grandison & Emma], b. Dec. 10, 1835, in Franklin	4	152
Mary G., [d. George & Nancy], b. Mar. 24, 1808	2	347
Mehetable, of Preston, m. James **CARBURY**, of Lyme, Feb. 28, 1830, by Elisha Brewster, J.P.	3	141
Nancy A., twin with Abigail M., [d. George & Nancy], b. Aug. 25, 1810	2	347
Nathaniel, s. [Jonathan & Jeneverah], b. Dec. 18, 1750	2	35
Nathaniel, of Preston, m. Wealthy **WILLIAMS**, of Plainfield, Feb. 21, 1782	2	196
Nathaniel, Jr., m. Patty **BROWN**, b. of Preston, Mar. 19, 1809	2	319
Nathaniel Wilbur, s. [Nathaniel & Patty], b. Jan. 25, 1812	2	319
Palmer, s. [Jonathan & Jemima], b. July 4, 1781	2	164
Patty Brown, d. [Nathaniel & Patty], b. Jan. 11, 1810	2	319
Perkins, s. [Nathaniel & Wealthy], b. May 16, 1783	2	196
Polly, d. [Jonathan & Jemima], b. Sept. 27, 1793	2	164
Rachel, d. [Waterman & Rachel], b. Apr. 9, 1800	2	275
Ruth, d. Jonathan, b. Mar. 14, 1739/40; d. Mar. 27, 1739/40	1	18
Sally, of Norwich, m. Samuel **WHALLEY**, of Bolton, Apr. 28, 1834, by Rev. Augustus B. Collins	3	300
Sally Packard, d. [Jeremiah & Olive], b. Mar. 20, 1802	2	298
Samuel, [s. Jonathan & Esther], b. May 10, 1732	1	18
Sarah, d. [Jonathan & Esther], b. Jan. 31, 1723/24	1	18
Stanton, s. [Jeremiah & Margaret], b. Aug. 30, 1787	2	223
Stephen Abbott, s. [Jeremiah & Olive], b. Jan. 14, 1804	2	298
Thomas S., m. Maria A. **CHAPMAN**, b. of Preston, Jan. 11, 1852, by Rev. S. S. Chapin, of Poquetonnuck	4	216
Thomas Swan, [s. Grandison & Emma], b. Jan. 26, 1829	4	152
Waterman, of Preston, m. Rachel **KINNIE**, of Voluntown, Nov. 21, 1799	2	275
William, s. [Jeremiah & Margaret], b. Aug. 12, 1785	2	223
PIERCE, PEIRCE, Almira M., of Franklin, m. William **JOHNSON**, of Preston, Apr. 20, 1853, by Rev. S. S. Chapin, of Poquetonnuck	4	229
Annella, d. Sept. 10, 1865, ae 1 y. 1 m.	8-C	25
Elizabeth, married, b. in N. Stonington, d. Nov. 28, 1864, ae 73	8-C	23
Esther had illeg. d. Huldah **STEPHENS**, b. Feb. 2, 1754, reputed		

BARBOUR COLLECTION

	Vol.	Page
PIERCE, PEIRCE, (cont.)		
father William STEAVENS	2	16
Esther, m. Jedidiah FRINK, b. of Preston, Dec. 15, 1756	2	95
Hannah, of Canterbury*, m. Stephen BURTON, of Preston, Sept. 20, 1758 (*First written Plainfield)	2	53
Louisa, of Rehobath, Mass., m. Lorin BREWSTER, of Franklin, Oct. 14, 1833, by C. D. Fillmore, J.P.	3	196
PITKIN, Martha, of Hartford, m. Joshua FOBES, of Preston, Dec. 24, 1777, by John Pitkin, J.P.	2	162
PLIMTON, Hannah, m. William PARKE, Oct. 3, 1707 (his 2nd wife)	1	14
PLUMB, Grace, of Stonington, m. George BO[A]RDMAN, of Preston, Jan. 11, 1795	2	245
PLUMMER, PLUMER, Abegall, [d. Frances], b. Mar. 6, 1705	1	58
Abiga[i]l, d. [David & Mary], b. Mar. 9, 1745	1	121
Avery, s. John, Jr., [& Jerusha], b. Apr. 14, 1773	2	146
David, of Preston, m. Mary MANORS, of Preston, Sept. 9, 1740	1	121
David, s. [John & Deborah], b. Apr. 15, 1761	1	121
Deborah, d. [John & Deborah], b. Nov. 3, 1741	1	121
Deborah, w. John, d. July 11, 1770	2	82
Ebenezer, [s. Frances], b. Apr. 13, 1710	1	58
Elijah, s. [John & Deborah], b. July 15, 1754	1	121
Elizabeth, d. [David & Mary], b. Apr. 25, 1743	1	121
Elizabeth, d. [John & Deborah], b. Jan. 1, 1746	1	121
Elizabeth, m. Jerome KINNE, Nov. 21, 1764	2	126
Esther, d. [John & Deborah], b. Sept. 16, 1748	1	121
Ezra, s. [David & Mary], b. Nov. 28, 1752	1	121
Francis, d. Sept. 12, 1713	1	103
Francis, s. [David & Mary], b. Apr. 22, 1747	1	121
John, of Preston, m. Deborah KILLAM, of Preston, Mar. 12, 1740	1	121
John, Jr., of Preston, m. Jerusha AVERY, of Norwich, May 21, 1772	2	146
John, of Preston, m. Wid. Lucy GIDDINGS, of Norwich, Mar. 28, 1773	2	82
Lydia, d. [John & Deborah], b. Dec. 31, 1740	1	121
Mary, m. Richard STARKWEATHER, Mar. 12, 1721/2	1	39
Mary, w. Francis, d. July 6, 1734	1	103
Mary, d. [David & Mary], b. Aug. 15, 1741	1	121
Mary, d. [John & Deborah], b. Feb. 24, 1768	1	121
Rod[e]rick, s. [John & Deborah], b. July 30, 1763	1	121
Sarah, d. [John & Deborah], b. July 27, 1756	1	121
Sarah, m. Jacob MEECH, b. of Preston, Nov. 20, 1782	2	203
POLLARD, POLYARD, Ann Elizabeth, 2d, of Preston, m. Chester COOK, of North Hampton, Apr. 14, 1822, by James Cook, J.P.	3	11
Elizabeth, of Stonington, m. Solomon RICH, of Preston, Oct. 4, 1768	2	48
Harriet, of Preston, m. Samuel CHESEBROUGH, of Stonington, Dec. 5, 1830, by Levi Meech, Elder	3	157
John, m. Elizabeth SYDLEMAN, Apr. 2, 1788, in Preston	2	257
John Henry, s. [William, 2d, & Harriet], b. May 26, 1824	3	28
Mary Ann, d. [John & Elizabeth], b. Aug. 10, 1803	2	257
Mary Ann, m. Capt. Henry DAVIS, b. of Preston, Aug. 5, 1821, by Jonathan Brewster, J.P.	3	24
Prudence, d. [William & Elizabeth], b. June 17, 1793	2	252
Samuel, s. [John & Elizabeth], b. Apr. 26, 1790	2	257

	Vol.	Page
POLLARD, POLYARD, (cont.)		
Wealthy, m. Frederick **GATES**, b. of Preston, Aug. 13, 1789	2	216
William, m. Elizabeth **HARKNESS**, b. of Preston, Apr. 14, 1793	2	252
William, s. [John & Elizabeth], b. July 18, 1798	2	257
William, 2d, m. Harriet **HASKELL**, b. of Preston, Sept. 24, 1820, by Jonathan Brewster, J.P.	3	28
William, 2d, d. Nov. 6, 1824, ae 26, on the Island of Madagascar	3	28
[POMEROY], POMROY, Lemuel, of Chesterfield, Mass., m. Olive **BREWSTER**, of Preston, Nov. 4, 1798	2	208
Lemuel, of Pittsfield, Mass., m. Hart **LESTER**, of Preston, June 8, 1800	2	208
PONEY (?), Comfort, m. John **GREEN**, Jr., b. of Preston, Mar. 26, 1746	2	18
POPE, Anna, m. Theophilus Frink **STANTON**, b. of Preston, Jan. 21, 1804	2	202
Hannah, of Preston, m. John **DARROW**, of Ashford, Feb. 26, 1800	2	274
POPPLETON, Hannah, of Voluntown, m. Jonathan **RITCH**, of Preston, Nov. 3, 1794	2	248
POTTER, Anner, m. William **BLISS**, b. of Preston, Sept. 28,1808	2	306
Henry Dodge, s. David R. **POTTER** & Sally Yerrington, b. July 19, 1812	2	325
Sidney B., m. Julia E. **PARK[E]**, b. of Preston, Sept. 10, 1848, by Rev. H. Floy Roberts	4	154
Timothy H., of Greenville, m. Harriet N. **LATHAM**, of Preston, June 20, 1842, in Poquetonnuck, by Dexter Potter	4	69
Wolcott P., s. Syndney B., ae 32, mechanic, & Julia E., ae 20, b. Oct. 6, 1850	5	6
-----, s. Henry, ae 28, carpenter, & Harriet, ae 27, b. July 15, 1849	5	9
PRATT, Gurdon, soldier, b. in Ledyard, resid. in Louisiana, d. Sept. 8, 1862, ae 40, unmarried	8-C	19
Hannah, m. Nathan **LANPHEAR**, July 27, 1845, by Norman Noble, J.P.	4	122
PRENTICE, Abby, d. [Elisha & Deborah], b. Dec. 13, 1788	2	275
Abigail, d. [Elihu & Abigail], b. May 23, 1747	1	97
Abigail, d. July 30, 1748 (Perhaps d. of Elihu)	1	97
Abigail, d. [Samuel & Anne], b. Nov. 12, 1772	2	141
Abigail, d. [Manassah & Asenath], b. Aug. 18, 1775; d. Oct. 20, 1775	2	141
Abigail, 2d, d. [Manassah & Asenath], b. Sept. 16, 1776	2	141
Abigail, m. Jonathan **HART**, b. of Preston, Dec. 10, 1795	2	249
Amos, s. [John & Betsey], b. Aug. 5, 1792	2	233
Asenath, [w. Manassah], d. Mar. 29, 1790	2	141
Betsey, d. [Elisha & Lydia], b. Mar. 30, 1780	2	122
Betsey, unmarried, b. in Griswold, d. July 10, 1856, ae 85	8-C	8
Betsey Cleft, d. [John & Betsey], b. Apr. 15, 1805	2	233
Caroline Abby, d. [John & Betsey], b. Mar. 12, 1812	2	233
Caroline E., married, b. in R.I., d. Sept. 10, 1866, ae 46	8-C	26
Charles, s. [Nathaniel & Lucy], b. Nov. 22, 1790	2	232
Charles, s. [Elisha & Deborah], b. July 27, 1798	2	275
Charlotte, d. [John & Betsey], b. Oct. 20, 1802	2	233
Chester S., of Groton, m. Lucy **CRARY**, of Preston, Dec. 13, 1843, by Rev. Augustus B. Collins	4	101
Daniel, s. [Elisha & Lydia], b. July 5, 1768	2	122
Daniel, s. [Elisha & Deborah], b. Oc. 11, 1790	2	275

PRENTICE, (cont.)

	Vol.	Page
Debby, d. [Elisha & Deborah], b. Sept. 5, 1794	2	275
Deborah, d. [Elisha & Lydia], b. Dec. 14, 1770	2	122
Desire, d. [Eleazer & Sarah], b. June 16, 1771	2	97
Ebenezer, s. [Nathaniel & Huldah], b. Feb. 22, 1770	2	90
Eliazer, s. Joseph & Mary, b. Sept. 26, 1735	1	88
Eleazer, m. Sarah STANTON, b. of Preston, Oct. 19, 1758	2	97
Elihu, of Preston, m. Abigail JEMISON, of Stonington, Nov. 8, 1738	1	97
Elihu, s. [Elihu & Abigail], b. Sept. 6, 1743	1	97
Elihu, s. [Nathaniel & Mercy], b. Jan. 31, 1768; d. June 30, 1768	2	119
Elisha, s. [Joseph & Mary], b. Jan. 1, 1737/8	1	88
Elisha, s. [Elisha & Lydia], b. Aug. 30, 1764	2	122
Elisha, m. Deborah WEEDEN, b. of Preston, Apr. 6, 1786	2	275
Elisha, s. [Elisha & Deborah], b. July 22, 1792	2	275
Elizabeth, d. [Jno. & Sarah], b. June 21, 1719	1	8
Elizabeth, of Stonington, m. Asher BREWSTER, of Preston, Feb. 5, 1772	2	226
Ella (?), d. Salinda Dunham, b. May 11, 1798	2	406
Ephraim, twin with Manas[s]eh, s. Joseph & Mary, b. July 22, 1749	1	88
Ephraim, s. [Nathaniel & Huldah], b. Aug. 27, 1752	2	90
Ephraim, s. [Manassah & Asenath], b. Sept. 27, 1773	2	141
Frances Maria, d. [John & Betsey], b. Mar. 5, 1809	2	233
Frederick, s. [John & Betsey], b. May 14, 1796	2	233
George, m. Olive A. MOTT, b. of Preston, Dec. 10, 1820, by Rev. John Hyde	3	21
George Denison, s. [Rufus & Sarah], b. Dec. 18, 1802	2	284
Hannah, d. [Joseph & Mary], b. Mar. 27, 1747; d. Feb. 26, 1789	1	88
Hannah, d. Jan. 21, 1780	2	13
Henry, s. [Manassah & Asenath], b. Sept. 20, 1783	2	141
Hezekiah, s. [Nathan & Abigail], b. July 16, 1795	2	249
Huldah, d. [Nathaniel & Huldah], b. Mar. 6, 1761	2	90
James, s. [Nathaniel & Huldah], b. Oct. 30, 1755	2	90
Jamison, s. [Elihu & Abigail], b. Oct. 3, 1741	1	97
Jemima, d. [Nathaniel & Huldah], b. May 21, 1767	2	90
Jno., m. Sarah WOOD, Sept. 29, 1715	1	8
John, s. [Eleazer & Sarah], b. Sept. 1, 1766	2	97
John, m. Betsey CLEFT, b. of Preston, Dec. 25, 1791	2	233
John, s. [John & Betsey], b. Nov. 28, 1800	2	233
John Dow, s. [Manassah & Asenath], b. Aug. 19, 1788; d. Sept. 11, 1789	2	141
Jonathan, s. [Joseph & Mary], b. May 28, 1740	1	88
Joseph, m. Mary WHEELER, Nov. 10, 1725	1	88
Joseph, s. [Joseph & Mary], b. Aug. 24, 1727	1	88
Joseph, s. Elisha & Lydia, b. Jan. 23, 1761	2	122
Joseph, s. [Manassah & Asenath], b. Apr. 2, 1781	2	141
Lucinda, of Stonington, m. Elijah HERRICK, of Preston, Jan. 19, 1786	2	207
Lucy, d. [Eleazer & Sarah], b. Mar. 27, 1761	2	97
Lydia, d. [Elisha & Lydia], b. Oct. 5, 1762	2	122
Manas[s]eh, twin with Ephraim, s. Joseph & Mary, b. July 22, 1749	1	88
Manassah, m. Asenath BURTON, b. of Preston, Nov. 19, 1772	2	141
Manassah, s. [Manassah & Asenath], b. Nov. 25, 1778	2	141

	Vol.	Page
PRENTICE, (cont.)		
Manassah, of Preston, m. Mehetable **PRESTON**, of Lisbon, Dec. 2, 1790	2	141
Maria D., widow, d. Aug. 16, 1865, ae 40 y.	8-C	24
Mary, d. [Jno. & Sarah], b. June 22, 1716	1	8
Mary, d. [Joseph & Mary], b. June 19, 1744	1	88
Mary Ann, d. [Nathan & Abigail], b. Aug. 20, 1802	2	249
Nancy, d. Elisha & [Deborah], b. June 22, 1787	2	275
Nathan, s. [Eleazer & Sarah], b. Aug. 4, 1773	2	97
Nathan, m. Abigail **CLIFT**, b. of Preston, Nov. 6, 1794	2	249
Nathan, s. [Nathan & Abigail], b. June 16, 1800	2	249
Nathaniell, s. [Elihu & Abigail], b. May 24, 1745	1	97
Nathaniel, m. Huldah **STALLION**, b. of Preston, Aug. 23, 1750	2	90
Nathaniel, s. [Nathaniel & Huldah], b. Mar. 14, 1763	2	90
Nathaniel, of Preston, m. Mercy **GREEN**, of Canterbury, Feb. 18, 1767	2	119
Nathaniel, of Preston, m. Lucy **CAMPBELL**, of Voluntown, Feb. 7, 1788	2	232
Olive, d. [Eleazer & Sarah], b. Oct. 9, 1763	2	97
Olive, m. Joseph **BUTTON**, b.of Preston, Mar. 23, 1786	2	205
Pris[c]illa, d. [Joseph & Mary], b. Jan. 20, 1729	1	88
Prescilla, m. Peter **BUNDY**, b. of Preston, July 14, 1746	2	29
Rufus, s. [Eleazer & Sarah], b. Dec. 24, 1776	2	97
Rufus, m. Sarah **STANTON**, b. of Preston, Dec. 28, 1800	2	284
Rufus, s. [Rufus & Sarah], b. Oct. 13, 1801	2	284
Rufus, of Griswold, m. Wealthy **STARKWEATHER**, of Preston, Aug. 7, 1823, by Rev. John Hyde	3	66
Sally, d. [John & Betsey], b. May 21, 1794	2	233
Sally, d. [Elisha & Deborah], b. July 28, 1796	2	275
Sally, m. David **MOORE**, Mar. 29, 1808	4	225
Sam[ue]ll, s. [Jno. & Sarah], b. Nov. 3, 1721	1	8
Samuel, s. [Elihu & Abigail], b. Oct. 4, 1749	1	97
Samuel, m. Anne **BENJAMIN**, b. of Preston, Aug. 29, 1771, by Asher Rosseter, Clerk	2	141
Sarah, d. [Eleazer & Sarah], b. Mar. 8, 1759	2	97
Sarah, m. Thaddeus **COOK**, Jr., b. of Preston, Jan. 4, 1781	2	175
Simeon, s. [Nathaniel & Huldah], b. Feb. 10, 1751	2	90
Stephen, s. [Manassah & Asenath], b. Apr. 17, 1786	2	141
Susan[n]a, of Windham, m. Richard **ADAMS**, Jr., of Preston, Dec. 26, 1732	1	97
William, s. [Elihu & Abigail], b. Sept. 6, 1739; d. Oct. 1, 1758	1	97
William, s. [Nathaniel & Huldah], b. Apr. 2, 1765	2	90
William Cleft, s. [John & Betsey], b. Mar. 6, 1807	2	233
William H., m. Maria D. **MEECH**, b. of Preston, Feb. 4, 1850, by Rev. N. S. Hunt	4	187
William H., farmer, married, b. in N. Stonington, d. Aug. 9, 1859	8-C	13
W[illia]m R., m. Frances **AVERY**, of Preston, Dec. 30, 1840, by Rev. Augustus B. Collins	4	51
Zipporah, d. [Nathaniel & Huldah], b. Mar. 10, 1759	2	90
-----, female, d. Sept. 30, 1855	8-C	6
PRESTON, Assenath, d. [Daniel & Abigail], b. Oct. 11, 1812	2	325
Daniel, of New Lisbon, N.Y., m. Abigail **CLARK**, of Preston, Jan. 5, 1812	2	325

	Vol.	Page
PRESTON, (cont.)		
Fanny, m. Erastus **ROSE**, of Groton, Apr. 30, 1807	2	379
Hannah, m. James **RIX**, b. of Preston, Feb. 28, 1793	2	245
Mary, m. John **NORMAN**, b. of Norwich, Mar. 16, 1786	2	213
Mehetable, of Lisbon, m. Manassah **PRENTICE**, of Preston Dec. 2, 1790	2	141
PRIDE, Clarissa, of Preston, m. Cephas **STODDARD**, of Thompson, Sullivan Cty., N.Y., Dec. 19, 1844, by Anson Gleason	4	112
Huldah, m. Joseph **TYLER**, Feb. 1, 1816	2	380
Sally, m. Moses **HILL[I]ARD**, b. of Preston, Mar. 12, 1806	2	301
Sarah, m. Dauid **KIMBALL**, Oct. 20, 1726	1	61
PRINCE, Charles, m. Eliza J. **BURDICK**, Nov. 28, 1849, by John H. Harris, J.P.	4	193
PUNDERSON, PONDERSON, [see also **PENDERSON**], Cyrus, farmer, married, d. June 4, 1857, ae 85; b. in Stonington	8-C	9
Eliza, of Preston, m. Benjamin Gilson **AVERY**, of Solina, Canandaigua Cty., N.Y., Feb. 24, 1829, by Robert S. Avery, J.P.	3	124
William O., unmarried, miller, d. Dec. 22, 1855, ae 41	8-C	6
PURPLE, Sarah, see **PEAPLE**, Sarah		
PUTNAM, Apphia, d. [Eleazer & Hannah], b. Oct. 9, 1731	1	86
Apphia, m. Samuel **ANDRAS**, b. of Preston, June 20, 1749	2	55
Charles, s. [Eleazer & Hannah], b. Oct. 13, 1737	1	86
Charles, of Preston, m. Martha **ROSE**, of Norwich, May 27, 1762	2	109
Charlotte, d. [John & Martha], b. May 22, 1775	2	54
Eleazer, m. Hannah **BILLINGS**, Jan. 7, 1730/31	1	20
Eleazer, m. Hannah **BILLINGS**, Jan. 7, 1730/31	1	86
Eliazer, d. Jan. 18, 1740/1	1	86
Eleazer, s. [Charles & Martha], b. Dec. 4, 1764	2	109
Eunis, d. [Eleazer & Hannah], b. Nov. 2, 1740	1	86
Eunice, d. [John & Martha], b. Apr. 7, 1767	2	54
Frederick, s. [Charles & Martha], b. Aug. 20, 1763	2	109
Hannah, d. [John & Martha], b. Jan. 1, 1763	2	54
Jedidiah, s. [John & Martha], b. Feb. 6, 1769	2	54
John, s. [Eleazer & Hannah], b. May 13, 1734	1	86
John, m. Martha **WOODWARD**, b. of Preston, Feb. 25, 1762	2	54
John, s. [John & Martha], b. Mar. 7, 1765	2	54
John, d. Aug. 10, 1786	2	54
Martha, d. [John & Martha], b. Mar. 23, 1771	2	54
RADIGAN, Owen E., d. Aug. 1, 1861, ae 8 m. 3 d.	8-C	17
RANDALL, RANDAL, RANDELL, Abel, s. [Peter & Catera], b. Dec. 26, 1748	2	34
Amos, s. [David & Kezia], b. Dec. 30, 1755	2	9
Amey, d. [Peter & Catera], b. May 30, 1739	2	34
Arthur Freeman, s. H[enry] C. & M[ary] L[ouisa], b. Sept. 23, 1854	4	228
David, m. Kezia **DAVISON**, b. of Preston, Nov. 6, 1739	2	9
David, s. [David & Kezia], b. Jan. 17, 1748/9	2	9
Elijah, s. [Peter & Catera], b. Oct. 10, 1746	2	34
Elizabeth, d. [Peter & Phebe], b. June 20, 1720	1	16
Eunice, d. [Peter & Catera], b. Mar. 25, 1745	2	34
Greenfield, s. [Peter & Phebe], b. Oct. 8, 1722	1	16
Greenfield, m. Anna **BELLOWS**, b. of Preston, Oct. 23, 1745	2	16
Henry C., M.D., m. Mary Louisa **DAVIS**, b. of Preston, Apr. 20,		

PRESTON VITAL RECORDS 195

	Vol.	Page
RANDALL, RANDAL, RANDELL, (cont.)		
1853, by Rev. S. S. Chapin, of Poquetonnuck	4	228
Hezekiah, s. [David & Kezia], b. Jan. 29, 1758/9	2	9
Jonas, s. [Peter & Catera], b. June 18, 1750	2	34
Jonathan, s. [David & Kezia], b. Apr. 2, 1751	2	9
Joseph, s. [Peter & Catera], b. Mar. 15, 1735	2	34
Joshua, s. [Greenfield & Anna], b. Sept. 29, 1746	2	16
Kezia, d. [David & Kezia], b. Mar. 14, 1743	2	9
Lemuell, s. [Peter & Phebe], b. Apr. 13, 1726	1	16
Lois, reputed, d. Joseph, begotten of Experience GEER, b. Sept. 9, 1758	2	21
Mary, d. [Peter & Catera], b. May 2, 1737	2	34
Mary H., b. in Voluntown, d. Jan. 11, 1858, ae 5 m.	8-C	10
Nathan, s. [David & Kezia], b. May 27, 1741	2	9
Peter, m. Phebe BENIAMINS, Sept. [ ], 1719	1	16
Peter, m. Catera ELLIS, b. of Preston, Dec. 12, 1732	2	34
Peter, s. [Peter & Catera], b. Dec. 9, 1751	2	34
Phineas, s. [Peter & Catera], b. Mar. 25, 1743	2	34
Prudence, m. William WEEKLEY, b. of Preston, Apr. 4, 1726	2	14
Prudence, m. William WAKELY, Apr. 5, 1726	1	73
Rufus, s. [Peter & Catera], b. June 15, 1753	2	34
Samuel, s. [David & Kezia], b. Sept. 10, 1753	2	9
Sarah, d. [Peter & Catera], b. June 30, 1733	2	34
Sarah, d. [David & Kezia], b. Jan. 2, 1746/7	2	9
Silas B., Rev., of Woburn, Mass., m. Emily F. DOAN, of Preston, May 27, 1847, by Rev. Nathan E. Shailer	4	136
Stephen, s. [Peter & Catera], b. Feb. 19, 1741	2	34
RANE, Ulnah, b. in Germany, now of Norwich, m. Abby WILCOX, of Preston, [, 1849], by Cyrus Minor	5	1
RANSOM, George B., m. Martha E. WARD, b. of Preston, Nov. 30, 1848, by Rev. Cha[rle]s P. Bush, of Norwich	4	157
RATHBONE, Asa, 2d, of Salem, m. Fanny GEER, of Preston, June 1, 1826, by Rev. W[illia]m Palmer, of Norwich	3	88
Jacob, m. Lydia BURTON, b. of Preston, June 24, 1753	2	91
Jacob, s. [Jacob & Lydia], b. Oct. 21, 1753	2	91
Jacob, d. Sept. 8, 1755, in battle	2	91
Lydia, d. [Jacob & Lydia], b. May 30, 1755	2	91
RAWSON, Calvin, of Preston, m. Prudence GATES, of Voluntown, May 30, 1813, in Voluntown, by Allen Campbell, J.P.	2	331
RAY, [see also REA], Abigail, d. John & Anna, b. Apr. 6, 1750; d. Jan. 27, 1751/2	2	63
Abigail, 2d, d. John & Anna, b. June 17, 1752	2	63
Alice, d. [Ebenezer & Lydia], b. Nov. 21, 1790	2	317
Anna, d. Amos & Lydia, b. Sept. 25, 1797	2	216
Asher Miner, s. [Jabish G. & Hannah], b. June 1, 1805	2	281
Betsey, d. [Ebenezer & Lydia], b. Nov. 28, 1799	2	317
Daniel, s. [Ebenezer & Lydia], b. Nov. 28, 1792	2	317
Daniel, m. Harriet TRACY, b. of Preston, Sept. 4, 1814, by John Sterry	2	354
Desire, m. Isaac BURTON, b. of Preston, Jan. 23, 1777	2	158
Ebenezer, m. Lydia BURTON, b. of Preston, Aug. 15, 1789	2	317
Elizabeth, m. Henry BURTON, b. of Preston, Oct. 26, 1738	2	35
Freelove, d. [John & Anna], b. Apr. 25, 1772	2	63

BARBOUR COLLECTION

	Vol.	Page
RAY, (cont.)		
Gideon, of Preston, m. Asenath PALMER, of Voluntown, Dec. 24, 1751	2	64
Gideon, m. Zipporah KIMBALL, b. of Preston, Mar. 20, 1777	2	160
Henry Burton, s. [Ebenezer & Lydia], b. July 20, 1796	2	317
Jabish G., of Preston, m. Hannah YORK, of Stonington, Apr. 11, 1804	2	291
John, of Preston, m. Anna PALMER, of Voluntown, May 4, 1749	2	63
Joseph, s. [Stephen & Naomy], b. Mar. 28, 1784	2	161
Louis, twin with Lucy, d. John, b. July 13, 1777	2	63
Lois, m. Wheeler BROWN, b. of Preston, May 27, 1802	2	282
Lucy, twin with Louis, d. John, b. July 13, 1777	2	63
Lucy, m. Ezra WILBUR, b.of Preston, Oct. 1, 1801	2	282
Lucy, d. [Ebenezer & Lydia], b. Sept. 5, 1807	2	317
Mary, d. [John & Anna], b. Mar. 24, 1775	2	63
Naomi, d. [Stephen & Naomy], b. May 12, 1780	2	161
Nathan, [s. Ebenezer & Lydia], b. Nov. 1, 1812	2	317
Palmer,of Voluntown, m. Anne BREWSTER, of Norwich, Nov. 9, 1820, by Levi Walker	3	7
Polly Chapman, d. [Jabish G. & Hannah], b. Apr. 4, 1809	2	291
Sally Burton, d. [Jabish G. & Hannah], b. June 19, 1807	2	291
Stephen, s. Gideon, b. Aug. 12, 1757	2	64
Stephen, of Voluntown, m. Naomy PALMER, of Stonington, Apr. 15, 1779, by Eleazer Brown, Elder	2	161
Stephen, s. [Stephen & Naomy], b. Oct. 10, 1781	2	161
Stephen, Jr., of Preston, m. Hannah SMITH, of Montville, Dec. 25, 1800	2	289
William Washington, s. [Ebenezer & Lydia], b. Aug. 14, 1811	2	317
REA, [see also RAY], Abiga[i]ll, d. [John & Abigaill], b. Apr. 22, 1721	1	10
Abigail, d. [John & Abigail], b. May 3, 1721; d. Mar. [ ], 1726	1	113
Abigail, [d. John], b. May 3, 1726	1	26
Abigail, d. [John & Abigail], b. May 9, 1726	1	113
Abigail, m. Isaac BURTON, b. of Preston, Jan. 27, 1743/4	1	19
Abigail, w. John, d. Jan. 1, 1746/7	1	113
Abigail, m. Elisha GUILE, b. of Preston, May 4, 1768	2	136
Abigail, d. [Daniel & Olive], b. Dec. 12, 1772	2	134
Amos, s. [John & Anna], b. Aug. 22, 1766	2	63
Anna, d. [John & Anna], b. Apr. 9, 1761	2	63
Asenath, d. [Daniel & Olive], b. Dec. 27, 1755	2	134
Daniel, s. [John & Abigail], b. May 29, 1733	1	113
Daniel, m. Olive GEER, b. of Preston, Feb. 19, 1755	2	134
Desire, d. [Daniel & Olive], b. Sept. 15, 1758	2	134
Ebenezer, s. [Daniel & Olive], b. Apr. 10, 1764	2	134
Elizabeth, [d. John], b. Feb. 22, 1717/18	1	26
Elizabeth, d. [John & Abigail], b. Feb. 20, 1718/19	1	10
Elisabeth, d. John & Abigail, b. Feb. 20,1719/20	1	113
Gidian, s. [John & Abigail], b. Mar. 10, 1731	1	113
Gideon, s. [John & Anna], b. Feb. 20, 1756	2	63
John, m. Abiga[i]ll HERRICK, Apr. 22, 1718	1	10
John, [s. John], b. Mar. 20, 1728/29	1	26
John, s. [John & Abigail], b. Mar. 20, 1729	1	113
John, s. [John & Anna], b. Aug. 18, 1758	2	63
Joseph, s. [John & Anna], b. Sept. 17, 1764	2	63

	Vol.	Page
REA, (cont.)		
Lydia, d. [John & Abigail], b. Apr. 3, 1724	1	113
Lidia, d. [John & Abigail], b. Apr. 9, 1724	1	10
Lydia, m. Abraham **GUILE**, b. of Preston, June 11, 1741	2	12
Lydia, d. [Daniel & Olive], b. July 25, 1761	2	134
Mary, d. [John & Abigail], b. Sept. 4, 1738	1	113
Mary, m. Eleazer **HERRICK**, b. of Preston, Apr. 11, 1759	2	101
Phebe, d. [Daniel & Olive], b. June 20, 1769	2	134
Sarah, d. [John & Abigail], b. Feb. 5, 1735/6	1	113
Sarah, m. John **GUILE**, Jr., b. of Preston, Jan. 4, 1760	2	135
Sarah, d. [Daniel & Olive], b. Oct. 20, 1766	2	134
Stephen, s. [John & Abigail], b. Mar. 24, 1742; d. Sept. 20, 1746	1	113
REED, READ, Abigail, m. Peleg **FREEMAN**, b. of Preston, Dec. 27, 1781	2	180
Hannah, of Norwich, m. Daniel **BENNET[T]**, of Preston, Oct. 6, 1774	2	152
Lucy, of Voluntown, m. James **AVERELL**, of Preston, May 2, 1765	2	113
Mary, m. Isaac **CADE**, July 1, 1729	1	94
Mary, of Norwich, m. Rufus **TRACY**, of Preston, Apr. 9, 1775	2	153
Sarah J., d. William, ae 20, & Ann, ae 16, b. Mar. 11, 1849	5	4
REX, Molly, m. Elisha **HATCH**, b. of Preston, Nov. 19, 1786 (see also **RIX**)	2	212
REYNOLDS, RENOLS, RENALS, RENNALS, REANALS, RENALDS, RANALLS, RENNOLS, RANOLD, [see also **RUNNELS**], Charles L., of Mobile, Ala., m. Helen M. W. **DOWNING**, of Preston, Sept. 7, 1843, by Rev. L. B. Paddock, of Norwich	4	97
Christopher, s. Jonathan & Hannah, b. July 10, 1733	1	76
David Gardiner, s. John, Jr., b. Jan. 10, 1734/5	1	42
Ebenezer, s. Jonathan & Hannah, b. Sept. 24, 1738	1	116
Ebenezer, of Preston, m. Sarah **EGALSTONE**, of Stonington, Dec. 27, 1759	2	92
Ebenezer, Jr., of Preston, m. Content **HADSALL**, of Stonington, May 13, 1787	2	208
Hannah, d. [Jonathan & Hannah], b. Feb. 8, 1735/6	1	116
Hannah, d. [Jonathan & Hannah], b. Feb. 27, 1735/6	1	109
Hannah, w. [Jonathan], d. Feb. 28, 1742/3	1	116
Hannah, m. Abraham **BOWDISH**, b. of Preston, Dec. 20, 1745	2	13
Hannah, d. [Nathan], b. June 8, 1791	2	336
Hannah C., of Preston, m. Jeremiah H. **BROWNING**, of Exeter, R.I., Mar. 14, 1841, by Rev. N. E. Shailer	4	56
Jerusha, d. [Jonathan & Hannah], b. Apr. 20, 1741	1	116
John, m. [ ] **RUIDE**, June 27, 1715	1	91
John, s. John, Jr., b. Feb. 7, 1728/9	1	42
John, father of Jonathan, d. Apr. 13, 1734	1	76
Jonathan, m. his 2d w. Hannah **TRACY**, Apr. 6, 1727	1	76
Jonathan, s. Jonathan & Hannah, b. Aug. 22, 1728	1	76
Jonathan, d. Jan. 7, 1742/3	1	116
Jonathan, s. [Samuel & Ruth], b. Feb. 24, 1757	2	82
Lucina, s. [Nathan], b. Jan. 29, 1803 (Probably a daughter)	2	336
Marvain Waite, s. [Nathan], b. Mar. 9, 1800	2	336
Mary, w. John, Jr., d. Apr. 3, 1741	1	42
Mary, m. Isaac **ROATH**, Aug. 31, 1798	2	350
Mary C., d. Charles L., res. of Mobile, & H. M. W., ae 30, b. June		

	Vol.	Page
REYNOLDS, RENOLS, RENALS, RENNALS, REANALS, RENALDS, RANALLS, RENNOLS, RANOLD, (cont.)		
23, 1848	5	3
Nathan, of Preston, m. Hannah **CRANDALL**, of Stonington, May 15, 1788	2	336
Nathan, s. [Nathan], b. Oct. 20, 1788	2	336
Nathan, d. June 19, 1805	2	336
Nathan Crandall, s. [Nathan], b. Dec. 28, 1805	2	336
Rubie, d. [Nathan], b. Aug. 28, 1793	2	336
Sam[ue]ll, s. Jon[at]h[an] & Hannah, b. May 30, 1729	1	116
Samuel, s. Jonathan & Hannah, b. May 2, 1731	1	109
Samuel, m. Ruth **TRACY**, b. of Preston, Feb. 26, 1756	2	82
Sanford, s. [Nathan], b. Oct. 7, 1797	2	336
Sary, [d. John], b. Aug. 18, 1702	1	42
Sarah, w. Jonathan, d. Jan. 3, 1726/7	1	76
Sarah H., of Preston, m. Lucius S. **WILLIAMS**, of Norwich, Apr. 22, [1848 ?], by Rev. Cyrus Miner. Recorded Mar. 17, 1849	4	171
Sarah H., b. in R.I., res. of Preston, m. L. L. **WILLIAMS**, b. Mass., res. of Norwich, Apr. 23, 1849, by Elder Cyrus Miner	5	3
RHOADES, RHODES, Abigail, d. [John], b. Dec. 28, 1750	2	45
Isaac Cady, s. [John], b. Jan. 28, 1753	2	45
John, s. [John], b. June 20, 1757	2	45
Joseph, twin with Mary, s. John, b. Aug. 7, 1761	2	45
Martha, d. John, b. Jan. 7, 1749	2	45
Mary, twin with Joseph, d. John, b. Aug. 7, 1761	2	45
Silas, s. [John], b. July 11, 1759	2	45
William Caswell, s. [John], b. May 11, 1755	2	45
RICE, Deborah, m. Daniel **BELLOWS**, b. of Preston, Dec. 24, 1746	2	50
RICH, RITCH, Abigail, m. Jeremiah **HATCH**, Jr., b. of Preston, Aug. 8, 1750	2	84
Betsey, d. [Jonathan & Hannah], b. Aug. 3, 1796	2	248
Jonathan, s. [Solomon & Elizabeth], b. Sept. 25, 1777	2	48
Jonathan, of Preston, m. Hannah **POPPLETON**, of Voluntown, Nov. 3, 1794	2	248
Jonathan, s. [Jonathan & Hannah], b. July 22, 1795	2	248
Sarai, d. [Solomon & Elizabeth], b. Jan. 7, 1781	2	48
Solomon, of Preston, m. Elizabeth **POLYARD**, of Stonington, Oct. 4, 1768	2	48
Solomon, s. [Solomon & Elizabeth], b. Feb. 19, 1770; d. Feb. 7, 1780	2	48
Solomon, s. [Jonathan & Hannah], b. Apr. 24, 1801	2	248
William, s. [Jonathan & Hannah], b. July 27, 1798	2	248
RICHARDS, Abiga[i]ll, d. [John & Abigail], b. Feb. 20, 1707/8	1	31
Bethiah, d. [William & Lidia], b. Apr. 4, 1721	1	45
Charles Tracy, s. [Mundator T. & Mary], b. Aug. 22, 1820	2	387
Daniell, s. [John & Abigail], b. Jan. 19, 1710	1	31
Daniel Tyler, s. [Mundator T. & Mary], b. July 4, 1822	2	387
Elizabeth, m. Israell **STANDISH**, Feb. 8, 1704/3	1	29
Elizabeth, d. [William & Lidia], b. Mar. 8, 1714	1	45
Elisabeth, of Preston, m. Benjamin **KINNE**, of Salem, Nov. 21, 1738	1	118
Frederick, d. Apr. 20, 1864, ae 1 y. 4 m.	8-C	21
Hannah, d. [William & Lidia], b. Apr. [ ], 1723	1	45
Hannah, m. Joseph **WOODWARD**, June 1, 1724	1	66

	Vol.	Page
RICHARDS, (cont.)		
Hannah, m. Benjamin **KIMBAL[L]**, b. of Preston, Nov. 5, 1745	2	28
Harriet, d. [Mundator T. & Mary], b. Aug. 28, 1833	2	387
Huldah Jane, d. [Mundator T. & Mary], b. Apr. 24, 1826	2	387
Jerusha, of Norwich, m. Jedidiah **TRACY**, of Preston, Mar. 29, 1739	1	95
John, m. Abigail **WOODWARD**, June 17, 1707	1	31
John, s. [John & Abigail], b. Sept. 1, 1709	1	31
John, d. Sept. 18, 1756	1	31
John, s. [Mundator T. & Mary], b. July 25, 1831	2	387
Lidia, d. [William & Lidia], b. May 10, 1711	1	45
Lydia M., married, b. in Greenwich, Mass., d. July 15, 1864, ae 35	8-C	22
Lydia Tyler, d. [Mundator T. & Mary], b. Nov. 17, 1829	2	387
Martha Elizabeth, d. [Mundator T. & Mary], b. Mar. 26, 1824	2	387
Martha Elizabeth, m. John W. **GALLUP**, b. of Preston, Jan. 7, 1847, by Rev. N. V. Steadman	4	134
Mary, m. Jonathan **TRACY**, Aug. 21, 1711	1	13
Mary P., of Preston, m. John C. **UTTL[E]Y**, of Norwich, Feb. 18, 1840, by Rev. Nathan E. Shailer	4	34
Mary Prentice, d. [Mundator T. & Mary], b. Jan. 30, 1819	2	387
Mehetable, d. [William & Lidia], b. Jan. 28, 1719/18; d. Oct. 7, 1743	1	45
Mundator T., m. Mary **TYLER**, b. of Preston, Apr. 19, 1818	2	387
Naomi, [d. John & Abigail], b. Aug. 22, 1716	1	31
Phebe, d. [William & Rebecca], b. June 19, 1740	1	118
Perscilla, d. [John & Abigail], b. Oct. 8, 1714	1	31
Rebekah, d. [John & Abigail], b. Oct. 23, 1712	1	31
Rebec[c]ah, m. William **RICHARDS**, b. of Preston, Feb. 28, 1738/9	1	118
Ruth, d. [John & Abigail], b. June 4, 1720; d. Apr. [ ], 1721	1	31
Sarah, [d. John & Abigail], b. Jan. 20, 1724/3	1	31
Sarah, m. John **HATCH**, b. of Preston, Apr. 7, 1748	2	76
William, m. Lidia **ADAMS**, Oct. 16, 1707	1	45
William, s. [William & Lidia], b. Oct. 28, 1716	1	45
Will[ia]m, d. May 16, 1724	1	45
William, m. Rebec[c]ah **RICHARDS**, b. of Preston, Feb. 28, 1738/9	1	118
Zebbulon, [s. John & Abigail], b. Sept. 9, 1718	1	31
RICHMOND, Darius A., s. George W., ae 37, farmer, & Ann E., ae 32, b. May 29, 1850	5	5
Easther, m. Samuel **TRACY**, Sept. 26, 1733	1	103
Edward, of Exeter, R.I., m. Hannah A. **SISSON**, of Preston, Oct. 15, 1848, by Rev. Roswell Whitmore	4	156
Esther, see Easther		
George W., of Exeter, R.I., m. Fanny **FRINK**, of Preston, Nov. 13, 1836, by Rev. Eam Bull	3	336
George W., of Exeter, R.I., m. Maria **FRINK**, of Preston, Mar. 24, 1839, by Rev. Augustus B. Collins	4	22
George W.,*, farmer, b. in Exeter, R.I., now of Preston, m. Ann E. **COLEGROVE**, b. in Lisbon, Ct., Dec. 17, 1848, by C. D. Fillmore. (*His 2d marriage)	5	2
John M., of Exeter, R.I., m. Emily **FRINK**, of Preston, Mar. 25, 1832, by Rev. Augustus B. Collins	3	174
Mariah, d. Oct. 17, 1848, ae 37	5	12
Thomas A., d. July 31, 1850, ae 4	5	12
RIPLEY, Sarah, m. Ephraim **HERRICK**, b. of Preston, Apr. 27, 1756	2	103
RIX, Abigell, d. James & Annah, b. July 23, 1712	1	87

RIX, (cont.)

	Vol.	Page
Annah, d. [James & Annah], b. May 15, 1716	1	87
Betsey, d. [Thomas, Jr. & Eunice], b. Nov. 7, 1780	2	105
Betsey, m. Erastus **ROSSETER**, b. of Preston, Aug. 8, 1805	2	296
Betsey, d. [Thomas Tracy & Polly], b. Oct. 22, 1810	2	300
Betsey Chapman, d. [Ephraim & Susannah], b. May 28, 1813	2	359
Bridget, d. [James & Hannah], b. Oct. 13, 1761	2	89
Charles Leonord, s. Russell & Betsey, b. Oct. 5, 1821	2	306
Daniel, s. [Thomas & Jerusha], b. Sept. 24, 1738	1	47
Daniel, m. Rebeckah **JOHNSON**, b. of Preston, Oct. 28, 1762	2	105
Daniel, s. [Daniel & Rebeckah], b. Apr. 22, 1775	2	105
Deborah, d. Thomas & Jerush[a], b. July 9, 1720	1	47
Deborah, d. [Theophilus & Lydia], b. Dec. 23, 1772	2	101
Elisha Lee, s. [Daniel & Rebeckah], b. Mar. 5, 1777	2	105
Elizabeth, d. [Theophilus & Lydia], b. Oct. 9, 1768	2	101
Ephraim, s. [James & Hannah], b. Apr. 19, 1759	2	89
Ephraim, m. Martha **BROWN**, b. of Preston, May 3, 1790 (Crossed out)	2	224
Ephraim, m. Martha **BROWN**, b. of Preston, May 30, 1790	2	222
Ephraim, m. Susannah **STANTON**, b. of Preston, Sept. 30, 1810	2	359
Ephraim Bishop, s. [Ephraim & Susannah], b. Apr. 19, 1815	2	359
Esther, d. [Thomas, Jr. & Eunice], b. Oct. 6, 1763	2	105
Esther, of Preston, m. Gideon **CRANDALL**, of Westerly, R.I., Dec. 2, 1784	2	199
Ethan Allen, s. [Thomas, Jr. & Eunice], b. Jan. 10, 1776	2	105
Eunice, d. [Thomas, Jr. & Eunice], b. July 3, 1765	2	105
Gardner, s. [Daniel & Rebeckah], b. July 31, 1767	2	105
George, s. [Theophilus & Lydia], b. July 18, 1774	2	101
Hannah, d. [James & Hannah], b. Oct. 12, 1775	2	89
Henry Fanning, s. [Thomas Tracy & Polly], b. Sept. 28, 1803	2	300
James, m. Annah **HERRICK**, Feb. 7, 1711/10	1	87
James, s. [Thomas & Jerusha], b. June 16, 1723	1	47
James, m. Hannah **SAFFORD**, b. of Preston, May 23, 1754	2	89
James, s. [James & Hannah], b. Aug. 10, 1764	2	89
James, d. Apr. 26, 1788	2	89
James, m. Hannah **PRESTON**, b. of Preston, Feb. 28, 1793	2	245
James, s. [James & Hannah], b. June 13, 1794	2	245
Jemime, d. [James & Hannah], b. Feb. 20, 1773	2	89
Jerusha, d. [Thomas & Jerusha], b. Apr. 6, 1728	1	47
Jerusha, m. Ephraim **JONES**, Jr., b. of Preston, Jan. 16, 1751	2	75
Jerusha, d. [James & Hannah], b. Mar. 15, 1755	2	89
Joseph, s. [James & Hannah], b. June 30, 1796	2	245
Joseph Johnson, s. [Daniel & Rebeckah], b. Aug. 31, 1770	2	105
Louis, d. [Thomas, Jr. & Eunice], b. Sept. 25, 1769	2	105
Lucy, twin with Lydia, d. [Theophilus & Lydia], b. Aug. 8, 1766	2	101
Lusa, d. [Daniel & Rebeckah], b. June 30, 1764	2	105
Lidia, m. Jeremiah **HATCH**, Jan. 19, 1727/8	1	48
Lydia, twin with Lucy, d. [Theophilus & Lydia], b. Aug. 8, 1766	2	101
Marg[a]ret, m. Jerediah **TRACY**, Jan. 27, 1714/13	1	23
Marg[a]ret, d. [Thomas & Jerusha], b. Sept. 16, 1732	1	47
Marg[a]ret, m. Nathan **KIMBAL[L]**, b. of Preston, Feb. 13, 1754	2	94
Martha, [w. Ephraim], d. Feb. 11, 1803	2	222
Martha Lualla, d. [Ephraim & Susannah], b. July 1, 1811	2	359

PRESTON VITAL RECORDS 201

	Vol.	Page
RIX, (cont.)		
Mary Ann, d. [Thomas Tracy & Polly], b. Mar. 11, 1808	2	300
Molly, d. [Theophilus & Lydia], b. Dec. 27, 1760, (see also **REX**)	2	101
Nathan, s. [Theophilus & Lydia], b. Nov. 23, 1759	2	101
Nathan, m. Esther **BROWN**, b. of Preston, Dec. 11, 1785	2	286
Nathaniell, s. [James & Annah], b. June 6, 1714	1	87
Patience, d. [Thomas, Jr. & Eunice], b. Aug. 7, 1767	2	105
Peggy, d. [Theophilus & Lydia], b. Oct. 18, 1776	2	101
Phebee, d. [Theophilus & Lydia], b. Oct. 24, 1762	2	101
Phebe, m. Ezekiel **RUDE**, b. of Preston, Aug. 16, 1780, by Rev. Asher Ros[se]ter	2	400
Rabee, d. [Thomas, Jr. & Eunice], b. Jan. 29, 1783; d. Aug. 21, 1790	2	105
Ralph, s. [Theophilus, Jr. & Polly], b. July 15, 1811	2	328
Rebecca, d. [Daniel & Rebeckah], b. May 10, 1773	2	105
Ruby, see Rabee		
Rufus, s. [James & Hannah], b. Apr. 3, 1757	2	89
Russel[l], s. [Ephraim & Martha], b. May 21, 1798, in Stonington	2	222
Sabra, d. [Thomas, Jr. & Eunice], b. Oct. 21, 1771	2	105
Salla, d. [Theophilus & Lydia], b. Jan. 10, 1771	2	101
Sarah, m. John **GREENSLIT**, May 9, 1710	1	62
Sarah, d. [Thomas & Jerusha], b. Sept. 7, 1730	1	47
Stephen, s. [James & Hannah], b. Oct. 18, 1769; d. Mar. 14, 1773	2	89
Stephen, s. [Thomas, Jr. & Eunice], b. June 4, 1778	2	105
Sybel, d. [James & Hannah], b. Sept. 10, 1778	2	89
Theophilus, s. Thomas & Jerusha, b. Dec. 9, 1734	1	47
Theophilus, of Preston, m. Lydia **KIMBAL[L]**, of Stonington, Feb. 8, 1759	2	101
Theophilus, s. Theophilus, b. Mar. 8, 1779	2	108
Theophilus, Jr., m. Polly **HUTCHINSON**, b. of Preston, June 23, 1808	2	328
Thirza, d. [Theophilus & Lydia], b. Oct. 12, 1764	2	101
Thomas, m. Jerusha **TRACY**, June 26, 1718	1	47
Thomas, s. [Thomas & Jerusha], b. Dec. 13, 1725	1	47
Thomas, Jr., m. Eunice **KIMBALL**, b. of Preston, Dec. 23, 1762	2	105
Thomas, s. [James & Hannah], b. Nov. 13, 1766	2	89
Thomas, d. Oct. 10, 1771	1	47
Thomas, s. [Thomas Tracy & Polly], b. Oct. 20, 1805	2	300
Thomas Tracy, s. [Thomas, Jr. & Eunice], b. Jan. 14, 1774	2	105
Thomas Tracy, m. Polly **FANNING**, b. of Preston, Dec. 30, 1802	2	300
ROATH, ROTH, Abiel, m. Mary **STANTON**, b. of Preston, Oct. 18, 1792	2	235
Abigail, of Preston, m. Elisha **CRARY**, Apr. 10, 1800	2	221
Almira, d. [John & Clarrissa], b. Dec. 12, 1818	2	304
Amanda, d. [John & Clarrissa], b. Mar. 13, 1821	2	304
Anna, of Norwich, m. Jonathan **GEER**, Jr., of Preston, June 5, 1759	2	28
Anna, of Preston, m. David **SHOALS**, of Norwich, Nov. 14, 1808	2	214
Augustus W., s. [Samuel, Jr. & Alice Ann], b. Jan. 25, 1807	2	203
Austin W., s. [John & Clarrissa], b. Oct. 28, 1812	2	304
Betsey, m. Henry **HEWETT**, b.of Preston, Nov. 6, 1842, by Rev. Nathan E. Shailer	4	86
Calvin J., [s. Edwin N. & Fanny **(JOHNSON)**], b. July 11, 1846	4	133
Caroline, d. [Abiel & Mary], b. Nov. 23, 1804	2	235
Catharine F., d. [Abiel & Mary], b. Apr. 29, 1798	2	235

BARBOUR COLLECTION

	Vol.	Page
ROATH, ROTH, (cont.)		
Charles, [s. Edwin N. & Fanny (**JOHNSON**)], b. Jan. 7, 1838	4	133
Charles, unmarried, post office clerk, d. Feb. 18, 1861, ae 23	8-C	16
Charlotte Collins, [d. Isaac & Mary], b. Sept. 16, 1801	2	350
Clarissa N., married, d. Mar. 8, 1867, ae 32 y.	8-C	27
Curtis, unmarried, b. in Norwich, d. May 6, 1858, ae 73	8-C	10
Cynthia, d. [Abiel & Mary], b. Aug. 23, 1800	2	235
Daniel, d. Jan. 21, 1830	2	394
Daniel, d. Jan. 26, [1849 ?], ae 23	5	13
Daniel Y., [s. Edwin N. & Fanny (**JOHNSON**)], b. June 1, 1843	4	133
Edward Martin Comstock, s. [Isaac & Mary], b. Oct. 19, 1816	2	350
Edwin, s. [John & Clarrissa], b. Mar. 6, 1815	2	304
Eleazer, Jr., of Norwich, m. Mary Ann **SPENCER**, of Preston, Jan. 1, 1826, by Rev. David W. Bentley, of Norwich	3	80
Eliza A., married, d. Apr. 21, 1853, ae 42	8-C	1
Frances Eliza, m. John **HIBBARD**, Oct. [ ], 1825, by Rev. Zelotes Fuller	3	71
Henry H., of Preston, m. Mary A. **STANTON**, of Norwich, Sept. 24, 1848, by Rev. Cyrus Miner	4	153
Henry J., ae 27, tinman, of Preston, m. Ruth E. **BURDOCK**, ae 21, May 13, 1849, by William Reynolds	5	2
Huldah, d. [Abiel & Mary], b. Oct. 7, 1802	2	235
Isaac, m. Mary **REYNOLDS**, Aug. 31, 1798	2	350
Isaac E., s. Henry J., tinman, & Ruth E., b. Dec. 18, [1849]	5	9
Isaac Henry, s. [Isaac & Mary], b. Sept. 22, 1822	2	350
Isaac Rumrill, s. [Isaac & Mary], b. Feb. 19, 1804; d. Nov. 8, 1822	2	350
Jabez, farmer, married, d. Dec. 29, 1859, ae 68	8-C	14
James, s. [Abiel & Mary], b. May 30, 1795	2	235
John, m. Clarrissa **WAGE**, b. of Preston, Dec. 5, 1811	2	304
Julian, d. [Abiel & Mary], b. Apr. 25, 1807; d. Aug. 3, 1808	2	235
Kate, m. Daniel Palmer **STANTON**, b. of Preston, Dec. 24, 1795	2	253
Levi, s. [Isaac & Mary], b. Mar. 19, 1809	2	350
Lucinda, m. John **GAVIT**, b. of Preston, Feb. 21, 1803	2	287
Martha Louisa, d. [Isaac & Mary], b. Nov. 26, 1819	2	350
Martha Spear, unmarried, d. Dec. 13, 1860, ae 69	8-C	15
Mary, m. Asa **BENJAMIN**, Dec. 26, 1784	2	389
Mary Ann, d. [Isaac & Mary], b. May 3, 1806	2	350
Mary P., d. [Abiel & Mary], b. Nov. 3, 1793	2	235
Nancy, d. Abiel & Mary, b. Dec. 24, 1790	2	235
Rufus, m. Polly **McCOY**, June 29, 1823, by Nathan Stanton, J.P.	3	36
Samuel, Jr., m. Alice Ann **MALLISON**, Oct. 7, 1805, by John Sterry, of Norwich	2	203
Samuel, m. Eunice **GATES**, b. of Preston, May 11, 1823, by Palmer Hewit[t], J.P.	3	41
Susan, m. Emanuel **COREY**, Apr. 1, 1827, by Levi Meech, Elder	3	106
Ursula Maria, d. [Isaac & Mary], b. Mar. 20, 1828	2	350
Wareington, s. [Isaac & Mary], b. Sept. 19, 1825; d. Nov. 9, 1827	2	350
William, s. [Isaac & Mary], b. May 10, 1813; d. Sept. 19, 1826	2	350
William, [s. Edwin N. & Fanny (**JOHNSON**)], b. Aug. 14, 1841; d. Jan. 18, 1898	4	133
-----, child stillborn, Austin, carpenter, & Eliz[abeth], b. [, 1848 ?]	5	9
ROBBINS, ROBINS, Betsey, m. Lot **KINNE**, b. of Preston, Dec. 7, 1786	2	205

	Vol.	Page
ROBBINS, ROBINS, (cont.)		
Cynthia, d. Joseph & Mary, b. Sept. 27, 1777	2	26
Samuel, s. Joseph & Mary, b. Sept. 11, 1775	2	26
Zebulon R., of Norwich, m. Charlotte **HOLDEN**, of Preston, Apr. 24, 1830, by Rev. Augustus B. Collins	3	143
ROBERTSON, Mary E., d. Aug. 18, 1859, ae 4 m.	8-C	13
ROBINSON, Charles, farmer, d. July 19, 1849, ae 17	5	11
Margaret B., of Preston, m. Austin **PHILLIPS,** Oct. 5, 1830, by Rev. John Hyde, n. Wilbraham, Mass. Intention of marriage published Oct. 3, 1830, by Rev. Augustus B. Collins	3	150
ROCKWELL, ROCKWEL, Anna, of Norwich, m. Joseph **FREEMAN,** Mar. 8, 1743/4. She was his 2d wife.	1	98
Lucinda, of Preston, m. Joseph **YORK,** of N. Stonington, Dec. 30, 1820, by Levi Walker	3	15
Ruth, m. Cyrus **GATES,** b. of Preston, Jan. 25, 1776	2	249
Zip[p]orah, b. Mar. 24, 1776; m. Gershom **MOTT,** Mar. 29, 1794	2	364
RODET, David, railroad, b. in Canada, d. Aug. 18, 1848, ae 38	5	12
RODWELL, Loren, of Ashford, m. Ruth **GATES,** of Preston, Sept. 12, 1821, by Levi Meech, Elder	3	85
ROGERS, Harriet Louisa, d. [James A. & Phebe E., b.] Dec. 25, 1837	3	318
Henry James, s. [James A. & Phebe E.], b. Dec. 24, 1839	3	318
James A., m. Phebe E. **HAKES,** of Preston, Feb. 16, 1835, by Rev. Alfred Gates	3	318
James D., of Norwich, m. Eunice C. **PALMER,** of Preston, Dec. 25, 1844, by Rev. Augustus B. Collins	4	117
John, s. [William & Jerusha], b. Jan. 14, 1739/40	1	94
Juliett, d. [James A. & Phebe E.], b. Jan. 23, 1836	3	318
Phebe Ann Hakes, d. [James A. & Phebe E.], b. Dec. 1, 1841	3	318
Ursula M., m. Simeon **CHAPMAN,** Mar. 14, 1824, at Groton, by Rev. Timothy Tuttle	3	189
William, m. Jerusha **BURTON,** Mar. 22, 1739	1	94
ROSE, Alexander, s. [Erastus & Fanny], b. Oct. 26, 1809; d. Oct. 16, 1810	2	379
Almira, d. [Erastus & Fanny], b. Jan. 2, 1808	2	379
Ame, d. [Joseph & Sarah], b. Mar. 13, 1728	1	94
Anna, d. [Joseph, Jr. & Anna], b. Mar. 26, 1771	2	147
Anna, d. [Elisha], b. Mar. 22, 1775	2	204
Barsheba, d. [Peter, Jr. & Sarah], b. Jan. 26, 1778	2	107
Betsey, d. [Elisha], b. May 9, 1779	2	204
Charles Bill, s. [Joseph, Jr. & Anna], b. Apr. 10, 1764	2	147
Charlotte, d. [Peter, Jr. & Sarah], b. Mar. 29, 1773	2	107
Clarrissa, d. Thomas & Sarah, b. July 11, 1777	2	180
Cynthia, d. [Joseph, Jr. & Anna], b. Aug. 23, 1766	2	147
Cyrus, s. [Joseph, Jr. & Anna], b. Sept. 12, 1752; d. Nov. 2, 1753	2	147
Cyrus Punderson, s. [Joseph, Jr. & Anna], b. Aug. 26, 1762	2	147
Dan[ie]ll, s. [Peter & Elizabeth], b. Feb. 21, 1741/2	1	24
Daniel, m. Jerusha **BREWSTER,** b. of Preston, Dec. 24, 1767	2	176
Deborah, m. Samuel **PARTREDG[E],** May 15, 1710	1	70
Deborah, d. [Peter, Jr. & Sarah], b. Oct. 21, 1768	2	107
Elias, m. Lucretia **WOODWARD,** b. of Preston, Dec. 21, 1794	2	246
Elijah, s. Thomas [& Sarah], b. Mar. 19, 1786	2	180
Elisha, s. [Peter & Elizabeth], b. Sept. 30, 1744	1	24
Elisha, s. [Elisha], b. Feb. 23, 1783	2	204

BARBOUR COLLECTION

	Vol.	Page
ROSE, (cont.)		
Elizabeth, [d. Thomas], b. Mar. 4, 1712	1	10
Elizabeth, d. [Peter & Elizabeth], b. Feb. 13, 1746/7	1	24
Elizabeth, m. R[e]uben PARTRIDGE, b. of Preston, Oct. 12, 1769	2	183
Elizabeth, d. [Peter, Jr. & Sarah], b. May 17, 1771	2	107
Erastus, of Groton, m. Fanny PRESTON, Apr. 30, 1807	2	379
Eunice, d. [Peter, Jr. & Sarah], b. Sept. 27, 1764	2	107
Frances W., [s. Erastus & Fanny], b. Mar. 6, 1814	2	379
Frederick Augustus, s. [Thomas & Sarah], b. July 23, 1789	2	180
Hannah, m. Samuel STERRY, Feb. 22, 1703	1	83
Hannah, d. [Joseph & Sarah], b. Aug. 23, 1720	1	94
Hannah, wid. Thomas, d. Jan. 5, 1745/6	2	12
Henry D., [s. Erastus & Fanny], b. Sept. 1, 1811	2	379
Jane, d. Peter & Elizabeth, b. Feb. 7, 1756	2	64
Jemima, twin with Marcy, d. [Peter, Jr. & Sarah], b. Feb. 19, 1780	2	107
Joannah, d. [Thomas, 3d, & Joannah], b. Apr. 16, 1729	1	17
John, [s. Thomas], b. Aug. 2, 1709	1	10
Joseph, m. Sarah PELTON, Sept. 15, 1715	1	94
Joseph, s. [Joseph & Sarah], b. June 26, 1726	1	94
Joseph, Jr., of Preston, m. Anna BILL, of Groton, Feb. 20, 1746, by Ebenezer Punderson, Missionary	2	147
Joseph, s. [Joseph, Jr. & Anna], b. May 20, 1760	2	147
Joseph, Sr., d. Jan. 15, 1770	1	94
Josiah, [s. Thomas], b. Apr. 27, 1713; d. Jan. 20, 1733/4	1	10
Josiah, s. [Peter & Elizabeth], b. Jan. 23, 1736/7	1	24
Josiah, s. Peter, d. Oct. 6, 1762	2	64
Josiah, s. [Daniel & Jerusha], b. Oct. 7, 1768	2	176
Josiah, widower, d. Nov. 30, 1859, ae 91	8-C	13
Lucretia, d. [Joseph, Jr. & Anna], b. Oct. 30, 1746	2	147
Lucy, d. Elisha, b. Aug. 1, 1773	2	204
Lydia, d. [Elisha], b. Oct. 16, 1777	2	204
Marcy, twin with Jemima, d. [Peter, Jr. & Sarah], b. Feb. 19, 1780	2	107
Martha, of Norwich, m. Charles PUTNAM, of Preston, May 27, 1762	2	109
Mary, d. [Joseph & Sarah], b. Aug. 26, 1722	1	94
Mary, wid. Thom[a]s, d. [ ] 7, 1737	1	10
Mary, 2d, d. [Joseph, Jr. & Anna], b. July 13, 1756	2	147
Mary, d. [Joseph, Jr. & Anna], b. Sept. 11, 1754; d. Feb. 11, 1756	2	147
Nabby, d. Thomas & Sarah, b. Aug. 7, 1779	2	180
Nancy, b. Mar. 26, 1771; m. George PHILLIPS, Mar. 21, 1796	2	347
Nathan, s. [Peter & Elizabeth], b. Dec. 30, 1749	1	24
Nathan, s. Peter, d. Oct. 20, 1754	2	64
Nathan, 2d, s. [Peter], b. Feb. 23, 1758; d. Oct. 14, 1774	2	64
Nathan, s. [Elisha], b. Feb. 25, 1781	2	204
Olive, d. Thomas [& Sarah], b. Oct. 7, 1781	2	180
Patty, of Groton, m. Nathan BURTON, Jr., of Preston, Mar. 18, 1795	2	357
Peter, [s. Thomas], b. June 19, 1707	1	10
Peter, m. Elizabeth FISH, Nov. 27, 1735	1	24
Peter, s. [Peter & Elizabeth], b. July 25, 1739	1	24
Peter, Jr., m. Sarah GATES, b. of Preston, June 10, 1762	2	107
Polly, d. [Peter, Jr. & Sarah], b. Feb. 4, 1776	2	107
Polly, of Groton, m. Joseph TUTTLE, of Montville, Oct. 1, 1806	2	353

PRESTON VITAL RECORDS 205

	Vol.	Page
ROSE, (cont.)		
Ransford, s. [Joseph, Jr. & Anna], b. Aug. 23, 1748	2	147
Rebeckah, d. [Peter, Jr. & Sarah], b. Jan. 26, 1763	2	107
Robert, s. [Joseph & Sarah], b. Nov. 13, 1717	1	94
Ruth, d. [Elisha], b. Feb. 17, 1785	2	204
Salla, d. [Thomas & Sarah], b. Apr. 24, 1791	2	180
Sarah, m. John **KILLAM**, Mar. 5, 1718	1	104
Sarah, d. [Peter, Jr. & Sarah], b. Nov. 5, 1766	2	107
Sarah, wid. Joseph, d. Feb. 2, 1770	1	94
Sarah, [d. Erastus & Fanny], b. Apr. 18, 1816	2	379
Sarah, m. Abel **SPICER**, Mar. 18, 1818	2	283
Simon, of Preston, m. Mary **PETERS**, of Plainfield, Dec. 11, 1783, by Alex Miller, V.D.M. (Black people)	2	182
Thomas, s. Thomas, b. Feb. 27, 1705	1	10
Thomas, 3d, m. Joannah **WIAT**, Mar. 28, 1727/8	1	17
Thomas, d. May 15, 1733	1	10
Thomas, d. Apr. 19, 1744	2	12
Thomas, s. [Joseph, Jr. & Anna], b. Sept. 7, 1750; d. Oct. 21, 1753	2	147
Thomas, 2d, s. [Joseph, Jr. & Anna], b. May 17, 1758	2	147
Zelendy, d. [Joseph, Jr. & Anna], b. June 20, 1769	2	147
ROSS, Catharine, w. Jeremiah, d. Feb. 23, 1776, ae 55 y.	2	73
Damer[i]s, m. Joseph **GAT[E]S**, Dec. 12, 1711	1	73
Jeremiah, of Newport, R.I., m. Esther **GATES**, of Preston, Dec. 7, 1780	2	73
William Crandall, s. Labeas, b. July 31, 1785	2	95
ROSSETER, ROSSITER, Abigail, d. [Asher & Abigail], b. Oct. 15, 1749	2	39
Abigail, m. Samuel **MOTT**, b. of Preston, Nov. 24, 1765	2	116
Abigail, m. Shubael **PARK[E]**, b. of Preston, Jan. 22, 1801	2	276
Appleton Wolcott, s. [Asher & Abigail], b. July 2, 1748	2	39
Asher, Rev., of Preston, m. Abigail **WELLS**, of Wethersfield, Aug. 5, 1746	2	39
Asher Sherman, s. [Asher & Abigail], b. May 16, 1747	2	39
Asher Sherman, [s. Asher & Abigail], d. Sept. 3, 1773	2	39
Betsey, d. [Erastus & Lydya], b. Dec. 20, 1786	2	209
Betsey, m. Stephen **WILBUR**, b. of Preston, Jan. 6, 1803	2	285
Erastus, s. [Asher & Abigail], b. July 29, 1752	2	39
Erastus, of Preston, m. Lydya **PERKINS**, of Groton, Sept. 13, 1778	2	209
Erastus, s. [Erastus & Lydya], b. Jan. 29, 1784	2	209
Erastus, m. Betsey **RIX**, b. of Preston, Aug. 8, 1805	2	296
Erastus, s. [Erastus & Betsey], b. July 12, 1806	2	296
Henry, twin with Nathan, s. Lydia, b. Sept. 13, 1787, after [His father] Capt. Erastus was lost at sea	2	209
Lydia, wid., had servant Prince Deneck, s. Vesta, b. Mar. 7, 1788	2	182
Nathan, twin with Henry, s. Lydia, b. Sept. 13, 1787, after [his father] Capt. Erastus was lost at sea	2	209
Sarah, d. [Asher & Abigail], b. May 10, 1755	2	39
Sarah, b. Sept. 8, 1777; m. Gershom **DORRANCE**, b. of Preston, Dec. 9, 1795	2	250
Sarah, m. Ephraim **HERRICK**, b. of Preston, Nov. 11, 1784	2	228
Sophia, m. Nathan **GEER**, May 2, 1816, by Jared Gallup, J.P.	3	84
Timothy Wells, s. [Asher & Abigail], b. Mar. 28, 1751	2	39
ROTH, [see under **ROATH**]		

206   BARBOUR COLLECTION

	Vol.	Page
ROUSE, Abigail, d. [Elias & Hannah], b. Mar. 18, 1766	2	126
Allen, s. [Elias & Anne], b. May 30, 1782	2	126
Barton, s. [Elias & Hannah], b. Mar. 19, 1768	2	126
Benjamin, tailor, married, b. in Voluntown, d. Jan. 22, 1853	8-C	1
Caroline, m. John R. BABCOCK, b. of Preston, Oct. 3, 1843, by Rev. J. H. Peckham	4	98
Elias, m. Hannah FRINK, b. of Preston, Feb. 16, 1764	2	126
Elias, of Preston, m. Anne TREBBE, of Exeter, Feb. 22, 1781	2	126
[Hannah], w. Elias, d. Mar. 22, 1780	2	126
James, s. William & Amy, b. Aug. 9, 1769	2	110
Mary, of Preston, m. Christian GOSNER, of Philadelphia, May 1, 1777	2	202
Parthenia, d. [Elias & Hannah], b. July 30, 1764	2	126
Sally, d. Apr. 29, 1849, ae 46	5	11
Sarah C., of Norwich, m. William HARRINGTON, of Ledyard, Apr. 23, 1843, by Henry R. Knapp	4	94
Zerviah, d. [Elias & Hannah], b. June 4, 1770	2	126
-----, infant s. Sally, d. Mar. 2, 1848, ae 2 m.	5	11
ROW, Uriah, of Kingsbrough, Germany, m. Ally R. WILCOX, of Preston, July 22, 1850, by Rev. Cyrus Miner	4	191
RUDD, Abigail, [d. Jonathan & Marcy], b. Feb. 2, 1688	1	11
Abigell, [d. Jonathan & Marcy], b. Feb. 2, 1688	1	70
Esther, of Windham, m. Moses BELCHER, of Preston, Nov. 8, 1758	2	92
Jonathan, m. Marcy BUSHNELL, Dec. 19, 1678	1	11
Jonathan, m. Marcy BUSHNELL, Dec. 19, 1678	1	70
Jonathan, [s. Jonathan & Marcy], b. Mar. 22, 1682	1	11
Jonathan, [s. Jonathan & Marcy], b. Mar. 18, 1682	1	70
Jonathan, h. of Marcy, d. Aug. 19, 1689	1	11
Jonathan, Sr., d. Aug. [ ], 1689	1	70
Mary, [d. Jonathan & Marcy], b. Oct. 15, 1686	1	11
Mary, [d. Jonathan & Marcy], b. Oct. 15, 1686	1	70
Nathaniel, [s. Jonathan & Marcy], b. May 22, 1684	1	11
Nathaniel, [s. Jonathan & Marcy], b. May 22, 1684	1	70
RUDE, Alba Hatch, s. [Nathan & Lucy], b. Oct. 19, 1813	2	326
Amy, married, d. Feb. 22, 1855, ae 62	8-C	5
Andrew, s. [Nathan & Thankfull], b. Aug. 29, 1741	2	99
Asher, s. [Joseph & Deborah], b. Jan. 19, 1750/51	1	32
Asher, of Preston, m. Lydia STANTON, of Norwich, Nov. 4, 1771	2	138
Asher, s. [Asher & Lydia], b. Apr. 4, 1773	2	138
Betsey, d. [Ezekiel & Phebe], b. Jan. 16, 1787; d. Jan. 16, 1820, ae 33 y.	2	400
Betsey, d. [Zephaniah & Elizabeth], b. Sept. 11, 1792	2	341
Betsey, d. May 8, 1809	2	341
Caleb, [s. John & Mary], b. Jan. 8, 1723	1	90
Charles, s. [Zephaniah & Elizabeth], b. Sept. 8, 1801	2	341
Charles, of Preston, m. Mary COOK, of Griswold, May 7, 1824, by Rev. John Hyde	3	72
Dan, s. [Joseph & Deborah], b. Sept. 4, 1745	1	32
Dan, m. Deborah MEECH, b. of Preston, Mar. 9, 1769	2	128
Daniel, s. Dan & Deborah, b. June 6, 1769	2	128
Dauid, m. Joanna PARKE, Feb. 20, 1710/11	1	64
Desier, d. [Joseph & Deborah], b. Dec. 26, 1747	1	32

PRESTON VITAL RECORDS 207

	Vol.	Page
RUDE, (cont.)		
Desire, m. Stephen **GATES**, 3d, b. of Preston, Oct. 15, 1772	2	155
Dorothy, d. [Zachariah & Dorothy], b. June 26, 1738	1	27
Dorothy, d. [Jacob & Jemima], b. Sept. 14, 1738	1	64
Dorothy, of Plainfield, m. Daniel **HARRISS**, Jr., of Preston, Dec. 19, 1765	2	58
Dorothy, m. Solomon **STORY**, b. of Preston, July 29, 1773	2	135
Eddy, m. Elijah **WEEDEN**, b. of Preston, Nov. 11, 1763	2	116
Elisha, s. [Nathan & Lucy], b. July 10, 1816	2	326
Elizabeth, d. [Zachariah & Dorothy], b. Feb. 4, 1731/32	1	27
Ephraim, s. [Nathan & Thankfull], b. Dec. 15, 1752	2	99
Erasmus, s. [Zephaniah & Elizabeth], b. Feb. 15, 1804	2	341
Esther, [d. John & Mary], b. Dec. 16, 1720	1	90
Esther, m. Francis **TRACY**, b. of Preston, July 31, 1740	1	112
Esther, m. James **MACLANE**, b. of Preston, Oct. 22, 1767, by Wait Palmer, Elder	2	67
Eunice, d. [Nathan & Thankfull], b. Aug. 29, 1751	2	99
Evy (?), d. [Joseph & Deborah], b. Feb. 18, 1743/4	1	32
Ezekial, s. [Nathan & Thankfull], b. Dec. 26, 1754	2	99
Ezekiel, m. Phebe **RIX**, b. of Preston, Aug. 16, 1780, by Rev. Asher Ros[se]ter	2	400
Hannah, d. David & Joannah, b. June 20, 1712	1	64
Hannah, [d. John & Mary], b. Jan. 21, 1716/5	1	90
Henry B., m. Ruth Ann **PALMER**, b. of Preston, Feb. 30, [sic], 1850, by Rev. N. S. Hunt	4	186
Henry B., tanner, of Preston, m. Ruth A. **PALMER**, of Preston, Feb. 20, 1850, by Nathan S. Hunt	5	1
Jacob, [s. John & Mary], b. Nov. 18, 1693	1	9
Jacob, m. Jemima **PARK**, Feb. 23, 1714/15	1	64
Jacob, s. [Jacob & Jemima], b. Aug. 17, 1715	1	64
James, s. [Zachariah & Dorothy], b. May 10, 1730	1	27
Jason, s. [Zachariah & Dorothy], b. May 25, 1744	1	27
Jason, s. [Zephaniah & Elizabeth], b. Sept. 18, 1799	2	341
Jemima, d. [Jacob & Jemima], b. July 5, 1735	1	64
Joannah, d. [David & Joannah], b. July 10, 1714	1	64
John, m. Mary **EDE**, June 24, 1687	1	9
John, [s. John & Mary], b. Nov. 5, 1688	1	9
John, d. Mar. 14, 1704/5	1	9
John, m. Mary **LESTER**, Sept. 11, 1714	1	90
John, s. [Jacob & Jemima], b. June 17, 1720	1	64
John, s. [Zephaniah & Elizabeth], b. Mar. 22, 1791	2	341
Joseph, [s. John & Mary], b. Nov. 25, 1698	1	9
Joseph, m. Deborah **PARKE**, b. of Preston, Nov. 13, 1742	1	32
Joseph, d. Mar. 11, 1756	1	32
Lidia, d. [David & Joannah], b. July 23, 1717	1	64
Lidia, d. [Zachariah & Dorothy], b. June 2, 1740	1	27
Lucy Ann, m. Daniel B. **MORGAN**, b. of Preston, Dec. 16, 1845, by Rev. Augustus B. Collins	4	126
Lydia, see under Lidia		
Mary, [d. John & Mary], b. Apr. [ ], 1695	1	9
Mary, [d. John & Mary], b. May 19, 1727	1	90
Mary, m. Timothy **CLARK**, b. of Preston, Jan. 4, 1749	2	92
Mary, d. [Joseph & Deborah], b. June 4, 1756	1	32

BARBOUR COLLECTION

	Vol.	Page
RUDE, (cont.)		
Mehetable, [d. John & Mary], b. Apr. 23, 1725	1	90
Mehetable, m. Isaac **TRACY**, b. of Preston, July 13, 1742	2	59
Moses, [s. Zachariah & Dorothy], b. Apr. 6, 1735	1	27
Moses, s. [Zephaniah & Elizabeth], b. Apr. 14, 1794	2	341
Nathan, [s. John & Mary], b. Nov. 29, 1718	1	90
Nathan, m. Thankfull **TRACY**, b. of Preston, Apr. 30, 1741	2	99
Nathan, d. May 11, 1761	2	99
Nathan, s. [Ezekiel & Phebe], b. Dec. 31, 1780	2	400
Nathan, of Preston, m. Lucy **BRUMBLEY**, of Charlestown, N.Y., Oct. 11, 1812	2	326
Nathan, farmer, married, d. May 13, 1859, ae 78	8-C	12
Noah, [s. John & Mary], b. Oct. 30, 1704	1	9
Olive, [d. John & Mary], b. May 14, 1731	1	90
Olive, twin with Patience, d. [Joseph & Deborah], b. May 4, 1753	1	32
Olive, of Preston, m. Abel **STANTON**, of Norwich, Nov. 23, 1769	2	138
Olive, d. [Zephaniah & Elizabeth], b. July 12, 1796	2	341
Oliuer, [s. John & Mary], b. Apr. 2, 1715	1	90
Oliver, m. Silence **STARKWEATHER**, b. of Preston, Apr. 11, 1737	1	112
Patience, twin with Olive, d. [Joseph & Deborah], b. May 4, 1753	1	32
Patience, m. Daniel **MORSE**, Jr., b. of Preston, Nov. 23, 1769	2	12
Rachel, [d. John & Mary], b. Mar. 12, 1729	1	90
Rix, s. [Ezekiel & Phebe], b. Nov. 14, 1794	2	400
Robert, s. [Jacob & Jemima], b. Apr. 11, 1732	1	64
Sarah Stanton, d. [Asher & Lydia], b. May 17, 1775	2	138
Stephen, s. [Jacob & Jemima], b. Nov. 10, 1717	1	64
Susanna, d. [Jacob & Jemima], b. Sept. 11, 1729	1	64
Thankfull, m. Benjamin **KINNE**, b. of Preston, Dec. 24, 1745	1	118
Thankful, widow, b. in Griswold, d. Mar. 17, 1859, ae 94	8-C	12
Zachariah, [s. John & Mary], b. July 1, 1690	1	9
Zachariah, m. Dorothy **DOWNING**, Nov. 21, 1727	1	27
Zachariah, s. [Zachariah & Dorothy], b. Sept. 21, 1728; d. Oct. 9, 1733	1	27
Zephaniah, s. [Zachariah & Dorothy], b. Jan. 9, 1733/4	1	27
Zephaniah, m. Elizabeth **MEECH**, Nov. 12, 1790	2	341
Zephaniah, d. Dec. 5, 1805	2	341
-----, m. John **RENALDS**, June 27, 1715	1	91
RUNNELS, [see also **REYNOLDS**], Lester, of Norwich, m. Mary Ann T. **WHEELER**, of Preston, Feb. 21, 1832, by Elisha Brewster, J.P.	3	173
RUSSELL, Caroline Minner, married, d. July 28, 1858, ae 33	8-C	11
Charles H., s. Marcus H., ae 27, carpenter, & Caroline, ae 24, b. Nov. 19, 1849	5	8
Marcus H., of New Haven, Ct., m. Caroline M. **SMITH**, of Norwich, July 4, 1847, by Rev. John Hewson	4	14
Marcus H., Priv., d. [ ], 1863, from disease contracted in the service of U.S. Left s. Charles H., ae 13 y., & Edwin M., ae 6 y.	5	A
Olive E., d. Aug. 24, 1855, ae 1	8-C	6
RUST, Emily, of Lexington, Mass., m. Abraham A. **DAME**, lawyer of Boston, Dec. 17, 1850, by Rev. Jacob Allen	4	200
Mary, of Ipswich, m. Paul **PARKE**, of Preston, Nov. 26, 1772	2	142

	Vol.	Page
SABINS, SABENS, Silas, s. Seth & his w., b. July 3, 1777	2	24
Silas, s. Seth, b. July 3, 1777	2	74
SAFFORD, Abigail, d. [John & Mary], b. Apr. 23, 1767	2	87
Alfred Ames, s. [Erastus & Rebeckah], b. May 28, 1811	2	292
Amy, d. [Gidion & Elizabeth], b. Jan. 20, 1742	1	76
Ann, d. [Thomas & Phebee], b. July 17, 1779	2	116
Anna, m. Uriah BEAMAN, b. of Preston, Nov. 12, 1771	2	4
Anne, d. [Gidion & Elizabeth], b. July 12, 1752	1	76
Asahel, s. [Thomas & Phebee], b. May 4, 1769	2	116
Benjamin, s. [David & Mary], b. Sept. 25, 1763	2	65
Betsey, d. [Johnson & Clariscy], b. Feb. 10, 1786	2	197
Chester, s. [Gideon, Jr. & Lucy], b. June 10, 1780	2	193
Chloe, d. [David & Mary], b. Dec. 30, 1769; d. Dec. 30, 1772	2	65
Clarrissa, d. [Johnson & Clariscy], b. Nov. 17, 1797	2	197
David, s. [Joseph & Patience], b. Sept. 21, 1740	1	12
David, of Preston, m. Mary CHOAT[E], of Norwich, Nov. 17, 1762	2	65
Deries, s. [Thomas & Phebee], b. Mar. 3, 1765	2	116
Diadama, d. [David & Mary], b. Oct. 1, 1765; d. Oct. 31, 1766	2	65
Elizabeth, [d. John], b. Jan. 24, 1700	1	28
Elizabeth, d. [Gidion & Elizabeth], b. Sept. 17, 1737	1	76
Elizabeth, d. [Gideon, Jr. & Lucy], b. Jan. 13, 1777	2	193
Elizabeh Hunting, d. [Erastus & Rebeckah], b. Sept. 10, 1813	2	292
Emily Tyler, [s. Erastus & Rebeckah], b. May 3, 1816	2	292
Erastus, s. [John & Mary], b. Dec. 3, 1777	2	87
Erastus, of Preston, m. Rebeckah AMES, of Stonington, Mar. 18, 1802	2	292
Eunice, d. [John, Jr. & Eunice], b. Sept. 29, 1798	2	257
Gideon, [s. John], b. Mar. 24, 1709	1	28
Gidion, m. Elizabeth HILL, Jan. 13, 1731/2	1	76
Gideon, s. [Gidion & Elizabeth], b. Nov. 4, 1754	1	76
Gideon, Jr., m. Lucy FREEMAN, b. of Preston, Nov. 10, 1774	2	193
Gideon, s. [Gideon, Jr. & Lucy], b. Nov. 29, 1778	2	193
Hannah, [d. John], b. Sept. 24, 1691	1	28
Hannah, m. Ebenezer PERKINS, Aug. 14, 1710	1	82
Hannah, d. [Joseph & Patience], b. Nov. 26, 1732	1	12
Hannah, of Norwich, m. Benajah TRACY, of Preston, Dec. 25, 1735	1	108
Hannah, m. James RIX, b. of Preston, May 23, 1754	1	89
Harriet Byron, d. [Erastus & Rebeckah], b. Apr. 21, 1821	2	292
Henry, s. [Johnson & Clariscy], b. July 16, 1788; d. Mar. 6, 1792	2	197
Henry, s. Erastus & Rebeckah, b. May 8, 1804	2	292
Jacob, s. [John & Mary], b. Oct. 1, 1762	2	87
John, [s. John], b. Feb. 28, 1688/87	1	28
John, s. [Joseph & Patience], b. Mar. 31, 1729	1	12
John, m. Mary JOHNSON, b. of Preston, Mar. 15, 1759	2	87
John, s. [John & Mary], b. Nov. 5, 1764	2	87
John, Jr., m. Eunice MEECH, b. of Preston, Jan. 4, 1798	2	257
Johnson, s. [John & Mary], b. Oct. 6, 1760	2	87
Johnson, of Preston, m. Clariscy ENSWORTH, of Canterbury, June 16, 1785	2	197
Jonathan, s. [Joseph & Patience], b. Sept. 21, 1738	1	12
Joseph, [s. John], b. Jan. 18, 1705	1	28
Joseph, m. Patience YEOMANS, Dec. 20, 1727	1	12
Joseph, s. [Joseph & Patience], b. Feb. 8, 1731/30	1	12

BARBOUR COLLECTION

	Vol.	Page
SAFFORD, (cont.)		
Joseph, s. [John & Mary], b. Feb. 4, 1770	2	87
Kerby Stephens, s. [Erastus & Rebeckah], b. Oct. 10, 1805	2	292
Lucrete, d. [Joseph & Patience], b. May 1, 1737	1	12
Lucretia, d. [David & Mary], b. Sept. 22, 1767	2	65
Lucy, d. [Gidion & Elizabeth], b. Apr. 3, 1744	1	76
Lucy, m. Preserved BRUMBLY, b. of Preston, June 19, 1766	2	129
Lucy, d. [Thomas & Phebee], b. Aug. 20, 1766	2	116
Marcy, [d. John], b. Mar. 5, 1697	1	28
Marcy, m. Ezekiell PARKE, Sept. 20, 1716	1	44
Marg[a]ret, [d. John], b. Apr. 24, 1703	1	28
Maria, d. [Erastus & Rebeckah], b. June 10, 1818	2	292
Marian, d. [Erastus & Rebeckah], b. Sept. 17, 1809	2	292
Mary, d. [Gidion & Elizabeth], b. Sept. 1, 1732	1	76
Mary, m. Matthias BUTTON, b. of Preston, Mar. 5, 1752	2	113
Mary, d. [Gideon, Jr. & Lucy], b. Sept. 27, 1775	2	193
Nabby, d. [John, Jr. & Eunice], b. June 4, 1803	2	257
Nathan, s. [John & Mary], b. Feb. 1, 1775	2	87
Nathan, s. [Gideon, Jr. & Lucy], b. Aug. 14, 1783	2	193
Oren, s. [Erastus & Rebeckah], b. Dec. 2, 1807	2	292
Peg[g]y, d. [Gidion & Elizabeth], b. May 10, 1750	1	76
Phebe, d. [Thomas & Phebee], b. Apr. 30, 1774	2	116
Phebe Angeline, d. Erastus & Phebe, b. Aug. 30, 1835	2	292
Polly, d. [Johnson & Clariscy], b. June 21, 1795	2	197
Samuel, s. [Gidion & Elizabeth], b. Jan. 2, 1748	1	76
Sarah, [d. John], b. Dec. 25, 1694	1	28
Sarah, d. [Joseph & Patience], b. Mar. 3, 1734	1	12
Shubael, s. [Thomas & Phebee], b. Mar. 14, 1772	2	116
Stephen, s. [David & Mary], b. Oct. 13, 1773	2	65
Stephen H., m. Thankful HILLAM, b. of Preston, Apr. 6, 1829, by Rev. Augustus B. Collins	3	127
Thankfull, d. [Gidion & Elizabeth], b. Oct. 15, 1739	1	76
Thomas, s. [Gidion & Elizabeth], b. Oct. 15, 1735	1	76
Thomas, of Preston, m. Phebee KIMBALL, of Stonington, Oct. 25, 1764	2	116
Thomas, s. [John, Jr. & Eunice], b. Aug. 3, 1801	2	257
Thomas Dilworth, d. [Thomas & Phebee], b. Apr. 25, 1782 (Probably a son)	2	116
Thomas M., m. Nabby P. HAKES, of Preston, Jan. 20, 1831, by Rev. Augustus B. Collins	3	158
SANDERS, [see also SAUNDERS], Betsey, m. Minor GRANT, b. of Preston, Aug. 19, 1832, by Robert S. Avery, J.P.	3	180
Celia Matilda, black, b. in Norwich, d. Aug. 5, 1860, ae 4 m. 28 d.	8-C	15
Cormie Wolcott, s. [Francis & Betsey], b. Dec. 18, 1809	2	365
Francis, m. Betsey STANDISH, Nov. 25, 1806	2	365
Mary Ann, d. [Francis & Betsey], b. Dec. 19, 1807	2	365
Ruhumah, of Lyme, m. John KIMBAL[L], of Preston, Sept. 21, 1752	2	55
SATTERLY, SATTERLEE, SATERLY, Abiga[i]l, of Plainfield, m. Nathan CLARK, of Norwich, Aug. 12, 1741	2	13
Mary, m. Moses KIMBALL, b. of Preston, Feb. 9, 1764	2	132
SAUNDERS, [see also SANDERS], Edward W., s. Edwin, ae 34, farmer, & Mahala, ae 33, b. Sept. 3, 1848	5	4

	Vol.	Page
SAUNDERS, (cont.)		
Joseph A., d. Sept. 4, 1849, ae 15	5	11
SCHOLES, Francis J., farmer, married, d. Feb. 2, 1854, ae 42	8-C	2
SCHOLFIELD, Clark, d. Oct. 5, 1855,	8-C	6
Emagane, b. in Norwich, d. June 29, 1858, ae 1 m. 23 d.	8-C	10
Francis, married, d. June 25, 1855, ae 37	8-C	5
SCOTT, Catharine, of Mystic Ct., m. Manuel SILVER, of Stonington, July 8, 1849, by Rev. H. Floy Roberts	4	172
SEARLES, SEARLE, James, of Hartland, m Lucinda BROWN, of Preston, Nov. 27, 1825, by Robert S. Avery, J.P.	3	73
Rogers, s. Constant & Hannah, b. Aug. 13, 1762	2	45
SEARS, David, s. Obed[ia]h, b. June 25, 1772	2	154
Elizabeth, d. Obed[ia]h, b. Mar. 29, 1774	2	154
Eunice, of N. Stonington, m. Roswell PARISH, of Preston, Apr. 10, 1814, by Thomas Prentice, J.P.	4	223
Eunice, m. Sanford BROWN, b. of Griswold, Nov. 8, 1821, by Rev. Levi Walker	3	35
James, s. [Obediah & Charity], b. Jan. 16, 1781	2	154
Jonas, s. [Obediah & Charity], b. Jan. 8, 1785	2	154
Margaret, d. Obediah & Charity, b. Jan. 12, 1778	2	154
Rachel, d. [Obediah & Charity], b. Dec. 27, 1782	2	154
Sylas, s. Obediah, d. July 9, 1770	2	154
Waterman, s. [Obediah & Charity], b. Feb. 23, 1787	2	154
SEETEN, Dorothy, 3d w. of Joseph GATES, of Preston, m. him Mar. 28, 1775	2	161
SHARP, Leonard, m. Betsey HUNTLEY, of Preston, Apr. 15, 1839, by Asher P. Brown, J.P.	4	23
Louis, m. Nathan INGRAHAM, Nov. 26, 1825, by Zelotes Fuller	3	79
Lucy E., unmarried, d. June 14, 1857, ae 30	8-C	9
Mary Ann, of Preston, m. William HERTFORD, of Stonington, Apr. 23, 1848, by Rev. Roswell Whitmore	4	144
SHAW, Polly, m. Thomas DAVIS, Jr., Apr. 4, 1813, by Jared Gallup, J.P.	3	320
SHELDON, Benjamin C., b. in Griswold, d. June 2, 1856, ae 7	8-C	7
Betsey, d. Dec. 6, 1847; b. in Exeter, R.I.	5	11
Betsey, b. in Ledyard, d. Jan. 4, 1864, ae 6	8-C	21
Daniel, unmarried, d. Dec. 24, 1863, ae 17 y. 6 m.	8-C	21
Daniel P., s. Daniel, b. June 27, 1846	4	147
Fanny E., d. Gilbert, b. May 5, 1850	5	4
George, d. Nov. 15, 1848, ae 16	5	12
George W., s. John, b. Dec. 6, 1832	4	147
George W., s. Daniel, b. Jan. 20, 1848	4	147
George W., s. Daniel, ae 30, farmer, & Sally, ae 28, b. Jan. 20, 1848	5	5
John, m. Sarah PECKHAM, Mar. 8, 1848, by Warren Cook, J.P.	4	147
John, farmer, ae 58, b. in Exeter, R.I., now of Preston, m. Sarah PECKHAM, ae 56, Mar. 8, 1848, by Warren Cook, J.P.	5	1
John, laborer, b. in R.I., d. Sept. [, 1850], ae 60	5	11
John O., b. in Ledyard, d. Jan. 15, 1864, ae 8	8-C	21
-----, d. Daniel & Sally, b. July 31, 1849	5	5
SHELLEY, Emily C., of Neversink, Sullivan Co., N.Y., m. John P. GORE, of Preston, Dec. 14, 1851, by Rev. N. S. Hunt	4	210
SHEPARD, Amelia E., d. June 3, 1862, ae 2 m. 12 d.	8-C	18
SHERROD, Mary, m. Daniell FITCH, of Mohegan, Mar. 7, 1698	1	51
SHEY, John G., b. in Brookfield, Mass., d. Apr. 11, 1865, ae 3 m. 11 d.	8-C	24

	Vol.	Page
SHOLES, SHOALES, SHOALS, Abel, of Groton, m. Catharine **CORNING**, of Preston, Apr. 14, 1822, by Jonathan Brewster, J.P.	3	1
Ardelia L., of Preston, m. James **FALCONER**, now residing at Greenville, Norwich, Apr. 21, 1834, by Rev. D. N. Bentley	3	311
David, of Norwich, m. Anna **ROATH**, of Preston, Nov. 14, 1808	2	214
Hannah, widow, b. in Hopkinton, R.I., d. Aug. 27, 1863, ae 46	8-C	20
Mary Ann, d. [David & Anna], b. Dec. 12, 1809	2	214
Mary E., married, d. Oct. 28, 1865, ae 25 y.	8-C	25
SHULTZ, Christopher, Priv., d. Mar. 20, 1863, in service of U.S. Left s. Herman, ae 5 y., and s. Charles, ae 3 y.	5	A
SILVER, Manuel, of Stonington, m. Catharine **SCOTT**, of Mystic, Ct., July 8, 1849, by Rev. H. Floy Roberts	4	172
SIMONS, James H., d. July 17, 1848, ae 6	5	12
SIMS, Alfred, d. Feb. 28, 1862, ae 11 y.	8-C	18
Daniel S., of Preston, m. Lucy **HERRICK**, of Griswold, Nov. 25, 1841, by Rev. Nathan E. Shailer	4	71
Malissa, b. Feb. 6, 1810	3	162
Melissa, of Preston, m. Alfred **G[U]ILE**, of Griswold, Apr. 10, 1831, by George Giddings, J.P.	3	162
Prudence, married, b. in Westerly, R.I., d. Feb. 5, 1856,, ae 64	8-C	7
SIMSBY, Suzannah, m. Joseph **GEARS**, Oct. 18, 1713	1	17
SISSON, SISON, Abigail, d. May 28, 1849, ae 60	5	13
Eunice, d. [Oliver & Mary], b. Dec. 8, 1764	2	18
Hannah A., of Preston, m. Edward **RICHMOND**, of Exeter, R.I., Oct. 15, 1848, by Rev. Roswell Whitmore	4	156
Joseph, s. [Oliver & Mary], b. June 12, 1763	2	18
Mary, d. [Oliver & Mary], b. Sept. 5, 1767	2	18
Moses, s. Moses, blacksmith, & Caroline, b. Feb. 26, 1849	5	9
Moses, ae 28, blacksmith, of Preston, m. Caroline M. **WHITE**, ae 24, b. in Chatham, Apr. 27, 1850, by E. Darrow	5	2
Moses H., m. Caroline M. **WHITE**, Apr. 2, 1849, in Waterford, Ct., by Rev. Francis Darrow	4	166
Oliver, m. Mary **PARKE**, b. of Preston, June 17, 1762	2	18
Rebecca, d. [Oliver & Mary], b. July 3, 1771	2	18
SKIFFE, Abiga[i]l, m. Isaac **MORGAN**, June 23, 1715. She was his 2d w.	1	39
SKINNER, Deborah, m. Stephen **PAIN[E]**, July 29, 1730	1	95
SLADE, Jemima, of Groton, m. Abijah **PARK[E]**, Jr., of Preston, Apr. 17, 1788	2	223
SLOCUM, Ann E., d. James B. & Lucy, b. Jan. 1, 1848	5	7
John B., of Manchester, Vt., m. Frances **BARNES**, of Preston, Oct. 30, 1821, by Rev. Levi Walker	3	12
Jonathan, of N. Kingston, R.I., m. Susan A. **BROWNING**, of N. Stonington, May 5, 1834, by Rev. Augustus B. Collins	3	302
SMITH, Abby E., b. in Voluntown, d. Nov. 17, 1859, ae 5	8-C	13
Ally, d. [Darius & Affiah], b. Jan. 25, 1789	2	251
Asa, m. Elizabeth **MORGAN**, b. of Preston, Apr. 21, 1768	2	122
Asa, of Preston, m. Bridget **LEDYARD**, of Groton, Apr. 13, 1789	2	122
Asa, of Preston, m. Bridget **LEDYARD**, of Groton, Apr. 13, 1789	2	197
Asa, s. [Darius & Affiah], b. Nov. 29, 1796	2	251
Austin, s. [Asa & Bridget], b. Sept. 16, 1794	2	197
Azel, s. [Jonathan & Mary], b. Nov. 26, 1750	1	124

PRESTON VITAL RECORDS

	Vol.	Page
SMITH, (cont.)		
Benjamin, s. [Josiah], b. Oct. 22, 1733	1	50
Betsey, d. [Darius & Affiah], b. Jan. 21, 1793	2	251
Betsey, of Montville, m. Gershom **PALMER**, of Voluntown, Nov. 27, 1794	2	299
Betsey, d. [William & Elizabeth], b. July 27, 1808	2	293
Betsey Maria, d. [Elisha & Polly], b. Mar. 28, 1817	2	338
Bridget, d. [Asa & Bridget], b. June 15, 1796; d. Apr. 22, 1814	2	197
Caroline M., of Norwich, m. Marcus H. **RUSSELL**, of New Haven, Ct., July 4, 1847, by Rev. John Hewson	4	14
Celina, d. [William & Elizabeth], b. May 5, 1812	2	293
Charles, s. [Asa & Elizabeth], b. Nov. 24, 1785	2	122
Clarrissa, unmarried, d. Mar. 29, 1854, ae 65	8-C	3
Clarrissa, Morgan, d. [Asa & Elizabeth], b. Sept. 10, 1788 (or 1787?)	2	122
Cornelia A., m. William **OSBORN**, b. of Norwich, Aug. 4, 1849, by Rev. Cyrus Miner	4	173
Cornelia A., m. W[illia]m **OSBORNE**, supposed of Preston, Aug. 6, 1849, by Cyrus L. Minor	5	1
Cornelia N., m. William **OSBORNE**, of Norwich, Aug. 5, 1849, by Cyrus L. Minor	5	1
Darius, m. Affiah **WHEELER**, b. of Norwich, Mar. 2, 1786	2	251
Deborah, d. [Asa & Elizabeth], b. Mar. 28, 1769	2	122
Dorcas, m. Ebenezer **CLARK**, b. of Preston, Feb. 1, 1779	2	82
Edwin T., lather, unmarried, b. in Lyme, d. Jan. 14, 1864, ae 35	8-C	21
Edy, m. Pearl **WHEELER**, b. of Norwich, June 16, 1785	2	250
Elisha, s. [Asa & Elizabeth], b. Mar. 17, 1778	2	122
Elisha, of Preston, m. Polly **HENRY**, of Canterbury, Jan. 2, 1814	2	338
Elisabeth, [d. Jacob], b. Nov. 24, 1730; d. May 3, 1731	1	93
Elizabeth, d. [Jonathan Smith, Jr. & Hannah], b. Mar. 3, 1771	2	122
Elizabeth, d. [Asa & Elizabeth], b. June 11, 1783	2	122
Elizabeth, [w. Asa], d. Sept. 28, 1788	2	122
Elizabeth, m. Beriah **GREEN**, b. of Preston, Dec. 31, 1793	2	242
Fanny, d. [Asa & Bridget], b. Apr. 17, 1790	2	197
Fanny, d. [Darius & Affiah], b. Feb. 19, 1791	2	251
Fanny, d. [Samuel & Esther], b. June 6, 1799	2	260
George, s. [Samuel & Esther], b. May 16, 1798; d. Jan. [ ], 1802	2	260
Grace, of Stonington, m. James **MORGAN**, of Preston, Nov. 8, 1750	2	45
Hannah, of Montville, m. Stephen **RAY**, Jr., of Preston, Dec. 25, 1800	2	289
Hannah, w. Jona[tha]n, [Jr.], d. May 29, 1823, ae 73 y.	2	122
Jeremiah, s. [Asa & Elizabeth], b. Sept. 23, 1775	2	122
John, s. [Jonathan, Jr. & Hannah], b. July 29, 1785	2	122
John, Jr., b. Jan. 16, 1793; m. Nancy **BOLLES**, Mar. 21, 1819, by Rev. A. Alden	2	400
John J., [s. John, Jr. & Nancy], b. July 8, 1821	2	400
Jonah, s. [Josiah], b. Jan. 28, 1735/6	1	50
Jonah, s. [Jonathan & Mary], b. May 2, 1754	1	124
Jonathan, m. Mary **FOBES**, b. of Preston, Mar. 17, 1742	1	124
Jonathan, Jr., m. Hannah **WITTER**, b. of Preston, Nov. 23, 1769	2	122
Jonathan, s. [William & Elizabeth], b. Sept. 28, 1806	2	293
Joseph, of Preston, m. Dorcas **WALLIS**, of Stonington, Jan. 23, 1771	2	111
Joseph, d. Aug. 8, 1776	2	111

	Vol.	Page
SMITH, (cont.)		
Joseph Barner, s. [Joseph & Dorcas], b. Apr. 1, 1775	2	111
Joseph Wilbur, s. [William & Elizabeth], b. Nov. 22, 1814	2	293
Julia, d. [Asa & Bridget], b. Mar. 28, 1792	2	197
Kezia, of Preston, m. Denison A. **BABCOCK**, Sept. 27, 1827, by Rev. David W. Bentley	3	118
Levi, s. [Jonathan & Mary], b. Oct. 27, 1761	1	124
Lois, d. [Jonathan & Mary], b. Feb. 14, 1747/8	1	124
Loisa C., married, b. in Bridgewater, N.Y., d. Sept. 16, 1859, ae 26	8-C	13
Marg[a]rat, m. La[w]rance **WALTON**, Aug. 10. 1693	1	25
Martha, d. [Asa & Elizabeth], b. Mar. 8, 1772	2	122
Martha, [d. Asa & Bridget], d. Oct. 11, 1813	2	197
Martha Caroline, d. [Elisha & Polly], b. Jan. 10, 1820	2	338
Mary, m. John **AMES**, Jr., Dec. 1, 1715	1	28
Mary, [d. Jacob], b. Feb. 26, 1717/8	1	93
Mary, of Preston, m. Simeon **FOBES**, of Preston, Jan. 26, 1743/4	2	9
Mary A., unmarried, seamstress, b. in Winsor, N.Y., d. Oct. 17, 1859, ae 34	8-C	13
Nancy, m. Nathan **AYER**, Jr., b.of Preston, Feb. 1, 1780	2	169
Nathan, s. John & Hannah, b. Jan. 10, 1757	2	36
Nathaniel, s. [Josiah], b. Nov. 20, 1731	1	50
Oliver, s. Josiah, b. Feb. 8, 1729/30	1	50
Orlando, of Stonington, m. Emeline **GALLUP**, of Preston, Apr. 10, 1845, by Rev. Timothy Tuttle, of Ledyard	4	121
Palla, d. [Asa & Elizabeth], b. Aug. 16, 1780	2	122
Phebe, d. [Jonathan & Mary], b. Nov. 30, 1745	1	124
Polly, b. Jan. 27, 1779; m. Deneson **GEER**, May 4, 1797	2	398
Polly, b. Jan. 27, 1779; m. Denison **GEER**, May 4, 1797	3	44
Polly, m. Rufus **FRINK**, b. of Preston, Aug. 21, 1803, by Lemuel Tyler, Clerk	3	76
Prosper, s. Esther **GEER**, b. Dec. 1, 1795	2	260
Rufus, s. Esther, b. May 8, 1803	2	260
Samuel, m. Esther **GEER**, b. of Preston, Sept. 3, 1797	2	260
Samuel, d. Jan. 1, 1801	2	260
Samuel Henry, s. [Elisha & Polly], b. Sept. 30, 1814	2	338
Sarah, d. [Jacob], b. Mar. 11, 1725	1	93
Sarah, m. Paul **PARKE**, b. of Preston, Dec. 21, 1738	1	123
Sarah, m. Hugh **AMES**, b. of Preston, July 31, 1750	2	48
Sarah, of Preston, m. Peter A. **ADAMS**, of Franklin, Mass., Aug. 2, 1807, by John Sterry, Elder	2	371
Seth, m. Susan **ARMSTRONG**, June 3, 1838, by Isaac Williams, 2d, J.P.	4	13
Susan, of N. Stonington, m. Ansel **BROWN**, of Preston, Feb. 15, 1815	2	346
Susanna, of Stonington, m. Ebenezer **BREWSTER**, of Preston, Aug. 27, 1735	1	73
Thankfull, of Stonington, m. Samuel **KILLAM**, Jr., of Preston, Jan. 31, 1768	2	151
Thomas, of Montgomery, Mass., m. Hannah **MILLS**, of Groton, Nov. 6, 1785, by Rev. Aaron Kinnie, of Groton	2	234
Thomas M., cabt. maker, married, d. Feb. 2, 1855, ae 55; b. in Lyme	8-C	5
Timothy Winter, s. [Joseph & Dorcas], b. Feb. 25, 1772	2	111
Tracy, m. Hannah **WALTON**, b. of Preston, Oct. 18, 1801	2	279

	Vol.	Page
SMITH, (cont.)		
William, s. [Jonathan, Jr. & Hannah], b. Feb. 4, 1782	2	122
William, m. Elizabeth WILBUR, b. of Preston, Sept. 11, 1804	2	293
William, s. [William & Elizabeth], b. Mar. 10, 1805	2	293
William D., m. Martha A. Peckham, Oct. 18, 1832, by Rev. Alfred Gates	3	183
Zerviah, of Canterbury, m. William WITTER, Jan. 1, 1735/6	1	104
Zurviah, d. [Jonathan & Mary], b. Mar. 30, 1757	1	124
Zerviah, of Lyme, m. Amasa STANDISH, of Norwich, June 10, 1777	2	168
Zipporah, of Stonington, m. Jonathan BREWSTER, Jr., of Preston, Aug. 28, 1755	2	73
Zip[p]orah, of Stonington, m. Rufus FITCH, of Preston, Nov. 6, 1791	2	229
SNELL, Betsey, m. Nathaniel SWEET, July 26, 1835, by Jeremiah S. Halsey, J.P.	3	322
SNOW, Delight, d. July 2, 1863	8-C	20
Edward, washer, married, d. Nov. 24, 1857, ae 54	8-C	10
SOMERS, Phebe, knitter, widow, b. in Norwich, d. Nov. 13, 1865, ae 75 y.	8-C	25
SOUR, Leonora, d. Mar. 1, 1863, ae 6 y.	8-C	20
Otis, d. Mar. 8, 1863, ae 5 y.	8-C	20
SOUTHARD, Jane, d. Mar. 25, [1849 ?], ae 20	5	13
William A., b. Mar. 10, [1850 ?]	5	9
SOUTHWORTH, Delia Avery, [d. Andrew Avery], on Dec. 3, 1894, requested that record be made of the entries found on page 199 of Vol. 4, Preston	4	199
SPAULDING, SPALDING, Allan L., d. Dec. 8, 1860, ae 2	8-C	15
Betsey, d. [Miner & Sarah], b. May 13, 1789	2	207
Ephraim, s. [Miner & Sarah], b. July 29, 1798	2	207
Ezra Morgan, s. [Miner & Sarah], b. July 29, 1792	2	207
Hannah Tracy, d. [Miner & Sarah], b. Aug. 15, 1802	2	207
Henry C., of Norwich, m. Emily C. ALLEN, of Preston, Jan. 3, 1853, by Rev. John P. Gulliver, of Norwich	4	226
Jerusha Mott, d. [Miner & Sarah], b. Feb. 4, 1795	2	207
Mary, unmarried, b. in Plainfield, d. Sept. 30, 1854, ae 79	8-C	4
Mercy, ae 18, Apr. 6, [1850], b. George TERTELOTT, ae 21, merchant, b. in Norwich, res. of Preston, Apr. 6, [1850]	5	2
Miner, m. Sarah MOTT, b. of Preston, Mar. 11, 1787	2	207
Miner, s. [Miner & Sarah], b. May 3, 1788	2	207
Minor, Jr., of Preston, m. Eliza CHAMPLAIN, of Newport, R.I., Dec. 8, 1811	2	318
Pearle, s. Ezekiel & Sarah, b. Apr. 7, 1766	2	107
Sarah, m. Samuel COIT, b. of Plainfield, Mar. 30, 1730	2	9
SPENCER, Anna, d. [John & Welthy], b. Apr. 7, 1777	2	143
Caleb, s. [John & Welthy], b. Apr. 10, 1770	2	143
John, m. Welthy OLDEN, Jan. 3, 1769	2	143
Mary, d. [John & Welthy], b. June 1, 1772	2	143
Mary Ann, of Preston, m. Eleazer ROATH, Jr. of Norwich, Jan. 1, 1826, by Rev. David W. Bentley, of Norwich	3	80
Mehetable, d. [John & Welthy], b. Aug. 6, 1774	2	143
William L., of E. Haddam, & Phebe L. KINGSLEY, of Norwich, Sept. 27, 1840, by Rev. N. E. Shailer	4	47

	Vol.	Page
SPICER, Abby, m. Jacob **MACKLIN**, b. of Preston, Jan. 29, 1854, by Rev. N. S. Hunt	4	233
Abel, of Groton, m. Sarah **PARK[E]**, of Preston, Nov. 13, 1788	2	283
Abel, m. Sarah **ROSE**, Mar. 18, 1818; d. July 7, 1847	2	283
Abel, Chapman, s. [Abel & Sarah], b. July 29, 1796	2	283
Abigail, of Groton, m. Daniel **GEER**, of Preston, May 31, 1750	2	70
Alura, d. [Oliver & Eunice], b. Apr. 23, 1797	2	378
Athelia, d. [Oliver & Eunice], b. Oct. 14, 1800	2	378
Athelia, of Preston, m. Alfred A. **KINNEY**, of Voluntown, Sept. 22, 1829, by Rev. Augustus B. Collins	3	134
Catharine, of Groton, m. Matthias **AMES**, of Preston, Mar. 12, 1769	2	62
Charles, s. James & Eunice, b. Jan. 31, 1820	2	329
Daniel, s. [Abel & Sarah], b. Sept. 23, 1801	2	283
Diana, d. [Oliver & Eunice], b. Mar. 25, 1804	2	378
Diann[a], of Preston, m. Asa **KINNEY**, of Homer, N.Y., Sept. 15, 1830, by Rev. Augustus B. Collins	3	152
Elizabeth, d. [Abel & Sarah], b. Aug. 26, 1820	2	283
Eunice, d. [Abel & Sarah], b. Sept. 20, 1808	2	283
Eunice, of Preston, m. John D. **KINGSLEY**, of Lebanon, Apr. 23, 1843, by Rev. R. O. Williams	4	93
Eunice, d. Feb. 16, 1849, ae 80	5	11
Eunice, widow, d. May 25, 1867, ae 91	8-C	27
Eunice T., d. [Oliver & Eunice], b. Oct. 7, 1790	2	378
George Harkness, s. [Roger & Eunice], b. July 28, 1792	2	239
Hannah, d. [Abel & Sarah], b. Oct. 12, 1804	2	283
Hannah, m. Herbert P. **SPICER**, b. of Preston, Feb. 7, 1836, by Asa A. Geer, J.P.	3	325
Herbert P., m. Hannah **SPICER**, b. of Preston, Feb. 7, 1836, by Asa A. Geer, J.P.	3	325
Isaac, s. [Abel & Sarah], b. Jan. 7, 1799	2	283
James, Jr., m. Susan A. C. Griswold, b. of Preston, Oct. 8, 1848, by Rev. Roswell Whitmore	4	155
James, d. Apr. 2, 1867, ae 87	8-C	27
John G., Capt., m. Clarissa **STODDARD**, Feb. 26, 1834, by Reuben Porter	3	203
Joseph Tyler, s. [Oliver & Eunice], b. Aug. 12, 1809; d. Oct. 14, 1810	2	378
Lucinda, d. [Oliver & Eunice], b. May 4, 1794	2	378
Mary, of Groton, m. Abisha **WOODWARD**, of Preston, Mar. 20, 1774	2	177
Mary, m. Roswell **BUTTON**, Jan. 14, 1776	2	163
Mary, d. [Abel & Sarah], b. May 6, 1813	2	283
Mary, m. Noah **GATES**, b. of Preston, Dec. 10, [1848?], by Rev. N. S. Hunt	4	159
Mary P., of Preston, m. Francis H. **AVERELL**, of Jewett City, Feb. 12, 1832, by Rev. Augustus B. Collins	3	172
Oliver, b. Nov. 20, 1766; m. Eunice **TYLER**, Dec. 31, 1789	2	378
Oliver, s. [Oliver & Eunice], b. Apr. 9, 1792; d. July 27, 1793	2	378
Park, s. [Abel & Sarah], b. Feb. 23, 1794	2	283
Peter, s. [Abel & Sarah], b. Dec. 7, 1791	2	283
Polly, of Preston, m. Butler **BENJAMIN**, Nov. 29, 1838, by Rev. N. E. Shailer	4	18
Rachel, d. [Abel & Sarah], b. Sept. 4, 1822	2	283

	Vol.	Page
SPICER, (cont.)		
Roger, of Preston, m. Eunice **HERRICK**, of Preston, July 3, 1791	2	239
Sally, d. [Abel & Sarah], b. Oct. 18, 1789	2	283
Samuel, s. [Roger & Eunice], b. Mar. 7, 1794	2	239
SPURR, Hannah, married, d. Sept. 12, 1859, ae 54	8-C	13
STALLION, Elizabeth, m. Jacob **TYLER**, b. of Preston, Jan. 2, 1748/9	2	28
Huldah, m. Nathaniel **PRENTICE**, b. of Preston, Aug. 23, 1750	2	90
STANDISH, Abigail, d. [Samuell & Deborah], b. Feb. 10, 1717/18	1	74
Almireitta, m. David D. **WILSON**, of Windham, Mar. 14, 1842, by Rev. Nathan E. Shailer	4	74
Amasa, of Norwich, m. Zerviah **SMITH**, of Lyme, June 10, 1777	2	168
Amasa, s. [Amasa & Zerviah], b. June 7, 1785	2	168
Amos, s. [Amasa & Zerviah], b. Sept. 31 [sic], 1783	2	168
Amos, m. Clarissa **FITCH**, b. of Preston, Apr. 22, 1804	2	328
Amos, farmer, married, d. Feb. 2, 1865, ae 81	8-C	24
Amos A., m. Clarissa **GORE**, b. of Preston, Oct. 16, 1836, by Rev. N. E. Shailer	3	332
Amos A., s. Horace D., ae 28, brickmaker, & Louisa, ae 27, b. Feb. 20, [1850]	5	6
Amos Avery, [s. Amos & Clarissa], b. Mar. 18, 1813	2	328
Amey, d. [Israell & Elizabeth], b. Mar. 14, 1710/9	1	29
Angeline, d. [Nathan, Jr. & Sally], b. July 4, 1808	2	384
Angeline, d. [Nathan, Jr. & Sally], b. July 4, 1808	2	390
Angeline, m. Simeon G. **HARVEY**, b. of Preston, Mar. 14, 1830, by Rev. Luther Godard	3	142
Asenath, married, d. Jan. 9, 1853, ae 60	8-C	1
Avery, farmer, d. Sept. 13, 1848, ae 34	5	12
Betsey, m. Francis **SANDERS**, Nov. 25, 1806	2	365
Betsey Sanders, d. [Levi & Eunice], b. Oct. 15, 1788	2	375
Chester S., m. Ardelia **STANTON**, b. of Preston, Feb. 25, 1849, by Rev. Cyrus Miner	4	165
Chester Smith, [s. Amos & Clarissa], b. Feb. 14, 1829	2	328
Clarinda J., seamstress, unmarried, d. Aug. 28, 1861, ae 20	8-C	17
Clarinda Jane, [d. Amos A. & Clarissa], b. Aug. 10, 1841	3	332
Clarissa An[n], d. [Amos & Clarissa], b. Feb. 19, 1809	2	328
Clarissa Ann, m. Avery D. **HASKELL**, b. of Preston, Nov. 27, 1828, by Rev. Augustus B. Collins	3	147
Deborah, d. [Samuell & Deborah], b. Dec. 27, 1711	1	74
Eliza Billings, d. [Nathan, Jr. & Sally], b. Mar. 7, 1805	2	384
Eliza Billings, d. [Nathan, Jr. & Sally], b. Mar. 7, 1805	2	390
Eliza E., of Preston, m. Giles **HASKELL**, Feb. 17, 1833, by Augustus B. Collins	3	188
Eliza Ellice, d. [Amos & Clarissa], b. Nov. 9, 1810	2	328
Elizabeth, d. Israell & Elizabeth], b. Feb. 7, 1707/6	1	29
Ervin A., d. Sept. 21, 1855, ae 1	8-C	6
Esther, d. [Nathan, Jr. & Sally], b. Mar. 29, 1803	2	384
Esther, d. [Nathan, Jr. & Sally], b. Mar. 29, 1803	2	390
Esther, of Preston, m. Daniel **EDGECOMB**, of Groton, Sept. 2, 1827, by Rev. William Palmer	3	103
Eunice, d. [Levi & Eunice], b. Jan. 2, 1790	2	375
Ezra, s. [Amasa & Zerviah], b. Oct. 4, 1781	2	168
Hannah, w. Sam[ue]ll, d. Nov. 25, 1757	1	74
Harriet, d. [Levi & Eunice], b. May 7, 1794	2	375

	Vol.	Page
STANDISH, (cont.)		
Horace Austin, b. Oct. 27, 1844	4	131
Horace Dwight, s. [Amos & Clarissa], b. Apr. 19, 1823	2	328
Ira M., d. Jan. 6, 1858, ae 1 m. 5 d.	8-C	10
Irving, see Ervin		
Israell, m. Elizabeth RICHARDS, Feb. 8, 1704/3	1	29
Israel, s. [Samuell & Deborah], b. Mar. 1, 1721/2	1	74
Israel, of Preston, m. Content ELLIS, of Stonington, Mar. 5, 1745/6	2	12
Israel, d. Mar. 4, 1802	2	12
Lavine, d. [Amasa & Zerviah], b. Dec. 18, 1777	2	168
Levi, m. Eunice FELLOWS, Feb. 16, 1786	2	375
Levi, s. [Levi & Eunice], b. Aug. 25, 1806; d. July 27, 1807	2	375
Levi, m. Susan FITCH, b. of Preston, Jan. 11, 1821, by Rev. John Hyde	3	32
Levi, of Preston, m. Eunice CHAPMAN, of Groton, Aug. 4, 1834, by John Brewster, J.P.	3	308
Loes, d. [Samuell & Deborah], b. Jan. 9, 1716/15	1	74
Lucy, d. [Levi & Eunice], b. June 7, 1799	2	375
Lucy, of Preston, m. Seabra N. BENJAMIN, June 6, 1819, by Rev. John Hyde	2	289
Lucy, m. Seabury BENJAMIN, b. of Preston, June 6, 1819, by Rev. John Hyde	3	26
Miles, m. Mehitable ADAMS, Dec. 5, 1700	1	35
Miles, s. [Israell & Elizabeth], b. Nov. 18, 1709	1	29
Moses Kimball, s. [Amos & Clarissa], b. Sept. 25, 1825	2	328
Nathan, Jr., m. Sally PARK[E], Sept. 15, 1802	2	384
Nathan, Jr., m. Sally PARK[E], b. of Preston, Sept. 15, 1802	2	390
Patty, d. [Amasa & Zerviah], b. Apr. 11, 1792	2	168
Pollee, d. Levi & Eunice, b. Nov. 16, 1786	2	375
Prudence, d. [Israell & Elizabeth], b. May 9, 1711	1	29
Sally, twin with Sophia, d. [Amasa & Zerviah], b. May 11, 1789	2	168
Sally, m. Nathan BREWSTER, b. of Preston, Nov. 26, 1815, by Jere[mia]h Halsey, J.P.	2	390
Samuell, m. Deborah GATES, June 1, 1709	1	74
Sam[ue]ll, s. [Samuell & Deborah], b. Dec. 1, 1713	1	74
Samuel, m. Hannah PARKE, b. of Preston, Jan. 15, 1745	1	74
Sarah, d. [Samuell & Deborah], b. Jan. [ ], 1719/20	1	74
Silas, s. [Levi & Eunice], b. July 23, 1791	2	375
Sophia, twin with Sally, d. [Amasa & Zerviah], b. May 11, 1789; d. Nov. 21, 1811	2	168
Sophia F., m. Frank KIMBALL, 2d, b. of Preston, Jan. 14, 1838, by Anson Gleason	4	10
Sophia Fitch, d. [Amos & Clarissa], b. Mar. 9, 1818	2	328
Thomas, s. [Samuell & Deborah], b. May 12, 1724	1	74
Thomas, s. [Amasa & Zerviah], b. Nov. 22, 1779	2	168
Thomas F., m. Ruth Ann HOLDEN, of Preston, Oct. 31, 1838, by Rev. Augustus B. Collins	4	14
Tho[ma]s Fitch, s. [Amos & Clarissa], b. Sept. 9, 1815	2	328
Walter Fitch, s. [Thomas F. & Ruth Ann], b. Sept. 4, 1839	4	14
Zerviah, w. Amasa, d. Jan. 13, 1832, ae 78	2	168
STANTON, Abel, s. [Jabez & Sarah], b. Dec. 29, 1748	2	32
Abel, of Norwich, m. Olive RUDE, of Preston, Nov. 23, 1769	2	138
Abel, s. [Abel & Olive], b. Oct. 22, 1770	2	138

STANTON, (cont.)

	Vol.	Page
Abigail, d. [Joseph & Abigail], b. Sept. 29, 1743	1	67
Abigail, d. John, Jr. & Desire], b. Nov. 19, 1759	2	60
Abigail, d. [Isaac Wheeler & Ruth], b. Jan. 7, 1767	2	131
Abigail, late Abigail AYER, m. Sam[ue]ll MOTT, b. of Preston, Jan. 13, 1788	2	188
Adah S., d. Sept. 28, 1847, ae 21	5	11
Adelia, of Preston, m. Amos STANTON, of Groton, Dec. 11, 1831, by Rev. Augustus B. Collins	3	168
Albert S., d. Feb. 17, 1856	8-C	7
Alfred, s. [Jason & Sally], b. June 17, 1811	2	276
Amasa, s. [Daniel & Dinah], b. Apr. 8, 1742	2	68
Amos, of Groton, m. Adelia STANTON, of Preston, Dec. 11, 1831, by Rev. Augustus B. Collins	3	168
Amey, d. [John, Jr. & Desire], b. June 15, 1740	2	60
Amy, m. Benjamin CRARY, b. of Preston, Apr. 16, 1762	2	107
Ame, d. [David, Jr. & Susanna], b. Nov. 2, 1789	2	192
Amy, of Groton, m. Ezra BENJAMIN, of Preston, Mar. 20, 1794	2	133
Annah, d. Thomas & Annah], b. Aug. 10, 1693	1	35
Anna, m. John AUERY, Feb. [ ], 1731/2	1	101
Anna, d. [Jabez & Sarah], b. May 24, 1755	2	32
Anna, d. [Isaac Wheeler & Ruth], b. Nov. 4, 1768	2	131
Annas, d. [David, Jr. & Susanna], b. Feb. 18, 1782	2	192
Ardelia, d. [Joseph, Jr. & Mary], b. Aug. 14, 1806	2	336
Ardelia, m. Chester S. STANDISH, b. of Preston, Feb. 25, 1849, by Rev. Cyrus Miner	4	165
Asa, s. [David & Sarah], b. Mar. 2, 1760	2	86
Asher, s. [Abel & Olive], b. Sept. 1, 1778	2	138
Avery, s. [Theophilus Frink & Anna], b. Feb. 24, 1807; d. Apr. 23, 1808	2	202
Betsey G., [w. John W.], d. July 31, 1844	4	114
Bridget, [d. Thomas & Annah], b. Feb. 6, 1698/9	1	35
Daniell, b. June 28, 1708	1	69
Daniel, m. Dinah STARKWEATHER, b. of Preston, Apr. 22, 1737	2	68
Daniel, s. [Daniel & Dinah], b. Mar. 5, 1738	2	68
Daniel, s. [Jabez & Sarah], b. May 11, 1753	2	32
Daniel, s. [Samuel & Mary], b. Oct. 14, 1762	2	69
Daniel, of Preston, m. Mary CLEVELAND, of Norwich, Sept. 27, 1763	2	68
Daniel, s. [Daniel & Mary], b. Sept. 15, 1764	2	68
Daniel, [s. Samuel & Mary], d. Jan. 31, 1769	2	69
Daniel, s. [John & Huldah], b. Feb. 19, 1777	2	155
Daniel, s. [John & Huldah], b. Apr. 15, 1781	2	155
Daniel Palmer, s. Sam[ue]ll, b. Jan. 19, 1776	2	100
Daniel Palmer, m. Kate ROATH, b. of Preston, Dec. 24, 1795	2	253
Daniel Palmer, s.[Daniel Palmer & Kate], b. Mar. 7, 1797	2	253
Dauid, b. Oct. 22, 1720	1	69
David, of Preston, m. Sarah KIMBALL, of Stonington, May 1, 1755	2	86
David, s. [David & Sarah], b. Mar. 25, 1757	2	86
David, Jr., m. Susanna FRINK, b. of Preston, Nov. 20, 1777	2	192
Desire, d. [John, Jr. & Desire], b. Oct. 5, 1742	2	60
Desire, m. Elisha GEER, b. of Preston, Mar. 22, 1770	2	126
Dorothy, m. John WHEELER, Dec. 6, 1732	1	49

	Vol.	Page
STANTON, (cont.)		
Ebenezer, s. [Joseph & Abigail], b. Mar. 14, 1746	1	67
Elias, s. [Daniel & Dinah], b. Mar. 20, 1744	2	68
Elijah, [s. Thomas & Annah], b. Mar. 28, 1715/14	1	35
Elijah, of Preston, m. Elizabeth **WHITNEY**, of Plainfield, Apr. 18, 1739	1	126
Elijah, s. [Elijah & Elizabeth], b. Dec. 28, 1750	1	126
Elijah, s. [Daniel & Dinah], b. Nov. 25, 1754	2	68
Elisha, s. [Daniel & Dinah], b. Dec. 2, 1752	2	68
Elisha, s. [John & Huldah], b. Apr. 29, 1783	2	155
Elisha, s. [Jabez & Sabra], b. Nov. 20, 1799	2	276
Eliza, m. William R. **GREEN**, Jan. 10, 1841, by Nathan Stanton, J.P.	4	52
Eliza, d. [Daniel Palmer & Kate] [ ]	2	253
Elizabeth, d. [Elijah & Elizabeth], b. Sept. 4, 1747	1	126
Elizabeth, d. [Jabez & Sarah], b. July 8, 1751	2	32
Elizabeth, of Norwich, m. Joseph **CLIFT**, of Preston, Nov. 29, 1774	2	157
Emily, of Preston, m. William K. **CHAPMAN**, of Norwich, June 18, 1848, by Rev. Cyrus Miner	4	146
Emily, of Preston, m. W[illia]m K. **CHAPMAN**, of Norwalk, June 18, 1848, by C. L. Miner	5	1
Erastus, s. [Isaac Wheeler & Ruth], b. Sept. 9, 1778	2	131
Erastus, d. [Elijah & Elizabeth], b. Mar. 4, 1743	1	126
Esther, d. [John, Jr. & Desire], b. Nov. 13, 1756	2	60
Eunice, d. [David & Sarah], b. Mar. 22, 1774	2	86
Eunice, d. [David, Jr. & Susanna], b. Dec. 14, 1796	2	192
Experience, of Groton, m. John **AVERY**, Jr., of Preston, Apr. 14, 1770	2	4
Ezra, s. [Nathan & Cynthia], b. Mar. 20, 1797	2	175
Famme (Fanny ?), d. [Jabez & Sabra], b. July 26, 1796	2	276
Fanny, d. [Theophilus Frink & Anna], b. Feb. 18, 1808	2	202
Fanny, m. Perry **EDWARDS**, Nov. 19, 1840, by Nathan Stanton, J.P.	4	45
Filurian, d. [Joseph, Jr. & Mary], b. Sept. 27, 1810	2	336
Frances, of Preston, m. Henry **MARYATT**, of Hopkinton, R.I., Sept. 11, 1805	2	207
Frances, m. Sybel **OSBORN**, Sept. 16, 1827, by Jabez W. Giddings, J.P.	3	117
Frances Mehetable, d. [Joseph & Susanna], b. Sept. 11, 1807	2	291
Francis T., s. [David, Jr. & Susanna], b. May 4, 1786	2	192
Freelove, d. [Samuel & Mary], b. June 19, 1770	2	69
Freelove, d. Samuel, d. Mar. 12, 1775	2	100
Freelove Ann, d. [Daniel Palmer & Kate], [ ]	2	253
George Downer, s. [Joseph & Susanna], b. Mar. 30, 1815	2	291
Gurdon, m. Clarissa **BRUMBLEY**, Nov. 14, 1824, by Nathan Stanton, J.P.	3	58
Hannah, d. [Jabez & Sarah], b. Mar. 6, 1757	2	32
Hannah, d. [Isaac Wheeler & Ruth], b. June 25, 1776	2	131
Hannah, of Norwich, m. Reuben **WOODWARD**, of Preston, Feb. 20, 1777	2	159
Hannah Elizabeth, m. William **STORY**, b. of Preston, Oct. 20, 1839, by Isaac Williams, 2d, J..P.	4	29
Hannah M., of Preston, m. Oliver W. **TREADWAY**, of Salem, Feb. 16, 1841, by Rev. N. E. Shailer	4	53

PRESTON VITAL RECORDS 221

	Vol.	Page
STANTON, (cont.)		
Hannah Marrilla, d. [Joseph, Jr. & Mary], b. July 12, 1808	2	336
Henry, s. [Isaac Wheeler & Ruth], b. Dec. 7, 1770	2	131
Henry, s. [Jabez & Sabra], b. Jan. 21, 1798	2	276
Henry Bliss, s. Jabez, b. Aug. 17, 1785	2	66
Henry Brewster, s. [Joseph & Susanna], b. June 27, 1805	2	291
Huldah, b. June 3, 1716	1	69
Huldah, d. [Daniel & Dinah], b. Apr. 15, 1740	2	68
Huldah, d. [David & Sarah], b. June 25, 1763	2	86
Huldah, d. [John & Huldah], b. Jan. 8, 1779	2	155
Huldah, of Preston, m. Andrew HARTSHORN, May 16, 1804, by Thomas Goddard, Elder	2	358
Isaac Wheeler, m. Ruth AYER, b. of Stonington, Sept. 19, 1765	2	131
Isaac Wheeler, s. [Isaac Wheeler & Ruth], b. Apr. 10, 1780	2	131
Jabez, m. Sarah MORSS, b. of Preston, Sept. 9, 1745	2	32
Jabez, twin with Sarah, s. Jabez & Sarah, b. Mar. 17, 1746	2	32
Jabez, s. [Abel & Olive], b. Apr. 29, 1773	2	138
Jabez, m. Sabra OLIN, b. of Preston, June 1, 1794	2	276
Jabez, Sr., d. Mar. 1804	2	32
Jabish, b. Dec. 19, 1718	1	69
James, s. [Joseph & Abigail], b. July 20, 1750	1	67
Jason, s. [David & Sarah], b. Aug. 25, 1761	2	86
Jason, of Preston, m. Kezia BRUMBLEY, of Preston, June 15, 1790	2	276
Jason, m. Sally BECKWITH, June 29, 1806	2	276
Jason, s. [Jason & Sally], b. Dec. 2, 1807	2	276
Jemima, d. [David & Sarah], b. July 30, 1772	2	86
Jerusha, d. [David & Sarah], b. Aug. 12, 1758	2	86
John, b. Nov. 13, 1706	1	69
John, Jr., of Preston, m. Desire DENISON, of Stonington, Apr. 8, 1735	2	60
John, s. [Daniel & Dinah], b. June 20, 1746	2	68
John, s. [John, Jr. & Desire], b. Nov. 13, 1750	2	60
John, m. Huldah FREEMAN, b. of Preston, Aug. 16, 1774	2	155
John, s. David, b. Jan. 3, 1776	2	88
John, m. Lydia OLIVER, b. of Preston, June 18, 1797	2	254
John W., of Norwich, m. Betsey G. KIMBALL, of Preston, Aug. 4, 1839, by Anson Gleason	4	114
John Warren, s. [John & Huldah], b. July 11, 1775	2	155
Jonas, s. [David & Sarah], b. Oct. 8, 1765	2	86
Jonas, s. [Jabez & Sabra], b. Nov. 5, 1794	2	276
Joseph, b. Feb. 11, 1710	1	69
Joseph, of Preston, m. Abigail FREEMAN, of Preston, Aug. 15, 1738	1	67
Joseph, s. [Joseph & Abigail], b. Aug. 11, 1739	1	67
Joseph, s. [John, Jr. & Desire], b. Aug. 13, 1754	2	60
Joseph, m. Susanna BREWSTER, of Preston, Jan. 25, 1803	2	291
Joseph, Jr., of Groton, m. Mary DENNISS, of Preston, Mar. 17, 1803	2	336
Joseph Rose, s. [Joseph & Susanna], b. Aug. 8, 1812	2	291
Joshua, s. [Elijah & Elizabeth], b. Apr. 3, 1740	1	126
Kate Fanning, d. [Daniel Palmer & Kate], b. Aug. 21, 1805	2	253
Kezia, d. [Jason & Kezia], b. Jan. 26, 1791	2	276
Kezia, w. Jason, d. May 10, 1791	2	276

STANTON, (cont.)

	Vol.	Page
Lester, s. [Robert & Mary], b. June 25, 1742	2	69
Lester, m. Margaret BENJAMIN, b. of Preston, Aug. 6, 1772	2	140
Levi, s. [David & Sarah], b. Oct. 26, 1767	2	86
Lewse, [d. Thomas & Annah], b. Aug. 7, 1704 (see also Lucy)	1	35
Lora Ann, b. in Montville, single, d. Jan. 14, 1853, ae 18	8-C	1
Lord Nelson, s. [Daniel Palmer & Kate] [ ]	2	253
Lucius L., bachelor, b. in Griswold, d. Apr. 1, 1865, ae 52	8-C	24
Lucy, m. Jedidiah FRINK, b. of Preston, July 27, 1726	1	126
Lucy, d. [John, Jr. & Desire], b. Aug. 2, 1745	2	60
Lucy, d. [Daniel & Dinah], b. Aug. 9, 1750	2	68
Lucy, d. David, b. Sept. 10, 1781	2	88
Lucy, see also Lewse		
Lucy C., of Preston, m. William H. HOLMES, of Norwich, Aug. 27, 1849, by Rev. John Lovejoy, of Norwich	4	177
Lucy Leonard, [d. Nathan & Mary], b. July 24, 1812	2	311
Lidia, b. July 15, 1712	1	69
Lidya, m. Samuel LE[O]NARD, Apr. 9, 1733 (Entry crossed out)	1	100
Lydia, m. Samuel LEONARD, b. of Preston, Aug. 9, 1733	2	68
Lydia, d. [Jabez & Sarah], b. July 27, 1747	2	32
Lydia, d. [Daniel & Dinah], b. Aug. 6, 1748	2	68
Lydia, d. [Samuel & Mary], b. Feb. 24, 1761	2	69
Lydia, of Norwich, m. Asher RUDE, of Preston, Nov. 4, 1771	2	138
Lydia, m. Joseph TANNER, b. of Preston, May 27, 1784	2	195
Lydia, d. [Daniel Palmer & Kate], b. May 8, 1803	2	253
Marcia, d. [Jabez & Sabra], b. Mar. 25, 1801	2	276
Margaret, of Preston, m. Jeremiah PHILLIPS, of Newport, May 11, 1777	2	223
Mary, [d. Theophilus], b. Dec. 14, 1701	1	78
Mary, [d. Thomas & Annah], b. June 2, 1709	1	35
Mary, m. James FRINK, Nov. 27, 1718	1	82
Mary, b. Sept. 11, 1722	1	69
Mary, d. [John, Jr. & Desire], b. Jan. 1, 1736	2	60
Mary, d. [Robert & Mary], b. Aug. 15, 1746	2	69
Mary, d. [Samuel & Mary], b. Mar. 15, 1756	2	69
Mary, m. Aaron CREARY, b. of Preston, Apr. 8, 1756	2	75
Mary, d. [Jabez & Sarah], b. May 6, 1759	2	32
Mary, [d. Samuel & Mary], b. Jan. [ ], 1763	2	69
Mary, 2d, d. [Samuel & Mary], b. Mar. 22, 1767	2	69
Mary, m. Abiel ROTH, b. of Preston, Oct. 18, 1792	2	235
Mary, d. [Daniel Palmer & Kate], b. Dec. 14, 1798	2	253
Mary, d. [Joseph, Jr. & Mary], b. Nov. 7, 1804	2	336
Mary, of Griswold, m. Daniel BROWN, of Preston, Oct. 7, 1840, by W[illia]m R. Jewitt	4	95
Mary, married, b. in Griswold, d. Apr. 12, 1858, ae 66	8-C	10
Mary A., of Norwich, m. Henry H. ROATH, of Preston, Sept. 24, 1848, by Rev. Cyrus Miner	4	153
Nathan, s. [Joseph & Abigail], b. Aug. 16, 1741	1	67
Nathan, s. [Robert & Mary], b. Apr. 18, 1756	2	69
Nathan, m. Cynthia KINNE, b. of Preston, Nov. 1, 1781	2	175
Nathan, s. [Nathan & Cynthia], b. May 7, 1788	2	175
Nathan, m. Mary LEONARD, b. of Preston, Dec. 7, 1809	2	311
Olive, m. John FREEMAN, Feb. 27, 1733/4	1	108

PRESTON VITAL RECORDS 223

	Vol.	Page
STANTON, (cont.)		
Oliver, [s. Thomas & Annah], b. July 26, 1712	1	35
Patience, of Groton, m. Jedidiah BENJAMIN, of Preston, Nov. 11, 1732	2	37
Patta, d. [Samuel, Jr. & Martha], b. Nov. 18, 1787	2	217
Philura, see under Filurian		
Polly, d. [Isaac Wheeler & Ruth], b. Sept. 26, 1773	2	131
Polly, m. James TREAT, b. of Killingly, Jan. 29, 1792	2	262
Prudence, d. [John, Jr. & Desire], b. Feb. 17, 1748	2	60
Prudence, m. David MEECH, b. of Preston, Jan. 5, 1769	2	123
Rebecca, d. [Samuel & Mary], b. Apr. 14, 1765	2	69
Rebecca, of Preston, m. Peres MAIN, of Stonington, Jan. 26, 1786	2	229
R[e]uben, s. [Joseph & Abigail], b. July 7, 1748	1	67
Robert, b. Feb. 20, 1713	1	69
Robert, m. Mary LESTER, b. of Preston, Nov. 4, 1741	2	69
Robert, s. [Robert & Mary], b. Jan. 4, 1748	2	69
Robert, Jr., of Preston, m. Marcy HARRIS, of Colchester, Dec. 10, 1778	2	164
Robert, Sr., d. Mar. 10, 1800, ae 87 y.	2	69
Robert Rodowick, s. [Joseph & Susanna], b. Mar. 28, 1810	2	291
Russell Butler, s. [Joseph, Jr. & Mary], b. Oct. 23, 1812; d. Aug. 4, 1813	2	336
Sabra, d. [Theophilus Frink & Anna], b. Oct. 4, 1805	2	202
Sabra, m. George BUTTON, b. of Preston, Jan. 11, 1824, by John Brewster, J.P.	3	47
Sally, m. Abel GATES, b. of Preston, Jan. 11, 1797	2	284
Samuell, b. June 20, 1726	1	69
Samuel, of Preston, m. Mary PALMER, of Voluntown, Nov. 7, 1754	2	69
Samuel, s. [Samuel & Mary], b. Apr. 17, 1759	2	69
Samuel, Jr., m. Martha MORSS, b. of Preston, Dec. 3, 1786	2	217
Samuel, s. [Samuel, Jr. & Martha], b. Feb. 26, 1789	2	217
Samuel, s. [Daniel Palmer & Kate], b. Jan. 29, 1801	2	253
Samuel, d. Mar. 25, 1803	2	100
Sarah, [d. Thomas & Annah], b. Oct. 22, 1700	1	35
Sarah, b. Jan. 20, 1724/5	1	69
Sarah, d. [John, Jr. & Desire], b. Feb. 5, 1738	2	60
Sarah, d. [Elijah & Elizabeth], b. Oct. 12, 1745	1	126
Sarah, twin with Jabez, d. Jabez & Sarah, b. Mar. 17, 1746	2	32
Sarah, d. [David & Sarah], b. Oct. 27, 1755	2	86
Sarah, m. Eleazer PRENTICE, b. of Preston, Oct. 19, 1758	2	97
Sarah, d. [David, Jr. & Susanna], b. Feb. 18, 1778	2	192
Sarah, d. [Nathan & Cynthia], b. Aug. 31, 1782	2	175
Sarah, d. [David, Jr. & Susanna], b. Jan. 11, 1787	2	192
Sarah, m. Rufus PRENTICE, b. of Preston, Dec. 28, 1800	2	284
Susan, m. Justin PALMER, July 19, 1840, by Nathan Stanton, J.P.	4	42
Susan Mariah, d. [Joseph & Susanna], b. Sept. 27, 1803	2	291
Susannah, d. [David, Jr. & Susanna], b. Oct. 17, 1779	2	192
Susannah had illeg., d. Henriette HUNTON, b. Feb. 26, 1803	2	148
Susannah, m. Ephraim RIX, b. of Preston, Sept. 30, 1810	2	359
Tammasin, d. [David & Sarah], b. July 10, 1770	2	86
Thankfull, [d. Thomas & Annah], b. Feb. 17, 1706/7	1	35
Theophilus, [s. Theophilus], b. Dec. 5, 1703	1	78

BARBOUR COLLECTION

	Vol.	Page
STANTON, (cont.)		
Theophilus, m. Anna BACON, May 11, 1738; d. May 16, 1778	1	118
Theophilus Frink, s. [David, Jr. & Susanna], b. Mar. 28, 1784	2	192
Theophilus Frink, m. Anna POPE, b. of Preston, Jan. 21, 1804	2	202
Thomas, [s. Thomas & Annah], b. Apr. 24, 1696	1	35
Thomas, s. [Abel & Olive], b. May 15, 1775	2	138
Thomas Frink, s. [David, Jr. & Susanna], b. Feb. 15, 1791	2	192
William, s. [Jabez & Sarah], b. Jan. 15, 1762	2	32
William Henry, s. [John W. & Betsey G.], b. Oct. 20, 1843	4	114
William Jervase, s. [Isaac Wheeler & Ruth], b. Aug. 27, 1783	2	131
William Northrup, s. [David, Jr. & Susanna], b. Nov. 21, 1793	2	192
Zurviah, d. [Robert & Mary], b. Oct. 18, 1753	2	69
STAPLES, Martha, of Smithfield, m. Nathaniel BOWDISH, of Preston, Dec. 11, 1750	2	79
STARKE, Elizabeth, of Groton, m. Samuel TREAT, of Preston, Dec. 23, 1751	2	77
STARKWEATHER, Abby Jane, d. [John, Jr. & Lydia], b. July 12, 1824	2	390
Abby Jane, of Preston, m. Denison N. STEWART, of N. Stonington, Apr. 18, 1844, by H. R. Knapp	4	105
Alfred, s. [Jesse, 2d, & Lydia], b. Mar. 17, 1807	2	307
Ame, d. Richard & Mary, b. Nov. 7, 1736	1	39
Amey, d. [Elijah & Esther], b. Nov. 10, 1762	2	61
Amey, m. Ezekiel BUNDY, b. of Preston, Feb. 10, 1763	2	115
Amey, m. Ezekiel BUNDY, b. of Preston, Feb. 16, 1763 (entry crossed out)	2	107
Amy Kimball, d. [Asa & Amy], b. Oct. 10, 1779	2	168
Annah, [d. John & Mary], b. Aug. 21, 1715	1	66
Anna, twin with Mary, d. [Richard & Mary], b. Oct. 13, 1728	1	39
Anna, d. [Samuel & Sarah], b. Oct. 12, 1767	2	26
Anne, [d. Richard & Mary], b. June 4, 1753	1	39
Arthur, [s. Timothy & Mehitabell], b. June 1, 1712	1	78
Arthur, of Preston, m. Ruth WOOD, of Groton, Apr. 23, 1767	2	38
Asa, s. [Daniel & Mary], b. Aug. 2, 1750	2	19
Asa, m. Amy KIMBALL, b. of Preston, Feb. 18, 1779	2	168
Asa, s. [Asa & Amy], b. Nov. 16, 1782	2	168
Asher, s. [Nathan & Dorcas], b. July 25, 1768	2	48
Belcher, m. Mary LEONARD, b. of Preston, Dec. 30, 1784	2	198
Belling, s. [Daniel & Mary], b. Aug. 17, 1764	2	19
Benajah, m. Ueanas CLARK, Sept. 1, 1737	1	113
Betsey, d. [Ephraim & Rachel], b. Feb. 26, 1798	2	167
Charles Lester, s. [Jesse, 2d, & Lydia], b. Oct. 6, 1821	2	307
Chekley, s. Joseph & Margaret, b. Feb. 3, 1783	2	185
Cyrus, s. [Samuel & Sarah], b. Mar. 23, 1765	2	26
Daniel, m. Mary GEER, b. of Preston, Mar. 26, 1746	2	19
David, s. [Nathan & Dorcas], b. Apr. 9, 1772	2	48
David A., s. [John & Hannah], b. Jan. 21, 1802	2	170
Deborah, d. [Jesse & Mary], b. Apr. 17, 1781	2	112
Dinah, m. Daniel STANTON, b. of Preston, Apr. 22, 1737	2	68
Elijah, s. Richard & Mary, b. Dec. 11, 1722	1	39
Elijah, m. Esther GATES, b. of Preston, Feb. 6, 1754	2	61
Elijah, s. [Elijah & Esther], b. July 2, 1756	2	61
Elisha, s. [Daniel & Mary], b. Jan. 15, 1755	2	19
Elisha, s. [Ephraim & Rachel], b. Mar. 28, 1796	2	167

	Vol.	Page
STARKWEATHER, (cont.)		
Elisha Lester, s. [Jesse, 2d, & Lydia], b. Nov. 30, 1812	2	307
Eliza, d. [Jesse, 2d, & Lydia], b. Oct. 9, 1816	2	307
Elizabeth, d. Thomas & Patience, b. Dec. [ ], 1703	1	88
Elizabeth, of Stonington, m. Rufus HATCH, of Preston, Jan. 19, 1764	2	112
Elizabeth, d. [Jesse & Mary], b. Mar. 28, 1774	2	112
Emelia Spaulding, d. [Jesse, 2d, & Lydia], b. Dec. 22, 1810	2	307
Ephraim, s. [Samuel & Sarah], b. May 24, 1757	2	26
Ephraim, m. Rachel CLARK, b. of Preston, June 13, 1780	2	167
Erastus W., s. [John & Hannah], b. July 27, 1788	2	170
Esther, d. [Elijah & Esther], b. Apr. 13, 1761	2	61
Esther, d. [Samuel & Sarah], b. Feb. 26, 1763	2	26
Esther, w. Leonard, b. Oct. 10, 1785	2	326
Eunice, d. [Jesse & Mary], b. July 4, 1763	2	112
Eunice, m. Roswell PARK[E], b. of Preston, Mar. 8, 1781	2	178
Eunice, d. [Ephraim & Rachel], b. May 26, 1791	2	167
Ezra, s. [Jabish & Martha], b. May 22, 1765	2	74
Ezra, of Preston, m. Esther BREWSTER, of Worthington, Mass., Dec. 7, 1777	2	167
Ezra, s. [Belcher & Mary], b. Oct. 23, 1803	2	198
Ezra, m. Laura GEER, of Preston, Nov. 24, 1826, by Zelotes Fuller	3	91
George A., s. [John & Hannah], b. May 19, 1794	2	170
Hannah, d. Stephen, b. Dec. 11, 1761	2	46
Hannah, d. [Jabish & Martha], b. Dec. 6, 1766	2	74
Hannah, m. Stephen BRANCH, b. of Preston, Dec. 10, 1767	2	118
Hannah, d. [John & Hannah], b. Feb. 12, 1781	2	170
Hannah, m. Joseph B. PARK[E], b. of Preston, Nov. 24, 1803	2	295
Hannah, d. July 23, 1829	4	27
Hannah Georgianna, [d. John, Jr. & Lydia], b. June 9, 1832	2	390
Henry, s. [Ephraim & Rachel], b. May 11, 1785	2	167
Henry Howard, s. [John, Jr. & Lydia], b. Apr. 30, 1826	2	390
Huldah, d. [Jabish & Martha], b. Sept. 29, 1768	2	74
Jabez, s. Richard & Mary, b. Jan. 10, 1734/5	1	39
Jabez, s. [Jabish & Martha], b. Oct. 18, 1770	2	74
Jabish, of Preston, m. Martha COLE, of Voluntown, June 13, 1764	2	74
James, of Stonington, m. Prudence AVERY, of Preston, Apr. 19, 1781	2	173
James, s. [Belcher & Mary], b. Oct. 25, 1801	2	198
Jeremiah, s. [Jesse & Mary], b. June 9, 1776	2	112
Jerusha, d. [Thomas & Patience], b. Mar. 2, 1706/5	1	88
Jerusha, m. John PARKE, Mar. 27, 1723	1	41
Jerusha, d. [Daniel & Mary], b. May 4, 1747	2	19
Jesse, s. Richard & Mary, b. Jan. 15, 1738/9	1	39
Jesse, of Preston, m. Mary KINNE, of Voluntown, Nov. 11, 1762	2	112
Jesse, s. [Jesse & Mary], b. July 8, 1784	2	112
Jesse, 2d, m. Lydia LESTER, b. of Preston, Jan. 16, 1805	2	307
Joanna, d. [Jesse & Mary], b. June 10, 1769	2	112
Joel, m. Jane TRUMBLE, b. of Preston, Aug. 9, 1750	2	46
John, m. Mary HERRICK, Dec. 28, 1708	1	66
John, s. [Samuel & Sarah], b. Aug. 14, 1752	2	26
John, m. Hannah LEONARD, b. of Preston, May 25, 1780	2	170
John, s. [John & Hannah], b. June 23, 1790	2	170

STARKWEATHER, (cont.)

	Vol.	Page
John, Jr., m. Lydia BUTTON, b. of Preston, Sept. 14, 1817	2	390
John, d. Jan. 26, 1837	2	170
John, d. Jan. 26, 1837	4	27
John Kinney, s. [Jesse, 2d, & Lydia], b. Dec. 15, 1814; d. Mar. 4, 1819	2	307
John Leander, s. [John, Jr. & Lydia], b. May 9, 1818; d. Oct. 12, 1819	2	390
John Leonard, s. [John, Jr. & Lydia], b. Apr. 12, 1830	2	390
Joseph, [s. Timothy & Mehitabell], b. Oct. 8, 1709	1	78
Joseph, s. [Richard & Mary], b. Feb. 13, 1731; d. Aug. 20, 1743	1	39
Joseph, s. Samuel & Sarah, b. June 20, 1748	2	26
Joseph, s. [Elijah & Esther], b. Mar. 4, 1755	2	61
Joseph Allen, s. [John, Jr. & Lydia], b. Sept. 16, 1835	2	390
Joseph Spencer, s. Joseph & Margaret, b. Mar. 10, 1777	2	185
Juliet, d. [Leonard & Esther], b. Mar. 10, 1807	2	326
Leonard, s. [John & Hannah], b. Sept. 13, 1782 (Added in pencil "Became Governor of Michigan".)	2	170
Leonard, m. Esther BREWSTER, b. of Preston, May 13, 1804	2	326
Leonard, s. [Leonard & Esther], b. May 23, 1809	2	326
Lidia, [d. John & Mary], b. Jan. 29, 1712	1	66
Lidia, m. Andrew LESTER, Dec. 28, 1714	1	16
Lidia, see also Lydia		
Lucinda, d. [John & Hannah], b. Jan. 2, 1784	2	170
Lucinda Kent, d. [Leonard & Esther], b. Mar. 11, 1811	2	326
Lucy, d. [Elijah & Esther], b. Feb. 26, 1758	2	61
Lucy, of Stonington, m. Elijah PARK[E], of Preston, Apr. 2, 1778	2	178
Lydia, d. [Jesse & Mary], b. Mar. 16, 1765	2	112
Lydia, see also Lidia		
Lydia Maria, d. [John, Jr. & Lydia], b. Mar. 23, 1828; d. Oct. 14, 1835	2	390
Lydia Spencer, d. [Jesse, 2d, & Lydia], b. Dec. 23, 1818	2	307
Marcia A., of Preston, m. Solomon S. PENDLETON, Jan. 15, 1839, by Rev. N. E. Shailer	4	20
Martha, of Stonington, m. Amos BROWN, Jr., of Preston, Dec. 27, 1787	2	295
Martha A., d. [John, Jr. & Lydia], b. Mar. 17, 1820	2	390
Mary, [d. John & Mary], b. Mar. 25, 1710	1	66
Mary, d. [Timothy & Mehitabell], b. Mar. 6, 1714/15	1	78
Mary, m. Jeremiah KINNI, Nov. ye last day, 1726	1	83
Mary, twin with Anna, d. [Richard & Mary], b. Oct. 13, 1728; d. Oct. 18, 1749	1	39
Mary, d. [Joel & Jane], b. July 29, 1751	2	46
Mary, d. [Samuel & Sarah], b. Feb. 16, 1759	2	26
Mary, d. [Jesse & Mary], b. Aug. 25, 1778	2	112
Mary, d. [Jesse, 2d, & Lydia], b. Dec. 19, 1808	2	307
Mehitabell, d. Timothy & Mehitabell, b. Jan. 12, 1706/7	1	78
Mehetable, twin with Thomas, [d. Belcher & Mary], b. July 25, 1787	2	198
Mehetable, m. Daniel MORGAN, 4th, b. of Preston, Mar. 21, 1811, by Rev. Levi Nelson, of Lisbon	3	75
Nathan, s. [Richard & Mary], b. Aug. 10, 1725	1	39
Nathan, m. Dorcas HAMLIN, b. of Preston, Oct. 22, 1751	2	48
Olive, d. [Richard & Mary], b. Mar. 13, 1732/3	1	39

PRESTON VITAL RECORDS

	Vol.	Page
STARKWEATHER, (cont.)		
Olive, m. Andrew GATES, b. of Preston, Nov. 5, 1751	2	105
Olive, s. [Belcher & Mary], b. Oct. 14, 1805	2	198
Olive, m. Jephtha GEERE, b. of Preston, Dec. 11, 1828, by Rev. Augustus B. Collins	3	149
Patience, d. [Thomas & Patience], b. Jan. 27, 1705/4	1	88
Phebe, d. [Jesse & Mary], b. Nov. 8, 1771	2	112
Prudence, d. [Thomas & Patience], b. Aug. 14, 1713	1	88
Prudance, m. Beniamin HUTCHENS, Dec. 10, 1730	1	99
Rachel, d. [Ephraim & Rachel], b. Feb. 25, 1782	2	167
Rhoda, d. [Ephraim & Rachel], b. July 8, 1787	2	167
Richard, m. Mary PLUMER, Mar. 12, 1721/2	1	39
Richard, d. Mar. 17, 1760	2	14
Richard, s. [Jesse & Mary], b. Mar. 29, 1767	2	112
Ritchard, m. Deborah BREWSTER, b. of Preston, Dec. 7, 1786	2	203
Robert, s. [Thomas & Patience], b. Oct. 14, 1708	1	88
Roger, s. [Daniel & Mary], b. Dec. 9, 1752	2	19
Sally, d. [John & Hannah], b. June 5, 1792	2	170
Samuel, of Stonington, m. Sarah PEAPLE, of East Haddam, July 29, 1744	2	26
Samuel, s. [Samuel & Sarah], b. Apr. 22, 1750	2	26
Samuel, s. [John & Hannah], b. Feb. 23, 1786	2	170
Samuel, s. [Leonard & Esther], b. July 1, 1813; d. Apr. 15, 1814	2	326
Sarah, d. [Samuel & Sarah], b. Apr. 20, 1761	2	26
Sarah, d. [Ephraim & Rachel], b. Jan. 26, 1794	2	167
Sarah Meech, d. [Jesse, 2d, & Lydia], b. Nov. 10, 1823	2	307
Silence, m. Oliver RUDE, b. of Preston, Apr. 11, 1737	1	112
Sophia Brewster, d. [Leonard & Esther], b. Jan. 30, 1805	2	326
Sophronia, d. [John & Hannah], b. Sept. 5, 1798	2	170
Sophronia, of Preston, m. John WILLIAMS, of Stonington, Apr. 27, 1825, by Park Williams, J..P.	3	63
Susanna, m. Amos AVERY, Jr., b. of Preston, Dec. 12, 1790	2	224
Thomas, s. [Thomas & Patience], b. July 20, 1709	1	88
Thomas, s. [Daniel & Mary], b. Dec. 3, 1759	2	19
Thomas, twin with Mehetable, [s. Belcher & Mary], b. July 25, 1787	2	198
Timothy, m. Mehitebel FENNER, Oct. 18, 1705	1	78
Vina, d. [Daniel & Mary], b. Dec. 27, 1761	2	19
Welthy, d. [Belcher & Mary], b. Jan. 23, 1800	2	198
Wealthy, of Preston, m. Rufus PRENTICE, of Griswold, Aug. 7, 1823, by Rev. John Hyde	3	66
Williams, s. [Samuel & Sarah], b. Nov. 25, 1754	2	26
Williams, s. [John & Hannah], b. July 15, 1796	2	170
William, m. Kaziah BENJAMIN, Feb. 6, 1823, by Rev. John Hyde	3	64
William Austin, s. [John, Jr. & Lydia], b. Feb. 16, 1822	2	390
Woodbury, s. [Belcher & Mary], b. Oct. 7, 1785	2	198
Woodbury, s. [Belcher & Mary], d. Mar. 8, 1800	2	198
Zerviah, d. [Daniel & Mary], b. June 14, 1757	2	19
Zipporah, d. [Daniel & Mary], b. May 4, 1768	2	19
STEPHENS, [see also STEVENS], Anna, of Plainfield, m. Joseph TYLER, Jr., of Preston, Sept. 24, 1741	1	18
Huldah, reputed, d. William STEAVENS, begotten of Esther Peirce, b. Feb. 2, 1754, b. Feb. 2, 1754	2	16
STERRY, STERREY, Abigail, d. [Roger & Abigail], b. Jan. 20, 1769	2	29

	Vol.	Page
STERRY, STERREY, (cont.)		
Arthur, s. [Roger & Abigail], b. Jan. 26, 1757; d. Nov. 21, 1761	2	29
Consider, s. [Roger & Abigail], b. Oct. 5, 1761	2	29
Consider, m. Sabra **PARK[E]**, b. of Preston, Oct. 15, 1780	2	170
Cyprian, [s. Samuel & Hannah], b. Dec. 15, 1707	1	83
Elisha Y., s. [Capt. Roger & Levina], b. Oct. 27, 1805	2	331
Erastus, s. Consider & Sabra, b. July 2, 1790	2	170
Hannah, d. Sam[ue]ll & Hannah, b. Feb. 22, 1704/05	1	83
Hannah, w. Sam[ue]ll, d. July 19, 1724	1	83
John, s. [Roger & Abigail], b. Sept. 24, 1766	2	29
Levina, w. Capt. Roger, d. Nov. 1, 1812	2	331
Lucy, m. George **CREARY**, b. of Preston, May 18, 1756	2	99
Mary, d. [Roger & Abigail], b. Apr. 28, 1751; d. Mar. 6, 1751/2	2	29
Mary, 2d, d. [Roger & Abigail], b. Aug. 27, 1753	2	29
Mary, m. Daniel **KIMBALL**, b. of Preston, June 24, 1773	2	144
Mehetable, d. [Roger & Abigail], b. Dec. 28, 1758	2	29
Robert, [s. Samuel & Hannah], b. June 5, 1711	1	83
Roger, s. [Samuel & Mehitable], b. Jan. 22, 1730	1	83
Roger, of Preston, m. Abigail **HOLMES**, of Stonington, May 4, 1748	2	29
Roger, s. [Roger & Abigail], b. Sept. 14, 1764	2	29
Roger, Town Clerk, d. Apr. 19, 1780	2	5
Sally, d. [Consider & Sabra], b. June 3, 1783	2	170
Samuel, m. Hannah **ROSE**, Feb. 22, 1703	1	83
Samuel, [s. Samuel & Hannah], b. Apr. 4, 1706	1	83
Sam[ue]ll, m. his 2d w. Mehitable [ ], Feb. 8, 1724/5	1	83
Samuel, d. Apr. 15, 1734	1	83
Samuel, s. Roger & Abigail, b. Apr. 15, 1749; d. Feb. 2, 1751/2	2	29
Sarah, d. [Samuel & Mehitable], b. Oct. 15, 1727; d. May 13, 1729	1	83
Silas, of Groton, m. Sally **GRAY**, of Preston, May 5, 1822, by Phillip Gray, J.P.	3	3
William, s. Consider & Sabra, b. Mar. 17, 1793	2	170
Zeruiah, [d. Samuel & Hannah], b. May 27, 1713	1	83
STETSON, Dwight B., farmer, d. Aug. 31, 1854, ae 20	8-C	3
James R., of Lisbon, m. Mary Ann **BROWN**, of Preston, Dec. 25, 1828, by Rev. Augustus B. Collins	3	148
STEVENS, STEAVENS, [see also **STEPHENS**], Betsey, d. [Buell & Kezia], b. Apr. 15, 1784	2	190
Buell, m. Kezia **BROWN**, b. of Preston, Oct. 5, 1783	2	190
Buell, d. Mar. 25, 1785	2	190
Buel, s. [Leonard & Alice], b. Aug. 15, 1792	2	224
Kezia, [w. Buell], d. Oct. 1, 1787	2	190
Leonard, of Rensslearville, N.Y., m. Alice **GATES**, of Preston, Dec. 8, 1791	2	224
Prescilla, of Plainfield, m. Andrew **LESTER**, of Preston, Mar. 15, 1748	2	57
Sarah, d. Isaac, b. July 16, 1761	2	63
STEWART, Alexander, m. Thankfull **DENISON**, Apr. 5, 1770	2	149
Alexander, s. [Alexander & Thankfull], b. June 6, 1784	2	149
Betsey, d. [Alexander & Thankfull], b. Sept. 28, 1771	2	149
Cynthia, of N. Stonington, m. Lewis **MAINE**, of N. Stonington, May 1, 1836, by Rev. N. E. Shailer	3	339
Denison N., of N. Stonington, m. Abby Jane **STARKWEATHER**,		

	Vol.	Page

STEWART, (cont.)
- of Preston, Apr. 18, 1844, by H. R. Knapp — 4, 105
- Elizabeth, d. [Alexander & Thankfull], b. Aug. 5, 1789 — 2, 149
- Griswold, of Montville, m. Mary Ann KIRKLAND, of Lyme, Jan. 4, 1836, by Rev. N. E. Shailer — 3, 337
- Patte, d. [Alexander & Thankfull], b. July 15, 1775 — 2, 149
- Peggy, m. Jacob GATES, b. of Preston, Feb. 10, 1780 — 2, 169
- Polly, d. [Alexander & Thankfull], b. Apr. 18, 1782 — 2, 149
- Polly, m. John Brown TYLER, b. of Preston, Jan. 3, 1804 — 2, 290
- Susanna, d. [Alexander & Thankfull], b. Aug. 10, 1773 — 2, 149
- Thankfull, d. [Alexander & Thankfull], b. Apr. 24, 1777 — 2, 149
- Thomas, s. [Alexander & Thankfull], b. Sept. 18, 1779; d. Aug. 13, 1783 — 2, 149
- Thomas, s. [Alexander & Thankfull], b. Apr. 21, 1786 — 2, 149

STILES, E. V., moulder, of Troy, N.Y., m. Abby Ann CULVERS, b. in Norwich, now of Preston, July 23, 1850, by Rev. John Lovejoy — 5, 2

STODDARD, Cephas, of Thompson, Sullivan Cty., N.Y., m. Clarissa PRIDE, of Preston, Dec. 19, 1844, by Anson Gleason — 4, 112
- Charles S., d. May 9, 1853, ae 21 — 8-C, 1
- Clarissa, m. Capt. John G. SPICER, Feb. 26, 1834, by Reuben Porter — 3, 203
- Lucretia, of Groton, m. Cyrus PENDERSON, of Preston, Feb. 11, 1827, in Groton, by Thomas R. Peck — 3, 98
- Mary, d. Ephraim, ae 34, carpenter, & Mary, ae 40, b. June 16, 1849 — 5, 9
- May, d. Aug. 14, [1849?], ae 1 — 5, 13
- Oren, of Groton, m. Clarissa KIMBALL, of Preston, Dec. 24, 1826, by John Brewster, J.P. — 3, 93

STORY, Abigail, d. [Solomon & Elizabeth], b. Aug. 5, 1762 — 2, 135
- Abigail, m. Ebenezer AVERY, Jr., b. of Preston, Dec. 11, 1783 — 2, 199
- Betsey, d. [Joseph & Wealthy], b. Dec. 21, 1800 — 2, 360
- Caroline, of Preston, m. James MINOR, of Groton, July 19, 1829, by Elisha Brewster, J..P. — 3, 132
- Clarrissa H., m. Denison P. COOK, b. of Preston, Oct. 6, 1839, by Isaac Williams, 2d, J.P. — 4, 28
- Cynthia, d. [Solomon & Elizabeth], b. May 6, 1764 — 2, 135
- Cynthia, d. [Joseph & Wealthy], b. Jan. 27, 1803 — 2, 360
- Dorothy, w. Solomon, d. Jan. 17, 1823 — 2, 135
- Dorothy, d. [Solomon & Dorothy], [ ] — 2, 135
- Ebenezer, fisherman, married, d. Nov. 14, 1852, ae 73 — 8-C, 1
- Elisha, widower, b. in Nova Scotia, d. Mar. 5, 1853, ae 90 — 8-C, 1
- Elizabeth, d. [Solomon & Elizabeth], b. Jan. 19, 1771 — 2, 135
- Elizabeth, w. Solomon, d. Nov. 8, 1772 — 2, 135
- Eunice, m. Abel PARTRIDGE, b. of Preston, Apr. 9, 1767 — 2, 66
- Eunice, d. [Joseph & Wealthy], b. July 23, 1796 — 2, 360
- Eunice, of Preston, m. Edward MURPHY, of Norwich, Apr. 21, 1822, by Rev. Charles Hudson — 3, 2
- Hannah, m. Harmon L. WRIGHT, Jan. 4, 1846, by Henry Haskell, J.P. — 4, 127
- Joseph, s. [Solomon & Elizabeth], b. Oct. 8, 1768 — 2, 135
- Joseph, m. Wealthy BREWSTER, b. of Preston, Apr. 17, 1792 — 2, 360
- Joseph B., s. [Joseph & Wealthy], b. July 8, 1792 — 2, 360
- Justis, s. Joseph & Hannah, b. June 24, 1747 — 2, 21
- Mary, of Norwich, m. Joseph FREEMAN, of Preston, May 10, 1757 — 2, 22

230 BARBOUR COLLECTION

	Vol.	Page
STORY, (cont.)		
Mary, wid., d. Feb. 22, 1853, ae 73	8-C	1
Nabby, d. [Joseph & Wealthy], b. Oct. 20, 1806	2	360
Nancy, d. Ebenezer, Jr., ae 39, fisherman, and Nancy, ae 40, b. May 23, 1848	5	8
Nancy, married, d. Sept. 21, 1855, ae 47	8-C	6
Solomon, m. Elizabeth THOMAS, b. of Preston, Aug. 25, 1761	2	135
Solomon, m. Dorothy RUDE, b. of Preston, July 29, 1773	2	135
Solomon, s. [Joseph & Wealthy], b. Oct. 1, 1798; d. Aug. 31, 1802	2	360
Solomon, d. Aug. 16, 1820	2	135
Solomon S., s. [Joseph & Wealthy], b. Sept. 2, 1809	2	360
William, m. Hannah Elizabeth STANTON, b. of Preston, Oct. 20, 1839, by Isaac Williams, 2d, J.P.	4	29
STREETER, Sarah, m. Ebenezer TYLER, Jr., b. of Preston, Nov. 2, 1747	2	22
STROUD, Allyn, s. [Richard & Rhoda], b. Dec. 13, 1800	2	271
Edwin Giddings, twin with Ezra Geer, s. Richard & Rhoda, b. Jan. 16, 1812	2	271
Eliza, d. [Richard & Rhoda, b. June 19, 1799	2	271
Emily, d. Richard & Rhoda, b. Feb. 2, 1814	2	271
Ezra Geer, twin with Edwin Giddings, s. Richard & Rhoda, b. Jan. 16, 1812	2	271
Mary Ann, d. [Richard & Rhoda], b. June 9, 1806	2	271
Rhoda E., d. Richard & Rhoda, b. May 16, 1808	2	271
Richard, m. Rhoda HARVEY, b. of Preston, May 3, 1798	2	271
William Burton, s. [Richard & Rhoda], b. Nov. 22, 1802	2	271
STUYSE, Leonard, of Norwich, m. Maria CORNING, of Preston, Jan. 6, 1829, at Jedidiah Corning's, by Rev. William Palmer	3	122
SUBERT, Sylvester, of Norwich, m. Celia COOK, of Preston, Aug. 6, 1850, by Rev. Jacob Allen	4	192
SULLIVAN, John, filecutter, unmarried, b. in Ireland, d. May 31, 1865, ae 22	8-C	24
SWAN, Adeline, unmarried, seamstress, b. in N. Stonington, d. July 1, 1860, ae 21	8-C	15
Angeline, unmarried, d. Nov. 4, 1866, ae 27	8-C	26
Brister, of Groton, m. Charlotte THURBER, [1834 ?], by Thomas W. Gay, J.P.	3	208
Clarissa H., of Preston, m. James R. COZZENS, of Plainfield, May 4, 1834, by Rev. Augustus B. Collins	3	301
Cynthia, of N. Stonington, m. John WOODMANSEE, of Preston, Oct. 19, 1828, by Rev. Asher Miner	4	151
Elizabeth, of Stonington, m. Daniel BREWSTER, of Norwich, Oct. 4, 1764	2	131
Ephraim, trader farmer, married, b. in N. Stonington, d. Dec. 9, 1858, ae 56	8-C	11
Eunice, of N. Stonington, m. John MEECH, of Preston, Dec. 22, 1816	2	372
George Henry, [s. Brister & Charlotte], b. June 7, 1836	3	208
Hannah Brown, b. July 4, 1795, at N. Stonington; m. Thomas C. DAVIS, Sept. 21, 1817, at N. Stonington	2	378
Lucy A., b. Dec. 20, 1787; m. Sanford BREWSTER, Sept. 10, 1809	2	338
Nancy, b. Nov. 10, 1807	3	176
Nancy, m. Nathan D. PALMER, Oct. 7, 1830, by Rev. Augustus B.		

	Vol.	Page
SWAN, (cont.)		
Collins	3	176
Richard Russell Randall, [s. Brister & Charlotte], b. Sept. 25, 1839	3	208
Sophia, seamstress, unmarried, b. in N. Stonington, d. May 30, 1862, ae 20	8-C	18
SWEET, Charles, m. Eliza W. **THROOP**, b. of Lebanon, Mar. 17, 1834, by Rev. Alfred Gates	3	206
Diana, widow, b. in R.I., d. May 13, 1859, ae 54	8-C	12
Jonathan, m. Anna **DENISON**, b. of Preston, Aug. 14, 1772	2	71
Lydia, m. John **CHAMPLAIN**, b. of Lebanon, Mar. 17, 1834, by Rev. Alfred Gates	3	205
Nathaniel, m. Betsey **SNELL**, July 26, 1835, by Jeremiah S. Halsey, J.P.	3	322
Peleg, m. Judeth **BENJAMIN**, b. of Preston, Feb. 22, 1776	2	154
Riveses, s. [Peleg & Judeth], b. Jan. 18, 1777	2	154
SYDLEMAN, Angelina Whittaker, d. [George A., Jr. & Huldah], b. June 12, 1828	3	13
Caroline, of Preston, m. Erastus **AVERY**, of B[o]zra[h], Dec. 25, 1826, by Jona[than] Brewster, J.P.	3	96
Elizabeth, m. John **POLLARD**, Apr. 2, 1788, in Preston	2	257
Fanny Adelaide, d. [George A., Jr. & Huldah], b. Mar. 30, 1831	3	13
George A., Jr., m. Huldah **DAVIS**, b. of Preston, July 23, 1820, by Jona[than] Brewster, J..P.	3	13
George A., Capt., m. Fanny **DAVIS**, b. of Preston, June 26, 1825, by John Brewster, J.P.	3	78
Hannah Amy, d. [George A., Jr. & Huldah], b. May 6, 1826	3	13
Harriet, m. Jeremiah **DAVIS**, b. of Preston, May 4, 1822, by Jonathan Brewster, J.P.	3	42
TABER, TABOR, Lucy Ann, of Preston, m. John **BABCOCK**, of Franklin, Mar. 30, 1851, by Rev. Jacob Allen	4	207
Lucy Ann, widow, b. in Nantuckey, d. Nov. 18, 1865, ae 42	8-C	25
TALCOTT, Samuel L., of Coventry, m. Elizabeth B. **COLLINS**, of Preston, June 2, 1840, by Rev. Augustus B. Collins	4	41
TANNER, Joseph, m. Lydia **STANTON**, b. of Preston, May 27, 1784	2	195
TAYLOR, Christina, d. Robert, b. Jan. 29, 1849	5	9
William, m. Sophia **BROWN**, b. of Norwich, Oct. 2, 1833, by Rev. David N. Bentley	3	309
TENANT, Rebecca, d. Mar. 25, 1850, ae 75	5	11
TERRY, Enoch C., of Middletown, m. Josephine **COOK**, of Preston, Oct. 17, 1830, by W[illia]m Williams, J.P.	3	153
TERTELOTT, George, ae 21, merchant, b. in Norwich, res. of Preston, m. Mercy **SPAULDING**, ae 18, Apr. 6, [1850]	5	2
THEIS, Louisa, d. Nov. 21, 1864, ae 11 y. 6 m.	8-C	23
THOMAS, Aaron, m. Zipporah **BUTTON**, b. of Preston, Oct. 1, 1751	2	47
Aaron, s. [Aaron & Zipporah], b. Nov. 16, 1754	2	47
Alfred, of Groton, m. Lucy **BENJAMIN**, of Preston, Nov. 12, 1820, by Jona[than] Brewster, J.P.	3	17
Daniel, Jr., of Groton, m. Lucinda **KIMBALL**, of Preston, Sept. 10, 1820, by Jona[than] Brewster, J.P.	3	31
Elizabeth, m. Solomon **STORY**, b. of Preston, Aug. 25, 1761	2	135
Joel, s.[Aaron & Zipporah], b. Dec. 19, 1758	2	47
Lucy, d. [Aaron & Zipporah], b. May 13, 1756	2	47
Seabury, of Ledyard, m. Mary **DENISON**, of S. Stonington, Apr. 23,		

232 BARBOUR COLLECTION

	Vol.	Page
THOMAS, (cont.)		
1849, by Rev. Henry Floy Roberts, of Poquetonnuck	4	169
Zipporah, d. [Aaron & Zipporah], b. Dec. 11, 1753	2	47
THOMPSON, TOMSON, Abigail, [w. Benony], d. Nov. 26, 1756	2	9
Asahel, s. [Benony & Abigail], b. Dec. 22, 1744; d. June 10, 1747	2	9
Benony, of Canterbury, m. Abigail ADAMS, of Preston, Mar. 28, 1744	2	9
Jedidiah, s. [Benony & Abigail], b. June 5, 1747	2	9
Martha, m. Reuben WOODWARD, b. of Preston, Nov. 28, 1750	2	70
THORINGTON, Samuel, m. Sarah GUILE, b. of Preston, May 10, 1759, by Samuel Prentice, J..P.	2	123
THROOP, Eliza W., m. Charles SWEET, b. of Lebanon, Mar. 17, 1834, by Rev. Alfred Gates	3	206
THURBER, Charlotte, m. Brister SWAN, of Groton, [1834?], by Thomas W. Gay, J.P.	3	208
Charlotte, of Preston, m. Samuel FRANCES, of Windham, Apr. 30, 1840, by John Starkweather, J.P.	4	40
THURSTON, Abby H., m. John B. CLARK, b. of Preston, Oct. 3, 1832, by Rev. Augustus B. Collins	3	182
Abby Hazard, d. [Taylor & Polly], b. Aug. 23, 1814	2	220
Harriet K., d. [Taylor & Polly], b. Feb. 4, 1820	2	220
Joseph Taylor, s. [Taylor & Polly], b. Jan. 22, 1816	2	220
Lucy, d. [Taylor & Polly], b. Mar. 6, 1825	2	220
Lydia, d. [Taylor & Polly], b. Sept. 6, 1822	2	220
Margaret Downer, d. [Taylor & Polly], b. Dec. 5, 1817	2	220
Taylor, of Hopkinton, R.I., m. Polly BUTTON, of Preston, Nov. 28, 1811, by Rev. Horatio Waldo	2	220
TIFFANY, Ephraim, s. Consider & Sarah, b. Nov. 18, 1758	2	78
TINGLEY, Hannah, m. Thaddeus COOK, b. of Preston, Apr. 4, 1751	2	77
TRACY, Abigail, d. [Jerediah & Marg[a]ret], b. Mar. 23, 1722/3	1	23
Abiga[i]l, m. Benjamin FREEMAN, b. of Preston, Jan. 2, 1744/5	1	54
Abigail, d. [Benjamin & Olive], b. Feb. 17, 1778	2	117
Alfred Nathaniel, twin with George Albert, [s. John & Sarah], b. Nov. 15, 1841; d. Oct. 9, 1850, ae 9 y. (The record of death gives the name "Albert N.")	4	13
Amanda, d. [Edward & Azubah], b. Oct. 12, 1779	2	165
Amanda, m. Roswell PARISH, Jr., b. of Preston, Jan. 21, 1801	2	301
Amee, d. [Jonathan & Amee], b. Nov. 13, 1735	1	109
Amme, d. [Christopher & Elizabeth], b. Nov. 16, 1739	1	96
Amee, w. Jonathan, d. Oct. 13, 1744	1	109
Amy, d. [Samuel, Jr. & Ame], b. Sept. 11, 1774	2	83
Annah, [d. Jonathan & Annah], b. Oct. 29, 1703	1	37
Anna, d. [Jonathan & Amee], b. Apr. 1, 1733	1	109
Anna, d. [Moses & Esther], b. Sept. 25, 1762	2	80
Anna, of Norwich, m. Farwell COIT, of Preston, Apr. 12, 1781	2	171
Anne, d. [Ezra & Jemima], b. Feb. 22, 1773	2	97
Appleton, s. [Ezra & Jemima], b. Feb. 20, 1779	2	97
Asahel, s. [Jedidiah & Jerusha], b. Aug. 11, 1744	1	95
Asahel, m. Olive LEONARD, b. of Preston, Feb. 16, 1769	2	125
Asahel, d. Feb. 21, 1802	2	125
Asenath, d. [Simeon & Lois], b. June 30, 1766	2	87
Avery, s. [Benjamin & Olive], b. June 26, 1767	2	117
Barton, s. [Benajah & Lucy], b. June 12, 1773	2	63

PRESTON VITAL RECORDS 233

	Vol.	Page
TRACY, (cont.)		
Bela, s. [Samuel, Jr. & Ame], b. Apr. 2, 1761	2	83
Benaiah, [s. Nathaniell & Sarah], b. July 21, 1710	1	65
Benajah, of Preston, m. Hannah SAFFORD, of Norwich, Dec. 25, 1735	1	108
Benajah, s. [Benajah & Hannah], b. Nov. 9, 1738; d. Aug. 10, 1741	1	108
Benajah, m. Lucy HERRICK, b. of Preston, July 1, 1762	2	63
Benjamin, s. [Jedidiah & Marcy], b. Nov. 6, 1739	1	23
Benjamin, d. Sept. 8, 1741	1	64
Benjamin, s. Jedidiah & Masey*, b. Aug. 2, 1742. (*Marcy)	1	125
Benjamin, m. Olive KILLAM, b. of Preston, Nov. 17, 1763	2	117
Bethiah, [d. Christopher & Lidia], b. July 19, 1718	1	53
Bethsheba, d. [Isaac & Mehetable], b. Apr. 27, 1752	2	59
Betsey, d. [Isaac & Mehetable], b. Jan. 26, 1768	2	59
Betsey, d. [Benjamin & Olive], b. Apr. 26, 1780	2	117
Charity, d. [Jerediah & Marg[a]ret], b. Dec. 23, 1716	1	23
Charles Lewis, [s. John & Sarah], b. May 7, 1846; d. Sept. 6, 1868	4	13
Chester, s. Jabez & Prudence, b. Sept. 12, 1771	2	142
Christopher, [s. Jonathan & Mary], b. May 1, 1680	1	13
Christopher, m. Lidia PARRISH, May 20, 1705	1	53
Christopher, [d. Christopher & Lidia], b. June 1, 1711	1	53
Christopher, d. Feb. 9, 1724/5	1	53
Christopher, m. Elizabeth TYLER, b. of Preston, Mar. 28, 1734	1	96
Christopher, s. [Christopher & Elizabeth], b. Dec. 18, 1737; d. Nov. 15, 1743	1	96
Christopher, m. Rose TRACY, b. of Preston, Mar. 23, 1758	2	38
Clarissa, d. [Asahel & Olive], b. Mar. 10, 1779	2	125
Cyrus, s. [Samuel, Jr. & Ame], b. Aug. 6, 1757	2	83
Daniell, [s. Thomas], b. Mar. 3, 1685	1	67
Daniell, d. Mar. 2, 1704	1	68
Daniel, [s. Nathaniell & Sarah], b. Jan. 18, 1709	1	65
Daniel, s. [Jedidiah & Marcy], b. Sept. 10, 1730	1	23
Daniel, of Preston, m. Mary KENNEDY, of Norwich, Apr. 10, 1755	2	81
Daniel W., [s. John & Sarah], b. June 13, 1839	4	13
Dauid, [s. Jonathan & Mary], b. Sept. 24, 1687	1	13
Dauid, m. Sara[h] PARRISH, Oct. 6, 1709	1	60
Dauid, s. [Dauid & Sarah], b. May 7, 1721	1	60
Deb[o]rah, twin with Jerusha, [d. Thomas], b. Sept. 24, 1697	1	67
Deborah, m. Elishib ADAMS, Nov. 9, 1720	1	63
Deborah, [d. Christopher & Lidia], b. Apr. 20, 1722	1	53
Deborah, d. [Thomas & Abigal], b. Jan. 20, 1739/40	1	110
Deborah, d. [Samuel, Jr. & Ame], b. Sept. 12, 1766	2	83
Desier, d. [Christopher & Elizabeth], b. Mar. 10, 1735/6	1	96
Desire, of Norwich, m. Nathan AYER, of Stonington, Mar. 12, 1767	2	162
Diama, d. [Samuel, Jr. & Ame], b. Feb. 15, 1763	2	83
Dorothy, [d. Christopher & Lidia], b. Jan. 11, 1720/19	1	53
Dorothy, d. [Jonathan & Amee], b. Mar. 28, 1740; d. Apr. 6, 1740	1	109
Dorothy, wid. Daniel, d. Oct. 6, 1801	2	162
[E]asther, d. [Samuell & Easther], b. Sept. 19, 1736; d. Jan. 30, 1736/7	1	103
Easther, see also Esther		
Edward, s. [Moses & Esther], b. July 7, 1756	2	80
Edward, m. Azubah GENNINGS, b. of Preston, July 16, 1778	2	165

TRACY, (cont.)

	Vol.	Page
Elam, s. [Simeon & Lois], b. Aug. 3, 1761	2	87
Elias, s. [Benajah & Lucy], b. Apr. 5, 1763	2	63
Elias, m. Lydia GATES, b. of Preston, Nov. 10, 1786	2	209
Elijah, s. [Thomas & Abigal], b. July 31, 1741	1	110
Elijah, s. [Samuel, Jr. & Ame], b. Apr. 26, 1756	2	83
Elisha, s. [Francis & Esther], b. Aug. 24, 1749	1	112
Elisha, s. [Benajah & Lucy], b. Aug. 9, 1764	2	63
Elisha, s. [Ezra & Jemima], b. Sept. 30, 1768	2	97
Elizabeth, d. Frances & Elizabeth, b. Aug. 23, 1714	1	38
Elisabeth, d. [Samuell & Easther], b. Apr. 28, 1743	1	103
Elizabeth, d. Christopher & Elizabeth, b. Jan. 14, 1744	2	38
Elizabeth, w. Christopher, d. Sept. 11, 1757	2	38
Elizabeth, m. Isaac MORGAN, b. of Preston, May 27, 1764	2	49
Elizabeth, d.[Benajah & Lucy], b. May 4, 1776	2	63
Elizabeth, m. Nathan BACK, b. of Preston, Feb. 14, 1792	2	297
Enoch, s. Thomas & Abiga[i]l, b. Apr. 15, 1736	1	110
Erastus, s. [Ezra & Jemima], b. Feb. 20, 1771	2	97
Esther, [d. Christopher & Lidia], b. Jan. 19, 1721/20	1	53
Esther, d. [Samuell & Easther], b. Feb. 26, 1737/8	1	103
Esther, m. Ebenezer BENNET[T], b. of Preston, Oct. 28, 1742	1	126
Esther, m. Moses TRACY, b. of Preston, June 4, 1755	2	80
Esther, of Preston, m. Shubael CLARK, of Sherbourne, Mass., Aug. 24, 1794	2	254
Esther, see also Easther		
Eunice, d. [Jedediah, Jr. & Jerusha], b. Aug. 30, 1758	2	64
Eunice, d.[Samuel, Jr. & Ame], b. Dec. 2, 1758	2	83
Ezra, s. Jedidiah & Marcy, b. Feb. 15, 1733/4	1	64
Ezra, of Preston, m. Jemima KIMBAL[L], of Stonington, Jan. 24, 1760	2	97
Ffrances, [d. Jonathan & Mary], b. Apr. 1, 1690 (Perhaps a son)	1	13
Frances, m. Elizabeth PARRISH, Jan. 6, 1714/13	1	38
Frances, [s. Frances & Elizabeth], b. Feb. 23, 1716/17	1	38
Francis, m. Esther RUDE, b. of Preston, July 31, 1740	1	112
Francis, Sr., d. Nov. 28, 1755	1	38
Francis Hannah, [d. John & Sarah], b. Apr. 26, 1844	4	13
Frank W., s. John, merchant, & Sarah, b. May 4, [1850]	5	9
Franklin W., [s. John & Sarah], b. May 4, 1850	4	13
George Albert, twin with Alfred Nathaniel, [s. John & Sarah], b. Nov. 15, 1841	4	13
George N., [s. John & Sarah], b. Aug. 7, 1837; d. Oct. 2, 1839, ae 2 y. 1 m. 25 d.	4	13
Gilbart, s. [Ezra & Jemima], b. Jan. 7, 1761	2	97
Hannah, [s. Jonathan & Mary], b. July 8, 1677	1	13
Hannah, m. Thomas DAUISON, Nov. 28, 1695	1	15
Hannah, [d. Christopher & Lidia], b. Apr. 27, 1709	1	53
Hannah, m. Jonathan RENALS, Apr. 6, 1727. She was his 2d wife	1	76
Hannah, d. [Benajah & Hannah], b. Mar. 17, 1742	1	108
Hannah, m. Barton COOK, b. of Preston, Oct. 14, 1762	2	104
Hannah, d. [Benajah & Lucy], b. Aug. 9, 1767	2	63
Harriet, m. Daniel RAY, b. of Preston, Sept. 4, 1814, by John Sterry	2	354
Huldah, d. [Francis & Esther], b. Mar. 18, 1752	1	112
Irene, d. [Dauid & Sarah], b. Jan. 19, 1726/7	1	60

PRESTON VITAL RECORDS 235

	Vol.	Page
TRACY, (cont.)		
Isaac, [s. Frances & Elizabeth], b. Nov. 9, 1716	1	38
Isaac, m. Mehetable RUDE, b. of Preston, July 13, 1742	2	59
Isaac, s. [Isaac & Mehetable], b. Apr. 10, 1743	2	59
Jabez, of Preston, m. Prudence FANNING, of Groton, Apr. 25, 1770	2	142
Jedidiah, [s. Thomas], b. Sept. 24, 1692	1	67
Jedidiah, m. Marcy PARKE, Apr. 15, 1728	1	23
Jedidiah, of Preston, m. Jerusha RICHARDS, of Norwich, Mar. 29, 1739	1	95
Jedidiah, s. [Jedediah, Jr. & Jerusha], b. Apr. 5, 1761	2	64
Jedediah, Jr., d. Jan. 26, 1766	2	64
Jedidiah, Deac., d. June 8, 1779, ae 87 y.	1	125
Jedidiah, s. [Ezra & Jemima], b. Aug. 14, 1780	2	97
Jerediah, m. Marg[a]ret RIX, Jan. 27, 1714/13	1	23
Jerediah, s. [Jerediah & Marg[a]ret], b. Dec. 17, 1714	1	23
Jeremiah, [s. Thomas], b. Oct. 14, 1682	1	67
Jeremiah, m. Mary WITTER, Oct. 13, 1713	1	37
Jerusha, twin with Deb[o]rah, [d. Thomas], b. Sept. 24, 1697	1	67
Jerusha, m. Thomas RIX, June 26, 1718	1	47
Jerusha, [d. Christopher & Lidia], b. May 4, 1723	1	53
Jerusha, d. [Jedidiah & Jerusha], b. May 26, 1747	1	95
Jerusha, m. Nathan GEER, b. of Preston, May 1, 1766	2	142
John, s. [Francis & Esther], b. July 11, 1743	1	112
John, m. Hannah HASKEL, b. of Norwich, Jan. 28, 1756	2	95
John, s. [Benjamin & Olive], b. Jan. 27, 1770	2	117
John, b. Jan. 13, 1813; m. Sarah FOWLER, Aug. 31, 1834	4	13
John, d. July 28, 1866	4	13
John, farmer, married, b. in Norwich, d. July 28, 1866, ae 53	8-C	26
John R., [s. John & Sarah], b. May 28, 1835	4	13
Jonathan, m. Mary GRISWOULD, July 11, 1672	1	13
Jonathan, [s. Jonathan & Mary], b. Feb. 21, 1674/5	1	13
Jonathan, m. Annah PALMOR, Feb. 11, 1700/1	1	37
Jonathan, [s. Jonathan & Annah], b. Nov. 30, 1702	1	37
Jonathan, d. Feb. 25, 1704	1	13
Jonathan, Sr., d. Feb. 25, 1704	1	37
Jonathan, m. Mary RICHARD, Aug. 21, 1711	1	13
Jonathan, [s. Christopher & Lidia], b. Dec. 16, 1713	1	53
Jonathan, s. [Jonathan & Amee], b. Apr. 11, 1741	1	109
Jonathan, s. [Christopher & Elizabeth], b. Apr. 29, 1742	1	96
Jonathan, of Preston, m. Lucy AVERY, of Norwich, May 19, 1747	2	22
Jonathan, s. [Samuel, Jr. & Ame], b. Nov. 1, 1764	2	83
Joseph, [s. Nathaniell & Sarah], b. Apr. 2, 1712	1	65
Joseph, d. Feb. 2, 1780, ae 68 y.	2	189
Joseph, m. Elizabeth BROWN, b. of Preston, Sept. 20, 1789	2	189
Keturah, d. [Isaac & Mehetable], b. Feb. 28, 1763, at Delaware	2	59
Kezia, d. [Francis & Esther], b. July 26, 1757; d. Mar. 17, 1761	1	112
Lemuell, s. [Dauid & Sarah], b. Nov. 25, 1722	1	60
Lemuel, s. [Daniel & Mary], b. Aug. 12, 1761	2	81
Levy, s. Jedidiah, Jr. & Jerusha, b. June 5, 1754	2	64
Levi, m. Lucy FRINK, b. of Preston, Apr. 9, 1778, by Asher Rosseter	2	164
Lidia, [d. Christopher & Lidia], b. May 5, 1706	1	53

236   BARBOUR COLLECTION

	Vol.	Page
TRACY, (cont.)		
Lidia, see also Lydia		
Lidsay, [d. Christopher & Lidia], b. Feb. 9, 1716/15. She was baptized Lucy	1	53
Loas, d. [Jonathan & Amee], b. Nov. 2, 1737; d. May 23, 1739	1	109
Louis, d. [Isaac & Mehetable], b. June 4, 1758	2	59
Lucretia, d. [Samuell & Easther], b. Jan. 31, 1750/51	1	103
Lucy, [d. Christopher & Lidia], b. Feb. 9, 1716/15. (She was baptized "Lucy" but the birth record gives the name "Lidsay")	1	53
Lucy, d. [Francis & Esther], b. Aug. 7, 1754	1	112
Lucy, d. [Benjamin & Olive], b. May 18, 1765	2	117
Lucy, d. [Samuel, Jr. & Ame], b. Feb. 6, 1771	2	83
Lucy, d. [Benajah & Lucy], b. Oct. 28, 1778	2	63
Lucy, m. Samuel GEER, Jan. 1, 1792	2	323
Lucy, m. Israel BRUMBLEY, Jr., b. of Preston, Feb. 2, 1795	2	278
Lucy Ann, of Preston, m. Charles C. MORGAN, of New York City, Oct. 16, 1837, by Rev. Augustus B. Collins	4	7
Luther, s. [Benajah & Lucy], b. Oct. 21, 1780	2	63
Lydia, m. Adam PARKE, May 18, 1732	1	110
Lydia, d. [Christopher & Elizabeth], b. Dec. 6, 1745	2	38
Lydia, see also Lidia		
Marcy, w. Deac. Jedidiah, d. May 24, 1775	1	125
Marcy, d. [Benjamin & Olive], b. Sept. 16, 1775	2	117
Marg[a]ret, d. [Jerediah & Marg[a]ret], b. Oct. 27, 1718	1	23
Marg[a]ret, w. Jedidiah, d. Aug. 1, 1727	1	23
Marg[a]ret, d. [Jedidiah & Jerusha], b. May 12, 1740	1	95
Marg[a]ret, d. [Jedidiah & Jerusha], b. Nov. 15, 1751	1	95
Marg[a]ret, d. [Ezra & Jemima], b. Aug. 13, 1775	2	97
Mary, [d. Jonathan & Mary], b. Sept. 7, 1682	1	13
Mary, m. Beniamin PARRISH, Apr. 18, 1705	1	52
Mary, [d. Christopher & Lidia], b. Jan. 14, 1708; d. June 25, 1708	1	53
Mary, w. Jonathan, Sr., d. Apr. 24, 1711, ae 55 y.	1	13
Mary, [d. Dauid & Sarah], b. Apr. 2, 1712; d. Mar. 31, 1715	1	60
Mary, d. [Dauid & Sarah], b. Nov. 25, 1718	1	60
Mary, d. [Jerediah & Marg[a]ret], b. July 16, 1726	1	23
Mary, d. [Isaac & Mehetable], b. Feb. 17, 1745	2	59
Mary, d. [Asahel & Olive], b. Mar. 27, 1775	2	125
Mary, d. Dec. 21, 1788, ae 76 y.	2	189
Mary, m. Abijah PARK[E], Jr., b. of Preston, Feb. 18, 1801	2	223
Mary, w. Rufus, d. Sept. 24, 1818	3	170
Maryam, [d. Jonathan & Mary], b. Apr. 23, 1685	1	13
Mariam, see also Merrum and Miriam		
Mehetable, d. [Isaac & Mehetable], b. May 13, 1754	2	59
Mercy, d. [Simeon & Lois], b. Sept. 6, 1763	2	87
Merrum, [d. Frances & Elizabeth], b. Oct. 12, 1720	1	38
Miriam, d. [Samuell & Easther], b. May 29, 1745	1	103
Miriam, see also Maryam		
Moses, s. [Jonathan & Amee], b. Apr. 3, 1728	1	109
Moses, m. Esther TRACY, b. of Preston, June 4, 1755	2	80
Nathan, s. Jedidiah & Marcy, b. Feb. 21, 1729	1	64
Nathan[i]ell, [s. Thom[a]s], b. Dec. 19, 1675	1	67
Nathaniell, m. Sarah MINOR, May 21, 1706	1	65
Nathaniell, [s. Nathaniell & Sarah], b. Mar. 19, 1717	1	65

PRESTON VITAL RECORDS 237

	Vol.	Page
TRACY, (cont.)		
Nathaniel, s. [John & Hannah], b. Sept. 12, 1757	2	95
Olive, of Norwich, m. Daniel **WITTER**, of Preston, July 16, 1769	2	121
Olive, d. [Asahel & Olive], b. Jan. 22, 1784	2	125
Pariz, s. [Jonathan & Amee], b. June 18, 1744	1	109
Phebe, d. [Thomas & Abigal], b. May 31, 1738; d. Mar. 15, 1739	1	110
Polly, d. [Elias & Lydia], b. Dec. 7, 1787	2	209
Priscilla, d. [Samuell & Easther], b. May 29, 1740	1	103
Priscilla, m. John **BRANCH**, Jr., b. of Preston, Jan. 5, 1758	2	85
Rachel, d. [Dauid & Sarah], b. Nov. 29, 1724	1	60
Rachel, d. [Daniel & Mary], b. Aug. 5, 1759	2	81
Raymond, s. Samuel & Esther, b. Sept. 9, 1753	2	58
Rebeckah, d. Jonathan & Amee, b. Sept. 13, 1726	1	109
Robert, d. [Benajah & Lucy], b. Oct. 23, 1765 (Probably a son)	2	63
Robert, s. [Asahel & Olive], b. Mar. 27, 1773	2	125
Rose, m. Christopher **TRACY**, b. of Preston, Mar. 23, 1758	2	38
Rufus, s. [Jedidiah & Jerusha], b. May 30, 1749	1	95
Rufus, s. [Asahel & Olive], b. Dec. 9, 1769	2	125
Rufus, of Preston, m. Mary **REED**, of Norwich, Apr. 9, 1775	2	153
Ruth, d. Christopher & Elizabeth, b. May 18, 1734	1	96
Ruth, m. Samuel **REANALS**, b. of Preston, Feb. 26, 1756	2	82
Ruth, d. Thomas, b. Feb. 14, 1757	2	70
Ruth, of Norwich, m. Israel **HERRICK**, of Preston, Jan. 5, 1775	2	160
Sabra, d. [Jedidiah, Jr. & Jerusha], b. June 30, 1756	2	64
Sabra, d. [Asahel & Olive], b. Oct. 22, 1780	2	125
Sabra, of Preston, m. Leonard **HERRICK**, of Washington, N.Y., Jan. 10, 1819	2	394
Safford, s. [Benajah & Lucy], b. Nov. 4, 1768	2	63
Samuell, [s. Jonathan & Mary], b. June 6, 1697	1	13
Samuel, s. [Jonathan & Amee], b. Feb. 28, 1731	1	109
Samuel, m. Easther **RICHMOND**, Sept. 26, 1733	1	103
Sam[ue]ll, s. Sam[ue]ll & Easther, b. Oct. 12, 1734	1	103
Samuel, Jr., m. Ame **PARTRIDGE**, b. of Preston, May 15, 1755	2	83
Samuel, s. Samuel & Esther, d. Nov. 27, 1756, at Fort Edward	2	58
Samuel, s. [Daniel & Mary], b. Mar. 16, 1758	2	81
Samuel, s. [Moses & Esther], d. Mar. 5, 1764	2	80
Samuel Pa[r]tridge, s. [Samuel, Jr. & Ame], b. Mar. 21, 1769	2	83
Sanford, s. [Ezra & Jemima], b. July 20, 1762	2	97
Sarah, [d. Thomas], b. Dec. 17, 1677	1	67
Sary, [d. Jonathan & Mary], b. Aug. 2, 1692; d. Sept. 6, 1693	1	13
Sarah, d. Dauid & Sarah, b. June 17, 1710	1	60
Sarah, d. [Jerediah & Marg[a]ret], b. Sept. 23, 1720	1	23
Sarah, w. Dauid, d. Jan. 10, 1729/8	1	60
Sarah, d. [Benajah & Hannah], b. Nov. 14, 1736	1	108
Sarah, d. [Francis & Esther], b. Apr. 16, 1741	1	112
Sarah, d. [Thomas & Abigal], b. May 24, 1743	1	110
Sarah, of Norwich, m. John **COOK**, Jr., of Preston, Nov. 11, 1755	2	98
Sarah, married, d. July 27, 1853, ae 36	8-C	2
Sarah, w. John, d. July 27, 1853	4	13
Seth, s. [Francis & Esther], b. Mar. 13, 1747; d. Nov. 15, 1748	1	112
Seth, s. [Simeon & Lois], b. Oct. 18, 1759	2	87
Sherebiah, [d. Frances & Elizabeth], b. Jan. 5, 1721/2	1	38
Sheribiah, m. Hannah **WENTWORTH**, b. of Preston, May 22,		

BARBOUR COLLECTION

	Vol.	Page
TRACY, (cont.)		
1746	2	14
Shubael, s. [Benjamin & Olive], b. Feb. 12, 1773	2	117
Sibel, of Norwich, m. Whe[e]ler COIT, Dec. 8, 1774	2	136
Sibbel, of Preston, m. Henry KINNE, June 17, 1784	2	210
Silas, s. Francis & Esther, b. July 17, 1759	1	112
Simeon, s. Jedidiah & Marcy, b. May 17, 1732	1	64
Simeon, m. Lois BRANCH, b. of Preston, Sept. 13, 1758	2	87
Solomon, [s. Christopher & Lidia], b. Aug. 8, 1724	1	53
Solomon, s. [Christopher & Elizabeth], b. Feb. 11, 1748/9; d. Sept. 12, 1750	2	38
Solomon, s. [Daniel & Mary], b. Mar. 1, 1756	2	81
Solomon, s. [Isaac & Mehetable], b. June 1, 1756	2	59
Stephen, s. [Samuell & Easther], b. Nov. 12, 1748	1	103
Sybil, see Sibel		
Temperance, d. [Jedidiah & Marcy], b. Aug. 9, 1737	1	64
Temperance, m. Nathan FOBES, b. of Preston, May 5, 1763	2	106
Thankfull, [d. Frances & Elizabeth], b. Nov. 29, 1718	1	38
Thankfull, m. Nathan RUDE, b. of Preston, Apr. 30, 1741	2	99
Thankful, d. [Isaac & Mehetable], b. Apr. 21, 1765	2	59
Thomas, [s. Thomas], b. June 15, 1687	1	67
Thomas, s. [Jerediah & Marg[a]ret], b. Sept. 3, 1724	1	23
Thomas, d. Feb. 23, 1750	1	110
Wealthy, d. [Ezra & Jemima], b. Mar. 17, 1765	2	97
William, s. [Asahel & Olive], b. Jan. 23, 1771; d. Nov. 15, 1772	2	125
William, s. [Asahel & Olive], b. Dec. 7, 1776	2	125
Zauan, s. [Isaac & Mehetable], b. Apr. 1, 1750	2	59
Zeruiah, [d. Dauid & Sarah], b. Sept. 12, 1714	1	60
Zurviah, m. Joseph BRANCH, Jan. 27, 1731/2	1	127
Zerviah, d. [Isaac & Mehetable], b. Oct. 16, 1760	2	59
Zeporah, d. [Dauid & Sarah], b. Sept. 10, 1716	1	60
Zipporah, m. Caleb FREEMAN, Apr. 14, 1737	1	54
Zipporah, d. [Isaac & Mehetable], b. Jan. 30, 1748	2	59
Zipporah, d. [Christopher & Elizabeth], b. Mar. 13, 1754	2	38
Zipporah, m. Jonathan GRAVES, b. of Preston, Mar. 18, 1773	2	222
TRANCH, William, d. Oct. 12, 1863, ae 1-6-9	8-C	20
TRANGLER, Mary E., b. in Mass., d. Feb. 20, 1860, ae 8	8-C	14
TREADWAY, Oliver W., of Salem, m. Hannah M. STANTON, of Preston, Feb. 16, 1841, by Rev. N. E. Shailer	4	53
TREAT, Amos, s. [Samuel & Elizabeth], b. Jan. 30, 1770	2	77
Amos, Jr., farmer, unmar., d. Jan. 17, 1854, ae 57	8-C	2
Annah, d. Salmon & Dorothy, b. Aug. 26, 1699	1	7
Anna, d. Salmon & Dorithy, b. Aug. 26, 1699	1	63
Betsey, d. [James & Polly], b. Sept. 9, 1802	2	262
Betsey, m. Amos AVERY, Jr., b. of Preston, Dec. 6, 1827, at James Treat's in Jewett City, by Rev. William Palmer, of Norwich	3	107
Dorothy, [d. Salmon & Dorothy], b. Feb. 9, 1703/2	1	7
Dorithy, d. Salmon & Dorithy, b. Feb. 9, 1702/3	1	63
Dorothy, w. Samuel*, d. Dec. 6, 1714 (*Should be "Salmon")	1	7
Dorothy, m. John BREWSTER, Sept. 20, 1725	1	99
Dorothy, d. [Samuel & Elizabeth], b. Oct. 13, 1760	2	77
Dorothy, d. Sam[ue]ll, d. Oct. 14, 1773	2	78
Elizabeth, d. [Samuel & Elizabeth], b. May 28, 1754	2	77

	Vol.	Page
TREAT, (cont.)		
Elizabeth, w. Samuel, d. Sept. 19, 1772	2	78
Fanny, d. [James & Polly], b. Jan. 13, 1799	2	262
Frances, m. Joseph H. **DOANE**, b. of Preston, Oct. 11, 1819, by Rev. John Hyde	3	25
James, [s. Salmon & Dorothy], b. Nov. 29, 1700	1	7
James, s. Sallmon & Dorithy, b. Nov. 29, 1700	1	63
James, s. [Samuel & Elizabeth], b. Mar. 3, 1763	2	77
James, d. June 25, 1774	2	15
James, m. Polly **STANTON**, b. of Killingly, Jan. 29, 1792	2	262
James, s. [James & Polly], b. Sept. 26, 1793	2	262
James, [s. James & Polly], d. Nov. 5, 1805	2	262
James Stanton, s. [James & Polly], b. Aug. 27, 1806	2	262
Jemima, [d. Salmon & Dorothy], b. Nov. 27, 1714	1	7
Jemima, m. Nathaniel **WELLS**, b. of Preston, Apr. 15, 1755	2	83
Jerusha, [d. Salmon & Dorothy], b. Nov. 21, 1704	1	7
Jerusha, d. Salmon & Dorothy, b. Nov. 21, 1704	1	63
Jerusha, d. Aug. 8, 1771	2	15
John, s. [Samuel & Elizabeth], b. June 15, 1767	2	77
Julian, d. [James & Polly], b. Jan. 6, 1805; d. Oct. 20, 1805	2	262
Mary, d. [Samuel & Elizabeth], b. Sept. 21, 1758	2	77
Oren, s. [James & Polly], b. Feb. 27, 1795	2	262
Oren, [s. James & Polly], d. Oct. 2, 1805	2	262
Phebe, d. [Samuel & Elizabeth], b. Sept. 19, 1772	2	77
Polly, d. [James & Polly], b. May 14, 1797	2	262
Prudence, [d. Salmon & Dorothy], b. Nov. 23, 1706	1	7
Preudence, d. Salmon & Dorothy, b. Nov. 23, 1706	1	63
Rebekah, [d. Salmon & Dorothy], b. June 29, 1710	1	7
Rebaka, d. Salmon & Dorothy, b. June 29, 1710	1	63
Salmon, m. Dorothy, d. Rev. James **NOY[E]S**, Apr. 12, 1698	1	7
Salmon, m. Dorithy [ ], Apr. 12, 1698	1	63
Salmon, m. Mary **PARKE**, Nov. 6, 1716	1	7
Salmon, s. [Samuel & Elizabeth], b. Aug. 11, 1756	2	77
Sam[ue]l, [s. Salmon & Dorothy], b. July 21, 1712	1	7
Samuel, of Preston, m. Elizabeth **STARKE**, of Groton, Dec. 23, 1751	2	77
Samuel, s. [Samuel & Elizabeth], b. Sept. 19, 1752; d. Sept. 18, 1753	2	77
Samuel, s. [Samuel & Elizabeth], b. Apr. 23, 1765	2	77
Samuel, d. Sept. 16, 1773	2	78
Sarah, [d. Salmon & Dorothy], b. Sept. 19, 1708	1	7
Sara[h], d. Salmon & Doret[h]y, b. Sept. 19, 1708	1	63
Sarah, m. Thomas PA[R]TRIDGE, b. of Preston, May 10, 1737	1	111
TREBBE, Anne, of Exeter, m. Elias **ROUSE**, of Preston, Feb. 22, 1781	2	126
TRIHAVER, Barbary, married, b. in Germany, d. Jan. 8, 1862, ae 35	8-C	18
TRUMBLE, Jane, m. Joel **STARKWEATHER**, b. of Preston, Aug. 9, 1750	2	46
TUBB, TUBBS, Charles W. L., of Norwich, m. Esther **BRUMBL[E]Y**, of Preston, Sept. 13, 1840, by Rev. Ira R. Steward	4	43
Eliza, d. Sept. 28, 1853, ae 6	8-C	2
TUCKER, Abigail, d. [Stephen & Hannah], b. May 16, 1735	1	32
Abigail, m. Moses **BRANCH**, b. of Preston, Apr. 21, 1757	2	93
Christopher, [s. Stephen & Hannah], d. Apr. 4, 1726	1	32
Cynth[i]a, d. [Ephraim & Cynthia], b. Nov. 3, 1782	2	2

	Vol.	Page
TUCKER, (cont.)		
Denison Baldwin, s. [Stephen & Eunice], b. Oct. 23, 1801	2	243
Edward, s. [Stephen & Eunice], b. Aug. 13, 1804	2	243
Elizabeth, d. [William & Esther], b. Mar. 27, 1771; d. Apr. 1, 1811	2	125
Ephraim, s. [Stephen & Hannah], b. Oct. 20, 1726	1	32
Ephraim, m. Cynthia FITCH, of Norwich, Nov. 22, 1781	2	2
Ephraim, s. [Ephraim & Cynthia], b. July 21, 1787	2	2
Ephraim, m. Polly COIT, Sept. 15, 1811	2	322
Ephraim, s. [Ephraim & Polly], b. Jan. 21, 1814	2	322
Erastus, s. [Stephen & Eunice], b. Aug. 10, 1794	2	243
Esther, d. [Stephen, Jr. & Mary], b. Feb. 19, 1759	2	103
Esther, m. James HATCH, b. of Preston, Jan. 10, 1782	2	180
Hannah, d. Stephen & Hannah, b. Oct. 8, 1722	1	32
Hannah, w. Stephen, d. Feb. 28, 1745/6	1	32
Hannah, m. Israel HERRICK, b. of Preston, Nov. 17, 1748	2	51
Hannah, d. [William & Esther], b. Aug. 2, 1772	2	125
Hannah, m. Joseph BREWSTER, b. of Preston, Dec. 25, 1785	2	208
Henry, s. [William, Jr. & Sally], b. Feb. 16, 1815	2	362
James, s. [Stephen, Jr. & Mary], b. Oct. 29, 1762	2	103
John Baldwin, s. [Stephen & Eunice], b. Sept. 28, 1811	2	243
Lucy Denison, d. [Stephen & Eunice], b. Mar. 13, 1796	2	243
Lydia, [d. Stephen & Hannah], b. Oct. 24, 1729	1	32
Sarah, d. [Stephen, Jr. & Mary], b. Mar. 14, 1761	2	103
Sarah, m. Benjamin BRAND, b. of Preston, Dec. 27, 1781	2	172
Stephen, s. [Stephen & Hannah], b. Sept. 29, 1724	1	32
Stephen, 2d, [s. Stephen & Hannah], b. Apr. 7, 1732	1	32
Stephen, Deac. of Preston, m. Susanna CORNING, of Norwich, Apr. 23, 1747	2	30
Stephen, Jr., m. Mary BROWN, b. of Preston, Mar. 2, 1758	2	103
Stephen, s. [William & Esther], b. Apr. 30, 1768	2	125
Stephen, Deac., d. Sept. 24, 1768	2	30
Stephen, of Preston, m. Eunice BALDWIN, of Stonington, Jan. 17, 1793	2	243
Susannah, d. [William & Esther], b. Nov. 8, 1769; d. Mar. 13, 1773	2	125
Susannah, d. [William & Esther], b. July 23, 1774	2	125
William, s. [Stephen & Hannah], b. May 28, 1737	1	32
William, m. Esther MORGAN, b. of Preston, June 4, 1767	2	125
William, s. [William & Esther], b. Jan. 26, 1782	2	125
William, s. [Stephen & Eunice], b. Dec. 23, 1798	2	243
William, Jr., m. Sally MORGAN, b. of Preston, May 5, 1814	2	362
TULLEY, Catharine, married, b. in Ireland, d. Oct. 26, 1860, ae 32	8-C	15
TURNER, Bushnell, of Preston, m. Freelove CHAPMAN, Mar. 23, 1834, by Thomas W. Gay, J.P.	3	209
Erastus S., of Norwich, m. Juliann BROWN, of Preston, June 20, 1830, by Rev. Augustus B. Collins	3	144
TURTELOTT, see under TERTELOTT		
TUTTLE, Adaline, d. [Joseph & Polly], b. Apr. 8, 1809	2	353
Albert, s. [Joseph & Polly], b. Oct. 13, 1815	2	353
Emela, d. [Joseph & Polly], b. Jan. 17, 1812	2	353
Henry, s. [Joseph & Polly], b. Feb. 20, 1814	2	353
Joseph, of Montville, m. Polly ROSE, of Groton, Oct. 1, 1806	2	353
Joseph Tisdale, s. [Joseph & Polly], b. Sept. 19, 1807	2	353
Mary Billings, d. [Joseph & Polly], b. Feb. 14, 1817	2	353

PRESTON VITAL RECORDS 241

	Vol.	Page
TUTTLE, (cont.)		
Sary Ann, d. [Joseph & Polly], b. Nov. 10, 1818	2	353
TYLER, TILER, , Abigell, twin with Timothy, [d. Hopestill & Annah], b. Oct. 12, 1723	1	76
Abiga[i]l, d. Ebenezer & Abiga[i]l, b. July 7, 1734	1	30
Abigail, d. [John & Mary], b. July 23, 1750	2	21
Abigail, d. [Joseph & Lucy], b. May 25, 1762	2	39
Abigail, m. Nathaniel LORD, b. of Preston, Oct. 27, 1768	2	132
Alice Augusta, d. [Bishop & Alice], b. Sept. 18, 1804	2	277
Ama, d. [Joseph, Jr. & Anna], b. June 9, 1742; d. Aug. ye last day 1746	1	18
Amey, d. Joseph & Anna, b. June 27, 1750	2	32
Amy Brown, twin with John Brown, d. [Samuel & Judith], b. Oct. 9, 1773	2	91
Annah, d. [Hopestill & Annah], b. Dec. 27, 1716	1	76
Anna, d. [Joseph, Jr. & Anna], b. Mar. 3, 1743/4; d. Aug. ye last day 1746	1	18
Anna, d. [Joseph & Anna], b. Oct. 22, 1752	2	32
Annah, w. Hopestill], d. Mar. 27, 1766	1	76
Anna, Sr., [w. Joseph], d. Jan. 22, 1805	2	32
Anne, m. Ebenezer FREEMAN, Jr., b. of Preston, Feb. 14, 1771	2	144
Asa Kimball, s. [Joseph, 2d, & Lucy], b. Mar. 27, 1790	2	234
Bishop, s. [Samuel & Judith], b. Jan. 22, 1767	2	91
Bishop, of Preston, m. Alice MORGAN, of Plainfield, Nov. 29, 1797	2	277
Caleb, s. [Hopestill & Annah], b. May 13, 1726	1	76
Caleb, of Preston, m. Hannah BARNES, of Groton, Dec. 17, 1760	2	96
Caleb, of Preston, had negro Lucy, b. June 16, 1791. Made affidavit to the above Nov. 10, 1796, before Daniel Morgan, J.P.	2	407
Charles, s. [Joseph, 2d, & Lucy], b. Nov. 21, 1799	2	234
Charles, m. Adah BROWN, b. of Preston, Feb. 17, 1822, by Levi Walker	3	27
Clarinda, d. [James & Clarinda], b. Aug. 1, 1791	2	266
Daniel, s. [Moses & Joanna], b. Sept. 24, 1747	2	25
Daniel, s. [Joseph, 2d, & Lucy], b. Mar. 31, 1797	2	234
Desire, d. [Joseph & Lucy], b. Apr. 22, 1764; d. Sept. 10, 1769	2	39
Desire, d. [Joseph & Lucy], b. May 11, 1772	2	39
Dwight, s. [John, Jr. & Mary], b. June 30, 1795	2	184
Easter, d. [Moses & Mary], b. Dec. 29, 1740	1	37
Ebenezer, [s. Ebenezer], b. June 6, 1725	1	30
Ebenezer, m. Elizabeth BENNET[T], b. of Preston, May 23, 1739	2	14
Ebenezer, Jr., m. Sarah STREETER, b. of Preston, Nov. 2, 1747	2	22
Edward, m. Lydia YERRINGTON, Nov. 27, 1777	2	49
Elijah, s. [Moses & Joanna], b. Dec. 2, 1743	1	37
Elijah, s. Moses & Joanna, d. Sept. 19, 1746	2	25
Elisha, s. [Moses & Mary], b. Aug. 5, 1704	1	37
Elisha, m. Hannah LESTER, b. of Preston, Dec. 31, 1755	2	181
Elisha, s. [Moses & Olive], b. Nov. 2, 1794	2	259
Elisha, d. Mar. 26, 1809	2	181
Eliza Cotton, d. [Bishop & Alice], b. Feb. 26, 1802	2	277
Elizabeth, d. [Hopestill & Annah], b. Nov. 4, 1714	1	76
Elizabeth, m. Christopher TRACY, b. of Preston, Mar. 28, 1734	1	96
Elizabeth, d. [Jacob & Elizabeth], b. Feb. 12, 1749/50	2	28

BARBOUR COLLECTION

	Vol.	Page
TYLER, TILER, (cont.)		
Elizabeth, d. [Joseph & Lucy], b. May 27, 1758	2	39
Elizabeth, m. John GATES, b. of Preston, Feb. 16, 1769	2	69
Elizabeth, m. William BROWN, b. of Preston, Aug. 17, 1775	2	159
Elizabeth, d. [Joseph & Dimmis], b. Jan. 13, 1828	3	87
Esther, m. Nathaniel GOVE, b. of Preston, Nov. 1, 1759	2	108
Esther, d. [Samuel & Judith], b. July 17, 1769	2	91
Eunice, d. [Joseph & Lucy], b. Sept. 20, 1768	2	39
Eunice, b. Sept. 20, 1768; m. Oliver SPICER, Dec. 31, 1789	2	378
Frances M., d. [Joseph C. & Hannah], b. July 8, 1811	2	349
Frank, s. [Joseph & Dimmis], b. Sept. 30, 1832	3	87
Freelove, d. [Ebenezer & Elizabeth], b. Mar. 3, 1741	2	14
Gurdon, [s. Joseph, 2d, & Lucy], b. Oct. 1, 1806	2	234
Hannah, [d. James], b. Oct. 19, 1711	1	61
Hannah, d. [Moses & Mary], b. Mar. 25, 1736	1	37
Hannah, d. [Caleb & Hannah], b. Feb. 15, 1762	2	96
Hannah, d. [Elisha & Hannah], b. July 23, 1764	2	181
Hannah, m. Joseph AMES, b. of Preston, Nov. 12, 1777	2	179
Harriet, d. [James & Clarinda], b. Aug. 24, 1787; d. Apr. 5, 1799	2	266
Harriet, d. [James & Clarinda], b. Jan. 15, 1800	2	266
Henry, s. [John, Jr. & Mary], b. Aug. 9, 1792	2	184
Hester, d. James, Jr. & Hester, b. Sept. 9, 1732	1	43
Hopestill, m. Annah GATES, Jan. 25, 1710/9	1	76
Hopestill, d. Jan. 20, 1733	1	76
Hopestill, d. Oct. 17, 1762	1	76
Huldah, d. [Joseph & Huldah], b. Sept. 26, 1822	2	380
Jacob, [s. Ebenezer], b. July 30, 1723	1	30
Jacob, m. Elizabeth CLARK, b. of Preston, Dec. 26, 1746	2	17
Jacob, m. Elizabeth STALLION, b. of Preston, Jan. 2, 1748/9	2	28
Jam[e]s, [s. James], b. Dec. 22, 1708	1	61
James, Capt., m. his 2d w. Sary JUET, Sept. 2, 173[ ]	1	61
James, Jr., m. Hester BISHUP, Oct. 7, 1731	1	43
James, s. [John & Mary], b. May 18, 1746; d. Sept. 4, 1750	2	21
James, s. [Moses & Joanna], b. Sept. 8, 1751	2	25
James, s. [Joseph & Anna], b. May 18, 1757	2	32
James, s. [Samuel & Judith], b. Aug. 3, 1763	2	91
James, m. Clarinda PENDERSON, b. of Preston, Nov. 22, 1786	2	266
James, s. [James & Clarinda], b. July 21, 1789	2	266
Joanna, d. [Joseph, Jr. & Anna], b. Nov. 20, 1745	1	18
Joanna, [d. Joseph & Anna], d. Apr. 24, 1752	2	32
Joanna, d. [Joseph & Anna], b. Oct. 1, 1754	2	32
Joanna, of Preston, m. Thomas CHESEBROUGH, of Stonington, Oct. 15, 1775	2	195
John, [s. James], b. Dec. 29, 1721	1	61
John, m. Mary COIT, b. of Preston, Dec. 14, 1742	2	21
John, s. [John & Mary], b. Apr. 30, 1746; d. May 19, 1752	2	21
John, s. [John & Mary], b. July 22, 1755	2	21
John, Jr., m. Mary BO[A]RDMAN, b. of Preston, Feb. 11, 1780	2	184
John, s. [John, Jr. & Mary], b. Sept. 17, 1787	2	184
John, Gen., d. July 29, 1804, ae 83 y.	2	21
John, s. [Joseph & Dimmis], b. Aug. 22, 1830	3	87
John Brown, twin with Amy Brown, s. [Samuel & Judith], b. Oct. 9, 1773	2	91

PRESTON VITAL RECORDS 243

	Vol.	Page
TYLER, TILER, (cont.)		
John Brown, m. Polly **STEWART**, b. of Preston, Jan. 3, 1804	2	290
Joseph, s. [Hopestill & Annah], b. Aug. 4, 1711	1	76
Joseph, [s. James], b. Nov. 8, 1717	1	61
Joseph, Jr., of Preston, m. Anna **STEPHENS**, of Plainfield, Sept. 24, 1741	1	18
Joseph, s. Joseph, Jr. & Anna, b. Apr. 11, 1748	2	32
Joseph, of Preston, m. Lucy UTL[E]Y, of Stonington, Nov. 22, 1750	2	39
Joseph, s. [Joseph & Lucy], b. Dec. 29, 1766	2	39
Joseph, Jr., m. Anne **FREEMAN**, b. of Preston, Jan. 9, 1772	2	139
Joseph, 2d, of Preston, m. Lucy **KIMBAL[L]**, of Preston, Apr. 1, 1787	2	234
Joseph, d. Apr. 30, 1792, ae 81 y.	2	39
Joseph, s. [Joseph, 2d, & Lucy], b. June 22, 1792	2	234
Joseph, Sr., d. Oct. 13, 1807	2	32
Joseph, [2d], d. Nov. 11, 1807	2	234
Joseph, m. Huldah **PRIDE**, Feb. 1, 1816	2	380
Joseph, m. Dimmis **KIMBALL**, b. of Preston, May 29, 1826, by Levi Meech, Elder	3	87
Joseph C., of Preston, m. Hannah **WOODWARD**, of Plainfield, Apr. 10, 1810, by Rev. Joel Benedict, of Plainfield	2	349
Joseph Coit, s. [John, Jr. & Mary], b. Feb. 5, 1781	2	184
Joseph Penderson, s. [James & Clarinda], b. Sept. 14, [ ]	2	266
Joseph Pride, s. [Joseph & Huldah], b. Sept. 26, 1817	2	380
Lemuel, Rev., of Preston, m. Ruth **FOWLER**, of Branford, Dec. 3, 1789	2	238
Lemuel, s. [Rev. Lemuel & Ruth], b. June 4, 1791	2	238
Lemuel, Rev., m. Sally **CRARY**, b. of Preston, Sept. 21, 1797	2	238
Louisa, d. [Rev. Lemuel & Ruth], b. Sept. 25, 1794	2	238
Louisa, m. Eleazer B. **DOWNING**, Sept. 30, 1813, by Rev. John Hyde	2	373
Lucius, s. [Rev. Lemuel & Ruth], b. Mar. 28, 1793	2	238
Lucretia, d. [Moses & Joanna], b. Sept. 19, 1749	2	25
Lucretia, d. [Caleb & Hannah], b. Nov. 12, 1764	2	96
Lucretia, of Preston, m. Reuben **PALMER**, of Stonington, Nov. 16, 1780	2	183
Lucretia, d. [Moses & Olive], b. Jan. 11, 1797	2	259
Lucy, d. [Joseph & Lucy], b. Sept. 26, 1756	2	39
Lydia, d. [John & Mary], b. Oct. 5, 1758	2	21
Lydia, d. [Joseph & Lucy], b. Oct. 20, 1760	2	39
Lydia, m. Col. Samuel **MOTT**, Aug. 7, 1777	2	116
Lydia, m. Frederick **WITTER**, b. of Preston, Dec. 7, 1780	2	177
Lydia, d. [Joseph, 2d, & Lucy], b. May 26, 1802	2	234
Lydia, d. [Moses & Olive], b. Dec. 1, 1803	2	259
Martha, d. [Hopestill & Annah], b. Apr. 9, 1719	1	76
Martha, of Preston, m. Stephen **DOWNER**, of Norwich, Sept. 27, 1737	1	115
Mary, twin with Mehittable, [d. James], b. Sept. 13, 1714	1	61
Mary, d. [Moses & Mary], b. Dec. 12, 1730	1	37
Mary, d. Mar. 3, 1732	1	76
Mary, [w. Noses], d. Apr. 19, 1742	1	37
Mary, m. Elijah **BO[A]RDMAN**, b. of Preston, Mar. 15, 1749	2	67

244   BARBOUR COLLECTION

	Vol.	Page
TYLER, TILER, (cont.)		
Mary, d. [Caleb & Hannah], b. July 25, 1763	2	96
Mary, [d. Caleb & Hannah], d. Apr. 13, 1765	2	96
Mary, d. [John, Jr. & Mary], b. Oct. 26, 1782	2	184
Mary, w. Genl. John, d. Nov. 11, 1801, ae 86 y.	2	21
Mary, m. Mundator T. **RICHARDS**, b. of Preston, Apr. 19, 1818	2	387
Mary Amy, d. [John Brown & Polly], b. Oct. 15, 1804	2	290
Mary Ann, d. [Moses & Olive], b. June 14, 1798	2	259
Mehittable, twin with Mary, [d. James], b. Sept. 13, 1714	1	61
Mehetabel, m. Joseph **FFREEMAN**, Nov. 22, 1732	1	98
Mehetable, d. [John & Mary], b. Oct. 18, 1743	2	21
Mehetable, m. John **COIT**, b. of Preston, Feb. 6, 1766	2	186
Moses, [s. Jam[e]s], b. Feb. 19, 1707	1	61
Moses, m. Mary **BELCHER**, Nov. 20, 1729	1	37
Moses, d. [Moses & Mary], b. July 10, 1732	1	37
Moses, of Preston, m. Joanna **DENISON**, of Stonington, Nov. 11, 1742	1	37
Moses, Jr., s. Moses & Mary, d. Sept. 28, 1751	2	25
Moses, s. [Elisha & Hannah], b. Aug. 16, 1761	2	181
Moses, of Preston, m. Olive **COIT**, of Preston, May 29, 1793	2	259
Nabby, d. [John, Jr. & Mary], b. July 31, 1800	2	184
Nathan, s. [Ebenezer & Sarah], b. June 2, 1754	2	22
Nathan[i]ell, [s. Lazarus], b. May 14, 1703	1	38
Nathaneal, s. Ebenezer & Abiga[i]l, b. May 16, 1731	1	30
Olive, d. [John & Mary], b. Mar. 22, 1753	2	21
Olive, m. Daniel **COIT**, b. of Preston, Nov. 29, 1781	2	177
Olive, d. [John, Jr. & Mary], b. Nov. 29, 1784	2	184
Olive Coit, d. [Moses & Olive], b. June 6, 1801	2	259
Oliver, [s. Joseph, 2d, & Lucy], b. Aug. 3, 1804	2	234
Olivia, m. Christopher **AVERY**, b. of Preston, Mar. 20, 1806	2	300
Polly, d. [Joseph, 2d, & Lucy], b. Sept. 16, 1794	2	234
Rebecca Coit, d. [Moses & Olive], b. Mar. 8, 1810	2	259
Ruth, w. Rev. Lemuel, d. Apr. 18, 1796, ae 35 y.	2	238
Ruth Fowler, d. [Rev. Lemuel & Ruth], b. Feb. 19, 1796	2	238
Sally Crary, d. [Rev. Lemuel & Sally], b. Mar. 17, 1800	2	238
Sam[ue]ll, [s. James], b. Feb. 20, 1718/9; d. Dec. 16, 1722	1	61
Samuel, s. James & Esther, b. Aug. 21, 1734	1	43
Samuel, m. Judith **BROWN**, b. of Preston, Mar. 17, 1757	2	91
Samuel Alexander, s. [John Brown & Polly], b. Nov. 13, 1809	2	290
Sarah, d. [Moses & Mary], b. Sept. 30, 1738	1	37
Sarah C., m. George W. **HILLIARD**, b. of Preston, Sept. 19, 1821, by Rev. John Hyde	3	4
Sophia, d. [James & Clarinda], b. Oct. 20, 1793; d. Sept. 17, 1794	2	266
Sophia, d. [James & Clarinda], b. Oct. 13, 1795	2	266
Stephen, s. [Joseph & Anna], b. Sept. 26, 1762; d. Feb. 3, 1781	2	32
Stephen, s. [Joseph, 2d, & Lucy], b. Feb. 5, 1788	2	234
Thankful, d. [Moses & Joanna], b. Sept. 27, 1745	1	37
Thankfull, d. [Moses & Joanna], d. Oct. 6, 1746	2	25
Thomas Spaulding, s. [John, Jr. & Mary], b. Jan. 7, 1798	2	184
Timothy, twin with Abigell, [s. Hopestill & Annah], b. Oct. 12, 1723	1	76
Zeruiah, d. [Joseph & Anna], b. Aug. 25, 1759	2	32
UNDERWOOD, Anna, reputed d. Samuel Underwood, begotten of Mary **AMES**, b. Sept. 5, 1748	2	21

PRESTON VITAL RECORDS 245

	Vol.	Page
[UTLEY], UTLY, UTTLY, UTTLEY, Abby, m. Charles WOODWARD, Dec. 1, 1814, by Rev. Horatio Waldo	2	364
Benjamin Kinnion, s. Peleg & Abigail, b. Mar. 1, 1798	2	173
Elijah, s. [Jeremiah & Charity], b. Feb. 25, 1755	2	100
Elisha, s. [Jeremiah & Charity], b. Oct. 27, 1751	2	100
Freelove, s. [Jeremiah & Charity], b. Nov. 2, 1757	2	100
Jeremiah, reputed s. Jeremiah, of Stonington, begotten of Hepzibah Brumbl[e]y, b. May 2, 1721	1	29
Jeremiah, m. Charity BRUMBLEY, b. of Preston, Mar. 24, 1746	2	100
Jeremiah, s. [Jeremiah & Charity], b. Sept. 20, 1760	2	100
John C., of Norwich, m. Mary P. RICHARDS, of Preston, Feb. 18, 1840, by Rev. Nathan E. Shailer	4	34
Judah, d. [Jeremiah & Charity], b. Mar. 5, 1749	2	100
Lucinda, of Preston, m. Capt. Bartlett HOLMES, of Griswold, Dec. 30, 1838, by Rev. Augustus P. Collins	4	17
Lucy, of Stonington, m. Joseph TYLER, of Preston, Nov. 22, 1750	2	39
Mary, d. [Jeremiah & Charity], b. Apr. 27, 1747	2	100
UTTER, John, m. Jemime BENIAMINS, Mar. 25, 1724/5	1	15
John, s. [John & Jemime], b. Nov. 23, 1726	1	15
John W., of Preston, m. Sarah E. MINER, of Preston, Jan. 29, 1848, by George J. Smith, Esq.	5	2
VALLETT, -----, twins, s. & d. James, farmer, stillborn Apr. 25, [1850]	5	3
VAUGHAN, VAUGHN, Aseil*, ae 40, mechanic, b. in Washington Co., N.Y., res. of Preston, m. Ann E. COLE, ae 38, b. in England, res. of Preston, Aug. 6, 1848, by Rev. H. Floy Roberts (*His 2d marriage)	5	3
Ritchard, of N. Kingstown, R.I., m. Esther WALTON, of Preston, Sept. 11, 1794	2	244
Urial, of Ledyard, m. Ann E. COLE, of Preston, Aug. 6, 1848, by Rev. H. Floy Roberts	4	150
VENDEARS, Eliza, of Preston, m. Phinehas CRUMB, of N.Y. State, Dec. 28, 1823, by Jona[than] Brewster, J.P.	3	46
WADE, WAYDE, James, s. William & Hannah, b. Apr. 16, 1789	2	216
James, of Norwich, m. Phebe LAMBERT, of Preston, Sept. 4, 1820, by Rev. John Hyde	3	18
James, married, b. in Bozrah, d. Jan. 2, 1864, ae 95	8-C	21
Lucretia, unmarried, b. in Norwich, d. Nov. 14, 1859, ae 80	8-C	13
Phebe, widow, d. Nov. 18, 1865, ae unknown	8-C	25
WAGE, Clarrissa, m. John ROATH, b. of Preston, Dec. 5, 1811	2	304
WAKELY, William, m. Prudence RANDALL, Apr. 5, 1726	1	73
WALBRIDGE, WALLBRIDG, Abigail, d. [Zebulun & Sarah], b. July 14, 1744	2	28
Amos, [s. Henry & An[n]ah], b. Apr. 9, 1693	1	19
Asa, s. [Zebulun & Sarah], b. Apr. 14, 1747	2	28
Edy, m. Caleb FOBES, b. of Preston, June 24, 1742	1	124
Elias, s. [Zebulun & Sarah], b. Mar. 6, 1749	2	28
Elijah, s. [Zebulun & Sarah], b. Jan. 9, 1752	2	28
Henry, m. An[n]ah AMOS, Dec. 25, 1688	1	19
William, [s. Henry & An[n]ah], b. Mar. 20, 1690	1	19
Zebulun, of Norwich, m. Sarah FOBES, of Preston, Jan. 27, 1742/3	2	28
-----, [child of Henry & An[n]ah], b. May 26, 1696	1	19
WALKER, Adah, d. [Isaac & Lydia], b. Mar. 12, 1756	2	42
Ezra, s. Isaac & Lydia, b. Sept. 13, 1754	2	42

BARBOUR COLLECTION

	Vol.	Page
WALKER, (cont.)		
Isaac, s. [Isaac & Lydia], b. Sept. 22, 1760	2	42
Joseph S., m. Lucy **LATHAM**, Nov. 12, [1826 ?], by Zelotes Fuller	3	92
Lydia, d. [Isaac & Lydia], b. Oct. 21, 1757	2	42
Mary Ann, m. William **JOHNSON**, Dec. 15, 1844, by John P. Gates, J.P.	4	115
WALLACE, WALLIS, Dorcas, of Stonington, m. Joseph **SMITH**, of Preston, Jan. 23, 1771	2	111
James B., b. in Norwich, d. Dec. 18, 1864, ae 1 y. 9 m. 5 d.	8-C	23
WALLEY, Abigail, of Stonington, m. Pickle **MOODEY**, a negro of Capt. Thaddeas Cook's, of Preston, Nov. 14, 1771	2	182
WALTON, Annah, [d. La[w]rance & Marg[a]rat], b. Mar. [ ], 1699	1	25
Elias, s. Oliver, b. May 11, 1772	2	56
Elias, s. [Oliver], d. Apr. 17, 1789	2	188
Elijah, s. Lawrence, b. Feb. 2, 1759	2	56
Esther, d. [Oliver & Ledey], b. Sept. 4, 1766	2	56
Esther, of Preston, m. Ritchard **VAUGHN**, of N. Kingstown, R.I., Sept. 11, 1794	2	244
Frederick, s. Oliver, b. July 1, 1786	2	188
Hannah, m. Tracy **SMITH**, b. of Preston, Oct. 18, 1801	2	279
Henry, s. [Oliver & Ledey], b. May 19, 1758	2	56
James, s. [Oliver], b. Sept. 1, 1779	2	56
John, [s. La[w]rance & Marg[a]rat], b. June 19, 1694	1	25
John, s. [Oliver & Ledey], b. Oct. 20, 1762	2	56
La[w]rance, m. Marg[a]rat **SMITH**, Aug. 10, 1693	1	25
Lucy, d. [Oliver & Ledey], b. Oct. 30, 1764	2	56
Mary, m. Nathan **PARKE**, b. of Preston, Oct. 15, 1747	2	33
Mary, d. [Oliver & Ledey], b. Sept. 4, 1753	2	56
Nathan, s. [Oliver & Ledey], b. May 31, 1751	2	56
Nathaniell, [s. La[w]rance & Marg[a]rat], b. Mar. 20, 1697	1	25
Nathaniel, s. Lawrence, b. Jan. 25, 1758	2	56
Oliver, m. Ledey **GATES**, b. of Preston, Jan. 4, 1750	2	56
Oliver, s. [Oliver & Ledey], b. Mar. 24, 1756	2	56
Oliver, Jr., m. Amy **WOODWARD**, Dec. 18, 1777	2	163
Perez, s. Lawrence, b. July 16, 1762	2	56
Sibbel, d. [Oliver], b. Feb. 11, 1784	2	56
Sibbel, see also Sybel		
Susannah, d. [Oliver], b. Apr. 19, 1789	2	188
Sybel, w. Oliver, d. Feb. 21, 1794	2	188
Sybel, see also Sibbel		
Thomas, [s. La[w]rance & Marg[a]rat], b. Jan. [ ], 1701/2	1	25
Thomas, s. [Oliver], b. May 19, 1778	2	56
William, s. [Oliver], b. Sept. 18, 1774	2	56
WARD, Martha E., m. George B. **RANSOM**, b. of Preston, Nov. 30, 1848, by Rev. Cha[rle]s P. Bush, of Norwich	4	157
WARREN, Delight, d. Feb. 5, 1761	2	15
WATERS, Barnabus H., of Lisbon, m. Charlotte **OLIN**, of Preston, Feb. 27, 1834, by Reuben Porter	3	204
Jane M., m. Charles **HAMMOND**, b. of Preston, Jan. 5, 1859*, by Rev. John Lovejoy (*Perhaps 1850 ? or 1851 ?)	4	202
WATSON, John, m. Lucinda **PARTRIDGE**, Jan. 21, 1849, by Cyrus Miner	4	163
WEAVER, Lydia, [d. John], b. Aug. 11, 1813	2	333

PRESTON VITAL RECORDS 247

	Vol.	Page
WEAVER, (cont.)		
Mary Sweet, [d. John], b. Dec. 4, 1809	2	333
Phebe Green, [d. John], b. Sept. 13, 1811	2	333
WEBSTER, Archelas, s. Constant, b. June 17, 1765	2	107
Constant, s. Constant, b. July 17, [ ], in Windham	2	107
Mary, d. Constant, b. Apr. 9, 1767	2	107
Pelatiah, s. Constant, b. July 6, 1769	2	107
WEDGE, WEDG, Bridget, of Canterbury, m. Nathaniel **COGSWELL**, of Preston, May 25, 1757	2	20
Jemima, d. William & Marcy, b. Dec. 21, 1732	1	73
John, [s. Isaac], b. Mar. 23, 1717/16	1	33
Nathan, m. Clarissa **BATES**, b. of Norwich, Dec. 25, 1825, at the home of Nathan **WEDGE**'s mother, by Rev. William Palmer	3	77
Ruth, m. Abiah **COYE**, b. of Preston, July 8, 1740	2	63
William, s. Isaac, b. Mar. 2, 1708/9	1	11
WEEDEN, Abigail, d. [Elijah & Eddy], b. May [ ], 1764	2	116
Betsey, d. [Elijah & Eddy], b. July 19, 1772	2	116
Caleb, s. Elijah & Ede, b. Sept. 30, 1783	2	195
Deborah, d. [Elijah & Eddy], b. Aug. 30, 1767	2	116
Deborah, m. Elisha **PRENTICE**, b. of Preston, Apr. 6, 1786	2	275
Dinah, m. William **GEERE**, Dec. 29, 1757	1	119
Ede, d. [Elijah & Eddy], b. Feb. 23, 1777	2	116
Elijah, m. Eddy **RUDE**, b. of Preston, Nov. 11, 1763	2	116
Elijah, s. [Elijah & Eddy], b. Dec. 23, 1774	2	116
Elijah, Jr., s. [Elijah & Eddy], d. May 24, 1777	2	116
Elijah, s. [Elijah & Ede], b. Jan. 10, 1789	2	195
Elijah, Jr., m. Abby **GEER**, b. of Preston, Mar. 19, 1815	2	368
Mary, d. [Elijah & Eddy], b. July 8, 1779	2	116
Peleg, s. [Elijah & Eddy], b. Mar. 21, 1770	2	116
Philotha, d. [Elijah & Eddy], b. Feb. 26, 1766; d. Aug. 14, 1766	2	116
Rebeckah, d. [Elijah & Ede], b. Oct. 18, 1785	2	195
Sarah, d. [Elijah & Eddy], b. Aug. 16, 1781	2	116
WEEKLEY, Abigail, d. [William & Prudence], b. Jan. 17, 1733/4; d. June 5, 1737	2	14
Elizabeth, d. [William & Prudence], b. Mar. 13, 1737	2	14
Hannah, d. [William & Prudence], b. May 1, 1742	2	14
Mary, d. [William & Prudence], b. May 13, 1727	2	14
Prudence, d. [William & Prudence], b. Apr. 13, 1731	2	14
Susannah, d. [William & Prudence], b. Aug. 26, 1739	2	14
Susanna, m. Isaac **BRANCH**, b. of Preston, Mar. 5, 1760	2	102
Thankfull, d. [William & Prudence], b. Oct. 31, 1744	2	14
William, m. Prudence **RANDALL**, b. of Preston, Apr. 4, 1726	2	14
William, d. May 15, 1746	2	14
WEEKS, Eunice A., of Preston, m. Elijah **BENJAMIN**, of Lisbon, Apr. 7, 1831, by Augustus B. Collins	3	161
Milton B., m. Eunice A. **PALMER**, b. of Preston, Sept. 31, [sic], 1821, by Rev. John Hyde	3	5
WELCH, [see under **WELTCH**]		
WELLS, Abigail, of Wethersfield, m. Rev. Asher **ROSSETER**, of Preston, Aug. 5, 1746	2	39
Charles William, s. William & Eunice, b. Nov. 25, 1797	2	158
Dorothy, d. [Nathaniel & Jemima], b. Sept. 12, 1756	2	83
Eunice, [w. William], had illeg. s. George Denison Palmer, b. Jan.		

	Vol.	Page
WELLS, (cont.)		
29, 1804	2	158
Hannah, unmarried, d. July 23, 1859, ae 70	8-C	12
Nathaniel, m. Jemima TREAT, b. of Preston, Apr. 15, 1755	2	83
WELTCH, Sary, d. John & Sary, b. Nov. 15, 1698	1	27
WENTWORTH, Hannah, m. Sheribiah TRACY, b. of Preston, May 22, 1746	2	14
WEST, Frances, m. Marcy MINOR, Dec. 20, 1696, by Samuell Mason, Asst.	1	23
Marcy, [d. Frances & Marcy], b. Oct. 30, 1697	1	23
Mary, illeg. d. Esther Back, b. Feb. 14, 1807	2	25
WETHEY, WETHY, Celinda, see under Selinda		
Elias, s. [Lemuel & Mary], b. Aug. 6, 1779	2	2
Elijah, m. Mercy GATES, b. of Preston, Nov. 13, 1763	2	220
Elinor, d. [Lemuel & Mary], b. Mar. 25, 1765	2	2
Elisha, s. [Lemuel & Mary], b. Mar. 5, 1775	2	2
Ellen, m. George NORTH[R]UP, b. of Preston, Mar. 8, 1792	2	322
Henry, s. [Lemuel & Mary], b. Jan. 9, 1758	2	2
Jeduthan, s. [Lemuel & Mary], b. Oct. 3, 1762	2	2
Lemuel, m. Mary MULKINS, b. of Preston, Jan. 1, 1757	2	2
Lydia, d. [Lemuel & Mary], b. June 6, 1770	2	2
Mary, d. [Lemuel & Mary], b. Dec. 23, 1776	2	2
Molly, m. David GREEN, Oct. 1, 1751	2	145
Sabra, d. [Lemuel & Mary], b. Sept. 4, 1760	2	2
Sarah, d. [Lemuel & Mary], b. June 10, 1768	2	2
Selinda, d. [Elijah & Mercy], b. Jan. 6, 1774	2	220
Stephen, s. [Lemuel & Mary], b. Feb. 27, 1772	2	2
WHALLEY, Samuel, of Bolton, m. Sally PHILLIPS, of Norwich, Apr. 28, 1834, by Rev. Augustus B. Collins	3	300
WHEELER, WHELER, Affiah, m. Darius SMITH, b. of Norwich, Mar. 2, 1786	2	251
Albert L., s. Eleazer, farmer, b. Jan. 18, 1850	5	4
Amos B., s. Eleazer, ae 54, farmer, & Lucinda B., ae 37, b. Nov. 24, 1847	5	4
Arne, d. [Jonathan & Grace], b. June 22, 1730	1	57
Charles, farmer, married, b. in N. Stonington, black, d. Apr. 30, 1856, ae 34	8-C	7
Cynthia, d. July 26, 1866, ae 74	8-C	26
Dorothy, m. Jesse BACK, b. of Preston, Feb. 28, 1766	2	25
Edward, s. [Pearl & Edy], b. July 22, 1800	2	250
Eleazer, Jr., of N. Stonington, m. Lucinda MORGAN, of Preston, Oct. 31, 1830, by Levi Meech, Elder	3	156
Elizabeth, m. Joseph CLARK, Dec. 10, 1730	1	51
Elizabeth, of Norwich, m. Daniel CLARK, of Preston, Nov. 22, 1775	2	156
Erastus, s. [Pearl & Edy], b. July 9, 1791; d. June 4, 1801	2	250
Grace, d. [Jonathan & Grace], b. July 25, 1733	1	57
Grace, d. [Samuel & Rachal], b. Sept. 16, 1758	2	38
Grace, d. [John & Sarah], b. Aug. 20, 1786; d. Dec. 5, 1787	2	174
Harriet H., m. Henry CHAPMAN, b. of Griswold, Mar. 4, 1849, by Rev. Cyrus Miner	4	170
Harriet J., of Preston, m. Thomas FERRY, of Griswold, May 30, 1852, by Rev. Fred[eric]k D. Avery, of Columbia	4	218

	Vol.	Page
WHEELER, WHELER, (cont.)		
Hezekiah, s. [John & Sarah], b. Nov. 11, 1778	2	174
Jepthah, s. [Samuel & Rachal], b. Oct. 31, 1760	2	38
John, m. Dorothy **STANTON**, Dec. 6, 1732	1	49
John, s. [Samuel & Rachal], b. Feb. 11, 1757	2	38
John, of Preston, m. Sarah **CLARK**, of Norwich, Oct. 29, 1777	2	174
John, s. [John & Sarah], b. July 29, 1788	2	174
Jonathan, m. Grace **BENIAMIN**, Oct. 14, 1729	1	57
Lydia, m. David **MOORE**, Mar. 16, 1782	4	225
Martha A., m. Frances S. **PEABODY**, b. of N. Stonington, Oct. 9, 1836, by Rev. Nathan E. Shailer	3	333
Mary, m. Joseph **PRENTICE**, Nov. 10, 1725	1	88
Mary Ann T., of Preston, m. Lester **RUNNELS**, of Norwich, Feb. 21, 1832, by Elisha Brewster, J.P.	3	173
Micajah, s. [Pearl & Edy], b. Mar. 25, 1786	2	250
Nancy, of N. Stonington, m. James L. **LESTER**, of Preston, Nov. 22, 1810	2	314
Oliver, s. [John & Sarah], b. Aug. 14, 1790	2	174
Pearl, m. Edy **SMITH**, b. of Norwich, June 16, 1785	2	250
Roxany, d. [Pearl & Edy], b. May 15, 1793	2	250
Samuel, s. [John & Dorothy], b. Jan. 23, 1733/4	1	49
Samuel, m. Rachal **HERRICK**, b. of Preston, Sept. 19, 1756	2	38
Samuel, s. [John & Sarah], b. July 22, 1782	2	174
Sarah Ann, d. Nov. 1, 1854, ae 15	8-C	4
Simeon, s. [John & Sarah], b. Aug. 10, 1784	2	174
Taphthah, s. [John & Sarah], b. Aug. 29, 1780	2	174
Thomas S., of N. Stonington, m. Susan E. **BALDWIN**, of Preston, Oct. 19, 1853, by Rev. N. S. Hunt	4	230
William, s. [Samuel & Rachal], b. Jan. [ ], 1763	2	38
WHIPPLE, Amos, s. [Zachariah & Rebeckah], b. Oct. 29, 1768	2	60
Bethiah, of Preston, m. William **AVERELL**, of Preston, Jan. 10, 1778	2	211
Cyrus H., unmar., d. Nov. 25, 1853, ae 76	8-C	1
Ethelinda, m. Theophilus **BILLINGS**, b. of Preston, Jan. 1, 1799	2	393
Ezra, of Burn, N.Y., m. Ruby **HERRICK**, of Preston, Jan. 15, 1813	2	330
Ezra, s. [Ezra & Ruby], b. Oct. 26, 1813	2	330
Hannah, b. in Stonington, d. Feb. 27, 1850, ae 68	5	11
Laura, widow, d. May 5, 1859, ae 78	8-C	12
Ruby Ann, of Griswold, m. Henry **DAVIS**, of Preston, Dec. 11, [1848 ?], by Rev. N. S. Hunt	4	160
Samuel, s. Samuel, Jr., b. May 24, 1789	2	218
Zachariah, m. Rebeckah **JACKSON**, b. of Norwich, Jan. 3, 1768	2	60
WHITE, Caroline M., m. Moses H. **SIS[S]ON**, Apr. 2, 1849, in Waterford, Ct., by Rev. Francis Darrow	4	166
Caroline M., ae 24, b. in Chatham, m. Moses **SISSON**, ae 28, blacksmith, of Preston, Apr. 27, 1850, by E. Darrow	5	2
Emeline, unmarried, d. May 12, 1860, ae 31	8-C	14
F. P., unmarried, railroad laborer, d. Jan. 13, 1856, ae 30	8-C	7
Mary, of Canterbury, m. Silas **GATES**, of Preston, Sept. 23, 1762	2	32
WHITFORD, Roseanna, of Sterling, m. William **MATTERSON**, of Preston, Dec. 13, 1815, by Amos Wells, Clerk, of Sterling	2	182
WHITMARSH, Charles, d. Dec. 18, 1865, ae 6 y. 18 d.	8-C	25
Henry D., work in mill, b. in Norwich, d. June 6, 1862, ae 11	8-C	19

250   BARBOUR COLLECTION

	Vol.	Page
WHITMARSH, (cont.)		
-----, d. Mar. 12, 1866, ae 1	8-C	26
WHITNEY, Annah, d. [Asa & Sarah], b. Mar. 4, 1764; d. Jan. 29, 1765	2	106
Asa, s. Enoch & Thankful, b. July 10, 1742	2	19
Asa, s. Joshua & Anna, b. Feb. 16, 1742/3	2	31
Asa, m. Sarah **BARNES,** b. of Preston, Aug. 5, 1762	2	106
Bilolney [sic]*, s. [William & Mary], b. Oct. 2, 1770 (*Perhaps Benoni)	2	130
Elizabeth, of Plainfield, m. Elijah **STANTON,** of Preston, Apr. 18, 1739	1	126
Hezekiah, s. [Enoch & Thankful], b. Dec. 26, 1748	2	19
Jedida, d. [William & Mary], b. Sept. 2, 1777	2	130
Jedidiah, s. [William & Mary], b. Mar. 28, 1774; d. Aug. 31, 1776	2	130
John, s. [William & Mary], b. May 31, 1779	2	130
Joshua, s. Joshua & Anna, b. Jan. 16, 1744/5	2	31
Joshua, s. [Asa & Sarah], b. Mar. 20, 1768; d. Jan. 3, 1773	2	106
Lucy, d. Joshua & Anna, b. Apr. 28, 1739	2	31
Lucy, d. [Asa & Sarah], b. May 18, 1770	2	106
Lydia, d. Joshua & Anna, b. May 22, 1737	2	31
Molley, twin with Peggy, d. [William & Mary], b. Jan. 9, 1772	2	130
Peggy, twin with Molley, d. [William & Mary], b. Jan. 9, 1772	2	130
Sarah, d. [Asa & Sarah], b. Feb. 1, 1766	2	106
Shubael, s. [Asa & Sarah], b. Aug. 15, 1772	2	106
Thankful, d. [Enoch & Thankful], b. Apr. 8, 1747	2	19
William, of Norwich, m. Mary **FOBES,** of Preston, May 14, 1770, by Asher Rosseter, Clerk	2	130
WIAT, Joannah, m. Thomas **ROSE,** 3d, Mar. 28, 1727/8	1	17
WIBORN, WIBURN, Charity, d. John & Jerusha, b. Oct. 29, 1737	2	8
Elizabeth, d. John & Jerusha, b. May 12, 1734	2	8
Esther, d. John & Jerusha, b. Feb. 6, 1745	2	8
Esther, m. David **BENJAMIN,** b. of Preston, Mar. 23, 1766	2	118
Isaac, s. John & Jerusha, b. Oct. 9, 1739	2	8
James, s. John & Jerusha, b. Apr. 28, 1743	2	8
Mary, m. John **EDY,** Dec. 29, 1725	1	71
Patience, d. John & Jerusha, b. May 1, 1735	2	8
WICKHAM, Edward J., s. Charles J., merchant, b. Apr. 21, [1850]	5	3
Charlotte, unmarried, b. in Hamilton, N.Y., d. Sept. 11, 1858, ae 15	8-C	11
WIGHT, Sylvanus, married, d. Jan. 7, 1853, ae 70	8-C	1
WILBUR, Elizabeth, d. [Joseph & Elizabeth], b. Feb. 14, 1783	2	242
Elizabeth, m. Thomas **GEER,** b. of Preston, Mar. 22, 1803	2	151
Elizabeth, twin with Lydia, d. [Stephen & Betsey], b. Aug. 26, 1803	2	285
Elizabeth, m . William **SMITH,** b. of Preston, Sept. 11, 1804	2	293
Elizabeth Anna, d. [Ezra & Lucy], b. Dec. 16, 1814	2	282
Ezra, s. [Joseph & Elizabeth], b. Dec. 29, 1775	2	242
Ezra, m. Lucy **RAY,** b. of Preston, Oct. 1, 1801	2	282
Ezra, s. [Ezra & Lucy], b. Feb. 8, 1803	2	282
Gideon Joseph, s. Capt. Joseph, b. July 16, 1811	2	315
Henry Norris, s. [Ezra & Lucy], b. Apr. 14, 1811	2	282
Isaac, twin with Samuel, s. [Joseph & Elizabeth], b. Sept. 17, 1787	2	242
Jonathan Kimball, s. [Ezra & Lucy], b. Apr. 30, 1809	2	282
Joseph, of Preston, m. Elizabeth **HERRICK,** of Preston, Jan. 5, 1775	2	242
Joseph, s. [Joseph & Elizabeth], b. June 19, 1786 .	2	242

PRESTON VITAL RECORDS 251

	Vol.	Page
WILBUR, (cont.)		
Joseph, Senr., d. Feb. 21, 1793, ae 40 y.	2	242
Joseph, m. Allice **KIMBALL**, b. of Preston, Aug. 31, 1809	2	315
Joseph, of Griswold, m. Louisa **CORNING**, of Preston, Oct. 14, 1824, by Levi Meech, Elder	3	55
Joseph Sephus, s. [Ezra & Lucy], b. May 26, 1807	2	282
Lucy, d. [Ezra & Lucy], b. Apr. 23, 1805	2	282
Lydia, twin with Elizabeth, d. [Stephen & Betsey], b. Aug. 26, 1803	2	285
Nathan Kimball, s. [Joseph & Allice], b. Sept. 24, 1813	2	315
Samuel, twin with Isaac, s. [Joseph & Elizabeth], b. Sept. 17, 1787	2	242
Stephen, s. [Joseph & Elizabeth], b. Apr. 3, 1779	2	242
Stephen, m. Betsey **ROSETTER**, b. of Preston, Jan. 6, 1803	2	285
WILCOX, WILLCOCKS, WILLCOX, WILCOCKS, Abby, of Preston, m. Ulnah **RANE**, b. in Germany, now of Norwich, [1849], by Cyrus Minor	5	1
Ally (Abby ?) R., of Preston, m. Uriah **ROW**, of Kingsbrough, Germany, July 22, 1850, by Rev. Cyrus Miner	4	191
Anne, m. Daniel **MORSS**, Jr., b. of Preston, June 29, 1749	2	36
Betsey M., m. Jeffrey **OLIN**, b. of Preston, Nov. 25, 1841, by Rev. Nathan E. Shailer	4	70
Charles N., d. Jan. 30, 1867, ae 10 m.	8-C	27
Charles W., s. Charles, ae 21, manufacturer, & Eunice, ae 20, b. Sept. 13, 1847	5	7
Emma J., married, d. Jan. 31, 1866, ae 24	8-C	26
Everett W., d. July 8, 1863, ae 4 y. 11 m. 6 d.	8-C	20
Hannah, married, b. in Groton, d. Sept. 16, 1859, ae 30	8-C	13
Henry, m. Betsey **MORGAN**, b. of Preston, Sept. 26, 1830, by Levi Meech, Elder	3	155
Lodowick P., of Stonington, m. Sarah A. **DAVIS**, of Preston, Oct. 16, 1842, by Rev. Amos D. Watrous	4	80
Mary Elizabeth, d. [Henry & Betsey], b. July 21, 1831, in Griswold	3	155
Mason, of Stonington, m. Louisa **BROWN**, of Preston, Nov. 29, 1827, by Levi Meech, Elder	3	104
Samuel, m. Lois **COGSWELL**, b. of Preston, June 22, 1763	2	22
Silas, of Stonington, m. Emma **HERSKELL**, of Preston, Nov. 25, 1840, by Rev. Augustus B. Collins	4	46
Stephen, Jr., m. Amy B. **COOK**, b. of Preston, July 8, 1827, by Denison Palmer, J.P.	3	100
Susanna, m. John **PARTRIDGE**, of Preston, May 11, 1738	1	117
WILKINSON, WILKESON, WILKISON, WILKENSON, Cynthia, d. John & [Deborah], b. Feb. 29, 1756	2	75
Cynthia, see also Synthia		
Deborah, d. John & [Deborah], b. Dec. 19, 1763	2	75
George, s. John, b. Dec. 25, 1746	1	101
Hannah, d. John & Mary, b. Feb. 14, 1733/4	1	100
James York, s. John, b. Dec. 9, 1750	1	101
John, s. [John & Hannah], b. May 8, 1713	1	43
John, m. Mary **WOODBORN**, Aug. 30, 1733	1	100
John, s. [John & Mary], b. Feb. 8, 1740/41	1	100
Jonathan, s. [John & Mary], b. Oct. 23, 1737	1	100
Marg[a]rit, d. [John & Mary], b. Jan. 22, 1735/6	1	100
Mary, d. John & Deborah, b. Mar. 13, 1754	2	75
Mary L., of Griswold, m. Charles J. **CONGDON**, of Auburn, Mass.,		

BARBOUR COLLECTION

	Vol.	Page
WILKINSON, WILKESON, WILKISON, WILKENSON, (cont.)		
Sept. 4, 1842, by Rev. Nathan E. Shailer	4	76
Mott, s. John & [Deborah], b. Nov. 6, 1766	2	75
Perle, s. John & Mary, b. Sept. 21, 1770	2	124
Russel[l], s. John & Mary, b. Aug. 27, 1766	2	124
Samuel, s. John, b. June 17, 1752	1	101
Sarah, d. [John & Mary], b. Dec. 10, 1739	1	100
Synthia, m. Daniel LAWRENCE, Feb. 4, 1797	2	287
William, s. [John & Mary], b. Nov. 5, 1744	1	100
WILLES, Geo[rge] W., of Masonville, N.Y., m. Margery B. MORGAN, of Preston, Nov. 16, 1852, by Rev. N. S. Hunt	4	222
WILLET, WILLETT, WILLITT, Andrew J., farmer, married, b. in Lisbon, d. Dec. 21, 1863, ae 34	8-C	21
Elizabeth, m. Uriah CORNING, Aug. 24, 1780	2	388
Harriet E., d. Oct. 4, 1861, ae 4 m.	8-C	17
WILLIAMS, Abigail, m. William HERRICK, Sept. 12, 1734	1	103
Adalaide, married, b. in N. Stonington, d. Oct. 18, 1866, ae 35	8-C	26
Amey, wid., b. in N. Stonington, d. Nov. 11, 1857, ae 83	8-C	9
Anne, d. [Daniel & Sarah], b. Sept. 29, 1723	1	44
Ansel, of Groton, m. Keziah MOTT, of Preston, June 23, 1793	2	238
Beniajah, s. [Jedidiah & Hannah], b. Apr. 5, 1732	1	101
Benjamin Harris, [s. Dudley D. & Lydia L.], b. Sept. 22, 1830	3	140
Boaz, [s. Charles], b. Jan. 10, 1706	1	34
Boaz, [s. Daniel & Sarah], b. Aug. 6, 1730	1	44
Boaz, of Norwich, m. Martha AMES, of Preston, Jan. 30, 1752	2	48
Bridget, of Plainfield, m. Joseph GATES, Jr., of Preston, Jan. 23, 1739/40	1	120
Charles S., of Stonington, m. Lucy Aurilla GORE, of Preston, Oct. 29, 1829, by Rev. John G. Wightman	3	135
Dan[i]ell, [s. Charles], b. Nov. 2, 1696	1	34
Daniel, m. Sarah CHAPIL, Feb. 13, 1716/7	1	44
Daniel, [s. Daniel & Sarah], b. May 26, 1732	1	44
Daniel, Jr., m. Jane LE[O]NARD, b. of Preston, June 6, 1737	1	112
Dauid, [s. Charles], b. Nov. 4, 1698	1	34
David, s. [Daniel & Sarah], b. Dec. 28, 1719	1	44
Denison B., married, d. Feb. 23, 1867, ae 74	8-C	27
Dudley D., of Stonington, m. Lydia L. HARRIS, of Preston, Jan. 3, 1830, by John Brewster, J.P.	3	140
Elijah, s. [Capt. Mark & Hannah], b. Jan. 6, 1740/41	1	122
Elizabeth, [d. Daniel & Sarah], b. Feb. 26, 1728/9	1	44
Emma, b. Nov. 5, 1806, in N. Stonington	4	152
Emma, m. Grandison PHILLIPS, Nov. 2, 1826, in N. Stonington, by Rev. John Hyde	4	152
Eugene, single, d. Dec. 10, 1853, ae 1	8-C	1
Eunice, m. Capt. Nathaniel COGSWELL, of Preston, May 30, 1782	2	39
Eunice, of Groton, m. Edward MOTT, of Preston, Dec. 4, 1785	2	200
Ezra, [s. Daniel & Sarah], b. Feb. 16, 1734	1	44
Hannah, [d. Charles], b. Feb. 3, 1692	1	34
Hannah, m. Samuell BILLINGS, Jan. 20, 1725	1	77
Hannah, d. [Isaac & Dorothy], b. Dec. 11, 1728	1	23
Hannah, m. Elijah BELCHER, b. of Preston, June 6, 1753	1	21
Hannah, of Groton, m. Thomas FITCH, of Preston, Oct. 29, 1826,		

	Vol.	Page
WILLIAMS, (cont.)		
by John Brewster, J.P.	2	226
Harriet F., of Preston, m. William INGRAM, Oct. 20, 1844, by Rev. Augustus B. Collins	4	108
Isa[a]k, [s. Charles], b. July 11, 1694	1	34
Isaac, s. [Daniel & Sarah], b. Feb. 4, 1722	1	44
Isaac, m. Dorothy FFREEMAN, Dec. 26, 1727	1	23
Isaac, married, Justice of Peace, d. Feb. 21, 1861, ae 64	8-C	16
Jane, [d. Dudley D. & Lydia L.], b. Oct. 1, 1837	3	140
Jedidiah, m. Hannah DAVISON, Sept. 9, 1731	1	101
Jedidiah, s. [Jedidiah & Hannah], b. Dec. 26, 1737/8	1	101
Jaratiah, [s. Charles], b. Oct. 26, 1701	1	34
Jeradiah, [s. Charles], b. Jan. 12, 1709	1	34
Jesse, s. [Jedidiah & Hannah], b. Jan. 26, 1735/6	1	101
John, of Stonington, m. Sophronia STARKWEATHER, of Preston, Apr. 27, 1825, by Park Williams, J..P.	3	63
Joseph, s. [Jedidiah & Hannah], b. Feb. 7, 1733/4	1	101
Joseph, of Norwich, m. Mabel MEECH, of Preston, Jan. 2, 1754	2	71
L. L., b. Mass., res. of Norwich, m. Sarah H. REYNOLDS, b. in R.I., res. of Preston, Apr. 23, 1849, by Elder Cyrus Miner	5	3
Lucius S., of Norwich, m. Sarah H. REYNOLDS, of Preston, Apr. 22, [1848 ?], by Rev. Cyrus Miner. Recorded Mar. 17, 1849	4	171
Lucy Ann, of Ledyard, m. Ulysses AVERY, of Preston, Nov. 13, 1848, by Rev. Henry Floy Roberts	4	158
Lydia, unmarried, d. Mar. 26, 1854, ae 80	8-C	2
Marg[a]ret, [d. Daniel & Sarah], b. [ ], 20, 1726/7	1	44
Mark, s. Charles, b. Feb. 12, 1688	1	34
Mark, Capt., of Preston, m. Hannah CUTLER, of Windham, Jan. 30, 1739/40	1	122
Martha, m. John BRANCH, Oct. 20, 1726	1	105
Martha, d. [Boaz & Martha], b. June 20, 1755	2	48
Mary, of Plainfield, m. Robinson BUMP, of Preston, Jan. 1, 1746/7	2	75
Mary, of Norwich, m. Joseph BRANCH, of Preston, Jan. 2, 1755	2	80
Mary A., married, d. July 23, 1864, ae 60	8-C	22
Mary Ann, b. Mar. 17, 1795, at Stonington; m. John H. HARRIS, May 8, 1822, in Stonington, by John G. Whitman, Elder	2	357
Mercy, of Groton, m. Isaac AVERY, of Preston, Jan. 5, 1766	2	147
Olive, d. [Daniel & Sarah], b. May 9, 1738	1	44
Peter, s. [Daniel & Sarah], b. Sept. 26, 1736	1	44
Phebe, of Groton, m. Daniel BREWSTER, of Preston, May 31, 1753	2	87
Prudence Ann, m. Gilbert FAGINS, Aug. 3, 1850, by Nathan Stanton, J.P.	4	190
Sarah, d. [Daniel & Sarah], b. May 29, 1725	1	44
Sarah, d. Capt. Mark & Hannah], b. Apr. 4, 1743	1	122
Sarah Ann, [d. Dudley D. & Lydia L.], b. Feb. 12, 1832	3	140
Tobias, black, married, b. in Montville, d. Nov. 12, 1859, ae 50	8-C	13
Wealthy, of Plainfield, m. Nathaniel PHILLIPS, of Preston, Feb. 21, 1782	2	196
Youngs A., lawyer, unmarried, b. in Norwich, d. Aug. 24, 1865, ae 32 y.	8-C	24
-----, 1st w. of Capt. Mark, d. May 26, 1739	1	122
WILLIAMSON, Susan E., d. George F., ae 32, farmer, res. of N.		

BARBOUR COLLECTION

	Vol.	Page
WILLIAMSON, (cont.)		
Stonington, & Sarah J., ae 19, b. Nov. 2, 1850	5	6
WILSON, Catey, d. [John & Lydia], b. Mar. 30, 1793	2	215
Charles W., d. Jan. 1, 1857, ae 1 d.	8-C	9
David D., of Windham, m. Almireitta STANDISH, Mar. 14, 1842, by Rev. Nathan E. Shailer	4	74
Jane, twin with Margaret, d. West, ae 27, farmer, & Margaret, ae 23, b. Dec. 20, 1847	5	6
John, s. [John & Lydia], d. Apr. 20, 1788	2	215
John, Capt., of Preston, m. Mary BALDWIN, of Canterbury, Mar. 15, 1796	2	215
Lydia, d. [John & Lydia], b. Apr. 24, 1791	2	215
Lydia, w. John, d. May 15, 1794	2	215
Margaret, twin with Jane, d. West, ae 27, farmer, & Margaret, ae 23, b. Dec. 20, 1847	5	6
Mary, d. [Capt. John & Mary], b. Aug. 26, 1798	2	215
Sally, d. [John & Lydia], b. Mar. 27, 1789	2	215
Sally, m. William BELCHER, b. of Preston, May 25, 1808	2	304
Thomas Hew, s. John & Lydia, b. July 11, 1787	2	215
WINCHESTER, James, m. Lydia BARNES, b. of Preston, Sept. 5, 1841, by Rev. Nathan E. Shailer	4	59
Lydia, of Norwich, m. Joshua BARSTOW, of Preston, Mar. 24, 1803, by Lemuel Tyler, Clerk	3	170
WINTER, Lidia, m. Jacob CADE, May 25, 1724	1	94
WITTER, Abby Ann, [d. Lucus & Emily], b. Nov. 21, 1834	3	110
Abigell, m. John FREEMAN, Feb. 5, 1707/6	1	48
Abiga[i]l, d. [Ebenezer & Dorothy], b. Jan. 24, 1710/11; d. Feb. 16, 1710/11	1	111
Abigail, w. Capt. Ebenezer, d. Jan. 13, 1791	2	172
Alfred, s. [Ebenezer, Jr. & Abigail], b. Nov. 29, 1779	2	94
Amos, s. [Ebenezer, Jr. & Abigail], b. Oct. 8, 1764	2	94
Amos, m. Lucy CRARY, b. of Preston, Nov. 16, 1786	2	206
Amos, s. [Amos & Lucy], b. Apr. 25, 1795	2	206
Amos, m. Fanny MOTT, b. of Preston, Oct. 17, 1809	2	238
Amos, s. [Amos & Fanny], b. Nov. 11, [ ]	2	238
Amy, twin with Ebenezer, d. Ebenezer [Jr. & Amy], b. Oct. 19, 1761	2	94
Amy, w. Ebenezer, d. Jan. 24, 1762	2	94
Anna, m. Jonathan PARK[E], b. of Preston, Mar. 21, 1773	2	154
Anna A., m. Allen BUTTON, Aug. 30, 1812	2	385
Anne, d. [Ezra & Anna], b. Apr. 30, 1753	2	50
Asa, s. [Ebenezer & Elizabeth], b. Oct. 1, 1744	1	56
Asa, m. Joanna KINNE, b. of Preston, Oct. 10, 1765	2	117
Charles Avery, [s. Lucus & Emily], b. Aug. 23, 1836	3	110
Charles K., [s. William & Hannah D.], b. Dec. 9, 1808	3	306
Daniel, s. [William & Hannah], b. May 9, 1748	2	7
Daniel, of Preston, m. Olive TRACY, of Norwich, July 16, 1769	2	121
Daniel T., [s. William & Hannah D.], b. Aug. 27, 1795	3	306
Deborah, d. William & Elizabeth, b. Apr. 19, 1762	2	7
Dolly, [d. William & Hannah d.], b. Dec. 2, 1792; d. Aug. 20, 1816	3	306
Dorothy, d. [Ebenezer & Dorothy], b. Dec. 11, 1702	1	111
Dorothy, m. Daniel BREWSTER, Dec. 19, 1727	1	102
Ebenezer, m. Dorothy MORGAN, May 5, 1693	1	111

PRESTON VITAL RECORDS 255

	Vol.	Page
WITTER, (cont.)		
Ebenezer, s. [Ebenezer & Dorothy], b. Nov. 30, 1700	1	111
Ebenezer, d. Jan. 31, 1711/13	1	111
Ebenezer, m. Elizabeth **BROWN**, Mar. 26, 1729	1	56
Ebenezer, s. [Joseph & Elizabeth], b. Sept. 11, 1732	1	50
Ebenezer, Jr., of Preston, m. Amy **MEECH**, of Stonington, June 2, 1757	2	94
Ebenezer, of Preston, m. Mary **AVERY**, of Groton, Nov. 6, 1760	2	15
Ebenezer, twin with Amy, s. Ebenezer [Jr. & Amy], b. Oct. 19, 1761	2	94
Ebenezer, Jr., of Preston, m. Abigail **GEER**, of Groton, Sept. 22, 1763	2	94
Elijah, m. Lucy **PARKE**, b. of Preston, Nov. 18, 1756	2	85
Elisha, s. [William & Hannah], b. Apr. 27, 1755	2	7
Elisha, [s. William & Hannah], d. Feb. 2, 1789	2	7
Eliza, [d. William & Hannah D.], b. Feb. 23, 1799	3	306
Eliza, m. William K. **LATHAM**, Dec. 8, 1822, by Rev. John Hyde	3	38
Elizabeth, d. [Ebenezer & Dorothy], b. Mar. 3, 1694	1	111
Elizabeth, m. Beniaman **BRUSTER**, Oct. 16, 1713	1	22
Elizabeth, d. [Ebenezer & Elizabeth], b. Jan. 20, 1738/9	1	56
Elizabeth, d. [Joseph, Jr. & Hannah], b. July 18, 1757	2	89
Elizabeth, m. Benjamin **BREWSTER**, b. of Preston, May 24, 1759	2	88
Elizabeth, w. Eben[eze]r. d. Aug. 27. 1759	2	15
Elizabeth, w. William, d. Aug. 26, 1765	2	7
Elizabeth, w. William, d. Aug. 9, 1798, ae 81	2	7
Emily Jane, [d. Lucus & Emily], b. June 2, 1830	3	110
Esther, d. [Ebenezer & Elizabeth], b. May 12, 1753	2	15
Esther, d. [Ebenezer, Jr. & Amy], b. Dec. 23, 1759	2	94
Eunice, d. [Joseph & Elizabeth], b. Dec. 8, 1747	1	50
Eunice, m. Charles **HEWITT**, Feb. 28, 1813	2	355
Ezra, s. [Joseph & Elizabeth], b. Jan. 22, 1726/7	1	50
Ezra, m. Anna **MORGAN**, b. of Preston, Feb. 12, 1752	2	50
Ezra, s. [Ezra & Anna], b. Jan. 4, 1755	2	50
Ezra, s. [Asa & Joanna], b. Sept. 6, 1766	2	117
Frances Ann, d. [Irus & Fanny B.], b. Nov. 8, 1830	3	130
Frances Ardelia, d. [Amos & Fanny], b. Nov. 19, 1810	2	238
Fred[e]rick, s. [William & Hannah], b. Aug. 13, 1752	2	7
Frederick, m. Lydia **TYLER**, b. of Preston, Dec. 7, 1780	2	177
Han[n]er, m. Thomas **PARK[E]**, Nov. 5, 1703	1	71
Hannah, d. [Ebenezer & Dorothy], b. Feb. 26, 1704/5	1	111
Hannah, d. [Joseph & Elizabeth], b. Oct. 8, 1730	1	50
Hannah, d. [William & Hannah], b. May 15, 1750	2	7
Hannah, m. Samuel **BRANCH**, Jr., b. of Preston, Mar. 17, 1752	2	72
Hannah, w. Capt. William, d. Apr. 19, 1759	2	7
Hannah, m. Jonathan **SMITH**, Jr., b. of Preston, Nov. 23, 1769	2	122
Hannah, d. [Daniel & Olive], b. Nov. 7, 1771	2	121
Hannah A., m. Maj. David D. **BALDWIN**, b. of Preston, July 5, 1848, by Rev. N. S. Hunt	4	148
Hannah D., d. June 25, 1848, ae 85	5	11
Irus, m. Fanny B. **PHILLIPS**, b. of Preston, Mar. 26, 1826, by Rev. John Hyde	3	130
Isaac, s. [Ezra & Anna], b. Jan. 10, 1757	2	50
Jacob, s. [Ebenezer & Elizabeth], b. May 6, 1737	1	56
James, s. Ebenezer & Elizabeth, b. Sept. 30, 1746; d. Oct. 10, 1746	2	15

BARBOUR COLLECTION

	Vol.	Page
WITTER, (cont.)		
John, s. [Ebenezer & Elizabeth], b. Sept. 12, 1733; d. Mar. 2, 1736/7	1	56
John, s. [Ebenezer & Elizabeth], b. Sept. 28, 1742	1	56
John, s. Ebenezer, d. Jan. 6, 1763	2	15
John, s. Josiah [& Mary], d. June 15, 1765	2	73
Jonah, Jr., m. Eliza **HALSEY**, of Preston, Nov. 7, 1830, by Rev. Augustus B. Collins	3	154
Jonathan, s. [Joseph, Jr. & Hannah], b. Nov. 21, 1755; d. Jan. 16, 1756	2	89
Joseph, twin with Josiah, s. [Ebenezer & Dorothy], b. June 12, 1698	1	111
Joseph, m. Elizabeth **GEAR**, Aug. 13, 1722	1	50
Joseph, s. [Joseph & Elizabeth], b. Dec. 15, 1724	1	50
Joseph, Jr., m. Hannah **DAVISON**, b. of Preston, Jan. 3, 1754	2	89
Josiah, twin with Joseph, s. [Ebenezer & Dorothy], b. June 12, 1698; d. Sept. 20, 1698	1	111
Josiah, s. Ebenezer & Elizabeth, b. Nov. 17, 1729; d. Feb. 27, 1736/7	1	56
Josiah, s. [William & Hannah], b. Feb. 19, 1740/41	1	104
Josiah, m. Wid. Mary **PARRISH**, b. of Preston, Apr. 24, 1763	2	73
Juliann, of Preston, m. Samuel W. **WOOD**, of Groton, Jan. 19, 1826, by Rev. John Hyde	4	189
Juliet D., [d. Lucus & Emily], b. Oct. 14, 1832	3	110
Lucus, m. Emily **DOWNER**, Jan. 17, 1828, by Augustus B. Collins	3	110
Lucus Henry, [s. Lucus & Emily], b. Sept. 20, 1828	3	110
Lucy, d. [Frederick & Lydia], b. Dec. 28, 1785	2	177
Lucy Crary, d. [Amos & Lucy], b. July 23, 1787	2	206
Lydia, d. [Frederick & Lydia], b. Mar. 17, 1783	2	177
Lydia, m. Gilbert **BUTTON**, Dec. 4, 1801	2	380
Lydia Mott, d. [Amos & Fanny], b. Feb. 24, 1815, in Plainfield	2	238
Mary, d. [Ebenezer & Dorothy], b. Mar. 2, 1696	1	111
Mary, m. Jeremiah **TRACY**, Oct. 13, 1713	1	37
Mary, w. William, d. Nov. 30, 1734	1	104
Mary, d. Ebenezer & Elizabeth, b. July 11, 1735; d. Jan. 25, 1736/7	1	56
Mary, d. [William & Hannah], b. May 12, 1740	1	104
Mary, d. [Ebenezer, Jr. & Abigail], b. May 18, 1766	2	94
Mary, w. Ebenezer, d. June 13, 1784	2	15
Nabby, d. [Amos & Lucy], b. Feb. 20, 1793	2	206
Nathan, s. [Ebenezer & Elizabeth], b. Nov. 5, 1731	1	56
Olive T., [d. William & Hannah D.], b. Aug. 9, 1797; d. Aug. 18, 1812	3	306
Plowden Halsey, s. [Amos & Fanny], b. Apr. 8, 1813, in Plainfield	2	238
Polly, m. Christopher **CRARY**, b. of Preston, Nov. 4, 1784	2	196
Polly, d. [Amos & Lucy], b. Nov. 15, 1790	2	206
Robert, s. [Ebenezer, Jr. & Abigail], b. Mar. 31, 1768	2	94
Robert, s. Ebenezer, Jr., d. Jan. 12, 1789, at Port au Prince	2	172
Rober[t], s. [Amos & Lucy], b. Mar. 8, 1789; d. Dec. 30, 1789	2	206
Samuell, s. [Joseph & Elizabeth], b. May 28, 1723	1	50
Sarah, d. Samuel & Sarah, b. Nov. 21, 1747	2	24
Sarah, d. [Elijah & Lucy], b. Dec. 12, 1757	2	85
Sarah O., [d. William & Hannah D.], b. Feb. 10, 1806	3	306
Sarah Orinda, of Preston, m. Giles **GALLUP**, of Groton, Jan. 20, 1833, by Rev. Augustus B. Collins	3	186
Sophia, m. John **CRARY**, b. of Preston, Nov. 19, 1807	2	308
Stephen, s. [Ebenezer, Jr. & Amy], b. May 6, 1758; d. June 22, 1759	2	94

PRESTON VITAL RECORDS   257

	Vol.	Page
WITTER, (cont.)		
William, s. [Ebenezer & Dorothy], b. May 24, 1707	1	111
William, m. Mary **DOUGLAS**, Jan. 1, 1733/4	1	104
William, m. Zerviah **SMITH**, of Canterbury, Jan. 1, 1735/6	1	104
William, m. Hannah **FREEMAN**, Nov. 7, 1738	1	104
William, s. [William & Hannah], b. Jan. 31, 1743/4	1	104
William, s. Capt. William, d. Jan. 20, 1759	2	7
William, s. [Ezra & Anna], b. Mar. 16, 1759	2	50
William, of Preston, m. Elizabeth **LOTHROP**, of Norwich, Oct. 4, 1759	2	7
William, of Preston, m. Elizabeth **DRAPER**, of Boston, Sept. 9, 1767	2	7
William, s. [Daniel & Olive], b. Nov. 7, 1769	2	121
William, b. Nov. 7, 1769; m. Hannah D. **BRANCH**, Nov. 24, 1791, by Rev. Lemuel Tyler	3	306
William, d. Sept. 9, 1798, ae 91 y.	2	7
William*, d. Nov. 26, 1811 (Probably son of William & Hannah D.)	3	306
W[illia]m P., [s. William & Hannah D.], b. Aug. 21, 1802	3	306
William P., of Preston, m. Mary A. **LATHAM**, of Groton, Nov. 10, 1834, by Rev. John Hyde	4	67
Zerviah, w. William, d. Jan. 30, 1737/8	1	104
Zurviah, d. William & Hannah, b. Mar. 19, 1746; d. Feb. 15, 1750/51	2	7
Zurviah, d. William & Elizabeth, b. June 29, 1760	2	7
WOOD, Ruth, of Groton, m. Arthur **STARKWEATHER**, of Preston, Apr. 23, 1767	2	38
Samuel W., of Groton, m. Juliann **WITTER**, of Preston, Jan. 19, 1826, by Rev. John Hyde	4	189
Sarah, m. Jno. **PRENTES**, Sept. 29, 1715	1	8
WOODBORN, WOODBURN, Hannah, d. Sam[ue]l, b. May 14, 1779	2	52
Marg[a]rit, d. George & Marg[a]rit, b. Feb. 5, 172[ ]	1	79
Mary, m. John **WILKENSON**, Aug. 30, 1733	1	100
Samuel, s. George & Marg[a]rit, b. Feb. 26, 1726/7	1	79
WOODBRIDGE, Sally Edwards, of Stockbridge, Mass., m. Moses **LESTER**, of Preston, Nov. 2, 1807	2	146
WOODCOCK, Hannah S., of Baring, Me., m. Hiram **COOK**, of Preston, Dec. 20, 1856, at Princeton, Me., by W[illia]m A. Gould, J.P.	2	302
WOODMANSEE, Abby, seamstress, unmarried, b. in Groton, d. Nov. 4, 1862, ae 50	8-C	19
Charles S., [s. John & Cynthia], b. Nov. 11, 1841	4	151
Cynthia, [d. John & Cynthia], b. Oct. 10, 1833	4	151
Eunice, of Preston, m. Samuel **MOLLY**, Jr., of New London, Apr. 17, 1828, by Rev. John G. Wightman	3	114
James, [s. James & Lucinda], b. June 7, 1817	2	401
James, [s. John & Cynthia], b. July 9, 1831	4	151
John, of Preston, m. Cynthia **SWAN**, of N. Stonington, Oct. 19, 1828, by Rev. Asher Miner	4	151
John, Jr., [s. John & Cynthia], b. Jan. 19, 1829	4	151
Lawrence, d. July 3, 1854, ae 1	8-C	3
Lucinda A., [d. James & Lucinda], b. Sept. 16, 1821	2	401
Mabel W., [d. James & Lucinda], b. Dec. 16, 1826	2	401
Mary E., [d. James & Lucinda], b. Feb. 6, 1824	2	401
Park, [s. James & Lucinda], b. June 14, 1819	2	401
Roswell L., of N. Stonington, m. Eunice C. **MORGAN**, of Preston,		

BARBOUR COLLECTION

	Vol.	Page
WOODMANSEE, (cont.)		
Feb. 29, 1848, by Rev. N. S. Hunt	4	142
Roswell P., farmer, m. Eunice C. **MORGAN**, Feb. 29, 1848, by N. S. Hunt	5	1
Ruth M., married, b. in "PK N.Y.", d. Jan. 3, 1861, ae 24	8-C	16
Sarah, [d. James & Lucinda], b. Oct. 20, 1810	2	401
Sarah, of Preston, m. Lee A. **BAILEY**, of Groton, Dec. 18, 1831, by Rev. Augustus B. Collins	3	168
Sarah L., [d. John & Cynthia], b. May 2, 1848	4	151
Sarah Lucinda, d. John, ae 42, farmer, & Cynthia, ae 43, b. May 2, 1848	5	6
Susan E., d. Peleg S., ae 34, manufacturer, & Caroline, ae 30, b. Aug. 10, 1847	5	4
-----, twins, b. in New Haven, resid. in Preston, d. Sept. 4, 1864, ae 4 m. 22 d.	8-C	22
WOODWARD, WOODARD, Abigail, m. John **RICHARDS**, June 17, 1707	1	31
Abisha, s. [Reuben & Martha], b. Dec. 2, 1752	2	70
Abisha, of Preston, m. Mary **SPICER**, of Groton, Mar. 20, 1774	2	177
Allice, d. [Abisha & Mary], b. Mar. 13, 1778	2	177
Alice, d. [Reuben & Hannah], b. Apr. 15, 1787	2	167
Allithea, d. [Abisha & Mary], b. Jan. 16, 1776	2	177
Amos, s. [Abisha & Mary], b. Jan. 25, 1780	2	177
Amey, d. [Zephaniah & Mary], b. Apr. 18, 1755	2	33
Amy, m. Oliver **WALTON**, Jr., Dec. 18, 1777	2	163
Anna, m. Asa **PARTRIDGE**, Jr., b. of Preston, Jan. 30, 1780	2	159
Anna, d. [Abisha & Mary], b. Nov. 8, 1781	2	177
Anna, d. Moses [& Lydia], b. July 31, 1782	2	158
Anne, d. [Reuben & Martha], b. Mar. 20, 1757	2	70
Appleton, carpenter, d. Feb. 20, 1850, ae 64	5	12
Assa, s. [Daniel, Jr. & Hannah], b. Nov. 18, 1736	1	116
Benjeman, [s. Daniell], b. Sept. 28, 1704	1	45
Betsey, d. [Reuben & Hannah], b. Dec. 27, 1783	2	167
Betsey, d. [Abisha & Mary], b. Mar. 26, 1786	2	177
Caleb, m. Clarrissa **BARNEY***, Nov. 20, 1831, at Asa Barnes', by Rev. Alfred Gates (*Perhaps **BARNES**)	3	166
Calvin, s. [Moses & Lydia], b. May 1, 1790	2	158
Charles, s. [Moses & Lydia], b. June 16, 1788	2	158
Charles, m. Abby **UTTLEY**, Dec. 1, 1814, by Rev. Horatio Waldo	2	364
Chase, s. [Reuben & Hannah], b. Mar. 23, 1789	2	167
Cynthia B., of N. Stonington, m. Isaac G. **FARD**, of Norwich, May 10, 1846, by Rev. Augustus B. Collins	4	128
Daniell, m. Thankfull **GATES**, Mar. 1, 1701	1	85
Daniell, [s. Daniell & Thankfull], b. Mar. 27, 1714	1	85
Daniel, Jr., m. Hannah **CRERY**, Feb. 19, 1735/6	1	116
Daniel, Sr., d. May 24, 1752	1	85
Daniel, s. [Reuben & Martha], b. Sept. 20, 1759	2	70
Dorothy, d. [Thomas & Dorothy], b. Nov. 28, 1734	1	106
Elijah, s. [Moses & Lydia], b. Mar. 4, 1785	2	158
Elizabeth, of Plainfield, m. Nathan **BRANCH**, of Preston, Apr. 16, 1772	2	140
Eunec, d. [Daniell], b. Mar. 8, 1707	1	45
Eunice, d. [Moses & Lydia], b. Jan. 15, 1778	2	158

PRESTON VITAL RECORDS 259

	Vol.	Page
WOODWARD, WOODARD, (cont.)		
Gideon, s. [Zephaniah & Mary], b. Oct. 3, 1757; d. Sept. 29, 1758	2	33
Gideon, 2d, s. [Zephaniah & Mary], b. Aug. 27, 1759	2	33
Hannah, m. Stephen **GATES**, Nov. 6, 1713	1	84
Hannah, d. [Moses & Lydia], b. Aug. 24, 1779	2	158
Hannah, d. R[e]uben & Hannah, b. Mar. 28, 1780	2	167
Hannah, m. William M. **MORSS**, b. of Preston, Nov. 30, 1809	2	310
Hannah, of Plainfield, m. Joseph C. **TYLER**, of Preston, Apr. 10, 1810, by Rev. Joel Benedict, of Plainfield	2	349
Harriet F., of N. Stonington, m. William **HALLETT**, of Ledyard, Sept. 9, 1849, by Rev. N. S. Hunt	4	179
Harriet F., ae 23, b. in N. Stonington, m. William **HALLETT**, farmer, ae 25, b. in Ledyard, now of Preston, Sept. 9, 1849, by Nathan S. Hunt	5	2
Hezekiah, s. [Thomas & Dorothy], b. May 20, 1732	1	106
Joan[n]a, d. [Thomas & Dorothy], b. Feb. 8, 1729	1	106
Jonas, s. [Thomas & Dorothy], b. Mar. 21, 1737	1	106
Jonas, s. Jonas, b. Mar. 27, 1766	2	91
Joseph, m. Hannah **RICHARDS**, June 1, 1724	1	66
Joshua, s. [Zephaniah & Mary], b. Apr. 11, 1753	2	33
Lucretia, m. Elias **ROSE**, b. of Preston, Dec. 21, 1794	2	246
Lucy, d. [Thomas & Anstress], b. Feb. 3, 1779	2	179
Martha, m. John **PUTNAM**, b. of Preston, Feb. 25, 1762	2	54
Mary, m. Nehemiah **GATES**, b. of Preston, Dec. 1, 1763	2	3
Moses, s. [Zephaniah & Mary], b. Aug. 22, 1749	2	33
Moses, m. Lydia **HERRICK**, b. of Preston, Mar. 31, 1776	2	158
Parke, s. [Thomas & Dorothy], b. Mar. 21, 1726	1	106
Patty, d. [Abisha & Mary], b. Aug. 21, 1774	2	177
Perez, s. Thomas & Anstress, b. Aug. 13, 1773	2	179
Phebe, d. Thomas [& Anstress], b. Oct. 3, 1776	2	179
Phebe A., of N. Stonington, m. Ellis **LEONARD**, Mar. 8, 1840, by Rev. Augustus B. Collins	4	33
Polly, d. [Abisha & Mary], b. Mar. 11, 1784	2	177
Rebeckah, d. [Moses & Lydia], b. Dec. 3, 1780	2	158
Reubin, [s. Daniell & Thankfull], b. Dec. 22, 1727	1	85
Reuben, m. Martha T[H]OM[P]SON, b. of Preston, Nov. 28, 1750	2	70
Reuben, s. [Reuben & Martha], b. Jan. 26, 1755	2	70
Reuben, d. May 15, 1760	2	70
Reuben, of Preston, m. Hannah **STANTON**, of Norwich, Feb. 20, 1777	2	159
Russel[l], s. Thomas & Anstress, b. Dec. 20, 1774	2	179
Ruth, [d. Daniell & Thankfull], b. Feb. 23, 1719/20	1	85
Ruth, m. Samuel **PARTRIDGE**, Jr., b. of Preston, Nov. 5, 1741	2	51
Sarah, [d. Daniell & Thankfull], b. Apr. 15, 1717	1	85
Sarah, d. [Zephaniah & Mary], b. June 16, 1751	2	33
Sarah, [d. Zephaniah & Mary], d. June 28, 1799	2	33
Thankfull, d. Daniell & Thankfull, b. Jan. 13, 1711	1	85
Thomas, m. Dorothy **PARKE**, May 18, 1725	1	106
Zephaniah, m. Mary **PARTRIDGE**, b. of Preston, Jan. 27, 1747/8	2	33
Zephaniah, d. Apr. 17, 1760	2	33
WORDEN, Isaac, s. Wait Roger & Clarrissa, b. Feb. 16, 1808	2	305
Jesse Babcock, s. [Wait Roger & Clarrissa], b. Dec. 31, 1809	2	305
WRIGHT, Abigail, of Groton, m. Joseph **BRUMBLEY**, of Preston,		

260 BARBOUR COLLECTION

	Vol.	Page
WRIGHT, (cont.)		
June 14, 1832, by Rev. Augustus B. Collins	3	179
Daniel, of Norwich, m. Lydia M. **GARE,** of Preston, Nov. 19, 1840, by Rev. Nathan E. Shailer	4	48
David, of Norwich, m. Abigail **GODDARD,** of Preston, Apr. 21, 1814	2	339
Harmon L., m. Hannah **STORY,** Jan. 4, 1846, by Henry Haskell, J.P.	4	127
Orrin, laborer, unmarried, d. May 20, 1860, ae 38	8-C	14
Samuel N. J., m. Maria **BREWSTER,** people of color, June 15, 1848, by Gen. David Young. (*His 2d marriage)	5	2
-----, of Springfield, Mass., m. Emily **BRUMBLEY,** of Preston, Jan. 1, 1839, by Rev. N. E. Shailer	4	19
WYATT, [see under **WIAT**]		
YEOMANS, YEOMAN, Hannah, m. John **MEATCH,** Aug. 26, 1691	1	21
Patience, m. Joseph **SAFFORD,** Dec. 20, 1727	1	12
YERRINGTON, YARRINGTON, [see also **HARRINGTON** and **HERRINGTON**], Abraham, m. Eunice **BUNDY,** b. of Preston, Sept. 13, 1770	2	130
Abraham, s. [Abraham & Eunice], b. Oct. 8, 1771	2	130
Abraham, m. Elizabeth **FREEMAN,** b. of Preston, Dec. 10, 1789	2	256
Abraham, s. [Abraham & Elizabeth], b. Dec. 23, 1813	2	256
Abram, of Norwich, m. Margaret **CRAPO,** of N. Stonington, Oct. 3, 1836, by Rev. Augustus B. Collins	3	331
Amelia, d. [Abraham & Elizabeth], b. Apr. 20, 1800	2	256
Benjamin F., farmer, married, b. in N. Stonington, d. Jan. 8, 1862, ae 35	8-C	18
Caroline, of N. Stonington, m. Oliver H. **BENTLEY,** of Preston, Dec. 16, 1838, by Asa A. Gore, J.P.	4	16
Charles, s. [Abraham & Elizabeth], b. Mar. 15, 1810	2	256
Elisha Freeman, s. [Abraham & Elizabeth], b. Aug. 12, 1805	2	256
Elizabeth, m. John **HILL,** Oct. 29, 1713	1	19
Eunice, d. [Abraham & Elizabeth], b. Sept. 1, 1790	2	256
Eunice, m. Dyer **BARBER,** b. of Preston, Sept. 9, 1813	2	337
Frederick, s. [Abraham & Elizabeth], b. Mar. 25, 1798	2	256
George Albert, s. [Abraham & Elizabeth], b. Apr. 24, 1803	2	256
Isaac, s. William, resident in Preston, & Hannah, b. Jan. 7, 1753	2	70
Joseph Avery, b. Mar. 6, 1793; m. Mary Park[e] **MEECH,** Sept. 19, 1813	2	393
Joseph H., m. Mary Ann **BENTLEY,** b. of Preston, Sept. 9, 1841, by Rev. Nathan E. Shailer	4	60
Luellia, d. [Joseph Avery & Mary Park], b. Mar. 11, 1818	2	393
Luther, s. [Joseph Avery & Mary Park], b. Apr. 29, 1816	2	393
Lydia, m. Edward **TYLER,** Nov. 27, 1777	2	49
Maria, d. [Abraham & Elizabeth], b. Mar. 29, 1808	2	256
Maria, of Preston, m. Peter **BROWN,** of Groton, Apr. 6, 1829, by Rev. Augustus B. Collins	3	128
Mary Emeline, [d. Joseph Avery & Mary Parke], b. Sept. 20, 1814	2	393
Russell, s. [Abraham & Elizabeth], b. Apr. 26, 1795	2	256
Russell, farmer, married, d. Oct. 22, 1861, ae 66	8-C	17
Ruth, of Stonington, m. Asa A. **GORE,** of Preston, Jan. 16, 1800	2	283
Sally, d. [Abraham & Elizabeth], b. Apr. 8, 1793	2	256
Sally had s. Henry Dodge **POTTER,** b. July 19, 1812. Father was David R. **POTTER**	2	325

PRESTON VITAL RECORDS   261

	Vol.	Page
YERRINGTON, YARRINGTON, (cont.)		
-----, d. Joseph H., & Mary A., b. July 31, 1849	5	5
YORK, Betsey, d. [Elisha & Anna], b. Sept. 6, 1778	2	176
Elisha, m. Anna CLARK, b. of Preston, Jan. 1, 1778	2	176
Ella P., d. Aug. 19, 1859, ae 4	8-C	13
Hannah, of Stonington, m. Jabish G. RAY, of Preston, Apr. 11, 1804	2	291
Howard M., d. Nov. 7, 1866, ae 1	8-C	26
Joseph, of N. Stonington, m. Lucinda ROCKWELL, of Preston, Dec. 30, 1820, by Levi Walker	3	15
Joshua P., of Westerly, R.I., m. Hannah HAMMOND, of Preston, Oct. 8, 1849, by Cyrus Minor	5	1
Joshua S., of Westerly, R.I., m. Hannah HAMMOND, of Preston, Oct. 8, 1849, by Rev. Cyrus Miner	4	182
Lendal, s. [Elisha & Anna], b. July 2, 1780	2	176
Louis, b. Oct. 25, 1807, in N. Stonington; m. John P. KINNEY, Dec. 21, 1828, in N. Stonington, by Elder J. Miner	4	231
Mary, of Stonington, m. John CRARY, of Preston, Mar. 7, 1798	2	131
YOUNG, Eunice, of Norwich, m. Smith ADAMS, of Preston, Nov. 23, 1799	2	391
Pa[r]thena, of Preston, m. Elisha CLARK, of Plainfield, Jan. 17, 1822, by Levi Walker	3	10
NO SURNAME		
Adaline, b. in Montville, unmarried, d. Mar. 20, 1855, ae 23	8-C	5
Betsey, m. Lot KINNEY, [ ]	2	323
Clarrissa, d. Jan. 7, 1860, ae 64, widow	8-C	14
Dorithy, m. Salmon TREAT, Apr. 12, 1698	1	63
Frances A. W., ae 17 y., b. in Norwich, m. David D. BALDWIN, merchant, ae 24 y., b. in Lisbon, July 5, 1848, by N. S. Hunt	5	1
Frances M. L., d. Sept. 23, 1855, ae 2	8-C	6
Mary, d. Meriam, b. Mar. 15, 1798 (Slaves ? of Robert Crary ?)	2	406
Mehitable, m. Sam[ue]ll STERRY, Feb. 8, 1724/5. She was his 2d wife	1	83
Nancy Pomp Huntington, d. Meriam, b. June 12, 1800 (Slaves ? of Robert Crary ?)	2	406
Sarah, m. Nathan BENNET[T], June 1, 1738	1	115

PRESTON VITAL RECORDS
Part II
1687 - 1850

	Vol.	Page
ADAMS, A., of Canterbury, m. Patience RIX, of Preston, Feb. 7, 1793	6	1
Ebenezer, s. Richard, Jr., bp. Apr. 2, 1740	7	5
Eunice, of Plainfield, m. John BRAMAN, of Preston, Jan. [ ], 1763	6	1
Mary, of Preston, m. Joseph HEATH, of Litchfield, Feb. 9, 1764	6	1
Nathaniel, m. Mary GEER, b. of Preston, June 12, 1768	6	1
Olive, of Preston, m. Labin HALL, of Plainfield, Dec. 6, 1780	6	2
William, m. Mary COOK, b. of Preston, Nov. 22, 1758	6	1
ALDRICH, Lydia, of Preston, m. Timothy PALMER, of Norwich, Jan. 29, 1783	6	2
ALLEN, [see also ALLYN], Sarah, of Preston, m. Caleb GASPER, of Ashford, June 29, 1783	6	2
Stephen, of R.I., m. Esther FRINK, of Preston, Jan. 31, 1782	6	1
ALLYN, [see also ALLEN], David, of Groton, m. Desire TYLER, of Preston, Apr. 23, 1789, by Rev. Paul Park	6	3
AMES, [see also EAMES], Anna, d. John, bp. July 2, 1706	7	3
David, s. Samuel & Alice, bp. July 4, 1714	7	3
David, m. Abigail BUSTER, Jan. 29, 1756	6	2
Elizabeth, of Preston, m. Thomas LAMBERT, of Stonington, Mar. 11, 1781, by Samuel Mott, J.P.	6	3
Esther, of Preston, m. Edward SPICER, of Groton, Jan. 7, 1779, by Rev. Paul Park	6	3
John, s. Samuel & Alice, bp. July 4, 1714	7	3
Mary, d. Samuel & Alice, bp. July 4, 1714	7	3
Miriam, of Preston, m. Nathan TYLER, of Groton, Nov. 1, 1770, by Samuel Mott, J.P.	6	3
Miriam, m. Nathaniel TRACY, Nov. 14, 1771	6	2
Samuel, s. Samuel & Alice, bp. July 4, 1714	7	3
ANDREW, Benjamin, of Plainfield, m. Sally AVERELL, of Preston, Mar. 16, 1803	6	1
ANDROS, John, 3d, m. Grace RUDE, Dec. 2, 1770	6	2
ANSTAY, -----, m. Eunice BUNDAY, Nov. 6, 1763	6	2
APES, Polly, m. Peter GORGE, Dec. 25, 1798, by Rev. Paul Park	6	3
APPLEY, Allice, of Plainfield, m. Amasa MCWITHEE, of Preston, Oct. 2, 1765	6	1
James, s. James, bp. May [ ], 1747	7	5
ARMSTRONG, Daniel, m. Hannah LEWIS, b. of Norwich, Nov. 19, 1777, by Rev. Paul Park	6	3
ASH, John, m. Prescilla FRINK, b. of Preston, May 23, 1782	6	1
AUSTIN, Benjamin, s. Benjamin & Susanna, bp. July 1, 1770	7	5
Edward, s. Benjamin & Susanna, bp. Nov. 12, 1769	7	5
George, s. Benjamin & Susanna, bp. Nov. 12, 1769	7	5
John, m. Esther HERRICK, b. of Preston, Jan. 16, 1783	6	1
Joseph, s. Benjamin & Susanna, bp. Apr. 13, 1772	7	5
Joseph, m. Susannah BREWSTER, b. of Preston, Jan. 25, 1803	6	1

	Vol.	Page
AUSTIN, (cont.)		
Mary, d. Benjamin & Susanna, bp. Nov. 12, 1769	7	5
Nathan, s. Benjamin & Susanna, bp. Nov. 12, 1769	7	5
Polly, m. Ezra P. **PARTRIDGE**, b. of Preston, Dec. 22, 1796	6	2
Susannah, d. Benjamin & Susanna, bp. Nov. 12, 1769	7	5
Susannah, of Preston, m. Robert **LOVE**, of R.I., Oct. 16, 1788	6	2
Thomas, s. Benjamin & Susanna, bp. Nov. 12, 1769	7	5
Thomas, m. Abigail **WEAVER**, b. of Preston, Nov. 11, 1784	6	1
Thomas, m. Mary **GATES**, b. of Preston, May 27, 1792	6	1
AVERELL, Abigail, d. Thomas, bp. Feb. 11, 1722	7	5
Bathsheba, d. Ichabod, bp. Dec. 29, 1745	7	5
Dolly, of Preston, m. Jabesh **KINGSLEY**, of Canterbury, Jan. 23, 1792	6	2
Harmony, of Preston, m. Aaron **CRARY**, of Plainfield, Apr. 17, 1794	6	2
Joanna, of Preston, m. Silas **GLASS**, of Canterbury, May 25, 1769	6	1
Kitty Pitcher, d. Solomon, bp. June 25, 1758	7	5
Patience, d. Samuel, bp. May 15, 1741	7	5
Rachal, of Preston, m. John **REED**, of Norwich, Dec. 22, 1774	6	1
Rachal, of Preston, m. Elisha **PARKE**, of Plainfield, Sept. 21, 1797	6	2
Sally, of Preston, m. Benjamin **ANDREW**, of Plainfield, Mar. 16, 1803	6	2
Sarah, d. Ichabod, bp. Nov. 23, 1746	7	5
Sarah, of Preston, m. James **BOTTOM**, of Norwich [ ], 1776	6	1
Solomon, s. Thomas, bp. Oct. 22, 1719	7	3
William, s. Jabez, bp. Aug. 20, 1749	7	5
William, s. Jabez, bp. May 10, 1752	7	5
AVERY, Abigail, m. Elisha **CRARY**, b. of Preston, Apr. 10, 1800, by Rev. Paul Park	6	3
Ama, m. Nathaniel **STANTON**, Sept. 6, 1775	6	2
Anne, d. John, bp. May 10, 1789	7	5
Benjamin, d. Benjamin, bp. July 15, 1759	7	5
Betsey, d. John, bp. June 12, 1791	7	5
Daniel, of Groton, m. Sibel **PARK**, of Preston, Apr. 22, 1779, by Rev. Paul Park	6	3
David, m. Hannah **AVERY**, b. of Preston, Nov. 15, 1787, by Rev. Paul Park	6	3
Ebenezer, s. Park, bp. Aug. 17, 1746	7	3
Elizabeth, d. Benjamin, bp. Sept. 30, 1750	7	5
Elizabeth, m. Rev. Aaron **PUTNAM**, May 13, 1777	6	2
Gardiner, s. Benjamin, bp. Sept. 22, 1751	7	5
Hannah, m. David **AVERY**, b. of Preston, Nov. 15, 1792, by Rev. Paul Park	6	3
Jasper, s. Park, bp. Oct. 21, 1744	7	3
Jerusha, of Preston, m. Capt. (*Benjamin **MOSES**), of Norwich, Dec. 15, 1801, by Samuel Mott, J.P. (*handwritten correction on original manuscript to (Moses **BENJAMIN**))	6	3
John, s. John, bp. July 1, 1787	7	5
Lucy, d. Benjamin, bp. Aug. 29, 1756	7	5
Lucy, of Norwich, m. James **BENNET**, Jr., of Preston, June 22, 1780	6	2
Lucy, d. John, bp. May 22, 1785	7	5
Marg[ar]et, m. Edward **HERRICK**, of Preston, Dec. 9, 1737	6	1

	Vol.	Page
AVERY, (cont.)		
Margaret, d. Capt. John, bp. May 3, 1741	7	3
Margaret, of Preston, m. Luther **BLIVEN**, of Westerly, R.I., Nov. 28, 1792, by Rev. Paul Park	6	3
Mariah, d. John, bp. Aug. 23, 1795	7	5
Phebe, m. Hezekiah **PARK**, b. of Preston, Jan. 5, 1775, by Rev. Paul Park	6	3
Polly, d. Nathan, bp. Jan. 11, 1778	7	3
Prudence, of Preston, m. James **STARKWEATHER**, of Stonington, Apr. 19, 1781, by Rev. Paul Park	6	3
Solomon, of Groton, m. Betsey **PARTRIDGE**, of Preston, Oct. 25, 1810	6	1
William, of Stonington, m. Keziah **MOOT**, of Preston, Nov. 29, 1792, by Rev. Paul Park	6	3
AYER, Ann, of Preston, m. John **KINNE**, of Voluntown, May 18, 1749	6	1
Desire, m. Oliver **CRARY**, Jr., b. of Preston, Feb. 24, 1802, by Samuel Mott, J.P.	6	3
Eunice, d. David, bp. Dec. 30, 1741	7	5
Hannah, of Preston, m. John **LORD**, of Norwich, July 31, 1728	6	1
John, s. David, bp. July 31, 1756	7	5
Jonathan, s. David, bp. Aug. 29, 1730	7	5
Joseph, of Stonington, m. Elizabeth **HERRICK**, of Preston, May 22, 1730	6	1
Nathan, s. David, bp. Apr. 17, 1755	7	5
Nathan, m. Olive **GREEN**, b. of Preston, Oct. 10, 1791	6	1
Nathan, Capt., m. Margaret **CLARKE**, b. of Preston, Feb. 24, 1799, by Samuel Mott, J.P.	6	3
Prescilla, of Voluntown, m. Luke **BRUMBLEY**, of Preston, Dec. 12, 1733	6	1
Sarah, d. David, bp. June 26, 1726	7	5
Sarah, d. David, bp. Apr. 5, 1752	7	5
Zipporah, d. David, bp. May 13, 1739	7	5
AYLESWORTH, Joseph, m. Freelove **COYE**, b. of Preston, May 10, 1771, by Samuel Mott, J.P.	6	3
BABCOCK, Augustus, m. Rachel **READ**, b. of Preston, Oct. 14, 1791, by Rev. Paul Park	6	12
Benjamin, m. Desire **BILLINGS**, Feb. 4, 1779	6	10
Henry, of Plainfield, m. Thankful **BENNET**, of Preston, Mar. 13, 1799	6	7
James, of Stonington, m. Phebe **SEAR**, of Preston, May 7, 1730	6	5
William, of Coventry, m. Mary **CLARK**, of Preston, Nov. 9, 1748	6	5
BACK, Elizabeth, of Preston, m. Thomas **PARK**, July 10, 1770, by Samuel Mott, J.P.	6	13
Elizabeth, m. Rufus **CHURCH**, b. of Preston, Feb. 9, 1792	6	9
Sarah, of Preston, m. Henry **FRANKLIN**, of Plainfield, (negroes), [ ], 1786	6	9
BADGER, Henry, of Partridgefield, m. Judeth **COGSWELL**, of Preston, Sept. 30, 1773	6	6
BAGLEY, Samuel, m. Cynthia **MEACH**, b. of Preston, Nov. 26, 1789, by Rev. Paul Park	6	11
BAILEY, Asa, m. Dolly **STORY**, b. of Preston, Nov. 20, 1791, by Rev. Paul Park	6	12
Jane, of Voluntown, m. Peter **BOWDISH**, Jr., of Preston, Apr. 1,		

	Vol.	Page
BAILEY, (cont.)		
1770, by Samuel Mott, J.P.	6	13
Thomas, of Groton, m. Huldah **STANTON**, of Preston, Apr. 12, 1739	6	5
Thomas, s. Thomas, bp. July 28, 1745	7	10
BAKER, Abigail, of Preston, m. Joseph **GATES**, of Preston, Feb. 7, 1749	6	7
Almond, of Brooklyn, m. Hannah **TUCKER**, of Preston, May 19, 1807	6	7
Anna, bp. Oct. 5, 1800	7	12
Asa, of Norwich, m. Comfort **KINNE**, of Preston, Feb. 9, 1780	6	6
Betsey, bp. Oct. 5, 1800	7	12
Daniel, of Groton, m. Elizabeth **THOMAS**, of Preston, Mar. 31, 1774, by Rev. Paul Park	6	11
Ezra, of Preston, m. Polly **MATTESON**, of Groton, Jan. 1, 1792	6	6
Henry, bp. Oct. 5, 1800	7	12
Jedidiah, bp. Oct. 5, 1800	7	12
John Cary, bp. Oct. 5, 1800	7	12
Mary, m. Ephraim **PALMETER**, b. of Preston, Apr. 9, 1807	6	10
Molly, bp. Oct. 5, 1800	7	12
BALDWIN, Aaron, of Canterbury, m. Mehetable **LEONARD**, of Preston, Apr. 11, 1771	6	5
Andrew, of Stonington, m. Polly **BOARDMAN**, of Preston, Nov. 22, 1801	6	7
Daniel, of Stonington, m. Lucy **BOARDMAN** of Preston, Jan. 22, 1807	6	7
John, Jr., of Stonington, m. Nabby **BOARDMAN**, of Preston, Jan. 31, 1796	6	6
Polly, of Preston, m. Amos **BALDWIN**, of Stonington, Nov. 22, 1801	6	9
Ziba, m. Ama **BROWN**, July 20, 1775	6	10
-----, of Stonington, m. Lydia S[T]EWERT, of Preston, [ ], 1793	6	6
BARNES, Ezra, of Groton, m. Olive **PALMER**, of Preston, Nov. 24, 1791, by Rev. Paul Park	6	12
Ezra, m. Judeth **PALMER**, b. of Preston, Aug. 27, 1799, by Rev. Paul Park	6	12
Hager, of Preston, m. Mark **MOORE**, of Plainfield, (blacks), Apr. 4, 1793	6	9
BARNET, Dorothy, d. Moses, bp. Apr. 15, 1753	7	10
James, s. Moses, bp. Apr. 15, 1753	7	10
Moses, s. Moses, bp. Apr. 15, 1753	7	10
Nathaniel, s. Moses, bp. May 11, 1755	7	10
Sarah, d. Moses, bp. Apr. 15, 1753	7	10
BARSTOW, Calvin, m. Margaret **TRACY**, Oct. 14, 1773	6	10
BARTON, Isaac, of Canaan, N.Y., m. Abby **REA**, of Preston, Oct. 11, 1798	6	7
Nathan, of Preston, m. Patty **ROSE**, of Preston, Mar. 23, 1796	6	6
BATES, Jesse, s. Joseph, bp. Mar. 18, 1781	7	11
William, of Warwick, m. Sarah **BENNET**, of Preston, June 10, 1734	6	5
BEAL, Hannah, d. Ma[t]thew, bp. Feb. 4, 1739	7	11
Mat[t]hew, m. Hannah **COGSWELL**, b. of Preston, Mar. 17, 1738	6	5

PRESTON VITAL RECORDS 267

	Vol.	Page
BEEMAN, Abigail, d. Thomas, Jr., bp. Aug. 5, 1739	7	7
Benajah, s. Thomas, Jr., bp. Dec. 31, 1740	7	7
Daniel, s. Thomas & Phebe, bp. Aug. 10, 1721	7	7
Daniel, of Preston, m. Lydia LEONARD, of Norwich, Jan. 9, 1783	6	6
Ebenezer, s. Thomas & Phebe, bp. Apr. 15, 1719	7	7
Ruth, d. Thomas & Phebe, bp. July 1, 1722	7	7
Thomas, s. Thomas & Phebe, bp. Oct. 9, 1715	7	7
BELCHER, Abigail, m. William COGSWELL, b. of Preston, Oct. 11, 1787	6	9
Elijah, m. Judeth MOORE, b. of Preston, July 15, 1773	6	5
Elijah, of Cherry Valley, N.Y., m. Lydia CLARK, of Preston, Aug. 8, 1797	6	7
Elizabeth, of Preston, m. Jesse PRENTICE, of Stonington, Mar. 29, 1792	6	9
Eunice, m. Jonas TYLER, b. of Preston, Nov. 25, 1784	6	8
Mehetable, of Preston, m. Simon BREWSTER, Jr., of Preston, Dec. 20, 1770	6	8
Moses, s. Elijah, bp. May 17, 1734	7	11
Samuel, of Braintree, m. Mary LEWIS, of Preston, July 28, 1774	6	6
BELLOWS, Deb[o]rah, of Preston, m. Jabez ROCKWELL, of Stonington, Dec. 2, 1781	6	8
Eleazer, of Southberry, m. Hannah MEACH, of Preston, May 26, 1735	6	5
BENJAMIN, Abel, s. Obed, bp. July 11, 1731	7	9
David, m. Lucy PARK, Feb. 19, 1769	6	10
Deborah, of Preston, m. John CADY, of Canterbury, Feb. 13, 1752	6	8
Ebenezer, s. Obed, bp. Dec. 14, 1735	7	9
Elijah, m. Deborah NEWTON, b. of Preston, Aug. 30, 1795, by Samuel Mott, J.P.	6	12
Elizabeth, d. John, bp. June 3, 1711	7	7
Elizabeth, d. Obed, bp. Apr. 28, 1737	7	9
Elizabeth, d. Daniel, bp. Apr. 9, 1749	7	10
Elizabeth, of Preston, m. George DARROW, of Stonington, Mar. 7, 1763	6	8
Ezra, m. Lucy BROWN, b. of Preston, Feb. 16, 1794, by Samuel Mott, J.P.	6	12
Grace, d. Daniel, bp. Feb. 24, 1754	7	10
Hannah, d. Joseph, bp. Mar. 3, 1706	7	7
Jabez, s. Phebe, wid. of John, bp. Sept. 9, 1716	7	7
Jabez, m. Rhoda SMITH, b. of Preston, Oct. [ ], 1737	6	5
Jacob, s. Obed, bp. Mar. 19, 1739	7	9
Jedidiah, s. Daniel, bp. June 21, 1747	7	10
Jemima, of Preston, m. Nathan WHEELER, of Norwich, Nov. 20, 1766	6	8
Mercy, d. Jabez, bp. Apr. 26, 1741	7	9
Mical, of Preston, m. Margaret WILBERSON, of Stonington, Feb. 23, 1779	6	6
Moses, Capt., of Norwich, m. Jerusha AVERY, of Preston, Dec. 15, 1801, by Samuel Mott, J.P.	6	12
Moses, of Norwich, m. Synthia BILLINGS, of Preston, Sept. 9, 1804, by Samuel Mott, J.P.	6	12
Nathan, s. John, bp. May 29, 1743	7	9
Obed, s. Obed, bp. May 9, 1729	7	9

BENJAMIN, (cont.)

	Vol.	Page
Phebe, m. Nathaniel TYLER, b. of Preston, Feb. 22, 1725	6	7
Phebe, d. Daniel, bp. Sept. 29, 1745	7	9
Prudence, of Preston, m. Avery POWERS, of Norwich, Jan. 12, 1797	6	9
Roger, of Worthngton, Mass., m. Elizabeth STARKWEATHER, of Stonington, Feb. 3, 1788, by Rev. Paul Park	6	12
Samuel, s. Jabez, bp. Aug. 15, 1739	7	9
Samuel, of Preston, m. Polly KIMBALL, of Stonington, Nov. 16, 1786, by Rev. Paul Park	6	11
Sarah, of Preston, m. Lemuel GATES, of Canaan, N.H., Feb. 8, 1781	6	8

BENNET, Abel, m. Lydia STANTON, b. of Preston, Dec. 19, 1768

	Vol.	Page
BENNET, Abel, m. Lydia STANTON, b. of Preston, Dec. 19, 1768	6	5
Alice, m. William DAVIS, b. of Preston, May 11, 1794	6	9
Ama, m. Samuel CRAFT, May 5, 1791, by Rev. David Hale	6	13
Avis, of Preston, m. Israel SABIN, of Plainfield, Dec. 28, 1748	6	7
Buster, of Pittsfield, Mass., m. Esther LESTER, of Preston, Dec. 23, 1810	6	7
Elizabeth, alias GREEN, m. Ebenezer TILER, b. of Preston, May 23, 1739	6	7
Elizabeth, alias GREEN, m. Ebenezer TILER, b. of Preston, May 23, 1739	6	33
Hannah, m. Timothy GREEN, b. of Preston, Sept. 14, 1738	6	7
Isaac, Jr., m. Elizabeth SHELDON, b. of Preston, Mar. 24, 1757	6	5
Israel, s. James, bp. May 3, 1752	7	12
James, s. James, bp. May 17, 1750	7	12
James, Jr., of Preston, m. Lucy AVERY, of Norwich, June 22, 1780	6	6
Jeremiah, of Saratoga, N.Y., m. Lois GATES, of Preston, Mar. 15, 1787	6	6
Jesse, s. James, bp. May 17, 1750	7	12
Jesse, of Norwich, m. Lydia GREEN, of Preston, Nov. 19, 1767	6	5
John, s. Thomas & Anna, bp. Apr. 10, 1726	7	7
Joshua, of Stonington, m. Sarah GREEN, of Preston, Oct. 8, 1733	6	5
Lucretia, m. Asa FREEMAN, b. of Preston, Jan. 6, 1767	6	8
Mary, of Norwich, m. Joshua GATES, of Preston, Apr. 4, 1776	6	8
Molly, d. James, bp. Aug. 22, 1756	7	12
Nathan, s. James, bp. May 17, 1750	7	12
Polly, m. Darius PALMER, b. of Preston, Dec. 11, 1783	6	8
Polly, of Preston, m. James MARSH, of Plainfield, May 16, 1793	6	9
Rachel, d. James, bp. Nov. 7, 1754	7	12
Sabra, m. Charles MILE, June 1, 1772	6	11
Samuel, s. James, bp. Sept. 17, 1758	7	12
Samuel, of Stonington, m. Joannah GINNINGS, of Preston, Dec. 5, 1776, by Rev. Paul Park	6	11
Sarah, of Preston, m. William BATES, of Norwich, June 10, 1734	6	7
Thankfull, of Preston, m. Henry BABCOCK, of Plainfield, Mar. 13, 1799	6	9

BETTING, Eunice, d. John, bp. Oct. 27, 1771

	Vol.	Page
BETTING, Eunice, d. John, bp. Oct. 27, 1771	6	11
BILL, John, s. Jos[eph], bp. Mar. 18, 1744	7	11

BILLINGS, Abigail, of Preston, m. Denison MEACH, of Worthington, Mass., Dec. 2, 1784

	Vol.	Page
BILLINGS, Abigail, of Preston, m. Denison MEACH, of Worthington, Mass., Dec. 2, 1784	6	8
Desire, m. Benjamin BABCOCK, Feb. 4, 1779	6	11
Jasper, s. John, bp. Feb. 10, 1760	7	9

	Vol.	Page
BILLINGS, (cont.)		
Mary, m. Johnson **HARTSHORN**, b. of Preston, Mar. 17, 1785	6	9
Nathan, s. Joseph, bp. Aug. 28, 1748	7	9
Roger, s. Roger, bp. Nov. 14, 1736	7	9
Roger, s. John, bp. Feb. 10, 1760	7	9
Sarah, d. Joseph, bp. May 25, 1746	7	9
William, s. George, bp. June 9, 1734	7	9
-----, child of Joseph, bp. July 4, 1742	7	9
-----, child of Roger, bp. Apr. 8, 1750	7	9
BINGHAM, Martin, s. Lemuel, bp. July 17, 1774	7	9
Polly, d. Lemuel, bp. July 7, 1772	7	9
BISHOP, Ebenezer, of Norwich, m. Jerusha **LORD**, of Preston, Jan. 25, 1770	6	5
Mary, m. Kimball **KINNE**, of Grand Isle, Jan. 16, 1798, by Rev. David Hale	6	13
Mary, of Preston, m. Jabez **HOUGH**, of Bozrah, Mar. 31, 1803	6	10
BLAKE, Anne, m. William **ROBINSON**, May 13, 1762	6	11
BLASON, Anna, m. James **SMITH**, Sept. 18, 1770	6	11
BLEVIN, Luther, of Westerly, R.I., m. Margaret **AVERY**, of Preston, Nov. 28, 1792, by Rev. Paul Park	6	12
BLISS, Elijah, m. Mary **TRACY**, Nov. 25, 1747	6	10
Lemuel, of Norwich, m. Mary **STANTON**, of Preston, Dec. 30, 1776	6	6
Polly, m. Joseph **LEONARD**, b. of Preston, Nov. 2, 1796	6	9
Polly, of Preston, m. William **LAMB**, of Preston, Dec. 24, 1800	6	9
Samuel, Jr., of Norwich, m. Sarah **BROWN**, of Preston, Oct. 8, 1769	6	5
Silas, m. Judeth **FREEMAN**, Apr. 19, 1775	6	10
Silence, of Preston, m. Chester **KINNE**, of Voluntown, Jan. 9, 1795	6	9
BLOGIL, William, m. Mary **STARKWEATHER**, b. of Preston, June 23, 1738	6	5
BLOUNT, Ambrose, s. Ambrose, bp. May 9, 1756	7	9
Asher, s. Ambrose, bp. May 20, 1759	7	9
Asher, of Norwich, m. Sarah **GATES**, of Preston, Nov. 19, 1778	6	6
Elisha, s. Ambrose, bp. June 19, 1763	7	9
Joanna, d. Ambrose, bp. June 2, 1755	7	9
Joseph, s. Ambrose, bp. Oct. 15, 1721	7	9
Mehetable, d. Ambrose, bp. June 2, 1755	7	9
Miriam, d. Ambrose, bp. June 2, 1755	7	9
Walter, s. Ambrose, bp. May 25, 1764	7	9
BOARDMAN, Betsey, of Preston, m. Loring **ROBBINS**, of Voluntown, Jan. 9, 1783	6	8
Elijah, s. Wid. Mary, bp. May 17, 1760	7	11
Hannah, of Preston, m. Henry **PALMER**, of Salem, June 23, 1736	6	7
John, s. Wid. Mary, bp. May 17, 1760	7	11
Jonas, s. Wid. Mary, bp. May 17, 1760	7	11
Jonas, of Norwich, Vt., m. Elizabeth **JEWETT**, of Preston, June 12, 1788	6	6
Jonathan, m. Priscilla **STAFFORD**, Apr. 10, 1769	6	10
Joseph, of Vt., m. Deborah **RIX**, of Preston, Feb. 1, 1797	6	6
Lois, m. Dinnison **KINNE**, b. of Preston, Feb. 1, 1789	6	9
Lucy, of Preston, m. Daniel **BOARDMAN**, of Stonington, Jan. 22, 1807	6	10

	Vol.	Page
BOARDMAN, (cont.)		
Mary, d. Wid. Mary, bp. May 17, 1760	7	11
Mary, of Preston, m. Burtnal **ROBBINS,** of Voluntown, Feb. 13, 1777	6	8
Nabby, of Preston, m. John **BALDWIN,** Jr., of Stonington, Jan. 31, 1796	6	9
Rachel, of Preston, m. Andrew **HART,** of Stonington, Feb. 4, 1787	6	9
Sally, m. Joseph **MEACH,** b. of Preston, Mar. 14, 1792	6	9
BOBBINS, Joseph, m. Mary **WILKESON,** Aug. 25, 1773	6	10
BONY, Robinson, of Preston, m. Mary **WILLIAMS,** of Plainfield, Jan. [ ], 1747	6	5
BOTTOM, Daniel, of Norwich, m. Elizabeth **LESTER,** of Preston, Dec. 16, 1773	6	6
Elijah, of Groton, m. Lucy **YERRINGTON,** of Preston, June 3, 1779	6	6
James, of Norwich, m. Sarah **AVERELL,** of Preston, June 27, 1776	6	6
BOWDISH, Abigail, d. Peter & Abigail, bp. June 22, 1766	7	7
Asa, s. Peter & Abigail, bp. June 22, 1766	7	7
Asa, of Voluntown, m. Elizabeth **MALTOM, (MALTAWN**?), of Preston, Apr. 15, 1779	6	6
Edward, s. Peter & Abigail, bp. June 22, 1766	7	7
Joseph, s. Peter & Abigail, bp. Sept. 28, 1766	7	7
Lois, d. Peter & Abigail, bp. July 10, 1768	7	7
Peter, s. Peter & Abigail, bp. June 22, 1766	7	7
Peter, Jr., of Preston, m. Jane **BAILEY,** of Voluntown, Apr. 1, 1770, by Samuel Mott, J.P.	6	12
Samuel, s. Peter & Abigail, bp. July 29, 1770	7	7
Sarah, m. Nathan **THOMAS,** Apr. 5, 1770	6	11
Thankful, d. Peter & Abigail, bp. June 22, 1766	7	7
Thankfull, m. Amasa **BRANCH,** Mar. 22, 1770	6	11
BO[W]MAN, Daniel, of Preston, m. Lydia **LEONARD,** of Norwich, Jan. 9, 1783 (Perhaps Daniel "**BEMAN**")	6	6
BRAGG, Bettey, m. Jeremiah **HATCH,** b. of Preston, Feb. 8, 1764	6	8
BRAMAN, BRAYMAN, James, of Preston, m. Elizabeth **HUNTINGTON,** of Norwich, Mar. 18, 1758	6	5
Joanne, of Lisbon, m. Frederick **FANNING,** of Preston, May 17, 1787	6	9
John, of Preston, m. Eunice **ADAMS,** of Plainfield, Jan. [ ], 1763	6	5
Lydia, d. Daniel, bp. July 12, 1789	7	11
Mary Lester, d. James, bp. June 14, 1809	7	11
William, s. James, bp. June 14, 1809	7	11
BRANCH, Amasa, m. Thankful **BOWDISH,** Mar. 22, 1770	6	10
Amos, s. Moses, bp. July 6, 1777	7	10
Asa, m. Elizabeth **TRACY,** Sept. 18, 1766	6	10
Desire, m. Ebenezer **MORGAN,** b. of Preston, June 24, 1745	6	7
Dorcas, m. Solomon **STORY,** July 30, 1752	6	11
Elisha, of Lisbon, m. Mary **HERRICK,** of Preston, May 12, 1810	6	7
Elizabeth, m. Caleb **GATES,** Nov. 15, 1761	6	11
Elizabeth, m. Abel **COOK,** June 22, 1777	6	11
Hannah, d. Zephaniah, bp. Sept. 22, 1745	7	10
Jonathan, s. Thomas, bp. Oct. 20, 1776	7	10
Keziah, m. Nathan **WITTER,** Nov. 15, 1753	6	11
Moses, m. Abigail **TUCKER,** b. of Preston, Apr. 21, 1757	6	5

	Vol.	Page
BRANCH, (cont.)		
Stephen, s. Moses, bp. July 26, 1762	7	10
Temperance, of Preston, m. William **PHILLIPS**, of Plainfield, Feb. 1, 1749	6	7
Zipporah, m. Joseph **SMITH**, Nov. 20, 1751	6	11
Zipporah, of Preston, m. Ichabod **PALMER**, of Stonington, May 9, 1782, by Rev. Paul Park	6	12
BRAYMAN, [see under **BRAMAN**]		
BRAYTON, Benjamin, of Preston, m. Abigail **FITCH**, of Norwich, Aug. 22, 1765	6	5
BREWSTER, Deborah, m. Richard **STARKWEATHER**, b. of Preston, Dec. 8, 1786, by Rev. Paul Park (A note says "evening of 17th")	6	12
Elias, s. Benjamin, bp. May 8, 1748	7	7
Grace, d. Benjamin, bp. Apr. 7, 1716	7	7
Hetty, of Preston, m. Jonas **BREWSTER**, of Washington, Mass., Feb. 16, 1794	6	9
Jabez, m. Dorothy **PARK**, Feb. 26, 1775	6	10
Jonah, s. Dea. Jonathan, bp. Mar. 30, 1746	7	7
Jonas, of Preston, m. Eunice **PELLET**, of Canterbury, June 30, 1776	6	6
Jonas, of Washington, Mass., m. Hetty **BREWSTER**, of Preston, Feb. 16, 1794	6	6
Joseph, s. Jonathan, bp. Nov. 27, 1698	7	7
Laruhama, of Preston, m. John **MACKAL**, of Bozrah, Sept. 19, 1786, by Rev. Paul Park	6	12
Lois, d. Benjamin, bp. Nov. 11, 1744	7	7
Lucretia, m. Rufus **YAR[R]INGTON**, Sept. 27, 1777	6	11
Lydia, of Preston, m. Ebenezer **JO[H]NSON**, of Canterbury, Dec. 5, 1765	6	8
Mercy, m. Daniel **COIT**, b. of Preston, Aug. 31, 1786	6	9
Olive, m. Roger **COIT**, b. of Preston, Sept. 28, 1780	6	8
Rebecca, of Preston, m. John **HUMPHREY**, of Londonderry, N.Y., Sept. 18, 1814	6	10
Sarah, m. Rufus **HERRICK**, b. of Preston, Sept. 21, 1788	6	9
Susannah, m. Joseph **AUSTIN**, b. of Preston, Jan. 25, 1803	6	10
William, m. Olive **MORGAN**, Nov. 4, 1761	6	10
BRIANT, Luke, m. Abigail **T[H]OMMAS**, b. of Preston, Dec. 25, 1777, by Rev. Paul Park	6	11
BROMLEY, [see under **BRUMLEY**]		
BROWN, Ama, m. Ziba **BALDWIN**, July 20, 1775	6	11
Amos, Jr., of Preston, m. Martha **STARKWEATHER**, of Stonington, Dec. 27, 1787, by Samuel Mott, J.P.	6	12
Dorcas, d. Dea. Nathaniel, bp. July 21, 1754	7	11
Dorcas, of Preston, m. Ezra **LEONARD**, of Washington, Mass., Mar. 4, 1793	6	9
Ebenezer, Jr., of Groton, m. Abigail **MORSE**, of Preston, Jan. 4, 1781, by Rev. Paul Park	6	11
Elias, of Preston, m. Lydia **STANTON**, of Coventry, Nov. 25, 1784	6	6
Elizabeth, d. Jacob, bp. Nov. 10, 1752	7	11
Esther, d. Dea. Nathaniel, bp. Aug. 2, 1747	7	11
Esther, m. Nathan **RIX**, b. of Preston, Dec. 11, 1785, by Samuel Mott, J.P.	6	13

	Vol.	Page
BROWN, (cont.)		
Eunice, d. John, Jr., bp. July 2, 1749	7	11
Eunice, m. Samuel **MORSE**, b. of Preston, Apr. 24, 1766	6	8
Eunice, m. David **KIMBALL**, b. of Preston, Dec. 29, 1785	6	9
Experience, of Preston, m. Nathan **HALL**, Jr., of Stonington, Dec. 30, 1784, by Samuel Mott, J.P.	6	13
George, m. Huldah **LAR[R]IBEE**, Dec. 25, 1755	6	10
Gershom, m. Eunice **PARK**, b. of Groton, June 3, 1787, by Rev. Paul Park	6	11
Hannah, of Preston, m. Dr. John **CRANE**, of Hanover, N.Y., Nov. 11, 1773	6	8
Huldah, of Preston, m. John **TH[R]OOP**, of Dublin, Ireland, Dec. 21, 1772	6	8
Jemima, m. Amos **STARKWEATHER**, b. of Preston, Jan. 25, 1787	6	9
John, s. Dea. Nathaniel, bp. June 19, 1759	7	11
John, of Preston, m. Phebe **MIDDLETON**, of Stonington, Dec. 16, 1793, by Rev. Paul Park. (Note says "on the 15th")	6	11
John, of Norwich, Vt., m. Sarah **WEADON**, of Preston, Sept. 27, 1801	6	7
Jonas, m. Mary **CLARK**, June 7, 1768	6	10
Kezia, d. Dea. Nathaniel, bp. Aug. 2, 1747	7	11
Kezia, d. Jacob, bp. Dec. 15, 1754	7	11
Kezia, d. Dea. Nathaniel, bp. Aug. [ ], 1769	7	11
Lucinda, m. Benjamin **HASKELL**, b. of Preston, Feb. 26, 1804, by Samuel Mott, J.P.	6	13
Lucy, m. Ezra **BENJAMIN**, b. of Preston, Feb. 16, 1794, by Samuel Mott, J.P.	6	13
Martha, d. Jacob, bp. Sept. 4, 1746	7	11
Martha, of Preston, m. Elisha **SMITH**, of Coventry, Mar. 31, 1782	6	8
Mary, m. Stephen **TUCKER**, b. of Preston, Mar. 2, 1758	6	8
Nathaniel, of Stonington, m. Abigail **STANTON**, of Norwich, Apr. 2, 1784	6	6
Peleg, of Groton, m. Bets[e]y **YERRINGTON**, of Stonington, Sept. 15, 1789, by Rev. Paul Park (A note says "evening of 13th")	6	12
Perley, s. Dea. Nathaniel, bp. Sept. 26, 1756	7	11
Rob, s. Jacob, bp. May 20, 1750	7	11
Sarah, d. Jacob, bp. Apr. 10, 1748	7	11
Sarah, of Preston, m. Samuel **BLISS**, Jr., of Norwich, Oct. 8, 1769	6	8
Thankful, d. Dea. Nathaniel, bp. Aug. 2, 1747	7	11
Zerviah, d. Dr. John, bp. Oct. 20, 1754	7	11
BRUMBLEY, BRUMLEY, BROMLEY, Abigail, of Preston, m. Elbry **MORRIS**, of Exeter, R.I., Mar. 11, 1792	6	9
Adin, m. Thirza **RIX**, b. of Preston, Mar. 23, 1788, by Samuel Mott, J.P.	6	12
Charles, s. William, bp. May 20, 1750	7	10
Charles, of Preston, m. Phebe **REA**, of Preston, Dec. 16, 1790	6	6
Daniel, s. William, bp. May 20, 1750	7	10
Eunice, of Preston, m. Calvin **WORTHINGTON**, of Worthington, Mar. 14, 1779	6	8
Joshua, s. William, bp. Aug. 8, 1736	7	10
Judeth, m. James **MICK**, Jr., b. of Preston, Feb. 20, 1783	6	8
Prudence, of Stonington, m. Amos **THOMAS**, of Preston, Sept. 21,		

	Vol.	Page
BRUMBLEY, BRUMLEY, BROMLEY, (cont.)		
1774, by Rev. Paul Park	6	12
Sarah, m. Wheeler **HUTCHINSON**, b. of Preston, Mar. 8, 1786, by Rev. Paul Park	6	12
BUDDINGTON, Amos of Stonington, m. Elizabeth **CHAMPTON**, of Preston, Dec. 27, 1789	6	6
BUDLONG, David, of Voluntown, m. Amy **PALMER**, of Preston, Feb. 22, 1789	6	6
BUELL, Eben, of Fairfield, N.Y., m. Fanny **SAFFORD**, of Preston, Jan. 31, 1808, by Samuel Mott, J.P.	6	12
BUMP, Abel, s. Thomas, bp. Nov. 26, 1721	7	9
Deliverance, d. Thomas, bp. Feb. 14, 1725	7	9
Kezia, d. Thomas, bp. Nov. 5, 1721	7	9
Mary, d. Thomas, bp. Nov. 5, 1721	7	9
Rebecca, d. Thomas, bp. Nov. 5, 1721	7	9
Robinson, s. Thomas, bp. Nov. 5, 1721	7	9
Sarah, d. Thomas, bp. Nov. 5, 1721	7	9
Sarah, m. Benjamin **KINNE**, b. of Preston, Sept. 13, 1757	6	8
BUNDY, Elisha, s. Peter, bp. July 24, 1768	7	10
Ephraim, s. Peter, bp. Feb. 9, 1766	7	10
Eunice, m. John **ANSTAY**, Nov. 6, 1763	6	11
Eunice, m. Abraham **YAR[R]INGTON**, Sept. 13, 1770	6	11
Lucy, d. Eunice, probably wife of John, bp. June 5, 1763	7	7
Nabby, d. Eunice, bp. June 5, 1763	7	7
Simeon, m. [E]unice **MEACH**, Oct. 5, 1758	6	10
BURLESON, Jeremiah, s. Hepsibah, bp. Mar. 25, 1728	7	10
John, s. John, bp. May 11, 1729	7	10
Return, d. John, bp. Apr. 13, 1740	7	10
Sarah, d. John, bp. Nov. 7, 1742	7	10
BURNHAM, Asa, of Preston, m. Lucy **HUNTINGTON**, of Norwich, Aug. 15, 1779	6	6
BURTON, Abner, s. Jacob, Jr., bp. Aug. 4, 1754	7	10
Amos, m. Mary **PLUMMER**, b. of Preston, Jan. 14, 1787, by Samuel Mott, J.P.	6	12
Anne, d. Capt. Nathan, bp. Aug. 15, 1804	7	11
Asa, m. Thankful **KINNE**, b. of Preston, Apr. 17, 1766	6	5
Elisha, m. Susanna **BURTON**, b. of Preston, Apr. 9, 1767	6	5
Ephraim, s. Isaac, Jr., bp. Mar. 15, 1747	7	10
Hannah, m. Isaac **BURTON**, b. of Preston, Apr. 11, 1737	6	7
Hannah, d. Isaac, Jr., bp. May 29, 1748	7	10
Henry, m. Elizabeth **RAY**, b. of Preston, Oct. 26, 1738	6	5
Henry, of Pomfret, m. Polly **WEADON**, of Preston, Oct. 24, 1804	6	7
Isaac, m. Hannah **BURTON**, b. of Preston, Apr. 11, 1737	6	5
Isaac, s. Isaac, bp. Apr. 3, 1745	7	11
Jerusha, of Preston, m. William **ROGERS**, of Voluntown, Mar. 22, 1739	6	7
Jerusha, d. Isaac, bp. Mar. 27, 1743	7	11
Jerusha, d. Jacob, Jr., bp. Sept. 10, 1763	7	10
John, s. Jacob, Jr., bp. Feb. 8, 1760	7	10
Josiah, m. Mary **LENORD**, b. of Preston, Apr. 10, 1765	6	5
Judah, Capt., of Nine Partners, m. Eunice **MORGAN**, of Preston, July 19, 1778	6	6
Keturah, d. Jacob, Jr., bp. Feb. 6, 1758	7	10

	Vol.	Page
BURTON, (cont.)		
Lydia, d. Henry, bp. June 24, 1750	7	10
Lydia, of Preston, m. Samuel **NAPPING**, of Woodbury, Nov. 22, 1769	6	8
Olive, d. Jacob, Jr., bp. May 23, 1756	7	10
Patty (or Perley), child of Capt. Nathan, bp. July 2, 1805	7	11
Prudence, d. Capt. Nathan, bp. Aug. 15, 1804	7	11
Rachel, d. Jacob, Jr., bp. Nov. 17, 1765	7	10
Sally, d. Capt. Nathan, bp. Aug. 15, 1804	7	11
Sarah, d. Jacob, Jr., bp. Aug. 4, 1762	7	10
Stephen, s. Stephen, bp. June 5, 1768	7	10
Susannah, m. Elisha **BURTON**, b. of Preston, Apr. 9, 1767	6	8
BUSTER, Abigail, m. David **AMES**, Jan. 29, 1756	6	11
BUTTON, Charles, m. Annie **WILCOX**, b. of Preston, Mar. 27, 1761	6	5
Elisha, of Norwich, m. Bethiah **KINNE**, of Preston, Mar. 21, 1770	6	5
Eunice, of Preston, m. John **FRENCH**, of Plainfield, July 20, 1800	6	9
Gilbert, m. Lydia **WITTER**, b. of Preston, Dec. 4, 1801, by Samuel Mott, J.P.	6	12
Jedidiah, m. Cynthia **TUCKER**, b. of Preston, [ ], 1801	6	7
Lydia, d. Capt. Joseph, bp. June 10, 1803	7	11
Phebe, m. Thomas **ROCK**, b. of Preston, Nov. 27, 1790, by Rev. Paul Park	6	12
Ruth, of Preston, m. James M. **DANIEL**, Sept. 1, 1774, by Samuel Mott, J.P.	6	13
Sibbell, m. Cornelius **WALDO**, b. of Stonington, Oct. 25, 1770, by Samuel Mott, J.P.	6	13
B——, Elisha, of Colchester, m. Eunice **GEER**, of Preston, Apr. 4, 1802	6	7
Nathan, of Can[a]an, m. Polly **GREEN**, of Preston, Nov. 21, 1797	6	7
CADY, Barnabus, s. William, bp. Jan. 10, 1728	7	15
Elias, s. William, bp. Mar. 15, 1724	7	15
Jacob, of Voluntown, m. Dorothy **MORGAN**, of Preston, Dec. 27, 1770	6	17
John, of Canterbury, m. Deborah **BENJAMIN**, of Preston, Feb. 13, 1752	6	17
John, Capt., of Plainfield, m. Joanna **PEMBERTON**, of Preston, July 8, 1779	6	17
Jonathan, m. Christian **GEER**, b. of Preston, May 7, 1782	6	17
Mary, of Preston, m. Robert **KENNEDY**, of Voluntown, Aug. 8, 1728	6	19
Nicholas, s. William, bp. Jan. 9, 1726	7	15
Ridley, s. William, bp. Apr. 29, 1722	7	15
CALKINS, Jonathan, m. Jerusha **CLARK**, Aug. 7, 1754	6	20
Sarah, m. Samuel **WITTER**, Dec. 3, 1746	6	20
CAMP, James, of Franklin, m. Rebecca **GEER**, of Preston, Oct. 31, 1800	6	18
CAMPBELL, Alexander, of Voluntown, m. Mary **HALSEY**, of Preston, Apr. 13, 1786	6	17
Allen, Dr., of Voluntown, m. Sarah **KINNE**, of Preston, June 18, 1778	6	17
George, of Voluntown, m. Abigail **HERRINGTON**, of Preston, Feb. 25, 1796	6	18
Roswell, of Voluntown, m. Catharine **WILLIAMS**, of Preston, Dec. 24, 1795	6	18

PRESTON VITAL RECORDS 275

	Vol.	Page
CAPRON, Apphia, of Preston, m. Elisha CLARK, of Plainfield, Dec. 29, 1791	6	19
CARPENTER, Ellis Felix, m. Lucy SMITH, of Preston, Mar. 29, 1781, by Samuel Mott, J.P.	6	25
CARY, John, of Hallefax, Vt., m. Mary RUDE, of Preston, Nov. 12, 1780	6	17
Lucy, m. Ebenezer PRENTICE, Apr. 22, 1762	6	20
CASEY, John, of Lisbon, m. Catharine JACKSON, of Preston, (blacks), Jan. 12, 1795	6	18
CHAMBERLAIN, Elizabeth, d. Clement, bp. Feb. 2, 1718	7	13
CHAMPION, Charles, of Stonington, m. Mary WOODBURN, of Preston, July 16, 1780	6	17
CHAMPTON, Elizabeth, of Preston, m. Amos BUDDINGTON, of Stonington, Dec. 27, 1789	6	19
CHAPMAN, Elisha, m. Hannah WITTER, b. of Preston, May 30, 1791, by Rev. Paul Park	6	21
Gurdon, m. Lucy YAR[R]INGTON, b. of Preston, Jan. 21, 1791, by Rev. Paul Park	6	21
CHARLES, Henry, of Southington*, m. Sally MATTESON, of Preston, Nov. 26, 1794. (*Probably South Kingston)	6	18
CHASE, Amos, Rev., of Litchfield, m. Rebecca HART, of Preston, Nov. 30, 1788	6	18
CHESEBROUGH, Thomas, m. Joanna TYLER, b. of Preston, Oct. 15, 1775	6	17
CHURCH, Rufus, m. Elizabeth BACK, b. of Preston, Feb. 9, 1792	6	18
CLARK, CLARKE, Abigail, d. John & Hannah, bp. Aug. 25, 1727	7	13
Adam, of Canterbury, m. Mehetable GATES, of Preston, Dec. 5, 1759	6	17
Andrew, of Plainfield, m. Jean ROSE, of Preston, Dec. 25, 1783	6	17
Anne, d. Joseph, bp. July 31, 1737	7	15
Desire (?), d. Thomas, bp. Aug. 8, 1762	7	15
Dorothy, d. John & Sarah, bp. Apr. 23, 1710	7	13
Elisha, of Plainfield, m. Apphia CAPRON, of Preston, Dec. 29, 1791	6	18
Elizabeth, d. Thomas, Jr., bp. July 7, 1741	7	15
Elizabeth, m. Jonathan HERRICK, b. of Preston, Dec. 1, 1761	6	19
Elizabeth, of Preston, m. Jabez STANTON, Jr., of Norwich, Feb. 12, 1778	6	19
Hannah, d. John, Jr., bp. Mar. 24, 1734	7	13
Isaac, of Norwich, m. Susanna GEER, of Preston, July 8, 1736	6	17
James, of Plainfield, m. Thankfull WOODWARD, of Preston, Dec. 13, 1733	6	17
Jedidiah, s. Thomas, bp. Apr. 27, 1760	7	15
Jerusha, m. Jonathan CALKINS, Aug. 7, 1754	6	20
John, s. John & Sarah, bp. May 8, 1710	7	13
John, m. Hannah COOK, b. of Preston, Sept. 15, 1799	6	18
Joseph, s. Thomas, bp. Oct. 19, 1755	7	15
Lucretia, m. Alexander PALMER, b. of Preston, Nov. 6, 1806	6	20
Leucy, of Preston, m. George WILKERSON, of Stonington, Dec. 10, 1783, by Rev. Paul Park	6	21
Lydia, d. Thomas, Jr., bp. July 30, 1743	7	15
Lydia, of Preston, m. Elijah BELCHER, of Cherry Valley, N.Y., Aug. 8, 1797	6	20

BARBOUR COLLECTION

	Vol.	Page
CLARK, CLARKE, (cont.)		
Martha, m. Capt. Nathan **AYER**, b. of Preston, Feb. 24, 1799, by Samuel Mott, J.P.	6	21
Mary, of Preston, m. William **BABCOCK**, of Coventry, Nov. 9, 1748	6	19
Mary, d. Timothy, bp. Oct. 12, 1760	7	15
Mary, m. Jonas **BRANCH**, Jan. 7, 1768	6	20
Mary, of Norwich, m. Charles **MILE**, of Preston, Mar. 31, 1774	6	19
Mary, d. Widow, bp. June 28, 1778	7	15
Mary, m. Birron **MORGAN**, b. of Preston, Jan. 8, 1789	6	19
Patty, of Middletown, Vt., m. E. J. **COOK**, of Preston, Jan. 22, 1797	6	20
Perry, of Plainfield, m. Lydia **LESTER**, of Preston, Nov. 4, 1747	6	17
Phineas, s. Timothy, bp. Apr. 10, 1757	7	15
Phineas, of Norwich, m. Margaret **HERRICK**, of Preston, June 29, 1784	6	17
P., m. Sophia **GEER**, b. of Preston, Dec. 25, 1805	6	18
Rosanna, d. Mary, bp. Aug. 22, 1736	7	15
Ruth, d. Thomas, bp. Oct. 14, 1722	7	15
Samuel, of Preston, m. Phebe **THORNTON**, of Plainfield, Aug. 25, 1785	6	17
Sarah, d. Joseph, bp. July 17, 1739	7	15
Sarah, d. Thomas, Jr., bp. July 7, 1741	7	15
Tamer, m. William **CONGDON**, b. of Preston, Apr. 2, 1801	6	20
Thankful, d. Thomas, Jr., bp. July 7, 1741	7	15
Thankfull, m. John **HILL**, Dec. 31, 1746	6	20
Thomas, of Norwich, m. Sarah **WOODWARD**, of Preston, Dec. 18, 1735	6	17
Thomas, s. Thomas, bp. Oct. 19, 1755	7	15
Timothy, s. Timothy, bp. Oct. 12, 1760	7	15
Timothy, Jr., of Norwich, m. Sarah **TRACY**, Jr., of Preston, Mar. 21, 1781, by Rev. Paul Park	6	21
William, of Voluntown, m. Rachel **HOLLEY**, of Preston, Jan. 7, 1779	6	17
William, of Hopkinton, R.I., m. Anne **STANTON**, of Preston, Nov. 3, 1805, by Samuel Mott, J.P.	6	21
-----, child of Thomas, bp. June 2, 1745	7	15
CLEFT, [see under **CLIFT**]		
CLEVELAND, Samuel, m. Mary **WILBUR**, b. of Preston, May 22, 1777	6	17
CLIFT, CLEFT, Betsey, m. Nathan **PRENTICE**, b. of Preston, Nov. 6, 1794	6	19
Hezekiah, m. Lucy **WALTON**, b. of Preston, Apr. 27, 1786	6	17
Mary, m. John **WALTON**, b. of Preston, Jan. 29, 1784	6	19
COBB, Homer, m. Sarah **COMSTOCK**, of Preston, Oct. 8, 1789	6	18
COBURN, Elip[h]elet, of Windham, m. Lois **TRACY**, of Preston, Oct. 24, 1781, by Rev. Paul Park	6	21
COGSWELL, Alice, d. James, bp. Oct. 26, 1777	7	14
Betsey, m. Samuel S. **EDMOND**, b. of Preston, Nov. 28, 1811	6	20
Elizabeth, d. Edward, bp. Nov. 1, 1724	7	14
Elizabeth, d. Edward, bp. May 22, 1730	7	14
Elizabeth, d. Samuel, bp. Jan. [ ], 1732	7	14
Elizabeth, d. Samuel, bp. June 16, 1745	7	14
Elizabeth, of Preston, m. Wheeler **GALLUP**, of Voluntown, May 2, 1782	6	19

PRESTON VITAL RECORDS 277

	Vol.	Page
COGSWELL, (cont.)		
Eunice, d. Samuel, bp. Oct. 3, 1749	7	14
Eunice, of Preston, m. David KINNIE, of Voluntown, Dec. 16, 1760	6	19
Hannah, m. Mat[t]hew BEAL, b. of Preston, Mar. 17, 1738	6	19
Huldah, of Preston, m. Daniel KINNIE, of North Milford, Aug. 29, 1758	6	19
Joel or Jewel, s. Samuel, bp. Mar. 20, 1748	7	14
John, s. Nathaniel, bp. Feb. 14, 1748	7	14
Jonathan, 3d, of Ipswich, Mass., m. Mary RUST, of Preston, Dec. 14, 1775, by Rev. Paul Park	6	21
Judeth, of Preston, m. Henry BADGER, of Partridgefield, Sept. 30, 1773	6	19
Martha, d. Edward, bp. Dec. 24, 1713	7	13
Martha, of Preston, m. Stephen PAIN, of Pomfret, Feb. 6, 1771	6	19
Nathaniel, m. Huldah KINNE, b. of Preston, Dec. 3, 1737	6	17
William, m. Abigail BELCHER, b. of Preston, Oct. 11, 1787	6	18
William, m. Mary COIT, b. of Preston, May 22, 1791	6	18
COIL, Abigail, of Preston, m. Nathaniel SHIPMAN, of Norwich, Oct. 14, 1794	6	19
Daniel, s. Capt. Nathaniel, bp. June 1, 1807	7	14
David, s. Wid. Mary, bp. Nov. 1, 1741	7	14
Elizabeth, d. Wid. Mary, bp. Nov. 1, 1741	7	14
Hannah Morgan, d. Samuel, bp. June 23, 1808	7	14
Isaac, s. Maj. Samuel, bp. Oct. 30, 1748	7	14
Joseph, s. Samuel, bp. May 12, 1746	7	14
Martha, of Preston, m. Dwight RIPLEY, of Norwich, Apr. 24, 1794	6	19
Mary, d. Wid. Mary, bp. Nov. 1, 1741	7	14
Olive, d. Maj. Samuel, bp. Apr. 5, 1752	7	14
Rebecca, m. Daniel COIL, b. of Preston, Mar. 27, 1805	6	20
COIT, Bethany, of Preston, m. John W. [ ], of Plainfield, N.H., Jan. 28, 1796	6	20
Betsey, of Preston, m. Rev. Jonathan Law POM[E]ROY, of Worthington, Mass., Dec. 24, 1795	6	20
Daniel, m. Mercy BRUSTER, b. of Preston, Aug. 31, 1786	6	18
Daniel P., m. Rebecca COIT, b. of Preston, Mar. 27, 1805	6	18
Lucy, of Preston, m. Ebenezer LEDYARD, of Groton, Oct. 15, 1789	6	19
Mary, m. William COGSWELL, b. of Preston, May 22, 1791	6	19
Robert, m. Olive BREWSTER, b. of Preston, Sept. 28, 1780	6	17
Sally, of Preston, m. James ROGERS, of Norwich, Jan. 6, 1799	6	20
Samuel, Col., m. Jemima HALL, b. of Preston, Mar. 22, 1779	6	17
Sarah, of Preston, m. Peter LAUMAN (LAWRENCE), of Norwich, Dec. 6, 1764	6	19
COLEMAN, Daniel, s. Thankful, bp. July 2, 1721	7	14
David, s. Thankful, bp. May 7, 1721	7	14
Hannah, d. Thankful, bp. Aug. 18, 1723	7	14
Jonathan, s. Thankful, bp. May 7, 1721	7	14
Judeth, d. Thankful, bp. May 7, 1721	7	14
Thomas, s. Thankful, bp. May 7, 1721	7	14
COLLUM, Duncan M., of Saybrook, m. Hannah PETERS, of Preston, June 16, 1805, by Samuel Mott, J.P.	6	21
COMSTOCK, Sarah, m. Homer COBB, b. of Preston, Oct. 8, 1789	6	19

	Vol.	Page
CONGDON, Thankful, m. Lebbeus ENSWORTH, of Canterbury, Sept. 14, 1802	6	20
Thomas, of N. Kingston, R.I., m. Betsey STEWART, of Preston, Feb. 19, 1789	6	18
William, m. Tamer CLARK, b. of Preston, Apr. 2, 1801	6	18
COOK, Abel, m. Elizabeth BRANCH, June 22, 1777	6	20
Abigail, of Preston, m. Moses ROBBINS, of Voluntown, Dec. 30, 1784	6	19
Abijah, d. John, bp. Mar. 14, 1725	7	14
Anne, m. Elijah PARTRIDGE, b. of Preston, Feb. 14, 1799	6	20
Barton, Jr., m. Anna ROSE, b. of Preston, Feb. 22, 1796	6	18
Betsey Elizabeth, of Preston, m. Darius HAZEN, of Norwich, Nov. 22, 1807, by Samuel Mott, J.P.	6	21
Cyprian, m. Hannah PRIDE, Nov. 11, 1799, by Samuel Mott, J.P.	6	21
E. J., of Preston, m. Patty CLARK, of Middletown, Ct., Jan. 22, 1797	6	18
Eunice, of Preston, m. William S. GORDON, of Voluntown, Mar. 15, 1814	6	20
Hannah, m. John CLARK, b. of Preston, Sept. 15, 1799	6	20
John, s. Wid. Mary, bp. July 11, 1756	7	14
John, of Preston, m. Thankful ECCLESTONE, of Stonington, Apr. 7, 1803	6	18
Mary, m. Elijah HARKLIN, of Voluntown, Feb. 23, 1758	6	19
Mary, of Preston, m. William ADAMS, of Preston, Nov. 23, 1758	6	19
Phebe, d. Richard, bp. Feb. 2, 1746	7	13
Reuel, m. Elizabeth JONES, June 17, 1772	6	20
Sarah, m. Ensign Benjamin MORGAN, b. of Preston, Nov. 5, 1772, by Samuel Mott, J.P.	6	21
W[illia]m James, of Preston, m. Persis HERRICK, of Worthington, Nov. 3, 1793, by Rev. Paul Park (Note says "Book 2/258")	6	21
Zerviah, of Preston, m. [ ], of Plainfield, Dec. 31, 1807	6	20
COOPER, CUPER, Adam, of Southington*, R.I., m. Sarah FRANKLIN, of Preston, (blacks), Sept. 2, 1790 (*Probably South Kingstown)	6	18
Thankful, of Updikes Newton, R.I., m. William HALSEY, of Preston, Apr. 10, 1791, by Samuel Mott, J.P.	6	21
CORNING, Mary, of Preston, m. Elijah FITCH, of Burlington, N.Y., Oct. 10, 1810, by Samuel Mott, J.P.	6	21
COVEY, -----, of R.I., m. Sarah KINNE, of Preston, Oct. 28, 1787	6	18
COY, COYE, Abiah, d. Jonathan, bp. Jan. 26, 1721	7	13
Abigail, d. Jonathan, bp. Nov. 8, 1731	7	13
Abigail, d. John, bp. Oct. 3, 1769	7	14
Anne, s. Mat[t]hew, bp. June 17, 1722	7	13
Benjamin, s. Mat[t]hew, bp. Mar. 30, 1735	7	13
Daniel, s. Mat[t]hew, bp. June 17, 1722	7	13
Daniel, m. Lucy PARTRIDGE, b. of Preston, Mar. 30, 1769	6	17
Elizabeth, d. Mat[t]hew, bp. June 17, 1732	7	13
Ephraim, s. Mat[t]hew, Jr., bp. Oct. 13, 1737	7	14
Eunice, d. John, bp. Apr. 12, 1767	7	14
Freelove, m. Joseph AYLESWORTH, b. of Preston, May 10, 1771, by Samuel Mott, J.P.	6	21
John, s. Jonathan, bp. July 18, 1725	7	13
John, s. M-----, bp. Mar. 15, 1730	7	14

PRESTON VITAL RECORDS 279

	Vol.	Page
COY, COYE, (cont.)		
John, m. Miriam **MERDOCK**, b. of Preston, Mar. 8, 1784	6	17
Jonathan, s. Jonathan, bp. Jan. 26, 1721	7	13
Joseph, s. Jonathan, bp. Oct. 12, 1735	7	13
Mat[t]hew, s. Jonathan, bp. Apr. 9, 1727	7	13
Moses, s. Jonathan, bp. Oct. 13, 1723	7	13
Nathaniel, s. Jonathan, bp. Mar. 9, 1729	7	13
Ruth, d. Abiah, bp. June 8, 1763	7	14
Samuel, s. Jonathan, bp. Jan. 26, 1721	7	13
Samuel, s. Elizabeth, bp. Nov. 3, 1724	7	14
Sarah, d. Mat[t]hew, bp. July 15, 1722	7	13
Sarah, of Preston, m. Thomas **SPRINGER**, of Voluntown, Jan. 10, 1739	6	19
Sarah, d. John, bp. July 21, 1765	7	14
CRAFT, Samuel, m. Arna **BENNET**, May 5, 1791, by Rev. David Hale	6	22
CRAMER, John Huntington, s. Dr. John, a college professor of Christianity in Portsmouth, bp. Oct. 8, 1780	7	14
CRANDALL, Benjamin, of Charleston, R.I., m. Esther **MEECH**, of Preston, Dec. 30, 1784, by Rev. Paul Park	6	21
CRANE, John, Dr., of Hanover, N.H., m. Hannah **BROWN**, of Preston, Nov. 11, 1773	6	17
CRARY, Aaron, of Plainfield, m. Harmony **AVERELL**, of Preston, Apr. 17, 1794	6	18
Elisha, m. Abigail **AVERY**, b. of Preston, Apr. 10, 1800, by Rev. Paul Park	6	21
Lucy, m. Amos **WITTER**, b. of Preston, Nov. 16, 1786, by Rev. Paul Park (Note says "Evening")	6	21
Oliver, of Westerly, R.I., m. Eunice **BREWSTER**, of Preston, Nov. 8, 1770, by Samuel Mott, J.P.	6	21
Oliver, Jr., m. Desire **AYER**, b. of Preston, Feb. 4, 1802, by Samuel Mott, J.P.	6	21
Oliver, of Preston, m. Mary **GALLUP**, of Groton, Mar. 14, 1802, by Samuel Mott, J.P.	6	21
CULVER, Joseph, m. Tryphenia **MEECH**, Mar. 8, 1797, by Rev. David Hale	6	22
Lemuel, of Norwich, m. Mary **HARTNESS**, of Preston, Nov. 17, 1776	6	17
Lydia, of Preston, m. Joseph **GAVITT**, of Westerly, R.I., Jan. 29, 1797, by Rev. Paul Park	6	21
Suzanna, m. Giles **TRACY**, b. of Preston, Nov. 11, 1782, by Rev. Paul Park (Note says "evening of 10th")	6	21
CUNNINGHAM, Rebecca, m. Jonathan **DABOLL**, Sept. 25, 1777	6	20
CUPER, [see under **COOPER**]		
CURTIS, Alfred, of Hampton, m. Edy **WEADON**, of Preston, Dec. 15, 1796	6	18
Edith, of Preston, m. Manuel **KINNIE**, of Plainfield, Jan. 5, 1812	6	20
CUTTLER, Mary, of Preston, m. William **HUNTINGTON**, of Windham, Feb. 15, 1770	6	19
DABALL, Jonathan, m. Rebecca **CUNNINGHAM**, Sept. 25, 1777	6	23
DANIEL, James M., m. Ruth **BUTTON**, of Preston, Sept. 1, 1774, by Samuel Mott, [J.P.]	6	24
DANOR, Albigence Waldo, of Norwich, m. Agnes **LAWLOR**, of Norwich, Oct. 19, 1801, by Samuel Mott, [J.P.]	6	24

	Vol.	Page
DARBY, DARBEE, Jedidiah, of Lisbon, m. Elizabeth **GORE**, of Preston, Nov. 26, 1789, by Rev. Paul Park	6	24
Samuel, of Lisbon, m. Hannah **KIMBALL**, Sept. 30, 1790, by Rev. David Hale	6	24
DAVIS, Andrew, m. Lucy **KIMBALL**, Sept. 30, 1747	6	23
Lydia, m. Stephen **GUILE**, b. of Preston, June 19, 1793	6	23
Mercy, of Preston, m. William **JUSTIN**, of Canterbury, Nov. 29, 1798	6	23
Silas, m. Eunice **GEER**, b. of Preston, Nov. 29, 1798	6	23
William, m. Anne **BENNET**, b. of Preston, May 11, 1794	6	23
DAVISON, Andrew, s. Andrew, bp. Oct. 22, 1755	7	19
Cyprian, s. Jonathan, bp. Apr. 25, 1736	7	19
Dorothy, d. Peter, bp. Feb. 2, 1700	7	17
Eunice, d. Andrew, bp. Oct. 22, 1755	7	19
Hannah, m. Daniel **GEER**, b. of Preston, Oct. 24, 1728	6	23
Hannah, d. Jonathan, bp. Oct. 14, 1733	7	19
Hezekiah, s. Jonathan, bp. Mar. 21, 1728	7	19
Joseph, s. Peter, bp. Feb. 21, 1703	7	17
Margery, d. Jonathan, bp. Mar. 18, 1739	7	19
Mary, d. Widow, bp. July 3, 1703	7	17
Mary, d. Jonathan, bp. Jan. 10, 1731	7	19
Mercy, d. Andrew, bp. Aug. 5, 1759	7	19
Peter, s. Peter, bp. Sept. 11, 1709	7	17
Thomas, m. Rachel **RUDE**, Nov. 1, 1753	6	23
Thomas, s. Andrew, bp. Oct. 22, 1755	7	19
William, s. Peter, bp. Apr. 22, 1705	7	17
-----, child of Jonathan, bp. Dec. 31, 1741	7	19
-----, child of Andrew, bp. Mar. 23, 1756	7	19
DENISON, Abigail, m. Newman **PERKINS**, Nov. 20, 1766	6	23
Anna, m. Jonathan **SWEET**, Aug. 14, 1772	6	23
Avery, s. William & Mary, bp. Jan. 29, 1727	7	17
Avery, s. Elisha, bp. May 15, 1780	7	17
Christopher, s. William & Mary, bp. Dec. 7, 1729	7	17
Christopher, m. Abigail **TYLER**, Dec. 17, 1745	6	23
Desire, d. William & Mary, bp. Jan. 29, 1727	7	17
Isaac, s. Elisha, bp. May 15, 1780	7	17
John, s. William & Mary, bp. Dec. 7, 1729	7	17
Samuel, m. Avis **WOODWARD**, b. of Stonington, Dec. 10, 1797, by Samuel Mott, [J.P.]	6	24
Thankfull, d. William & Mary, bp. Jan. 29, 1727	7	17
William, of Stonington, m. Hannah **TYLER**, of Preston, June 20, 1738	6	23
Zerviah, d. Elisha, bp. May 15, 1780	7	17
DESHEN, Bridget, m. William **PETERS**, b. of Preston, Feb. 7, 1788	6	23
DEW, Benjamin, of Voluntown, m. Mary **HUTCHINSON**, of Preston, May 17, 1758	6	23
DIXON, James, of Voluntown, m. Agnes **MOREDOCK**, of Preston, Mar. 10, 1757	6	23
DODY, Tabitha, of Mansfield, m. Joseph **WHITTEMORE**, of Mansfield, Apr. 17, 1798, by Rev. Paul Park	6	24
DOUGLASS, Hezekiah, m. Esther **WITTER**, Apr. 1, 1771	6	23
DOWNER, Anne, of Preston, m. Thomas **PRENTICE**, of Stonington, Apr. 19, 1787	6	23

	Vol.	Page
DOWNER, (cont.)		
Avery, m. Abigail **MOTT**, b. of Preston, Jan. 8, 1786, by Samuel Mott, (J.P.)	6	24
Margaret, m. William **ROBINSON**, b. of Preston, Oct. 12, 1788, by Samuel Mott, [J.P.]	6	24
DOWNING, Ruhama, m. Joseph **JEFFERY**, Jan. 4, 1767	6	23
DURGEE, Abigail, d. Joseph, bp. Oct. 5, 1735	7	19
Joseph, s. Joseph, bp. June 13, 1731	7	19
Moses, s. Joseph, bp. Oct. 7, 1739	7	19
Robert, s. Joseph, bp. Mar. 18, 1733	7	19
-----, child of Joseph, bp. Aug. 21, 1737	7	19
EAMES, [see also **AMES**], Lucy K., of Preston, m. Walter **PALMER,** Jr., of Plainfield, Oct. 24, 1812	6	25
ECCLESTONE, Ichabod, Jr., of Stonington, m. Ruth **GEER,** of Preston, Dec. 20, 1787, by Samuel Mott, J.P.	6	25
Thankful, of Stonington, m. John **COOK,** of Preston, Apr. 7, 1803	6	25
EDDY, Elisha, m. Bersheba **PIERCE,** Nov. 10, 1763	6	25
Lydia, d. Ruth & Eleazer, bp. Jan. 21, 1738	7	21
EDMOND, EDMONDS, Dinah, of Preston, m. Nathaniel **GALLUP,** of Voluntown, [ ], 1808	6	25
Margaret, of Preston, m. Daniel **KINNIE,** of Plainfield, Dec. 25, 1799	6	25
Samuel S., m. Betsey **COGSWELL,** b. of Preston, Nov. 28, 1811	6	25
EDWARDS, Anna, d. Dorothy, wid. of Tho[ma]s, bp. July 16, 1732	7	21
ELLIOT, Anna, d. Jacob, bp. Jan. 11, 1750	7	21
Asenath (?), d. Andrew, bp. May 12, 1748	7	21
Gideon, s. Andrew, bp. Apr. 21, 1768	7	21
Hannah, d. Andrew, bp. Apr. 21, 1768	7	21
John, s. Andrew, bp. Apr. 21, 1768	7	21
Jonathan Palmer, s. Andrew, bp. Apr. 21, 1768	7	21
Joseph, s. Andrew, bp. Apr. 21, 1768	7	21
Kezia, d. Jacob, bp. Nov. 11, 1751	7	21
Lydia, d. Jacob, bp. June 19, 1721	7	21
Molly, d. Andrew, bp. June 21, 1747	7	21
Sarah, d. Andrew, bp. Aug. 15, 1756	7	21
-----, child of Jacob, bp. May 12, 1748	7	21
ELLICE, Elizabeth, d. Benjamin, bp. June 26, 1709	7	21
Joseph, s. Benjamin, bp. June 26, 1709	7	21
ENSWORTH, Lebbeus, of Canterbury, m. Thankful **CONGDON,** of Preston, Sept. 14, 1802	6	25
EVENS, Hannah, of Plainfield, m. Jesse **GEER,** of Preston, Dec. 24, 1765	6	25
FANNING, Frederick, of Preston, m. Joanna **BRAMAN,** of Lisbon, May 17, 1787	6	27
Maria, m. Thomas **STEWART,** b. of Preston, Dec. 3, 1806	6	27
Richard, of Stonington, m. Lucy **PARK,** of Preston, Dec. 17, 1789	6	28
FARLAN, Thomas, of Preston, m. Anne **MEECH,** of Stonington, Nov. 19, 1772, by Samuel Mott, [J.P.]	6	28
FARNHAM, Phebe, of Preston, m. Amos **PARK,** Mar. 24, 1774, by Samuel Mott, [J.P.]	6	28
William, m. Jerusher **STARKWEATHER,** Apr. 13, 1768	6	28
FAY, FAYE, Anna, d. John, bp. Apr. 23, 1749	7	25
Elijah, s. John, bp. May 5, 1745	7	25

BARBOUR COLLECTION

	Vol.	Page
FAY, FAYE, (cont.)		
Elijah, s. John, bp. Aug. 16, 1747	7	25
Elisha, s. John, bp. May 5, 1745	7	25
Elizabeth, d. John, bp. May 20, 1753	7	25
Eunice, d. John, bp. May 25, 1755	7	25
Grace, d. John, bp. June 30, 1751	7	25
Hannah, d. John, bp. July 18, 1736	7	25
John, s. John, bp. May 29, 1743	7	25
Sarah, d. John, bp. July 9, 1738	7	25
FISH, Jason, Jr., of Stonington, m. Martha **GORTON,** of Preston, Feb. 9, 1792	6	28
Moses, Jr., of Voluntown, m. Jerusha **PHILLIPS,** of Preston, Feb. 12, 1778	6	27
FISK, Daniel, s. Moses, bp. May 17, 1758	7	25
Elizabeth, d. Moses, bp. Nov. 1, 1747	7	25
Moses, s. Moses, bp. Aug. 20, 1749	7	25
FITCH, Abigail, of Norwich, m. Benjamin **BRAMAN,** of Preston, Aug. 22, 1765	6	27
Elijah, of Burlington, N.Y., m. Mary **CORNING,** of Preston, Oct. 10, 1811, by Samuel Mott, [J.P.]	6	28
Jabez, s. James, bp. June 7, 1702	7	23
Jedidiah, m. Elizabeth **HILLYER,** Mar. 29, 1770	6	28
FOBES, Constant, s. Caleb, bp. Oct. 27, 1723	7	23
Mary, m. William **WHITNEY,** May 14, 1770	6	28
Nathan, s. Wid. Abigail, bp. May 19, 1728	7	23
FOSTER, Abigail, d. Joseph, bp. Aug. 29, 1731	7	25
Hannah, d. Joseph, bp. Apr. 16, 1721	7	25
Joseph, s. Joseph, bp. July 30, 1738	7	25
Phebe, d. Joseph, bp. Jan. 18, 1736	7	25
Samuel, s. Joseph, bp. Oct. 29, 1732	7	25
Sarah, d. Joseph, bp. May 6, 1722	7	25
FOWLER, Elizabeth, m. Jabez **STORY,** b. of Preston, Dec. 12, 1808, by Samuel Mott, [J.P.]	6	28
FRANKLIN, Henry, m. Sarah **BACK,** b. of Preston, (negroes), Dec. [ ], 1786	6	27
Sarah, of Preston, m. Adam **CUPER,** of Southington*, R.I., (blacks), Sept. 2, 1790. (*Probably South Kingstown)	6	18
Sarah, of Preston, m. Adam **CUPER,** of Southington, (negroes), Sept. 2, 1790	6	27
FREEMAN, Abigail, m. John **RICHARDS,** b. of Preston, Jan. 2, 1727	6	27
Amos, s. James, bp. Apr. 28, 1745	7	23
Ammi, twin with Hannah, d. John, bp. July 13, 1740	7	23
Anne, m. Joseph **TYLER,** Jr., b. of Preston, Jan. 9, 1772	6	27
Asa, m. Lucretia **BENNET,** b. of Preston, Jan. 8, 1767	6	27
Benjamin, m. Abigail **TRACY,** Jan. 2, 1745	6	28
Caroline, m. Phinehas **GATES,** b. of Preston, Oct. 5, 1786	6	27
Charles, s. Silas, bp. Jan. 4, 1776	7	25
Dorothy, m. Isaac **WILLIAMS,** b. of Preston, Dec. 26, 1726	6	27
Ebenezer, s. Simeon, Jr., bp. May 6, 1753	7	23
Edmund, s. Silas, bp. Oct. 1, 1769	7	25
Elizabeth, of Preston, m John **RUDE,** of Norwich, Mar. 20, 1766	6	27
Hannah, m. William **WITTER,** b. of Preston, Nov. 7, 1738	6	27
Hannah, twin with Ammi, d. John, bp. July 31, 1740	7	23

PRESTON VITAL RECORDS   283

	Vol.	Page
FREEMAN, (cont.)		
James, s. John, bp. Mar. 31, 1717	7	23
Jemima, of Preston, m. Oliver GATES, of Preston, Apr. 26, 1781	6	27
Jerusha, d. Simeon, Jr., bp. July 1, 1744	7	23
Joseph, s. Silas, bp. Oct. 27, 1771	7	25
Judith, m. Silas BLISS, Apr. 19, 1775	6	28
Lucy, d. James, bp. May 12, 1771	7	25
Lydia, of Preston, m. John LATHROP, of Norwich, Nov. 4, 1773	6	27
Margaret, d. Benjamin, bp. Oct. 6, 1745	7	23
Mary, of Preston, m. Ebenezer TRACY, of Norwich, May 15, 1765	6	27
Phebe, of Preston, m. Mott WILKESON, of Voluntown, Feb. 20, 1794	6	27
Sarah, m. Ezekiel SPAULDING, of Plainfield, Oct. 27, 1757 (*This line was a handwritten addition on the original manuscript)	6	101
Sarah, m. Caleb SHAW, b. of Preston, Nov. 3, 1768	6	27
Seth, s. Simeon, Jr., bp. July 23, 1769	7	23
Silas, s. Silas, bp. June 14, 1767	7	25
Susannah, d. Simeon, Jr., bp. July 7, 1745	7	23
Sibel, of Norwich, m. Eliab WILSON, of Franklin, May 9, 1789	6	28
Zipporah, of Preston, m. Joseph KIRTLAND, of Norwich, June 12, 1766	6	27
FRENCH, John, of Plainfield, m. Eunice BUTTON, of Preston, July 20, 1800	6	27
FRINK, Alexander, s. Dyer, bp. July 27, 1774	7	25
Andrew, of Stonington, m. Mary HILLIARD, of Preston, Jan. 31, 1773, by Samuel Mott [J.P.]	6	28
Esther, of Preston, m. Stephen ALLEN, of R.I., Jan. 21, 1782	6	27
Esther, m. John HERRICK, b. of Preston, Oct. 5, 1786	6	27
Ezekiel, s. Esther, wid. of Jedidiah, bp., Nov. 23, 1757	7	25
Huldah, d. Esther, wid. of Jedidiah, bp. Nov. 23, 1757	7	25
James, Jr., m. Judith BROMLEY, b. of Preston, Feb. 20, 1783	6	27
Prescilla, m. John ASH, b. of Preston, May 23, 1782	6	27
Sarah, d. Esther, wid. of Jedidiah, bp. Nov. 23, 1757	7	25
Susannah, d. Esther, wid. of Jedidiah, bp. Nov. 23, 1757	7	25
FULLER, Benjamin, m. Polly BATES, b. of Norwich, Mar. 20, 1782, by Samuel Mott, [J.P.]	6	28
GALLUP, Benjamin, of Voluntown, m. Annie KINNIE, of Preston, Jan. 20, 1763	6	31
Mary, of Groton, m. Oliver CRARY, of Preston, Mar. 4, 1802, by Samuel Mott, [J.P.]	6	36
Nathaniel, of Voluntown, m. Dinah EDMONDS, of Preston, [ ], 1808	6	32
Samuel, of Voluntown, m. Lucy [ ], of Preston, Dec. 15, 1785	6	32
Wheeler, of Voluntown, m. Elizabeth COGSWELL, of Preston, May 2, 1782	6	32
GARDINER, Sylvester, of Bozrah, m. Rebecca KIMBALL, of Stonington, Feb. 24, 1803, by Samuel Mott, [J.P.]	6	36
GASPER, Caleb, of Ashford, m. Sarah ALLEN, of Preston, June 29, 1783	6	32
GATES, Aaron, s. Azariah, bp. Aug. 21, 1757	7	28
Abel, m. Sally STANTON, b. of Preston, Jan. 7, 1797	6	32
Anne, m. Squire PHILLIPS, b. of Preston, Nov. 25, 1779	6	33

284 BARBOUR COLLECTION

	Vol.	Page
GATES, (cont.)		
Azariah, s. Hannah [& Stephen], bp. Mar. 10, 1725	7	28
Caleb, m. Elizabeth BRANCH, Nov. 15, 1761	6	35
Cyrus, m. Mary HERRICK, b. of Preston [ ]	6	31
Daniel, m. Zipporah LEONARD, b. of Preston, Apr. 2, 1767	6	31
David, of Groton, m. Anne UNDERWOOD, of Preston, Oct. 16, 1771, by Samuel Mott, [J.P.]	6	36
Dorothy, of Preston, m. Jesse SEATON, of Plainfield, Nov. 15, 1769	6	33
Elijah, s. Joseph, bp. Dec. 31, 1758	7	28
Esther, m. Jeremiah ROSE, b. of Preston, Dec. 7, 1780	6	34
Eunice, d. Joseph, bp. Aug. 14, 1754	7	28
Eunice, m. Nathan WALTON, b. of Preston, Mar. 3, 1778	6	33
Eunice, of Preston, m. Izrael GATES, of Stonington, June 21, 1787, by Rev. Paul Park	6	35
Ezra, m. Mary JONES, b. of Preston, Mar. 23, 1749	6	31
Frederick, m. Wealthy POLLARD, b. of Preston, Aug. 13, 1789, by Rev. Paul Park	6	35
Hannah, of Preston, m. Oliver PERKINS, of Voluntown, Jan. 10, 1734	6	33
Hannah, of Preston, m. Walter PALMER, of Plainfield, Apr. 22, 1784	6	34
Izrael, of W. Grinage (Greenwich), R.I., m. Eunice GATES, of Preston, June 21, 1787, by Rev. Paul Park	6	35
Jerusha, d. Joseph, bp. July 2, 1732	7	27
Jerusha, d. Andrew, bp. Apr. 17, 1757	7	27
John, s. Joseph, bp. Oct. 17, 1726	7	27
Joseph, m. Abigail BAKER, b. of Preston, Dec. 7, 1749	6	31
Joshua, of Preston, m. Mary BENNET, of Norwich, Apr. 4, 1776	6	31
Lemuel, of Canaan, N.H. (?), m. Sarah BENJAMIN, of Preston, Feb. 8, 1781	6	31
Luther, s. Ezra, bp. May 24, 1761	7	28
Mabel, d. Joseph, bp. Feb. 7, 1779	7	28
Mary, m. Samuel MANNING, b. of Preston, Nov. 9, 1769	6	33
Mary, m. Hugh O'DONNEL, b. of Preston, Nov. 7, 1869	6	34
Mary, m. Thomas AUSTIN, b. of Preston, May 27, 1792	6	34
Mehetable, of Preston, m. Adam CLARK, of Canterbury, Dec. 5, 1759	6	33
Miriam, d. Ezra, bp. Apr. 12, 1752	7	28
Nathan, s. Wid. Mehetable, bp. June 9, 1760	7	28
Olive, d. Andrew, bp. June 12, 1768	7	28
Oliver, m. Jemima FREEMAN, b. of Preston, Apr. 26, 1781	6	31
Phinehas, m. Caroline FREEMAN, b. of Preston, Oct. 5, 1786	6	32
Prudence, of Preston, m. Phillips [ ], of Norwich, [ ], 1725	6	33
Prudence, m. James BRAYMAN, b. of Preston, Apr. 23, 1766	6	33
Sarah, of Preston, m. Asher BLOUNT, of Norwich, Nov. 19, 1778	6	33
Serah, of Preston, m. John GORTON, of W. Grinage (Greenwich), R.I., Nov. 22, 1787, by Rev. Paul Park	6	35
Seabury or Sebra, child of Nehemiah, bp. Apr. 2, 1769	7	28
Susanna, d. Hannah, w. of Stephen, bp. Sept. 13, 1734	7	28
Susannah, m. Elijah PHILLIPS, b. of Preston, Mar. 5, 1778	6	33
Sylvina, m. Robert GEER, b. of Preston, Jan. 27, 1780	6	33

PRESTON VITAL RECORDS 285

	Vol.	Page
GATES, (cont.)		
Thankful, m. Peleg **WEADON**, b. of Preston, Feb. 5, 1792	6	34
-----, child of Ezra, bp. Oct. 28, 1753	7	28
GAVIT, John, m. Lucinda **ROATH**, b. of Preston, Feb. 21, 1803, by Samuel Mott, [J.P.]	6	36
Joseph, of Westerly, R.I., m. Lydia **CULVER**, of Preston, Jan. 29, 1797, by Samuel Mott, [J.P.] (Note says "see Paul Park")	6	36
Joseph, of Westerly, R.I., m. Lydia **CULVER**, of Preston, Jan. 29, 1797, by Rev. Paul Park	6	35
GEER, GEERS, Abel, s. Esther, bp. July 27, 1735	7	28
Anna, m. John **PAGE**, Oct. 4, 1771	6	35
Anna, m. Joseph Gardiner **SMITH**, b. of Preston, May 21, 1797	6	34
Anna, of Preston, m. Elihu **HAKES**, of Stonington, June 13, 1802, by Samuel Mott, [J.P.]	6	36
Benajah, s. Benajah, bp. Oct. 2, 1737	7	28
Christiana, m. Jonathan **CADY**, b. of Preston, Mar. 7, 1782	6	34
Christopher, m. Hannah **GEER**, b. of Preston, Feb. 7, 1733	6	31
Christopher, m. Prudence **WEAKLEY**, b. of Preston, June 3, 1747	6	31
Cyrus, m. Polly **LATHROP**, b. of Preston, Jan. 1, 1800	6	32
Daniel, s. Christopher, bp. July 15, 1727	7	28
Daniel, m. Hannah **DAVISON**, b. of Preston, Apr. 30, 1728	6	31
Daniel, m. Mary **STARKWEATHER**, Nov. 5, 1747	6	35
Daniel, Jr., m. Sally **GEER**, b. of Preston, July 16, 1797	6	32
Dorothy, d. Jonathan, bp. June 8, 1705	7	27
Elisha, of N.Y., m. Penelope **PHILLIPS**, of Preston, Nov. 15, 1804	6	32
Elizabeth, d. Benajah, bp. Dec. 22, 1734	7	28
Elizabeth, d. Jonathan, bp. Apr. 6, 1746	7	28
Emma, of Preston, m. Elisha B-----, of Colchester, Apr. 4, 1802	6	34
Esther, m. William **GEER**, b. of Preston, July 10, 1735	6	33
Eunice, m. Silas **DAVIS**, b. of Preston, Nov. 29, 1798	6	34
Hannah, m. Christopher **GEER**, b. of Preston, Feb. 7, 1733	6	33
Israel, m. Thankful **KILLAM**, b. of Preston, Oct. 14, 1765	6	31
Jacob, s. Christopher, bp. Nov. 24, 1728	7	28
Jacob, m. Anne **WHEELER**, b. of Preston, Apr. 22, 1751	6	31
James, m. Mary **MACNEEL**, b. of Preston, Nov. 5, 1735	6	31
James, m. Polly **GEER**, b. of Preston, Nov. 25, 1802	6	32
Jedidiah, s. Benajah, bp. May 22, 1734	7	28
Jephtha, of Preston, m. Ollivet **HERRICK**, of Worthington, Nov. 19, 1797, by Rev. Paul Park	6	35
Jerusha, d. Christopher, bp. Aug. 3, 1735	7	28
Jesse, of Preston, m. Hannah **EVENS**, of Plainfield, Dec. 24, 1765	6	31
John, m. Jerusha **PARK**, Oct. 4, 1759	6	35
Joseph, m. Hannah **KIMBALL**, b. of Preston, Feb. 16, 1800, by Rev. Paul Park	6	35
Keziah, of Preston, m. Manassah **MINOR**, of Voluntown, Nov. 9, 1726	6	33
Kezia, d. Benajah, bp. July 20, 1740	7	28
Keziah, of Preston, m. Caleb **HALL**, of Plainfield, Jan. 13, 1780	6	34
Lydia, d. Christopher, bp. Aug. 15, 1742	7	28
Lydia, m Stephen **WITHEY**, b. of Preston, Jan. 25, 1795	6	34
Mary, d. Jno., bp. July 20, 1700	7	27
Mary, m. Daniel **STARKWEATHER**, b. of Preston, Mar. 26, 1746	6	33
Mary, m. Nathaniel **ADAMS**, b. of Preston, June 12, 1768	6	33

GEER, GEERS, (cont.)

	Vol.	Page
Mary, of Preston, m. [ ] TUCKER, of Voluntown, Dec. 7, 1780	6	34
Nathaniel, of Coventry, m. Esther TYLER, of Preston, Nov. 1, 1759	6	31
Polly, m. James GEER, b. of Preston, Nov. 25, 1802	6	34
Rebecca, of Preston, m. Jesse CAMP, of Franklin, Oct. 31, 1800	6	34
Robert, m. Salvina GATES, b. of Preston, Jan. 27, 1780	6	32
Ruth, d. Stephen, bp. Nov. 3, 1765	7	28
Ruth, of Preston, m. Ichabod ECCLESTONE, of Stonington, Dec. 20, 1787, by Samuel Mott, [J.P.]	6	36
Sally, m. Daniel GEER, Jr., b. of Preston, July 6, 1797	6	34
Sarah, m. Timothy HERRINGTON, b. of Preston, Aug. 29, 1744	6	33
Sophia, m. P----- CLARK, b. of Preston, Dec. 25, 1805	6	34
Stephen, m. Phebe KILLAM, b. of Preston, June 28, 1764	6	31
Susannah, of Preston, m. Isaac CLARK, of Norwich, Dec. 8, 1736	6	33
Sibel, d. Banajah, bp. Oct. 2, 1737	7	28
Thomas, m. Meribah KILLAM, of Preston, Feb. 11, 1773, by Samuel Mott, [J.P.]	6	36
William, m. Esther GEER, b. of Preston, Dec. 10, 1735	6	31
Zilpha, of Preston, m. David PERKINS, of Exeter, R.I., Nov. 17, 1763	6	33
Zipporah, d. William, bp. Feb. 25, 1739	7	28
-----, m . Experience LESTER, b. of Preston, [ ], 1725	6	31
-----, child of William, bp. July 4, 1742	7	28
GEORGE, Peter, m. Poll APES, b. of Groton, Dec. 25, 1798, by Rev. Paul Park	6	35
GIBBS, Abel, s. Josiah & Mary, bp. May 18, 1735	7	27
GIDDINGS, James, s. Nathaniel, bp. Apr. 22, 1725	7	27
Jasper, of Franklin, m. Deborah PARTRIDGE, of Preston, Jan. 1, 1806	6	32
GILBERT, Mary, d. Noah, bp. May 11, 1729	7	27
GINNINGS, [see also JENNINGS], Joannah, of Preston, m. Samuel BENNET, of Stonington, Dec. 5, 1776, by Rev. Paul Park	6	35
Stephen, m. Thankful WAKELEY, b. of Preston, Nov. 14, 1765	6	31
GLASS, Silas, of Canterbury, m. Joanna AVERELL, of Preston, May 25, 1769	6	31
GODDARD, Calvin, of Plainfield, m. Alice C. HAIL, of Preston, Nov. 27, 1794	6	32
GOODALE, Phebe, m. Dudley MORGAN, b. of Preston, May 26, 1798	6	34
GORDON, William S., of Voluntown, m. Eunice COOK, of Preston, May 15, 1814	6	32
GORE, Asa A., of Preston, m. Ruth YAR[R]INGTON, of Stonington, Jan. 16, 1800, by Rev. Paul Park	6	35
Elizabeth, of Preston, m. Jedidiah DARBY, of Lisbon, Nov. 26, 1789, by Rev. Paul Park	6	35
GORTON, John, of Stonington, m. Serah GATES, of Preston, Nov. 22, 1787, by Rev. Paul Park	6	35
Martha, of Preston, m. Jason FISH, Jr., of Stonington, Feb. 9, 1792, by Rev. Paul Park	6	35
GRANT, Patty, m. Ezra NEWTON, b. of Preston, Apr. 9, 1797, by Samuel Mott, [J.P.]	6	36
GRAY, Leffield, of Plainfield, m. Parthenia ROSE, of Preston, Feb. 14, 1793	6	32

	Vol	Page
GRAY, (cont.)		
Thomas Baxter, of Groton, m. Keturah **STANTON**, of Preston, Aug. 2, 1792, by Samuel Mott, [J.P.]	6	36
GREEN, Ame, d. Abigail, bp. Sept. 5, 1736	7	27
Ame, d. John, bp. July 13, 1747	7	27
Ann, of Preston, m. Silas **PALMER**, of Stonington, July 4, 1728	6	33
Elias, s. Timothy, bp. Apr. 25, 1742	7	27
Elizabeth, alias, **BENNET**, m. Ebenezer **TILER**, b. of Preston, May 23, 1739	6	7
Elizabeth, alias **BENNET**, m. Ebenezer **TILER**, b. of Preston, May 23, 1739	6	33
Hannah, d. Timothy, bp. Apr. 25, 1742	7	27
Jabez, of Preston, m. Hannah **WALLON**, of Norwich, June 20, 1728	6	31
Jane, d. Mary, bp. Sept. 5, 1736	7	27
John, of Preston, m. Elizabeth [ ], Feb. 28, 1731	6	31
Lydia, of Preston, m. Jesse **BENNET**, of Norwich, Nov. 19, 1767	6	33
Margaret, d. Jabez, bp. July 3, 1743	7	27
Mary, of Preston, m. Thomas **JOHNSON**, transient person, Dec. 5, 1737	6	33
Olive, m. Nathan **AYER**, b. of Preston, Oct. 10, 1791	6	34
Polly, of Preston, m. Nathan **B——**, of Canaan, Nov. 21, 1797	6	34
Rosanna, d. Timothy, bp. Sept. 30, 1744	7	27
Timothy, m. Hannah **BENNET**, b. of Preston, Sept. 14, 1738	6	31
-----, 4 children of Jabez, bp. Dec. 14, 1742	7	27
GREW*, Peter, of Vt., m. Diana **TRACY**, of Preston, Jan. 29, 1789 (*Probably "GREEN")	6	32
GRINNELL, Parthena, of Preston, m. Nathaniel **YOUNG**, of Norwich, Nov. 9, 1801, by Samuel Mott, [J.P.]	6	36
GRISSETH*, James, of Kingston, m. Sarah **MACWITHE**, of Preston, Nov. 11, 1736 (Perhaps "GRISSERT"?)	6	31
GUILE, GILE, GUYLE, Abraham, s. Samuel, bp. Oct. 31, 1714	7	27
Abraham, m. Silence **HERRICK**, b. of Preston, Apr. 21, 1747	6	31
Abraham, m. Sarah **REA**, b. of Preston, Jan. 2, 1791	6	32
Ama, m. Elisha **SMITH**, Jan. 27, 1793, by Rev. David Hale	6	32
Anne, of Preston, m. Ansel **POPE**, of Voluntown, Apr. 15, 1779	6	33
Benjamin, s. William, bp. Nov. 12, 1749	7	28
Eunice, of Preston, m. Calvin **HENSTEY**, of Norwich, Dec. 2, 1784	6	34
John, s. Samuel, bp. Oct. 18, 1713	7	27
John, m. Sarah **HODGE**, b. of Preston, Nov. 5, 1735	6	31
Lois, of Preston, m. Samuel **PORTER**, of Woodbury, Apr. 5, 1768	6	33
Mary, d. Samuel, bp. June 10, 1711	7	27
Mary, d. William, bp. July 11, 1756	7	28
Mary, m. Zephaniah **HARTSHORN**, b. of Preston, June 18, 1778	6	33
Phebe, d. William, bp. July 2, 1749	7	28
Stephen, m. Lydia **DAVIS**, b. of Preston, June 9, 1793	6	32
-----, child of William, bp. May 27, 1753	7	28
HAIL, Alice C., of Preston, m. Calvin **GODDARD**, of Plainfield, Nov. 27, 1794	6	43
HAKES, Elihu, of Stonington, m. Anna **GEER**, of Preston, June 13, 1802, by Samuel Mott, [J.P.]	6	44
HALKINS, John, s. George, bp. Oct. 28, 1716	7	29
HALL, Caleb, of Plainfield, m. Keziah **GEER**, of Preston, Jan. 13, 1780	6	41

HALL, (cont.)

	Vol.	Page
Jemima, m. Samuel COIL, b. of Preston, Mar. 22, 1779	6	42
Laben, of Plainfield, N.H., m. Olive ADAMS, of Preston, Dec. 6, 1780	6	41
Nathaniel, Jr., of Stonington, m. Experience BROWN, of Preston, Dec. 30, 1784, by Samuel Mott, [J.P.]	6	44
Selah, m. Rufus HATCH, b. of Preston, Dec. 27, 1787	6	43
Stephen, of Plainfield, m. Esther LE[O]NORD, of Preston, Mar. 15, 1748	6	41

HALSEY, Mary, of Preston, m. Alexander CAMPBELL, of Voluntown, Apr. 13, 1786

	Vol.	Page
	6	43
William, of Preston, m. Thankful COOPER, of Updikes Newtown, R.I., Apr. 10, 1791, by Samuel Mott, [J.P.]	6	44

HAMLIN, Elijah, of Voluntown, m. Mary COOK, of Preston, Feb. 23, 1758

	Vol.	Page
	6	41
Elijah, s. Elijah, bp. Aug. 26, 1759	7	31
Judeth, d. Joseph, bp. Apr. 2, 1721	7	31

HANKS, Anne, d. Goodman, bp. Apr. 20, 1707

	Vol.	Page
	7	29
Nathaniel, s. Goodman, bp. May 27, 1705	7	29
William, s. Goodman, bp. Apr. 10, 1704	7	29

HARKNESS, HARTNESS, John, m. Judah HERRICK, of Preston, Oct. 4, 1773 by Samuel Mott, [J.P.]

	Vol.	Page
	6	44
Mary, of Preston, m. Lemuel CULVER, of Norwich, Nov. 17, 1776	6	42

HARRINGTON, [see also HERRINGTON and YARRINGTON], Stephen, of Lisbon, m. Sabra PARK, of Preston, Mar. 29, 1789

	Vol.	Page
	6	41

HARRIS, Alice, of Montville, m. Nathan KIMBALL, of Preston, Feb. 11, 1790

	Vol.	Page
	6	43
Rebecca, of Preston, m. Joseph HART, of Washington, Mass., June 2, 1783	6	43
Sarah, d. Daniel, bp. Nov. 29, 1741	7	31

HARRY, George, of Charleston, R.I., m. Catrina NELSON, of Preston, Jan. 5, 1801

	Vol.	Page
	6	44

HART, Andrew, of Stonington, m. Rachel BOARDMAN, of Preston, Feb. 4, 1787

	Vol.	Page
	6	41
Josep[h], of Washington, Mass., m. Rebecca HARRIS, of Preston, June 3, 1783	6	41
Rebecca, of Preston, m. Rev. Amos CHASE, of Litchfield, Nov. 30, 1788	6	43

HARTNESS, [see under HARKNESS]

HARTSHORN, Jonathan, m. Mary BILLINGS, b. of Preston, Mar. 17, 1785

	Vol.	Page
	6	41

HARVEY, George, m. Sally ROATH, b. of Preston, June 30, 1808, by Samuel Mott, [J.P.]

	Vol.	Page
	6	44
Ruth, m. Jonathan HERRICK, b. of Preston, May 20, 1802	6	43
Terrissa, of Preston, m. John B. LEWIS, of Voluntown, Nov. 20, 1806, by Samuel Mott, [J.P.]	6	44

HASKELL, Benjamin, m. Lucinda BROWN, b. of Preston, Feb. 26, 1804, by Samuel Mott, [J.P.]

	Vol.	Page
	6	44
Perry M., of New York City, m. Polly JONES, of Preston, June 20, 1802, by Samuel Mott, [J.P.]	6	44

HATCH, Elijah, m. E---- ROSE, of Preston, July 12, 1797

	Vol.	Page
	6	42
Elisha, m. Molly REX, b. of Preston, Nov. 19, 1786, by Samuel		

PRESTON VITAL RECORDS 289

	Vol.	Page
HATCH, (cont.)		
Mott, [J.P.]	6	44
Hannah, d. Jeremiah, bp. Apr. 11, 1731	7	31
Jeremiah, m. Betty **BRAGG**, b. of Preston, Feb. 8, 1764	6	41
John W., m. Jerusha **ROSE**, b. of Preston, Aug. 30, 1795	6	41
Joseph, m. Betsey **WEADEN**, b. of Preston, Nov. 10, 1796	6	41
Lydia, of Preston, m. Samuel **WILLIAMS**, Jr., of Norwich, Aug. 30, 1774	6	42
Nathan, s. Jeremiah, bp. Oct. 2, 1737	7	31
Rufus, m. Selah **HALL**, b. of Preston, Dec. 27, 1787	6	41
Sarah, d. John, bp. Mar. 23, 1766	7	31
Sarah, m. Joseph **NORTH[R]UP**, b. of Preston, Dec. 17, 1777	6	42
Thomas, s. John, bp. Apr. 20, 1730	7	31
HAZEN, Darius, of Norwich, m. Betsey Elizabeth **COOK**, of Preston, Nov. 22, 1807, by Samuel Mott, [J.P.]	6	44
Nathan, of Worthington, Mass., m. Phebe **STARKWEATHER**, of Preston, June 10, 1792, by Samuel Mott, [J.P.]	6	44
HEATH, Joseph, of Litchfield, m. Mary **ADAMS**, of Preston, Feb. 9, 1764	6	41
HENRY, Mariot, of R.I., m. Frances **STANTON**, of Preston, Sept. 5, 1805	6	71
HENSTEY, Calvin, of Norwich, m. Eunice **GUILE**, of Preston, Dec. 2, 1784	6	41
HERRICK, Abigail, of Preston, m. Peleg **UTLEY**, of Stonington, Nov. 22, 1789	6	43
Andrew, s. Ephraim, Jr., bp. Jan. 19, 1724	7	31
Annah, of Preston, m. John **LORD**, of Norwich, May 1, 1720	6	42
Ebenezer, s. Ebenezer, decd., bp. Dec. 21, 1727	7	31
Ebenezer, of Preston, m. Polly **LAMB**, of Stonington, Nov. 27, 1788	6	41
Eleazer, m. Mary **REA**, b. of Preston, Apr. 12, 1759	6	41
Elizabeth, of Preston, m. Joseph **AYRES**, of Stonington, May 22, 1730	6	42
Ephraim, s. Ephraim, bp. June 13, 1707	7	29
Esther, m. John **AUSTIN**, b. of Preston, Jan. 16, 1783	6	43
Eunice, of Norwich, m. Jonas **LEONARD**, of Worthington, Mass., May 31, 1781	6	42
Hannah, of Preston, m. Jonathan **REED**, of Norwich, Dec. 22, 1774	6	42
Henry, m. [E]unice **PUTNAM**, June 24, 1762	6	43
Isaac, of Worthington, Mass., m. Pruda **STARKWEATHER**, of Preston, Nov. 16, 1784	6	44
John, m. Esther **FRINK**, b. of Preston, Oct. 5, 1786	6	41
Jonathan, m. Elizabeth **CLARK**, b. of Preston, Dec. 1, 1762	6	41
Judah, m. John **HARKNESS**, b. of Preston, Oct. 4, 1773, by Samuel Mott, [J.P.]	6	44
Lucy, d. Edward, bp. Nov. 30, 1729	7	31
Margaret, of Preston, m. Phineas **CLARK**, of Norwich, June 29, 1764	6	42
Mary, of Norwich, m. Ayres **GATES**, of Preston, Feb. 10, 1780	6	42
Mary, m. Jonas **KINNE**, b. of Preston, Aug. 8, 1790	6	43
Mary, of Preston, m. Elisha **BRANCH**, of Lisbon, May 12, 1802	6	43
Nathan, m. Ruth **HARVEY**, b. of Preston, May 10, 1802	6	42
Ollivet, of Worthington, m. Jephthah **GEER**, of Preston, Nov. 19,		

	Vol.	Page
HERRICK, (cont.)		
1797	6	44
Percy, of Worthington, Mass., m. Mrs. James **COOK**, of Preston, Nov. 3, 1793	6	44
Phinehas, m. Sarah **LE[O]NORD**, b. of Preston, Feb. 13, 1752	6	41
Rachel, m. Thomas **WILBUR**, Apr. 17, 1777	6	43
Rufus, s. Ephraim, Jr., bp. May 17, 1736	7	31
Rufus, m. Sarah **BREWSTER**, b. of Preston, Sept. 21, 1788	6	41
Sarah, d. Ebenezer, bp. Aug. 2, 1724	7	31
Silence, m. Abraham **GUILE**, b. of Preston, Apr. 21, 1747	6	42
Tabitha, of Preston, m. Joseph **READ**, of Norwich, Dec. 13, 1752	6	42
HERRINGTON, [see also **HARRINGTON** and **YARRINGTON**], Abigail, of Preston, m. George **CAMPBELL**, of Voluntown, Nov. 25, 1796	6	43
Sylvanus, of Norwich, m. Hannah **AYER**, of Preston, July 31, 1729	6	41
Timothy, m. Sarah **GEER**, b. of Preston, Aug. 29, 1744	6	41
HEWITT, Palmer, of Voluntown, m. Mary **KIMBALL**, of Preston, Dec. 5, 1799	6	42
HIBBARD, Eunice, d. Joseph, bp. Sept. 26, 1725	7	31
Jacob, s. Joseph, bp. Aug. 25, 1723	7	31
Reuben, s. Ebenezer, bp. June 13, 1718	7	29
HILL, John, m. Thankful **CLARK**, Dec. 31, 1746	6	43
Samuel, m. Silence **RUDE**, Aug. 15, 1754	6	43
Samuel, m. Esther **KILLAM**, of Preston, Dec. 12, 1769, by Samuel Mott, [J.P.]	6	44
HILLAM, Elizabeth, of Preston, m. Lemuel **WALLBRIDGE**, of Coventry, Mar. 23, 1786	6	43
*Elizabeth, of Preston, m. Lemuel **WALLBRIDGE**, of Coventry, Mar. 23, 1786 (*or **KILLAM**)	6	54
HILLIARD, Mary, of Preston, m. Andrew **FRINK**, of Stonington, Jan. 31, 1773, by Samuel Mott, [J.P.]	6	44
HILLMAN, Dolly, of Preston, m. Noah **JONES**, of Coventry, May 25, 1785	6	43
HILLYER, Elizabeth, m. Jedidiah **FITCH**, Mar. 29, 1770	6	43
HODGE, Abigail, d. Henry, bp. Aug. 2, 1713 (handwritten correction (12) on original manuscript)	7	29
Henry, s. Henry, bp. Sept. 25, 1720	7	29
Jerusha, d. Henry, bp. Aug. 27, 1721	7	31
Sarah, m. John **GUILE**, b. of Preston, Nov. 5, 1735	6	42
HOLLAND, Elizabeth, d. Abiah, bp. July 19, 1724	7	31
HOLLY, Manchester, m. Synthia **BURTON**, b. of Preston, Sept. 13, 1789, by Samuel Mott, [J.P.]	6	44
Mary, of Preston, m. James **WILEY**, Jr., of Voluntown, Jan. 29, 1779, [1778 ?]	6	42
Rachel, of Preston, m. William **CLARK**, of Voluntown, Jan. 7, 1779	6	42
HOPKINS, Daniel, s. James, bp. Oct. 1, 1751	7	32
Daniel, of Voluntown, m. Olive **KINNIE**, of Preston, Mar. 13, 1776	6	41
William, s. James, bp. Oct. 1, 1753	7	32
Williams, of Plainfield, m. Abigail **KIMBALL**, of Preston, Oct. 24, 1793	6	41
HOUGH, Jabez, of Bozrah, m. Mary **BISHOP**, of Preston, Mar. 31, 1803	6	42
HULL, Hazard, of Ashford, m. Abigail **TYLER**, of Preston, Dec.		

	Vol.	Page
HULL, (cont.),		
23, 1779	6	44
HUMPHREY, John, of Londonderry, N.H., m. Rebecca BREWSTER, of Preston, Sept. 18, 1814	6	42
HUNTINGTON, Amos, s. Mat[t]hew, bp. Sept. 9, 1739	7	31
Ame, d. Mat[t]hew, bp. Sept. 14, 1746	7	31
Elias, s. Mat[t]hew, bp. Oct. 3, 1749	7	31
Elizabeth, d. Mat[t]hew, bp. Nov. 17, 1734	7	31
Elizabeth, of Norwich, m. James BRAYMAN, of Preston, May 18, 1758	6	42
Elizabeth, d. Nathan, bp. May 24, 1761	7	31
Elizabeth, d. Nathan, bp. June 7, 1767	7	31
Eunice, d. Nathan, bp. May 7, 1769	7	31
Henry, s. Nathan, bp. Feb. 5, 1766	7	31
John, s. Nathan, bp. Oct. 16, 1763	7	31
Lucy, d. Nathan, bp. June 3, 1759	7	31
Lucy, of Norwich, m. Asa BURNHAM, of Preston, Aug. 6, 1779	6	42
Mary, d. Mat[t]hew, bp. July 23, 1723	7	31
Mary, d. Mat[t]hew, bp. May 5, 1751	7	31
Nathan, s. Mat[t]hew, bp. Nov. 1, 1730	7	31
Samuel, s. Mat[t]hew, bp. Mar. 20, 1737	7	31
Samuel, s. Nathan, bp. Aug. 5, 1759	7	31
Sarah, d. Mat[t]hew, bp. July 29, 1743	7	31
William, of Windham, m. Mary CUTTLER, of Preston, Feb. 15, 1770	6	41
Zerviah, d. Nathan, bp. June 3, 1759	7	31
-----, of Norwich, m. Lydia LE[O]NORD, of Preston, [ ], 1725	6	41
HUSTON, Robert, of Voluntown, m. Lora KINNIE, of Preston, Feb. 28,1775	6	41
HUTCHINSON, Anna, bp. June 4, 1699	7	29
Mary, of Preston, m. Daniel DEW, of Voluntown, May 17, 1758	6	42
Whe[e]ler, m. Sarah BRUMBLEY, b. of Preston, Mar. 8, 1786 or 1787	6	44
HYSTON, Agnes, d. William, bp. June 2, 1752	7	32
Alice, gd. d. of Wid., bp. Aug. 25, 1793	7	32
Elizabeth, d. William, bp. June 26, 1754	7	32
John, s. William, bp. July 2, 1751	7	32
Joseph, s. William, bp. June 24, 1759	7	32
Margaret, d. William, bp. July 19, 1762	7	32
Robert, s. William, bp. July 2, 1751	7	32
Robert, gd. s. of Wid., bp. May 6, 1778	7	32
Samuel, s. William, bp. Nov. 6, 1763	7	32
Thomas, s. William, bp. May 3, 1767	7	32
William, s. William, bp. May 10, 1757	7	32
JACKSON, Sarah, m. Daniel STANTON, b. of Preston, Aug. 9, 1787	6	50
Sarah, of Preston, m. John CASEY, of Lisbon, (negroes), Jan. 12, 1795	6	50
Thomas, m. Esther PHILLIPS, b. of Preston, Nov. 5, 1807	6	50
JAQUIES, Ebenezer, s. Ebenezer, bp. Mar. 16, 1775	7	33
Samuel, s. Ebenezer, bp. Mar. 16, 1775	7	33
JEFFERS, Joseph, m. Ruhama DOWNING, Jan. 4, 1767	6	51

	Vol.	Page
JENNINGS, [see also GINNINGS], Polly, m. Thomas F. REA, b. of Preston, Dec. 31, 1802	6	50
Stephen, m. Thankfull WAKELEY, b. of Preston, Nov. 14, 1765	6	50
-----, of Windham, m. Elizabeth [ ], of Preston, [ ], 1725	6	50
JEWEL[L], Hannah, of Preston, m. John LONGBOTTOM, of Norwich, Feb. 6, 1751	6	50
Joseph, of Preston, m. Betsey KING, of Lisbon, Mar. 4, 1790	6	50
JEWETT, Elizabeth, of Preston, m. Jonas BOARDMAN, of Norwich, Vt., June 12, 1788	6	50
Sarah, of Preston, m. Constant MURDOCK, of Norwich, Vt., Jan. 24, 1790	6	50
JOHNSON, JONSON, Abigail, of Preston, m. Hezekiah MEECH, of Stonington, Mar. 13, 1760	6	50
Benjamin, of Voluntown, m. Abigail ROUSE, of Preston, Feb. 23, 1784	6	50
Ebenezer, of Canterbury, m. Lydia BREWSTER, of Preston, Dec. 5, 1765	6	50
Esther, d. Stephen, bp. Sept. 21, 1746	7	33
Lois, of Preston, m. William TANNER, of W. Greenwich, R.I., Jan. 6, 1785	6	50
Loomis (?), child of Stephen, bp. Nov. 6, 1743 (Perhaps "Lois")	7	33
Mary, d. Stephen, bp. Mar. 21, 1742	7	33
Mercy, d. Stephen, bp. Feb. 22, 1741	7	33
Mercy, d. Stephen, bp. July 31, 1750	7	33
Nathan, m. Mary MACLAIN, Sept. 24, 1780	6	51
Samuel, m. Abigail MEECH, Mar. 26, 1745	6	51
Samuel, m. Eunice PARK, b. of Preston, Oct. 25, 1781, by Rev. Paul Park	6	51
Stephen, s. Stephen, bp. Sept. 21, 1748	7	33
Stephen, of Norwich, m. Elizabeth MORGAN, of Preston, Jan. 31, 1771	6	50
Stephen, s. Stephen, Jr., bp. July 23, 1775	7	33
Thomas, a transient, m. Mary GREEN, of Preston, July 5, 1737	6	50
JONES, Deborah, d. Ephraim, bp. Aug. 2, 1766	7	33
Elizabeth, m. Reuel COOK, June 17, 1772	6	51
Fanny, m. Silas NICHOLS, b. of Preston, Apr. 17, 1808, by Samuel Mott, J.P.	6	51
Jerusha, d. Ephraim, bp. Aug. 2, 1766	7	33
Mary, m. Joseph PARISH, b. of Preston, July 3, 1738	6	50
Mary, m. Ezra GATES, b. of Preston, May 23, 1749	6	50
Noah, of Coventry, m. Dolly HILLAM, of Preston, May 25, 1785	6	50
JUSTIN, William, of Canterbury, m. Mercy DAVIS, of Preston, Nov. [ ], 1798	6	50
KELLY, Daniel, of Norwich, m. Wid. Elizabeth LORD, of Preston, June 4, 1767	6	53
KENNEDY, Abigail, m. Daniel REA, b. of Preston, May 12, 1790	6	54
Benjamin, m. Olive RUDE, Dec. 22, 1757	6	55
John, of Voluntown, m. Polly WITHEY, of Preston, Oct. 4, 1798	6	53
Robert, of Voluntown, m. Mary CADY, of Preston, Aug. 8, 1728	6	53
KILLAM, Abigail, d. Samuel, bp. Aug. 12, 1735	7	35
Deborah, of Preston, m. James MORGAN, of Groton, Jan. 7, 1771, by Samuel Mott, [J.P.]	6	55

	Vol.	Page

KILLAM, (cont.)

	Vol.	Page
Elizabeth, of Preston, m. Lemuel **WALLBRIDGE**, of Coventry, Mar. 23, 1786 (Perhaps Elizabeth "HILLAM")	6	54
Esther, of Preston, m. Samuel **HILL**, Dec. 17, 1769, by Samuel Mott, [J.P.]	6	55
John, of Preston, m. Sarah **ROCKWELL**, late of Norwich, Oct. 10, 1771, by Samuel Mott, [J.P.]	6	55
Lucy, of Preston, m. Thomas **THOMPSON**, of Stonington, Nov. 24, 1773, by Samuel Mott, [J.P.]	6	55
Merebah, of Preston, m. Thomas **GEER**, Feb. 11, 1773, by Samuel Mott, [J.P.]	6	55
Olive, m. Silas **STERRY**, Dec. 8, 1763	6	55
Phebe, m. Stephen **GEER**, b. of Preston, June 28, 1764	6	54
Samuel, of Lisbon, m. Mary **PRESSON**, of Preston, Nov. 29, 1795	6	53
Thankful, m. Israel **GEER**, b. of Preston, Oct. 14, 1765	6	54
KIMBALL, Abigail, of Preston, m. William **HOPKINS**, of Plainfield, Oct. 24, 1793	6	54
Amy, m. Asa **STARKWEATHER**, b. of Preston, Nov. 18, 1779	6	54
Anna, of Preston, m. Amos **LUCAS**, of Kingsbury, N.Y., Oct. 16, 1794, by Rev. Paul Park	6	55
Anne, d. Isaac, bp. Apr. 8, 1744	7	35
Benjamin, s. Benjamin, bp. July 28, 1751	7	35
Benjamin, s. Joseph, Jr., bp. Nov. 6, 1763	7	35
Daniel, s. Benjamin, bp. July 15, 1743	7	35
David, m. Eunice **BROWN**, b. of Preston, Dec. 24, 1785	6	53
Desire, of Lisbon, m. Asa **STANTON**, of Preston, Mar. 13, 1788	6	54
Dorothy, d. Isaac, bp. Feb. 25, 1739	7	35
Eunice, m. Thomas **RIX**, Jr., b. of Preston, Dec. 13, 1762	6	54
Eunice, of Preston, m. Peleg **RANDALL**, of Voluntown, May 20, 1802	6	55
Hannah, d. Joseph, Jr., bp. Aug. 22, 1756	7	35
Hannah, d. Joseph, Jr., bp. Oct. 18, 1762	7	35
Hannah, m. Samuel **DARBY**, of Lisbon, Sept. 30, 1790, by Rev. Daniel Hale	6	56
Hannah, m. Joseph **GEER**, b. of Preston, Feb. 16, 1800, by Rev. Paul Park	6	55
Isaac, s. Isaac, bp. July 31, 1735	7	35
Jesse, s. Isaac, bp. Apr. 24, 1737	7	35
Jonathan (?), s. Mary, perhaps w. of Joseph, bp. Aug. 26, 1759	7	35
Lucy, m. Andrew **DAVIS**, Sept. 30, 1747	6	55
Lucy, of Stonington, m. Joseph **TYLER**, of Preston, Apr. 1, 1787, by Samuel Mott, [J.P.]	6	55
Margaret, m. Robert **CRARY**, b. of Preston, Jan. 23, 1783	6	54
Mary, of Preston, m. Palmer **HEWIT[T]**, of Voluntown, Dec. 5, 1799	6	55
Nathan, Jr., of Preston, m. Alice **HARRIS**, of Montville, Nov. 11, 1790	6	53
Polly, of Stonington, m. Samuel **BENJAMIN**, of Preston, Nov. 16, 1786, by Rev. Paul Park	6	55
Rebecca, of Stonington, m. Sylvester **GARD[I]NER**, of Bozrah, Feb. 24, 1803, by Samuel Mott, [J.P.]	6	55
Cybel (Sybil), of Preston, m. Ephraim **PARK**, of Preston, Mar. 8, 1792, by Rev. Paul Park	6	55

294 BARBOUR COLLECTION

	Vol.	Page
KIMBALL, (cont.)		
William, s. Benjamin, bp. Sept. 28, 1755	7	35
William, s. Benjamin, bp. Nov. 24, 1765	7	35
Wills, s. Joseph, Jr., bp. May 11, 1760	7	35
KING, Anne, of Preston, m. Isaac SPENCER, Oct. 17, 1774	6	54
Betsey, of Lisbon, m. Joseph JEWET[T], of Preston, Mar. 4, 1790	6	54
Elisha, of Norwich, m. Sabra WITHEY, of Preston, May 2, 1782	6	53
KINGSLEY, Jabesh, of Canterbury, m. Dolly AVERELL, of Preston, Feb. 23, 1792	6	53
KINNE, Aaron, bp. June 9, 1741	7	36
Abel, s. Moses, bp. July 31, 1748	7	36
Abigail, d. Capt. Asa, bp. Feb. 2, 1763	7	36
Adar, d. Gideon, bp. Oct. 4, 1772	7	36
Adah, of Preston, m. Moses KINNE, of Voluntown, Aug. 9, 1789	6	54
Amos, s. Amos, bp. July 11, 1742	7	36
Ann, d. Amos, bp. Sept. 29, 1747	7	36
Anne, of Preston, m. Benjamin GALLUP, of Voluntown, Jan. 20, 1763	6	54
Asa, Capt., m. Mary STANTON, b. of Preston, Apr. [ ], 1804	6	53
B-----, child of Asa, bp. Aug. 25, 1793	7	36
Barnabas, s. Stephen, bp. Aug. 9, 1747	7	36
Benjamin, m. Sarah BUMP, b. of Preston, Sept. 13, 1757	6	53
Bethiah, of Preston, m. Elisha BUTTON, Mar. 31, 1770	6	54
Chester, of Voluntown, m. Silence BLISS, of Preston, Jan. 1, 1795	6	53
Comfort, of Preston, m. Asa BAKER, of Norwich, Feb. 9, 1780	6	54
Daniel, of N. Milford, m. Huldah COGSWELL, of Preston, Aug. 29, 1758	6	53
Daniel, Jr., of Plainfield, m. Margaret EDMONDS, of Preston, Dec. 25, 1799	6	53
David, of Voluntown, m. Eunice COGSWELL, of Preston, Dec. 16, 1760	6	53
David, Jr., of Preston, m. Jerusha PARK, of Stonington, Aug. 22, 1771, by Samuel Mott, [J.P.}	6	55
Denison, m. Lois BOARDMAN, b. of Preston, Feb. 1, 1789	6	53
Dorothy, d. Thomas, bp. Apr. 26, 1752	7	36
Elijah, bp. Sept. 18, 1743	7	36
Ezra, Capt., of Preston, m. Martha PUTNAM, of Preston, June 5, 1792	6	53
Freelove, child of Lt. Amos, bp. Apr. 12, 1752	7	36
Hannah, d. Thomas, bp. Mar. 20, 1748	7	36
Hannah, d. Capt. Asa, bp. Aug. 2, 1767	7	36
Hannah, of Preston, m. David REED, of Norwich, Mar. 14, 1776	6	54
Huldah, m. Nathan COGSWELL, b. of Preston, Dec. 3, 1737	6	54
Jacob, s. Asa, bp. Nov. 10, 1757	7	36
Jemima, d. Joseph, bp. July 1, 1730	7	36
Jemima, of Preston, m. Silas REED, of Norwich, May 15, 1746	6	54
Jeremy, s. Jeremiah, bp. Mar. 14, 1743	7	36
Jesse, s. Moses, bp. Apr. 11, 1750	7	36
John, of Voluntown, m. Ann AYRES, of Preston, May 18, 1749	6	53
Jonas, s. Capt. Asa, bp. Aug. 4, 1765	7	36
Jonas, m. Mary HERRECK, b. of Preston, Aug. 8, 1790	6	53
Jonathan, s. Joseph, bp. Aug. 22, 1757	7	35
Kezia, d. Thomas, bp. Feb. 2, 1750	7	36

	Vol.	Page
KINNE, (cont.)		
Kezia, m. Francis **PLUMMER**, Apr. 1, 1770	6	55
Kimball, of Grand Isle, m. Mary **BISHOP**, Jan. 16, 1798, by Rev. Daniel Hale	6	56
Lois, d. James, bp. Aug. 3, 1738	7	36
Lora, of Preston, m. Robert **HUSTON**, of Voluntown, Nov. 28, 1775	6	54
Lucretia, m. Noah **MASON**, b. of Preston, Dec. 4, 1786	6	54
Lydia, d. Asa, bp. Aug. 5, 1750	7	36
Manuel, of Plainfield, m. Edith **CURTISS**, of Preston, Jan. 5, 1812	6	53
Martha, m. Joseph **SKINNER**, b. of Preston, Apr. 30, 1729	6	54
Mary, d. Jeremiah, bp. May 5, 1745	7	36
Moses, of Voluntown, m. Adah **LEWIS**, of Preston, Aug. 9, 1789	6	53
Nathan, s. Amos, bp. Apr. 29, 1750	7	36
Olive, d. Capt. Asa, bp. Feb. 4, 1761	7	36
Olive, of Preston, m. Daniel **HOPKINS**, of Voluntown, Mar. 13, 1776	6	54
Roger, s. Amos, bp. Apr. 27, 1740	7	36
Samuel, s. Joseph, Jr., bp. Oct. 4, 1741	7	36
Samuel, s. Jeremiah, Esq., bp. Apr. 15, 1753	7	36
Sanford, s. Lt. Joseph, bp. Jan. 5, 1770	7	36
Sarah, d. Lt. Asa, bp. Apr. 11, 1759	7	36
Sarah, of Preston, m. Allen **CAMPBELL**, of Voluntown, June 18, 1778	6	54
Sarah, of Preston, m. [ ] **COVEY**, of R.I., Oct. 28, 1787	6	54
Sarah, m. Allen **WYLIE**, b. of Preston, June 5, 1794	6	54
Seth, s. Moses, bp. July 7, 1752	7	36
Susanna, d. Jeremiah, bp. Sept. 9, 1750	7	36
Thankful, of Preston, m. John [ ], May 4, 1780	6	54
Zerviah, of Preston, m. William **PALMER**, of Stonington, Dec. 5, 1765	6	54
KINYON, Weeman*, of Exeter, R.I., m. Lydia **WITHEY**, of Preston, Dec. 2, 1792 (*Probably "Freeman")	6	53
KIRKLAND, Joseph, of Norwich, m. Zipporah **FREEMAN**, of Preston, June 12, 1766	6	53
KIZA*, Elisha, of Lisbon, m. Sarah **MULKINS**, of Preston, Dec. 10, 1789	6	53
KNAPPING, [see under **NAPPING**]		
KNIGHT, Phineas, s. Mary, bp. Aug. 28, 1763	7	35
Sarah, d. Mary, bp. Apr. 21, 1771	7	35
LAMB, Experience, of Stonington, m. Zebedee **TYLER**, of Stonington, Feb. 3, 1773, by Samuel Mott, [J.P.]	6	65
Jacob, of Groton, m. Jerusha **WILLIAMS**, of Preston, [ ], 1725	6	63
Polly, of Stonington, m. Ebenezer **HERRICK**, of Preston, Nov. 27, 1788	6	64
William, of Preston, m. Polly **BLISS**, of Preston, Dec. 24, 1800		63
LAMBERT, Thomas, of Stonington, m. Elizabeth **AMES**, of Preston, Mar. 11, 1781, by Samuel Mott, [J.P.]	6 6	65
LARRIBEE, LARIBEE, LARABEE, Asa, s. Willett, bp. Aug. 23, 1741	7	39
Eliphalet, s. Thomas, bp. Oct. 7, 1703	7	37
Esther, m. David **MORSE**, Feb. 25, 1777	6	65
Hannah, d. Willett, bp. May 11, 1744	7	39

	Vol.	Page
LARRIBEE, LARIBEE, LARABEE, (cont.)		
Hannah, m. George **BROWN**, Dec. 25, 1755	6	65
Huldah, d. Willett, bp. Sept. 10, 1738	7	39
Jerusha, d. Thomas, bp. Sept. 16, 1700	7	37
Joseph, s. Willett, bp. Oct. 25, 1747	7	39
Peggy, m. Albigence Waldo **DANER**, b. of Norwich, Oct. 19, 1801, by Samuel Mott, [J.P.]	6	65
Willett, s. Willett, bp. June 14, 1752	7	39
Zerviah, m. Rufus **PARK**, Mar. 25, 1779	6	65
LATHEM, Catharine, of Groton, m. John **RODGERS**, of Preston, Jan. 24, 1796	6	64
LATHROP, John, of Norwich, m. Lydia **FREEMAN**, of Preston, Nov. 4, 1773	6	63
Polly, m. Cyrus **GEER**, b. of Preston, Jan. 1, 1800	6	64
Simeon, m. Esther **BRANCH**, Apr. 13, 1769	6	65
LAWLOR, Agnes, of Preston, m. Joel **WINCHESTER**, of Norwich, Feb. 21, 1788, by Samuel Mott, [J.P.]	6	65
LAWRENCE, Cynthia, d. Jonathan, bp. Apr. 23, 1769	6	39
Peter, of Norwich, m. Sarah **COIL**, of Preston, Dec. 6, 1764	6	63
LEDYARD, Ebenezer, of Groton, m. Lucy **COIT**, of Preston, Oct. 15, 1789, (1788?)	6	63
LEET, Allen, m. Rachel **MORGAN**, Nov. 22, 1758	6	65
LEONARD, LEONORD, LONORD, Abigail, m. Joseph **PRENTICE**, Jr., b. of Preston, Mar. 15, 1759	6	64
Daniel, m. Mary **STARKWEATHER**, b. of Preston, Oct. 6, 1774	6	63
Ebenezer, s. Ebenezer, bp. Mar. 23, 1740	7	39
Ebenezer, s. Capt. Ebenezer, bp. July 8, 1753	7	39
Elizabeth, d. Ebenezer, bp. July 27, 1735	7	39
Elizabeth, m. Jacob **STEPHENS**, May 26, 1757	6	65
Esther, of Preston, m. Stephen **HALL**, of Plainfield, Mar. 15, 1748	6	63
Eunice, d. Nathan, bp. May 19, 1749	7	39
Ezra, of Worthington, Mass., m. Dorcas **BROWN**, of Preston, Mar. 4, 1793	6	63
Jonas, s. Capt. Nathan, bp. Apr. 24, 1759	7	39
Joseph, of Worthington, Mass., m. Eunice **HERRICK**, of Preston, May 31, 1781	6	63
Joseph, m. Polly **BLISS**, b. of Preston, Nov. 2, 1796	6	63
Lydia, of Preston, m. [ ] **HUNTINGTON**, of Norwich, [ ], 1725	6	63
Lydia, d. John, bp. Apr. 22, 1739	7	39
Lydia, m. Daniel **BOMAN***, b. of Preston, Jan. 9, 1783 (*Perhaps Daniel **BEMAN**)	6	64
Mary, m. Josiah **BARTON**, b. of Preston, Apr. 10, 1765	6	64
Mehetable, of Preston, m. Aaron **BALDWIN**, of Canterbury, Apr. 11, 1771	6	64
Moses, s. Capt. Ebenezer, bp. Sept. 14, 1755	7	39
Phinehas, s. Nathan, bp. Apr. 5, 1747	7	39
Phinehas, s. Ens. Nathan, bp. May 6, 1753	7	39
Sarah, m. Phinehas **HERRICK**, b. of Preston, Feb. 13, 1752	6	63
Zerviah, d. Ebenezer, bp. Jan. 27, 1751	7	39
Zipporah, m. Daniel **GATES**, b. of Preston, Apr. 2, 1767	6	64
LEONARDSON, Phebe, d. Goodman, bp. Oct. 7, 1703	7	37
LESTER, Andrew, s. Andrew, bp. Apr. 24, 1726	7	39

PRESTON VITAL RECORDS 297

	Vol.	Page
LESTER, (cont.)		
Elisha, s. Timothy, bp. Mar. 30, 1760	7	39
Esther, of Preston, m. Buster **BENNET**, of Pittsfield, Mass., Dec. 23, 1810	6	64
Experience, m. [ ] **GEER**, b. of Preston, [ ], 1725	6	63
George Washington, s. Moses, bp. Oct. 21, 1777	7	39
Hannah, d. Andrew, bp. Dec. 26, 1731	7	39
Lydia, d. Andrew, bp. Jan. 12, 1729	7	39
Lydia, of Preston, m. Perry **CLARK**, of Plainfield, Nov. 4, 1747	6	63
Lydia, of Preston, m. Seth **PAINE**, of Pomfret, Nov. 16, 1774	6	64
Mary, of Preston, m. Simeon **LESTER**, of Groton, Oct. 6, 1763	6	64
Mary, of Preston, m. Daniel **TYLER**, of Pomfret, Jan. 24, 1770	6	64
Phillis, of Preston, m. Richard **YORK**, of R.I., Sept. 22, 1780	6	64
Sarah, of Preston, m. John B. **PERRY**, of Lee, Mass., Apr. 30, 1811	6	64
Simeon, of Groton, m. Mary **LESTER**, of Preston, Oct. 6, 1763	6	63
LEWIS, Abel, of Voluntown, m. Jerusha **RIX**, of Preston, Jan. 30, 1777	6	63
Asa, of Exeter, R.I., m. Rebecca **BRUMBLEY**, of Preston, Nov. 27, 1788, by Samuel Mott, [J.P.]	6	65
Asa, of Petersburg, N.Y., m. Bridget **RIX**, of Preston, Nov. 17, 1791	6	63
Hannah, of Norwich, m. Daniel **ARMSTRONG**, of Norwich, Nov. 19, 1777	6	64
John B., of Voluntown, m. Terrissa **HARVEY**, of Preston, Nov. 20, 1806, by Samuel Mott, [J.P.]	6	65
Mary, of Preston, m. Samuel **BELCHER**, of Braintree, July 28, 1774	6	64
Obadiah, of Exeter, m. Sarah Neal **PARTRIDGE**, of Preston, Nov. 16, 1797	6	63
LILLIBRIDGE, Joseph, of Richmond, R.I., m. Rachel **STEVENS**, of Preston, Aug. 28, 1783	6	63
LITTLE, Abigail, d. Robert & Mary, bp. July 1, 1739	7	37
LONDON, Thomas, s. John, bp. Oct. 13, 1751	7	39
LONGBOTTOM, John, of Norwich, m. Hannah **JEWEL[L]**, of Preston, Feb. 6, 1751	6	63
LORD, Elias, s. Elizabeth, wid. of Elias, bp. Mar. 20, 1763	7	39
Elizabeth, of Preston, m. Daniel **KELLY**, of Norwich, June 4, 1767	6	64
Jerusha, of Preston, m. Ebenezer **BISHOP**, of Norwich, Jan. 25, 1770	6	64
John, of Norwich, m. Anna **HERRICK**, of Preston, May 1, 1729	6	63
Mary, of Preston, m. John **WATERMAN**, of Norwich, May 28, 1772	6	64
Sarah, m. Jabez **WRIGHT**, of Norwich, Apr. 21, 1757	6	63
LOVE, George, s. Robert, bp. Mar. 17, 1793	7	39
Levi, s. Robert, bp. Aug. 9, 1791	7	39
Lucy, d. Robert, bp. Aug. 9, 1791	7	39
Robert, of R.I., m. Susanna **AUSTIN**, of Preston, Oct. 16, 1788	6	63
LUCAS, Amos, of Kingsbury, N.Y., m. Anna **KIMBALL**, of Preston, Oct. 16, 1794	6	64
MACKAL, John, of Bozrah, m. Loruhama **BREWSTER**, of Preston, June 21, 1786	6	74
MACLAIN, Mary, m. Nathan **JOHNSON**, Sept. 24, 1780	6	73
MACKNAL, Mary, m. James **GEER**, b. of Preston, Nov. 5, 1735	6	72
MACKWITHEE, McWITHEY, MACWITHEY, Amasa, of Preston, m. Alice **APPLY**, of Plainfield, Oct. 2, 1765	6	71

	Vol.	Page
MACKWITHEE, McWITHEY, MACWITHEY, (cont.)		
Ame, d. John, bp. Mar. 11, 1750	7	43
Asa, s. John, bp. July 3, 1747	7	43
Esther, d. David, Jr., bp. Aug. 13, 1741	7	43
Eesobath (?), child of David, Jr., bp. Nov. 21, 1739 (Perhaps Elizabeth)	7	43
Elijah, s. Ephraim, bp. July 17, 1743	7	43
Elizabeth, of Preston, m. John MIRKINS, of Canterbury, Jan. 23, 1734	6	72
Elizabeth, d. David, Jr., bp. Nov. 21, 1739	7	43
Ephraim, s. Ephraim, bp. July 17, 1743	7	43
John, s. John, bp. Mar. [ ], 1745	7	43
Lois, d. John, bp. Oct. 13, 1754	7	43
Molly, d. Ephraim, bp. Apr. 3, 1745	7	43
Olive, d. David, Jr., bp. Nov. 21, 1739	7	43
Reuben, s. David, Jr., bp. Nov. 21, 1739	7	43
Sarah, of Preston, m. James GRISSERT, of Kingston, Nov. 11, 1736	6	72
Sarah, d. John, bp. June 14, 1752	7	43
Simeon, s. David, Jr., bp. Nov. 21, 1739	7	43
-----, child of David, Jr., bp. Dec. 18, 1743	7	43
MAIN, Thomas, m. Lucy TYLER, Sept. 24, 1772	6	73
MALTAWN, Elizabeth, of Preston, m. Asa BOWDISH, of Voluntown, Apr. 15, 1779 (Perhaps Elizabeth MALTOM)	6	72
MANNING, Roger, s. Samuel, bp. July 16, 1758	7	43
Samuel, m. Mary GATES, b. of Preston, Nov. 9, 1769	6	71
MARSH, James, of Plainfield, m. Polly BENNET, of Preston, May 16, 1793	6	71
MARTIN, Elizabeth, d. Isaac, bp. Apr. 5, 1744	7	43
Isaac, s. Isaac, bp. Apr. 26, 1741	7	43
Mat[t]hew, s. Isaac, bp. Mar. 30, 1740	7	43
MASON, Noah, m. Lucretia KINNIE, b. of Preston, Dec. 14, 1786	6	71
MATTESON, Polly, of Groton, m. Ezra BAKER, of Preston, Jan. 1, 1792	6	72
Sally, of Preston, m. Henry CHARLES, (blacks), of S. Kingston, Nov. 26, 1795	6	72
McFARLIN, Hutchinson, m. Lucy RANDALL, June 2, 1769	6	73
McWITHEY, [see under MACKWITHEE]		
MEECH, MEACH, Aaron, s. John, bp. Oct. 13, 1708	7	41
Abigail, m. Samuel JOHNSON, Mar. 26, 1745	6	73
Anice, m. Simeon BUNDY, Oct. 5, 1758	6	73
Anne, of Stonington, m. Thomas FARLAN, of Preston, Nov. 19, 1772, by Samuel Mott, [J.P.]	6	73
Braddock, of Worthington, Mass., m. Eunice [ ], of Preston, Feb. 20, 1803	6	71
Cynthia, m. Samuel BAYLEY, b. of Preston, Nov. 26, 1789	6	74
Daniel, s. John, bp. June 4, 1699	7	41
Daniel, m. Zerviah WITTER, Apr. 13, 1780	6	73
Dennis, of Worthington, Mass., m. Abigail BILLINGS, of Preston, Dec. 2, 1784	6	71
Elisha, m. Desire SATTERLEE, of Preston, Nov. 4, 1772, by Samuel Mott, [J.P.]	6	73
Esther, of Preston, m. Benjamin CRANDALL, of Charlestown,		

PRESTON VITAL RECORDS 299

	Vol.	Page
MEECH, MEACH, (cont.)		
R.I., Dec. 30, 1784	6	74
Hannah, of Preston, m. Eleazer BELLOWS, of Southberry, May 26, 1735	6	72
Hezekiah, of Stonington, m. Abigail JOHNSON, of Preston, Mar. 13, 1760	6	71
John, s. John, bp. Feb. 9, 1739	7	41
Joseph, m. Sally BOARDMAN, of Preston, Mar. 14, 1792	6	71
Mary, d. John, bp. May 20, 1700	7	41
Moses, s. John, bp. Jan. 12, 1707	7	41
Moses, m. Elizabeth PLUMMER, Apr. 5, 1764	6	73
Sarah, of Preston, m. Avery STARKWEATHER, of Stonington, Jan. 21, 1790, by Samuel Mott, [J.P.]	6	73
Tryphena, m. Joseph CULVER, Mar. 8, 1797, by Rev. Daniel Hale	6	74
MIDDLETON, Phebe, of Stonington, m. John BROWN, of Preston, Dec. 16, 1793. (Note says "evening of 15th")	6	74
MILE, Charles, m. Sabra BENNET, June 1, 1772	6	73
Charles, of Preston, m. Mary CLARK, of Norwich, Mar. 31, 1774	6	71
MILLER, Samuel, of Worthington, Mass., m. Mehitable PRESTON, (PRESSON?), of Preston, Feb. 2, 1795	6	71
MINOR, Manassah, of Voluntown, m. Kezia GEER, of Preston, Mar. 9, 1726	6	71
MIRKINS, John, of Canterbury, m. Elizabeth MACWITHY, of Preston, Jan. 23, 1734 (see also MURKINS)	6	71
MITCHEL, Sally, of Groton, m. Shubael WHITNEY, of Preston, June 25, 1795	6	74
MIX, Amasa, s. Daniel, bp. Feb. 10, 1717	7	41
Zabadiah, s. Thomas, bp. Nov. 20, 1698	7	41
MOORE, MORE, James, m. Elizabeth SMITH, Oct. 27, 1791, by Rev. Daniel Hale	6	74
James, of Preston, m. Judeth MORSE, of Preston, May 29, 1794	6	71
Mark, of Plainfield, m. Hager BARNES, of Preston, Apr. 4, 1793	6	71
MOOT, Keziah, of Preston, m. William AVERY, of Stonington, Nov. 29, 1792	6	74
MORE, [see under MOORE]		
MOREDOCK, [see under MURDOCK]		
MOREY, Abigail, d. Joseph, bp. Feb. 2, 1750	7	43
Jesse, s. Jonathan, bp. Aug. 17, 1750	7	43
Rhuhama, d. Joseph, bp. Aug. 26, 1755	7	43
Samuel, s. Joseph, bp. Feb. 2, 1750	7	43
MORGAN, Ama, d. Samuel & Elizabeth, bp. June 21, 1761	7	41
Benjamin, Ensign, m. Sarah COOK, b. of Preston, Nov. 5, 1772, by Samuel Mott, [J.P.]	6	73
Birron, m. Mary CLARK, b. of Preston, Jan. 8, 1789	6	71
Daniel, s. Samuel & Elizabeth, bp. June 21, 1761	7	41
Dorothy, m. Elijah MORGAN, Aug. 18, 1763	6	73
Dorothy, of Preston, m. Jacob CADY, of Voluntown, Dec. 27, 1770	6	72
Dudley, of Preston, m. Phebe GOODALE, of Preston, May 6, 1798	6	71
Dwella, d. Isaac, bp. Apr. 24, 1765	7	41
Ebenezer, m. Desire BRANCH, b. of Preston, June 24, 1745	6	71
Elijah, m. Dorothy MORGAN, Aug. 18, 1763	6	73
Elizabeth, d. Samuel & Elizabeth, bp. June 21, 1761	7	41
Elizabeth, of Preston, m. Stephen JOHNSON, of Norwich, Jan.		

BARBOUR COLLECTION

	Vol.	Page
MORGAN, (cont.)		
31, 1771	6	72
Eunice, of Preston, m. Capt. Judah **BURTON**, of Nine Partners, Jan. 18, 1778	6	72
Henry, s. Binnai, bp. June 8, 1800	7	43
James, of Groton, m. Deborah **KILLAM**, of Preston, Jan. 7, 1771, by Samuel Mott, [J.P.]	6	73
James, m. Sarah **SMITH**, of Stonington, Jan. 28, 1773, by Samuel Mott, [J.P.]	6	73
James Clark, s. Binnaie, bp. July 14, 1799	7	43
Jerusha (?), d. Binnai, bp. July 14, 1799	7	43
Jonas, s. Samuel & Elizabeth, bp. June 21, 1761	7	41
Lucy, d. Samuel & Bethiah, bp. June 6, 1756	7	41
Lucy, of Preston, m. Samuel **TURNER**, of Mansfield, Dec. 6, 1787	6	72
Olive, d. Isaac, bp. Sept. 23, 1712	7	41
Olive, m. William **BREWSTER**, Nov. 4, 1761	6	73
Olive, d. Isaac, Jr., bp. Mar. 15, 1767	7	41
Peter, s. Ebenezer, bp. Jan. 23, 1759	7	43
Rachel, m. Allen **LEET**, Nov. 22, 1758	6	73
Ralph, s. Binnai, bp. July 14, 1799	7	43
Sarah, of Preston, m. Ezekiel **SPAULDING**, of Plainfield, Oct. 27, 1757	6	72
Silas, s. Binnai, bp. July 14, 1799	7	43
Sophia, of Preston, m. John W----, of R.I., Sept. [ ], 1807	6	72
Susa, d. Isaac, bp. Oct. 5, 1760	7	41
Susanna, d. Binnai, bp. July 14, 1799	7	43
Wheeler, s. Ebenezer, bp. Aug. 8, 1762	7	43
Zipporah, d. Isaac, bp. June 27, 1762	7	41
MORRIS, Elbry, of Exeter, R.I., m. Abigail **BRUMBLEY**, of Preston, Mar. 11, 1792	6	71
MORSE, MORS, MOORS, Abigail, of Preston, m. Ebenezer **BROWN**, Jr., of Groton, Jan. 4, 1781	6	74
David, m. Esther **LARRIBEE**, Feb. 25, 1777	6	73
Elijah, of Worthington, State of Boston [Mass.], m. Mary **MORSE**, of Preston, Sept. 19, 1788 (Note says "evening of 18th")	6	74
Hannah, of Preston, m. John **MORSE**, of Canterbury, Feb. 25, 1790	6	72
John, of Canterbury, m. Hannah **MORSE**, of Preston, Feb. 25, 1790	6	71
Judeth, m. Deac. Elijah **BELCHER**, b. of Preston, July 15, 1773	6	72
Judeth, m. James **MORE**, b. of Preston, May 29, 1794	6	72
Martha, m. Samuel **STANTON**, b. of Preston, Dec. 4, 1786 (Note says "evening of 3d")	6	74
Mary, [of Preston], m. Elijah **MORSE**, [of Worthington, Mass.], Sept. 19, 1788	6	74
Samuel, m. Eunice **BROWN**, b. of Preston, Apr. 24, 1766	6	71
MOTT, Abigail, m. Avery **DOWNER**, b. of Preston, Jan. 8, 1786, by Samuel Mott, [J.P.]	6	73
Jerusha, of Stonington, m. Samuel **SMITH**, of Preston, Oct. 21, 1792	6	72
Rebecca, of Preston, m. Moses **TYLER**, Jr., Apr. 18, 1795, by Samuel Mott, [J.P.]	6	73
MULKINS, Sarah, of Preston, m. Elisha **KIZER**, of Lisbon, Dec. 10, 1789	6	72
MURDOCK, MOREDOCK, MORDOCK, MERDACK, Agnes, of		

PRESTON VITAL RECORDS   301

	Vol.	Page
MURDOCK, MOREDOCK, MORDOCK, MERDACK, (cont.)		
Preston, m. James DIXON, of Voluntown, Mar. 10, 1757	6	72
Asahel, s. Thomas, bp. Feb. 8, 1756	7	44
Asahel, of Norwich, Vt., m. Elizabeth STARKWEATHER, of Preston, Feb. 28, 1779	6	71
Constant, s. Thomas, bp. Aug. 8, 1762	7	44
Constant, of Norwich, Vt., m. Sarah JEWETT, of Preston, Jan. 24, 1790	6	71
Elizabeth, d. George, bp. Aug. 8, 1762	7	44
Elizabeth, d. Thomas, bp. July 7, 1763	7	44
Jasper, s. Thomas, bp. Nov. 25, 1759	7	44
Margaret, m. Elisha PARTRIDGE, b. of Preston, Nov. 14, 1765	6	72
Mary, d. Thomas, bp. Nov. 17, 1765	7	44
Meriam, m. John COY, b. of Preston, Mar. 18, 1764	6	72
-----, child of Thomas, bp. Jan. 5, 1758	7	44
MURKINS, [see also MIRKINS], Alice, of Preston, m. Ephraim WITHEY, of Bennington, Jan. 6, 1780	6	72
NAPPING, Samuel, of Woodbury, m. Lydia BURTON, of Preston, Nov. 22, 1769	6	78
NELSON, Catrina, of Preston, m. George HARVEY, of Charleston, R.I., Jan. 5, 1801	6	78
NEWTON, Deborah, m. Elijah BENJAMIN, b. of Preston, Aug. 30, 1795	6	78
Ezra, m. Patty GRANT, b. of Preston, Apr. 9, 1797	6	78
NICHOLS, Silas, m. Fanny JONES, b. of Preston, Apr. 17, 1808	6	78
NICKELSON, W[illia]m Beard, of Newport, R.I., m. Marvel PALMER, of Preston, Sept. 14, 1788	6	78
NORMAN, Josiah, of Springfield, m. Desire PRENTICE, of Preston, [ ], 1808	6	78
NORTH[R]UP, Francis, of Preston, m. Joseph C. SANFORD, of Kingston, R.I., Nov. 13, 1814	6	78
Joseph, m. Sarah HATCH, b. of Preston, Dec. 17, 1777	6	78
O'DONNEL, Hugh, m. Mary GATES, b. of Preston, Nov. 2, 1786	6	23
OLIN, Anne, m. Jonathan WILLIAMS, b. of Preston, Dec. 8, 1768	6	79
Benjamin, m. Sarah OLIN, b. of Preston, Dec. 28, 1794	6	79
Elizabeth, of Preston, m. Nathan ROSE, of Stafford, Aug. 12, 1790	6	79
Ezrene, m. Alice WALTON, b. of Preston, Apr. 4, 1799	6	79
Phineas, m. Zipporah PRIDE, b. of Preston, Nov. 20, 1803, by Samuel Mott, [J.P.]	6	79
Sarah, of Preston, m. John RAYMOND, of Hartford, Mar. 18, 1772	6	79
Sarah, m. Benjamin OLIN, b. of Preston, Dec. 28, 1794	6	79
PAGE, John, m. Anna GEER, Aug. 5, 1771	6	83
PAINE, PAIN, Elijah, s. James, bp. Apr. 14, 1725	7	47
Seth, of Pomfret, m. Ludia (Lydia) LESTER, of Preston, Nov. 16, 1774	6	81
Stephen, of Pomfret, m. Martha COGSWELL, of Preston, Feb. 6, 1771	6	81
PALMER, Adin, m. Lois STANTON, b. of Preston, Feb. 1, 1781	6	81
Alexander, m. Lucretia CLARK, b. of Preston, Nov. 6, 1806	6	82
Amy, of Preston, m. David BUDLONG, of Voluntown, Feb. 22, 1789	6	82
Darius, m. Polly BENNET, b. of Preston, Dec. 11, 1783	6	81
David, m. Anna RAY, May 10, 1781	6	83

	Vol.	Page
PALMER, (cont.)		
Ichabod, of Stonington, m. Ziporah **BRANCH**, of Preston, May 9, 1782, by Rev. Paul Park	6	85
Judeth, m. Ezra **BARNES**, b. of Preston, Aug. 27, 1799, by Rev. Paul Park	6	85
Marvel, of Preston, m. W[illia]m Beard **NICHOLSON**, of Newport, R.I., Sept. 14, 1788	6	82
Olive, of Preston, m. Ezrar **BARNES**, of Groton, Nov. 24, 1791, by Rev. Paul Park	6	85
R[e]uben, of Stonington, m. Lucrecy **TYLER**, of Preston, Nov. 16, 1780, by Rev. Paul Park	6	85
R[e]uben, of Stonington, m. Zerviah **STANTON**, of Preston, Nov. 17, 1784	6	81
Timothy, of Norwich, m. Lydia **ALDRICH**, of Preston, Jan. 29, 1783	6	81
Walter, of Plainfield, m. Hannah **GATES**, of Preston, Apr. 24, 1784	6	81
Walter, Jr., of Plainfield, m. Lucy K. **EAMES**, of Preston, Nov. 4, 1812	6	82
William, of Stonington, m. Zerviah **KINNE**, of Preston, Dec. 12, 1765	6	81
Wyatt, of Stonington, m. Keziah **STARKWEATHER**, of Preston, Feb. 8, 1789	6	81
PALMERTER, Ephraim, m. Mary **BAKER**, b. of Preston, Apr. 9, 1807	6	82
PARKE, PARK, [see also **PRARK**], Abel, s. John & Abigail, bp. Aug. 30, 1730	7	45
Amos, m. Phebe **FARNHAM**, of Preston, Mar. 24, 1774, by Samuel Mott, [J.P.]	6	84
Benjamin, s. Josiah & Sarah, bp. May 25, 1737	7	45
Dorothy, m. Jabez **BREWSTER**, Feb. 26, 1775	6	84
Elijah, s. Paul, bp. July 11, 1740	7	45
Elisha, of Plainfield, m. Rachel **AVERELL**, of Preston, Sept. 21, 1797	6	82
Elizabeth, d. Robert, bp. Sept. 14, 1735	7	45
Elizabeth, of Groton, m. Azariah **PERSONS**, of Worthington, Mass., Feb. 17, 1785, by Rev. Paul Park	6	85
Ephraim, m. Cybil **KIMBAL[L]**, b. of Preston, Mar. 8, 1792, by Rev. Paul Park	6	85
Esther, d. Daniel, bp. Apr. 5, 1750	7	45
Eunice, m. Samuel **JOHNSON**, b. of Preston, Oct. 25, 1781, by Rev. Paul Park	6	85
Ezekiel, s. Dr. Ezekiel, bp. Jan. 30, 1726	7	45
Ezekiel, s. Daniel, bp. May 19, 1754	7	45
Hannah, d. Robert, bp. Apr. 16, 1738	7	45
Hezekiah, s. Robert, bp. Apr. 15, 1740	7	45
Hezekiah, m. Phebe **AVERY**, of Preston, Jan. 5, 1775, by Rev. Paul Park	6	84
Hezekiah, m. Phebe **AVERY**, b. of Preston, Jan. 5, 1775, by Rev. Paul Park	6	85
Isaac, s. Daniel, bp. May 3, 1752	7	45
James, s. Robert, bp. Sept. 26, 1731	7	45
Jeremiah, s. James, bp. Apr. 7, 1725	7	47
Jerusha, m. John **GEERS**, Oct. 4, 1769	6	84
Jerusha, of Stonington, m. David **KINNE**, Jr., of Preston, Aug. 22,		

PRESTON VITAL RECORDS 303

	Vol.	Page
PARKE, PARK, (cont.)		
1771, by Samuel Mott, [J.P.]	6	84
John, s. Samuel & Abigail, bp. Oct. 31, 1735	7	45
Joseph, s. Josiah & Sarah, bp. May 25, 1737	7	45
Joseph, s. Joseph, bp. Sept. 25, 1757	7	45
Josiah, s. Josiah, bp. Oct. 7, 1744	7	45
Lucy, m. David **BENJAMIN**, Feb. 19, 1769	6	84
Leucy, of Preston, m. Richard **FANNING**, of Stonington, Dec. 17, 1789, by Rev. Paul Park	6	85
Leucy, of Preston, m. Asa **PRENTICE**, of Stonington, Sept. 29, 1791, by Rev. Paul Park	6	85
Margaret, m. Nathan **PARK**, b. of Preston, Dec. 12, 1799, by Rev. Paul Park	6	85
Mary, d. Robert, bp. July 14, 1723	7	45
Mary, d. Robert, bp. Feb. 18, 1733	7	45
Mary, d. Daniel, bp. Feb. 24, 1740	7	45
Mary, m. Samuel Brown **PHILLIPS**, b. of Preston, Oct. 11, 1792	6	83
Molly Brown, of Preston, m. Nathan **STANTON**, of Charlestown, R.I., Oct. 5, 1786, by Rev. Paul Park	6	85
Moses, s. Daniel, bp. Apr. 21, 1749	7	45
Nathan, s. James, bp. Dec. 23, 1722	7	47
Nathan, m. Marg[a]ret **PARK**, b. of Preston, Dec. 12, 1799, by Rev. Paul Park	6	85
Nathaniel, s. Daniel, bp. Oct. 18, 1747	7	45
Phebe, d. Joseph, bp. May 6, 1759	7	45
Reuben, m. Sarah **ROCKWELL**, June 10, 1762	6	83
Roswell, s. Robert, bp. Sept. 26, 1731	7	45
Rufus, m. Zurviah **LARRIBEE**, Mar. 25, 1779	6	83
Sabra, of Preston, m. Stephen **HARRINGTON**, of Lisbon, Mar. 29, 1789	6	82
Samuel, s. Daniel, bp. Apr. 21, 1745	7	45
Sarah, d. Josiah, bp. Nov. 30, 1748	7	45
Sarah, m. Moses **PORTER**, May 12, 1765	6	84
Smith, s. Joseph, bp. Nov. 5, 1721	7	47
Susanna, d. Josiah, bp. Mar. 23, 1742	7	45
Susannah, m. Christopher **REYNOLDS**, b. of Preston, Apr. 5, 1770, by Samuel Mott, [J.P.]	6	84
Sybel, s. Josiah & Sarah, bp. May 25, 1737	7	45
Sybel, of Preston, m. Daniel **AVERY**, of Groton, Apr. 22, 1779, by Rev. Paul Park	6	85
Temperance, d. John & Abigail, bp. Aug. 14, 1726	7	45
Thomas, s. Josiah, bp. Jan. 26, 1748	7	45
Thomas, m. Elizabeth **BACK**, of Preston, July 10, 1770, by Samuel Mott, [J.P.]	6	84
Zilpha, d. John & Abigail, bp. Apr. 7, 1728	7	45
Zilpha, m. Park **WOODWARD**, May 13, 1746	6	84
PARLETO, Asel, of Stonington, m. Elizabeth **RISE (RIX)**, of Preston, Sept. 20, 1798	6	82
[PARRISH], PARISH, Anne, d. Rosell, bp. Nov. 25, 1793	7	47
Betsey, d. Rosell, bp. June 9, 1793	7	47
Joseph, m. Mary **JONES**, b. of Preston, July 3, 1735	6	81
Lucinda, of Preston, m. John **SMITH**, of Chatham, N.Y., Jan. 17, 1797	6	83

	Vol.	Page
[PARRISH], PARISH, (cont.)		
Tamson, m. Henry **WALTON**, b. of Norwich, Nov. 16, 1737	6	82
PARTRIDGE, Ame, d. John, bp. June 10, 1744	7	47
Asa, s. John, bp. Dec. 3, 1759	7	47
Asenath, of Preston, m. Solomon **LATHROP**, of Lisbon, Feb. 20, 1812	6	83
Betsey, of Preston, m. Solomon **AVERY**, of Groton, Oct. 25, 1810	6	83
Deborah, of Preston, m. Jasper **GIDDINGS**, of Franklin, Jan. 1, 1806	6	83
Elisha, m. Margaret **MORDOCK**, b. of Preston, Nov. 14, 1765	6	81
Elisha, m. Anne **COOK**, b. of Preston, Feb. 14, 1799	6	82
Ezra P., m. Polly **AUSTIN**, b. of Preston, Dec. 22, 1796	6	82
Lucy, m. Daniel **COY**, b. of Preston, Mar. 30, 1769	6	82
Sarah Neal, of Preston, m. Obadiah **LEWIS**, of Exeter, R.I., Nov. 16, 1797	6	83
PATTEN, Thomas, m. Mary **NEAL**, b. of Preston, Jan. 18, 1781, by Rev. Paul Park	6	85
PECK, Daniel, of Lime, m. Jerusha **YARRINGTON**, of Preston, Dec. 25, 1764	6	81
PELLET, Eunice, of Canterbury, m. Jonas **BREWSTER**, of Preston, June 30, 1776	6	82
PEMBERTON, Joanna, of Preston, m. Capt. John **CADY**, of Plainfield, July 8, 1779	6	82
PERKINS, David, of Exeter, R.I., m. Zilpha **GEER**, of Preston, Nov. 17, 1763	6	81
Newman, m. Abigail **DENISON**, Nov. 20, 1766	6	83
Oliver, of Voluntown, m. Hannah **GATES**, of Preston, Jan. 10, 1734	6	81
-----, m. Mary **WHEELER**, b. of Preston, [ ], 1725	6	81
PERRY, David, m. Mary **TYLER**, of Preston, Oct. 15, 1734	6	81
John B., of Lee, Mass., m. Sarah **LESTER**, of Preston, Apr. 30, 1811	6	82
PERSONS, Azariah, of Worthington, Mass., m. Elizabeth **PARKS**, of Groton, Feb. 17, 1785, by Rev. Paul Park	6	85
PETERS, Hannah, of Preston, m. Duncan **McCOLLUM**, of Saybrook, June 16, 1805, by Samuel Mott, [J.P.]	6	84
William, m. Bridget **DESHON**, b. of Preston, Feb. 7, 1788	6	81
PHILLIPS, Content, of Preston, m. Nickales **RANDANT**, of Voluntown, Nov. 20, 1777	6	82
Elijah, m. Susanna **GATES**, b. of Preston, Mar. 5, 1778	6	81
Esther, m. Thomas **JACKSON**, b. of Preston, [ ], 1807	6	83
Hannah, d. Jonathan, bp. Sept. 27, 1741	7	47
Jerusha, of Preston, m. Moses **FISH**, Jr., of Voluntown, Feb. 12, 1778	6	82
Jonathan, s. Jonathan, bp. Feb. 4, 1743	7	47
Mary, d. Jeremiah, bp. Aug. 27, 1780	7	47
Penelope, of Preston, m. Elisha **GEER**, of N.Y., Feb. 15, 1804	6	83
Samuel Brown, m. Mary **CLARK**, b. of Preston, Oct. 11, 1792	6	82
Squire, m. Anne **GATES**, b. of Preston, Nov. 25, 1779	6	81
Waterman, s. Jonathan, bp. Jan. 28, 1778	7	47
William, of Plainfield, m. Temperance **BRANCH**, of Preston, Feb. 1, 1749	6	81
-----, of Norwich, m. Prudence **GATES**, of Preston, [ ],		

	Vol.	Page
PHILLIPS, (cont.)		
1725	6	81
PIERCE, Besheba, m. Elisha EDDY, Nov. 10, 1763	6	84
PLUMMER, Elizabeth, m. Moses MEECH, Apr. 5, 1764	6	84
Francis, m. Keziah KINNE, Apr. 1, 1770	6	83
John, s. Francis, bp. July 6, 1712	7	45
Mary, m. Amos BURTON, b. of Preston, Jan. 14, 1787, by Samuel Mott, [J.P.]	6	84
POLLARD, Welthy, m. Frederick GATES, b. of Preston, Aug. 13, 1789, by Rev. Paul Park	6	85
POLLY, Daniel, s. Thomas & Ann, bp. May 31, 1719	7	45
POM[E]ROY, Jonathan Law, Rev., of Worthington, Mass., m. Betsey COIL, of Preston, Dec. 24, 1795	6	82
POOLER, Samuel, of Woodbury, m. Lois GUILE, of Preston, Apr. 5, 1768 (Perhaps Samuel PORTER)	6	81
POPE, Ansel, of Voluntown, m. Anne GUILE, of Preston, Apr. 15, 1779	6	81
PORTER, Moses, m. Sarah PARK, May 12, 1765	6	83
Samuel, of Woodbury, m. Lois GUILE, of Preston, Apr. 5, 1768 (Indexed in Arnold Copy as "Samuel POOLER")	6	81
POTTER, Dorcas, m. Primas P. STANTON, b. of Preston, Nov. 6, 1814	6	83
John, m. Elizabeth WITTER, Oct. 4, 1776	6	83
POWERS, Avery, of Norwich, N.Y., m. Prudence BENJAMIN, of Preston, Jan. 12, 1797	6	82
PRARK, [see also PARKE, PARK], Anne, of Preston, m. Joseph YARRINGTON, of Stonington, Mar. 26, 1789, by Rev. Paul Park	6	85
PRAY, Daniel, s. John, bp. June 27, 1733	7	47
PRENTICE, Abby, d. Nathan, bp. June 25, 1809	7	47
Amy, d. Joseph (?), bp. Aug. 11, 1793	7	47
Asa, of Stonington, m. Lucy PARK, of Preston, Sept. 29, 1791, by Rev. Paul Park	6	85
Desire, of Preston, m. Josiah NORMAN, of Springfield, [ ], 1808	6	83
Ebenezer, m. Lucy CRARY, Apr. 22, 1762	6	83
Jesse, of Stonington, m. Elizabeth BELCHER, of Preston, Mar. 29, 1792	6	82
John, s. Joseph, Jr., bp. May 20, 1743	7	47
Jonathan, s. Joseph, Jr., bp. Nov. 6, 1726	7	47
Joseph, Jr., m. Abigail LE[O]NORD, b. of Preston, Mar. 15, 1759	6	81
Mary, of Preston, m. Aaron PRESTON, of Norwich, Oct. [ ], 1765	6	82
Mary, d. Capt. Elisha, bp. Aug. 25, 1805	7	47
Nathan, m. Bets[e]ly CLIF, b. of Preston, Nov. 6, 1794	6	82
Samuel, s. Elihu, bp. Nov. 19, 1749	7	47
Thomas, of Stonington, m. Anne DOWNER, of Preston, Apr. 19, 1787	6	81
PRESTON, Aaron, of Norwich, m. Mary PRENTICE, of Preston, Oct. [ ], 1765	6	81
PRESSON, Mary, of Preston, m. Samuel KILLAM, of Lisbon, Nov. 29, 1795	6	83
Mehetable, of Preston, m. Samuel MILLER, of Worthington, Mass., Feb. 2, 1795	6	83
PRIDE, Hannah, m. Cyprian COOK, b. of Preston, Feb. 11, 1799, by Samuel Mott, [J.P.]	6	84

	Vol.	Page

PRIDE, (cont.)
    Zipporah, m. Phinehas **OLIN**, b. of Preston, Nov. 20, 1803, by
        Samuel Mott, [J.P.]   6   84
PULLMAN, Updike, m. Ruth **ROCKWELL**, b. of Preston, July 15,
    1801, by Samuel Mott, [J.P.]   6   84
PUTNAM, Aaron, Rev., m. Elizabeth **AVERY**, May 13, 1777   6   83
    [E]unice, m. Henry **HERRICK**, June 24, 1762   6   84
    Henry, of Salem, m. Hannah **BOARDMAN**, of Preston, June 23,
        1736   6   81
    Martha, m. Capt. Ezra **KINNE**, b. of Preston, June 5, 1792   6   83
RAND, Benjamin, m. Sarah **TUCKER**, b. of Preston, Dec. 27, 1781   6   93
RANDALL, Lucy, d. David, bp. May 5, 1745   7   51
    Peleg, of Voluntown, m. Eunice **KIMBALL**, of Preston, May 20,
        1802   6   93
    Phebe, of Preston, m. Samuel **WILLIAMS**, of Norwich, Dec. 11,
        1733   6   94
RANDANT, Nicholas, of Voluntown, m. Content **PHILLIPS**, of
    Preston, Nov. 20, 1777   6   93
RATHBONE, Polly, of Lisbon, m. David **SMITH**, Jr., of Preston, Nov.
    19, 1794   6   94
RAWSON, Jonathan, Jr., m. Bathsheba **TRACY**, Jan. 1, 1772   6   95
RAY, [see also **REA**], Anna, m. David **PALMER**, May 10, 1781   6   95
    Elizabeth, m. Henry **BUTLER***, b. of Preston, Oct. 26, 1738
        (*Should be "Henry **BURTON**")   6   94
    Polly, of Preston, m. Samuel **ROBINSON**, of Stonington, Feb. 15,
        1795   6   94
RAYMOND, John, of Hartford, m. Sarah **OLIN**, of Preston, Mar. 18,
    1772   6   93
REA, [see also **RAY**], Abigail, of Preston, m. Isaac **BURTON**, of
    Canaan, N.Y., Oct. 4, 1798   6   94
    Daniel, m. Abigail **KENNEDY**, b. of Preston, May 2, 1790   6   93
    Mary, m. Eleazer **HERRICK**, b. of Preston, Apr. 2, 1759   6   94
    Phebe, m. Charles **BRUMBLEY**, b. of Preston, Dec. 16, 1790   6   94
    Sarah, m. Abraham **GUILE**, b. of Preston, Jan. 2, 1791   6   94
    Thomas, Jr., m. Eunice **KIMBALL**, b. of Preston, Dec. 23, 1762   6   93
    Thomas F., m. Polly **JENNINGS**, b. of Preston, Dec. 31, 1802   6   93
REED, READ, David, of Norwich, m. Hannah **KINNE**, of Preston, Mar.
    14, 1776   6   93
    John, of Norwich, m. Rachel **AVERELL**, of Preston, Dec. 22, 1774   6   93
    Joseph, of Norwich, m. Tabitha **HEWIT[T]**, of Preston, Dec. 13,
        1752   6   93
    Lydia, d. Thomas, bp. May 7, 1769   7   49
    Mary, d. Thomas, bp. May 7, 1769   7   49
    Rachel, m. A[u]gustus **BABCOCK**, b. of Preston, Oct. 14, 1791   6   95
    Silas, of Norwich, m. Jemima **KINNE**, of Preston, May 15, 1746   6   93
REX, [see also **RIX, RISE**], Molly, m. Elisha **HATCH**, b. of Preston,
    Nov. 19, 1786, by Samuel Mott, [J.P.]   6   96
    Nathan, m. Esther **BROWN**, b. of Preston, Dec. 11, 1785, by
        Samuel Mott, [J.P.]   6   96
    Thirza, m. Adin **BRUMBLEY**, b. of Preston, Mar. 23, 1786, by
        Samuel Mott, [J.P.]   6   96
REYNOLDS, RENOLDS, Christopher, m. Susannah **PARK**, b. of
    Preston, Apr. 5, 1770, by Samuel Mott, [J.P.]   6   96

	Vol.	Page
REYNOLDS, RENOLDS, (cont.)		
Elizabeth, d. John, bp. Apr. 23, 1732	7	49
Hannah, m. Amos **STORY**, Sept. 17, 1755	6	95
John, s. Samuel, bp. Feb. 22, 1719	7	49
RICH, Elizabeth, d. Jonathan, bp. July 10, 1743	7	51
Prescilla, d. Jonathan, bp. July 10, 1743	7	51
Solomon, s. Jonathan, bp. July 10, 1743	7	51
RICHARDS, Elizabeth, d. John, bp. Mar. 20, 1726	7	49
Elizabeth, m. Caleb **RIGHT**, Nov. 15, 1778	6	95
John, m. Abigail **FREEMAN**, b. of Preston, Jan. 2, 1728	6	93
Jonah, s. John, bp. Dec. 11, 1743	7	49
Phebe, m. James **TRACY**, Nov. 3, 1763	6	95
RICHARDSON, Nathan, s. Amos, bp. Sept. 26, 1725	7	49
RIGHT, [see under **WRIGHT**]		
RIPLEY, Dwight, of Norwich, m. Martha **COIL**, of Preston, Apr. 24, 1794	6	93
Jabez, s. John, bp. Apr. 17, 1754	7	51
RIX, RISE, [see also **REX**], Betsey, of Preston, m. Erastus **PRENTICE**, of Preston, Aug. 8, 1805	6	94
Bridget, of Preston, m. Asa **LEWIS**, of Petersburg, N.Y., Nov. 17, 1791	6	94
Deborah, of Preston, m. Joseph **BOARDMAN**, of Vt., Feb. 1, 1797	6	94
Elizabeth, of Preston, m. Asher **PRENTICE**, of Stonington, Sept. 27, 1798	6	94
James, m. Hannah **SAFFORD**, May 23, 1754	6	95
Jerusha, of Preston, m. Abel **LEWIS**, of Voluntown, Jan. 30, 1777	6	94
Patience, d. Sarah, bp. July 29, 1753	7	51
Patience, of Preston, m. A[ ] **ADAMS**, of Canterbury, Feb. 7, 1793	6	94
ROACH, Suzanna, of Groton, m. Elisha **TRACY**, of Preston, Oct. 5, 1789	6	95
ROATH, ROTH, Lucinda, m. John **GAVITT**, b. of Preston, Feb. 21, 1803, by Samuel Mott, [J.P.]	6	96
Sally, m. George **HARVEY**, b. of Preston, June 30, 1808, by Samuel Mott, [J.P.]	6	96
Thomas, m. Phebe **BUTTON**, b. of Preston, Nov. 27, 1790	6	95
ROBBINS, Burtnal, of Voluntown, m. Mary **BOARDMAN**, of Preston, Feb. 13, 1777	6	93
Elizabeth, d. Mary, w. Joseph, bp. Sept. 19, 1725	7	51
Loviney, of Voluntown, m. Betsey **BOARDMAN**, of Preston, Jan. 9, 1783	6	93
Mary, d. Mary, w. Joseph, bp. Sept. 19, 1725	7	51
Moses, s. Mary, w. Joseph, bp. Sept. 19, 1725	7	51
Moses, of Voluntown, m. Abigail **COOK**, of Preston, Dec. 30, 1784	6	93
Samuel, of Voluntown, m. Zerviah [ ], of Preston, Mar. 6, 1777	6	93
ROBERTSON, Adrian, of Franklin, m. Elizabeth **SMITH**, of Preston, Apr. 18, 1793	6	93
ROBINSON, Jacob, m. Anna **TRACY**, Nov. 4, 1756	6	95
Michael, of Stonington, m. Polly **RAY**, of Preston, Feb. 15, 1795	6	93
Reuben, s. Thomas & Anna, bp. Apr. 17, 1726	7	49
William, m. Anna **BLAKE**, May 13, 1762	6	95
William, m. Margaret **DOWNER**, b. of Preston, Oct. 12, 1788, by		

	Vol.	Page
ROBINSON, (cont.)		
Samuel Mott [J.P.]	6	96
ROCKWELL, Jabez, of Stonington, m. Deborah **BELLOWS**, of Preston, Dec. 2, 1781	6	93
James, m. Anna **WILLIAMS**, Sept. 9, 1777	6	95
Ruth, m. Updike **PULLMAN**, b. of Preston, July 15, 1801, by Samuel Mott, [J.P.]	6	96
Sarah, m. Reuben **PARK**, June 10, 1762	6	95
Sarah, late of Norwich, m. John **KILLAM**, of Preston, Oct. 10, 1771, by Samuel Mott, [J.P.]	6	96
ROGERS, RODGERS, James, of Norwich, m. Sally **COIT**, of Preston, Jan. 16, 1799	6	93
John, of Preston, m. Catherine **LATHAM**, of Groton, Jan. 24, 1796	6	93
William, of Voluntown, m. Jerusha **BURTON**, of Preston, Mar. 22, 1739	6	93
ROSE, Anna, m. Barton **COOK**, Jr., b. of Preston, Feb. 22, 1796	6	94
Asa, s. Thomas, bp. May 19, 1751	7	51
Bathsheba, d. Thomas, Jr., bp. June 23, 1734	7	51
Betty, d. Widow, bp. Nov. 3, 17[ ]	7	51
Damaries, d. Thomas, bp. Oct. 2, 1760	7	51
E., m. Elijah **HATCH**, b. of Preston, July 12, 1797	6	94
Elias, s. William, bp. July 17, 1739	7	51
Elijah, s. Thomas, bp. Sept. 18, 1757	7	51
Elizabeth, m. Cyprian **STERRY**, b. of Preston, May 31, 1734	6	94
Hannah, d. Thomas, bp. May 19, 1751	7	51
Huldah, d. Joseph, bp. Feb. 14, 1732	7	49
James, s. William, bp. Sept. 2, 1744	7	51
Jean, of Preston, m. Andrew **CLARK**, of Plainfield, Dec. 23, 1783	6	94
Jeremiah, m. Esther **GATES**, b. of Preston, Dec. 7, 1780	6	93
Jerusha, m. John W. **HATCH**, b. of Preston, Aug. 30, 1795	6	94
Joseph, s. William, bp. Oct. 16, 1737	7	51
Josiah, s. Thomas, Jr., bp. Apr. 20, 1735	7	51
Josiah, m. Patty **STEWART**, b. of Preston, Apr. 13, 1794	6	93
Margaret, d. Thomas, bp. May 19, 1751	7	51
Martha, d. Thomas, Jr., bp. May 8, 1737	7	51
Martha, d. Thomas, bp. May 19, 1751	7	51
Mary, d. Thomas, Jr., bp. June 23,1734	7	51
Mary, of Preston, m. Asel **PARTELO**, of Voluntown, Sept. 30, 1798	6	94
Parthenia, of Preston, m. Leffield **GRAY**, of Plainfield, Feb. 14, 1793	6	94
Patty, m. Nathan **BARTON**, b. of Preston, Mar. 23, 1796	6	94
Rebecca, of Preston, m. Lemuel **STEWART**, of Little Hoosick, N.Y., Aug. 18, 1782	6	94
Sarah, d. Thomas, bp. Apr. 13, 1755	7	51
Simeon, s. William, bp. Aug. 31, 1735	7	51
Thomas, s. Thomas, bp. Jan. 18, 1753	7	51
William, s. William, bp. Aug. 31, 1735	7	51
-----, child of William, bp. July 14, 1742	7	51
ROSS*, Nathan, of Stafford, m. Elizabeth **OLIN**, of Preston, Aug. 12, 1790 (*Probably "Nathan **ROSE**")	6	93
ROTH, [see under **ROATH**]		
ROUSE, Abigail, of Preston, m. Benjamin **JOHNSON**, of Voluntown,		

	Vol.	Page
ROUSE, (cont.)		
Feb. 23, 1786	6	94
RUDD, Jonathan, of Windham, m. Amy **TYLER**, of Preston, Mar. 1, 1804	6	94
RUDE, Eunice, m. Hezekiah **TRACY**, Dec. 25, 1768	6	95
Grace, m. John **ANDROS**, 3d, Dec. 2, 1770	6	95
John, of Norwich, m. Elizabeth **FREEMAN**, of Preston, Mar. 20, 1766	6	93
Mary, of Preston, m. John **CARY**, of Hallifax, Vt., Nov. 12, 1780	6	94
Olive, m. Benjamin **KENNEDY**, Dec. 22, 1757	6	95
Rachel, m. Thomas **DAVISON**, Nov. 1, 1753	6	95
Silence, m. Samuel **HILL**, Aug. 15, 1754	6	95
RUST, Mary, of Preston, m. Jonathan **COGSWELL**, 3d, of Ipswich, Mass., Dec. 14, 1775	6	95
SABIN, Israel, of Plainfield, m. Avis **BENNET**, of Preston, Dec. 28, 1748 (Indexed in Arnold Copy as "**LABIN**")	6	63
SAFFORD, Fanny, of Preston, m. Eben **BUELL**, of Fairfield, N.Y., Jan. 31, 1808, by Samuel Mott, [J.P.]	6	104
Hannah, m. James **RIX**, May 23, 1754	6	103
Prescilla, m. Jonathan **BOARDMAN**, Apr. 10, 1769	6	103
SANFORD, Joseph C., of N. Kingston, R.I., m. Frances **NORTH[R]UP**, of Preston, Nov. 14, 1814	6	101
SAT[T]ERLEE, -----, of Preston, m. Elisha **MEECH**, Nov. 4, 1772, by Samuel Mott, [J.P.]	6	104
SAUNDERS, SANDERS, Francis, m. Betsey **STANDISH**, b. of Preston, Nov. 27, 1806, by Samuel Mott, [J.P.]	6	104
Mary, d. John, bp. Apr. 26, 1747	7	55
SEAR, Phebe, of Preston, m. James **BABCOCK**, of Stonington, May 7, 1730	6	102
SEATON, Jesse, of Plainfield, m. Mary **STANTON**, of Preston, Nov. 15, 1769	6	101
SHAW, Caleb, m. Dorothy **GATES**, b. of Preston, Nov. 3, 1768	6	101
SHELDON, Elizabeth, m. Isaac **BENNET**, Jr., b. of Preston, Apr. 12, 1739	6	102
Elizabeth, d. Benjamin, bp. Sept. 13, 1741	7	55
Mary, d. Benjamin, bp. Aug. 17, 1740	7	55
Mary, of Preston, m. John **WELLS**, of Voluntown, Mar. 27, 1766	6	102
SHIPMAN, Nathaniel, Jr., of Norwich, m. Abigail **COIL**, of Preston, Oct. 14, 1794	6	101
SKILTON, Avery, s. Henry, bp. May 6, 1750	7	55
James, s. Henry, bp. June 29, 1750	7	55
Lucy, d. Henry, bp. May 6, 1750	7	55
Mary, d. Henry, bp. May 6, 1750	7	55
SKINNER, Abner, s. Joseph, bp. May 4, 1735	7	55
Benjamin, s. Joseph, bp. Mar. 7, 1731	7	55
Daniel, s. Joseph, bp. May 13, 1733	7	55
Joseph, m. Martha **KINNE**, b. of Preston, Apr. 30, 1729	6	101
Joseph, s. Joseph, bp. Sept. 13, 1730	7	55
SMITH, Ariah, of Ashford, m. Elizabeth **COOK**, of Preston, Oct. 19, 1791	6	101
Chester, of Stonington, m. Sally **BREWSTER**, of Preston, Dec. 7, 1788, by Samuel Mott, [J.P.]	6	104
Daniel, s. Samuel, bp. Aug. 8, 1736	7	55

	Vol.	Page

SMITH, (cont.)

	Vol.	Page
David, of Preston, m. Polly **RATHBONE**, of Lisbon, Nov. 19, 1794	6	101
Ebenezer, s. Samuel, bp. Aug. 8, 1736	7	55
Elisha, of Coventry, m. Martha **BROWN**, of Preston, Mar. 31, 1782	6	101
Elisha, m. Ama **GUYLE**, Jan. 27, 1793, by Rev. Daniel Hale	6	103
Elizabeth, m. James **MOORE**, Oct. 27, 1791, by Rev. Daniel Hale	6	103
Elizabeth, of Preston, m. Adrian **ROBINSON**, of Franklin, Apr. 18, 1793	6	102
Esther, d. Samuel, bp. Mar. 15, 1738	7	55
Hannah, d. Samuel, bp. Aug. 8, 1736	7	55
James, m. Anna **BLASON**, Sept. 18, 1770	6	103
John, Jr., of Chatham, N.Y., m. Lucinda **PARISH**, of Preston, Jan. 17, 1797	6	101
Jonathan, s. Samuel, bp. Aug. 21, 1743	7	55
Joseph, m. Zipporah **BRANCH**, Nov. 20, 1757	6	103
Joseph Gardner, m. Anne **GEER**, b. of Preston, Mar. 21, 1797	6	101
Lois, m. Elijah **TRACY**, Mar. 1, 1770	6	103
Lucy, m. Ellis Felix **CARPENTER**, b. of Preston, Mar. 29, 1781, by Samuel Mott, [J.P.]	6	104
Rhoda, m. Jabez **BENJAMIN**, b. of Preston, Oct. [ ], 1737	6	102
Samuel, s. Samuel, bp. Aug. 8, 1736	7	55
Samuel, of Preston, m. Jerusha **MOTT**, of Stonington, Oct. 21, 1792	6	101
Sarah, d. Samuel, bp. Sept. 16, 1739	7	55
Sarah, of Stonington, m. James **MORGAN**, of Preston, Jan. 28, 1772, by Samuel Mott, [J.P.]	6	104
Seth, of Stonington, m. Sarah **TYLER**, of Preston, Apr. 17, 1755	6	101
Thomas, s. Samuel, bp. Mar. [ ], 1745	7	55
SPAULDING, Ezekiel, of Plainfield, m. Sarah **FREEMAN**, of Preston, Oct. 27, 1757	6	101
Oliver, m. Mary **WITTER**, June 17, 1762	6	103
SPENCER, Isaac, of Norwich, m. Anne **KING**, of Preston, Oct. 15, 1774	6	101
SPICER, Asa of Norwich, m. Mary **STANTON**, of Preston, Jan. 1, 1772	6	101
Edward, of Groton, m. Esther **AMES**, of Preston, Jan. 7, 1779	6	104
Zephaniah, m. Sarah **STARKWEATHER**, Nov. 9, 1752	6	103
SPRINGER, Thomas, of Voluntown, m. Sarah **COY**, of Preston, Jan. 10, 1739	6	101
STALLIN, James, s. Edward, bp. May 31, 1724	7	55
Lydia, d. Edward, bp. Dec. 16, 1722	7	55
Simeon, s. Edward, bp. Apr. 17, 1726	7	55
STALLION, Edward, s. Edward, bp. Aug. 1, 1714	7	53
Joseph, s. Edward, bp. June 23, 1717	7	53
STANDISH, Betsey, m. Francis **SAUNDERS**, b. of Preston, Nov. 27, 1806, by Samuel Mott, [J.P.]	6	104
Hannah, d. Josiah, bp. Mar. 18, 1705	7	53
Mary, d. Josiah, bp. May 16, 1708	7	53
STANTON, Abigail, m. Nathaniel **BROWN**, b. of Preston, Apr. 2, 1784	6	102
Adam, of Killingworth, m. Elizabeth **TREATE**, of Preston, Dec. 4, 1777	6	104
Anna, d. John, bp. May 12, 1704	7	53
Anne, of Preston, m. William **CLARK**, of Hopkinton, R.I., Nov. 3, 1805, by Samuel Mott, [J.P.]	6	104
Asa, of Preston, m. Desire **KIMBAL[L]**, of Lisbon, Mar. 13, 1788	6	101

PRESTON VITAL RECORDS 311

	Vol.	Page
STANTON, (cont.)		
Daniel, m. Sarah JACKSON, b. of Preston, Aug. 9, 1787	6	101
Frances, of Preston, m. Henry MARIAT, of R.I., Sept. 4, 1805	6	102
Francis, s. Jabez, Jr., bp. Dec. 5, 1784	7	55
Henry, s. Jabez, Jr., bp. Oct. 30, 1785	7	55
Jabez, Jr., of Norwich, m. Elizabeth CLARK, of Preston, Feb. 12, 1778	6	101
Jerusha, of Preston, m. Lemuel WEST, of N.H., Mar. 10, 1785	6	102
Keturah, of Preston, m. Thomas Baxter GRAY, of Groton, Aug. 2, 1792, by Samuel Mott, [J.P.]	6	104
Lois, m. Aden PALMER, b. of Preston, Feb. 1, 1781	6	102
Lucy, d. Huldah, bp. Jan. 19, 1735	7	55
Lydia, m. Abel BENNET, b. of Preston, Dec. 29, 1768	6	102
Mary, of Preston, m. Asa SPICER, of Norwich, Jan. 1, 1772	6	102
Mary, of Preston, m. Lemuel BLISS, of Norwich, Dec. 30, 1776	6	102
Mary, m. Capt. Asa KINNE, b. of Preston, Apr. [ ], 1804	6	102
Nathan, of Charlestown, R.I., m. Molly Brown PARK, of Preston, Oct. 5, 1786	6	104
Nathaniel, m. Ama AVERY, Sept. 6, 1775	6	103
Primus, m. Dorcas POTTER, b. of Preston, Nov. 6, 1814	6	101
Sally, m. Abel GATES, b. of Preston, Jan. 11, 1797	6	102
Samuel, m. Martha MOORS, b. of Preston, Dec. 4, 1786 (Note says "In the evening of 3d")	6	104
Zerviah, of Preston, m. Reuben PALMER, of Stonington, Nov. 17, 1784	6	102
STARKWEATHER, Amos, m. Jemima BROWN, b. of Preston, Jan. 25, 1787	6	101
Asa, m. Amy KIMBALL, b. of Preston, Feb. 18, 1779	6	101
Avery, of Stonington, m. Sarah MEECH, of Preston, Jan. 21, 1790, by Samuel Mott, [J.P.]	6	104
Benajah, s. Thomas & Patience, bp. June 20, 1714	7	53
Daniel, s. Thomas & Patience, bp. Feb. 15, 1722	7	53
Daniel, m. Mary GEER, b. of Preston, Mar. 26, 1746	6	101
Elizabeth, d. John, bp. June 26, 1728	7	55
Elizabeth, of Preston, m. Asahel MORDOCK, of Norwich, Vt., Feb. 28, 1779	6	102
Elizabeth, of Stonington, m. Roger BENJAMIN, of Worthington, Mass., Feb. 3, 1788	6	104
Ephraim, s. John, bp. Oct. 21, 1733	7	55
James, of Stonington, m. Prudence AVERY, of Preston, Apr. 19, 1781	6	104
Jerusha, m. William FARNHAM, Apr. 13, 1768	6	103
Jerusha, of Preston, m. Elisha TRACY, of Norwich, Vt., Oct. 18, 1781	6	102
Joel, s. John, bp. July 19, 1724	7	55
Keziah, of Preston, m. Wyatt PALMER, of Stonington, Feb. 8, 1789	6	102
Martha, of Stonington, m. Amos BROWN, Jr., of Preston, Dec. 27, 1787, by Samuel Mott, [J.P.]	6	104
Mary, m. William BLODGIL, b. of Preston, Jan. 23, 1738	6	102
Mary, m. Daniel GEERS, Nov. 5, 1747	6	103
Mary, m. Daniel LEONARD, b. of Preston, Oct. 6, 1774	6	102
Phebe, of Preston, m. Nathan HAZEN, of Worthington, Mass., June		

	Vol.	Page
STARKWEATHER, (cont.)		
10, 1792, by Samuel Mott, [J.P.]	6	104
Pruda, of Preston, m. Isaac **HERRICK**, of Worthington, Mass., Nov. 16, 1784	6	104
Ritchard, m. Deborah **BREWSTER**, b. of Preston, Dec. 8, 1786 (Note says "Evening of the 7th")	6	104
Sarah, m. Zephaniah **SPICER**, Nov. 9, 1752	6	103
Thomas, s. Thomas & Patience, bp. Aug. 12, 1736	7	53
Woodbury, s. John, bp. Oct. 16, 1731	7	55
STEPHENS, [see also **STEVENS**], Jacob, m. Elizabeth **LEONARD**, May 26, 1757	6	103
STERRY, Cyprian, m. Elizabeth **ROSE**, b. of Preston, May 31, 1734	6	101
Silas, m. Olive **KILLAM**, Dec. 8, 1763	6	103
STEVENS, [see also **STEPHENS**], Rachel, of Preston, m. Joseph **LILLIBRIDGE**, of Richmond, R.I., Aug. 28, 1783	6	102
STEWART, Betsey, of Preston, m. Thomas **CONGDON**, of N. Kingstown, R.I., Feb. 19, 1789	6	102
Lemuel, of Little Hoosick, N.Y., m. Rebecca **ROSE**, of Preston, Aug. 18, 1782	6	101
Lydia, of Preston, m. [ ] **BALDWIN**, of Stonington, May [ ], 1793	6	102
Patty, m. Josiah **ROSE**, b. of Preston, Apr. 13, 1794	6	102
Polly, m. John **TYLER**, 3d, b. of Preston, Jan. 4, 1804	6	102
Thomas, m. Maria **FANNING**, b. of Preston, Dec. 3, 1806	6	101
STORY, Amos, m. Hannah **RE[Y]NOLDS**, Sept. 17, 1755	6	103
Dolly, m. Asa **BAILEY**, b. of Preston, Nov. 24, 1791	6	104
Elizabeth, of Preston, m. Elijah **WITTER**, May 29, 1770, by Samuel Mott, [J.P.]	6	104
Jabez, m. Elizabeth **FOWLER**, b. of Preston, Dec. 12, 1808, by Samuel Mott, [J.P.]	6	104
Solomon, m. Dorcas **BRANCH**, July 30, 1752	6	103
STRINGER, John, m. Temperance **THOMAS**, of Preston, Jan. 4, 1778, by Samuel Mott, [J.P.]	6	104
SWAN, Nathan, s. John, bp. Sept. 7, 1745	7	55
SWEET, Jonathan, m. Anna **DENISON**, Aug. 14, 1772	6	103
TANNER, William, of W. Greenwich, R.I., m. Lois **JOHNSON**, of Preston, Jan. 6, 1785	6	111
THOMAS, THOMMAS, Abigail, m. Luke **BRIANT**, b. of Preston, Dec. 25, 1777	6	113
Amos, of Preston, m. Prudence **BRUMBLEY**, of Stonington, Sept. 21, 1774	6	113
Elizabeth, m. Daniel **BAKER**, b. of Preston, Mar. 31, 1774	6	113
Nathan, m. Sarah **BOWDISH**, Apr. 5, 1770	6	112
Temp[e]rance, of Preston, m. John **STRINGER**, Jan. 4, 1778, by Samuel Mott, [J.P.]	6	113
Thomas, of Stonington, m. Lucy **KILLAM**, of Preston, Nov. 14, 1773, by Samuel Mott, [J.P.]	6	113
THORNTON, Phebe, of Plainfield, m. Samuel **CLARK**, of Preston, Aug. 25, 1785	6	111
THROOP, John, of Dublin, Ireland, m. Huldah **BROWN**, of Preston, Dec. 21, 1772	6	111
TRACY, Abigail, m. Benjamin **FREEMAN**, Jan. 2, 1745	6	112
Abigail, d. Nathaniel, bp. July 15, 1750	7	57

PRESTON VITAL RECORDS 313

	Vol.	Page
TRACY, (cont.)		
Anna, m. Jacob **ROBINSON**, Nov. 4, 1756	6	112
Bathsheba, m. Jonathan **RAWSON**, Jr., Jan. 1, 1772	6	112
Benajah, s. Thomas, bp. July 7, 1745	7	57
Betsey, d. Edward & Azubah, bp. Oct. 6, 1793	7	58
Charles, s. Edward & Azubah, bp. Oct. 6, 1793	7	58
Charlotte, d. Daniel, bp. May 12, 1771	7	58
Desire, m. John **UTLEY**, May 15, 1754	6	112
Diana, of Preston, m. Peter **GREEN**, of Vt., Jan. 29, 1789	6	111
Dorothy, d. Nathaniel, bp. Oct. 26, 1746	7	57
Ebenezer, s. Nathaniel, bp. Feb. 7, 1740	7	57
Ebenezer, s. Nathaniel, bp. Apr.16, 1749	7	57
Ebenezer, of Norwich, m. Mary **FREEMAN**, of Preston, May 15, 1768	6	111
Elijah, m. Lois **SMITH**, Mar. 1, 1770	6	112
Elijah, of Norwich, m. Jerusha **STARKWEATHER**, of Preston, Oct. 18, 1781	6	111
Elisha, of Preston, m. Suzanna **ROACH**, b. of Preston, Oct. 4, 1789	6	113
Elisha, m. Suzanna **ROACH**, Oct. 5, 1789, by Rev. Paul Park	6	112
Elizabeth, d. Daniel & Esther, bp. May 26, 1747	7	57
Elizabeth, m. Asa **BRANCH**, Sept. 18, 1766	6	112
Enos, m. Lydia **WHITNEY**, May 6, 1756	6	112
Esther, d. Daniel & Esther, bp. May 26, 1747	7	57
Esther, d. Moses, bp. May 10, 1770	7	58
Giles, m. Suzanna **CULVER**, b. of Preston, Nov. 11, 1782, (Note says "evening of 10th")	6	113
Hannah, d. Jonathan & Lucy, bp. Nov. 27, 1750	7	57
Hannah, of Preston, m. William **WADE**, of Newport, R.I., Apr. 3, 1788	6	111
Harriet, d. Edward & Azubah, bp. Oct. 6, 1793	7	58
Hezekiah, m. Eunice **RUDE**, Dec. 25, 1768	6	112
Israel, s. Jonathan & Lucy, bp. Apr. 26, 1752	7	57
Jabez, s. Nathaniel, bp. July 8, 1744	7	57
James, s. Nathaniel, bp. Mar. 30, 1741	7	57
James, m. Phebe **RICHARDS**, Nov. 3, 1763	6	112
Jemima, d. Ezra, bp. Aug. 3, 1777	7	58
Jonas, s. Moses, bp. May 12, 1761	7	58
Keturah, d. Frances, bp. Feb. 14, 1728	7	57
Leah, d. Daniel, bp. Oct. 28, 1763	7	57
Lois, d. Nathaniel, bp. Sept. 27, 1743	7	57
Lois, of Preston, m. Elilepel (Eliphalet) **COBURN**, of Windham, Oct. 24, 1781	6	113
Lucretia, d. Edward & Azubah, bp. Oct. 6, 1793	7	58
Lucy, d. Jonathan & Lucy, bp. Dec. 17, 1749	7	57
Mabell, d. Frances, bp. May 23, 1725	7	57
Margaret, m. Calvin **BARSTOW**, Oct. 14, 1773	6	112
Mary, m. Elijah **BLISS**, Nov. 25, 1747	6	112
Mary, d. Thomas, bp. Feb. 11, 1755	7	57
Miriam, d. Daniel & Esther, bp. May 26, 1747	7	57
Moses, s. Moses, bp. June 20, 1773	7	58
Moses, Jr., m. Rebecca **MOTT**, Apr. 18, 1795, by Samuel Mott, [J.P.]	6	113
Nathaniel, s. Nathaniel, bp. Mar. 31, 1734	7	57

314 BARBOUR COLLECTION

	Vol.	Page
TRACY, (cont.)		
Nathaniel, s. Thomas, bp. Apr. 26, 1752	7	57
Nathaniel, m. Miriam AMES, Nov. 14, 1771	6	112
Priscilla, d. Daniel & Esther, bp. May 26, 1747	7	57
Prudence, d. Nathaniel, bp. Sept. 14, 1735	7	57
Ralph, s. Edward & Azubah, bp. Oct. 6, 1793	7	58
Rebecca, d. Moses & Esther, bp. May 30, 1790	7	58
Robert, s. Daniel, bp. Dec. 29, 1765	7	57
Roger, s. Daniel, bp. Sept. 27, 1767	7	57
Rose, d. Frances, bp. Apr. 26, 1724	7	57
Sabra, d. Dea. Jedidiah, bp. Jan. 23, 1743	7	57
Sabra, m. Jeremiah WILBUR, Nov. 28, 1779	6	112
Samuel, s. Daniel & Esther, bp. May 26, 1747	7	57
Sarah, d. Nathaniel, bp. Mar. 11, 1733	7	57
Sarah, Jr., of Preston, m. Timothy CLARK, Jr., of Norwich, Mar. 21, 1781	6	113
Submit, d. Jonathan, bp. Apr. 28, 1754	7	57
Susannah, m. Daniel YERRINGTON, Dec. 7, 1780, by Samuel Mott, [J.P.]	6	113
Thomas, s. Daniel, bp. Mar. 19, 1769	7	58
Zuba, d. Moses, bp. Nov. 15, 1767	7	58
TREATE, Elizabeth, of Preston, m. Adam STANTON, of Killingworth, Dec. 4, 1777	6	113
Mary, m. Thomas PATTEN, b. of Preston, Jan. 8, 1781. (Indexed as "Mary NEAL" in Arnold Copy. See Thomas PATTEN)	6	113
TUCKER, Abigail, m. Moses BRANCH, b. of Preston, Apr. 21, 1757	6	111
Cynthia, m. Jedidiah BUTTON, b. of Preston, Apr. [ ], 1801	6	112
Esther, d. Stephen, Jr., bp. Oct. 14, 1758	7	59
Hannah, d. Stephen, Jr., bp. Apr. 14, 1765	7	59
Hannah, of Preston, m. Almond BAKER, of Brooklyn, May 19, 1807	6	112
Mary, of Preston, m. John YOUNG, of Norwich, Aug. 8, 1771	6	111
Sarah, m. Benjamin RAND, b. of Preston, Dec. 27, 1781	6	111
Stephen, m. Mary BROWN, of Preston, Mar. 2, 1758	6	111
-----, of Voluntown, m. Mary GEER, of Preston, Dec. 17, 1780	6	111
TURNER, Samuel, of Mansfield, m. Lucy MORGAN, of Preston, Dec. 6, 1787	6	111
TYLER, TILER, Abigail, m. Christopher DENISON, Dec. 17, 1745	6	112
Abigail, of Preston, m. Hazard HULL, of Ashford, Dec. 23, 1779	6	113
Amy, of Preston, m. John WYLES, of Voluntown, May 1, 1794	6	112
Amy, of Preston, m. Jonathan RUDD, of Windham, May 21, 1804	6	112
Amy or Anny Brown, d. Samuel, bp. Mar. 16, 1777	7	59
Daniel, of Pomfret, m. Mary LESTER, of Preston, Jan. 24, 1770	6	111
Desire, of Preston, m. David ALLYN, of Groton, Apr. 23, 1789	6	113
Edward, s. Jacob, bp. Apr. 12, 1752	7	59
Esther, of Preston, m. Nathaniel GEER, of Coventry, Nov. 1, 1759	6	111
Esther, of Preston, m. Rev. John WILDER, of Attleboro, Mass., Sept. 2, 1790	6	111
Hannah, of Preston, m. William DENISON, of Stonington, June 20, 1738	6	111
Hannah, of Preston, m. Edward [ ], of Stonington, Sept. 28, 1791	6	111
Jacob, s. Jacob, bp. Nov. 8, 1747	7	59

PRESTON VITAL RECORDS 315

	Vol.	Page
TYLER, TILER, (cont.)		
Joanna, m. Thomas CHESEBROUGH, b. of Preston, Oct. 15, 1774	6	111
John, 3d, m. Polly STEWART, b. of Preston, Dec. 4, 1804	6	111
Jonas, m. Eunice BELCHER, b. of Preston, Oct. 25, 1784	6	111
Joseph, Jr., m. Anne FREEMAN, b. of Preston, Jan. 9, 1772	6	111
Leucrecy, of Preston, m. Reuben PALMER, of Stonington, Nov. 16, 1780	6	113
Lucy, m. Thomas MAIN, Sept. 24, 1772	6	112
Lydia, d. Jacob, bp. July 15, 1753	7	59
Mebell, d. Daniel, bp. Oct. 9, 1726	7	57
Mary, of Preston, m. David PERRY, Oct. 15, 1734	6	111
Nathan, of Groton, m. Miriam AMES, of Preston, Nov. 1, 1770, by Samuel Mott, [J.P.]	6	113
Nathan, of Preston, m. Lucy KIMBALL, Apr. 1, 1787, by Samuel Mott, [J.P.]	6	113
Nathaniel, m. Phebe BENJAMIN, b. of Preston, Feb. 23, 1725	6	111
Olivia, m. Christopher AVERY, b. of Preston, Mar. 20, 1806	6	112
Ruth, d. Hopestill, bp. July 20, 1721	7	57
Samuel, s. Sarah, bp. Nov. 19, 1727	7	57
Sarah, d. Daniel, bp. Sept. 17, 1714	7	57
Sarah, of Preston, m. Seth SMITH, of Stonington, Apr. 17, 1755	6	111
Zebedee, m. Experience LAMB, b. of Stonington, Feb. 3, 1773, by Samuel Mott, [J.P.]	6	113
Zerviah, m. Gideon WOODWARD, b. of Preston, Jan. 11, 1787	6	111
UNDERWOOD, Anne, of Preston, m. David GATES, of Groton, Oct. 16, 1771, by Samuel Mott, J.P.	6	120
UTLEY, Peleg, of Stonington, m. Abigail HERRICK, of Preston, Nov. 22, 1789	6	120
-----, m. Desire TRACY, May 15, 1754	6	120
WADE, Willliam, of Newport, R.I., m. Hannah TRACY, Apr. 13, 1788	6	123
WAKELY, Thankful, m. Stephen GENNINGS, b. of Preston, Nov. 14, 1765	6	124
WALBRIDGE, WALLBRIDGE, Hannah, d. John, bp. July 7, 1748	7	64
Isaac, s. John, bp. Apr. 6, 1746	7	64
Lemuel, of Coventry, m. Elizabeth KILLAM, or HILLAM, Mar. 23, 1786	6	123
Margaret, d. Henry, bp. Mar. 4, 1711	7	61
Thomas, s. Henry, bp. Nov. 4, 1699	7	61
WALDO, Cornelius, m. Sibbel BUTTON, b. of Stonington, Oct. 25, 1770, by Samuel Mott, [J.P.]	6	126
WALTON, WALTEN, Ada, d. Isaac, bp. June 25, 1756	7	64
Alice, m. Ezrene OLIN, b. of Preston, Apr. 4, 1799	6	124
C----, child of Lawrence, bp. Aug. 8, 1762	7	64
Deborah, d. Lawrence, bp. Mar. 23, 1755	7	64
Elijah, s. Lawrence, bp. June 22, 1753	7	64
Elijah, s. Lawrence, bp. Mar. 18, 1759	7	64
Elisha, s. Lawrence, bp. Nov. 3, 1751	7	64
Ezra, s. Isaac, bp. June 25, 1756	7	64
Hannah, of Norwich, m. Jabez GREEN, of Preston, June 30, 1728	6	124
Henry, of Norwich, m. Tameson PARISH, Nov. 16, 1737	6	123
John, of Preston, m. Mary CLEFT, Jan. 29, 1784	6	123
Lucretia, d. Lawrence, bp. Nov. 3, 1751	7	64
Lucy, of Preston, m. Hezekiah CLEFT, of Norwich, Apr. 27, 1786	6	124

	Vol.	Page
WALTON, WALTEN, (cont.)		
Margaret, d. Lawrence, bp. Nov. 3, 1751	7	64
Nathan, of Preston, m. Eunice **GATES,** Mar. 3, 1778	6	123
Nathaniel, s. Lawrence, bp. Feb. 20, 1757	7	64
Rachel, d. Lawrence, bp. Nov. 3, 1751	7	64
Sarah, d. Lawrence, bp. Nov. 3, 1751	7	64
WARRINGTON, Keziah, of Preston, m. Henry **WITHEY,** of Norwich, Nov. 22, 1784	6	124
WATERMAN, John, of Norwich, m. Mary **LORD,** May 28, 1772	6	123
WEADON, Abigail, of Preston, m. Thomas, **AUSTIN,** of Norwich, Nov. 11, 1784	6	124
Betsey, m. Joseph **HATCH,** b. of Preston, Nov. 18, 1796	6	124
Edy, of Preston, m. Alfred **CURTIS,** of Hampton, Dec. 15, 1796	6	124
Peleg, of Preston, m. Elizabeth **BACK,** Feb. 5, 1792	6	123
Polly, of Preston, m. Henry **BURTON,** of Pomfret, Oct. 24, 1804	6	124
Sarah, of Preston, m. John **BROWN,** of Norwich, Vt., Sept. 27, 1801	6	124
WEAKLEY, Prudence, m. Christopher **GEER,** b. of Preston, June 3, 1747	6	124
WEDGE, Amos, s. Isaac, Jr., bp. Sept. 14, 1755	7	63
Elizabeth, d. Joshua, bp. Sept. 24, 1704	7	61
Hannah, of Preston, m. Samuel **WELLS,** of Plainfield, Apr. 9, 1730	6	124
Hannah, d. Isaac, Jr., bp. Sept. 2, 1750	7	63
Isaac, s. Isaac, Jr., bp. Oct. 10, 1752	7	63
-----, child of Isaac, bp. Apr. 29, 1744	7	63
WELCH (?), Experience, d. John, bp. July 16, 1708	7	61
Joseph, s. John, bp. June 16, 1706	7	61
WELLS, John, of Voluntown, m. Mary (?) **SHELDON,** Mar. 27, 1766	6	123
Reuben, s. Samuel, bp. Sept. 9, 1759	7	63
Samuel, of Plainfield, m. Hannah **WEDGE,** of Preston, Apr. 9, 1730	6	123
Thankful, d. Samuel, bp. Mar. 11, 1744	7	63
-----, child of Samuel, bp. Nov. 23, 1746	7	63
WEST, Lemuel, of N.H., m. Jerusha **STANTON,** Mar. 10, 1785	6	123
WHEELER, WHELER, Anne, m. Jacob **GEER,** b. of Preston, Apr. 22, 1751	6	124
Elizabeth, d. Jonathan, bp. Mar. 5, 1738	7	63
Esther, d. Timothy, bp. Dec. 29, 1762	7	63
Mary, m. [ ] **PERKINS,** b. of Preston, [ ], 1725	6	124
Mary, d. Jonathan, bp. Aug. 3, 1735	7	63
Nathan, of Norwich, m. Jemima **BENJAMIN,** Nov. 20, 1766	6	123
Samuel, s. Jonathan, bp. June 27, 1733	7	63
WHITNEY, Amos, s. Amos, bp. Sept. 9, 1744	7	63
Asa, s. Amos, bp. July 7, 1743	7	63
Hezek[i]ah, s. Amos, bp. May 28, 1744	7	63
John, s. Amos, bp. July 7, 1743	7	63
Lydia, m. Enos **TRACY,** May 6, 1754	6	125
Rosanna, d. Amos, bp. July 7, 1743	7	63
Samuel, s. Amos, bp. July 7, 1743	7	63
Shubael, of Preston, m. Sally **MITCHELL,** of Groton, June 25, 1795	6	125
Susanna, d. Amos, bp. July 7, 1743	7	63
Thankful, d. Amos, bp. Aug. 16, 1744	7	63

PRESTON VITAL RECORDS 317

	Vol.	Page
WHITNEY, (cont.)		
William, m. Mary **FOBES**, May 14, 1770	6	125
WILBERSON, Margaret, of Stonington, m. Mical **BENJAMIN,** of Preston, Feb. 23, 1779	6	124
WILBUR, Jeremiah, m. Sabra **TRACY,** Nov. 28, 1779	6	125
Mary, m. Samuel **CLEVELAND,** b. of Preston, Nov. 22, 1777	6	124
Thomas, m. Rachel **HERRICK,** Apr. 17, 1777	6	125
WILCOX, Anne, m. Charles **BUTTON,** b. of Preston, May 27, 1761	6	124
WILDER, John, Rev., of Attleboro, Mass., m. Esther **TYLER,** Sept. 2, 1790	6	123
WILEY, Agnes, d. Hugh, bp. May 21, 1755	7	63
Allen, of Preston, m. Sarah **KINNIE,** June 5, 1795	6	123
Elizabeth, d. Hugh, bp. June 30, 1751	7	63
John, of Voluntown, m. Amey **TYLER,** May 1, 1794	6	123
Jonas, Jr., of Voluntown, m. Mary **HOLLEY,** Jan. 29, 1778	6	123
Martha, d. James, bp. Oct. [ ], 1753	7	63
Robert, s. Hugh, bp. June 5, 1748	7	63
WILKESON, WILKERSON, George, of Stonington, m. Leucy **CLARK,** of Preston, Dec. 10, 1783	6	125
Mary, m. Joseph **BOBBINS,** Aug. 25, 1773	6	125
Mott, of Volunto[w]n, m. Phebe **FREEMAN,** Feb. 20, 1794	6	123
WILLIAMS, Abial, s. Charles, bp. Nov. 10, 1706	7	61
Anna, m. James **ROCKWELL,** Sept. 9, 1777	6	125
Asher, s. Boaz, bp. June 24, 1747	7	61
Benjamin, s. David, bp. Nov. 6, 1759	7	64
Boaz, s. Isaac, bp. Mar. 30, 1737	7	64
Elijah, s. David, bp. Nov. 6, 1759	7	64
Eunice, d. Jedidiah, bp. Apr. 27, 1746	7	64
Hannah, d. Jedidiah, bp. Aug. 29, 1741	7	64
Hannah, d. David, bp. Nov. 6, 1759	7	64
Israel, s. Nicholas, bp. Oct. 15, 1721	7	64
James, s. Nicholas, bp. Oct. 30, 1720	7	61
Jerusha, of Preston, m. Jacob **LAMB,** of Groton, [ ], 1725	6	124
Jonathan, s. Samuel, bp. Aug. 28, 1737	7	64
Jonathan, of Preston, m. Anne **OLIN,** Dec. 8, 1768	6	123
Lucy, d. Joseph, bp. Apr. 17, 1757	7	61
Lydia, d. Jedidiah, bp. July 3, 1748	7	64
Lydia, d. David, bp. Apr. 12, 1761	7	64
Marcy, d. David, bp. Nov. 6, 1759	7	64
Mary, of Plainfield, m. Robinson **BONEY,** of Preston, Jan. 1, 1747	6	124
Mary, d. Joseph, bp. Mar. 4, 1759	7	61
Michal, m. Silas **WILLIAMS,** b. of Groton, Mar. 22, 1792	6	125
Molly, d. Jedidiah, bp. Mar. 11, 1744	7	64
Nathan, s. Nicholas, bp. Apr. 15, 1716	7	61
Nathan, s. Jedidiah, bp. Sept. 16, 1739	7	64
Nathan, s. Henry, bp. Sept. 15, 1776	7	61
Newport, m. Mercy **COSSAMP** (?), Aug. 31, 1775	6	125
Samuel, of Norwich, m. Phebe **RANDALL,** Dec. 11, 1733	6	123
Samuel, s. Jedidiah, bp. Apr. 14, 1751	7	64
Samuel, Jr., of Norwich, m. Lydia **HATCH,** Aug. 30, 1774	6	123
Sarah, d. Mark, bp. May 15, 1743	7	64
Silas, m. Michal **WILLIAMS,** b. of Groton, Mar. 22, 1792	6	125
Tamer, d. Isaac, bp. Sept. 18, 1743	7	64

318 BARBOUR COLLECTION

	Vol.	Page
WILLIAMS, (cont.)		
Zipporah, d. Joshua, bp. July 13, 1755	7	61
-----, child of Daniel, bp. July 16, 1741	7	64
-----, of Preston, m. Roswell **CAMPBELL**, of Voluntown, Dec. 24, 1795	6	124
WILLO[UGH]BY, Elijah, s. Elijah, bp. June 14, 1809	7	63
WILSON, Eliab, of Franklin, m. Cybell **FREEMAN**, of Norwich, May 9, 1789	6	125
WINCHESTER, Joel, of Norwich, m. Pegg **LARABEE**, of Preston, Feb. 21, 1788, by Samuel Mott, [J.P.]	6	126
WITHEY, WETHEY, Ephraim, of Bennington, m. Alice **MURKINS**, Jan. 6, 1780	6	123
Henry, of Preston, m. Kezia **WARINGTON**, Nov. 22, 1784	6	123
Lydia, of Preston, m. Freeman **KINYON**, of Exeter, R.I., Dec. 2, 1792	6	124
Polly, of Preston, m. John **KENNEDY**, of Voluntown, Oct. 4, 1798	6	124
Sabra, of Preston, m. Elisha **KING**, of Norwich, May 2, 1782	6	124
Stephen, of Preston, m. Lydia **GEER**, Jan. 25, 1795	6	123
WITTER, Amos, of Preston, m. Leucy **CRARY**, of Preston, Nov. 16, 1786	6	125
Elijah, m. Elizabeth **STORY**, of Preston, May 29, 1779, by Samuel Mott, [J.P.]	6	126
Elizabeth, m. John **POTTER**, Oct. 4, 1776	6	125
Esther, m. Hezekiah **DOUGLASS**, Apr. 1, 1771	6	125
Hannah, of Preston, m. Elisha **CHAPMAN**, May 30, 1791	6	125
Lydia, m. Gilbert **BUT[T]ON**, b. of Preston, Dec. 4, 1801, by Samuel Mott, [J.P.]	6	126
Mary, m. Oliver **SPAULDING**, June 17, 1762	6	125
Nathan, m. Keziah **BRANCH**, Nov. 15, 1753	6	125
Samuel, m. Sarah **CALKINS**, Dec. 3, 1746	6	125
William, of Preston, m. Hannah **FREEMAN**, Nov. 7, 1738	6	123
Zerviah, m. Daniel **MEECH**, Apr. 13, 1780	6	125
WOODBORN, Mary, of Preston, m. Charles **CHAMPLAIN***, of Stonington, July 16, 1780 (*Indexed as "CHAMPION" in Arnold Copy)	6	124
WOODWARD, Asa, s. Daniel, bp. June 16, 1751	7	63
Daniel, s. Daniel, bp. May 8, 1743	7	63
Dorothy, d. Amos & Hannah, bp. June 27, 1714	7	61
Ebenezer, s. Amos, bp. Apr. 27, 1718	7	61
Elias, s. Daniel, bp. Apr. 5, 1741	7	63
Elizabeth, d. Daniel, bp. Mar. 2, 1729	7	63
Elizabeth, d. Daniel, bp. May 28, 1749	7	63
Gideon, of Preston, m. Zerviah **TYLER**, Jan. 11, 1787	6	123
Hannah, d. Amos, bp. Sept. 30, 1716	7	61
Hannah, d. Daniel, bp. Apr. 3, 1745	7	63
Hezekiah, s. Thomas, bp. June 30, 1731	7	61
Jacob, s. Amos & Hannah, bp. Mar. 29, 1715	7	61
Lucy, d. Daniel, bp. June 30, 1747	7	63
Mary, d. Thomas, bp. June 14, 1741	7	61
Park, m. Zilpha **PARK**, Mar. 13, 1746	6	125
Sarah, m. Thomas **CLARK**, of Norwich, Dec. 18, 1735	6	124
Thankful, m. James **CLARK**, of Plainfield, Dec. 13, 1733	6	124
Zephaniah, child of Daniel, bp. July 28, 1723	7	63

PRESTON VITAL RECORDS 319

	Vol.	Page
WOODWARD, (cont.)		
-----, child of Daniel, bp. May 11, 1740	7	63
WORTHINGTON, Calvin, of Worthington, m. Eunice **BROMLEY**, Mar. 14, 1779	6	123
WRIGHT, RIGHT, Caleb, m. Elizabeth **RICHARDS,** Nov. 15, 1778	6	95
Jabez, of Norwich, m. Sarah **LORD,** Apr. 21, 1757	6	123
W-----, John, of Plainfield, N.Y., m. Bethany **COIL***, Jan. 28, 1796 (***COIT** ?)	6	123
YARRINGTON, YERRINGTON, [see also **HARRINGTON** and **HERRINGTON**], Abraham, s. Ebenezer, bp. Mar. 15, 1747	7	65
Abraham, m. Eunice **BUNDAY,** of Preston, Sept. 13, 1770	6	133
Betsey, of Stonington, m. Peleg **BROWN,** of Groton, Sept. 15, 1789	6	133
Daniel, m. Susannah **TRACY,** Dec. 7, 1780, by Samuel Mott, [J.P.]	6	133
Ebenezer, s. Ebenezer, bp. Sept. 23, 1750	7	65
Jerusha, of Preston, m. Daniel **PECK,** of Lime, Dec. 25, 1764	6	133
Joseph, of Stonington, m. Anna **PARK,** of Preston, Mar. 26, 1789	6	133
Lucy, d. Wid. Mary, bp. Nov. 7, 1756	7	65
Lucy, m. Gurdon **CHAPMAN,** b. of Preston, Jan. 21, 1791	6	133
Lydia, d. Ebenezer, bp. Mar. 3, 1754	7	65
Mary, d. Ebenezer, bp. Oct. 5, 1746	7	65
Reuben, s. Ebenezer, bp. Oct. 5, 1746	7	65
Rufus, m. Lucretia **BREWSTER,** Sept. 27, 1744	6	133
Ruth, of Stonington, m. Asa A. **GORE (GARE** ?), of Preston, Jan. 16, 1800	6	133
Sarah, d. Ebenezer, bp. Nov. 6, 1748	7	65
-----, of Preston, m. Elijah **BOTTOM,** of Groton, June 6, 1779	6	133
YORK, Kezia, of Preston, m. Job [ ], of New Milford, Dec. 9, 1781	6	133
Richard, of R.I., m. Phillis **LESTER,** of Preston, Sept. 22, 1780	6	133
YOUNG, John, of Norwich, m. Mary **TUCKER,** of Preston, Aug. 8, 1771	6	133
Nathaniel, of Norwich, m. Parthenia **GRINNELL,** Nov. 9, 1801, by Samuel Mott, [J.P.]	6	133

www.ingramcontent.com/pod-product-compliance
Lightning Source LLC
Chambersburg PA
CBHW050618300426
44112CB00012B/1557